Código de Defesa do Consumidor

Comemoração dos 20 Anos

CB057569

ANDREA BOARI CARACIOLA
ANA CLÁUDIA POMPEU TOREZAN ANDREUCCI
ALINE DA SILVA FREITAS

Organizadoras

Código de Defesa do Consumidor

COMEMORAÇÃO DOS 20 ANOS

Editora LTr
SÃO PAULO

Dados Internacionais de Catalogação na Publicação (CIP)
(Câmara Brasileira do Livro, SP, Brasil)

Código de defesa do consumidor : comemoração dos 20 anos / Andrea Boari Caraciola, Ana Cláudia Pompeu Torezan Andreucci, Aline da Silva Freitas. — São Paulo : LTr, 2010.

Bibliografia

ISBN 978-85-361-1630-3

1. Consumidores — Leis e legislação — Brasil I. Caraciola, Andrea Boari. II. Andreucci, Ana Cláudia Pompeu Torezan. III. Freitas, Aline da Silva.

10-11441   CDU-34:381.6(81)

Índices para catálogo sistemático:

1. Brasil : Código de Defesa do Consumidor   34:381.6(81)
2. Brasil : Consumidores : Código de defesa e proteção   34:381.6(81)
3. Código de Defesa do Consumidor : Brasil   34:381.6(81)

© Todos os direitos reservados

EDITORA LTDA.

Rua Jaguaribe, 571 — CEP 01224-001— Fone (11) 2167-1101
São Paulo, SP — Brasil — www.ltr.com.br

LTr 4322.8   Outubro, 2010

Sumário

APRESENTAÇÃO — Prof. CLAUDINEU DE MELLO 9

PREFÁCIO — RICARDO MORISHITA 13

NOTA DAS ORGANIZADORAS— ANDREA BOARI CARACIOLA, ANA CLÁUDIA POMPEU TOREZAN ANDREUCCI E ALINE DA SILVA FREITAS 15

20 ANOS DE CÓDIGO DE DEFESA DO CONSUMIDOR: DO CONFLITO AO DIÁLOGO (E, QUEM SABE, À COOPERAÇÃO) 17
ANDRÉ LUIZ LOPES DOS SANTOS

TUTELA CONSTITUCIONAL DO CONSUMO — DIREITOS FUNDAMENTAIS 31
FRANCISCO PEDRO JUCÁ

INTERPRETAÇÃO SISTÊMICA E INTERDISCIPLINAR DO CÓDIGO DE DEFESA DO CONSUMIDOR E A POLÍTICA NACIONAL DAS RELAÇÕES DE CONSUMO 48
ADEMAR PEREIRA E REGINA TOLEDO DAMIÃO

OS PRINCÍPIOS PROCESSUAIS PREVISTOS NA CONSTITUIÇÃO FEDERAL E A DEFESA DO CONSUMIDOR 58
PATRICIA MIRANDA PIZZOL

DA EXCEPCIONAL APLICABILIDADE DO CÓDIGO CIVIL AO CONSUMIDOR: PREDICADOS PARA UMA INTERPRETAÇÃO PRINCIPIOLÓGICA MAIS BENÉFICA 86
MARCELO HARTMANN

CÓDIGO DE DEFESA DO CONSUMIDOR 93
JOSÉ HORÁCIO CINTRA GONÇALVES PEREIRA

APLICAÇÃO DO CÓDIGO DE DEFESA DO CONSUMIDOR EM RAZÃO DA PRESTAÇÃO DE SERVIÇOS PÚBLICOS 102
ARMANDO LUIZ ROVAI

AS INSTITUIÇÕES FINANCEIRAS, A LEI DA USURA E O CDC. UM BREVE ENSAIO SOBRE O DIÁLOGO DAS FONTES 128
CARLOS EDUARDO NICOLETTI CAMILLO E ROBERTO NUSSINKIS MAC CRACKEN

A ATIVIDADE DOS PROFISSIONAIS LIBERAIS DA ÁREA DA SAÚDE E O CÓDIGO DE DEFESA DO CONSUMIDOR: DESCONSTRUINDO UM MITO 140
ANA CLÁUDIA S. SCALQUETTE E RODRIGO ARNONI SCALQUETTE

DA RESPONSABILIDADE CIVIL DAS ENTIDADES HOSPITALARES QUANTO À ATUAÇÃO DO MÉDICO: UMA NOVA PERSPECTIVA DE APLICAÇÃO DO CÓDIGO DE DEFESA DO CONSUMIDOR 153
IVAN GERAGE AMORIM E EDUARDO PEREIRA ANDERY

O DIREITO DO CONSUMIDOR EM FACE DA SAÚDE SUPLEMENTAR 163
MARILY DINIZ DO AMARAL CHAVES

O MINISTÉRIO PÚBLICO E O QUESTIONAMENTO JUDICIAL DE MATÉRIA TRIBUTÁRIA ANTE O CÓDIGO DE DEFESA DO CONSUMIDOR 175
EDUARDO MARCIAL FERREIRA JARDIM

APROXIMAÇÕES ENTRE OS CONCEITOS DE CONSUMIDOR E CONTRIBUINTE 196
JOÃO BOSCO COELHO PASIN E MARCELA JUDITH WASSERMAN

REFLEXÕES SOBRE AS RELAÇÕES DE CONSUMO NA SOCIEDADE DA INFORMAÇÃO 215
JULIANA ABRUSIO E MARCO AURÉLIO FLORÊNCIO FILHO

DIREITO DO CONSUMIDOR E O MEIO AMBIENTAL 231
MARIA CECILIA LADEIRA DE ALMEIDA

O DIREITO À INFORMAÇÃO E OS ALIMENTOS TRANSGÊNICOS 238
FLAVIA MENDES DE CARVALHO E MARGARETE ALVARENGA ORTIZ

CONSUMISMO: UMA QUESTÃO DE PODER 250
PATRÍCIA TUMA MARTINS BERTOLIN E SUZETE CARVALHO

SOCIEDADE DO CONSUMO OU "CONSUMO DA SOCIEDADE"? UMA REFLEXÃO NECESSÁRIA 264
ANA CLAUDIA POMPEU TOREZAN ANDREUCCI E SERGIO JOSÉ ANDREUCCI JUNIOR

A PUBLICIDADE NO CÓDIGO DE DEFESA DO CONSUMIDOR 281
CAROLINA BOARI CARACIOLA

RELAÇÕES DE CONSUMO E PUBLICIDADE NO CÓDIGO DE DEFESA DO CONSUMIDOR — UMA ABORDAGEM ÉTICA 296
ROBSON B. M. GARCEZ

RELAÇÕES DE CONSUMO E DEFESA DA CONCORRÊNCIA 308
VICENTE BAGNOLI

DIREITO DA CONCORRÊNCIA E PROTEÇÃO AO CONSUMIDOR 318
PAULO EGÍDIO SEABRA SUCCAR

NOVOS INSTRUMENTOS DE ACESSO À JUSTIÇA E O CÓDIGO DE DEFESA DO CONSUMIDOR 327
ANDREA B. CARACIOLA; NUNCIO THEOPHILO NETO E WILSON GIANULO

Juizados Especiais Cíveis Estaduais: sua Importância para a Concretização dos Direitos do Consumidor 347
Aline da Silva Freitas e Eulálio Pereira Duarte

Ônus da Prova no Código de Defesa do Consumidor. A Inversão do art. 6º, VIII 362
Carlos Augusto de Assis

O Direito Individual do Consumidor, a Tutela Jurisdicional e a Suspensão das suas Ações Individuais em Razão do art. 543-C, § 1º do CPC 378
Tasso Duarte de Melo

A Efetividade Constitucional da Coisa Julgada no Âmbito do Código de Defesa do Consumidor 393
Alan da Silva Oliveira

A Evolução da Tutela Coletiva e o CDC: Novos Desafios após Duas Décadas 405
Luiz Guilherme Dellore

20 Anos do CDC e a Necessidade de Ajuste Técnico entre a Tipicidade e a Antijuridicidade 418
Marco Antônio Ferreira Lima

Crimes contra as Relações de Consumo e o Princípio da Legalidade: um Estudo dos arts. 61 a 65 da Lei n. 8.078/90 430
Humberto Barrionuevo Fabretti e Fernanda Massad de Aguiar

Mercado, Consumidor, Cultura e Direito — a Educação para o Consumo como Direito Humano 445
Carla Noura Teixeira

Apresentação

O ideário capitalista acentuou-se a partir da Revolução Industrial que eclodiu na Europa Ocidental, no final do século XVIII, e impôs transformações estruturais que afetaram a vida de toda a humanidade nos campos político, econômico, social e cultural.

O capitalismo, que, até então, se constituía em eficiente instrumento de exploração da atividade econômica, sobretudo com o desenvolvimento da mercancia, sofreu, com a organização da empresa e a consequente produção industrial em série, uma transformação extraordinária, passando a constituir-se em verdadeiro modo de vida ou ideologia. Sua grande inovação deu-se no campo industrial, com a introdução da técnica e de instrumentos no processo produtivo, que passou a realizar-se em escala contínua, estimulando o consumismo desenfreado e destruindo as formas senhorial, corporativa e artesanal de produção que, até então, regiam a vida econômica em sociedade. A mão de obra e o solo, que eram ocupados na agricultura e no artesanato de subsistência, passaram a ser utilizados na produção em escala crescente, por particulares e pelo Estado, instaurando-se um regime econômico de concentração da riqueza e consequente situação de injusta desigualdade nas relações econômicas e sociais.

Foi, aliás, essa brutal situação de injustiça que ocasionou, já na primeira metade do século XIX — para ser exato no ano de 1848 —, a publicação do *Manifesto Comunista*, de Marx e Engels e, posteriormente, em 1891, a Encíclica *Rerum Novarum*, do papa Leão XIII, com a qual inaugurou-se a doutrina social da Igreja Católica.

Nos dias atuais, a bem-sucedida globalização da economia e a transformação da ordem financeira — que é uma atividade-meio — em atividade-fim representam o coroamento da equivocada doutrina, segundo a qual o valor maior e incontrastável da atividade econômica é a liberdade absoluta de empresa, sem qualquer interferência do Estado na regulação dessa atividade; e por isso mesmo, ainda segundo essa lamentável doutrina, todo o esforço humano deve concentrar-se na boa ordenação da economia, pois seu regular funcionamento realizará a felicidade de todos.

Nesse contexto, importa assinalar, sobressaíram os dois novos agentes da atividade econômica. De um lado, a empresa produtora de bens e serviços que, com a eliminação das corporações de ofício, que, até então, regulavam a atividade econômica mercantil, passou a atuar livremente nos mercados, sem qualquer regulação. De outro lado, o consumidor desses bens e serviços que, estimulado pelas novidades dos mercados, passou a consumir não mais de acordo com suas necessidades, mas na exata medida em que era estimulado a consumir.

Foi quando então o Estado passou a interferir na atividade econômica para assegurar, a par da lealdade na concorrência entre os competidores no mercado, os direitos do consumidor, principal vítima da ganância voraz e incontrolável da recém--nascida empresa industrial.

Nesse sentido, fiel à orientação republicana explicitada logo no seu art. 1º, a Constituição brasileira, ao declarar os direitos e garantias fundamentais, estabeleceu que "o Estado promoverá, na forma da lei, a defesa do consumidor" (art. 5º, XXXII). Vale dizer, o consumidor, que fora o grande ausente nas constituições anteriores, passa a ser reconhecido, ao lado do trabalhador, como hipossuficiente que, nas relações de consumo, necessita da proteção do Estado.

Eis porque, ao incluir, no art. 170, o direito do consumidor como um dos princípios da ordem econômica e financeira, a Constituição federal outra coisa não fez senão atribuir ao Estado, na condição de agente normativo e regulador da atividade econômica, como declara no art. 174, o poder de intervir sempre que necessário na ordem econômica, seja para planejá-la, seja para regulá-la.

Foi justamente nesse contexto que promulgou-se o nosso Código de Defesa do Consumidor, que completa vinte anos de vigência, e, dada sua importância na evolução das relações de consumo, justifica e exige permanente aprofundamento doutrinário.

Daí, em boa hora, vem a lume este livro, escrito por vários autores, com especialidades diversas. E esta é a primeira grande vantagem da obra: as questões de direito, na sua ambivalência natural, são tratadas, direta ou indiretamente, sob diferentes visões dos mercados. Realiza-se, assim, o fim último a que se presta a elaboração intelectual: permitir que o leitor forme sua própria visão dos problemas discutidos, a partir de uma multiplicidade de visões de mundo.

A segunda vantagem da obra é a de que sua leitura conduz naturalmente o leitor a uma visão holística dos temas tratados; vale dizer, cada um desses temas se insere na visão global da obra, fazendo com que o conjunto deles seja tratado de modo a dar-lhe a necessária unicidade.

A sua terceira vantagem, finalmente, é o fato de consolidar visões diversas sobre um mesmo instituto jurídico, a partir de experiências várias, sobretudo depois de vinte anos em que as questões nele examinadas são fruto não apenas da reflexão individual dos autores nas salas de aula da Faculdade de Direito da Universidade Presbiteriana Mackenzie, como também da sua experiência no dia a dia da sua atividade profissional.

É uma obra que enriquece bibliotecas, sobretudo porque ela pergunta e responde, e responde para perguntar.

São Paulo, agosto de 2010.

Claudineu de Melo
Professor da Faculdade de Direito da Universidade Presbiteriana Mackenzie

Prefácio

A defesa do consumidor comemora neste ano o aniversário do seu principal marco normativo, o Código de Defesa do Consumidor.

Trata-se de uma celebração de toda a cidadania, pois superamos inúmeros desafios — econômicos, políticos e sociais — e pudemos instituir uma lei tão avançada como outras já existentes em mercados mais maduros e desenvolvidos.

Foram inúmeras as inovações no plano jurídico nacional, como a instituição de um microssistema de direito do consumidor, as normas abertas, a responsabilidade objetiva, prevista nos seus dois grandes sistemas de reparação de danos, o fato e vício do produto e serviço, a solidariedade, a inversão do ônus da prova, entre várias outras.

O caminho que percorremos foi também bastante inusitado, pois, ao lado das mudanças normativas, vivenciamos importantes transformações nas áreas econômicas, sociais e políticas. A defesa do consumidor aplicada no início da vigência do Código de Defesa do Consumidor, evidentemente, não é a mesma de hoje. Tivemos avanços em importantes e estratégicas áreas do mercado, como a financeirização das relações de consumo e a descentralização de serviços que antes eram prestados pelo próprio Estado; assim também houve o avanço trazido com a maturidade do aparelho de justiça, com suas reformas e transformações.

Nessa última década tivemos praticamente 30 milhões de novos consumidores que ascenderam da classe D para classe C, e dela para a classe B. Temos 540 milhões de cartões de débito e crédito e, pelo menos até o final do ano, cerca de 200 milhões de celulares. Com isso, podemos afirmar que nada relacionado ao direito do consumidor é trivial ou circunstancial, mas sempre complexo, relacional e coletivo, trazendo impacto para a vida de milhões de brasileiros.

Olhar o hoje, com vistas ao que se passou, e com isso melhor desenhar o futuro: esse parece ser o desafio de toda uma sociedade. Hannah Arendt nos alertava que, comparado a um conto de Kafka, talvez o passado não seja um fardo, mas sim uma força que nos impulsiona para frente; o futuro, não propriamente uma evolução *per se*, mas também inadvertidamente, talvez represente uma força exatamente contrária ao avanço que nos impele para trás; e o presente, exatamente o ponto de encontro dessas duas extraordinárias forças.

Na última crise mundial, podemos dizer que os grandes protagonistas foram os consumidores; primeiro porque são eles que direta e imediatamente sofrem todos os efeitos das grandes crises, e também porque foram e são a chave estratégica para a construção de soluções equilibradas e sustentáveis da superação e do crescimento.

Vivemos um momento especial para a defesa do consumidor, no plano interno e externo, e nessa circunstância ímpar da sociedade brasileira a Universidade Presbiteriana Mackenzie, representada pela sua tradicional Faculdade de Direito, mais uma vez exerce o protagonismo de registrar esse momento histórico por meio de seus excelentes textos acadêmicos.

Podemos notar nesta obra coletiva, com autores e professores de renome no plano nacional e internacional, uma percuciente análise dos principais institutos do direito do consumidor, com as reflexões e críticas que convidam todos a uma renovada leitura das normas protetivas. Acadêmicos, operadores do direito e interessados são o público desta edição.

Compreender o presente e olhar com maturidade, esperança e força o futuro das relações de consumo, com dignidade, respeito, equilíbrio e segurança jurídica — parece ser essa a mensagem, entre outras tantas, dessa marcante obra coletiva de direito do consumidor.

Certo de sua importante contribuição para toda a sociedade e, em especial, para todos aqueles que operam nessa estratégica área do conhecimento jurídico, tive a imensa honra de brevemente apresentar e convidar todos para uma jornada instigante pelo direito do consumidor no ano do vigésimo aniversário do Código de Defesa do Consumidor.

Brasília, 31 de julho de 2010.

Ricardo Morishita Wada
Advogado, formado em direito pela PUC/SP. Mestre em direito pela Faculdade de Direito do Largo São Francisco (USP). Diretor do Departamento de Proteção e Defesa do Consumidor do Ministério da Justiça. Professor de Direito do Consumidor.

Nota das Organizadoras

Completados vinte anos da Lei n. 8.078/90, que estabelece um verdadeiro Código de Defesa do Consumidor, e consolidada a globalização como uma realidade a informar o mercado capitalista, impõem-se à reflexão social os acertos e desacertos da legislação consumerista, rumo à implementação de políticas públicas que definitivamente rompam com a flagrante desigualdade historicamente desenhada na relação fornecedor-consumidor, tendo-se em vista a preservação dos direitos fundamentais da pessoa a partir da sobrelevação da função social dos contratos.

Destina-se, esta obra, ao destacar plúrimas cosmovisões do tema a partir de uma abordagem transversal, tecer, de forma semiótica, a interface entre o "ser" e o "dever ser" no que atina ao universo consumerista, com vistas à mudança social e quebra de paradigmas que, no mais das vezes, isolam, de forma estanque e comparti-mentalizada, as figuras do fornecedor e do consumidor em realidades distintas e impenetráveis. Nossa proposta reside na aproximação desses sujeitos sociais por meio de uma releitura do universo consumerista, considerado o momento presente e tendo em vista o diálogo, a interação e a construção de um equilíbrio real e substancial nas relações consumeristas.

20 Anos de Código de Defesa do Consumidor: do Conflito ao Diálogo (E, Quem Sabe, à Cooperação)

André Luíz Lopes dos Santos[*]

Introdução

As comemorações dos vinte anos de promulgação do Código de Defesa do Consumidor estão abrindo espaços importantes para as reflexões dos juristas que, ao longo dessas duas décadas, têm feito do Código seu campo preponderante de estudos e de trabalho.

De forma multidisciplinar, como o próprio Código enseja, esses estudos e esse trabalho cotidiano têm contribuído para fazer da defesa do consumidor um dos temas de maior "apelo popular", por assim dizer, dentro do historicamente hermético "mundo jurídico", graças à intensa sinergia entre o jurídico e o não jurídico que se pode observar no processo de construção diária da ainda jovem defesa do consumidor.

Neste breve ensaio, procuraremos traçar uma análise bastante sucinta (e mais política do que jurídica, propriamente) do cenário atual da defesa do consumidor, tomando em consideração, para tanto, algumas diretrizes traçadas pelo próprio Código, alguns aprendizados históricos e algumas das principais transformações em curso, em nossa sociedade, para ao final, traçarmos algumas perspectivas (e compartilharmos algumas esperanças) para os desdobramentos possíveis do tema, nos próximos vinte anos.

---

[*] Advogado. Professor Universitário. Mestre em Direito Político e Econômico pela Universidade Presbiteriana Mackenzie, onde também se graduou em Direito. Foi Ouvidor da Secretaria da Justiça e Defesa da Cidadania do Estado de São Paulo (2002); Chefe de Gabinete da Fundação Procon/SP (2002/2003); Assessor Especial da Secretaria de Direito Econômico do Ministério da Justiça, atuando junto ao Departamento de Proteção e Defesa do Consumidor — DPDC (2003); Diretor de Atendimento e Orientação ao Consumidor da Fundação Procon/SP (2003/2005); Chefe de Gabinete e Vice-Presidente da FEBEM/SP (2005); desde 2007, integra os quadros da Federação Brasileira de Bancos — FEBRABAN, onde ocupa, atualmente, o cargo de Diretor Adjunto de Relações com Clientes e Autorregulação.

1. REABERTURA POLÍTICA, TRANSFORMAÇÕES MACROECONÔMICAS E O NASCIMENTO DO CÓDIGO DE DEFESA DO CONSUMIDOR

A defesa do consumidor, no Brasil, tem seu início em período anterior ao da construção e promulgação do Código de Defesa do Consumidor, com destaque, nesse cenário, para o histórico vivenciado no Estado de São Paulo, onde foi criado, ainda na década de 1970, o primeiro órgão público de defesa do consumidor do país, o Grupo Executivo de Proteção e Defesa do Consumidor — o Procon —, iniciativa que, aos poucos, passou a ser seguida por diversos outros Estados da Federação[1].

No entanto, foi somente graças à Constituição de 1988, que acabou por inserir a proteção ao consumidor, por parte do Estado, como direito fundamental do cidadão, que a criação de um Código de Defesa do Consumidor tornou-se um objetivo explícito da Nação (art. 48, do Ato das Disposições Constitucionais Transitórias).

Os trabalhos de construção e aprovação da nossa lei de consumo evidenciaram, a cada passo, a complexidade inserta em se traçar uma disciplina mais ampla e abrangente para as relações entre o setor produtivo (fornecedores) e, de outra, a própria sociedade (consumidores), atores de relações historicamente tão desiguais.

Tanto a Constituição Federal (1988) quanto o Código de Defesa do Consumidor (1990) nasceram, cabe relembrar, em meio a um momento de intensas transformações sociais, políticas e econômicas, quer no Brasil como no mundo.

No cenário nacional, se de uma parte tinha curso o processo de reabertura política, de outra atravessávamos um período econômico dos mais graves de nossa história (1990, afinal, marca o auge da hiperinflação, entre nós). Além disso, o tom "cidadão" da Carta de 1988, voltado à estruturação de um Estado de bem-estar (que nunca chegou a se formar), no Brasil, entrava em franca rota de colisão com as diretrizes do famoso "consenso de Washington"[2], cujo conteúdo refletia de forma precisa o processo de transnacionalização da economia, a um ritmo nunca antes visto, impondo desafios imensos às economias dos Estados periféricos do capitalismo global.

Ainda assim, o Código de Defesa do Consumidor, guardando considerável proximidade ao texto originalmente produzido pela Comissão criada pelo Conselho Nacional de Defesa do Consumidor[3], em 1988, foi sancionado pelo presidente da

---

(1) O sítio eletrônico da Fundação Procon/SP (Disponível em: <http://www.procon.sp.gov.br>) dispõe de uma ampla seção voltada ao relato do histórico de formação do órgão que, em última análise, confunde-se com o próprio histórico da defesa do consumidor, no país.

(2) A expressão foi cunhada pelo economista inglês John Williamson, segundo quem ela teria sido criada para definir "o mínimo denominador comum de recomendações de políticas econômicas que estavam sendo cogitadas pelas instituições financeiras baseadas em Washington e que deveriam ser aplicadas nos países da América Latina, tais como eram suas economias em 1989". Disponível em: <http://pt.wikipedia.org/wiki/Consenso_de_Washington> e <http://www.cid.harvard.edu/cidtrade/issues/washington.html>.

(3) O Ministério da Justiça disponibiliza, em seu sítio na internet, uma série de documentos de grande relevância histórica acerca do Conselho Nacional de Defesa do Consumidor, desde sua criação até pareceres por ele emitidos, ao longo do trâmite legislativo do Código. Disponível em: <http://portal.mj.gov.br/data/Pages/MJCA4FF8F8ITEMID1DED84B0DB964C66851D35DB928C5969PTBRIE.htm>.

República, com alguns vetos parciais, e publicado como Lei n. 8.078, de 11 de setembro de 1990[4].

2. A PREVALÊNCIA DO ESTADO COMO AGENTE PROMOTOR DA DEFESA DO CONSUMIDOR NO BRASIL

Como já aqui mencionado, no Brasil, é a própria Constituição Federal (art. 5º, XXXII) que atribui ao Estado o "dever" de promover, "na forma da lei, a defesa do consumidor".

O Código de Defesa do Consumidor, ao delinear o Sistema Nacional de Defesa do Consumidor — SNDC, em seu art. 105, arrola ali, como seus integrantes, "os órgãos federais, estaduais, do Distrito Federal e municipais e as entidades privadas de defesa do consumidor". No art. 106, atribui ao Departamento Nacional de Defesa do Consumidor (atual Departamento de Proteção e Defesa do Consumidor — DPDC) da Secretaria de Direito Econômico do Ministério da Justiça o papel de coordenador político do SNDC.

Nota-se claramente, nesses comandos legais, a preponderância atribuída ao Estado na estruturação da defesa do consumidor no Brasil — e, até aqui, essa primazia do público se confirmou de forma bastante nítida, em nosso cotidiano.

A preponderância do papel do Estado ao longo desses primeiros anos do movimento consumerista em nosso país tem, a nosso ver, mais aspectos positivos do que negativos. Parece-nos difícil imaginar, no contexto atual, que a defesa do consumidor tivesse chegado até aqui com a força e a relevância que hoje ostenta, sem o envolvimento direto do Estado, como condutor primeiro e principal desse processo.

Os Procons, graças a seu trabalho diário de atendimento às demandas da população, ganharam credibilidade e legitimidade perante o público. O Judiciário, por meio de seus Juizados Especiais, destacadamente, conferiram maior efetividade aos conteúdos principiológicos do Código, ao aplicá-los aos tantos casos concretos levados à sua apreciação. Os Ministérios Públicos, em especial desde as alterações estruturais que lhe foram conferidas pela Carta de 1988, também se somaram a esse processo de forma mais proeminente, acentuando, dessa forma, a dimensão coletiva do tema. Em momento posterior, também as Defensorias Públicas passaram a assumir papel relevante no trabalho de efetivação dos comandos do Código de Defesa do Consumidor.

Graças a essas estruturas, as relações entre fornecedores e consumidores se desenvolveram preponderantemente intermediadas pelo Estado, ao longo desses

---

(4) Para maiores detalhes sobre os trabalhos de elaboração do anteprojeto, bem como sobre sua tramitação no Congresso Nacional, até final sanção, consultar o capítulo inicial de GRINOVER, Ada Pellegrini *et al*. *Código brasileiro de defesa do consumidor*. 8. ed. rev. amp. e atual. Rio de Janeiro: Forense Universitária, 2005.

primeiros vinte anos de edição do Código — e esse ainda permanece, na verdade, o cenário predominante.

A par de reconhecer suas virtudes, parece-nos oportuno atentar, também, para os limites desse modelo. O Estado está sobrecarregado nesse processo, e uma revisão dos papéis de todos os atores nele envolvidos parece-nos uma necessidade premente.

Até mesmo como fruto de um processo sem precedentes (e bastante positivo, em diversos aspectos) de inclusão de camadas inteiras da população brasileira ao mercado de consumo, graças a fatores como os da estabilização da moeda, do crescimento da economia e de uma melhor distribuição de renda, as demandas dos consumidores, em todas as frentes, só fazem crescer, ano após ano, em números absolutos — e não vemos quaisquer indícios de que esse crescimento vá se arrefecer tão cedo; ao contrário, aliás.

A absorção dessas demandas pelo Estado, considerado esse ritmo contínuo de crescimento, tem-se mostrado cada vez mais comprometida.

A ampliação e o fortalecimento dos canais diretos de atendimento às demandas dos consumidores, nas estruturas operacionais dos fornecedores, é, sem dúvida, um passo necessário e urgente.

Em alguns setores, aliás, esse processo já está em curso de forma mais evidente, em especial, depois da edição do Decreto n. 6.523/08, que disciplina os Serviços de Atendimento ao Consumidor — SACs — o que não fará, por si só, parece-nos muito claro, com que as demandas encaminhadas ao Estado (Procons e Juizados) diminuam. Não diminuirão, ao menos não de forma imediata, ou mesmo proporcional, quer pelo simples fato de que elas têm crescido sistematicamente, em números absolutos, quer pelo fato de que parcela considerável da população, ao encaminhar suas reclamações de consumo, prefere fazê-lo em canais externos aos do próprio fornecedor junto ao qual já vivencia algum tipo de conflito.

O atendimento a essa demanda é hoje um dos desafios mais urgentes a ser encarado, quer pelos órgãos estatais, quer pelos próprios fornecedores — mas "o urgente não pode impedir o necessário". Noutras palavras, isso não pode atuar como pretexto para que se perca o foco das questões "de fato" mais relevantes, que se assentam nos trabalhos de construção de relações mais equilibradas e de maior harmonização de interesses, exatamente como preconiza o próprio Código, em seu art. 4º, III — esses sim, em última análise, os únicos esforços efetivamente capazes de minimizar o número de conflitos, ao longo do tempo.

O alcance efetivo desses objetivos do Código parece-nos claramente demandar avanços no relacionamento entre fornecedores e os membros do SNDC, bem como uma maior aproximação entre consumidores e fornecedores, de forma direta.

Para tanto, necessário atentar para algumas condições básicas para que ela se torne possível — e o histórico desses primeiros vinte anos de edição do Código pode nos propiciar alguns aprendizados importantes, nesse sentido. Comecemos assim por considerar, nessa reflexão, algumas das importantes transformações estruturais em curso, nesse período.

3. DIVERSIDADE E COMPLEXIDADE: TÔNICAS DO CENÁRIO PRESENTE

O dinamismo do mercado impõe aos fornecedores, a cada dia, níveis mais elevados de sofisticação em suas práticas, de modo a atender a um público cada vez mais amplo, segmentado e exigente — um ambiente mais complexo, em síntese.

Nesse processo, as práticas de mercado se transformam numa velocidade impressionante, a ponto de termos de reconhecer que, se há algum tempo preocupavam-nos especialmente a "massificação" e a consequente "despersonalização" das relações de consumo, hoje prende-nos a atenção um processo inverso, que não invalida o anterior, mas que o modifica de forma sensível e relevante.

A "despersonalização" das relações de mercado vem hoje acompanhada, em um aparente paradoxo, da busca pela "identidade" dos consumidores, por meio do consumo — temática explorada de forma profunda e brilhante pelo sociólogo polonês Zygmunt Bauman, em suas obras dedicadas à análise das sociedades ditas "pós-modernas"[5].

O consumo é, cada vez mais, associado à busca pela "identidade", num processo que estimula o consumismo desenfreado: "Não se compra apenas comida, sapatos, automóveis [...]. Há muitas áreas em que precisamos ser competentes, e cada uma delas requer uma "compra". [...] A lista de compras não tem fim. Porém, por mais longa que seja a lista, a opção de não ir às compras não figura nela"[6].

Um outro aspecto há de ser considerado, ainda, no contexto presente: "ir às compras" equivale, cada vez mais, a "tomar crédito", afinal, a ampliação do acesso ao crédito está na base de todo esse processo — o que prolonga as relações (e obrigações a ela vinculadas) e as torna mais complexas e mais suscetíveis a conflitos posteriores.

Esse cenário torna ainda mais evidente um dos pressupostos de todo o Código: a "vulnerabilidade" do consumidor, prejudicado em sua "racionalidade instrumental", cada vez mais sobreposta pelo ímpeto de satisfação, por meio do consumo, de outras tantas lacunas identificadas no processo diuturno de construção de sua "identidade".

Em uma perspectiva bastante pragmática, esse processo tem levado os setores produtivos a uma série de transformações em suas estratégias comerciais.

---

(5) Como referência às reflexões de Zygmunt Bauman, podemos citar, aqui, obras como *Vida líquida* e *Modernidade líquida* (ambas com edições em português publicadas pela Editora Zahar).
(6) BAUMAN, Zygmunt. *Modernidade líquida*. Trad. Plínio Dentzien. Rio de Janeiro: Jorge Zahar, 2001. p. 87-88.

Os chamados "nichos de mercado" se multiplicam, exigindo ações específicas para cada segmento, por parte dos fornecedores — e essa segmentação vai além das ações de *marketing*, apenas; a linguagem a ser adotada, as expectativas a serem atendidas e o grau de interação e de exigência, em cada um desses "nichos", varia muito.

Não há como dissociar esse processo, ainda, do fenômeno da internet, que começou a ganhar vida, entre nós, de forma pública, alguns anos depois da edição do Código[7]. Desde então, o processo de multiplicação de canais e formatos de relacionamento entre fornecedores e consumidores (basta imaginar, ilustrativamente, o crescimento das redes sociais *on-line*) tem modificado de forma profunda essa relação.

Fato é que o Código, anterior à recente aceleração desse processo de contínuas transformações no contexto que o cerca, mantém sua grande virtude, justamente, naquilo que faz dele um dos exemplos normativos mais complexos do nosso universo jurídico: seu caráter principiológico. Está nessa base principiológica do Código a ferramenta principal de trabalho dos agentes que sobre esse campo de trabalho operam.

O desafio maior que se coloca, hoje, é o de internalizar esses valores e princípios, de modo mais efetivo e mais amplo, ao cotidiano das práticas comerciais dos fornecedores — e isso não se fará senão por meio de um intenso (e difícil, sem dúvida) trabalho de aproximação, diálogo e, em algum momento (assim esperamos), cooperação entre as partes envolvidas nesse processo.

4. NEGOCIAÇÕES, CONCESSÕES E LIMITES: "CENOURAS E PORRETES"

Como primeiro aspecto a considerar, no intuito de se caminhar rumo a uma maior aproximação entre esses agentes, temos o reconhecimento de que há, na relação entre eles, interesses distintos — o que "não" significa dizer, necessariamente, interesses opostos ou, menos ainda, inconciliáveis. Ao contrário, até; os interesses dos agentes de uma relação de consumo tendem a ser convergentes.

Para melhor compreendermos este aparente paradoxo — o da necessidade de harmonizar e equilibrar uma relação em que há interesses convergentes — recorreremos aqui a alguns trechos da entrevista veiculada em outubro de 2009, nas páginas amarelas da revista *Veja*[8], em que Robert Aumann, vencedor do Prêmio Nobel de economia, em 2005, discorreu sobre parte de suas teses, desenvolvidas a partir da Teoria dos Jogos.

---

(7) Em dezembro de 1994, a Embratel iniciou seu serviço de acesso à internet em caráter experimental. O serviço tornou-se regular a partir de maio de 1995, mesma época em que foi criado o Comitê Gestor da internet Brasil — CGI. Maiores informações sobre o histórico da evolução da internet, no Brasil. Disponível em: <http://www.internetnobrasil.net>.

(8) A íntegra daquela entrevista, publicada na edição de 31.10.2009, sob o título *A teoria dos jogos na política: a concessão, a cenoura e o porrete*. Disponível em: <http://veja.abril.com.br/blog/reinaldo/geral/veja-5-a-teoria-dos-jogos-na-politica-a-concessao-a-cenoura-e-o-porrete/>.

Ali, explica Robert Aumann a respeito da Teoria dos Jogos:

> [...] é uma ciência que examina situações em que dois ou mais indivíduos ou entidades lutam por diferentes objetivos, nem sempre opostos [...]. A compra de uma casa também pode ser analisada por meio da Teoria dos Jogos [...]. O comprador tem objetivos comuns aos do vendedor. Ambos estão interessados em que o negócio se concretize. Alguns aspectos da negociação, porém, são opostos, porque o comprador quer um preço mais baixo e o vendedor um preço mais alto. [...] Cada um pensa sob o ponto de vista do outro para elaborar uma maneira de atuar. O mesmo vale para a política ou para a guerra. Minha pesquisa consiste em analisar as estratégias de situações interativas como essas.

Citando um exemplo histórico de confirmação dessa tese, nos campos da política e da guerra, Aumann menciona as negociações que antecederam a Segunda Guerra Mundial:

> O senso comum diz que a II Guerra Mundial foi causada por Adolf Hitler. Há alguma verdade nisso, [...] mas o papel desempenhado pelo primeiro-ministro inglês Neville Chamberlain é frequentemente negligenciado. [...] a retórica de Chamberlain era similar ao que ouvimos hoje em dia na diplomacia: "Nós temos de conseguir a paz, temos de entender o outro lado, temos de fazer concessões [...]". Ele estava tão obcecado em garantir a paz que passou a atender a todas as demandas de Hitler. [...] Um ano depois Hitler invadiu a Polônia. Só então a Inglaterra declarou guerra à Alemanha. Hitler ficou furioso. [...] As concessões de Chamberlain foram um incentivo para Hitler, e elas levaram o mundo à II Grande Guerra.

Por fim, ao colocar em cheque as concessões mais amplas como procedimento adequado à realização de entendimentos eficazes entre as partes envolvidas numa negociação dessa natureza, ressalta que:

> É preciso dizer na mesa de negociação: "Não vamos aceitar essas demandas e, se vocês insistirem nelas, vamos revidar com violência". Há dois tipos de incentivo: a cenoura e o porrete. [...] Se Chamberlain tivesse dito a Hitler em 1938 em Munique que não aceitaria certas demandas, Hitler teria de recuar, porque não estava ainda preparado para a guerra. Na crise dos mísseis de Cuba, em 1962, o presidente americano John Kennedy deixou claro aos russos que, se os mísseis não fossem retirados da ilha, os Estados Unidos agiriam. Com isso, Kennedy conseguiu a paz.

Tais ponderações suscitam questionamentos da maior relevância, em especial, acerca das possibilidades e dos limites que demarcam um processo mais aberto e mais intenso de negociação entre as partes envolvidas nas relações de consumo.

Ao falarmos em "negociação entre as partes", nosso foco está centrado, muito mais do que em problemas individuais de consumo, na formação, operação, desenvolvimento e legitimação de canais institucionalizados de relacionamento, por exemplo, entre membros do SNDC e entidades representativas de setores organizados da economia.

Diálogos dessa natureza já ocorrem — e de forma regular, até, quando pensamos em alguns setores que vêm trabalhando nesse processo de forma mais organizada e estruturada, há algum tempo. Parece-nos possível identificar um exemplo disso, hoje, no setor bancário, junto ao qual temos atuado, nos últimos anos.

Talvez até mesmo por ter sido esse o único setor da economia a buscar o Judiciário de forma conjunta para pleitear, por meio de uma Ação Direta de Inconstitucionalidade[9], a inaplicabilidade do Código de Defesa do Consumidor à fatia central de sua atividade (a intermediação financeira), com resultado amplamente desfavorável, o setor bancário vem se mostrando, em tempos mais recentes, firmemente disposto a buscar um claro reposicionamento no campo das relações de consumo.

Em que pese o gigantismo e a complexidade dos desafios ainda por serem enfrentados, nesse sentido, algumas ações recentes do setor — dentre as quais, por exemplo, a estruturação do Sistema Brasileiro de Autorregulação Bancária, por meio da FEBRABAN[10] — dão mostras claras, concretas, de um propósito real de avançar no enfrentamento das questões afetas ao relacionamento do setor com seus consumidores. O tempo nos mostrará, por certo, que resultados decorrerão de iniciativas como essa.

As melhorias no relacionamento entre os atores das relações de consumo passa necessariamente, ao nosso ver, de uma parte, por maiores avanços nesse sentido, pelos diversos setores da economia, bem como, de outra parte, por uma atualização dos papéis atribuídos aos membros do SNDC nesse processo, desde a elaboração do Código.

Alguns aspectos cruciais da evolução da defesa do consumidor, nos próximos anos, estão profundamente atrelados à capacidade que venhamos a demonstrar para enfrentar questões difíceis, polêmicas, de parte a parte — e aqui ganha vulto a temática da "negociação", que abordamos neste tópico.

A atribuição de atender aos consumidores, em suas demandas cotidianas, não pode caber senão, em primeiro lugar, aos próprios fornecedores e, nesse sentido, o ainda recente Decreto n. 6.523/08, ao disciplinar o funcionamento dos Serviços de Atendimento ao Consumidor — SACs representou um passo essencial — não defini-

---

(9) ADI n. 2.591/DF. Maiores informações disponíveis em: <http://www.stf.jus.br/portal/processo/verProcessoAndamento.asp?numero=2591&classe=ADI&origem=AP&recurso=0&tipoJulgamento=M>.
(10) Em seu sítio eletrônico (disponível em: <http://www.febraban.org.br/Febraban.asp?id_pagina=241>), a FEBRABAN disponibiliza a íntegra de alguns dos Normativos do Sistema de Autorregulação Bancária, que tem por foco específico, neste primeiro momento de sua estruturação, o relacionamento entre os bancos signatários do Sistema e seus consumidores pessoa física. Os Normativos n. 2 (encerramento de contas-correntes), n. 3 (SACs) e n. 4 (atendimento em agências bancárias) representam, todos eles, resultados de intensos debates mantidos pelo setor, por intermédio da FEBRABAN, com membros do SNDC, sob coordenação do DPDC/MJ, ao longo dos últimos três anos.

tivo, por certo, mas primordial aos avanços que aqui admitimos como necessários. O Decreto dos SACs estabelece, sem dúvida alguma, um novo patamar para esses serviços — sobretudo no tocante aos aspectos operacionais que os estruturam.

No entanto, de nada adiantará dispormos de uma norma que estabeleça padrões tão elevados de atendimento, no âmbito operacional (altos níveis de serviço, atendimento em tempo integral, por canais de acesso gratuito, com prazos bastante curtos para resposta formal etc.), se, em paralelo, não avançarmos na mesma proporção na definição de métricas de eficácia dos serviços prestados por essas centrais.

Essa segunda etapa dos trabalhos, contudo, não nos parece passível de ser realizada "por Decreto" — ao menos não de forma padronizada, para diversos setores, como fez o Estado, num primeiro movimento.

Está aqui, cremos, uma imensa oportunidade colocada nas mãos dos fornecedores, no sentido de chamar para si mesmos a responsabilidade de alcançar novos patamares de "confiança" em seu relacionamento com seus consumidores — e a "confiança" é a base primeira de qualquer relacionamento que se pretenda saudável, duradouro, sustentável.

Hoje, não raro, deparamo-nos com relatos de consumidores "insatisfeitos" com as soluções dadas às suas demandas por esses canais. Não raro, ainda que diante de demandas tidas por "fundamentadas", esses canais de atendimento veem-se limitados em sua condição real de atendimento eficaz às demandas dos consumidores, em função dos limites a eles impostos pelos próprios fornecedores — e esse nos parece, claramente, um campo extremamente fértil para avanços "negociados" entre fornecedores e órgãos de defesa do consumidor.

Tornemos ao setor bancário, uma vez mais, para ilustrar nosso raciocínio.

A considerável expansão do acesso a produtos e serviços financeiros em nosso país, nos últimos anos, tem levado ao crescimento simultâneo de registros de reclamações desses novos consumidores perante os órgãos de defesa do consumidor — o setor financeiro tem representado, ano a ano, percentual considerável dos registros lançados nos cadastros de reclamações fundamentadas publicados pelos órgãos de defesa do consumidor; mais precisamente, 32,25% dos registros do Sistema Nacional de Informações de Defesa do Consumidor — SINDEC, entre 2.5.2009 e 20.1.2010[11], com destaque para o setor de cartões de crédito.

Pode-se olhar para esse fato sob perspectivas diferentes, por certo.

De uma parte, para os órgãos de defesa do consumidor, o Decreto dos SACs veio, em síntese, "devolver aos fornecedores uma demanda que é deles", e que vinha sendo "transferida pelas empresas aos Procons", quer pela simples falta dessas estru-

---

(11) Para maiores informações acerca dos registros lançados no Cadastro Nacional de Reclamações Fundamentadas de Consumo, pode ser acessado o portal do SINDEC. Disponível em: <http://portal.mj.gov.br/sindec/>, a partir de onde foram analisados os dados aqui referidos, conforme estatísticas capturadas *on-line* em: 23.2.2010.

turas, quer por suas falhas operacionais ou, ainda, por sua baixa eficácia[12]. Os Procons teriam se transformado, nesse cenário, nos "SACs" da maioria das empresas.

De outra parte, queixam-se os fornecedores, em larga escala, do fato de que os Procons não exigem, para que prestem seu atendimento e registrem as reclamações, que os consumidores tenham buscado, antes, os canais das próprias empresas. Além disso argumentam, reiteradamente, que o critério em que se baseia a divulgação dos Cadastros de Reclamações Fundamentadas (números absolutos de registros) leva a interpretações distorcidas da realidade, na medida em que, necessariamente, empresas com largas bases de clientes haverão de figurar, quase sempre, no topo dessas listagens, por maiores que sejam os esforços que cada uma delas decida empreender, na melhoria de suas estruturas de atendimento às demandas de seus consumidores.

A temática dos canais de atendimento parece-nos revelar, com precisão e clareza, a necessidade urgente de avanços nos diálogos entre as partes envolvidas na temática das relações de consumo (fornecedores, entidades setoriais, consumidores e o SNDC) — e, também, a magnitude da oportunidade de avanços que o contexto atual nos coloca.

Como em todo relacionamento, cada qual das partes tem suas razões, quando analisadas as linhas de argumentos acima abordadas. Exatamente por isso, cada uma delas tem, seguramente, margens razoáveis de negociação, no sentido da construção de um cenário menos conflitivo, mais harmônico, no âmbito das relações de consumo.

O fornecedor que deu causa a um problema, que gerou um dano, deve responder por ele — e esse processo deve ter início já no primeiro momento, no primeiro atendimento ao consumidor que se sinta insatisfeito ou prejudicado, em decorrência da aquisição ou fruição de um produto ou serviço, por canais "próprios" e "eficazes". Parece muito simples, mas ainda há muito que se progredir, nesse sentido.

De outra parte, segundo cremos, também o SNDC tem uma parcela importante de contribuição a dar, na construção desse novo cenário que todos desejamos.

Não compartilhamos da tese segundo a qual orientar os consumidores a buscar a solução de seus problemas de consumo diretamente junto aos fornecedores, num primeiro momento, seria, como se pode imaginar ou mesmo argumentar, furtar-se a prestar atendimento; ao contrário, seria orientar (induzir) o mercado a construir patamares mais elevados, no relacionamento entre consumidores e fornecedores.

Ao encaminhar os consumidores aos canais diretos de atendimento dos fornecedores, os membros do SNDC estariam não apenas fomentando cidadania — e estariam, ao ressaltar a questão da responsabilidade de cada agente por seus atos — como, simultaneamente, gerando um estímulo ainda maior ao efetivo fortalecimento desses canais.

---

(12) Nesse sentido, vale ouvir a entrevista concedida pelo Diretor do DPDC/MJ, Ricardo Morishita Wada, ao canal IDGNOW, área de tecnologia do portal UOL, pouco antes da entrada em vigência do Decreto n. 6.523/08. A íntegra da entrevista está disponível em: <http://idgnow.uol.com.br/telecom/2008/11/18/entrevista-orgaos-de-defesa-se-beneficiarao-das-regras-de-call-center/>, onde foi capturada *on-line* em: 23.2.2010.

Simultaneamente, nesse processo, órgãos de defesa do consumidor e fornecedores, de forma direta ou por meio de entidades setoriais, poderiam avançar na construção conjunta, negociada, das premissas de atendimento e das métricas de aferição de eficácia desses canais, as quais aqui já nos referimos.

Soluções construídas como fruto de diálogos abertos, em espaços públicos, ganham "legitimidade" e, em última análise, levam ao maior "comprometimento" de todos os envolvidos no processo, em torno da eficácia dessas mesmas soluções.

Progressivamente desonerados do imenso volume de atendimentos que prestam no encaminhamento de reclamações, os órgãos que integram o SNDC poderiam concentrar muito mais e melhor os seus esforços na proposição, construção e gestão de políticas públicas de defesa do consumidor.

Avanços como esses não são simples de se obter. Envolverão, quase sempre, mais do que simples "boa vontade" das partes. "Diálogos" não são "debates". Nos primeiros, dá-se a exposição franca e a escuta atenta e desarmada de preconceitos, de ambas as partes, que se dispõem a encontrar e/ou construir perspectivas e caminhos novos para superar divergências antigas; já nos segundos, cada parte não faz mais do que reafirmar suas próprias convicções e verdades, sem qualquer propósito construtivo real.

Nesse sentido está nossa convicção de que o aspecto mais positivo da moldura dentro da qual escrevemos hoje está na crescente "capacidade de dialogar" que os atores dessa relação vêm demonstrando — nem todos, é fato, e nem tanto quanto gostaríamos ou poderíamos; mas as sementes estão lançadas.

Quanto mais e melhor soubermos aprimorar essa capacidade, valendo-nos cada vez mais das "cenouras" do que dos "porretes", em processos de negociação, mais teremos a comemorar, nos próximos aniversários do Código.

Negociações, como tão bem ilustra Robert Aumann, nos trechos aqui transcritos, não são processos elementares. Nem tudo gerará consenso, nem sempre o "sim" substituirá o "não". Num contexto de respeito e confiança recíprocos, isso deve ser compreendido como algo positivo, como parte de um "processo" — e é preciso que estejamos dispostos todos, nesse processo, a, "de fato", "dialogar", e que estejamos todos, ainda, convencidos da absoluta inutilidade de "debater".

5. As ouvidorias como canais privilegiados de avanços nos relacionamentos entre fornecedores, SNDC e consumidores

Um último tema parece-nos merecer menção, nessas breves reflexões acerca dos últimos e dos próximos vinte anos de defesa do consumidor, entre nós.

O próprio Código, no mesmo art. 4º, aqui já referido, em seu inciso V, estabelece no incentivo à criação, pelos fornecedores, de mecanismos alternativos de solução de conflitos de consumo, um dos princípios da Política Nacional das Relações de Consumo.

No tópico anterior, abordamos a questão do atendimento direto às demandas de consumo, por parte dos fornecedores, por meio dos SACs, que são, por excelência, canais de solução de conflitos de consumo, ainda em seu estágio mais inicial — e, por isso mesmo, constituem-se em estruturas da maior relevância para os avanços que todos desejamos.

É sobre outros desses "mecanismos alternativos de solução de conflitos", no entanto, que identificamos uma perspectiva ainda maior, realmente privilegiada, de avanços mais profundos e duradouros nas relações de consumo: as Ouvidorias.

A figura do *ombudsman*, inaugurada na Suécia, no século XIX, guarda em suas raízes a noção de "representação". Em síntese, o *ombudsman* é o "representante da população", diante de uma dada organização que com ela se relacione.

As Ouvidorias têm crescido de forma visível no país, nos últimos anos, quer no âmbito público, quer no privado, com perfis razoavelmente distintos, mas, regra geral, sempre voltadas à defesa dos interesses dos usuários de serviços públicos, no primeiro contexto, e à dos consumidores, no segundo. Reside nessas estruturas, segundo nossa percepção, um imenso potencial — ainda pouco explorado, cremos — de transformação positiva dos relacionamentos que aqui temos em foco.

Em nossa visão, está na inserção estratégica dessas estruturas, em níveis mais elevados da governança das instituições, um dos passos mais importantes a serem ainda efetivados no sentido dos avanços que tanto desejamos, na qualidade dos relacionamentos entre Estado e cidadãos, e entre fornecedores e consumidores.

Questões clássicas como as da autonomia real do Ouvidor na instituição em que se insere, ou, ainda, do mandato e das garantias de atuação isenta que a ele sejam conferidos, permanecem em pauta — e, ao que nos parece, essas não são questões que se possa responder de forma única, padronizada, para diferentes situações.

No âmbito dos setores regulados da economia, o Conselho Monetário Nacional, em 2007, editou a Resolução n. 3.477 (recém atualizada e revogada pela Resolução n. 3.849, que trata do mesmo tema), tornando obrigatória a criação e operação de um "componente organizacional de Ouvidoria", em todas as instituições por ele autorizadas a operar. Tal iniciativa tem servido, desde então, para ajudar a dotar as Ouvidorias do setor bancário de um perfil mais claro e mais definido, a partir do nível mínimo de padronização delineado na norma regulamentar.

Vem daquela norma a atribuição às Ouvidorias das instituições financeiras da função de atuar na "mediação de conflitos" no relacionamento entre elas e seus consumidores.

O tema da mediação de conflitos nos é muito caro, há tempos, posto que nessa prática reconhecemos um caminho muito rico para a construção de relacionamentos mais equilibrados e harmônicos — exatamente como preceitua, aliás, o próprio Código.

Na mediação, mais do que nos demais processos de gestão de conflitos, estamos diante do desafio de alcançar soluções compostas, desenvolvidas a partir do envolvimento direto e determinante das próprias partes — diferentemente do que se dá nos procedimentos em que essas mesmas partes recorrem a um terceiro "juiz" (ou "árbitro"), que decidirá, "de fora", em que medida cada uma delas tem "razão" em seus argumentos.

A decisão externa não elimina o conflito; ela o cristaliza. Já na mediação, não é isso que se busca. O terceiro, na mediação, não participa da relação conflitiva para "decidi-la" mas, para ajudar as partes a retomar o diálogo interrompido pelo conflito. São as próprias partes, em última análise, que voltam a se comunicar e, a partir daí, passam a buscar soluções, na condição de autoras de suas próprias decisões.

Para que o mediador atue de forma adequada nesse processo, no entanto, mister que a ele seja garantida, de fato, participação isenta, desvinculada dos interesses de qualquer das partes e das consequências decorrentes de qualquer desfecho dado ao processo.

É na construção desse tipo de cenário renovado que colocamos, aqui, nossa esperança maior acerca do futuro das Ouvidorias — e da defesa do consumidor. Mais do que de novas leis e normas (ou mesmo do que de alterações nas já existentes), precisamos desenvolver habilidades de mediação dos conflitos de consumo. É esse o desafio maior.

Ouvidorias não deveriam ser, nessa perspectiva emancipatória que adotamos para o tema, meros "mecanismos de segunda instância" no tratamento de reclamações que, por alguma razão, não tenham sido adequadamente equacionadas nos seus estágios iniciais. Não se trata de aumentar "instâncias decisórias", mas, sim, de criar estruturas voltadas à superação dos conflitos, em processos capitaneados pelos próprios sujeitos do conflito.

Haverá certamente quem discorde dessa linha de raciocínio, por diversos motivos, quer pela crença ainda acentuada na necessidade da "força" das "instâncias decisórias" (adeptos do "porrete", por exemplo), quer pela constatação de que os ainda gritantes déficits educacionais de nossa população permanecem a demandar a ação mais incisiva de agentes de tutela protetiva, em prol de nossos consumidores.

Defender vias emancipatórias não implica fechar os olhos ante a efetiva existência (e permanência) de condições sociais que, entre nós, permanecem fazendo do consumidor a figura "vulnerável" (ou mesmo "hipossuficiente") do mercado de consumo. Também não implica deixar de reconhecer que ações "de força" (sim, o uso do "porrete") ainda se farão necessárias, visando ao enfrentamento de determinadas situações em que as resistências se mostrem por demais renitentes.

Nada disso, contudo, parece-nos justificar o adiamento das ações estruturantes que aqui focamos, no sentido da construção de um cenário melhor — uma vez mais, "o urgente não pode impedir o necessário" como, de regra, tem impedido.

Onde quer que esses avanços se mostrem possíveis, eles hão de ser buscados, ainda que de forma não homogênea ou linear, afinal, as relações sociais não são homogêneas ou lineares. Trabalhar pela construção, ampliação e institucionalização do diálogo (frise-se uma vez mais: "diálogo", não "debate"), é tão necessário quanto urgente — e nada pode justificar o adiamento desse trabalho.

As Ouvidorias são, em nossa visão, o *locus* privilegiado para o desenvolvimento desse processo, desde logo. Elas estão aí, começam a se estruturar melhor e a ganhar visibilidade. Falta-lhes ainda, no entanto, um norte mais claro, que as distancie da condição de simples "resolvedoras privilegiadas de reclamações em segunda instância", e que as aproxime, com convicção e firmeza de propósitos, de sua natureza mediadora.

Esse nos parece ser, claramente, o passo primordial a ser dado, na evolução real rumo à efetiva realização dos objetivos do Código de Defesa do Consumidor — cujos próximos aniversários esperamos poder comemorar, reiteradas vezes, mediante a constatação de que, ano a ano, o tema se faz mais e mais relevante em nossa sociedade.

TUTELA CONSTITUCIONAL DO CONSUMO — DIREITOS FUNDAMENTAIS

Francisco Pedro Jucá[*]

> *Aí onde estão as nossas aspirações, o nosso trabalho, os nossos amores —*
> *aí está o lugar do nosso encontro cotidiano com Cristo.*
> *É no meio das coisas mais materiais da terra que nos devemos santificar,*
> *servindo a Deus e a todos os homens.*
> *(S. Josémaria Escrivá, Amar o mundo apaixonadamente) AMGD.*

INTRODUÇÃO

Volta-se este estudo a examinar a existência e forma de uma tutela constitucional das relações de consumo, bem assim como gizar a base constitucional sustentadora desta tutela e sua inserção sistêmica.

Investiga-se primeiro a categoria social consumo/consumidor no contexto da sociedade de massas, considerados os padrões produtivos contemporâneos, suas implicações culturais, repercussões e expressões em nossos dias.

Identifica-se, a partir destes pressupostos, o que se estabelece como justificação sociopolítica e constitucional, entendendo a inserção do tema, tanto no quadro constitucional, quanto no quadro do sistema jurídico.

1. DIREITO E CONSTITUIÇÃO

A noção de Constituição, como o Direito no seu todo, é um produto histórico, condicionado à evolução e ao curso do processo das sociedades onde eclode e se desenvolve. Entendê-lo nesta perspectiva, portanto, é fundamental.

---

[*] Doutor em Direito Público, USP. Doutor em direito das Relações Sociais, PUC/SP. Pós-doutorado Universidade de Salamanca. Professor da Faculdade de Direito da Universidade Presbiteriana Mackenzie, onde é Chefe do Núcleo Temático de Teoria do Estado. Professor Pesquisados Visitante da Universidade de Salamanca (España), da Academia Paulista de Letras Jurídicas e da Academia Paulista de Magistrados, do Instituto Pimenta Bueno — Associação Brasileira de Constitucionalista, da Associação Internacional de Constitucionalistas e da Sociedade Hispanobrasileña de Derecho Comparado. Juiz do Trabalho da 2ª Região, São Paulo.

A ideia de Constituição tal como a temos desde o século XIX evoluiu, seguiu, dessarte o curso do processo histórico. Tanto assim que a ideia inicial de estatuto político, voltado à organização, disciplina e controle do poder político, experimentou expansionismo significativo ao longo do tempo, e o estado atual, em que estamos, corresponde à nossa época.

Entendemos o direito como construção da cultura humana fundada em orientação axiológica, destinado à organização convivencial através do regramento limitativo de condutas e da estrutura institucional para concretizar este mister. Este enfoque provavelmente nos auxilia a entender a proposta da reflexão em curso: sendo o direito instrumento social organizativo, corresponde, tanto no seu arcabouço quanto na abrangência, conteúdo e forma, às necessidades postas no estágio histórico. Tem, claramente, natureza de resposta da sociedade aos fatos e situações problematizados conforme as demandas do tempo. Daí as mutações ampliativas na construção conceitual e de conteúdo da Constituição.

Antes que se faça o escorço da evolução conceitual da Constituição, útil é trazer-se à colação a pertinente observação de Perlingieri[1] acerca do papel do Direito Civil na ordem jurídica, lecionando que: "o papel unificador do sistema, tanto em seus aspectos mais tradicionalmente civilísticos quanto aqueles de relevância publicística, é desempenhado de maneira cada vez mais incisiva pelo Texto Constitucional". Com efeito, é assim.

Sem que se pretenda fazer história em local impróprio, se vamos à idade das codificações, fruto do iluminismo disseminado pelo que ouso denominar de "práxis ideológica napoleônica", vislumbramos suas raízes nas construções romanas, da separação nítida, forte e clara entre *jus publicum* e *jus privatum*, correspondendo às coisas do império e aos assuntos privados, respectivamente. Tal encontra justificação na bipartição vincada da época e da organização social respectiva, onde se distinguia necessariamente os negócios do império, restritos à orbita política e dos interesses políticos em sentido amplo, dos negócios privados, vinculados ao *pater familie*, restrito ao *domus* ampliado. Nesta perspectiva é razoável entender que clara era a separação de interesses: de um lado o que é do império, de outro o que é das pessoas em si consideradas.

É com esta inspiração que se construíram as grandes codificações, voltadas a oferecer um estatuto integral para os interesses extraestado, de forma tão completa quanto possível, de maneira a exercer, também, o papel de divisor claro e inviolável entre o público e o privado, funcionando como barreira protetora dos indivíduos e das *familiae* contra a interferência estatal. É importante acentuar que a ideologia liberal clássica acentua ainda mais fortemente este viés, pela consagração do Estado-abstencionista, focado no distanciamento das relações privadas, limitado apenas e

---

(1) PERLINGIERI, Pietro. *Perfis do direito civil:* introdução ao direito civil constitucional. Trad. de M. C. de Cicco. Rio de Janeiro: Renovar, 1997. p. 6.

tão somente ao papel *gendarme* ou *politzei*, de garantir a ordem interna pela preservação da propriedade e do contrato (*pacta sunt servanda*), entendendo-se o que foi absolutamente válido para o contexto da época, que qualquer interferência consistiria violação das liberdades individuais e públicas, pela restrição da dogmática autonomia da vontade.

A evolução dos tempos muda o quadro imperativamente, especialmente diante da "Revolução Industrial", que pela incorporação tecnológica processual rompe com a organização econômica, modo de produção e distribuição de fatores produtivos tradicionais, dando origem à produção de massas, a chamada produção de escalar, inaugurando novo modo produtivo e, consequentemente, nova organização econômica, trazendo à realidade sociopolítica um novo poder, o econômico, tão poderoso e tão absolutista quanto a monarquia do antigo regime, superada pelo movimento jurídico político do constitucionalismo.

Como resposta, as sociedades elaboram o que ficou conhecido como constitucionalismo social, incorporando ao estatuto político cláusula nova, com primícias na Constituição mexicana pós-revolucionária, e, consolidada conceitualmente na Constituição de Weimar, que temos certo ter cumprido à perfeição seu papel, eis que, se político, institucionalmente ruiu com sua república, forçou a migração revolucionária para fora da Alemanha recém-unificada.

Entendemos que, aqui está a grande viragem: a incorporação da cláusula ao pacto político (ordem econômica e social), que nasce da constatação da necessidade de dar estatuto jurídico para os fatores de produção: capital e trabalho, com o que vem à luz o estado intervencionista, atuando em variadas formas e através de variados instrumentos, como se comentará a seguir.

O que se pretende aqui é demonstrar que a Constituição tem seu papel ampliado em nossos dias, ocupando o espaço antes ocupado pelos códigos, e jurisidicizando a interação, a convivência e as limitações entre o público e o privado de antes, entre os interesses individuais e os gerais, entre os coletivos e os restritos.

Com este espectro as constituições aumentaram de tamanho, ampliaram sua incidência direta e fundamentadora de desdobramento infraconstitucional, ganhando assim, papel novo.

A ordenação política da origem, voltada ao organismo político estrito do aparelho, que era o Estado, desdobra-se para alcançar o que podemos entender como sendo conformação da sociedade e suas instituições.

Com efeito, na concepção que vem se formando, já resta claro que a dicotomia público/privado, governante/governado, administração/administrado, que sugere com força hierárquica e consequente subordinação dos segundos aos primeiros, vem sendo superado, seja pela diminuição da distância entre eles, seja pelo crescimento da coordenação participativa sobre o dirigismo imperativo. Com isso o Estado, suas relações e suas ações se alteram ganhando progressivamente perfil novo.

Releva destacar a esta altura que a separação de raiz hegeliana da sociedade política/sociedade civil vem sendo alterada no sentido de sociedade integral, interativa, bidimensional e dinâmica alternada, marcada pelo trânsito de uma para outra. O diálogo permanente e necessário entre os dois segmentos antes estanques e a construção de afinidades e correspondências de demanda/ações, a pluralização de canais desta interação é que vêm fundando a legitimação política de governo, de estado e de imperatividade.

Daí a força está na eficiência e habilidade do segmento político em responder às demandas do civil, encontrando, assim, sua força e sustentação, o que, é verdade, altera substancialmente a equação a que estávamos acostumados.

A construção constitucional do final do século XX e dos vagidos primeiros do século XXI estão sensibilizados para o novo quadro.

Tal fenômeno, já claramente perceptível, torna extremamente complexa a ordem jurídica, e o sistema tradicional se vem decompondo em numerosos subsistemas, dirigidos especialmente à fragmentação especializada das nuanças e variedades da sociedade e de seu quadro relacional, cada vez mais complexo e mutável, decretando a mudança de fundo das codificações bicentenárias, o que não escapa à visão de Caio Mario da Silva Pereira no prefácio das suas monumentais *Instituições de Direito Civil*[2]:

> As relações humanas não podem ser tratadas pelo sistema jurídico como se fossem apenas determinadas pelo mundo dos fatos e da objetividade. A filosofia, a psicologia, a sociologia, a medicina e outras ciências indicam novos ramos do direito.

Convivendo com um sistema normativo que sempre se contentou com a pacificação dos conflitos, cabe aos juristas, intérpretes e operadores do Direito, assumi-lo com a "função promocional" apregoada por Norberto Bobbio desde a década de setenta. O Código de Defesa do Consumidor, o Estatuto da Criança e do Adolescente e a Lei de Diretrizes e Bases da Educação representam estrutura legislativa que se projetará como modelo dos diplomas legislativos, nos quais há de prevalecer, acima de tudo, o respeito aos direitos fundamentais.

Devemos, portanto, assumir a realidade contemporânea: os Códigos exercem hoje um papel menor, residual, no mundo jurídico e no contexto sociopolítico. Os "microssistemas", que decorrem das leis especiais, constituem polos autônomos, dotados de princípios próprios, unificados somente pelos valores constitucionais, impondo-se assim o reconhecimento da inovadora técnica interpretativa.

É o desdobramento a que antes nos referimos, o tamanho dele não é prudente estimar previamente, eis que deriva das necessidades impostas pela inovação constante

---

(2) PEREIRA, Caio Mario da Silva. *Instituições de direito civil*. Rio de Janeiro: Forense, 2007. v. I, p. XXVII.

das cada vez mais diversas dimensões das relações entre os indivíduos, as instituições e os processos sociais.

Em tal contexto temos que a Constituição em nossos dias ganha papel e função de base de sustentação de toda a ordem jurídica, conferindo assim legitimação jurídica aos desdobramentos infraconstitucionais, os quais por serem cada vez mais numerosos, complexos e multifários demandam, e a Constituição oferece o papel de cúpula harmonizadora, unificadora, dando sistematicidade à ordem jurídica na sua integralidade, e o faz através dos princípios fixados como orientadores e fundadores do pacto político que ela instrumentaliza.

Estamos, assim, entre aqueles que se fixam no conceito de Constituição Total, que nas sábias palavras de Manuel Gonçalves Ferreira Filho[3]:

> Aplicado ao Estado, o termo "Constituição" em sua acepção geral pode designar a sua organização fundamental total, quer social, quer política, quer jurídica, quer econômica. E na verdade tem sido ele empregado — para nomear a integração de todos esses aspectos — a Constituição total ou integral.

Optamos pela concepção acima expendida para demonstrar que nestes tempos de superação também está superada a classificação ou os limites estabelecidos como a distinção entre constituição formal e constituição material, remarcados pela distinção entre o que deve pertencer ao texto constitucional e o que embora nele constando lá não deveria estar. Tal não é compatível com os nossos dias, em razão da ampliação do papel da Constituição, que já há muito desbordou ao estabelecido nas suas origens de estatuto político exclusivamente.

Partindo da premissa de que a Constituição é um pacto político da sociedade, elaborada através de mecanismos predominantemente da democracia representativa e permeabilizada pelos instrumentos participativos, devemos ter claro que toda a temática politicamente valorizada e considerada relevante para a elaboração e sustentação deste pacto político ganha natureza constitucional e de essência, eis que identificada pelos atores políticos reconhecidos e legitimados como dimensão relevante da organização social na sua integralidade.

Milita em favor desta tese o surgimento do Capítulo da Ordem Econômica e Social antes referido. No momento em que a "questão social" pelas suas implicações políticas e econômicas adquire papel significativo para a estabilidade institucional das sociedades, é construído o estatuto jurídico-constitucional dos fatores de produção. Neste fenômeno, identificamos claramente a aquisição de foros de politicidade de tais fatos, elevando sua demanda à estatuto político fundador da sociedade, com o que foi inserido em texto constitucional, logo em seguida quase universalizado, como bem o admite o festejado jurista lisboeta Jorge Miranda[4]:

---

(3) FERREIRA FILHO, Manuel Gonçalves. *Curso de direito constitucional.* São Paulo: Saraiva, 2009. p. 11.
(4) MIRANDA, Jorge. *Manual de direito constitucional.* 7. ed. Coimbra: Coimbra, 2003. t. 1; p. 14.

O político é o global, o que respeita a todos, o que abrange, coordena e sintetiza a pluralidade de grupos, interesses e situações. E terá assim que ser o Direito Constitucional, enquanto se lhe refere constantemente para o fundamentar, o refletir e conter nas suas normas.

Mais do que um ramo a par de outros ramos, o Direito Constitucional deve ser apercebido como o tronco da ordem jurídica estatal (mas só desta), o tronco donde arrancam os ramos da grande árvore que corresponde a essa ordem jurídica. Integrando e organizando a comunidade e o poder, ele enuncia (na célebre expressão de Pelegrino Rossi) as "Tetê de chapitre" dos vários ramos do direito, os princípios fundamentais que o enformam; e enunciando-os, porque tais princípios revestem um significado político, identificando-se com as concepções dominantes acerca da vida coletiva, consubstancial uma ideia de Direito.

É aí que temos o enfoque da tutela constitucional do consumidor e do consumo, percebendo que as relações de consumo e a categoria social do consumidor assumiram tal significado a ponto de demandar estatuto constitucional, com o que se converteram em componente de cláusula do pacto social instrumentado pela Constituição.

Ademais, temos que o sistema jurídico, tal como o entendemos, parte da Constituição, da concepção de direito e justiça que forma seu núcleo fundamental, do qual se desdobra o sistema normativo constitucional, e deste, igualmente, se desdobra todo o universo infraconstitucional, em seus subsistemas, estes dirigidos a dimensões de convivências e estruturas institucionais específicas, unificados e harmonizados pelo papel cupular exercido pela Constituição, dada, assim, a unidade e sistematização indispensáveis à ordem jurídica.

2. ORDEM ECONÔMICA E SOCIAL

No Brasil, a Constituição de 1934, com forte cunho social democrático elaborado no cadinho do entreguerras, quando o país vivia ciclo modernizante e de industrialização e urbanização, revendo suas concepções políticas, sociais, e, consequentemente, governamentais e de Estado, foi o início do que podemos denominar de renovação constitucional entre nós, ressalvado o hiato da Carta de 1937, cuja aplicação efetiva jamais se deu, tendo mais função de símbolo abstrato do que efetiva normatividade.

A evolução constitucional é seguida nas Constituições de 1946, marcada pelo liberalismo do pós-guerra e a reconstrução das democracias parlamentares da Europa, de 1967 e 1968[5].

---

(5) Temos posição de que foram duas as Constituições que institucionalizaram o regime autoritário, remarcadas, é verdade, pelo viés do despotismo esclarecido nacional-estatista, de desenvolvimento com capitalismo de estado e concepção estratégica (não necessariamente acertada) de intervenção econômica. Mesmo com ressalvas pertinentes, temos que houve dois ciclos constitucionais claramente identificáveis. O primeiro trazendo em seu bojo o esboço de justificação originários (consideremos os dados circunstanciais da época, o caldo de cultura, as estruturas das alianças de poder reais e imaginadas por alguns atores e o contexto da Guerra Fria). O segundo, em 1969, de acendramento do autoritarismo, mais restritivo quanto às liberdades,

Até então temos sem dúvida claro capítulo constitucional da ordem econômica e social nos moldes algo weimarianos.

A Constituição de 1988 trouxe a eclosão da efetiva intervenção polimórfica do Estado na economia e a ocupação na conformação socioeconômica.

Há um ponto, todavia, a acentuar pela relevância da mutação acontecida.

Até então, nos moldes que antes chamamos de weimarianos, percebemos a ordem econômica e social como um capítulo, na segunda metade do texto constitucional, onde também estavam os direitos fundamentais, porque o eixo central era o estatuto político, a chamada matéria propriamente constitucional por natureza.

Na Constituição de 1988 muda o eixo. A centralização constitucional está no universo dos direitos fundamentais e no lançamento das bases principiológicas, e, a partir destes, desdobrando o tecido constitucional e os princípios relativos à informação de cada uma das seções ou partes da constituição.

Dá-se, assim, a clara politização, entre nós, das relações econômicas em todas as suas dimensões: organização, trabalho, produção e consumo, perpassando toda a concepção da visão democrática no sentido integral do termo, que compreende tanto as liberdades públicas e direitos de natureza política e formal, como a democracia substancial incorporando à cidadania a dimensão econômico-social, a participação na apropriação das riquezas de maneira equilibrada, buscando a materialização da concepção de justiça e direito (conteúdo ético de empuxo do sistema normativo)[6]. Manoel Gonçalves Ferreira Filho delineando a abordagem acerca da ordem econômica e social na Constituição, observa:

> A existência de um título na Constituição dedicado a "ordem econômica" revela bem claro ter o constituinte visão de que a democracia não pode desenvolver-se a menos que a organização econômica lhe seja propícia.

Não é praticável a democracia política, cujos valores fundamentais são a liberdade e a igualdade, onde a organização da produção e do consumo reduza a liberdade e a igualdade a afirmações solenes e vãs.

Para o estabelecimento da democracia política urge, portanto, que se organize um regime econômico onde se satisfaçam todas as exigências fundamentais do indivíduo, onde se abram para todos oportunidades relativamente iguais.

---

acentuando as linhas gerais anteriores, matizadas com tintas bem mais fortes. Mesmo assim, dois ciclos, portanto, duas constituições, ainda que em veículo comum a ambas. Ambas fundadas em poder constituinte derivado de base de legitimação extralegal sustentada por maioria estreita porém atuante e articulada, logo, com mais poder real de impor ideias, ainda de fechadas e peculiares.

(6) Temos a construção da norma jurídica como um conjunto binário alternativo excludente, contendo na primeira secção a descrição da conduta eleita e imposta obrigatória, informada por um conteúdo ético da representação axiológica vigente, este é o que chamo de conteúdo de empuxo porquanto persegue a efetividade como concretização da ideia de justiça; e na segunda secção, a descrição da consequência prevista para a inobservância da conduta eleita — a sanção — a articulação as duas partes o que chamamos de disjuntivo de liberdade, materializado na liberdade humana de escolha entre a conduta eleita e a sanção.

A ordenação constitucional entre nós assenta-se em arcabouço normativo que alcança: organização econômica, proteção ao trabalho, defesa de concorrência e defesa do consumo, envolvendo não apenas o estabelecimento de conjunto normativo regrador, mas, igualmente, disciplinando a realização de políticas públicas nestes campos, com o estabelecimento de instituições e instrumentos de ação concreta, os quais, a seu turno, ocasionam desdobramento normativo de disciplina e organização, institucionalização e funcionamento do sistema como um topo, ao menos em tese.

As quatro pontas do sistema: capital/trabalho/produção/comercialização/consumo mereceram a atenção do constituinte. Com isto incorpora-se ao conteúdo de cidadania a dimensão econômica do indivíduo e a dimensão subsequente do indivíduo dependente do consumo, e, a inserção no contexto do regramento constitucional do econômico, apontam seu conteúdo econômico e as implicações jurídicas daí decorrentes, como acentua Humberto Theodoro Junior[7]:

> As relações econômicas nascidas da necessidade de convivência social vão progressivamente sendo submetidas ao comando da ordem jurídica, onde preceitos cogentes se impõem à observância dos agentes da circulação de riquezas, dentro de um sistema de autoridade, em que os órgãos da sociedade politicamente organizada se valem até mesmo da força para manter seu projeto de disciplina das relações socioeconômicas entre seus membros.

A tutela jurídica tal como a percebemos neste pequeno estudo é derivada da Pós-Modernidade, da sociedade pós-moderna, acerca da qual convém alguma reflexão.

Dois entes surgem nesta época, pontua Alain Touraine estudando o tema antes desconsiderado ainda que potencialmente existentes: o Mercado e o Consumidor, os quais como categorias surgem com força tal que adquirem com relativa brevidade rodapé: estatuto jurídico e, logo, constitucional, pela importância fundamental no meio convivencial contemporâneo[8].

Nesta condição atraem a incidência dos princípios constitucionais estabelecidos, dos quais destacamos: Dignidade Humana, Justiça Social e Proteção do Consumidor.

Dignidade Humana: a visão integral do homem nos nossos dias, em todas as dimensões da vida, rebate na ideia de cidadania, que também se integraliza, e sendo fundador de toda a organização sociopolítica, é projetado em todos os desdobramentos normativos.

Justiça Social: que envolve inclusão, participação nas atividades e bens da vida em níveis razoáveis, logicamente aí inserido o econômico e a qualidade de vida, que reporta-se à dignidade.

---
(7) THEODORO JUNIOR, Humberto. *Direitos do consumidor.* Rio de Janeiro: Forense, 2009. p. 3.
(8) TOURAINE, Alain. *Pós-modernidade.* Rio de Janeiro: Vozes, 1996.

Proteção do Consumidor: implica no reconhecimento da categoria social surgida na sociedade de massas e de mercado, na dimensão das aspirações humanas de bens e serviços potenciais e além da sobrevivência material, incorporando o imaginário no universo das aspirações possível e buscadas.

É neste campo que atuam e incidem os princípios, que Ferreira Filho pontua[9] que nossa Lei Fundamental é atenta ao seu tempo pelo que: "não olvidou de sublinhar o desenvolvimento econômico e a repressão aos abusos do poder econômico, erigidos, hoje, em pilares da nossa ordem econômica".

Ora bem, sem dúvida que forma significativa e importante de conter abuso do poder econômico, tanto daqueles que produzem como daqueles que fazem circular os bens e serviços na sociedade, destinados ao atendimento das demandas e aspirações dos indivíduos é a proteção jurídica do consumo, e exatamente do elo mais frágil da cadeia, aquele que adquire estes bens e serviços para consumo final (atendimentos das necessidades próprias e familiares), daí por que com propriedade observa Ferreira Filho[10] a respeito:

> Aqui não está propriamente um princípio de ordenação econômica mas sim a enfatização da necessidade de se proteger o consumidor contra abusos. Liga-se este princípio à norma do art. 5º, XXXII, que manda o Estado promover a defesa do consumidor.

Seguindo a observação trazida à colação, Tereza Ancona Lopez observa:

> Tendo em vista a sociedade de consumo, fenômeno que apareceu mais fortemente no curso dos anos 1970 aqui em nosso País, houve por bem o legislador constituinte colocar norma de defesa e proteção do consumidor que, sem dúvida, é a figura fraca da relação de consumo. Aparece, assim, pela primeira vez, esse direito fundamental [...].

Esse inciso deve ser lido conjuntamente como inciso V do art. 170 da Lei Maior. Ou seja, a defesa do consumidor é um direito fundamental garantido pela ordem constitucional e também um princípio da ordem econômica. Como princípio, tem aplicação imediata[11].

Na mesma obra o jurista Alexandre Aragão comenta:

> A respeito do princípio em tela, "é fácil compreender porque, no bojo da constitucionalização da economia, a figura do consumidor mereceu tratamento específico e diferenciado, conferindo-lhe indiscutível superioridade jurídica para compensar a sua evidente inferioridade de fato, enquanto agente econômico mais vulnerável nas relações de consumo. Trata-se, no

---
(9) *Op. cit.*, p. 357.
(10) *Op. cit.*, p. 360.
(11) Comentários ao art. 5º da Constituição. In: BONAVIDES, Paulo; MIRANDA, Jorge; ROCHA, Walber Moura (coords.). *Comentários à Constituição Federal de 1988.* Rio de Janeiro: Forense, 2009. p. 162.

particular, de uma ideia essencialmente idêntica à que inspirou, desde as suas origens, a legislação trabalhista como instrumento da proteção do trabalhador, para tanto considerado a parte frágil na relação de emprego. Essa é, portanto, a lógica da proteção do ordenamento jurídico aos interesses da parte mais fraca dessa relação, caracterizada pela hipossuficiência[12].

A compreensão destes mandamentos explicitados pelo Constituinte desenvolve e materializa, em primeiro estágio, o normativo-constitucional, os princípios da dignidade e da proteção ao hipossuficiente, buscando através de mecanismos jurídicos compensatórios (normas infraconstitucionais protetivas do mais fraco), cabendo destacar o papel atribuído aos Princípios na formulação do direito em nossos dias, o fazendo nas autorizadas palavras de André Ramos Tavares[13]:

> Tem-se por certo que os princípios constitucionais desempenham a função de cimentação sistemática do ordenamento — ou seja, reduzem o ordenamento a uma unidade congruente de normas. Todas as leis, decretos e atos normativos de qualquer índole devem obediência e acatamento aos mais altos princípios constitucionais. Assim ocorre, pois com todos os denominados "ramos" do Direito, seja o direito penal, o civil, o trabalhista, previdenciário, processual ou qualquer outro.

Nestes é que estariam albergados os princípios infraconstitucionais, ou seja, os princípios integrantes do sistema jurídico pátrio que, no entanto, concernem apenas aos denominados subsistemas ou ramificações "estrutural-normativas" do direito positivo.

Pelo perfil estabelecido pelo Legislador Constitucional têm-se, em nossa visão, como destinatários da tutela jurídica estabelecida:

> a) o consumo com instituição socioeconômica, cujas relações demandam o necessário equilíbrio, para a manutenção da estabilidade social, através da estabilidade econômica;
>
> b) as relações de consumo consideradas como relações jurídicas peculiares e específicas demandantes de tutela própria; e
>
> c) o consumidor, este considerando em duas dimensões, a abstrata (a categoria), e a concreta (o indivíduo), ainda que o enfoque seja coletivizado com a baliza da homogeneidade ou a afinidade convergente de interesses.

Temos como certo essa tripartição, mas, considerando os objetivos gerais da importante obra em que este despretensioso estudo se insere, o objeto da atenção

---

(12) *Op. cit.*, p. 1.978.
(13) Elementos de teoria geral dos princípios. In: LEITE, George Salomão (coord.). *Dos princípios constitucionais, considerações em torno das normas principiológicas da Constituição*. São Paulo: Malheiros, 2003. p. 12.

privilegiada é exatamente o terceiro, aquele que consome, e, mais acentuado ainda, a figura do indivíduo, a pessoa cuja dignidade em concreto é destinatária do cuidado constitucional.

3. O CONSUMIDOR E DIREITOS FUNDAMENTAIS

Estudando o Direito do Consumidor, Newton de Lucca[14] invocando J. M. Othon Sidou traz à colação:

> Definem os léxicos como consumidor quem compra para gastar em uso próprio. Respeitada a concisão vocabular, o direito exige explicação mais precisa. Consumidor é qualquer pessoa, natural ou jurídica, que contrata, para sua utilização, a aquisição de mercadoria ou a prestação de serviço, independentemente do modo de manifestação de vontade; isto é sem forma especial, salvo quando a lei expressamente o exige.

Arrematando, mais adiante, ao propor a visão econômica do vocábulo[15]: "Sob o ponto de vista da economia, diz-se que o consumo vem a ser o ato pelo qual se completa a última etapa do processo econômico, sendo consumidor aquele que o pratica".

Convém fixar-se, agora, que é possível inferir ser o consumidor a pessoa, determinada ou indeterminada, individuada ou em grupo, que na extremidade final do processo econômico adquire para uso próprio e imediato bens e serviços, logo, um ser humano. Embora pareça "despiciendo", o enfoque — pessoa — insiste-se, remete à centralidade do homem no sistema jurídico produzido desde a Constituição de 1988.

Nela se vê que toda a construção do Estado e do Direito volta-se ao bem-estar do homem, a sua dignidade, ele, nas dimensões concreta e abstrata é o destinatário de tudo, consideramos nós a existência de forte acento antropocêntrico.

Tal fenômeno de centralidade corresponde à humanização do direito, o conteúdo, a teleologia e a formulação, sempre e cada vez mais radicados e direcionados ao homem. Tal é o referencial que se deve utilizar para entender, compreender (no sentido atribuído ao termo por Hesse) e experimentar o sistema em que vivemos e que nos rege.

É interessante a observação de Vidal Serrano Nunes Junior e Yolanda Alves Pinto Serrano acerca da relação de consumo, que nos serve para o enfoque que se pretende: "Em suma, relação de consumo é aquela que, tendo como objeto um produto ou um serviço, guarda em um dos polos a figura do fornecedor e no outro a do consumidor, optando o legislador por delimitar cada uma das figuras"[16]. A partir da

---
(14) LUCCA, Newton de. *Direito do consumidor*. São Paulo: Quartier Latin, 2008. p. 111-112.
(15) *Op. cit.*, p. 113.
(16) NUNES JUNIOR, Vidal Serrano; SERRANO, Yolanda Alves Pinto. *Código de defesa do consumidor interpretado*. São Paulo: Saraiva, 2003. p. 11.

relação de consumo é que se elabora a conclusão. Focando em seus sujeitos, considerada a dicotomia fornecedor/consumidor.

Fixamo-nos nos sujeitos da relação para, tecendo algumas considerações, direcionar o raciocínio da convicção que se formou.

Comecemos com o primeiro sujeito, o fornecedor.

Temos como dado, sem visão marxista exacerbada, que quem detém a mercadoria (serviços, expertise, tecnologia, capital imaterial ou a mercadoria física — os bens), logo detém a superioridade econômica na relação e, inclusive, se destaca, em relação a disponibilidade financeira, porquanto é o agente de contacto na intermediação do crédito; detém as obrigações tributárias acessórias (eventualmente), logo, *ipso facto,* tem superioridade, dissemos, e desequilibra a relação. Para equilibrá-la, temos as normas protetivas que lhe atribuem ônus e encargos, de sorte a diminuir a desigualdade das partes no contexto da relação.

Aqui cabe um pequeno comentário acerca da igualdade.

Desde a Revolução Francesa firmou-se o princípio da igualdade que emprestou fundamento a quase sacralização da autonomia da vontade. Entendamos, todavia, que os conceitos daquele tempo fundavam-se no racionalismo, portanto, substancialmente marcado pela abstração, pela hipótese da igualdade entre os indivíduos como decorrência da natureza humana (primeiro passo sempre), com o defeito de origem de abstrair as circunstâncias materiais, as condições objetivas (limitou-se aos fatores subjetivos — usando a metodologia marxista — ignorando os objetivos). Reme-morando Gasset, excluídas as circunstâncias, temos, sem dúvida, que todos são iguais, desiguais são as circunstâncias que condicionam o eu (sem incursão filosófica excessiva).

Tal nos leva ao conceito da igualdade formal, "todos são iguais perante à lei, à tutela estatal" inexiste estatuto particular privilegiador. Isto é meia verdade. Todos são iguais, as circunstâncias, entretanto, são desiguais não raro.

É o caso em exame, Fornecedor e Consumidor final são iguais perante a lei, exercem, indubitavelmente as autonomias de suas vontades.

Ocorre que as circunstâncias de cada qual são desiguais na sua substância. Um detém a mercadoria, o contacto do crédito, o prazo, o capital, a tecnologia e *expertise*. Tem posição de superioridade material. O outro, é hipossuficiente, tem a fragilidade da pressão psicológica da aspiração de consumo, a dependência da intermediação de crédito, a premência do tempo, a circunstância que lhe limita e condiciona a autonomia da vontade, o fator humano. Ademais, enquanto um tem o intuito de profissionalidade (para usar a linguagem do velho e bom direito mercantil, o intuito de lucro), o outro tem a necessidade premente do bem ou serviço, seja por demanda material e substantiva, seja por demanda psicológica de cunho da inserção social.

Claramente o prato da balança pende para o "lado mais forte", urgindo, assim, que o estado através do direito busque compensar, através do arsenal institucional, normativo e gerencial disponíveis, a desigualdade, caminhando no sentido do equilíbrio da relação, considerando, sobretudo, o seu substrato material (*comme il faut*).

Aqui cabe a discussão e o confronto (sempre rico) entre duas correntes consumeristas: finalistas, centrados na figura do indivíduo; maximalistas, voltados a todos os que consomem bens e serviços em caráter final.

Em nossa modesta e desfundada opinião (mais intuitiva do que doutrinária) ambos tem razão, depende de como se enfoque a questão.

Indubitavelmente que o conceito legal de consumidor estabelecido no CDC (Lei n. 8.078/90) alcança a "pessoa jurídica" (moral — empresa — em qualquer de suas modalidades e formulações), daí como observam Serrano Nunes Junior e Pinto Serrano[17] invocando o art. 2º da referida Lei:

> Art. 2º Consumidor é toda a pessoa física ou jurídica que adquire ou utiliza produto ou serviço como destinatário final.
>
> Parágrafo único. Equipara-se a consumidor a coletividade de pessoas. Ainda que indetermináveis, que haja intervindo nas relações de consumo.

Acerca do qual observam:

> Nos exatos termos da lei, consumidor é toda a pessoa física ou jurídica que adquire ou utiliza produto ou serviço como destinatário final. Consumidor, portanto, é aquele que retira da cadeia de produção um bem ou produto. Em outras palavras, não o adquire, por exemplo, com o intuito de venda.

Ora bem, aqui cabe a distinção fundamental entre o consumo final e o consumo intermediário. Do consumo final nos ocuparemos em seguida.

O consumo intermediário nos propõe uma pergunta e já sugere a resposta. A empresa que adquire insumos (matéria-prima e serviços, tecnologia, *know-how*, marca) na relação ordinária de compra e venda é consumidora, porque tal produto se insere em seu patrimônio material e jurídico em caráter final, para utilização e alteração de forma definitiva e terminativa. Aqui temos, com convicção, que é consumidor, inclusive no sentido da Lei.

A tutela jurídica (constitucional e infraconstitucional) é diferenciada em extensão, efeitos e desdobramentos. Temos aqui tutela de índole e fundamento constitucional direto, temos, entretanto, que tal se dirige muito mais ao equilíbrio das relações econômicas (no mundo econômico em gênero e espécie), porém, não tem o acento de direito fundamental, seja porque não envolve pessoa (natural, centro do direito), seja porque a hipossuficiência adquire outra feição.

---

(17) *Op. cit.*, p. 10-11.

No caso, a feição que vislumbramos é aquela que demanda a tutela geral do equilíbrio das relações para o equilíbrio e estabilidade das instituições e da ordem social, que não se confunde com a subjetividade propriamente humana (centrada nos indivíduos na sua essencial fragilidade, dependência e incompletude, inerentes à condição humana). Sua fragilidade (digamos) é de outra ordem.

A propósito, os multicitados Serrano Nunes Junior e Pinto Serrano[18] observam:

> Destaque-se, contudo, que nada obsta que uma pessoa jurídica figure — com justiça — em uma relação de consumo no polo hipossuficiente. Por exemplo, uma empresa adquire equipamentos de proteção para seus empregados, ou ainda cortadores de grama para manter higienizados seus campos. Em ambos os casos, produtos totalmente desvinculados de sua atividade produtiva, não consistindo os bens como aqueles de capital. Obviamente, a empresa não ficará à míngua de proteção, pode não ter a malfadada inferioridade econômica, mas certamente não tem o domínio situacional e da informação técnica.

Temos nós, no enfoque que se dá, divergindo ousadamente dos autores, que há hipossuficiência sim. O adquirente destina parte de seus recursos necessários à sua atividade (entendemos a capacidade de investimento, relativa às empresas, e de poupança em relação às pessoas, como integrante essencial do mínimo vital) mas isto é matéria mais adequada ao Direito Tributário, logo, diante disto, temos a quase-subordinação, a situação relacional de inferioridade, a dependência decisional, que dá fundamento à tutela jurídica especial, dentro do espírito aqui já da liberdade de iniciativa, e, indiretamente, da liberdade de trabalho, de produção e de atividade.

Ora bem, se indireta e sutilmente pela inferioridade relacional na aquisição dos insumos de toda a ordem, pertinente à produção em si, ou ao suporte desta produção, se fragiliza pela dependência, temos desequilíbrio da relação e, portanto, cabível a tutela jurídica de compensação, voltada ao reequilíbrios com a referência da estabilidade indispensável à sobrevivência da organização social[19]. Como vimos aí, a tutela é uma, diretamente voltada ao concreto, mas, considerando, indiretamente, o rebatimento ao geral, ao conjunto dos interesses gerais do "bem-comum", tal como o sustenta Machado Paupério na sua *Teoria Geral do Estado*, e que consiste na preservação dos interesses gerais, comuns a todos, em benefício de todos, razão final de ser da organização política das sociedades *ab ovo*, com o destino fundamental de intermediação, arbitramento e solução dos conflitos internos na organização social[20].

Diferentemente, a proteção do Consumidor (categoria jurídica, entre nós de índole constitucional, demonstrou-se ao longo do texto) considerado enquanto indivíduo, pessoa, com toda a sua desgraça e glória, como diria o poeta Caetano Veloso.

---
(18) *Op. cit.*, p. 14.
(19) A que diz respeito à capacidade contributiva em macrovisão de finanças públicas, em microvisão de justiça fiscal com implicações importantes nos direitos fundamentais do contribuinte e em repercussão à justiça fiscal.
(20) PAUPÉRIO, Arthur Machado. *Teoria geral do Estado.* Rio de Janeiro: Forense, 1986; ENGELS, Friedrich. *Origem da família, da propriedade e do Estado.* São Paulo: Hucitec, 1982.

No caso do consumidor como indivíduo ou coletividade de indivíduos, tanto na relação da aquisição concreta quanto potencial, subjaz conceitual e materialmente como pessoa, e, como tal, titular de direitos individuais, que são, por natureza, fundamentais, porquanto inerentes à condição humana. Ora bem, considerada a dignidade (onde está inserida a qualidade de vida minimamente digna), condição qualificativa de humanidade da pessoa, claro está que, assegurar efetivamente tanto o reequilíbrio relacional quando adquire bens e serviços, posto contra alguém mais poderoso, forte e superior (como o fornecedor), porque *teniente* dos meios, condições e elementos privilegiadores da atividade de fornecimento daquilo que é necessário (dentro do quadro de aspirações razoavelmente considerado), estamos diante do campo de aplicação dos princípios, regras e, consequentemente, universo, dos direitos fundamentais.

A conclusão possível a esta altura é de que, em matéria consumerista, quando diante da empresa, que podemos denominar de consumo intermediário direto ou indireto (rodapé: direto quanto destinado à produção em si, indireto quando pertinente ao suporte à produção), temos tutela infraconstitucional decorrente de mandamento constitucional principiológico (*of course*) porque consagrado no texto constitucional de maneira direta. Diante do Consumidor enquanto indivíduo (conceito econômico de pessoas e famílias), considerado *per si* ou como coletividade homogeneizada de alguma forma, potencial ou concreta, estamos diante de proteção individual, e, portanto, inserida no universo dos direitos fundamentais, com toda a sua carga de essencialidade e fundamentalidade da organização, razão ser o objetivo da organização social, no seu âmago, capaz de a tudo prevalecer e influir.

No que tange ao consumo final, este, pertinente ao indivíduo, à pessoa, tem enfo-que diverso. Eis que neste se tem a satisfação de necessidade imediata, direta, instantânea do indivíduo, consumo para uso e fruição voltada ao atender necessidade concreta.

Aqui a situação tem variação importante. Seja atinente a necessidade imediata ou não, para uso instantâneo, diferido ou permanente. Temos aqui posto o indivíduo como tal considerado, com toda sua carga de fragilidades, donde a descompensação é mais evidente e forte. Aqui sim a tutela jurídica, constitucional e infraconstitucional, volta-se à pessoa, ganhando, assim, característica inquestionável de direito fundamental por declaração e eleição constitucional. A atenção se volta à proteção e projeção da personalidade. Como percebe De Lucca, tomando a expressão destinatário final enquanto pessoa física:

A expressão destinatário final, constante do final do *caput* do art. 2º — provavelmente inspirado na legislação espanhola — traz como consequência imediata de que a pessoa física será considerada como consumidora quando adquirir produtos ou serviços para a satisfação das suas necessidades pessoais e das de sua família[21].

Aqui temos, como se cogita, a inflexão para o indivíduo — o homem — centro das atenções do direito contemporâneo como antes se referiu, atraindo para si todo o

---

(21) *Op. cit.*, p. 125.

corpo protetivo do qual o direito contemporâneo se arma voltado para o centro fundamental de suas atenções.

Cabe aqui referir, para esclarecer, ligeira visão da evolução do chamado direito garantista. Na sua gênese, o direito de proteção nasce (com a Revolução Francesa, principalmente, *naturallement*) manifestado em normas proibitivas, vedatórias voltadas a limitar, conter o poder estatal/governativo. Com a evolução dos tempos, sobretudo pela influência e pragmática política do direito norte-americano, acrescem-se a este "universo proibitivo" todo um conjunto de normas imperativas promotivas ou promocionais, como o querem alguns[22], através das quais não se proíbe o Estado de agir ou fazer, mas, diversamente, se o obriga a fazer, realizar, proporcionar.

Neste contexto temos, no tema de que se trata de articulação normativa entre as proibitivas, que pretendem conter e limitar os abusos do poder econômico, concretamente derivadas da superioridade econômica, mas, também, promover a compensação do mais fraco, ambos firmado no reequilíbrio da balança relacional, concretamente, mantendo e buscando o equilíbrio das relações de consumo, sobre a qual antes se referiu.

Ferreira Filho[23] acentua, neste particular, que: "São estes direitos a prestações positivas por parte do Estado, vistos como necessários para o estabelecimento de condições mínimas de vida digna para todos os seres humanos".

Com o objetivo da vida digna do ser humano, a dignidade inerente à condição humana, desde a Constituição de 1988 se elaboram um sistema de normas concretizadoras infraconstitucionais, onde se inclui o Código de Defesa do Consumidor, e aí é de se rememorar o princípio da hermenêutica jurídica mais conservadora — não existem palavras inúteis e nem desnecessárias na lei — de que por ser de "defesa" já é, *ipso facto* protetivo, promocional.

Temos nós que este código, este subsistema normativo concretizador de princípio e determinação constitucional, expressa, como já vislumbramos, e encerra preceitos de ordem pública, conexos ao elenco protetor dos direitos fundamentais.

Antes referimos ao conteúdo de impuxo (conteúdo ético das normas e inspiração do sistema, busca material da concretização de valor), e, assim, impende, agora, em inflexão necessária, direcionar a linha de raciocínio referindo ao Estado de Direito, aquele que é imerso no direito, organizando-se, operando e funcionando rigorosamente conforme o direito e sob o primado deste, como acentua Ferreira Filho[24]:

> O Estado de Direito significa que o poder político está preso e subordinado a um direito objetivo que exprime o justo. Tal direito — na concepção ainda prevalecente no século XVIII, cujas raízes estão na antiguidade

---
(22) Inspiração da Corte Holmes, principalmente.
(23) *Op. cit.*, p. 316.
(24) FERREIRA FILHO, Manoel Gonçalves. *Direitos humanos fundamentais*. São Paulo: Saraiva, 2006. p. 2.

greco-romana — não era fruto da vontade de um legislador humano, por mais sábio que fosse, mas sim da natureza das coisas (Agostinho está coberto de razão).

Ora, como decorrência de norma da natureza das coisas, temos nós que a proteção constitucional impostergável do indivíduo na dimensão e enquanto sujeito consumidor é garantia de Direito Fundamental, assim, violar as normas consumeristas, quando se refere ao indivíduo é, afirmamos com convicção absoluta, violação de direito fundamental e, como tal, deverá ser tratada. AMDG.

REFERÊNCIAS BIBLIOGRÁFICAS

ENGELS, Friedrich. *Origem da família, da propriedade e do Estado.* São Paulo: Hucitec, 1982.

FERREIRA FILHO, Manoel Gonçalves. *Curso de direito constitucional.* São Paulo: Saraiva, 2009.

LUCCA, Newton de. *Direito do consumidor.* São Paulo: Quartier Latin, 2008.

MIRANDA, Jorge. *Manual de direito constitucional.* 7. ed. Coimbra: Coimbra, 2003. t. I.

NUNES JUNIOR, Vidal Serrano; SERRANO, Yolanda Alves Pinto. *Código de defesa do consumidor interpretado.* São Paulo: Saraiva, 2003.

PAUPÉRIO, Arthur Machado. *Teoria geral do Estado.* Rio de Janeiro: Forense, 1986.

PEREIRA, Caio Mario da Silva. *Instituições de direito civil.* Rio de Janeiro: Forense, 2007. v. I.

PERLINGIERI, Pietro. *Perfis do direito civil:* introdução ao direito civil constitucional. Trad. de M. C. de Cicco. Rio de Janeiro: Renovar, 1997.

THEODORO JUNIOR, Humberto. *Direitos do consumidor.* Rio de Janeiro: Forense, 2009.

TOURAINE, Alain. *Pós-modernidade.* Rio de Janeiro: Vozes, 1996.

Interpretação Sistêmica e Interdisciplinar do Código de Defesa do Consumidor e a ⚜ Política Nacional das Relações de Consumo ⚜

Ademar Pereira(*)
Regina Toledo Damião(**)

Notas introdutórias

O Código de Defesa do Consumidor ingressou ruidosamente na sociedade brasileira, em meio à difícil situação econômica do país, agravada pela moeda denominada "cruzado" e dos planos econômicos que almejavam combater a inflação desenfreada que assolou a economia brasileira e, com ela, as vicissitudes nas relações de consumo, fazendo do consumidor vítima da arrogância empresarial.

Por isso, a Lei n. 8.078, de 11 de setembro de 1990, resultado de intensa mobilização social, tornou-se instrumento poderoso na defesa dos interesses da população brasileira.

Essa entrada legiferante no mundo jurídico veio acompanhada de acalantadas discussões sobre sua posição entre os ramos do Direito e a figura do consumidor que a lei se propôs a defender. Para a comunidade jurídica nascia um novo Direito.

Vale aqui registrar que os autores deste artigo distinguem novos direitos de direitos novos.

Se considerado novo direito, coloca-se na seara de uma ou mais áreas jurídicas, *e. g.*, Direito Civil, Empresarial, Econômico-Administrativo, com novos contornos, *in casu*, das relações negociais.

(*) Mestre e Doutor em Direito. Professor Titular de Direito Empresarial da Faculdade de Direito da Universidade Presbiteriana Mackenzie. Decano Acadêmico da Universidade Presbiteriana Mackenzie. Advogado Militante. Membro Efetivo da Comissão Federal de Ensino Jurídico da OAB.
(**) Licenciada em Letras. Mestre em Educação, Artes e História da Cultura. Doutora em Direito. Professora Titular de Linguagem Jurídica e de Direito Civil da Universidade Presbiteriana Mackenzie.

Se recepcionado como direito novo, indica criação de um direito autônomo. Essa última posição é abraçada nesta pesquisa, mesmo porque o Direito Consumidor é delineado em Lei Especial, não categorizado nas modalidades contratuais cíveis ou mercantis, nem tampouco adstrito à normatização constitucional, no âmbito da Administração Pública.

Vale ressaltar que houve relutância na aceitação do Direito do Consumidor como direito autônomo nos cursos jurídico, sendo conteúdo desta ou daquela disciplina. Vários seminários debateram a questão, tanto por iniciativa de instituições de Ensino Superior quanto pelas OABs regionais e por sua comissão Federal de Ensino Jurídico.

Os debates trouxeram, ainda, a questão semântica da palavra consumidor. De início, deu-se ênfase aos direitos do particular, com olhar de individualidade, dos Pedros e das Marias. Em segundo momento, o consumidor foi concebido como conjunto, no consumo de massa.

Nesse passo, vale citar Francisco José Marques Sampaio:

> O acompanhamento da evolução do direito positivo revela substancial incremento das normas jurídicas de direito material referentes denominados direitos de massa como sucede com as leis de proteção do meio ambiente, com o Código do Consumidor e com outras leis que dispõem sobre outros direitos coletivos e difusos[1].

Nesse cenário, não se protege apenas este ou aquele sujeito negocial (apesar de também fazê-lo), mas uma coletividade que não precisa figurar como autores de uma mesma demanda judicial, qualificados individualmente.

Surgiu, então, a vertente doutrinária que caracteriza o Código de Defesa do Consumidor como ramo autônomo do Direito de proteção a direitos difusos e coletivos.

Assim, na esfera judicial são defendidos interesses individuais e coletivos, trazendo consigo outros pontos polêmicos, em especial a vinculação do Código de Defesa do Consumidor à Lei Maior, ou no campo contratual de natureza privada.

A tendência de cingir o Código de Defesa do Consumidor como direito público encontra respaldo em seu artigo inaugural. Veja-se:

> Art. 1º O presente Código estabelece normas de proteção e defesa do consumidor, de ordem pública e interesse social, nos termos dos arts. 5º, inciso XXXII, 170, inciso V, da Constituição Federal e 48 das suas Disposições Transitórias.

Assim, a defesa do consumidor é matéria jurídica constitucional referente à atividade econômica nas relações de consumo de bens e serviços.

---

(1) SAMPAIO, Francisco José Marques. *Negócio jurídico e direitos difusos e coletivos com estudo do projeto do código civil*. Rio de Janeiro: Lumen Iuris, 1999. p. 101-102.

Essa vinculação constitucional não afasta, bom é lembrar, o Código de Defesa do Consumidor da área cível, pois apresenta contornos contratuais em sua envergadura de função social e novos princípios positivados no Código Civil de 2002, como se vislumbra nos arts. 113 e 422 que consagram a possibilidade e a boa-fé nos negócios jurídicos.

Outro tema indispensável à interpretação do Código de Defesa do Consumidor é ofertado pelo mandamento constitucional (art. 170, V) que reconhece a "vulnerabilidade" do consumidor na atividade econômica, colocado em incômoda posição nas relações de consumo. Exatamente para assegurar o equilíbrio dessas relações é que são protegidos os interesses e direitos do consumidor.

O princípio da vulnerabilidade do consumidor, emanado da Constituição Federal de 1988, cumpre a ordem de igualdade entre todos, com aparente desigualdade normativa entre produtor/prestador de serviços de um lado, e consumidor de outro. Em verdade, a proteção da parte vulnerável produz o equilíbrio negocial.

Ensina Nelson Nery Junior:

> [...] dar tratamento isonômico às partes significa tratar igualmente os iguais e desigualmente os desiguais, na medida de sua desigualdade[2].

Reconhecendo a desigualdade entre o poder econômico do produtor, prestador de serviços e do consumidor, a proteção deste último vai colocá-lo em posição equilibrada com o detentor dos meios de produção.

Estabelecida, pois, a posição hermenêutica dos autores desta pesquisa, alicerçada na noção sistêmica e interdisciplinar na defesa de direitos difusos e coletivos, serão apresentadas anotações de sua evolução histórica, sob a ótica da Política Nacional das Relações de Consumo.

1. BREVES NOTAÇÕES HISTÓRICAS DO SURGIMENTO DO CÓDIGO DE DEFESA DO CONSUMIDOR

Fruto do imperativo constitucional da regulamentação das relações de consumo, com defesa dos direitos do consumidor, o Código de Defesa do Consumidor não foi resultado da inspiração dos constituintes de 1988, como expressão de seu ímpeto democrático e de vocação cidadã.

Os tumultos econômicos advindos de um liberalismo distorcido que submeteu a livre iniciativa e a livre concorrência aos desmandos de uma lucratividade desenfreada fizeram surgir resistências e mobilizações sociais no século XX, notadamente após a Segunda Grande Guerra, fortalecidas pelo novo olhar de cientificidade das ciências humanas e sociais, entre elas, a ciência econômica, propugnando a necessidade tecnológica de um Estado-Gestor, planificado, com mudanças na atividade

---

(2) NERY JUNIOR, Nelson. *Princípios do processo civil na Constituição Federal*. São Paulo: Revista dos Tribunais, 1988. p. 42.

econômica e com mecanismos regulatórios e fiscalizatórios do mercado, assegurando-se o bem--estar coletivo.

Agências reguladoras promovem atualmente o equilíbrio das relações mercantis, do fornecimento de produtos, bens e serviços, fiscalizando e punindo excessos.

Também hoje os consumidores, apesar de sua reconhecida vulnerabilidade, e por isso mesmo, são controlados por imposições do Poder Público, ora estimulados ao consumo por isenções fiscais, ora provocando-lhes freios consumistas, como estratégias de desenvolvimento econômico com preservação de sua estabilidade.

O caminhar brasileiro para a conquista do Código de Defesa do Consumidor não se deu rapidamente, ou de forma inesperada. Foi um trilhar árduo, lento e gradativo, sendo a perseverança sua melhor virtude.

Nessa luta, muitos denunciaram a "fabricação de necessidades de consumo" pela atuação publicitária que também se valeu da cientificidade contemporânea para identificar o comportamento humano e o perfil psicológico do consumidor nas investidas de *marketing*, não poupando consumidores infantis ou idosos, ricos ou pobres, com a criação de necessidades irresistíveis de bens de consumo.

Daí o surgimento da mobilização social como contrapoder nas relações de consumo, exigindo o que Celso Lafer denominou "direito a ter direito"[3].

A década de 1970 teve como marco um *boom* desordenado da atividade econômica tornando ainda mais voraz o mercado e mais fragilizado o consumidor.

Como contraponto, surgiram os primeiros passos de mobilização social na defesa do consumidor como reivindicação da sociedade civil. Alinhados pelo mesmo ideal, entre outros, juristas, jornalistas, economistas e representantes de órgãos de classe pleitearam, em coro uníssono, a criação de um Instituto de Defesa do Consumidor.

Muitas pesquisas, revistas, diversos Seminários, Encontros e Debates foram o centro do interesse da marcha brasileira na conquista da Lei n. 8.078/90. Merecem destaque anotações colhidas por Josué Rios[4].

O marco inicial na busca do regulamento jurídico para defesa do consumidor é o Projeto de Lei n. 70-A, de 1971, autoria do Deputado Nima Ribeiro, propondo a criação do Conselho de Defesa do Consumidor, alicerçado nos abusos de mercado e na vulnerabilidade do consumidor, iniciativa frustrada porque foi considerado inconstitucional pela Comissão de Constituição e Justiça no comando da Emenda Constitucional de 1969.

Anota Josué Rios[5] que no mesmo ano de 1971 aconteceu o I Congresso Nacional de Comunicação promovido pela Associação Brasileira de Imprensa — ABI

---
(3) LAFER, Celso. *A reconstrução dos direitos humanos*. São Paulo: Cia. das Letras, 1988.
(4) RIOS, Josué. *A defesa do consumidor e o direito como instrumento da mobilização social*. Rio de Janeiro: Madad, 1988. p. 41-64.
(5) *Idem*.

que concluiu pela necessidade de criação de uma Comissão Especial de Defesa do Consumidor junto ao Ministério da Indústria e do Comércio, como defesa de interesse público.

Alertou-se, ainda, que o abuso dos fabricantes e prestadores de serviços a que se submetia o consumidor não era apenas financeiro. Pagava ele altos preços para maus produtos e serviços.

Nesse sentido, o representante brasileiro na Conferência Internacional de Haia, Haroldo Valadão, apresentou projeto ao grande público consumidor contra danos causados por produtos e serviços.

Outros marcos são assinalados por Josué Rios[6]: a Semana do Consumidor, promovida pela Câmara Municipal de São Paulo, de 18 a 29 de setembro de 1973; criação do Conselho de Defesa do Consumidor — CONDECON, em 1974, no Rio de Janeiro; o surgimento da Associação de Defesa do Consumidor — ADOC, 1976 em Curitiba; Associação de Proteção ao Consumidor — APC em Porto Alegre, 1976; a criação do Sistema Estadual de Proteção ao Consumidor pelo Decreto n. 7.890, no governo paulista de Paulo Egídio Martins; a Lei Estadual de São Paulo n. 1.903, de 1978, com objetivo de tornar realidade o Sistema Estadual de Proteção ao Consumidor pela intervenção do Grupo Executivo de Proteção ao Consumidor — PROCON que angariou respeitabilidade na opinião pública, inspirando a criação de órgãos semelhantes nos Estados e Municípios da Federação.

Vê-se, pois, que o Código de Defesa do Consumidor não surgiu como imposição da Constituição Federal de 1988. O mandamento constitucional é que foi o resultado de quase duas décadas de mobilização social.

Por isso mesmo, o intérprete do Código de Defesa do Consumidor deve percebê-lo como reação legiferante às distorções econômicas da sociedade de consumo, encontradiças no mundo globalizado, convencendo o consumidor a buscar seus direitos em demandas judiciais e os aplicadores do direito a prestarem proteção efetiva aos direitos pleiteados.

Nessa tarefa hermenêutica, o método histórico é tão importante quanto a modalidade *occasio legis*. A historicidade fixa princípios e fundamentos a serem normatizados enquanto a leitura contextual da realidade por ocasião da edição da lei permite compreender a vulnerabilidade do consumidor e a proteção do hipossuficiente nas relações de consumo.

2. Princípios norteadores da interpretação sistêmica e interdisciplinar do Código de Defesa do Consumidor

Já foi anotada a importância da Lei n. 8.078, de 14 de setembro de 1990, na seara de políticas públicas delineadas no texto constitucional com linhas mestras para

---

(6) RIOS, Josué. *Op. cit.*, p. 41-64.

a planificação do Estado Gestor, entendendo-se como tais o papel da Administração Pública na garantia de direitos sociais dos cidadãos e de seus direitos fundamentais sujeitos à produção de bens e à prestação de serviços para sua subsistência, qualidade de vida, acesso à educação, à saúde, à moradia, aos eventos culturais, ao lazer, com percepção da dignidade humana, inspiradora de novos direitos e de direitos novos e sua efetividade na construção e tutela dos interesses da cidadania.

Nesse sentido leciona Rejane Esther Vieira:

> Percebe-se que os novos direitos estão sendo diretamente relacionados com as necessidades humanas essenciais de cada época. Estão em permanente redefinição e criação dentro de seu conteúdo histórico, abrindo espaço para múltipla gama de direitos emergenciais. Essas necessidades são diversas, como qualidade de vida, bem-estar, materialidade social, políticas religiosas, psicológicas, biológicas e culturais[7].

Nesse enfoque, o Código de Defesa do Consumidor é instrumento poderoso para a consecussão dos objetivos normativos da Constituição Federal de 1988, tanto no âmbito de direitos fundamentais, individuais e sociais, quanto na formulação de postulados básicos da ciência econômica, indicadores, no texto constitucional e na lei protetiva dos direitos do consumidor da tarefa hermenêutica de desvendar as normas programáticas de um ou de outro ordenamento legiferante.

Nessa leitura, hão de ser considerados os princípios de direito público. Já foram anotados o princípio da dignidade da pessoa humana e da vulnerabilidade do consumidor, consagrados pela Lei Magna.

É preciso lembrar, ainda, o postulado de acesso à justiça, nos termos do art. 6º, VII, que inclui, entre os direitos básicos do consumidor, o acesso aos órgãos judiciais e administrativos "na prevenção ou reparação de danos patrimoniais e morais, individuais, coletivos ou difusos, assegurada a proteção jurídica administrativa e técnica dos necessitados", preservado, em todas as situações, o direito ao contraditório, de acordo com o art. 5º, LIV, da Constituição Federal de 1988.

Outro princípio a ser considerado na interpretação do Código de Defesa do Consumidor é o direito à informação, quanto aos produtos e serviços, visando à compreensão, pelo consumidor, de todas as cláusulas negociais, promovendo-se, então, manifestação de vontade correspondente à declaração de vontade, reconhecendo como inexistentes cláusulas abusivas.

Na interpretação dos contratos de consumo deve-se levar em conta, para sua validade, a clareza e, se lacunosas ou obscuras, a interpretação deve ser orientada pelo princípio *in dubio pro aderente*.

---

(7) VIEIRA, Rejane Esther. Políticas públicas e os novos direitos; o novo enfoque da gestão pública na construção de espaços públicos de participação no estado de direito no Brasil. *Revista Jurídica,* Unicuritiba, n. 1, nov. 1991.

A natureza publicista do Código de Defesa do Consumidor, já se disse, concilia-se com os princípios da legislação civil, norteadores do negócio jurídico em geral.

O primeiro deles é o da autonomia da vontade, viciando o contrato se não for livre e consciente. Daí a necessidade das informações claras e de publicidade não enganosa.

A premissa privatística da autonomia da vontade não se dá, bom de advertir, segundo os caprichos dos indivíduos contratantes. Consiste em liberdade contratual, atendido o ordenamento legal. Assim é que o Estado pode intervir nas relações negociais para preservar ou implantar metas a serem alcançadas na atividade econômica.

Consoante o Código Civil de 2002, há três princípios básicos a serem atendidos na interpretação dos contratos, *in casu*, nos contratos de consumo: boa-fé objetiva, equilíbrio econômico e função social do contrato.

A boa-fé objetiva é imperativa no Código Civil de 2002. Vejam-se os artigos abaixo exemplificados alhures:

> Art. 113. Os negócios jurídicos devem ser interpretados conforme a boa-fé e os usos do lugar de sua celebração.
>
> Art. 422. Os contratantes são obrigados a guardar, assim na conclusão do contrato como em sua execução, os princípios da probidade e da boa-fé.

Preconiza-se, então, ambiência ética compatível com a ordem jurídica, da lealdade e da confiança entre os indivíduos de uma sociedade, como expressão, inclusive, de cidadania, entendida como consciência de direitos e deveres de cada um para o bem-estar de todos.

As relações negociais refletem seus efeitos na atividade econômica, daí a possibilidade de intervenção estatal. O equilíbrio econômico assegura o cumprimento obrigacional, e, com ele, a harmonia das relações negociais, sendo o contrato o instrumento propulsor das trocas econômicas.

O princípio da função social do contrato decorre do ordenamento constitucional. Leia-se em Arnold Wald:

> É preciso salientar que a função social do contrato não deve ser interpretada como proteção especial do legislador em relação à parte economicamente mais fraca. Significa a manutenção do equilíbrio contratual e o atendimento dos interesses específicos da sociedade, que, em determinados casos, podem não coincidir com os do contratante que aderiu ao contrato e que, assim, exerceu plenamente a sua liberdade contratual[8].

Quando se apresentam princípios norteadores da interpretação do Código de Defesa do Consumidor, vinculadas a diversas áreas jurídicas e com olhar de integração

---

(8) WALD, Arnold. A evolução do contrato no terceiro milênio e o novo código civil, p. 72. In: ALVIM, Arruda (org.). *Aspectos controvertidos do novo código civil*. São Paulo: Revista dos Tribunais, 2002.

hermenêutica, fica nítida a natureza sistêmica e interdisciplinar da Lei em análise, exigindo de seu intérprete postura coerente com essa noção de conjunto.

3. Notações hermenêuticas da política nacional das relações de consumo

Para Francisco José Marques Sampaio[9], a interpretação da Lei n. 8.078/90, do CDC, deve ser realizada como realidade sistêmica, observadas as regras dos incisos I e II do art. 1º da Lei n. 7.347, de 24 de julho de 1985, reguladora da ação civil pública e que também protegem direitos difusos ou coletivos que passaram a integrar, como inciso V, o citado art. 1º da Lei n. 7.347/85 por força da Lei n. 8.874, de 11 de junho de 1994, art. 88 referente aos investimentos em mercado de valores.

Assim, a natureza sistêmica e interdisciplinar do Código de Defesa do Consumidor exige um olhar mais instigante que se abre além de sua normatização.

Quando se perquire a Lei n. 4.747, de 1985, referente à Ação Civil Pública, conclui-se que ela incidiu nos arts. 115, 116 e 117 do Código de Defesa do Consumidor.

O inciso II do art. 1º da Lei de 1985 reconhece a reparação de danos causados ao consumidor, cinco anos, portanto, antes da edição do CDC, sendo vital o papel do Ministério Público.

Quando se interpreta o art. 4º do CDC, por sua vez, nota-se quase uma transcrição constitucional nos lineamentos da Política Nacional das Relações de Consumo, fundamentada nos seguintes princípios: ação governamental de proteção ao consumidor, o reconhecimento da vulnerabilidade do consumidor, com harmonização entre as partes negociais, informação das qualidades e funcionamento dos produtos e da prestação de serviços, com estímulos para atendimento ao consumidor e controle da qualidade, repressão de abusos cometidos contra o consumidor, controle e fiscalização de serviços públicos e estudos permanentes para substanciar a gestão planificada do Estado.

Essa mesma orientação ideológica norteia o art. 170 da CF/88.

A natureza sistêmica e interdisciplinar da tarefa hermenêutica do CDC evidencia-se, ainda, no Decreto n. 2.181/97, conhecido como "Regulamentação do Sistema Nacional de Defesa do Consumidor", visando a sua efetividade na concretude das relações de consumo, normatizando expressamente o diálogo legislativo, como ocorre no inciso X de seu art. 3º que estabelece sanções administrativas previstas no CDC e no § 6º do art. 5º da Lei da Ação Civil Pública, de 1985, a fim de ser provocada a Secretaria de Direito Econômico no tocante a convênios e termos de ajustamento, e, ainda, divulgar o cadastro das reclamações de consumidores, previsto no art. 4º do Código de Defesa do Consumidor.

---

(9) SAMPAIO, Francisco José Marques. *Op. cit.*, p. 104.

Difícil é, pois, a tarefa do intérprete do Código de Defesa do Consumidor. Não pode ficar enclausurado em gaiolas epistemológicas focando apenas as normas de direito público ou as de direito privado.

Tomando a Constituição Federal de 1988 como paradigma, deve ampliar a associação de ideias, permeando sua tarefa com incursões em autores de Economia Política, Psicologia do Comportamento Humano, Direito Internacional, entre outros estudos, nunca se afastando do primado da dignidade humana, cerne de toda discussão dos conflitos contratuais das relações de consumo.

Considerações finais

As breves anotações deste artigo não esgotam as reflexões que se fazem imperativas na interpretação de contratos das relações de consumo.

As falhas no mercado devem ser apontadas em ambiência de busca do bem-estar social em clima de livre iniciativa consciente e de boa-fé, identificando o CDC como instrumento de que se aproveita o contraente em seus interesses individuais e a coletividade em seus direitos difusos ou coletivos.

A natureza programática da Política Nacional das Relações de Consumo não permite a estagnação legislativa, exigindo-se, expressamente, estudos continuados para a planificação econômica e social do Estado, permitindo-se a construção de modelos interpretativos que possam acompanhar os diferentes espaços: sociais, econômicos e políticos, com as mudanças impostas pela sociedade tecnológica, caracterizadora da contemporaneidade.

Nessas duas décadas da edição do Código de Defesa do Consumidor, acrescidas de outras tantas em seu trajeto reivindicatório, o direito brasileiro modernizou-se, ajustando-se às novas demandas da ciência jurídica sem se afastar de sua principiologia, já consagrada na Antiguidade com a roupagem inovadora das mudanças da realidade jurídica do terceiro milênio.

Referências bibliográficas

BRANDÃO, Paulo de Tarso. *A tutela judicial dos novos direitos em busca de uma efetividade para os direitos típicos da cidadania*. Florianópolis: UFSC, 2000.

LAFER, Celso. *A reconstrução dos direitos humanos*. São Paulo: Cia. das Letras, 1988.

NALIN, Paulo. *Conceito pós-moderno do contrato*. Curitiba: Juruá, 2008.

NERY JUNIOR, Nelson. *Princípios do processo civil na Constituição federal*. São Paulo: Revista dos Tribunais, 1988.

RIBEIRO, M. C.; GALESKI JR., T. *Teoria geral dos contratos*. Contratos empresariais e análise econômica. Rio de Janeiro: Campus, 2001.

RIOS, Josué. *A defesa do consumidor e o direito como instrumento da mobilização social*. Rio de Janeiro: Madad, 1988.

ROSENVALD, Nelson. *Dignidade da pessoa humana e direitos fundamentais*. Porto Alegre: Livraria do Advogado, 2001.

SALES, Fátima Alisson (org.). *Políticas públicas*. Belo Horizonte: UFMG, 2002.

SAMPAIO, Francisco José Marques. *Negócio jurídico e direitos difusos e coletivos com estudo do projeto do código civil*. Rio de Janeiro: Lumen Iuris, 1999.

SANTOS, Ronaldo Lima dos. *Teoria das normas coletivas*. São Paulo: LTr, 2007.

SARMENTO, Daniel. *Direitos fundamentais e relações privadas*. Rio de Janeiro: Lumen Juris, 2008.

THEODORO JR., Humberto. *O contrato e sua função social*. Rio de Janeiro: Forense, 2008.

VIEIRA, Rejane Esther. Políticas públicas e os novos direitos; o novo enfoque da gestão pública na construção de espaços públicos de participação no estado de direito no Brasil. *Revista Jurídica*, Unicuritiba, n. 1, nov. 1991.

WALD, Arnold. A evolução do contrato no terceiro milênio e o novo código civil. In: ALVIM, Arruda (org.). *Aspectos controvertidos do novo código civil*. São Paulo: Revista dos Tribunais, 2002.

OS PRINCÍPIOS PROCESSUAIS PREVISTOS NA CONSTITUIÇÃO FEDERAL E A DEFESA DO CONSUMIDOR

Patrícia Miranda Pizzol[*]

1. NOÇÕES GERAIS

A Constituição de 1988, no art. 5º, XXXII, dispõe que o Estado promoverá, na forma da lei, a defesa dos consumidores. O art. 48 do Ato das Disposições Constitucionais Transitórias prevê a elaboração do Código. Esses dispositivos devem ser combinados com o art. 170, V, segundo o qual a ordem econômica deve observar o princípio da defesa do consumidor (assim como do meio ambiente — inciso VI). Conclui-se, portanto, que a defesa do consumidor é garantia fundamental, que limita o exercício da livre iniciativa[1].

Embora a Constituição tenha sido tímida no art. 5º, XXXII, pode-se dizer que foi muito importante a inserção da defesa do consumidor entre os direitos fundamentais, produzindo o efeito de legitimar "todas as medidas de intervenção estatal necessárias a assegurar a proteção prevista"[2].

O tratamento dado aos direitos do consumidor decorre dos princípios do devido processo legal — material e processual (art. 5º, *caput*, LIV) e da dignidade humana (art. 1º, III, e no art. 3º, I, da CF). Isso porque o devido processo legal garante proteção à vida, à liberdade e à propriedade e o direito à vida deve ser entendido como direito à vida digna.

(*) Graduada em Direito pela Universidade Federal do Espírito Santo. Graduada em Administração de Empresas pela Faculdade Espírito-Santense de Administração (1991), mestrado em Direito pela Pontifícia Universidade Católica de São Paulo (1996) e doutorado em Direito pela Pontifícia Universidade Católica de São Paulo (2001). Fez pesquisa de pós-doutorado, como bolsita de CAPES no período de dezembro de 2003 a fevereiro de 2004 na Universidade La Sapienza, em Roma, Itália. Atualmente é professora dos cursos de graduação e pós-graduação *lato sensu* da Universidade Presbiteriana Mackenzie e professora dos cursos de graduação e pós-graduação *lato sensu*, mestrado e doutorado da Pontifícia Universidade Católica de São Paulo. Tem experiência na área de Direito, com ênfase em Direito Processual Civil, atuando principalmente nos seguintes temas: processo civil, ações coletivas, direito do consumidor e outros direitos difusos.
(1) Ver NUNES, Luiz Antonio Rizzatto. *Curso de direito do consumidor*. São Paulo: Saraiva, 2004. p. 7, 53-59; MARQUES, Cláudia Lima; BENJAMIN, Antônio Herman V.; MIRAGEM, Bruno. *Comentários ao código de defesa do consumidor*. São Paulo: Revista dos Tribunais, 2003. p. 55.
(2) SILVA, José Afonso da. *Curso de direito constitucional positivo*. São Paulo: Malheiros, 2006. p. 262-263.

Quanto à dignidade, esse princípio só pode ser bem compreendido se analisado à luz dos arts. 6º e 225 da Constituição Federal, uma vez que não se pode falar em dignidade sem que sejam assegurados os direitos sociais (educação, saúde, trabalho, moradia, lazer, segurança, previdência social etc.). É preciso garantir e implementar concretamente esse mínimo na vida das pessoas ("mínimo vital", segundo Celso Fiorillo[3] e Rizzatto Nunes[4]).

Lembre-se, ademais, que tais direitos pertencem a todos, mas só podem ser tutelados nos limites da jurisdição de cada país (soberania nacional, conforme art. 1º, I, CF). Por ocasião da elaboração da Constituição de 1988, houve um movimento no sentido da introdução de um capítulo relativo aos direitos coletivos, que conteria os direitos de reunião, associação, ao meio ambiente sadio e equilibrado, direito dos consumidores etc., entretanto, o capítulo foi eliminado e o dos direitos individuais recebeu o título "Direitos e deveres individuais e coletivos", não tendo incluído, entretanto, todos aqueles direitos coletivos[5].

No nosso sentir, podem ser considerados essencialmente coletivos, entre outros, os seguintes direitos: a) direito a um tratamento igualititário sem preconceitos de origem, cor, raça, idade, sexo (art. 3º, IV, art. 5º, da CF); b) direito à propriedade observada sua função social (art. 1º, *caput*, e art. 170, III); c) direito à redução de riscos inerentes ao trabalho por meio de normas de saúde, higiene e segurança (art. 7º, XXII); d) direito à educação (art. 205); e) direito à cultura (arts. 215 e 216), à ciência e tecnologia (arts. 218 e 219); f) direito à saúde (arts. 196 a 200); g) direito ao meio ambiente sadio e equilibrado (art. 225); h) direito da família, da criança e do adolescente, do idoso (arts. 226 a 230); i) direito à manifestação do pensamento, à criação, à expressão e à informação ou direito à comunicação social ou à liberdade de informação, principalmente jornalística (arts. 220 a 224); j) direito à informação (a liberdade de informação deixa de ser função individual e passa a ser função social) (art. 5º, XIV, XXXIII); k) direito à reparação dos danos materiais, morais e à imagem (art. 5º, V e X); l) direito de petição (art. 5º, XXXIV); m) direito de representação coletiva (art. 5º, XXI; art. 8º, III); n) direito de participação (arts. 14, I e II; 29, XIII; 61, § 2º; 11; 194, VII; 198, III; 31, § 3º); o) direito à informação sobre os impostos incidentes sobre mercadorias e serviços (art. 150, § 5º) etc.

Assim, pode-se extrair da Constituição Federal a proteção individual e a proteção coletiva ao consumidor.

Podemos indicar alguns dispositivos constitucionais que fundamentam a proteção processual ao consumidor, abrangendo os princípios que a fundamentam bem como os instrumentos que se destinam à efetivação dos direitos assegurados pela ordem constitucional e infraconstitucional: a) art. 5º, XXXV — lesão ou ameaça a direito individual ou coletivo; b) art. 5º, LXXIII — ação popular; c) art. 5º, LXIX

---

(3) FIORILLO, Celso Antonio Pacheco. *Princípios do processo ambiental.* São Paulo: Saraiva, 2004. p. 13-14.
(4) NUNES, Luiz Antonio Rizzatto. *Op. cit.,* p. 24-26.
(5) SILVA, José Afonso da. *Op. cit.,* p. 262-263.

e LXX — mandado de segurança (Lei n. 12.016/09); d) art. 5º, LXXI e LXXII — mandado de injunção e *habeas data* (Lei n. 9.507/97); e) art. 129, III — função institucional do MP de defender direitos difusos e coletivos por meio de ACP, além da possibilidade de instaurar inquérito civil (Lei n. 7.347/85); f) art. 127 — função do MP de defender interesses sociais (art. 1º do CDC); g) princípios constitucionais que regem o processo civil (art. 5º, LIV, LV, XXXVII, LVI; art. 93, IX).

Feitas essas observações iniciais, vejamos os princípios constitucionais que fornecem a base para a tutela processual do consumidor.

Podemos definir princípio como preceito, regra proposição diretora de uma ciência[6]. Em termos processuais, são considerados "preceitos fundamentais que dão forma e caráter aos sistemas processuais"[7]. A partir da ideia acima exposta, qualquer que seja o ramo de estudos analisado, pode-se conceituar princípio como um conjunto de ideias ou pensamentos que servem de baliza para a elaboração das normas[8].

Os princípios são importantes por vários motivos: para que determinada disciplina alcance o patamar de ciência, é necessário que haja um arcabouço principiológico[9]; eles não sofrem modificações, ainda que o ordenamento jurídico seja modificado substancialmente, alterando-se tão somente o modo de interpretá-los e aplicá-los na prática; servem de base para a elaboração das normas[10]; destinam-se à interpretação e à complementação das normas (arts. 4º da LICC, 126 do CPC e 108 do CTN)[11].

A doutrina classifica os princípios em informativos e fundamentais. Aqueles são axiomas, que, enquanto tais, não requerem demonstração; baseiam-se em critérios estritamente técnicos e lógicos, não possuindo praticamente nenhum conteúdo ideológico (são princípios universais e praticamente incontrovertidos). Os fundamentais são os que podem ou não informar o sistema, de acordo com os critérios políticos e ideológicos levados em consideração[12].

---

(6) FERREIRA, Aurélio Buarque de Holanda. *Novo dicionário da língua portuguesa*, Curitiba: Positivo, 2004. p. 465.
(7) GRINOVER, Ada Pellegrini. *Os princípios constitucionais e o código de processo civil*. São Paulo: Bushatsky, 1975. p. 23.
(8) Conforme ESPÍNDOLA, Ruy Samuel. *Conceito de princípios constitucionais*. São Paulo: Revista dos Tribunais, 1998. p. 47-48. O autor trata ainda das funções dos princípios, classificando-as a partir das propostas de três autores: F. de Castro, Trabucchi e Norberto Bobbio (função fundamentadora da ordem jurídica; função interpretativa; função supletiva). (*Ibidem*, p. 67-68.)
(9) Ver NERY JUNIOR, Nelson. *Princípios do processo civil na Constituição Federal*. São Paulo: Revista dos Tribunais, 2009. p. 35; PORTANOVA, Rui. *Princípios do processo civil*. Porto Alegre: Livraria do Advogado, 1995. p. 13. O primeiro autor trata também da importância da obra de Oskar von Bülow (*Die Lehre von den Prozebeinreden und die Prozebvoraussetzungen*, Giessen, 1868) para a sistematização dos princípios processuais (*idem, ibidem*).
(10) Por esse motivo, diz-se que é mais grave violar um princípio que uma norma (MELLO, Celso Antonio Bandeira de. *Elementos de direito administrativo*. 3. ed. São Paulo: Malheiros, 1992. p. 230); é nele que essa norma (e não apenas ela, mas todo o sistema jurídico) encontra seu fundamento, sua razão de ser. Assim, o legislador, ao redigir as leis, deverá guiar-se por tais princípios, sendo inconstitucional a lei que violar um que esteja consubstanciado na Constituição Federal.
(11) ESPÍNDOLA, Ruy Samuel. *Op. cit.*, p. 67-68.
(12) ALVIM NETTO, José Manoel de Arruda. *Manual de direito processual civil*. São Paulo: Revista dos Tribunais, 2008. v. 1, p. 28. Há quem acrescente outros princípios informativos: instrumental ("processo está menos preocupado com a forma e mais voltado para resultados substanciais") (PORTANOVA, Rui. *Op. cit.*, p. 19-20) e efetivo ("o processo, em sua efetividade, busca superar o atomismo individualista", adaptando-se aos novos anseios sociais). (*Ibidem*, p. 48-58.)

Entre os princípios informativos, destacam-se[13]: a) lógico: diz respeito à estrutura do processo, que se destina à descoberta da verdade e a evitar erros; b) jurídico: o processo se desenvolve segundo as regras constantes do ordenamento jurídico[14]; c) político: o processo deve seguir determinadas regras de ordem política[15]; d) econômico: por meio do processo deve-se obter o máximo resultado com o menor dispêndio de tempo e de atividade.

Desta feita, tendo em vista que os princípios informativos são verdadeiros axiomas, que não suscitam maiores discussões, podemos passar a tratar de alguns princípios fundamentais que regem o processo civil, os quais podem ser definidos como "a construção basilar do edifício 'Direito Processual'"[16].

2. DEVIDO PROCESSO LEGAL

Entre os princípios fundamentais insculpidos na Constituição Federal, o mais importante, pode-se dizer, é o princípio do devido processo legal, tendo em vista que os demais são, a rigor, decorrência dele. Isso porque, à luz do princípio do devido processo legal, ninguém pode ser privado da vida, da liberdade ou da propriedade sem um processo justo, apto a gerar uma sentença justa (art. 5º, *caput* e LIV, da CF).

Para que um processo seja justo, é necessário: que nenhuma lesão ou ameaça a direito seja subtraída da apreciação do Poder Judiciário; que o demandado tenha o direito de tomar ciência acerca da propositura da ação e de reagir contra o pedido formulado pelo autor; que a causa seja processada e julgada pelo juiz natural; que as partes produzam em juízo apenas provas obtidas por meios lícitos; que as partes sejam tratadas com igualdade, tendo as mesmas oportunidades no processo; que os atos processuais sejam públicos; que as decisões judiciais sejam motivadas; que as decisões injustas ou incorretas sejam passíveis de recurso etc. Podemos afirmar, assim, que os diversos princípios insculpidos na Constituição Federal (por exemplo, da isonomia, do juiz natural, da inafastabilidade do controle jurisdicional etc.) são subprincípios deste[17].

---

(13) ALVIM NETTO, José Manoel de Arruda. *Op. cit.*, p. 28; CINTRA, Antonio Carlos de Araújo; GRINOVER, Ada Pellegrini; DINAMARCO, Cândido Rangel. *Teoria geral do processo*. 25. ed. São Paulo: Malheiros, 2009. p. 56-57.
(14) Para parte da doutrina, significa que as partes devem receber tratamento igualitário no processo e a decisão deve ser justa (CINTRA, Antonio Carlos de Araújo; GRINOVER, Ada Pellegrini; DINAMARCO, Cândido Rangel. *Op. cit.*, p. 57; PORTANOVA, Rui. *Op. cit.*, p. 35).
(15) Para parte da doutrina pode ser chamado de princípio participativo, consistindo na possibilidade de máxima garantia social com o menor sacrifício das liberdades coletivas e individuais (PORTANOVA, Rui. *Op. cit.*, p. 31; CINTRA, Antonio Carlos de Araújo; GRINOVER, Ada Pellegrini; DINAMARCO, Cândido Rangel. *Op. cit.*, p. 57).
(16) Baur. Vom wert order prozess rechts grund sütze. In: *Studi in onore di Tito Carnacini*. Milano: Giuffrè, 1984. v. 2, t. 1, p. 40, *apud* NERY JUNIOR, Nelson. *Princípios fundamentais*: teoria geral dos recursos. 5. ed. São Paulo: Revista dos Tribunais, 2000. p. 36-37.
(17) Ver NERY JUNIOR, Nelson. *Op. cit.*, p. 77. No mesmo sentido ver ARAÚJO, Luiz Alberto David; NUNES JÚNIOR, Vidal Serrano. *Curso de direito constitucional*. São Paulo: Saraiva, 2008. p. 178. Sobre a importância do princípio, ver, também, GRINOVER, Ada Pellegrini. *Op. cit.*, p. 19.

O princípio ora examinado encontra suas raízes no direito anglo-saxão (daí a expressão *due process of law*), mais precisamente na Magna Carta de João Sem Terra, de 1215, vindo a ser adotado numa concepção mais ampla pela Constituição dos Estados Unidos, onde se inspirou a nossa Constituição (art. 5º, *caput* e LIV). No direito norte-americano, a cláusula do *due process of law* consiste na garantia ampla e genérica da tutela da vida, da liberdade e da propriedade. Com essa mesma amplitude, foi adotado pelo dispositivo supra-referido, no nosso ordenamento jurídico (constitucional), o princípio do devido processo legal, podendo ser considerado sob dois aspectos: *substantive due process* e *procedural due process*. Demonstra a adoção do presente princípio, no seu primeiro aspecto, a necessidade de observância do princípio da legalidade pela Administração Pública (direito administrativo) e, no segundo aspecto, a garantia constitucional do efetivo acesso à Justiça (aquele que sofre lesão ou ameaça de lesão a direito pode acionar o Judiciário, deduzindo em juízo sua pretensão e, de outro lado, aquele em face de quem é proposta a ação tem a possibilidade de exercer o direito à ampla defesa que a Constituição Federal lhe assegura)[18].

A defesa do consumidor, seja a título individual seja a título coletivo, deve se dar de modo justo, observando-se todos os subprincípios do devido processo legal, a fim de que possa propiciar uma sentença justa[19].

Ademais, se pensarmos no acesso à justiça como um corolário do devido processo legal, chegaremos à conclusão de que a defesa do consumidor é uma forma de se alcançá-lo. Os diversos mecanismos voltados à facilitação da defesa do consumidor em juízo (por exemplo, a prerrogativa de competência; a possibilidade de inversão do ônus da prova; a vedação à denunciação da lide etc.) e fora dele (por exemplo, o inquérito civil, que pode ensejar um compromisso de ajustamento de conduta; a atuação dos Procons e das associações no sentido da orientação do consumidor e da busca de soluções extrajudiciais etc.) podem propiciar não só o acesso formal à justiça, mas, especialmente, o acesso efetivo à ordem jurídica justa.

Enquadra-se nesse contexto a ação coletiva. Ela permite a muitos consumidores que, por vários motivos (falta de conhecimento dos seus direitos, falta de condições econômico-financeiras, receio do Judiciário e dos advogados, o direito individualmente considerado não tem um valor insignificante etc.) não promoveriam ações individuais, obtenham referida tutela, seja pelo fato de integrarem a coletividade, o grupo, a classe ou a categoria de beneficiados pela sentença de procedência (direito difuso ou coletivo *stricto sensu*) seja por se enquadrarem na situação objeto da

---

(18) Para maior aprofundamento sobre o tema, ver NERY JUNIOR, Nelson. *Op. cit.,* p. 78-81; PORTANOVA, Rui. *Op. cit.,* p. 145-146; ROSAS, Roberto. *Direito processual constitucional:* princípios constitucionais do processo civil. 3. ed. São Paulo: Revista dos Tribunais, 1999. p. 45-47; GRINOVER, Ada Pellegrini. *Op. cit.,* p. 9; TUCCI, Rogério Lauria. Devido processo penal e alguns de seus mais importantes corolários. In: *Devido processo legal e tutela jurisdicional.* São Paulo: Revista dos Tribunais, 1993. p. 18.
(19) Sustentando a aplicação do princípio nos processos relativos a lides de consumo: GRINOVER, Ada Pellegrini. *Código de defesa do consumidor comentado pelos autores do anteprojeto.* Rio de Janeiro: Forense Universitária, p. 704.

sentença de procedência que reconheceu a responsabilidade do fornecedor, condenando-o genericamente ao ressarcimento dos consumidores lesados (direito individual homogêneo).

Pode-se dizer que a ação coletiva é um dos instrumentos mais efetivos de acesso à justiça e, portanto, de concretização do devido processo legal. Ela está em perfeita consonância com a preocupação mundial com o processo de resultado, não apenas por ampliar o acesso à justiça, mas também porque uma ação coletiva pode substituir várias ações individuais, o que permite uma melhor atuação do Judiciário, além de proporcionar maior segurança jurídica, uma vez que são evitados julgados conflitantes.

Mauro Cappelletti, em sua clássica obra sobre o *Acesso à justiça*[20], arrola algumas das dificuldades com que se depara o indivíduo que pretende obter uma prestação jurisdicional adequada e eficaz: custas judiciais (honorários advocatícios, custas processuais, sucumbência), a delonga do Poder Judiciário, as escassas "possibilidades das partes" (falta de recursos financeiros, inaptidão para reconhecer um Direito e propor uma ação ou defesa, indisposição psicológica das pessoas para recorrer ao Judiciário, desconfiança dos advogados), a existência de litigantes "habituais" que se apresentam em situação privilegiada com relação aos litigantes "eventuais".

Em se tratando de direitos e interesses metaindividuais afetos às relações de consumo, além dessas complicações, acrescentam-se alguns outros fatores que, via de regra, desencorajam o consumidor à propositura da ação individual[21]: a) os fornecedores são, geralmente, grandes grupos econômicos ou o próprio Estado, com força política e econômica; b) os danos, individualmente considerados, são de difícil apuração; é bastante complexa a prova do ato causador do dano e do respectivo nexo de causalidade, porque isso demanda de recursos técnicos e financeiros de que o consumidor não dispõe (a vulnerabilidade do consumidor é presumida, conforme art. 4º, I, do CDC).

Acrescente-se a possibilidade de utilização da arbitragem para solucionar lides de consumo sem que isso implique violação ao princípio do devido processo legal. Não se pode admitir, contudo, a arbitragem compulsória, inserida em contrato de adesão sem o consentimento expresso do consumidor (art. 51, VII, do CDC)[22].

3. Isonomia

O princípio da isonomia pode ser extraído do art 1º, *caput* e I, da CF: "todos são iguais perante a lei, sem distinção de qualquer natureza". Depreende-se do texto

---

(20) CAPPELLETTI, Mauro; GARTH, Bryant. *Acesso à justiça*. Trad. Ellen Gracie Northfleet. Porto Alegre: Sergio Antonio Fabris, 2002. p. 15-29.
(21) Ver MOREIRA, José Carlos Barbosa. A proteção jurisdicional dos interesses coletivos ou difusos. In: GRINOVER, Ada Pellegrini (coord.). *A tutela dos interesses difusos*. São Paulo: Max Limonad, 1984. p. 101.
(22) Sustentando que a escolha de um árbitro pelas partes não significa a renúncia ao direito de ação: NERY JUNIOR, Nelson. *Código de defesa do consumidor comentado pelos autores do anteprojeto*. Rio de Janeiro: Forense Universitária, p. 507; MIRANDA, Pontes de. *Comentários ao código de processo civil*, 1997. t. XV, p. 224.

constitucional que o princípio da igualdade ou isonomia consiste em um mandamento dirigido não só aos aplicadores do direito, mas também ao legislador, que não poderá criar qualquer norma que não dispense tratamento isonômico às pessoas, sob pena de ver declarada a inconstitucionalidade desta[23].

A Carta Magna assegura a isonomia real, não apenas a formal. Em outras palavras, o que se procura impedir com o chamado princípio da igualdade é que se dê tratamento desigual a pessoas que não são iguais. Devem todos dar tratamento igual aos iguais e desigual aos desiguais, na exata medida dessa desigualdade[24].

O princípio da isonomia incide em todas as espécies de processos, de conhecimento, cautelar e de execução.

Quanto ao processo de execução, embora haja o escopo da execução, seja a satisfação do direito do credor, ocupando o executado, na relação jurídica processual executiva, uma posição de sujeição (art. 612 da CPC). Muito embora deva o Estado--juiz atuar a jurisdição no sentido da prestação da tutela jurisdicional plena (sob a ótica do credor), não podemos esquecer que à exigência acima mencionada contrapõe--se uma outra, que se encontra consubstanciada no art. 620 do Código de Processo Civil, segundo o qual não se pode opor ao executado sacrifício maior que o estritamente necessário para a realização da pretensão do credor. Daí se depreende que também na execução é preciso haver equilíbrio entre exequente e executado, conferindo-se a ambos condições de se manifestarem sobre os atos praticados no curso do processo executivo[25].

Verifica-se a incidência do princípio da isonomia nos processos individuais e coletivos relativos a lides de consumo. Entre as regras que traduzem o princípio, podemos mencionar[26]:

a) a vulnerabilidade do consumidor (art. 4º, I, do CDC)[27];

b) o rol dos instrumentos destinados à execução da Política Nacional das Relações de Consumo (manutenção de assistência jurídica, integral e

---

(23) Nesse sentido, manifesta-se Celso Antônio Bandeira de Mello: "Entende-se, em concorde unanimidade, que o alcance do princípio não se restringe a nivelar os cidadãos diante da norma legal posta, mas a própria lei não pode ser editada em desconformidade com a isonomia" (*Conteúdo jurídico do princípio da igualdade*. 3 ed. São Paulo: Malheiros, 2008. p. 9). O autor cita as palavras de Kelsen, que, segundo ele, demonstrou que o "sentido relevante do princípio isonômico está na obrigação da igualdade na própria lei, vale dizer, entendida como limite para a lei" (*ibidem*, p. 10).
(24) Segundo Celso Antônio Bandeira de Mello, a afirmação é de Aristóteles (*Conteúdo jurídico do princípio da igualdade*, p. 10--11); NERY JUNIOR, Nelson. *Op. cit.*, p. 97; ARAÚJO, Luiz Alberto David; NUNES JUNIOR, Vidal Serrano. *Op. cit.*, p. 131; MORAES, Alexandre de. *Direito constitucional*. São Paulo: Atlas, 2008. p. 36; PORTANOVA, Rui. *Op. cit.*, p. 36.
(25) Ver GRINOVER, Ada Pellegrini. *Op. cit.*, p. 83-84.
(26) O STJ, em algumas decisões, se refere expressamente ao princípio da isonomia, ao tratar da inversão do ônus da prova (STJ — Resp 140097/SP, 4ª T. — rel. Min. César Asfor Rocha — j. 4.5.2000 — DJ 11.9.2000, p. 252 — v.u., da cláusula de eleição de foro) (STJ — Resp 159837/SP, 3ª. T. — rel. Min. Waldemar Zveiter — j. 17.11.1998 — DJ 1º.3.1999, p. 310 — v.u.).
(27) NERY JUNIOR, Nelson. Princípios gerais do código brasileiro de defesa do consumidor. In: *Revista de Direito do Consumidor*, n. 3, set./dez. 1992. p. 53; MARQUES, Cláudia Lima BENJAMIN, Antonio Herman V.; MIRAGEM, Bruno. *Comentários ao código de defesa do consumidor*: arts. 1º a 74: aspectos materiais. São Paulo: Revista dos Tribunais, 2003. p. 120; NUNES, Luiz Antonio Rizzatto. *Op. cit.*, p. 36 e 125; NUNES JUNIOR, Vidal Serrano; SERRANO, Yolanda Alves Pinto. *Código de defesa do consumidor interpretado*. São Paulo: Saraiva, 2003. p. 29; FILOMENO, José Geraldo Brito. *Código de defesa do consumidor comentado pelos autores do anteprojeto*. Rio de Janeiro: Forense Universitária, 1999. p. 46.

gratuita, para o consumidor carente; instituição de Promotorias de Justiça de Defesa do Consumidor, no âmbito do Ministério Público; criação de delegacias de polícia especializadas no atendimento de consumidores vítimas de infrações penais de consumo; criação de Juizados Especiais de Pequenas Causas e Varas Especializadas para a solução de litígios de consumo; concessão de estímulos à criação e desenvolvimento das Associações de Defesa do Consumidor, conforme art. 5º, II, III, IV e V, do CDC);

c) o elenco dos direitos básicos do consumidor, abrangendo o direito à efetiva prevenção e reparação dos danos; o acesso aos órgãos judiciários e administrativos, com vistas à prevenção ou reparação de danos patrimoniais e morais, individuais, coletivos ou difusos, assegurada a proteção jurídica, administrativa e técnica aos necessitados; à facilitação da defesa dos seus direitos em juízo, inclusive com a inversão do ônus da prova (art. 6º, VI, VII e VIII, do CDC)[28];

d) a prerrogativa de foro atribuída ao consumidor (art. 101, I, do CDC), bem como o reconhecimento de nulidade da cláusula contratual que elege foro diverso do domicílio do consumidor inviabilizando ou dificultando o exercício do contraditório e ampla defesa pelo consumidor[29];

---

(28) STJ — Resp. 347632/SP, 4ª T. — rel. Min. Ruy Rosado de Aguiar — j. 24.6.2003 — DJ 1º.9.2003 p. 291 — EMENTA: CÓDIGO DE DEFESA DO CONSUMIDOR. Prova. Inversão do ônus da prova. Perícia. Honorários. Construção civil. SFH. O CDC assegura ao consumidor hipossuficiente o direito de exercer sua defesa em juízo. As regras legais que procuram efetivar esse princípio não criam privilégio a seu favor, apenas procuram estabelecer alguma igualdade entre as partes. Perícia considerada indispensável para a ação em que se alega defeitos na construção do prédio adquirido por pessoas de baixa renda, pelo SFH, e que não foi feita porque os autores não reuniram o numerário suficiente para pagar os honorários do perito. — Renovação do julgamento da apelação a fim de que a Câmara aprecie a existência dos pressupostos de fato para a inversão do ônus da prova (Art. 6º, VIII, CDC). Recurso conhecido e provido em parte.
(29) Resp 299378/SP, 3ª. T. — rel. Min. Carlos Alberto Menezes Direito — j. 4.9.2001 — DJ 8.10.2001 — p. 214. EMENTA: Exceção de incompetência. Contrato de arrendamento mercantil. Cláusula de eleição de foro. Precedentes da Corte. 1. A Corte já decidiu que o Código de defesa do consumidor aplica-se aos contratos de arrendamento mercantil e que é "abusiva a cláusula de eleição de foro incluída em contrato de adesão sobre *leasing*, que dificulta a defesa da arrendatária aderente". 2. Recurso especial conhecido e provido; Resp 190860/MG, 3ª T. — rel. Min. Waldemar Zveiter — j. 9.11.2000 — DJ 18.12.2000, p. 183 — EMENTA: CÓDIGO DE DEFESA DO CONSUMIDOR. BANCOS. CONTRATO DE ADESÃO. RELAÇÃO DE CONSUMO (ART. 51, I, DA LEI n. 8.078/90) — FORO DE ELEIÇÃO. CLÁUSULA CONSIDERADA ABUSIVA — INAPLICABILIDADE DA SÚMULA n. 33/STJ — PRECEDENTES DA SEGUNDA SEÇÃO. I — Os bancos, como prestadores de serviços especialmente contemplados no art. 3º, § 2º, estão submetidos às disposições do Código de defesa do consumidor. A circunstância de o usuário dispor do bem recebido através de operação bancária, transferindo-o a terceiros, em pagamento de outros bens ou serviços, não o descaracteriza como consumidor final dos serviços prestados pela instituição. II — A cláusula de eleição de foro inserida em contrato de adesão não prevalece se "abusiva", o que se verifica quando constatado que da prevalência de tal estipulação resulta inviabilidade ou especial dificuldade de acesso ao Judiciário. Pode o juiz, de ofício, declinar de sua competência em ação instaurada contra consumidor quando a aplicação daquela cláusula dificultar gravemente a defesa do réu em Juízo. Precedentes da Segunda Seção. III — Incidência da Súmula n. 126/STJ. IV — Recurso não conhecido.
(Acrescente-se que tal prerrogativa se aplica também à execução individual da sentença proferida em processo coletivo, não ficando o consumidor sujeito à regra de que o juízo da execução é o da causa (de acordo com o art. 475-P, o exequente pode também requerer o cumprimento de sentença no local do atual domicílio do executado ou no local onde ele tenha bens passíveis de expropriação): STJ — CC 96682/RJ, 3ª. T. — rel. Min. Arnaldo Esteves Lima — j. 10/02/10 — DJe 23/03/2010 EMENTA: PROCESSUAL CIVIL. CONFLITO NEGATIVO DE COMPETÊNCIA. SERVIDOR PÚBLICO FEDERAL. AÇÃO COLETIVA. EXECUÇÃO INDIVIDUAL NO DOMICÍLIO DO AUTOR. FORO DIVERSO DO FORO DO PROCESSO DE CONHECIMENTO. POSSIBILIDADE. INCIDÊNCIA DAS LEIS 8.078/90 E 7.347/85. CONFLITO CONHECIDO. COMPETÊNCIA DA JUSTIÇA FEDERAL

e) a vedação à denunciação da lide e ao chamamento ao processo (arts. 88 e 101, II, do CDC);

f) a exclusão, nas ações coletivas, de adiantamento de custas, emolumentos, honorários periciais e quaisquer outras despesas, bem como de condenação da associação autora (salvo comprovada má-fé) em honorários de advogados, custas e despesas processuais (art. 87 do CDC)[30].

Quanto à inversão do ônus da prova em favor do consumidor é necessário fazer algumas considerações adicionais. Ela é possível desde que presentes certos requisitos — hipossuficiência do consumidor em relação ao fornecedor (que não se confunde com a vulnerabilidade supracitada) ou verossimilhança da alegação deduzida em juízo pelo consumidor (registre-se que os requisitos são alternativos e não cumulativos).

De acordo com o disposto no art. 333 do Código de Processo Civil, incumbe ao autor provar o fato constitutivo do direito afirmado na petição inicial e ao réu provar o fato modificativo, extintivo ou impeditivo do direito do autor. Assim, se o consumidor tivesse de se submeter ao regime jurídico estabelecido pelo Código de Processo Civil, ao propor ação em face do fornecedor, para discutir, por exemplo, a existência de vício ou defeito em determinado produto fabricado por este, caberia a ele provar a existência do alegado vício ou defeito. O legislador, ao elaborar o Código de Defesa do Consumidor, ciente de que tal fardo inviabilizaria a propositura de ação

---

DO ESTADO DO AMAZONAS. 1. As ações coletivas *lato sensu* — ação civil pública ou ação coletiva ordinária — visam proteger o interesse público e buscar a realização dos objetivos da sociedade, tendo, como elementos essenciais de sua formação, o acesso à Justiça e a economia processual e, em segundo plano, mas não de somenos importância, a redução dos custos, a uniformização dos julgados e a segurança jurídica. 2. A sentença coletiva (condenação genérica, art. 95 do CDC), ao revés da sentença que é exarada em uma demanda individualizada de interesses (liquidez e certeza, art. 460 do CPC), unicamente determina que as vítimas de certo fato sejam indenizadas pelo seu agente, devendo, porém, ser ajuizadas demandas individuais a fim de se comprovar que realmente é vítima, que sofreu prejuízo e qual o seu valor. 3. O art. 98, I, do CDC permitiu expressamente que a liquidação e execução de sentença sejam feitas no domicílio do autor, em perfeita sintonia com o disposto no art. 101, I, do mesmo código, que tem como objetivo garantir o acesso à Justiça. 4. Não se pode determinar que os beneficiários de sentença coletiva sejam obrigados a liquidá-la e executá-la no foro em que a ação coletiva fora processada e julgada, sob pena de lhes inviabilizar a tutela dos direitos individuais, bem como congestionar o órgão jurisdicional. 5. Conflito de competência conhecido para declarar competente o Juízo Federal da 2ª Vara da Seção Judiciária do Estado do Amazonas/AM, o suscitado. No mesmo sentido: STJ — CC 78765/SP, 2ª Seção — rel. Min. Sidnei Beneti — j. 26.3.2008 — DJe 7.4.2008. EMENTA: CONFLITO NEGATIVO DE COMPETÊNCIA. PREVIDÊNCIA PRIVADA. AÇÃO OBJETIVANDO COMPLEMENTAÇÃO DE APOSENTADORIA. EXECUÇÃO. CÓDIGO DE DEFESA DO CONSUMIDOR. INCIDÊNCIA. FORO DO DOMICÍLIO DO AUTOR. I — Com a edição da Súmula n. 321 desta Corte, não resta mais dúvida de que "o Código de defesa do consumidor é aplicável à relação jurídica entre a entidade de previdência privada e seus participantes" (DJ 5.12.05, p. 410). II — Cuida-se de contrato típico de adesão, em cujo âmbito a jurisprudência repele a eficácia da cláusula de eleição de foro, na medida em que, via de regra, incidiria sua aplicação em detrimento do consumidor, havido como hipossuficiente na relação estabelecida. III — Legítima a opção do beneficiário do plano de previdência privada em litigar no foro do seu domicílio, objetivando complementação da aposentadoria, conforme lhe autoriza o art. 101, inciso I, do Código de defesa do consumidor. IV — Incide, na espécie, a regra geral prevista no art. 575, II, do CPC, no sentido de que a execução de título judicial deve ter seu curso perante o Juízo prolator da sentença. V — Conflito conhecido, declarando-se a competência do Juízo suscitante, qual seja, o da 12ª Vara Cível de Santos — SP.

(30) Ressalte-se que, havendo má-fé por parte da associação, esta e os diretores responsáveis pela propositura da ação serão solidariamente condenados em honorários advocatícios e ao décuplo das custas, sem prejuízo da responsabilidade por perdas e danos (art. 87 parágrafo único CDC). Vale lembrar que o princípio da lealdade processual impõe "deveres de moralidade e probidade a todos aqueles que participam do processo (partes, juízes e auxiliares da justiça, advogados e membros do MP)" (CINTRA, Antônio Carlos Araújo; DINAMARCO, Cândido Rangel; GRINOVER, Ada Pellegrini. *Op. cit.*, p. 77). Ver, também, MOREIRA, José Carlos Barbosa. La iniciativa en la defensa judicial de los intereses difusos y colectivos — un aspecto de la experiencia brasileña. In: Temas de direito processual. 5. série. São Paulo: Saraiva, 1994. p. 167).

pelo consumidor lesado ou ameaçado, permitiu a inversão do ônus da prova por obra do juiz (*ope judicis*). Em outras palavras, verificando o juiz que a alegação do consumidor é verossímil ou que este se encontra em situação de inferioridade econômica ou técnica em relação ao fornecedor, cumprir-lhe-á inverter o ônus da prova, julgando o pedido formulado pelo autor favorável se o réu não provar a inexistência do defeito ou vício.

Faz-se mister ressaltar que a regra de distribuição do ônus da prova é de juízo, ou seja, o juiz, no momento de prolatar a sentença, deve apreciar e avaliar as provas e, diante da ausência ou insuficiência de provas, julgar desfavoravelmente àquele que tinha o ônus de provar e não provou; isso não significa que o juiz não possa alertar o fornecedor acerca da possibilidade de inversão no saneamento do feito. Em síntese, depreende-se do exposto que, sendo consumidor e fornecedor desiguais, o tratamento dispensado a eles deve ser desigual, na medida dessa desigualdade. Logo, o art. 6º, VIII, da Lei n. 8.078/90 visa a propiciar a igualdade real, nos termos do art. 5º, *caput*, da Constituição Federal[31].

4. INAFASTABILIDADE DO CONTROLE JURISDICIONAL

Conforme o disposto no art. 5º, XXXV, da CF, nenhuma lesão ou ameaça a direito pode ser subtraída da apreciação do Judiciário[32].

O princípio da inafastabilidade do controle jurisdicional, que também pode ser chamado de princípio da ação (ou do direito de ação), não se confunde com o direito de petição, previsto no inciso XXXIV do artigo supracitado. Enquanto este preceito constitucional diz respeito a um direito político que pode ser exercido por qualquer um que tenha sofrido ilegalidade ou abuso de poder[33], aquele se refere ao exercício do direito de ação, isto é, o direito que tem toda e qualquer pessoa de acionar o Poder Judiciário, para pedir o afastamento de uma ameaça (evitar a lesão a determinado bem da vida, tutelado pela ordem jurídica), a aplicação do direito ao caso concreto (processo de conhecimento) ou a realização dele na prática (processo de execução).

Todos têm acesso à Justiça para postular tutela jurisdicional preventiva ou reparatória, de direito individual ou metaindividual (difuso, coletivo *stricto sensu* ou individual homogêneo). A Constituição anterior se referia expressamente a direito individual (art. 153, § 4º) e, como a atual não qualifica o direito que visa a proteger (art. 5º, XXXV), é unânime a interpretação no sentido da maior amplitude conferida pela norma constitucional a esse princípio, assegurando a tutela jurisdicional dos direitos transindividuais[34].

---

(31) NERY JUNIOR, Nelson. *Op. cit.*, p. 55; NUNES, Luiz Antonio Rizzatto. *Op. cit.*, p. 125, 728.
(32) NERY JUNIOR, Nelson. *Op. cit.*, p. 170.
(33) NERY JUNIOR, Nelson; NERY, Rosa Maria de Andrade. *Código de processo civil comentado e legislação processual civil extravagante em vigor*. São Paulo: Revista dos Tribunais, 2008. p. 165.
(34) SILVA, José Afonso da. *Op. cit.*, p. 431-432; NERY JUNIOR, Nelson. *Princípios do processo civil* ..., cit., p. 192; NUNES, Luiz Antonio Rizzatto. *Op. cit.*, p. 711.

Não significa, contudo, que o direito de ação seja absoluto; ele sofre limitações naturais e legítimas (condições da ação, pressupostos processuais, prazos, regularidade formal), sem que isso implique violação ao preceito constitucional em epígrafe[35].

Acesso à justiça não consiste simplesmente no acesso formal ao Judiciário, mas no acesso efetivo à ordem jurídica justa, compreendendo, portanto, a garantia de assistência jurídica gratuita e integral, a garantia de uma prestação jurisdicional tempestiva etc.

Nessa linha de raciocínio, o Código de Defesa do Consumidor prevê, em seu art. 5º, I, a manutenção de assistência jurídica, integral e gratuita, para o consumidor carente, em cumprimento aos arts. 5º, LXXIV e XXXII, e 170, da CF. Prevê, ainda, o Código de Defesa do Consumidor, no mesmo art. 5º, II, III, IV e V, a instituição de Promotorias de Justiça de Defesa do Consumidor, no âmbito do Ministério Público; a criação de delegacias de polícia especializadas no atendimento de consumidores vítimas de infrações penais de consumo; criação de Juizados Especiais de Pequenas Causas e Varas Especializadas para a solução de litígios de consumo[36]; a concessão de estímulos à criação e desenvolvimento das Associações de Defesa do Consumidor; a previsão da ação coletiva para a proteção a direito difuso, coletivo *stricto sensu* ou individual homogêneo, sendo admitida qualquer ação que permita a efetiva e adequada tutela dos referidos direitos (arts. 81 e 83 do CDC)[37].

Ainda, pensando no acesso efetivo à justiça, o consumidor tem direito à efetiva prevenção e reparação dos danos; ao acesso aos órgãos judiciários e administrativos, com vistas à prevenção ou reparação de danos patrimoniais e morais, individuais, coletivos ou difusos, assegurada a proteção jurídica, administrativa e técnica aos necessitados; à facilitação da defesa dos seus direitos em juízo, inclusive com a inversão do ônus da prova (art. 6º, VI, VII e VIII, do CDC)[38].

---

(35) Não se pode admitir, entretanto, a exigência de prévio esgotamento das vias administrativas, já que a Constituição não faz essa exigência, salvo no caso da Justiça desportiva, conforme art. 217, § 1º, da CF. Esse entendimento, frise-se, foi reforçado com a edição da Súmula Vinculante n. 21 pelo STF, segundo a qual: "É inconstitucional a exigência de depósito ou arrolamento prévios de dinheiro ou bens para admissibilidade de recurso administrativo".
(36) Ver, também, princípio do juiz natural.
(37) NERY JUNIOR, Nelson. *Op. cit.*, p. 192-197; ALMEIDA, Gregório Assagra de. *Direito processual coletivo brasileiro.* São Paulo: Saraiva, 2003. p. 60 a 104; MENDES, Aluisio Gonçalves de Castro. Ações coletivas no direito comparado e nacional. Coleção *Temas atuais de direito processual civil.* São Paulo: Revista dos Tribunais, 2002. p. 30-33; NUNES, Luiz Antonio Rizzatto. *Op. cit.*, p. 724.
(38) O STJ, em algumas decisões, se refere ao princípio da inafastabilidade do controle jurisdicional ou do acesso à justiça, quando trata, por exemplo, da inversão do ônus da prova (STJ — Resp 140097/SP, 4ª T. — rel. Min. César Asfor Rocha — j. 4.5.2000 — DJ 11.9.2000, p. 252 — v.u.), da cláusula de eleição de foro (STJ — REsp 159837/SP, 3ª T. — rel. Min. Waldemar Zveiter — j. 17.11.1998 — DJ 1º.3.1999, p. 310 — v.u.). Refere-se, ainda, a outros princípios que não traduzem o do acesso à justiça, como o do aproveitamento dos atos processuais (STJ — REsp 206219/RS, 1ª T. — rel. Min. Milton Luiz Pereira — j. 6.12.2001 — DJ 25.3.2002, p. 181 — v.u.), o da economia processual (STJ — REsp 49272/RS, 1ª T. — rel. Min. Demócrito Reinaldo — j. 21.9.1994 — DJ 17.10.1994, p. 27868 — v.u.). Ainda, vale mencionar acórdão proferido no julgamento de recurso especial interposto em ação relativa à interrupção de fornecimento de energia elétrica, em que afirma o relator a impossibilidade de se prestigiar atuação da justiça privada no Brasil, especialmente, quando exercida por credor econômica e financeiramente mais forte, em largas proporções, do que o devedor: STJ — REsp 442814/RS, 1ª T. — rel. Min. José Delgado — j. 3.9.2002 — DJ 11.11.2002, p. 161 — v.u. É interessante observar que recentemente a 1ª Seção do STJ firmou entendimento no sentido de que a Concessionária de serviços públicos, tais como de água e energia elétrica pode cortar o fornecimento de seus serviços em

Além disso, algumas regras constantes do microssistema das ações coletivas também são inspiradas no princípio da inafastabilidade do controle constitucional, permitindo um acesso mais amplo e efetivo à justiça, tais como a atribuição de legitimidade aos entes dos arts. 82 do Código de Defesa do Consumidor e 5º da Lei da Ação Civil Pública para a propositura da ação coletiva; a previsão da coisa julgada *secundum eventum litis* (art 103 do CDC), além da possibilidade de transporte *in utilibus* da coisa julgada emergente do processo coletivo para benefício do indivíduo (art. 103, § 3º, do CDC); a possibilidade de formação do compromisso de ajustamento de conduta com a participação do Ministério Público ou de órgão público legitimado à propositura da ação coletiva (art. 5º, § 6º, da LACP), que constitui título executivo extrajudicial; a possibilidade de propositura de execução coletiva em benefício do Fundo de Direitos Difusos se, decorrido o prazo de um ano, se não houver habilitação de interessados em número compatível com a gravidade do dano (art 100 do CDC) etc.

É importante registrar que, para que a lesão ou ameaça seja apreciada, o Estado precisa ser provocado, pois *ne procedat iudex ex officio*[39]. Em síntese, "não há jurisdição sem ação"[40]. Assim, o presente princípio se relaciona diretamente ao princípio dispositivo, porque, como dito, o Estado só atua, julgando as lides, se provocado, e nos limites dessa provocação (arts. 2º, 128 e 460 do CPC). Desta feita,

---

caso de inadimplência, mesmo de órgãos públicos, desde que mantenham o fornecimento para as atividades essenciais, tais como hospitais, escolas etc. No entanto, o Min. Luiz Fux, não partilha deste entendimento, é o que podemos extrair da Ementa do EResp 337965/MG, 1ª S. — rel. Min. Luiz Fux — j. 22.9.2004 — DJ 8.11.2004 — p. 155; EMENTA: ADMINISTRATIVO. CORTE DO FORNECIMENTO DE ÁGUA. INADIMPLÊNCIA DO CONSUMIDOR. LEGALIDADE. 1. A 1ª Seção, no julgamento do RESP n. 363.943/MG, assentou o entendimento de que é lícito à concessionária interromper o fornecimento de energia elétrica, se, após aviso prévio, o consumidor de energia elétrica permanecer inadimplente no pagamento da respectiva conta (Lei n. 8.987/95, art. 6º, § 3º, II). 2. Ademais, a 2ª Turma desta Corte, no julgamento do RESP n. 337.965/MG entendeu que o corte no fornecimento de água, em decorrência de mora, além de não malferir o Código do Consumidor, é permitido pela Lei n. 8.987/95. 3. Ressalva do entendimento do relator, no sentido de que o corte do fornecimento de serviços essenciais — água e energia elétrica — como forma de compelir o usuário ao pagamento de tarifa ou multa, extrapola os limites da legalidade e afronta a cláusula pétrea de respeito à dignidade humana, porquanto o cidadão se utiliza dos serviços públicos posto essenciais para a sua vida, curvo-me ao posicionamento majoritário da Seção. 4. A aplicação da legislação infraconstitucional deve subsumir-se aos princípios constitucionais, dentre os quais sobressai o da dignidade da pessoa humana, que é um dos fundamentos da República e um dos primeiros que vem prestigiado na Constituição Federal. 5. Deveras, *in casu*, não se trata de uma empresa que reclama uma forma de energia para insumo, tampouco de pessoas jurídicas portentosas, mas de uma pessoa física miserável, de sorte que a ótica tem que ser outra. O direito é aplicável ao caso concreto, não o direito em tese. Imperioso, assim tenhamos, em primeiro lugar, distinguir entre o inadimplemento de uma pessoa jurídica portentosa e o de uma pessoa física que está vivendo no limite da sobrevivência biológica. 6. Em segundo lugar, a Lei de Concessões estabelece que é possível o corte considerado o interesse da coletividade, que significa não empreender o corte de utilidades básicas de um hospital ou de uma universidade, tampouco o de uma pessoa que não possui módica quantia para pagar sua conta, quando a empresa tem os meios jurídicos legais da ação de cobrança. A responsabilidade patrimonial no direito brasileiro incide sobre patrimônio devedor e, neste caso, está incidindo sobre a própria pessoa! 7. Ressalvadas, *data maxima venia*, opiniões cultíssimas em contrário e sensibilíssimas sob o ângulo humano, entendo que "interesse da coletividade" a que se refere a lei pertine aos municípios, às universidades, hospitais, onde se atingem interesses plurissubjetivos. 8. Por outro lado, é mister considerar que essas empresas consagram um percentual de inadimplemento na sua avaliação de perdas, por isso que é notório que essas pessoas jurídicas recebem mais do que experimentam inadimplementos. 9. Destacada a minha indignação contra o corte do fornecimento de serviços essenciais de pessoa física em situação de miserabilidade e absolutamente favorável ao corte de pessoa jurídica portentosa, que pode pagar e protela a prestação da sua obrigação, submeto-me à jurisprudência da Seção. 10. Embargos de divergência rejeitados, por força da necessidade de submissão à jurisprudência uniformizadora.
(39) Nesse sentido, ALVIM NETTO, José Manoel de Arruda. *Op. cit.*, v. 1, p. 186.
(40) CARNEIRO, Athos Gusmão. *Jurisdição e competência*. 9. ed. São Paulo: Saraiva, 2007. p. 9.

é vedado ao juiz conhecer de questões não suscitadas, a cujo respeito a lei exige a iniciativa da parte[41].

Algumas questões, entretanto, podem (*rectius* devem) ser conhecidas de ofício pelo juiz, tendo em vista o interesse público. São as matérias consideradas de ordem pública, que podem ser extraídas, em especial, dos arts. 267, § 3º e 301, § 4º, ambos do Código de Processo Civil[42]. Desta feita, também incide no processo civil o princípio inquisitório (que se contrapõe ao dispositivo)[43].

No âmbito dos processos relativos a lides de consumo, a lei autoriza o juiz a conhecer de ofício as regras contidas no Código de Defesa do Consumidor, por serem normas de ordem pública e interesse social (art. 1º, CDC). Trata-se de uma exceção ao princípio dispositivo que traduz a incidência do princípio da igualdade no processo do consumidor, pois se destina a regra a assegurar um real equilíbrio entre as posições do consumidor e do fornecedor. Assim, se o consumidor promove uma ação pedindo seja reconhecida a nulidade de uma cláusula contratual sem demonstrar a sua abusividade à luz do art. 51 do Código de Defesa do Consumidor, isso não impede o juiz de reconhecê-la. Também em razão do princípio dispositivo, diz que o juiz depende, na instrução da causa, da iniciativa das partes quanto às provas e às alegações em que se fundamentará a decisão: *iudex secundum allegata et probata partium iudicare debet*[44]. Em contraposição a esse princípio, há outro (princípio da livre investigação das provas), segundo o qual cumpre ao magistrado investigar livremente os fatos afirmados em juízo pelas partes, a fim de alcançar a verdade real, ou ao menos a versão que mais se aproxima da "verdade".

No que concerne à colheita das provas, a doutrina confronta os princípios dispositivo e da livre investigação das provas e, ainda, da verdade formal e da verdade real. Tradicionalmente, o primeiro princípio (dispositivo) sempre esteve ligado à instrução no processo civil e o segundo (livre investigação das provas) à instrução no processo penal. Assim, afirmam os doutrinadores mais ortodoxos: no processo civil, de um lado, deve o juiz se contentar com as provas levadas ao processo pelas partes, ou seja, deve o juiz julgar de acordo com a **verdade formal**, aquela que se extrai dos elementos constantes dos autos; de outro lado, no processo penal, cumpre ao juiz, valendo-se dos poderes instrutórios que o ordenamento jurídico lhe confere, buscar a **verdade real**, não podendo se contentar com as alegações e provas apresentadas pelas partes. Pode-se verificar, na atualidade, uma tendência da doutrina mais moderna no sentido de não mais diferenciar processo civil de processo penal

---
(41) Ver CARNELUTTI, Francesco. *La prova civile*. Buenos Aires: Depalma, 2000. p. 9; SILVA, Ovídio A. Baptista da. *Curso de processo civil*. 4. ed. São Paulo: Revista dos Tribunais, 1998. v. 1, p. 59-60.
(42) Ver MIRANDA, Gilson Delgado. *Procedimento sumário*. São Paulo: Revista dos Tribunais, 2000. p. 93; GRECO FILHO, Vicente. *Direito processual civil brasileiro*. 14. ed. São Paulo: Saraiva, 2007. v. 2, p. 75.
(43) SILVA, Ovídio A. Baptista da. *Op. cit.*, v. 1, p. 60; MIRANDA, Gilson Delgado. *Op. cit.*, p. 94-95 (o autor cita vários exemplos da aplicação do princípio inquisitório no processo civil).
(44) O fundamento político do princípio em tela é a salvaguarda da imparcialidade do juiz, cumprindo às partes avaliar a necessidade e a conveniência de determinada prova para a demonstração da veracidade dos fatos alegados em juízo.

no que concerne à busca da verdade. Mesmo no processo civil, em que, via de regra, o direito objeto de discussão é disponível, não deve o juiz se contentar com os elementos constantes dos autos se estes não forem suficientes para o seu convencimento. O ordenamento jurídico vigente confere ao juiz poderes instrutórios também no âmbito do processo civil (art. 130 do CPC; art. 765 da CLT). Assim, entendemos que o juiz tem poder para determinar de ofício a realização das provas necessárias sem que isso comprometa a sua imparcialidade. O juiz deve participar ativamente do processo, na qualidade de diretor do processo (art. 125 do CPC), não pode ser um mero expectador frio e inerte do duelo travado entre as partes no processo[45]. Não é isso que se espera do juiz na atualidade. Cumpre ao magistrado sensível, consciente, que pretende prestar a tutela jurisdicional com efetividade, propiciando a cada um que tem um direito lesado aquilo a que tem direito, determinar as provas que se mostrarem necessárias à elucidação do fato litigioso. O Estado tem o dever de julgar e de julgar bem, sob pena de não restar assegurado o efetivo acesso à justiça, à ordem jurídica justa[46]. O juiz não é imparcial porque ele não sabe qual será o resultado da prova, porque não tem bola de cristal, não é futurólogo[47]. Mesmo que o direito seja disponível, o processo não o é, pela sua função social. No caso de direito indisponível, os poderes instrutórios são alargados[48]. O juiz deve apenas complementar as provas produzidas a requerimento das partes. As partes podem controlar a atuação do juiz, uma vez que todas as provas, ainda que determinadas de ofício, ficam sujeitas ao contraditório e à motivação.

Nos processos relativos a lides de consumo, com maior razão, mostra-se necessária a participação efetiva do juiz na colheita da prova[49].

Quanto à utilização da arbitragem como meio de solução do conflito de consumo, como já afirmado (item sobre o devido processo legal), ela não implica violação ao princípio da inafastabilidade do controle jurisdicional, desde que não seja imposta ao consumidor (art. 51, VII, do CDC)[50].

---

(45) Ver, por todos, BEDAQUE, José Roberto dos Santos. *Poderes instrutórios do juiz.* São Paulo: Revista dos Tribunais, 1991; MANDRIOLI, Crisanto. *Diritto processuale civile.* 15. ed. Torino: G. Giappichelli, 2003. v. 1, p. 104-109; CARRATTA, Antonio. Poteri istruttori del tribunale in composizione monocratica. In: *Giurisprudenza italiana,* fasc. 3, mar. 2000. p. 658-664.
(46) DINAMARCO, Cândido Rangel. *Fundamentos do processo.* 3. ed. São Paulo: Malheiros, 2000. t. I, p. 592-593.
(47) MOREIRA, José Carlos Barbosa. O juiz e a prova. In: *Revista de Processo,* São Paulo, n. 35/178.
(48) Entendendo que somente em relação aos direitos indisponíveis é possível a determinação da prova de ofício, João Batista Lopes, Os poderes do juiz e o aprimoramento da prestação jurisdicional, *RePro,* São Paulo: Revista dos Tribunais, n. 35/25, ano IX, abr./jun. 1984. p. 37.
(49) Sobre os poderes instrutórios do juiz nos processos relativos a lides de consumo, ver LENZA, Pedro. *Teoria geral da ação civil pública.* São Paulo: Revista dos Tribunais, 2006. p. 302: "O aparente sentido de parcialidade deve ser afastado. A ampliação dos poderes instrutórios do juiz em nada alterará o fim último da marcha processual que será a realização da Justiça, devendo, sim, o magistrado tomar partido do sujeito que lhe tenha convencido e demonstrado ter a razão, a partir do material probatório produzido nos autos [...] *Imparcialidade* não se confunde com *neutralidade,* ou *comodismo.* O juiz deve ter uma participação mais efetiva, especialmente, quando o objeto da discussão envolva bens transindividuais"; LOPES, Maria Elizabeth de Castro. *O juiz e o princípio dispositivo.* São Paulo: Revista dos Tribunais, 2006. p. 150: "Assim, podemos concluir que, no campo dos direitos do consumidor, o princípio dispositivo sofre abrandamentos em razão da necessidade de garantir o equilíbrio das relações jurídicas e a paridade de armas".
(50) FILOMENO, José Geraldo Brito. *Código de defesa do consumidor comentado pelos autores do anteprojeto.* Rio de Janeiro: Forense Universitária, 1999, p. 59.

5. CONTRADITÓRIO E AMPLA DEFESA

A garantia do contraditório e da ampla defesa, que está expressamente prevista no art. 5º, LV, da Constituição Federal, abrange a necessidade de cientificação das partes de todos os atos praticados no processo e a oportunidade de manifestação sobre eles, especialmente quanto àqueles que lhes sejam desfavoráveis. Constitui uma manifestação do Estado de Direito e está intimamente ligado com outros dois princípios — o da igualdade e o do direito de ação[51].

Incide esse princípio tanto nos processos judiciais quanto nos administrativos, alcançando qualquer litigante, esteja ele na condição de autor, réu, litisdenunciado, opoente, chamado ao processo, o assistente litisconsorcial e o Ministério Público[52].

Quanto ao processo de execução, a realização do contraditório na execução pode propiciar um efetivo equilíbrio entre a pretensão do credor de satisfação do seu crédito e o princípio pelo qual a execução deve ser o menos gravosa possível para o devedor[53]. Para fazer valer o contraditório e a ampla defesa, dispõe o executado de vários instrumentos para promover sua defesa no processo de execução, tais a objeção de pré-executividade, a exceção de pré-executividade e os embargos do devedor[54], além da impugnação ao cumprimento de sentença, no caso de título executivo judicial.

Não implica violação ao princípio do contraditório e ampla defesa a concessão de liminar *inaudita altera parte*, uma vez que posteriormente o réu será ouvido e poderá exercer amplamente sua defesa. Ademais, ela só deve ser concedida antes da citação do réu se esta puder inviabilizar o cumprimento da medida ou se a situação for de extrema urgência, não havendo tempo hábil para o exercício do contraditório. Em se tratando de ação coletiva proposta em face do Poder Público[55], de acordo com a Lei n. 8.437/92, a liminar só deve ser concedida após a oitiva do representante da pessoa jurídica em 72 (setenta e duas) horas, salvo se a situação for de urgência (sob pena de violação ao princípio da inafastabilidade do controle jurisdicional)[56].

---

(51) Ver NERY JUNIOR, Nelson. *Op. cit.*, p. 205.
(52) *Ibidem*, p. 205-206.
(53) DINAMARCO, Cândido Rangel. *Execução civil*. São Paulo: Malheiros, 2002. p. 170.
(54) Ver NERY JUNIOR, Nelson. *Princípios do processo civil ...*, cit., p. 232-233. O autor trata da divergência doutrinária relativa à matéria.
(55) ALMEIDA, João Batista de. *Aspectos controvertidos da ação civil pública*. São Paulo: Revista dos Tribunais, 2001. p. 121.
(56) Ver ALMEIDA, João Batista de. *Aspectos controvertidos ...*, cit., p. 121; Vale citar algumas decisões do STJ no sentido da possibilidade de concessão da tutela antecipada sem a oitiva do representante da pessoa jurídica de direito público em situações de urgência (risco à vida, ao meio ambiente): STJ — AGA 427600/PA — 1ª. T. — rel. Min. Luiz Fux — j. 19.9.2002 — DJ 7.10.2002, p. 200 — v.u.; STJ — Resp 409172/RS — 5ª T. — rel. Min. Felix Fischer — j. 4.4.2002 — DJ 29.4.2002, p. 320 — v.u.; STJ — Resp 860840/MG 1ª T. — rel. Min. Denise Arruda — j. 20.3.2007 — DJ 23.4.2007 — p. 237; EMENTA: PROCESSUAL CIVIL. RECURSO ESPECIAL. AÇÃO CIVIL PÚBLICA. TRATAMENTO MÉDICO. IDOSO. DIREITO INDIVIDUAL INDISPONÍVEL. LEGITIMIDADE ATIVA DO MINISTÉRIO PÚBLICO. CONFIGURAÇÃO. PRECEDENTES DO STF E STJ. DESPROVIMENTO DO RECURSO ESPECIAL. 1. A Primeira Seção desta Corte Superior pacificou o entendimento no sentido de que o Ministério Público possui legitimidade para ajuizar medidas judiciais para defender direitos individuais indisponíveis, ainda que em favor de pessoa determinada: EREsp 734.493/RS, Rel. Min. Castro Meira, DJ 16.10.2006, p. 279; EREsp 485.969/SP, Rel. Min. José Delgado, DJ 11.9.2006, p. 220. 2. Ademais, o art. 74, I, da Lei n. 10.741/03, dispõe que compete ao Ministério Público "instaurar o inquérito civil e ação civil pública para a proteção dos direitos e interesses difusos e coletivos, individuais indisponíveis e individuais homogêneos do idoso". 3. Excepcionalmente, o rigor do disposto no art. 2º da Lei n. 8.437/92 deve ser mitigado em

Além disso, de acordo com a Lei n. 9.494/97, ela não deve ser concedida se na hipótese não se puder deferir liminar em mandado de segurança.

A possibilidade de execução da sentença condenatória genérica proferida em processo destinado à tutela de direito individual homogêneo também não implica violação ao princípio do contraditório e ampla defesa.

O princípio do contraditório e ampla defesa não se aplica ao inquérito civil, instaurado pelo Ministério Público com a finalidade de colher elementos de prova para a eventual propositura de ação coletiva. Trata-se de procedimento administrativo que não tem o condão de gerar sanção ao investigado, logo, não é obrigatória a observância ao presente princípio[57]. Muitas vezes, porém, o Ministério Público cientifica o fornecedor e permite a sua manifestação, inclusive tendo em vista a possibilidade de ser firmado compromisso de ajustamento de conduta.

Questão bastante debatida nos processos relativos a lides de consumo, que envolve a aplicação do princípio do contraditório e ampla defesa, é a da nulidade da cláusula de eleição de foro quando contida em contrato de adesão[58].

A cláusula de eleição de foro em detrimento do consumidor, inserida em contrato de adesão, é nula, cumprindo ao juiz, de ofício, afastá-la, determinando a remessa dos autos ao juízo competente, conforme art. 112 do Código de Processo Civil. Há algumas decisões no sentido de que a competência do foro do domicílio do consumidor é territorial absoluta, motivo pelo qual a incompetência deve ser declarada de

---

face da possibilidade de graves danos decorrentes da demora no cumprimento da liminar, especialmente quando se tratar da saúde de pessoa idosa que necessita de tratamento médico urgente. 4. Desprovimento do recurso especial.

(57) ALMEIDA, João Batista de. *Aspectos controvertidos ...*, cit., p. 131; CARVALHO FILHO, José Santos. *Ação civil pública:* comentários por artigos. Rio de Janeiro: Freitas Bastos, 1995. p. 175; MAZZILLI, Hugo Nigro. Pontos controvertidos sobre o inquérito civil. In: *Ação civil pública*: Lei n. 7.347/85 — 15 anos. São Paulo: Revista dos Tribunais, 2001. p. 322; GOMES JÚNIOR Luiz Manoel. *Curso de direito processual civil coletivo*. São Paulo: SRS, 2008. p. 256. Sustentando que deve estar presente o contraditório no Inquérito Civil: ANTUNES, Paulo de Bessa. O inquérito civil (considerações críticas). In: *Ação civil pública*: Lei n. 7.347/85 — 15 anos. São Paulo: Revista dos Tribunais, 2001. p. 704; JORGE, André Guilherme Lemos. *Inquérito civil:* contraditório e ampla defesa — sobre a efetividade dos princípios constitucionais. Curitiba: Juruá, 2008. p. 96-97. P. 96: "A Constituição Federal determina que o processo seja contraditório, todo ele, e não somente parte dele. O inquérito civil, como no processo administrativo, desta forma deve ser inteiramente realizado sob o pálio do contraditório"; p. 97: "A aceitação da ampla defesa no inquérito civil tem sido mais frequente do que a da contrariedade, comumente amparada na constatação de que sua aplicação deve ser feita a partir não só do inc. LV, mas do mesmo modo do inc. LIV, ambos do art. 5º da Constituição Federal. [...] Tal interpretação teria o condão de ampliar o alcance do princípio, pois uma leitura restritiva, ao contrário, violaria a garantia do Estado Democrático de Direito, no qual o cidadão reúne todos os meios de se defender face ao poder do Estado". Por fim, podemos mencionar também uma terceira posição que pode ser considerada intermediária, na medida em que nem afirma, nem afasta totalmente a incidência dos princípios do contraditório e da ampla defesa no Inquérito Civil, mas indica algumas posturas a serem observadas pelo *Parquet*. Quem defende esta posição é, por exemplo, Antonio Gidi (*Rumo a um código de processo civil coletivo*. Rio de Janeiro: Forense, 2008. p. 434): "As duas posições mais extremas giram em torno de atribuir ou não um amplo e formal regime contraditório. Deixando de lado as posições mais extremas, parece indiscutível que informar adequadamente o investigado, autorizar sua participação informal durante o procedimento (desde, claro, haja controles contra abuso) e proporcionar um contraditório diferido, realizado de forma mais ampla ao final, são medidas saudáveis e, em princípio, não apresentam sério prejuízo para a atividade do Ministério Público".

(58) Nesse sentido ver Rosa Maria de Andrade Nery, Competência relativa de foro e a ordem pública: o art. 51 do CDC e o verbete n. 33 da Súmula do STJ, *Revista dos Tribunais*, São Paulo, v. 693, p. 112, jul. 1993; CARNEIRO, Athos Gusmão. *Jurisdição ...*, cit., p. 117; CARVALHO, Milton Paulo de. *Manual da competência civil*. São Paulo: Saraiva, 1995. p. 26; LIEBMAN, Enrico Tullio. *Manual de direito processual civil*. 2. ed. Tradução e notas de Cândido Rangel Dinamarco. Rio de Janeiro: Forense, 1985. v. 1, p. 75; Ver também decisões mencionadas no item do princípio da isonomia.

ofício, não incidindo a Súmula n. 33 do Superior Tribunal de Justiça[59]. Há outras no sentido de que a referida cláusula fere o princípio do contraditório e ampla defesa, ensejando a mesma consequência da declaração da incompetência de ofício[60]. Há, ainda, decisões que aplicam, após 2006, o parágrafo único do art. 112 do Código de Processo Civil, inserido pela Lei n. 11.280/06[61]. Segundo Antônio Cláudio da Costa Machado a mencionada alteração no Código de Processo Civil possui fundamento no que prevê o art. 166, inciso VII, do Código Civil e o art. 51, *caput* e inciso I, do Código de Defesa do Consumidor[62]. Sendo a hipótese de relação de consumo, a nulidade da referida cláusula decorre do tratamento diferenciado que o consumidor recebe da lei, em razão da condição de vulnerabilidade em que se encontra (art. 4º, I, da Lei n. 8.078/90). Ela deve ser declarada nula de ofício, independentemente de provocação da parte (art. 1º do CDC), o que não importa em violação ao princípio da igualdade[63] ou ao princípio dispositivo, tendo em vista a natureza das normas contidas no Código de Defesa do Consumidor — de ordem pública e interesse social. Cumpre ao magistrado declarar nula a cláusula de eleição de foro, à luz dos poderes-deveres que o art. 125, I, do Código de Processo Civil lhe atribui, como forma de dar tratamento desigual a desiguais, assegurando a igualdade real, garantindo o acesso real, efetivo, justo (não meramente formal) à justiça. Acrescente-se que a intervenção estatal por conta própria não importa violação ao princípio da imparcialidade, pois, se assim fosse, em todas as hipóteses de atuação oficiosa do julgador, seria ele parcial.

Entendemos que, embora a regra do art. 101, I, do Código de Defesa do Consumidor (competência do foro do domicílio do consumidor) seja de competência relativa, admitindo, em tese, eleição de foro, em se tratando de contrato de adesão versando relação de consumo, se a respectiva cláusula dificultar ou inviabilizar o exercício do contraditório e ampla defesa pelo consumidor, ela será nula de pleno direito, devendo ser afastada de ofício pelo órgão jurisdicional. Tal cláusula fere não só o princípio em questão, mas também os princípios da igualdade, do acesso à justiça, do devido processo legal, da razoabilidade e da proporcionalidade. Podemos

---

(59) STJ — CC n. 18.652/GO, 2ª Seção, j. 13.5.1998, rel. Min. Cesar Asfor Rocha, DJU 26.3.2001, p. 362; STJ — REsp n. 128.122/SP, 4ª T., j. 18.11.1999, rel. Min. Aldir Passarinho Junior, DJU 14.2.2000, p. 33; STJ — RESP n. 425368/ES, 3ª T., rel. Min. Nancy Andrighi, j. 30.8.2002, DJU 16.12.2002.
(60) STJ — AGA n. 465114/DF, 4ª T., rel. Min. Aldir Passarinho Junior, j. 20.2.2003, DJU 31.3.2003; STJ — AGA n. 466606/DF, 3ª T., rel. Min. Carlos Alberto Menezes Direito, j. 25.11.2002, DJU 10.3.2003; STJ — REsp n. 201.195/SP, 4ª T., j. 7.12.2000, rel. Min. Ruy Rosado de Aguiar, DJU 7.5.2001, p. 145; STJ — REsp n. 190.860/MG, 3ª T., j. 9.11.2000, rel. Min. Waldemar Zveiter, DJU 18.12.2000, p. 183; STJ — AGREsp n. 253.175, 3ª T., j. 15.9.2000, rel. Min. Waldemar Zveiter, DJU 30.10.2000, p. 154). Ver, também, MARCATO, Antonio Carlos. *Apontamentos de direito processual civil*. São Paulo: CPC, 1999. p. 130-131.
(61) STJ — CC 48647, 2ª Seção, rel. Min. Fernando Gonçalves, j. 23.11.2005, DJ DJ 5.12.2005, p. 215.
(62) MACHADO, Antônio Cláudio da Costa. *Código de processo cvil interpretado:* artigo por artigo, parágrafo por parágrafo: leis processuais civis extravagantes anotadas. Barueri: Manole, 2008. p. 392. "Veja-se que tal poder, agora concedido expressamente pelo CPC ao juiz, enquadra-se na previsão genérica da parte inicial do inciso VII do art. 166 do estatuto civil ('VII — a lei taxativamente o declarar nulo [...]') e corresponde à explicitação das também genéricas previsões de cláusulas contratuais 'nulas de pleno direito' que 'impliquem renúncia ou disposição de direitos', situadas no *caput* e no inciso I do art. 51 do CDC."
(63) Ver NERY, Rosa Maria de Andrade. *Competência relativa* ..., cit., p. 112; NERY JUNIOR, Nelson; NERY, Rosa Maria de Andrade. *Código de processo civil comentado e* ..., cit., p. 585. Vale dizer que, mesmo antes da vigência do CDC, decisões eram proferidas no sentido da rejeição da cláusula de eleição de foro gravosa ao consumidor: RT 653/87. Em sentido contrário, sem razão, no nosso sentir, exigindo provocação do consumidor, CARVALHO, Milton Paulo de. *Manual da competência*..., cit., p. 26-29.

mencionar, ainda, como manifestação do princípio do contraditório e ampla defesa, a necessidade de intimação por edital dos interessados quando da propositura da ação coletiva para tutela de direitos individuais homogêneos (art. 94 do CDC). O edital deve ser publicado sem prejuízo de ampla divulgação pelos meios de comunicação social por parte dos órgãos de defesa do consumidor.

Tal intimação permite que os outros legitimados intervenham no processo como assistentes litisconsorciais (art. 5º do LACP), bem como permite aos consumidores a intervenção no processo coletivo e/ou o pedido de suspensão dos processos individuais já iniciados para que eles possam depois se beneficiar de eventual sentença de procedência (art. 104 do CDC). Quanto aos consumidores que tenham iniciado processos individuais, entendemos que a intimação deve se dar pessoalmente no processo em curso; o art. 104 mencionado prevê um prazo de trinta dias para a apresentação do pedido de suspensão e estabelece como termo *a quo* para a contagem do prazo a ciência nos autos da propositura da ação.

Além da divulgação da propositura da ação, deve ser divulgada a sentença de procedência para que os indivíduos possam promover as respectivas liquidações e execuções (arts. 97 e 98 do CDC) ou prosseguir com os processos suspensos. Havia um dispositivo no Código de Defesa do Consumidor prevendo expressamente a publicação do edital, mas ele foi vetado pelo Presidente da República (art. 96); o veto, entretanto, foi inócuo, aplicando-se por analogia o art. 94 já citado. Acrescente-se que, sendo concedida tutela antecipada, também esta deve ser divulgada por edital e pelos meios de comunicação social.

6. Juiz natural

Juiz natural significa, grosso modo, juiz pré-constituído, ou seja, constituído antes do fato a ser julgado. Em outras palavras, não pode o órgão jurisdicional ser criado ou designado após a ocorrência do fato ou em razão da pessoa (tribunal de exceção[64]), sendo extraído do art. 5º, incisos XXXVII e LIII, da Constituição Federal de 1988.

Isso significa que as pessoas devem saber previamente as "regras do jogo", como forma de garantir a imparcialidade do juiz e a independência do Judiciário, pois somente assim se pode assegurar às partes que litigam uma prestação jurisdicional justa[65].

Há quem considere que o princípio abrange, além da vedação à criação do tribunal de exceção e da garantia de imparcialidade do juiz, a competência constitu-

---

(64) Tribunal de exceção significa "aquele designado ou criado por deliberação legislativa ou não, para julgar determinado caso, tenha ele ocorrido ou não, irrelevante a já existência do tribunal" (NERY JUNIOR, Nelson. *Princípios do processo civil* ..., cit., p. 126).
(65) Ver ALVIM NETTO, José Manoel de Arruda. *Manual de direito* ..., cit., v. 1, cit., p. 185; CINTRA, Antonio Carlos de Araújo; GRINOVER, Ada Pellegrini; DINAMARCO, Cândido Rangel. *Teoria geral do*..., cit., p. 583; LIEBMAN, Enrico Tullio. *Manual de direito* ... cit., p. 10; CHIOVENDA, Giuseppe. *Instituições de direito processual civil*. Rio de Janeiro: Forense Universitária, 1985. v. 2, p. 184.

cional do juízo. Nesse sentido, afirmam Ada Pellegrini Grinover, Antonio Scarance Fernandes e Antonio Magalhães Gomes Filho[66]. Via de consequência, conforme Ada Pellegrini Grinover, sendo processada e julgada a causa por órgão que não seja o competente à luz da Constituição Federal (infringência a alguma regra de competência constitucionalmente prevista), o processo e a eventual sentença proferida são inexistentes, não se aplicando o art. 113, § 2º, do Código de Processo Civil (que, segundo a autora, deve ser revisto), equivalendo tal hipótese à de ausência de jurisdição. Em outras palavras, não só os atos decisórios devem ser considerados nulos, mas todos os atos praticados devem ser tidos por inexistentes.

Ousamos discordar do entendimento acima exposto. Isto porque entendemos que, na hipótese de inobservância à regra de competência absoluta, seja ela prevista na Constituição Federal ou não, o que se verifica é o vício de nulidade absoluta e não de inexistência. Inexistência há quando falta jurisdição (p. ex., sentença proferida por juiz aposentado).

Não se confunde tribunal de exceção com justiça especializada[67]. Em outras palavras, ele não veda a criação do juízo especial (Justiças Federal, Militar, Eleitoral), tampouco a previsão das chamadas prerrogativas de foro, estabelecidas em razão do interesse público ou da função (*v. g.*, arts. 100, I e II, do CPC e 52, I da CF). Impede, isso sim, o mecanismo de designação, substituição e convocação de juízes pelo Poder Executivo, o que compete ao Poder Judiciário (princípio do autogoverno da magistratura).

O princípio em epígrafe é consequência do princípio do Estado de Direito, aplicando-se, portanto, indistintamente, aos processos civil, penal e administrativo[68].

Quanto à aplicação do princípio do juiz natural, que, como vimos, está intimamente relacionado ao instituto da competência, aos processos relativos a lides de consumo, há algumas questões que merecem ser lembradas[69]: a) a prerrogativa de competência de que dispõe o consumidor para os processos individuais, conforme art. 101, I, do Código de Defesa do Consumidor — a ação pode ser proposta no foro do seu domicílio (competência territorial, relativa); b) a possibilidade de reconhecimento da nulidade da cláusula de eleição de foro inserida em contrato de adesão, que dificulte ou inviabilize o exercício do contraditório e ampla defesa pelo consumidor (arts. 1º, 51, 101, I, do CDC); c) criação de Juizados Especiais de Pequenas Causas[70] e Varas Especializadas para a solução de litígios de consumo (art. 5º, IV,

---

(66) GRINOVER, Ada Pellegrini; FERNANDES, Antonio Scarance; GOMES FILHO, Antonio Magalhães. *As nulidades no processo penal*. São Paulo: Revista dos Tribunais, 2006. p. 50; GRINOVER, Ada Pellegrini. *O processo em evolução*. Rio de Janeiro: Forense Universitária, 1996. p. 38-39.
(67) GRINOVER, Ada Pellegrini; FERNANDES, Antonio Scarance; GOMES FILHO, Antonio Magalhães. *Op. cit.*, p. 59.
(68) Sobre o conteúdo do princípio, ver NERY JUNIOR, Nelson. *Princípios do processo* ..., cit., p. 125.
(69) Ver, também, item relativo aos princípios da inafastabilidade do controle jurisdicional, da isonomia e do contraditório e ampla defesa.
(70) Com base nesse dispositivo, há quem sustente que os juizados têm competência para julgar as causas relativas a lides de consumo independentemente do valor da causa, em razão da matéria. Ver PIZZOL, Patricia Miranda. *A competência no* ..., cit., p. 608.

do CDC); d) a competência para as ações coletivas, que é do foro do local do fato, quando se trate de dano de âmbito local (arts. 93 do CDC e 2º da LACP), tendo em vista as melhores condições em que se encontra o juiz do local do fato para prestação da tutela jurisdicional de modo adequado e efetivo (competência territorial funcional, absoluta); e) a competência do domicílio do consumidor para a liquidação e para a execução na hipótese de liquidação e execução individuais de sentença condenatória genérica proferida em processo relativo a direito individual homogêneo (arts. 98, § 2º, 101, I, CDC); f) a inconstitucionalidade e a ineficácia da alteração promovida no art. 16 da Lei da Ação Civil Pública pela Lei n. 9.994/97, limitando a coisa julgada à competência do órgão prolator da decisão (art. 103 do CDC). Além do juiz natural, faz-se mister a existência do promotor natural, ou seja, não se admite que o representante do Ministério Público seja designado arbitrariamente para promover ação ou oficiar como *custos legis* (arts. 129 e 130 da CF). Em outras palavras, é preciso "haver cargos específicos com atribuição própria a ser exercida pelo Promotor de Justiça, vedada a designação pura e simples, arbitrária, pelo Procurador-Geral de justiça"[71].

Quanto à aplicação do princípio do promotor natural, vale lembrar que o Ministério Público é um dos legitimados à propositura das ações coletivas. Nesse passo, quem deve promover a ação coletiva é o órgão (ou membro) do Ministério Público que esteja previamente constituído e tenha atribuição para tanto, não podendo ser designado um outro órgão ou um outro promotor (ou procurador) para fazê-lo. Em outras palavras, se se trata de uma ação coletiva relativa a lide de consumo e existe na comarca onde deva ser proposta a ação uma promotoria (ou curadoria) do consumidor, esta deverá promovê-la e não outra que não tenha tal atribuição.

Discute-se sobre a vinculação do promotor que instaura o inquérito civil para a propositura da ação. Ainda no que tange ao inquérito civil, é importante registrar que, se o promotor que o esteja conduzindo entender que não é caso de propositura de ação (porque, segundo ele, não há elementos suficientes para isso) ele terá que observar as regras contidas nos arts. 8º e 9º da Lei da Ação Civil Pública.

7. Duplo grau de jurisdição

Consiste na possibilidade de provocar reexame da matéria apreciada e decidida, mediante a interposição de um recurso[72]; o reexame pode ser feito, pelo mesmo ou outro órgão de jurisdição[73]. Assim, pode a parte (ou outro legitimado, nos termos do art. 499 do CPC) pedir novo julgamento, tendo em vista o risco de o magistrado

---

(71) *Ibidem*, p. 88.
(72) Nesse sentido ver SANTOS, Moacyr Amaral. *Primeiras linhas de direito processual civil*. 21. ed. São Paulo: Saraiva, 2001. v. 2, p. 84; LASPRO, Oreste Nestor de Souza. *Duplo grau de jurisdição no direito processual civil*. São Paulo: Revista dos Tribunais, 1995. p. 20-21.
(73) NERY JUNIOR, Nelson; NERY, Rosa Maria de Andrade. *Código de processo civil* ..., cit., p. 809.

cometer erros (*error in procedendo* e *error in judicando*) e, ainda, o natural inconformismo da parte vencida com os julgamentos que lhe são desfavoráveis[74].

O princípio do duplo grau de jurisdição não se encontra expressamente consignado na Constituição Federal[75], mas decorre do devido processo legal (art. 5º, LIV), princípio do qual emanam todos os demais, segundo entendimento da doutrina mais autorizada. Além disso, pode-se dizer que ele decorre da Constituição porque a Carta Magna indica os órgãos que integram o Poder Judiciário e atribui a alguns deles competência recursal (arts. 102, 105 e 108 da CF)[76].

Não se trata de uma garantia absoluta, comportando, portanto, restrições, como, por exemplo, o não cabimento de recurso dos despachos (art. 504 do CPC), o não cabimento de apelação em execução fiscal observado o valor previsto no art. 34 da Lei de Execução Fiscal[77] etc.

Quanto aos processos relativos a lides de consumo, aplica-se o princípio em tela, sendo cabíveis todos os recursos previstos no Código de Processo Civil (art. 90 do CDC) — apelação, agravo, embargos infringentes, embargos de declaração, recurso especial, recurso extraordinário, recurso ordinário, embargos de divergência, agravo de instrumento contra decisão denegatória de recurso especial ou extraordinário, além dos agravos internos (arts. 496, 544, 557, § 1º, 545, 532, todos do CPC).

Em relação aos processos coletivos, vale mencionar a existência de algumas peculiaridades, no que tange à desistência e aos efeitos dos recursos[78]. Quanto aos efeitos da apelação, de acordo com o art. 14 da Lei da Ação Civil Pública, a apelação deve ser recebida no efeito meramente devolutivo, podendo o juiz atribuir-lhe efeito suspensivo. No caso de recurso de apelação, o efeito suspensivo pode ser atribuído tanto pelo juiz de primeiro grau (que exerce o respectivo juízo de admissibilidade) quanto pelo relator do recurso no tribunal (art. 558, parágrafo único do CPC), desde que presentes os requisitos *fumus boni iuris* e *periculum in mora*[79].

8. MOTIVAÇÃO DAS DECISÕES JUDICIAIS

Esse princípio foi consagrado pelo art. 93, IX, da Constituição Federal, segundo o qual todas as decisões do Poder Judiciário precisam ser motivadas, sob pena de nulidade, sejam estas de cunho administrativo ou jurisdicional.

---

(74) Sobre a necessidade de serem conciliados os valores justiça e segurança jurídica, GRINOVER, Ada Pellegrini. *Os princípios constitucionais...*, cit., p. 137.
(75) Nesse sentido ver NERY JUNIOR, Nelson. *Princípios do processo...*, cit., p. 280; GRINOVER, Ada Pellegrini. *Os princípios constitucionais...*, cit., p. 140.
(76) NERY JUNIOR, Nelson. *Princípios do processo...*, cit., p. 280; CANOTILHO, José Joaquim Gomes. *Direito constitucional e teoria da Constituição*. 2 ed. Coimbra: Almedina, 1998. p. 583; MIRANDA, Gilson Delgado; PIZZOL, Patricia Miranda. *Recursos no processo civil*. 6. ed. São Paulo: Atlas, 2006. p. 7.
(77) Ver MIRANDA, Gilson Delgado; PIZZOL, Patricia Miranda. *Op. cit.*, p. 73-74.
(78) ALMEIDA, João Batista de. *Aspectos controvertidos...*, cit., p. 153-156; MANCUSO, Rodolfo de Camargo. *Ação civil pública: em defesa do meio ambiente, do patrimônio cultural e dos consumidores*. São Paulo: Atlas, 2002. p. 273-287.
(79) Ver, sobre a matéria MIRANDA, Gilson Delgado; PIZZOL, Patricia Miranda. *Op. cit.*, p. 78; CARNEIRO, Athos Gusmão. *O novo recurso de agravo e outros estudos*. 3. ed. Rio de Janeiro: Forense, 1998. p. 78. Em sentido contrário: ALVIM, J. E. Carreira. *Ação monitória e temas polêmicos da reforma processual*. 2. ed. Belo Horizonte: Del Rey, 1996. p. 89.

Trata-se de manifestação do Estado de Direito e está relacionado com as exigências de imparcialidade do juiz, publicidade das decisões judiciais, legalidade da mesma decisão, livre convencimento motivado[80]. Segundo Frederico Marques (exposição de motivos do Código de Processo Penal), na motivação reside "a suficiente garantia das partes e do interesse social"[81].

A motivação é importante para que as partes possam compreender os motivos da decisão, para que aquele que não se conformar com a decisão possa dela interpor recurso, para que o tribunal competente para o julgamento do recurso tenha elementos para manter ou reformar a decisão, para que não só as partes mas qualquer cidadão possa fiscalizar a atuação do Judiciário. Diz-se que a motivação tem, portanto, funções endoprocessual e extraprocessual[82].

Como dito, a ausência de fundamentação gera nulidade (absoluta), podendo ensejar, portanto, a propositura de ação rescisória no prazo de dois anos (arts. 485, V e 495 do CPC).

No Código de Processo Civil, a exigência da motivação das decisões pelos órgãos julgadores encontra-se consubstanciada nos arts. 458, II e 165. Todas as decisões devem ser fundamentadas, inclusive as sentenças de extinção do processo sem julgamento do mérito (art. 267) e as sentenças meramente homologatórias, sendo esta dispensada tão somente nos despachos sem conteúdo decisório. A motivação pode ser sucinta no caso de sentença de extinção do processo sem julgamento do mérito (art. 459 do CPC).

A motivação da sentença ou do acórdão não produz coisa julgada, ficando esta restrita ao dispositivo ou *decisum*. Entretanto, aquele que figura como assistente simples, fica sujeito à chamada justiça da decisão (art. 55 do CPC).

Tendo em vista que, nos processos coletivos relativos a lides de consumo, a intervenção do Ministério Público, na qualidade de *custos legis*, é obrigatória, salvo nos casos em que ele figura como autor. Pode a fundamentação da sentença consistir em referência a parecer do Ministério Público? Entendemos que o julgador pode se reportar ao parecer do Ministério Público na sentença, desde que conste do parecer análise das alegações deduzidas pelas partes e do conjunto probatório, ou seja, desde que a referência ao parecer se mostre suficiente para a motivação da sentença[83].

9. PUBLICIDADE DOS ATOS PROCESSUAIS

O princípio em epígrafe está consagrado nos arts. 5º, LX, 93, IX, da Constituição Federal. De acordo com o disposto nesses artigos, "todos os julgamentos dos órgãos

---
(80) NERY JUNIOR, Nelson. *Princípios do processo* ..., cit., p. 284.
(81) MARQUES, José Frederico. *Instituições de direito processual civil*. Campinas: Millennium, 2000. v. 2, p. 122-123.
(82) Ver NOJIRI, Sérgio. *O dever de fundamentar as decisões judiciais*. 2. ed. São Paulo: Revista dos Tribunais, 2000. p. 31-34 (função endoprocessual) e 39, 64-74 (função extraprocessual).
(83) NERY JUNIOR, Nelson. *Princípios do processo* ..., cit., p. 286-287.

do Poder Judiciário serão públicos" (art. 93, IX), podendo a lei restringir a publicidade dos atos processuais "quando a defesa da intimidade ou o interesse social o exigirem" (art. 5º, LX).

O princípio também traduz uma exigência do Estado de Direito e, da mesma forma que o princípio da motivação, é importante para a independência do Judiciário, para a imparcialidade do juiz. Sendo todos os atos processuais públicos, podem as partes, bem como qualquer cidadão, fiscalizar a atuação judicial.

Pode a publicidade ser analisada sob dois aspectos — publicidade imediata (os atos estão ao alcance do público em geral) e mediata (os atos se tornam públicos por meio de informe ou certidão sobre a sua realização e conteúdo); a publicidade geral (sentido amplo) e para as partes (só as partes podem estar presentes aos atos). O nosso sistema adotou a publicidade ampla e imediata[84].

Tendo em vista a aplicação subsidiária do Código de Processo Civil aos processos regidos pelo Código de Defesa do Consumidor, pode se necessário restringir a publicidade quando o objeto do processo disser respeito a interesse público ou quando esta puder comprometer a intimidade das partes, nos termos do art. 155 do Código de Processo Civil (que foi recepcionado pela Constituição Federal).

O princípio se aplica aos processos individuais e coletivos relativos a lides de consumo. Nos processos coletivos, como já afirmado, é necessária a publicação de edital por ocasião da propositura da ação coletiva para tutela de direitos individuais homogêneos (art. 94 do CDC). Para dar maior publicidade ao fato, a lei prevê que tal edital deve ser publicado sem prejuízo de ampla divulgação pelos meios de comunicação social por parte dos órgãos de defesa do consumidor. Também deve ser dada publicidade à sentença de procedência e à liminar concedida em tais processos[85].

Quanto aos editais, na nossa opinião, devem ser eles publicados em jornal de ampla circulação, às expensas do fornecedor (como meio de facilitação da defesa do consumidor em juízo), não bastando a publicação no Diário Oficial. Ademais, os meios de comunicação social devem ser efetivamente utilizados, podendo o juiz determinar que isso seja custeado pelo fornecedor[86].

O Ministério Público pode instaurar inquérito civil com a finalidade de buscar elementos para eventual propositura de ação civil pública (art. 129, III, da CF). Tal procedimento administrativo fica sujeito ao princípio da publicidade, salvo quando a preservação da prova ou do interesse público justificarem a sua restrição[87].

---

(84) Ver MARQUES, José Frederico. *Instituições de direito* ..., cit., v. 2, p. 123-124.
(85) Ver item relativo ao princípio do contraditório e ampla defesa.
(86) Ver GIDI, Antonio. *Rumo a um código* ..., cit., p. 66: "A notificação adequada ao grupo é uma questão constitucional de respeito ao devido processo legal, tanto quanto a adequada representação. Portanto, no direito brasileiro atual, a notificação fictícia por Edital do art. 94 do CDC é inadequada e viola o princípio constitucional do devido processo legal: para que a sentença coletiva tenha eficácia *erga omnes*, é imperativo proporcionar uma notificação adequada ao grupo titular do direito".
(87) Ver MAZZILLI, Hugo Nigro. *A defesa dos interesses difusos em juízo.* São Paulo: Revista dos Tribunais, 2006. p. 400; ALMEIDA, João Batista de. *Aspectos controvertidos* ..., cit., p. 137-141. Segundo, ainda, os arts. 7º e 8º da Resolução n. 23 do Conselho

10. Proibição da prova ilícita

Segundo esse princípio, que se encontra consubstanciado no nosso ordenamento jurídico, no art. 332 do Código de Processo Civil, não pode ser admitida a produção em juízo de prova obtida por meio ilícito[88].

Há, contudo, controvérsia na doutrina e jurisprudência, no que tange à aceitação de determinadas provas obtidas por meio ilícito — para alguns, essa prova não deve ser aceita, de modo algum, enquanto que para outros deve sê-lo sempre[89].

A posição que nos parece mais adequada (que vem sendo, inclusive, aceita por nossos juízes e tribunais) é aquela no sentido de que, à luz do princípio da proporcionalidade, sustenta que "não devem ser aceitos os extremos: nem a negativa peremptória de emprestar-se validade e eficácia à prova obtida sem o conhecimento do protagonista da gravação sub-reptícia, nem a admissão pura e simples de qualquer gravação fonográfica ou televisiva. A proposição da autora quanto à tese intermediária é a que mais se coaduna com que se denomina modernamente de princípio da proporcionalidade [...]"[90].

Assim, em síntese, o juiz tem poder para admitir, excepcionalmente, provas que tenham sido obtidas por meio ilícito, mediante a aplicação do princípio da proporcionalidade ou da razoabilidade. Tal princípio permite ao juiz, no caso concreto, identificar os valores que estejam em jogo, sopesá-los e admitir a prova ilícita desde que ela seja o único meio apto a ensejar a comprovação do fato[91].

Assim, nos processos coletivos relativos a lides de consumo, entendemos que possa ser admitida, em tese, prova ilícita desde que esteja em jogo, por exemplo, o direito à vida, à saúde, à segurança do consumidor. Suponhamos que seja feita a interceptação das comunicações telefônicas de determinado fornecedor de medicamentos por um consumidor que tenha sofrido danos em razão da utilização de certo remédio e que, com isso, seja obtida prova fundamental da prática da colocação do produto no mercado de consumo (imaginemos que o fornecedor tenha alegado que o produto não foi colocado no mercado de consumo, tendo sido furtado de seu depósito, onde estava aguardando para ser eliminado). Se uma associação de defesa dos consumidores promover ação coletiva para obter a retirada do produto do mercado de consumo, bem como a reparação dos danos causados aos consumidores que

---

Nacional do Ministério Público — CNMP, que regulamenta e disciplina a instauração e a tramitação do inquérito civil, em regra, este procedimento é público, salvo nas hipóteses de sigilo legal e nas quais a publicidade possa causar prejuízo às investigações, devendo, contudo, a decisão que decretar o sigilo ser necessariamente motivada.
(88) Sobre o conceito de prova ilícita e a distinção feita pela doutrina entre ilegitimidade, ilegalidade e ilicitude da prova, ver NUCCI, Guilherme de Souza. *Código de processo penal comentado*. São Paulo: Revista dos Tribunais, 2002. p. 301-302; NERY JUNIOR, Nelson. *Princípios do processo* ..., cit., p. 259.
(89) Com indicação doutrinária e jurisprudencial, NUCCI, Guilherme de Souza. *Op. cit.*, p. 302-304. Ver também NERY JUNIOR, Nelson. *Princípios do processo* ..., cit., p. 260.
(90) NERY JUNIOR, Nelson. *Princípios do processo* ..., cit., p. 260; MOREIRA, José Carlos Barbosa. Processo civil e direito à preservação da intimidade. *Temas de direito processual civil*. 2. série. São Paulo: Saraiva, 1980. p. 9-10.
(91) AVOLIO, Luiz Francisco Torquato. *Provas ilícitas* — interceptações telefônicas e gravações clandestinas. São Paulo: Revista dos Tribunais, 1995.

utilizaram tal medicamento, sendo tal prova ilícita apresentada em juízo, pode o juiz, mediante a aplicação do princípio da proporcionalidade, concluir pela aceitação da prova.

Pode, ainda, admitir o juiz que uma prova produzida em processo criminal seja utilizada como prova emprestada em processo civil (por exemplo, no caso de o juiz criminal determinar a quebra do sigilo das comunicações telefônicas para o fim de investigação processual penal, nos termos do art. 5º, XII, da CF e da Lei n. 9.296/96)[92].

Acrescente-se que se outras provas forem obtidas a partir da prova ilícita elas também serão consideradas ilícitas (teoria dos frutos da árvore envenenada)[93].

REFERÊNCIAS BIBLIOGRÁFICAS

ALMEIDA, Gregório Assagra de. *Direito processual coletivo brasileiro*. São Paulo: Saraiva, 2003.

ALMEIDA, João Batista de. *Aspectos controvertidos da ação civil pública*. São Paulo: Revista dos Tribunais, 2001.

ALVIM, J. E. Carreira. *Ação monitória e temas polêmicos da reforma processual*. 2. ed. Belo Horizonte: Del Rey, 1996.

ALVIM NETTO, José Manoel de Arruda. *Manual de direito processual civil*. São Paulo: Revista dos Tribunais, 2008. v. 1.

ANTUNES, Paulo de Bessa. *O inquérito civil* (considerações críticas). Ação civil pública: Lei n. 7.347/85 — 15 anos. São Paulo: Revista dos Tribunais, 2001.

AVOLIO, Luiz Francisco Torquato. *Provas ilícitas* — interceptações telefônicas e gravações clandestinas. São Paulo: Revista dos Tribunais, 1995.

BEDAQUE, José Roberto dos Santos. *Poderes instrutórios do juiz*. São Paulo: Revista dos Tribunais, 1991.

CANOTILHO, José Joaquim Gomes. *Direito constitucional e teoria da Constituição*. 2 ed. Coimbra: Almedina, 1998.

CAPPELLETTI, Mauro; GARTH, Bryant. *Acesso à justiça*. Trad. Ellen Gracie Northfleet. Porto Alegre: Sergio Antonio Fabris, 2002.

CARNEIRO, Athos Gusmão. *Jurisdição e competência*. 9. ed. São Paulo: Saraiva, 2007.

_____ . *O novo recurso de agravo e outros estudos*. 3. ed. Rio de Janeiro: Forense, 1998.

CARNELUTTI, Francesco. *La prova civile*. Buenos Aires: Depalma, 2000.

CARRATTA, Antonio. Poteri istruttori del tribunale in composizione monocratica. In: *Giurisprudenza italiana*, fasc. 3, mar. 2000. p. 658-664.

---

(92) Ver NERY JUNIOR, Nelson. *Princípios do processo* ..., cit., p. 268.
(93) Ver NUCCI, Guilherme de Souza. *Op. cit.*, p. 302-303.

CARVALHO, Milton Paulo de. *Manual da competência civil*. São Paulo: Saraiva, 1995.

CARVALHO FILHO, José Santos. *Ação civil pública:* comentários por artigos. Rio de Janeiro: Freitas Bastos, 1995.

CHIOVENDA, Giuseppe. *Instituições de direito processual civil*. Rio de Janeiro: Forense Universitária, 1985, v. 2.

CINTRA, Antonio Carlos de Araújo, GRINOVER, Ada Pellegrini; DINAMARCO, Cândido Rangel. *Teoria geral do processo*. 25. ed. São Paulo: Malheiros, 2009.

DINAMARCO, Cândido Rangel. *Execução civil*. São Paulo: Malheiros, 2002.

_____ . *Fundamentos do processo*. 3. ed. São Paulo: Malheiros, 2000. t. I.

ESPÍNDOLA, Ruy Samuel. *Conceito de princípios constitucionais*. São Paulo: Revista dos Tribunais, 1998.

FERREIRA, Aurélio Buarque de Holanda. *Novo dicionário da língua portuguesa*. Curitiba: Positivo, 2004.

FILOMENO, José Geraldo Brito. *Código de defesa do consumidor comentado pelos autores do anteprojeto*. Rio de Janeiro: Forense Universitária, 1999.

FIORILLO, Celso Antonio Pacheco. *Princípios do processo ambiental*. São Paulo: Saraiva, 2004.

GIDI, Antonio. *Rumo a um código de processo civil coletivo*. Rio de Janeiro: Forense, 2008.

GOMES JÚNIOR, Luiz Manoel. *Curso de direito processual civil coletivo*. São Paulo: SRS, 2008.

GRECO FILHO, Vicente. *Direito processual civil brasileiro*. 14. ed. São Paulo: Saraiva, 2007. v. 2.

GRINOVER, Ada Pellegrini. *Os princípios constitucionais e o código de processo civil*. São Paulo: Bushatsky, 1975.

_____ . *O processo em evolução*. Rio de Janeiro: Forense Universitária, 1996.

_____ ; FERNANDES, Antonio Scarance; GOMES FILHO, Antonio Magalhães. *As nulidades no processo penal*. São Paulo: Revista dos Tribunais, 2006.

JORGE, André Guilherme Lemos. *Inquérito civil*: contraditório e ampla defesa — sobre a efetividade dos princípios constitucionais. Curitiba: Juruá, 2008.

LASPRO, Oreste Nestor de Souza. *Duplo grau de jurisdição no direito processual civil*. São Paulo: Revista dos Tribunais, 1995.

LENZA, Pedro. *Teoria geral da ação civil pública*. São Paulo: Revista dos Tribunais, 2006.

LIEBMAN, Enrico Tullio. *Manual de direito processual civil*. 2. ed. Tradução e notas de Cândido Rangel Dinamarco. Rio de Janeiro: Forense, 1985. v. 1.

LOPES, João Batista. Os poderes do juiz e o aprimoramento da prestação jurisdicional. *RePro*, São Paulo: Revista dos Tribunais, n. 35/25, ano IX, abr./jun. 1984.

LOPES, Maria Elizabeth de Castro. *O juiz e o princípio dispositivo*. São Paulo: Revista dos Tribunais, 2006.

MACHADO, Antônio Cláudio da Costa. *Código de processo civil interpretado:* artigo por artigo, parágrafo por parágrafo: leis processuais civis extravagantes anotadas. Barueri: Manole, 2008.

MANCUSO, Rodolfo de Camargo. *Ação civil pública:* em defesa do meio ambiente, do patrimônio cultural e dos consumidores. São Paulo: Atlas, 2002.

MANDRIOLI, Crisanto. *Diritto processuale civile.* 15. ed. Torino: G. Giappichelli, 2003. v. 1.

MARCATO, Antonio Carlos. *Apontamentos de direito processual civil.* São Paulo: CPC, 1999.

MARQUES, Cláudia Lima; BENJAMIN, Antônio Herman V.; MIRAGEM, Bruno. *Comentários ao código de defesa do consumidor.* São Paulo: Revista dos Tribunais, 2003.

MARQUES, José Frederico. *Instituições de direito processual civil.* Campinas: Millennium, 2000. v. 2.

MAZZILLI, Hugo Nigro. *A defesa dos interesses difusos em juízo.* São Paulo: Revista dos Tribunais, 2006.

_____ . Pontos controvertidos sobre o inquérito civil. In: *Ação civil pública*: Lei n. 7.347/ 85 — 15 anos. São Paulo: Revista dos Tribunais, 2001.

MELLO, Celso Antonio Bandeira de. *Elementos de direito administrativo.* 3. ed. São Paulo: Malheiros, 1992.

_____ . *Conteúdo jurídico do princípio da igualdade.* 3 ed. São Paulo: Malheiros, 2008.

MENDES, Aluisio Gonçalves de Castro. Ações coletivas no direito comparado e nacional. *Coleção Temas Atuais de Direito Processual Civil.* São Paulo: Revista dos Tribunais, 2002.

MIRANDA, Gilson Delgado. *Procedimento sumário.* São Paulo: Revista dos Tribunais, 2000.

_____ ; PIZZOL, Patricia Miranda. *Recursos no processo civil.* 6. ed. São Paulo: Atlas, 2006.

MIRANDA, Pontes de. *Comentários ao código de processo civil.* 3. ed. Rio de Janeiro: Forense, 1997. t. XV.

MORAES, Alexandre de. *Direito constitucional.* São Paulo: Atlas, 2008.

MOREIRA, José Carlos Barbosa. La iniciativa en la defensa judicial de los intereses difusos y colectivos — un aspecto de la experiencia brasileña. In: *Temas de direito processual.* 5. série. São Paulo: Saraiva, 1994.

_____ . A proteção jurisdicional dos interesses coletivos ou difusos. In: GRINOVER, Ada Pellegrini (coord.). *A tutela dos interesses difusos.* São Paulo, Max Limonad, 1984.

_____ . Processo civil e direito à preservação da intimidade. *Temas de direito processual civil.* 2. série. São Paulo: Saraiva, 1980.

NERY, Rosa Maria de Andrade. Competência relativa de foro e a ordem pública: o art. 51 do CDC e o verbete n. 33 da Súmula do STJ. *Revista dos Tribunais*, São Paulo, v. 693, p. 112, jul. 1993.

NERY JUNIOR, Nelson. *Princípios do processo civil na Constituição Federal.* São Paulo: Revista dos Tribunais, 2009.

_____ . *Princípios fundamentais*: teoria geral dos recursos. 5. ed. São Paulo: Revista dos Tribunais, 2000.

_____ . Princípios gerais do código brasileiro de defesa do consumidor. In: *Revista de Direito do Consumidor*, n. 3, set./dez. 1992.

NERY JUNIOR, Nelson; NERY, Rosa Maria Andrade. *Código de processo civil comentado e legislação processual civil extravagante em vigor*. São Paulo: Revista dos Tribunais, 2008.

NOJIRI, Sérgio. *O dever de fundamentar as decisões judiciais*. 2. ed. São Paulo: Revista dos Tribunais, 2000.

NUCCI, Guilherme de Souza. *Código de processo penal comentado*. São Paulo: Revista dos Tribunais, 2002.

NUNES, Luiz Antonio Rizzatto. *Curso de direito do consumidor*. São Paulo: Saraiva, 2004.

NUNES JÚNIOR, Vidal Serrano; SERRANO, Yolanda Alves Pinto. *Código de defesa do consumidor interpretado*. São Paulo: Saraiva, 2003.

PORTANOVA, Rui. *Princípios do processo civil*. Porto Alegre: Livraria do Advogado, 1995.

ROSAS, Roberto. *Direito processual constitucional:* princípios constitucionais do processo civil. 3. ed. São Paulo: Revista dos Tribunais, 1999.

SANTOS, Moacyr Amaral. *Primeiras linhas de direito processual civil*. 21. ed. São Paulo: Saraiva, 2001. v. 2.

SILVA, José Afonso da. *Curso de direito constitucional positivo*. São Paulo: Malheiros, 2006.

SILVA, Ovídio A. Baptista da. *Curso de processo civil*. 4. ed. São Paulo: Revista dos Tribunais, 1998. v. 1.

TUCCI, Rogério Lauria. Devido processo penal e alguns de seus mais importantes corolários. In: *Devido processo legal e tutela jurisdicional*. São Paulo: Revista dos Tribunais, 1993.

Da Excepcional Aplicabilidade do Código Civil ao Consumidor: Predicados para uma Interpretação Principiológica mais Benéfica

Marcelo Hartmann(*)

1. Breves considerações históricas

No vigésimo aniversário do Código de Defesa do Consumidor, para melhor inteligibilidade de seus princípios e objetivos, e, por consequência, da ideia que pretendemos apresentar com o presente estudo, importante tecer um breve histórico do direito do consumidor.

É da natureza do ser humano o desejo de ganho, nas suas mais variadas vertentes. Com o nascimento do comércio, aumentou a ambição pelo ganho patrimonial. Junto com este desejo, surgem técnicas lesivas de comércio. Nasce, assim, a necessidade de regulamentação.

Há registro de normas protetivas do consumidor no Código de Hamurabi (século XVIII a.C.), no Código de Manu, na Índia (século XII a.C.) e no Talmud Hebraico (século V d.C.). No direito Romano, já estava insculpida a regra de que o vendedor era responsável pelos vícios da mercadoria, salvo se por ele desconhecido.

Na França, de Luís XI (1480), passou-se a punir com banho de água escaldante aquele que vendesse manteiga com pedra no seu interior para aumentar o peso, ou leite com água para aumentar o volume, depreendendo-se, daí, a criminalização das condutas lesivas ao consumidor.

Enfim, há muito se percebeu a necessidade de proteção ao consumidor. Com o surgimento do processo de industrialização intensificado, aliado ao desenvolvimento de técnicas de comércio massificado — a propaganda, em especial, os atos lesivos ao consumidor passaram a ganhar maior amplitude e proporção.

(*) Graduado em Direito pela Universidade Presbiteriana Mackenzie (1998). Sócio para área de Direito Empresarial de "Hartmann e Felberg Advogados Associados". Advogado no Brasil e em Portugal.

O comércio de vizinhança foi substituído pelo comércio impessoal em escala. A propaganda passou a, cada vez mais, direcionar e persuadir o desejo de compra. Em muitos casos, o produto e ou serviço não detinha a segurança e caracteres anunciados pelo respectivo fornecedor.

Por exemplo, ora fornecedor agia com culpa, negligenciando ao otimizar os custos de produção, obtendo, muitas vezes, um produto de qualidade duvidosa. Outras vezes com o dolo, com a vontade livre e consciente de produzir lucro independentemente das consequências ao consumidor, como comercializar produtos perecíveis vencidos.

A nocividade do serviço e ou produto eram (e às vezes continuam a ser) ocultas pela falta de transparência e por convincentes estratégias de propaganda e *marketing*, lastreadas no poderio econômico do fornecedor. Cabia, portanto, ao Estado proteger com maior efetividade o cidadão do comércio nocivo, aplicando o princípio da isonomia, comum no direito ocidental, ou seja, "tratando diferente os diferentes, para que tenham igualdade".

O atual direito do consumidor germinou nos Estados Unidos da América do Norte, no final do século XIX. Os consumidores passaram a dispor de legislação protetiva, como a que determinava a inspeção da carne (1890 e 1906) e Leis que determinavam padrão aos cereais, manteiga e artigos enlatados (1901, 1906 e 1923).

Na França, em 1º de agosto de 1905, foi publicada a Lei que tinha como escopo "zelar pela saúde pública e prevenir a desonestidade". Na Inglaterra da década de 1930, a jurisprudência já determinava a inversão do ônus da prova em matéria de responsabilidade civil do produtor.

Enfim, o mundo ocidental, durante o século XX, passou, cada vez mais, a normatizar a proteção do consumidor. Até que, em 9 de abril de 1985, a Organização das Nações Unidas editou a Resolução n. 39/248, que estabelece princípios gerais de proteção ao consumidor, bem assim o compromisso dos Estados-Membros de desenvolverem uma política de proteção ao consumidor.

Na esteira da resolução da Organização das Nações Unidas, a Carta Republicana de 1988, pelo art. 5º, inciso XXXII, consolidou que "o Estado promoverá, na forma da Lei, a defesa do consumidor". O art. 48 das Disposições Constitucionais Transitórias estabeleceu que "O Congresso Nacional, dentro de cento e vinte dias da promulgação da Constituição, elaborará o código de defesa do Consumidor".

Assim, no dia 11 de setembro de 1990, com base em anteprojeto apresentado por notáveis juristas, foi promulgada a Lei n. 8.078, denominada Código de Defesa do Consumidor, representando considerável evolução legislativa, em convergência com o princípio constitucional da isonomia e diretriz de proteção ao consumidor.

Verifica-se, assim, que todo histórico legislativo do direito do consumidor estabelece normas cogentes ao fornecedor e prerrogativas legais ao consumidor, visando, sempre, a proteção deste, motivo pelo qual a interpretação do conjunto normativo deve ter como fundamento este princípio — o interesse do consumidor.

2. Aplicação das regras do Código Civil às relações de consumo

Como exposto no histórico apresentado, a promulgação do Código de Defesa do Consumidor, teve, como escopo, aplicar um princípio outorgado pela então nova ordem constitucional — proteção dos direitos do consumidor. Porém, não raro referido código é invocado para afastar o direito do próprio consumidor.

Em muitas situações, os prazos decadenciais e ou prescricionais do Código de Defesa do Consumidor, *i.e.*, 30 (trinta) dias, 90 (noventa) dias e 5 (cinco) anos (arts. 26 e 27 respectivamente), são exíguos em comparação à Legislação Civil, cujos prazos prescricionais alcançavam 20 (vinte) anos no Código Beviláqua e 10 (dez) anos na legislação de 2002.

Nesta esteira, é frequente a invocação, pelo fornecedor, dos prazos prescricionais e ou decadenciais previstos no Código de Defesa do Consumidor, objetivando a extinção da demanda pela perda do direito ou do direito de ação. São muitos os julgados que aplicam as regras da Lei consumerista em desfavor do consumidor, afastando a aplicação das regras do Código Civil.

Citamos, como exemplo, a responsabilidade civil objetiva do hospital pelo erro de um médico preposto ocorrido em janeiro de 1992 (na vigência do Código Beviláqua) e ação ajuizada em janeiro de 1998. Aplicando-se o prazo quinquenal do Código de Defesa do Consumidor, o direito de reparação do lesado estaria prescrito. Aplicando-se àquele a legislação civil que estabelece prescrição vintenária, **não**.

Com todo respeito às opiniões em sentido contrário, a aplicação dos prazos do Código de Defesa do Consumidor, nesta hipótese, nos parece equivocada. Entendemos que o intérprete deve embasar-se na garantia constitucional de proteção ao consumidor, insculpida no art. 5º, inciso XXXII, da Carta Republicana de 1988. Com base neste parâmetro, considerando que a legislação de 1990 teve como fim precípuo a proteção do consumidor, sua aplicação seria prerrogativa do consumidor e norma cogente para o fornecedor.

Em outras palavras, se os prazos decadenciais e ou prescricionais do Código de Defesa do Consumidor forem maléficos ao consumidor se comparados às regras da legislação civil, poderá o consumidor invocar os prazos prescricionais e ou decadenciais da legislação civil, afastando aqueles previstos no Código de Defesa do Consumidor.

Admitir-se o contrário seria o mesmo que considerar que o Código de Defesa do Consumidor revogou tacitamente parte do Código Civil, em prejuízo do próprio cidadão, restringindo-lhe direitos, em contramão à garantia constitucional de proteção ao consumidor.

A hermenêutica, amparada no art. 5º da Lei de Introdução ao Código Civil, revela razoável a aplicação do Código Civil quando mais benéfica, pois "Na aplicação da lei, o Juiz atenderá aos fins sociais a que ela se dirige e a exigências do bem comum".

Com base nestes fundamentos, o Superior Tribunal de Justiça, por intermédio de suas duas Turmas de Direito Privado, já enfrentou e dirimiu a questão, posicionando-se pela aplicação do prazo prescricional e regras previstas no Código Civil em detrimento daquele exíguo previsto na legislação do consumidor.

Ao julgar o Recurso Especial n. 278.893, a Egrégia 3ª Turma do Superior Tribunal de justiça, em voto da Eminente Ministra Nancy Andrighi, considerou que

> [...] o CDC trouxe inovações à ordem jurídica imbuído da necessidade de proteger, na sociedade de consumo contemporânea, os direitos e os interesses dos consumidores, e, desse modo, não seria razoável entender--se que esse mesmo Diploma Legal tenha diminuído, em prejuízo ao consumidor, os prazos decadenciais e prescricionais previstos no Código Civil.

Continua a Eminente Ministra, anotando que:

> Assim sendo, o prazo estatuído pelo art. 26, I, do CDC, revela-se inaplicável à espécie, não atingindo a pretensão indenizatória veiculada por meio da presente ação de conhecimento. Nesse mesmo sentido o entendimento firmado nesta Col. Corte de Justiça, nos termos dos seguintes precedentes: AgRgEDclREsp 224.554/SP, Rel. Min. Nancy Andrighi, DJ 25.2.2002; REsp 304.705/RJ, Rel. Min. Sálvio de Figueiredo Teixeira, DJ 13.8.2001.

Enfim, considerando a evolução do histórico de proteção legal ao consumidor, a norma Constitucional de 1988 e a exegese da Lei consumerista, não nos parece razoável a utilização do Código de Defesa do Consumidor em prejuízo do consumidor. Se o Código Civil ou outro diploma normativo for mais benéfico ao consumidor em determinada situação, deverá ser aplicado em detrimento daquele.

3. DA APLICABILIDADE DAS REGRAS DO CÓDIGO DE DEFESA DO CONSUMIDOR AO PRODUTOS FABRICADOS ANTES DA SUA VIGÊNCIA

Na exposição de motivos ao Projeto da "Lei do Consumidor", publicada no Diário do Congresso Nacional, edição de 3 de maio de 1989, Iran Saraiva, citando J. M. Othon Sidou em *Proteção ao consumidor* (Rio de Janeiro: Forense, 1977), já esclarecia que "seria utópico elaborar um estatuto de proteção ao consumidor em sentido locupletíssimo, porque o cotidiano *struggler for life* se encarregaria a revelar sempre algo a prevenir [...]".

Neste diapasão, nos aproximadamente 20 (vinte) anos de vigência do Código de Defesa do Consumidor, não raro deparamo-nos com situações não previstas objetivamente pelas regras codificadas. Dentre outras, apontamos a argumentação de que a disciplina do Código de Defesa do Consumidor não seria aplicável às hipóteses envolvendo produtos fabricados antes de sua vigência, dado ao princípio da irretroatividade da norma de direito privado.

Aqueles que defendem esta tese sustentam que a regra insculpida no art. 10, §§ 1º e 2º, do Código de Defesa do Consumidor, *i.e.*, que estipulam a obrigação de *recall* não seria aplicável a produtos defeituosos fabricados antes da vigência da Lei n. 8.078/90; que o fornecedor não teria responsabilidade objetiva pela reparação de danos por fato do produto fabricado antes da vigência do código de defesa do consumidor; bem como não seriam aplicáveis as regras processuais, em especial a inversão do ônus da prova, quando o produto foi fabricado antes da vigência da Lei consumerista.

Entendemos que inexiste amparo legal para se afastar a disciplina do Código de Defesa do Consumidor destas situações, o que equivale a dizer que é, sim, aplicável a todas as hipóteses posteriores à vigência da norma, mesmo que envolva produtos fabricados antes de sua vigência.

Para dirimir a questão, mister a análise comparada da Lei de Consumo com o art. 6º da Lei de Introdução ao Código Civil (Lei n. 4.657/42), que dispõe: "A Lei em vigor terá efeito imediato e geral, respeitando o ato jurídico perfeito, o direito adquirido e a coisa julgada".

No direito pátrio, o fornecedor, mesmo antes da vigência da Lei n. 8.078/90, jamais esteve autorizado a produzir, importar, comercializar produto nocivo ou perigoso. De feito, "Antes da promulgação da Constituição Federal de 1988, as relações de consumo estavam protegidas de certa forma pela legislação comum, vale dizer, pelas leis civil e comercial [...]".

A título exemplificativo, mesmo antes da vigência do Código de Defesa do Consumidor, a indústria automobilística não poderia comercializar um veículo com defeito no sistema de frenagem, tampouco a indústria eletrônica um aparelho televisor com perigo de explosão.

Em outras palavras, o fornecimento de produto nocivo ou perigoso jamais foi lícito, não produzindo ato jurídico perfeito e tampouco atribuindo ao fornecedor o direito adquirido de ver convolado o ato ilícito em lícito. Ao contrário senso, a aplicação do Código de Defesa do Consumidor a qualquer situação envolvendo produtos nocivos ou perigosos não viola o ato jurídico perfeito, o direito adquirido e a coisa julgada, sendo, pois, perfeita.

Nesta esteira, se o fornecedor de produto ou serviço confeccionado antes da vigência do Código de Defesa do Consumidor, tiver conhecimento de sua respectiva periculosidade, tem a obrigação legal de promover o seu respectivo *recall*, nos exatos termos do art. 10, §§ 1º, 2º e 3º do mencionado texto legal, sendo irrelevante a data de produção, na medida que a mencionada regra teve aplicação imediata à vigência da Lei Consumerista para todos os produtos, antigos, novos, ou a produzir.

O mesmo raciocínio é aplicável à responsabilidade objetiva pelo fato do produto ou serviço, prevista no art. 12 do Código de Defesa do Consumidor. Inexiste razão legal para afastar-se a aplicabilidade da norma em espeque, na medida em que o fornecimento do produto ou serviço íntegro, seguro, de acordo com as especificações anunciadas, é "dever natural" do fornecedor.

Em outras palavras, o dever de integridade de conduta do fornecedor não nasceu com a promulgação da codificação que protege os direitos do consumidor. Este dever é inerente aos atos de comércio, germinando no momento em que o cidadão opta por exercer a atividade de fornecedor de produto e ou serviço.

Por isto, aqueles participantes do ciclo produtivo a quem a legislação atribui a responsabilidade objetiva, quem sejam, o fabricante, o produtor, o construtor, nacional ou estrangeiro, e o importador, detêm responsabilidade objetiva por danos causados ao consumidor, mesmo se o produto e ou serviço lesivo fora confeccionado antes da vigência da norma.

Se, por exemplo, na década de 1980 a empresa eletrônica produziu um aparelho de televisor que veio a explodir durante a vigência do Código de Defesa do Consumidor, causando danos ao consumidor, será a produtora responsável objetivamente pela reparação dos danos incorridos, na esteira do art. 12 do Código de Defesa do Consumidor.

Para eximir-se de sua responsabilidade objetiva, deverá o participante do ciclo produtivo demonstrar que (i) não colocou o produto no mercado; ou (ii) o defeito inexiste; ou, ainda, (iii) que a culpa foi exclusiva do consumidor ou de terceiro.

Por fim, assim como aplicáveis as normas de direito material da Lei consumeirista a situações envolvendo produtos de origem pretérita à sua vigência, são aplicáveis também as normas processuais do Código de Defesa do Consumidor a estas hipóteses, como a inversão do ônus da prova, prevista no seu art. 6º, inciso VIII.

Vige, no direito processual brasileiro, o princípio da aplicação imediata da norma processual, insculpido no art. 1.211 do Código de Processo Civil, de modo que, havendo verossimilhança das alegações e hipossuficiência do consumidor, cabe ao fornecedor o ônus de provar fatos desconstitutivos do direito do consumidor.

Aliás, de acordo com aludido princípio, adotando-se a posição doutrinária majoritária referente ao isolamento dos atos processuais, seriam as normas processuais constantes no Código de Defesa do Consumidor aplicáveis em todos os processos, inclusive àqueles iniciados antes da respectiva vigência, respeitando-se, sempre, os atos jurídicos já realizados.

A título exemplificativo, se o processo foi iniciado antes da vigência do Código de Defesa do Consumidor, mas a fase de produção de provas após, caberá ao fornecedor o *onus probandi*. Porém, se as provas já foram produzidas antes da promulgação do código, não haverá espaço para retroação, afastando-se, pois, a aplicação da regra da inversão probatória.

Neste particular, oportuno esclarecer que a tese de impossibilidade de demonstração do "fato negativo" outrora utilizada pela doutrina e pela jurisprudência, não guarda mais amparo nos estudos atuais.

O Superior Tribunal de Justiça, mais alta Corte para dizer o direito infraconstitucional de nosso País, vem considerando que:

> Tanto a doutrina como a jurisprudência superaram a complexa construção do direito antigo acerca da prova dos fatos negativos, razão pela qual a afirmação dogmática de que o fato negativo nunca se prova é inexata, pois há hipóteses em que uma alegação negativa traz, inerente, uma afirmativa que pode ser provada. Deste modo, sempre que for possível provar uma afirmativa ou um fato contrário àquele produzido pela outra parte, tem-se como superada a alegação de "prova negativa", ou "impossível" (STJ, REsp 422778/SP, 3ª Turma, Rel. Min Castro Filho; DJ 27.8.2007).

Enfim, por todo exposto, nos parece que as regras substantivas e adjetivas constantes no Código de Defesa do Consumidor são aplicáveis também a produtos confeccionados antes de sua vigência, levando-se em conta, sempre, o interesse do consumidor, ressalvado o direito adquirido, ato jurídico perfeito e a coisa julgada.

REFERÊNCIAS BIBLIOGRÁFICAS

CINTRA, Antônio Carlos de Araújo; GRINOVER, Ada Pellegrini; DINAMARCO, Candido Rangel. 18. ed. *Teoria geral do processo*. São Paulo: Malheiros, 2002.

GRINOVER, Ada Pellegrini; BENJAMIM, Antônio Herman de Vasconcellos e; FINK, Daniel Roberto; FILOMENO, José Geraldo Brito; WATANABE, Kazuo; NERY JÚNIOR, Nelson; DALARI, Zelmo. *Código brasileiro de defesa do consumidor comentado pelos autores do projeto*. 7. ed. Rio de Janeiro: Forense, 2001.

LUCCA, Newton de. Implicações consumeristas no Mercosul. In: *1º Congresso Latino-Americano de Direito*. Marília: UNIMAR, 1999. v. 1.

NISHIYAMA, Adolfo Mamoru. *A proteção constitucional do consumidor*. 1. ed. Rio de Janeiro: Forense, 2002.

Código de Defesa do Consumidor

José Horácio Cintra Gonçalves Pereira[*]

1. Considerações gerais

O Código de Defesa do Consumidor completa 20 (vinte anos) ultrapassando, dessa forma, a maioridade prevista pelo atual Código Civil. A própria Constituição de 1988, dada a relevância do tema "defesa do consumidor" no exercício pleno da cidadania, incluiu, na categoria de norma pétrea, entre os direitos e deveres individuais e coletivos esta norma: "O Estado promoverá, na forma da lei, a defesa do consumidor", art. 5º, XXXII (CF/88).

Esse amparo constitucional surgiu, sem dúvida, do reconhecimento incontroverso da vulnerabilidade do consumidor nas relações de consumo. Com efeito, objetivando reequilibrar essa relação (consumo), seja reforçando, quando possível, a posição do consumidor, seja proibindo ou limitando certas práticas do mercado[1].

Agora ou, mais precisamente, em 1990, com a edição da Lei n. 8.078, instituindo o Código do Consumidor que, por sua vez, com normas claras e precisas, cuidou de estabelecer paridade entre as partes contratantes. Amparou, de forma categórica, o hipossuficiente nessa relação jurídica, mediante "proteção integral, sistemática e dinâmica"[2].

Pois bem, dada a importância e relevância do Código de Defesa do Consumidor, três excelentes professoras, idealizadoras e combativas, integrantes do quadro de professores da Universidade Presbiteriana Mackenzie resolveram coordenar a presente obra, com artigos que destacassem os diversos aspectos do Código do Consumidor.

(*) Desembargador do Tribunal de Justiça do Estado de São Paulo (aposentado). Doutor pela Universidade Presbiteriana Mackenzie. Professor da graduação da Faculdade de Direito da Universidade Presbiteriana Mackenzie. Professor do Curso Marcato.
(1) GRINOVER, Ada Pellegrini; BENJAMIM, Antônio Herman de Vasconcellos e; FINK, Daniel Roberto; FILOMENO, José Geraldo Brito; WATANABE, Kazuo; NERY JUNIOR, Nelson; DALARI, Zelmo. *Código brasileiro de defesa do consumidor comentado pelos autores do projeto*. 6. ed. Rio de Janeiro: Forense Universitária, 1999. p. 7.
(2) *Idem.*

De nossa parte, fomos honrados com o convite para participar deste trabalho. Aceitamos. Não porque tivéssemos algo interessante para dizer, mas apenas para colaborar, nos estreitos limites da nossa competência, com tão estimadas e brilhantes professoras.

Assim, procuraremos destacar alguns temas, que pensamos relevantes ao processo e/ou ao procedimento que retratem conflitos de interesses envolvendo relações de consumo e que possam despertar alguma curiosidade no desavisado e eventual leitor.

2. LEGITIMIDADE

O art. 81 do Código de Consumidor reconhece legitimidade, na defesa dos seus interesses e dos seus direitos, aos consumidores e às vítimas para ser exercida em juízo individualmente, ou a título coletivo.

Enquanto que o art. 2º conceitua o consumidor como toda pessoa física ou jurídica que adquire ou utiliza produto ou serviço como destinatário final. Salientando que "destinatário final" é a cláusula determinante na definição do que seja "consumidor", portanto, é considerado consumidor quem adquire bens ou serviços para seu próprio consumo e não para transferi-lo a terceiro ou para impulsionar atividade econômica.

O conceito de consumidor foi estendido, por equiparação, à categoria indeterminada de pessoas, desde que ligadas entre si por interesse coletivo (conforme expressa referência à "defesa coletiva", art. 81, I a III), quando participantes da relação de consumo (parágrafo único do art. 2º).

O fato da legitimação para agir ter sido ampliada, põe bem à mostra a preocupação do legislador pela instrumentalidade substancial e maior efetividade do processo, e também pela sua adequação à nova realidade socioeconômica que estamos vivendo, marcada profundamente pela economia de massa[3]. Mas essa ampliação não foi somente para ensejar o acesso às demandas coletivas (art. 81, parágrafo único, I e II), como também para permitir as tutelas coletivas dos interesses ou direitos individuais ligados entre si pelo vínculo da homogeneidade.

Dessa forma, as entidades e órgãos da administração pública direta e indireta, mesmo sem personalidade jurídica, passam a ter acesso à justiça exclusivamente para a defesa dos interesses e direitos protegidos pelo Código (art. 82, III).

A propósito, o Superior Tribunal de Justiça reconheceu, em duas oportunidades, essa legitimação ampliada:

---

(3) Cf. WATANABE, Kazuo et al. *Código brasileiro de defesa do consumidor comentado pelos autores do projeto.* 6. ed. Rio de Janeiro: Forense Universitária, 1999. p. 706.

> Ação civil pública. Loteamento clandestino. Aquisição de lotes irregulares. Pedido de indenização, em prol dos adquirentes, feito pelo Ministério Público no âmbito da ação civil pública. Legitimidade ativa uma vez que os adquirentes, na espécie, revestem-se da qualidade **de consumidor,** arts. 81, parágrafo único, III, e 82, I, **do CDC** (REsp 743678/SP, Rel. Min. Mauro Campbell Marques, j. em 15.9.2009).

E ainda,

> a Segunda Seção desta Corte consagrou entendimento no sentido da **legitimidade ativa de** associação civil **de defesa do consumidor,** preenchidos os requisitos legais, para propor ação civil pública, com o escopo **de** declarar a nulidade **de** cláusulas **de** contratos celebrados por instituições financeiras e congêneres (AgRg nos Edcl no REsp 754773/RJ, Rel. Min. Paulo Furtado, j. em 3.9.2009).

Essa amplitude, no tocante à legitimidade ativa, principalmente para as ações coletivas, tem sido perseguida e vem sendo implantada[4], na busca constante da efetividade do processo, objetivando, principalmente, garantir maior acesso à justiça.

3. COMPETÊNCIA

Impõe o art. 101 do Código de Defesa do Consumidor, em seu inciso I: "a ação pode ser proposta no domicílio do autor".

A propósito, questão extraída dessa regra é relacionada com a natureza da competência, ou seja, trata-se de competência absoluta ou de competência relativa?

Pois bem, o Código de Defesa do Consumidor está apoiado em regras de ordem pública, portanto, não permite disposição pelas partes (consumidor e fornecedor). Assim sendo, a aludida competência fixada pela regra, refletiria natureza "absoluta". Nesse caso, o juiz estaria autorizado (obrigado) a reconhecer eventual vício *ex officio*.

O tema, porém, revela controvérsia. Pensamos que o aludido dispositivo utiliza o verbo "poder", o que, sem dúvida, revela faculdade atribuída ao consumidor, podendo propor a ação no seu domicílio ou no domicílio do réu, conforme, nesse caso, aquele que atender melhor ao interesse do consumidor.

Sendo a competência relativa, essa circunstância autorizaria a seguinte indagação: é possível que o contrato celebrado entre consumidor e fornecedor traga cláusula de "eleição do foro"?

A resposta deve ser afirmativa. Todavia, a abusividade deverá ser examinada, pelo magistrado, em cada caso concreto. Reconhecido caráter abusivo da cláusula de eleição de foro, competirá ao magistrado declarar sua nulidade. A propósito,

---

(4) Cf. Anteprojeto de Código Brasileiro de Processo Civil Coletivo.

Fabiano Carvalho destaca que: "diversos juízes, seguidamente respaldados pela jurisprudência do STJ, declaravam a nulidade da cláusula de eleição de foro e declinavam da competência, para determinar a remessa dos autos ao foro de domicílio do consumidor"[5].

A propósito, o Superior Tribunal de Justiça reconhece que o foro de eleição é considerado sempre cláusula abusiva, portanto, não pode prevalecer. *In verbis*:

> Em se tratando de relação de consumo, tendo em vista o princípio da facilitação de defesa do consumidor, não prevalece o foro contratual de eleição, por ser considerada cláusula abusiva, devendo a ação ser proposta no domicílio do réu, podendo o juiz reconhecer a sua incompetência *ex officio*" (CC 48647/RS, Rel Min. Fernando Gonçalves, j. 23.11.2005).

Esse, a nosso ver dever ser o entendimento a ser adotado, em cada caso concreto, quando se tratar de relações conflitantes de consumo, todavia, "independentemente do contrato ser ou não de adesão".

O que importa, nas relações de consumo, para ser considerado pelo magistrado, é o caráter "abusivo" da cláusula contratual, portanto, se a cláusula (em contrato de adesão ou não) é abusiva sua nulidade deve ser declarada; não sendo, prevaleceria o foro de eleição.

Nesse sentido, o Superior Tribunal de Justiça já destacou[6] que "a nulidade da cláusula eletiva de foro em contrato de adesão, *que coloque o consumidor em desvantagem exagerada, causando prejuízo para sua defesa*" (destaque nosso).

Observando-se, no particular, que o art. 1º da Lei n. 8.078/90 destaca que o Código de Defesa do Consumidor estabelece **normas de proteção e defesa do consumidor.**

Significa dizer que o Código do Consumidor cuidou, como regra geral, da proteção e da defesa do consumidor se e quando fosse necessária a demanda judicial.

4. Provas

Conforme preleciona Cássio Scarpinella Bueno "prova" é palavra que deve ser compreendida para os fins que aqui interessam como tudo o que influenciar, de alguma maneira, na formação da convicção do magistrado para decidir de uma forma ou de outra, acolhendo, no todo ou em parte, ou rejeitando o pedido do autor e os eventuais pedidos de prestação da tutela jurisdicional que lhe são submetidos para julgamento[7].

---

(5) CARVALHO, Fabiano. Incompetência relativa: influência do direito do consumidor na reforma do CPC. In: WAMBIER, Teresa Arruda Alvim (orien.); CARVALHO, Fabiano; BARIONI, Rodrigo (coords.) *et al. Aspectos processuais do código de defesa do consumidor*. São Paulo: Revista dos Tribunais, 2008.
(6) Resp 189170/MG. Rel. Min. Cesar Asfor Rocha, j. 1º.12.1998.
(7) BUENO, Cássio Scarpinella. *Curso sistematizado de direito processual civil, procedimento comum:* ordinário e sumário. São Paulo: Saraiva, 2007. v. 2, t. I, p. 233.

A propósito, o Código de Processo Civil estabelece, em seu art. 332, *que todos os meios legais, bem como os moralmente legítimos, ainda que não especificados neste Código, são hábeis para provar a verdade dos "fatos", em que se funda a ação ou a defesa.*

Portanto, a convicção do magistrado será formada com base nos "fatos" alegados e demonstrados por meios legais ou moralmente legítimos, ou seja, o objeto da prova é o conjunto das alegações controvertidas das partes em relação a fatos relevantes para todos os julgamentos a serem feitos no processo, não sendo esses fatos notórios nem presumidos[8].

Por sua vez, o art. 333 do Código de Processo Civil dispõe, no que interessa, *que o ônus da prova incumbe: (I) ao autor, quanto ao fato constitutivo do seu direito; (II) ao réu, quanto à existência de fato impeditivo, modificativo ou extintivo do direito do autor.*

O ônus da prova, segundo Cândido Rangel Dinamarco, é o encargo, atribuído pela lei a cada uma das partes, de demonstrar a ocorrência dos fatos de seu próprio interesse para as decisões a serem proferidas no processo[9].

Em suma, quem alega tem que provar.

Todavia, art. 6º, VIII, da Lei n. 8.078/90, o Código de Defesa do Consumidor, adotou a inversão do ônus da prova ao estabelecer, *in verbis*: "São direitos básicos do consumidor: [...] VIII — a facilitação da defesa de seus direitos inclusive com a inversão do ônus da prova, a seu favor, no processo civil, quando a critério do juiz, for verossímil a alegação ou quando for ele hipossuficiente, segundo as regras ordinárias de experiência".

Depreende-se do texto legal que o juiz, em cada caso, presentes os requisitos (a) verossimilhança da alegação do consumidor; ou (b) sua hipossuficiência, apurada segundo as regras ordinárias de experiência. Com relação a esses requisitos, como se constata, diante da conjunção alternativa "ou", suficiente a presença de um deles ou, ainda, por evidente, possível a presença de ambos.

A propósito, o Superior Tribunal de Justiça reiteradamente decide no sentido que:

> em que pese a indiscutível aplicação da inversão do ônus da prova ao Código de Defesa do Consumidor, tal instituto não possui aplicação absoluta. A inversão deve ser aplicada quando, a critério do juiz, for verossímil a alegação ou quando for ele hipossuficiente, segundo as regras ordinárias (REsp 741393/PR, Rel. Min. Nancy Andrighi, j. 5.8.2008).

Neste particular, portanto, nenhuma dúvida, todavia, em face da omissão da lei, questionou-se o momento processual do reconhecimento da inversão do ônus da prova.

---

(8) DINAMARCO, Cândido Rangel. *Instituições de direito processual civil*. 6. ed. São Paulo: Malheiros, 2009. v. III, n. 786, p. 57.
(9) *Ibidem*, n. 792, p. 70.

Ou melhor, em que momento do processo o juiz deveria reconhecer a incidência da inversão do ônus da prova.

Ou seja, o momento processual para aplicação da inversão do ônus da prova, Bruno Freire e Silva relaciona as três correntes que se formaram a respeito: (1) apenas no momento da sentença porque o ônus da prova constituiria regra de julgamento; (2) o consumidor deverá requerer a inversão do ônus da prova na própria petição inicial; e, finalmente, (3) a inversão do ônus da prova no momento do saneamento ou na instrução probatória, observando-se o princípio do contraditório[10].

Embora predomine o entendimento que a inversão do ônus da prova deve ocorrer no momento da sentença porque, como ficou mencionado, o ônus da prova constituiria regra de julgamento, acreditamos, no entanto, que ante o princípio da igualdade processual, do contraditório e da ampla defesa, o momento processual adequado para adoção da inversão do ônus da prova deveria ficar restrito ao saneamento do processo, porque este é o momento apropriado para o deferimento das provas que poderão ser produzidas, em cada processo. Ainda que assim não seja, é imprescindível, também ao nosso ver, que a adoção da inversão do ônus da prova, em qualquer outro momento processual, exigiria fosse possibilitado prévia manifestação da parte contrária (aquela que não seria beneficiada pela inversão). A propósito, o Superior Tribunal de Justiça já decidiu que: "determinada a **inversão do** *onus probandi* após o **momento** processual de requerimento **das provas,** deve o magistrado possibilitar que as partes voltem a requerê-las, agora conhecendo o seu **ônus,** para que possa melhor se conduzir no processo, sob pena de cerceamento de Defesa" (AgRg no REsp 1095663-RJ, rel. Min. João Otávio de Noronha, j. em 4.8.2009).

Uma última observação. Pensamos, ainda, que a inversão da prova independe, até mesmo, de requerimento do consumidor, sendo suficiente o juiz observar, de ofício, que se trata de *alegação verossímil* ou quando o *consumidor for hipossuficiente*. Aliás, em perfeita consonância com os poderes instrutórios do juiz (art. 130, CPC) e, principalmente, com os objetivos propugnados pelo Código de Defesa Consumidor.

5. Sentença

A Lei n. 7.347, de 24 de julho de 1985 (Ação Civil Pública), em seu art. 15 faz referência expressa "a sentença condenatória" para a promoção da execução, sob o argumento, à época, que as sentenças meramente declaratórias e constitutivas não comportavam execução forçada, a lei somente se referiu às sentenças condenatórias, que constituem título judicial (art. 584, I, do CPC).

Pois bem, em face das novas alterações introduzidas no Código de Processo Civil, notadamente, no que nos interessa, no processo de execução, cabe indagar: o

---

(10) SILVA, Bruno Freire e. A inversão judicial do ônus da prova no código de defesa do consumidor. In: WAMBIER, Teresa Arruda Alvim (orien.); CARVALHO, Fabiano; BARIONI, Rodrigo (coord.) *et al. Aspectos processuais do código de defesa do consumidor.* São Paulo: Revista dos Tribunais, 2008. p. 18-19.

art. 475-N, I, teria ou não aplicação às demandas que tenham por fundamento o Código de Defesa do Consumidor?

Com efeito, o citado dispositivo do estatuto processual não mais se refere à sentença condenatória, ao explicitar que "**São títulos executivos judiciais** — I — a sentença proferida no processo civil que reconheça a existência de obrigação de fazer, não fazer, entregar coisa ou pagar quantia".

Deixando de lado a controvérsia a respeito da inconstitucionalidade formal do dispositivo por violação do "devido processo legislativo", especificamente por violar o chamado "princípio da bicameralidade", inscrito no parágrafo único do art. 65 da Constituição Federal. Com efeito, "caso a mudança para redação atual, realizada pelo Senado Federal, tenha sido de conteúdo, de maneira que o projeto de lei, após a aprovação no Senado deveria ter retornado à Câmara, o que não foi cumprido, portanto, a norma é formalmente inconstitucional[11][12].

A verdade é que, reconhecendo a incidência e aplicação do art. 475-N, I, do Código de Processo Civil, com sua atual redação — evitando-se a violação frontal ao princípio da bicameralidade — a melhor interpretação, conforme Cássio Scarpinella Bueno, é que o título executivo previsto pela regra é o das "sentenças" que reconheçam suficientemente o *inadimplemento* (e não a mera existência) de uma obrigação de fazer, não fazer, entregar coisa ou pagar quantia[13].

Dessa forma, em face da aplicação subsidiária das regras do Código de Processo Civil, a atual interpretação ao art. 475-N, I, deve ser acolhida para as demandas amparadas pelo Código de Defesa do Consumidor, principalmente porque se amolda — ante incidência ampliativa do aludido título executivo judicial — aos objetivos de ampla proteção ao consumidor, conforme princípios que norteiam o aludido Código de Defesa do Consumidor.

6. Coisa julgada

A imutabilidade das sentenças visando alcançar a paz social e a segurança das relações jurídicas, evitando-se, dessa forma, a reiteração de ações idênticas àquelas julgadas, além de merecer proteção constitucional (art. 5º, XXXVI, CF/88), teve o seu conceito amparado pelo Código de Processo Civil, em seu art. 467: "denomina-se coisa julgada material a eficácia, que torna imutável e indiscutível a sentença, não mais sujeita a recurso ordinário ou extraordinário".

O instituto da coisa julgada no âmbito das ações coletivas estava a exigir, sem dúvida, tratamento especial em face das peculiaridades daquelas ações, principal-

---

(11) BUENO, Cássio Scarpinella. *Curso sistematizado de direito processual civil, procedimento comum*: ordinário e sumário. São Paulo: Saraiva, 2007. v. 3, p. 79.
(12) NEVES, Daniel Amorim Assumpção. *Manual de direito processual civil*. São Paulo: Método, 2009. p. 785.
(13) *Op. cit.*, p. 82.

mente, no tocante ao alcance subjetivo da coisa julgada, isto é, os consumidores seriam ou não alcançados pela coisa julgada nas ações em que se verificou a figura do substituto processual ou da legitimação extraordinária.

O art. 472 do Código de Processo Civil dispõe, na sua primeira parte, *in verbis*: "a sentença faz coisa julgada às partes entre as quais é dada, não beneficiando, nem prejudicando terceiros", isto porque, conforme preleciona Ada Pellegrini Grinover, a limitação da coisa julgada é princípio inerente ao contraditório e à defesa, na medida em que terceiro, juridicamente prejudicado, deve poder opor-se à sentença desfavorável proferida *inter alios*, exatamente porque não participou da relação jurídico-processual[14].

Pois bem, com esse perfil e pressupostos que o Código de Processo Civil lhe atribui, observa Eduardo Gabriel Saad, a coisa julgada é ineficaz quando se trata de dissídios metaindividuais envolvendo interesses coletivos ou difusos[15].

Ora, se assim fosse, esse entendimento não permitiria a proteção do que se denomina "sociedade de massa" em que, com frequência, os danos atingem segmentos completos da coletividade ou mesmo a totalidade desta, através das ações coletivas, portanto, mantido o estreito limite subjetivo da coisa julgada às partes (art. 472, CPC), de nada adiantaria idealizar a proteção do consumidor, como previsto pelo Código de Defesa do Consumidor.

Para tanto, o legislador brasileiro adotou o modelo da coisa julgada *secundum eventus litis*, ou seja, os consumidores seriam alcançados pela coisa julgada caso a ação coletiva fosse acolhida. Do contrário, ou seja, rejeitado o pedido, naquela ação coletiva, os consumidores poderiam demandar individualmente ou em litisconsórcio; não sofreriam a eficácia subjetiva da coisa julgada.

Não se alegue proteção em demasia a uma das partes da demanda. Com efeito, o demandado será parte seja na ação coletiva seja na ação individual, portanto, exercerá, com plenitude a ampla defesa e o contraditório. Por sua vez, os consumidores, em face da ação coletiva, não teriam exercitado, caso o pedido fosse rejeitado, o contraditório e a ampla defesa.

Assim sendo, essa solução do alcance subjetivo da coisa julgada *secundum eventus litis* atende, com eficácia, a nova realidade do processo civil em face de interesses coletivos.

CONSIDERAÇÕES FINAIS

Estas eram as modestas considerações que nos propusemos a fazer para que possam, eventualmente, auxiliar os alunos das faculdades de direito, e apenas eles, examinar uma visão particular do Código de Defesa do Consumidor.

---

(14) Da coisa julgada. *Código brasileiro de defesa do consumidor comentado pelos autores do projeto*. 6. ed. Rio de Janeiro: Forense Universitária, 1999. p. 802.
(15) SAAD, Eduardo Gabriel. *Comentários ao código de defesa do consumidor*. 4. ed. São Paulo: LTr, 1999. p. 675.

REFERÊNCIAS BIBLIOGRÁFICAS

BUENO, Cássio Scarpinella. *Curso sistematizado de direito processual civil, procedimento comum*: ordinário e sumário. São Paulo: Saraiva, 2007.

CARVALHO, Fabiano. Incompetência relativa: influência do direito do consumidor na reforma do CPC. In: WAMBIER, Teresa Arruda Alvim (orien.); CARVALHO, Fabiano; BARIONI, Rodrigo (coords.) *et al. Aspectos processuais do código de defesa do consumidor*. São Paulo: Revista dos Tribunais, 2008.

DINAMARCO, Cândido Rangel. *Instituições de direito processual civil*. São Paulo: Malheiros, 2009. v. III.

GRINOVER, Ada Pellegrini; BENJAMIM, Antônio Herman de Vasconcellos e; FINK, Daniel Roberto; FILOMENO, José Geraldo Brito; WATANABE, Kazuo; NERY JUNIOR, Nelson; DALARI, Zelmo. *Código brasileiro de defesa do consumidor comentado pelos autores do projeto*. 6. ed. Rio de Janeiro: Forense Universitária, 1999.

NEVES, Daniel Amorim Assumpção. *Manual de direito processual civil*. São Paulo: Método, 2009.

SAAD, Eduardo Gabriel. *Comentários ao código de defesa do consumidor*. 4. ed. São Paulo: LTr, 1999.

SILVA, Bruno Freire e. A inversão judicial do ônus da prova no código de defesa do consumidor. In: WAMBIER, Teresa Arruda Alvim (orien.); CARVALHO, Fabiano; BARIONI, Rodrigo (coords.) *et al. Aspectos processuais do código de defesa do consumidor*. São Paulo: Revista dos Tribunais, 2008.

Aplicação do Código de Defesa do Consumidor em Razão da Prestação de Serviços Públicos

Armando Luíz Rovaí[*]

Não se trata propriamente de novidade a atenção que o direito dispensa à determinadas normas para a proteção e defesa do usuário dos serviços públicos.

Essas referidas normas visam tutelar os direitos dos cidadãos e aplicam-se aos serviços públicos prestados pela Administração Pública direta e indireta. Aplicam-se, também, as mesmas regras ao serviço público prestado por fundações; pelos órgãos do Ministério Público, quando no desempenho de função administrativa; por particular, mediante concessão, permissão, autorização ou qualquer outra forma de delegação por ato administrativo, contrato ou convênio.

Está se tratando, aqui, de direitos básicos do cidadão, o qual possui o efetivo direito de obter informações precisas sobre o horário de funcionamento das unidades administrativas; do tipo de atividade exercida em cada órgão, sua localização exata e a indicação do responsável pelo atendimento ao público.

O direito à informação será sempre assegurado ao cidadão, salvo nas hipóteses de sigilo, conforme previsto na Constituição Federal. Os procedimentos para acesso a exames, formulários e outros dados necessários à prestação do serviço também são direitos incondicionais do cidadão.

Nesta seara as autoridades ou os órgãos encarregados de receber queixas, reclamações ou sugestões deverão oferecer acesso a atendimento pessoal, por telefone ou outra via eletrônica.

Ademais, informação computadorizada, sempre que possível; banco de dados referentes à estrutura dos prestadores de serviço; informações econômicas acaso existentes, são expedientes que devem ser cumpridos pelo serviço público.

(*) Doutor em Direito pela PUC/SP. Mestre em Direito Político Econômico pela Universidade Mackenzie. Professor de Direito Comercial da Universidade Presbiteriana Mackenzie. Conselheiro Titular da Ordem dos Advogados do Brasil, Seccional de São Paulo — eleito em 2009. Presidente da Comissão de Direito de Empresa da Ordem dos Advogados do Brasil, Seccional de São Paulo. Membro Efetivo do Instituto dos Advogados de São Paulo — IASP. Ex-Presidente da Junta Comercial do Estado de São Paulo — 3 mandatos; Ex-chefe de gabinete da Secretaria da Justiça e Defesa da Cidadania. Ex-presidente do IPEM-SP — Instituto de Pesos e Medidas do Estado de São Paulo. Advogado em São Paulo. E-mail: armandorovai@terra.com.br.

O cidadão, enfim, faz jus à prestação de serviços públicos de boa qualidade!

O direito à qualidade do serviço exige dos agentes públicos e prestadores de serviço público: urbanidade e respeito no atendimento; atendimento por ordem de chegada, assegurada prioridade a idosos, grávidas, doentes e deficientes físicos; igualdade de tratamento, vedado qualquer tipo de discriminação; racionalização na prestação de serviços; adequação entre meios e fins, vedada a imposição de exigências, obrigações, restrições a sanções não previstas em lei; cumprimento de prazos e normas procedimentais; fixação e observância de horário e normas compatíveis com o bom atendimento.

É oportuno consignar, neste diapasão, que a responsabilidade pela qualidade do serviço público decorre diretamente do funcionamento defeituoso da prestação de serviços, devendo responder o responsável nos termos do Código de Defesa do Consumidor.

Especificamente, o diploma consumerista, em sua Seção III, quando trata da Responsabilidade por Vício do Produto e do Serviço, no seu art. 22, assim dispõe:

> Art. 22. Os órgãos públicos, por si ou suas empresas, concessionárias, permissionárias ou sob qualquer outra forma de empreendimento, são obrigados a fornecer serviços adequados, eficientes, seguros e, quanto aos essenciais, contínuos.
>
> Parágrafo único. Nos casos de descumprimento, total ou parcial, das obrigações referidas neste artigo, serão as pessoas jurídicas compelidas a cumpri-las e a reparar os danos causados, na forma prevista neste Código.

Segundo Gianpaolo Smanio:

> Serviço é qualquer atividade fornecida no mercado de consumo, mediante remuneração, inclusive as de natureza bancária, financeira, de crédito e securitária, salvo as decorrentes das relações de caráter trabalhista.

No entendimento de expressão "remuneração", excluem-se os tributos, as taxas, e as contribuições de melhoria, ou seja, excluem-se as relações inseridas na área tributária. Exemplo: segurança pública. Por outro lado, incluem-se as tarifas ou preços públicos, cobrados pela prestação de serviços prestados pelo Poder Público, ou mediante concessão ou permissão à iniciativa privada. Exemplo: transportes, telefonia etc.

As atividades das instituições financeiras (bancos) estão expressamente incluídas. Exemplo: cobrança de água, luz, expedição de extratos etc. Incluem-se também os planos de previdência e seguro saúde, que são atividades securitárias.

As relações trabalhistas estão expressamente excluídas da proteção do Código do Consumidor. No entanto, o trabalho autônomo, em que o trabalhador mantém o poder de direção sobre a própria atividade, está incluído entre os serviços de proteção do Código do Consumidor, como, por exemplo, a empreitada de mão de obra e a empreitada mista (mão de obra e material)[1].

---

(1) SMANIO, Gianpaolo Poggio. *Interesses difusos e coletivos*. 4. ed. São Paulo: Atlas, 2001. p. 57.

Assim, no serviço público, por si ou seus órgãos executores (empresas, concessionárias, permissionárias ou sob quaisquer outras formas de empreendimento), aplica-se a teoria do risco administrativo, onde o Poder Público deverá promover a reparação de seus administrados independente da verificação de culpa.

O CDC, contudo, no que toca à Administração Pública, sujeitou-a, apenas, à reexecução do serviço, retirando as demais obrigações insertas no art. 20, como, por exemplo, a devolução do valor pago pelo serviço, ou abatimento de seu preço.

> Art. 20. O fornecedor de serviços responde pelos vícios de qualidade que os tornem impróprios ao consumo ou lhes diminuam o valor, assim como por aqueles decorrentes da disparidade com as indicações constantes da oferta ou mensagem publicitária, podendo o consumidor exigir, alternativamente e à sua escolha:
>
> I — a reexecução dos serviços, sem custo adicional e quando cabível;
>
> II — a restituição imediata da quantia paga, monetariamente atualizada, sem prejuízo de eventuais perdas e danos;
>
> III — o abatimento proporcional do preço.
>
> § 1º A reexecução dos serviços poderá ser confiada a terceiros devidamente capacitados, por conta e risco do fornecedor.
>
> § 2º São impróprios os serviços que se mostrem inadequados para os fins que razoavelmente deles se esperam, bem como aqueles que não atendam às normas regulamentares de prestabilidade.

Portanto, não há dúvidas que os órgãos públicos deverão atender seus usuários nos termos do CDC, não se olvidando de outras legislações que versam sobre o mesmo assunto.

Depreende-se da Constituição Federal, no seu art. 175[2], que cabe ao Poder Público a prestação de serviços públicos, podendo seu desempenho (ou gestão) ser direto ou indireto. Saliente-se que a prestação indireta transcorre através de concessões e de permissões.

A classificação de competências para a prestação de serviço público é efetuada entre as esferas estatais — União, Estados, Distrito Federal e Municípios.

Hely Lopes Meirelles manifesta-se da seguinte forma:

> [...] a repartição das competências para a prestação de serviço público ou de utilidade pública pelas entidades estatais — União, Estado, Distrito Federal, Município — opera-se segundo critérios técnicos e jurídicos, tendo-se em vista sempre os interesses próprios de cada esfera administrativa, a natureza e extensão dos serviços, bem como a capacidade para executá-los vantajosamente para a Administração e para os administrados[3].

---

(2) Art. 175. Incumbe ao Poder Público, na forma da lei, diretamente ou sob regime de concessão ou permissão, sempre através de licitação, a prestação de serviços públicos.
(3) MEIRELLES, Hely Lopes. *Direito administrativo brasileiro*. 21. ed. São Paulo: Malheiros, 2001. p. 318.

Sendo assim, o que vigora é a vontade do Estado. Vários são os critérios para classificação dos serviços públicos. Maria Sylvia Zanella di Pietro menciona a classificação dos serviços públicos em próprios e impróprios, assim vejamos:

> Para esses autores, serviços públicos próprios são aqueles que, atendendo a necessidades coletivas, o Estado assume como seus e os executa diretamente (por meio de seus agentes) ou indiretamente (por meio de concessionários e permissionários). E serviços públicos impróprios são os que, embora atendendo também a necessidades coletivas, como os anteriores, não são assumidos nem executados pelo Estado, seja direta ou indiretamente, mas apenas por eles autorizados, regulamentados ou fiscalizados; eles correspondem a atividades privadas e recebem impropriamente o nome de serviços públicos, porque atendem a necessidades de interesse geral; vale dizer que, por serem atividades privadas, são exercidas por particulares, mas, por atenderem a necessidades coletivas, dependem de autorização do Poder Público, sendo por ele regulamentadas e fiscalizadas; ou seja, estão sujeitas a maior ingerência do poder de polícia do Estado[4].

A autora continua:

> Essa classificação carece de maior relevância jurídica e padece de um vício que justificaria a sua desconsideração: inclui, como espécie do gênero serviço público, uma atividade que é, em face da lei, considerada particular e que só tem em comum com aquele o fato de atender ao interesse geral[5].

Nada obstante tais serviços serem delegados, não há como isentar o Estado de seu poder de regulamentá-los, exigindo a devida eficiência.

Desta forma, após perquerir os preceitos jurídicos que esclarecem e guarnecem os fundamentos sobre serviço público, pretende-se, a seguir, demonstrar como o Poder Judiciário trata a questão relativa aos órgãos públicos, por si ou suas empresas, concessionárias, permissionárias ou sob qualquer outra forma de empreendimento, os quais são obrigados a fornecer serviços adequados, eficientes, seguros e, quanto aos essenciais, contínuos.

Quer dizer, buscar-se-á demonstrar o posicionamento dos nossos Tribunais, nos casos de descumprimento, total ou parcial, das obrigações, levando-se em conta os dispositivos previstos no CDC.

Acerca da aplicação do Código de Defesa do Consumidor, no que tange às normas insertas nos arts. 22 e 42, a questão versa sobre o princípio da continuidade dos serviços essenciais, e, a seu turno, no art. 42 que proíbe qualquer constrangimento ou ameaça a consumidor inadimplente, na cobrança de débitos.

---

(4) PIETRO, Maria Sylvia Zanella di. *Direito administrativo*. 13. ed. São Paulo: Atlas, 2001, p. 103.
(5) *Idem*.

Não se há qualquer dúvida entre a aplicabilidade das normas de proteção ao consumidor nas relações entre prestador e usuário, devido às especificidades dessas relações. Na verdade, reitera-se, aqui, os princípios do serviço público que se encontram mencionados no art. 6º e parágrafos da Lei n. 8.987/95, que dispõem sobre o regime de concessão e permissão da prestação de serviços públicos, previsto no art. 175 da Constituição da República.

Regina Helena Costa[6], em artigo publicado na Revista de Direito do Consumidor n. 21/97, adota o entendimento de que a sujeição à disciplina legal das relações de consumo está condicionada a exigência de remuneração específica (taxa ou tarifa) pela prestação de determinado serviço público. Limita o campo de incidência do Código do Consumidor, portanto, aos serviços públicos específicos de divisíveis prestados ao contribuinte ou postos a sua disposição, nos termos do art. 3º, § 2º.

Quanto à responsabilidade pela prestação, enfatiza:

> Nessa hipótese, além de responsabilidade do prestador do serviço público — o Poder Público, de maneira direta ou indireta (mediante suas autarquias e empresas) ou, ainda, os particulares, que receberam a sua execução mediante delegação — por dano eventualmente causado a terceiro, que pode ser objetiva (art. 37, § 6º), ou subjetiva, no caso de culpa do serviço (*faute du service*), há a responsabilidade prevista no parágrafo único do art. 22 do CDC[7].

Outra posição é a de Geraldo Brito Filomeno[8], que restringe mais ainda a aplicabilidade das regras consumeristas, incidindo apenas naqueles serviços prestados *ut singuli* ou mediante retribuição por tarifa ou preço público, em qualquer regime de prestação, afastando seu campo de incidência quando forem gratuitos ou remunerados por taxa.

Diogo de Figueiredo Moreira Neto[9], diz: "para que o interesse coletivo seja perfeitamente atendido, o serviço deve ser permanentemente mantido a qualquer transe, embora não necessariamente ininterrupto".

Ora, é de se convir, assim, que a proteção ao consumidor caracteriza-se como princípio geral, daí por que as normas protetivas ao consumidor aplicam-se às relações entre as prestadoras de serviço público e usuários naquilo que não forem contrárias a outras disposições.

Contudo, a efetividade e continuidade do serviço público, assegurada pelo art. 22 do CDC, segundo nossos Tribunais, não constituem princípio absoluto, mas garantia limitada. Por exemplo, se depreende das disposições da Lei n. 8.987/95, que

---

(6) COSTA, Regina Helena. A tributação e o consumidor. In: *Revista de Direito do Consumidor*, São Paulo: Revista dos Tribunais, v. 21, 2003. p. 103.
(7) *Idem*.
(8) *Apud* MACEDO JÚNIOR, Ronaldo Porto. *Direito administrativo econômico*. São Paulo: Malheiros, 2002. p. 239-254.
(9) MOREIRA NETO, Diogo de Figueiredo. *Curso de direito administrativo*. 11. ed. Rio de Janeiro: Forense, 1996. p. 324.

em razão da preservação da continuidade e da qualidade da prestação dos serviços, possibilita, em hipóteses entre as **quais a de inadimplemento do usuário, a suspensão no seu fornecimento.**

A propósito, vejamos a seguinte decisão do Superior Tribunal de Justiça:

Superior Tribunal de Justiça

Embargos de Divergência em REsp n. 576.242-MG (2005/0205224-3);

Relator: Ministro Teori Albino Zavascki

Embargante: Senérgica Indústria e Comércio Ltda.

Advogado: Luiz Marinho de Abreu e Silva e Outros

Embargado: Companhia Energética de Minas Gerais — CEMIG

Advogado: Severina Celeste Lopes e Outros

EMENTA

ADMINISTRATIVO. SUSPENSÃO DO FORNECIMENTO DE ENERGIA ELÉTRICA. INADIMPLEMENTO. POSSIBILIDADE. 1. A Lei n. 8.987/95, que dispõe sobre o regime de concessão e permissão da prestação de serviços públicos previsto no art. 175 da Constituição Federal, prevê, nos incisos I e II do § 3º do art. 6º, duas hipóteses em que é legítima sua interrupção, em situação de emergência ou após prévio aviso: (a) por razões de ordem técnica ou de segurança das instalações; (b) por inadimplemento do usuário, considerado o interesse da coletividade. 2. Tem-se, assim, que a continuidade do serviço público, assegurada pelo art. 22 do CDC, não constitui princípio absoluto, mas garantia limitada pelas disposições da Lei n. 8.987/95, que, em nome justamente da preservação da continuidade e da qualidade da prestação dos serviços ao conjunto dos usuários, permite em hipóteses entre as quais a de inadimplemento do usuário. Precedentes: REsp 363.943/MG, 1ª Seção, Min. Humberto Gomes de Barros, DJ 1º.3.2004; e REsp 302.620/SP, 2ª Turma, Rel. p/ o acórdão Min. João Otávio de Noronha, DJ 6.2.2004. 3. Embargos de divergência a que se nega provimento.

ACÓRDÃO

Vistos e relatados estes autos em que são partes as acima indicadas, decide a Egrégia Primeira Seção do Superior Tribunal de Justiça, por unanimidade, conhecer dos embargos, mas lhes negar provimento, nos termos do voto do Sr. Ministro Relator. Os Srs. Ministros Castro Meira, Denise Arruda, Eliana Calmon e João Otávio de Noronha votaram com o Sr. Ministro Relator. Ausentes, ocasionalmente, os Srs. Ministros José Delgado e Luiz Fux.

Brasília, 26 de abril de 2006.

Ministro Teori Albino Zavascki — Relator

Embargos de Divergência em REsp n. 576.242-MG (2005/0205224-3)

Embargante: Senérgica Indústria e Comércio Ltda.

Advogado: Luiz Marinho de Abreu e Silva e Outros

Embargado: Companhia Energética de Minas Gerais — CEMIG

Advogado: Severina Celeste Lopes e Outros

Relatório

Exmo. Sr. Ministro Teori Albino Zavascki — Relator:

Trata-se de embargos de divergência (fls. 282/293) contra acórdão da 2ª Turma desta Corte cuja ementa restou sintetizada nos seguintes termos: PROCESSUAL CIVIL E TRIBUTÁRIO. ART. 458, II DO CPC. NULIDADE DO ACÓRDÃO. INOCORRÊNCIA. MATÉRIA INSERTA NO ART. 183 DO CPC. FALTA. PREQUESTIONAMENTO. SÚMULA N. 211/STJ. SUSPENSÃO DO FORNECIMENTO DE ENERGIA ELÉTRICA. INADIMPLEMENTO. POSSIBILIDADE. INTERPRETAÇÃO SISTEMÁ-TICA DOS ARTS. 22 DO CÓDIGO DE DEFESA DO CONSUMIDOR E 6º, § 3º, II, DA LEI N. 8.987/95.

1. O acórdão recorrido foi sucinto ao decidir pela ilegalidade da suspensão do fornecimento de energia elétrica, isso não significa que seja destituído de fundamentação. Aresto com brevidade de motivação não se confunde com aquele sem fundamentação.

2. A matéria inserta ao art. 183 do CPC não foi debatida pelo Tribunal *a quo*, não obstante a oposição dos embargos de declaração, o que atrai a incidência da Súmula n. 211 desta Corte.

3. O art. 22 da Lei n. 8.078/90 (Código de Defesa do Consumidor), dispõe que: "os órgãos públicos, por si ou suas empresas, concessionárias, permissionárias ou sob qualquer outra forma de empreendimento, são obrigados a fornecer serviços adequados, eficientes, seguros e, quanto aos essenciais, contínuos".

4. Esta Corte preconiza que o princípio da continuidade do serviço público assegurado pelo art. 22 do Código de Defesa do Consumidor deve ser obtemperado, ante a exegese do art. 6º, § 3º, II da Lei n. 8.987/95 que prevê a possibilidade de interrupção do fornecimento de energia elétrica quando, após aviso, permanecer inadimplente o usuário, considerado o interesse da coletividade.

5. Recurso especial conhecido em parte e improvido. (fl. 251)

Sustenta o embargante que o acórdão embargado discrepou da orientação da 1ª Turma, em caso similar (REsp 223.778/RJ, Min. Humberto Gomes de Barros, DJ 13.3.2000), que entendeu pela ilegalidade do corte de fornecimento de energia elétrica, explorado por empresa concessionária de serviço público, no intuito de compelir os consumidores inadimplentes a quitar seus débitos.

Intimada, a embargada não apresentou impugnação.

É o relatório.

Embargos de Divergência em REsp n. 576.242-MG (2005/0205224-3)

EMENTA

ADMINISTRATIVO. SUSPENSÃO DO FORNECIMENTO DE ENERGIA ELÉTRICA. INADIMPLEMENTO. POSSIBILIDADE.

1. A Lei n. 8.987/95, que dispõe sobre o regime de concessão e permissão da prestação de serviços públicos previsto no art. 175 da Constituição Federal, prevê, nos incisos I

e II do § 3º do art. 6º, duas hipóteses em que é legítima sua interrupção, em situação de emergência ou após prévio aviso: (a) por razões de ordem técnica ou de segurança das instalações; (b) por inadimplemento do usuário, considerado o interesse da coletividade.

2. Tem-se, assim, que a continuidade do serviço público, assegurada pelo art. 22 do CDC, não constitui princípio absoluto, mas garantia limitada pelas disposições da Lei n. 8.987/95, que, em nome justamente da preservação da continuidade e da qualidade da prestação dos serviços ao conjunto dos usuários, permite, em hipóteses entre as quais a de inadimplemento do usuário. Precedentes: REsp 363.943/MG, 1ª Seção, Min. Humberto Gomes de Barros, DJ de 1º.3.2004; e REsp 302.620/SP, 2ª Turma, Rel. p/ o acórdão Min. João Otávio de Noronha, DJ 16.2.2004.

3. Embargos de divergência a que se nega provimento.

VOTO

Exmo. Sr. Ministro Teori Albino Zavascki — Relator:

1. É de se conhecer dos embargos de divergência ante a existência de teses jurídicas antagônicas acerca do tema versado no presente recurso. Em ambos os acórdãos confrontados, discute-se a possibilidade de suspensão do fornecimento de energia elétrica como forma de compelir o usuário ao pagamento de tarifas em atraso. No acórdão embargado, consta que "o princípio da continuidade do serviço público assegurado pelo art. 22 do Código de Defesa do Consumidor deve ser obtemperado, ante a exegese do art. 6º, § 3º, II da Lei n. 8.987/95 que prevê a possibilidade de interrupção do fornecimento de energia elétrica quando, após aviso, permanecer inadimplente o usuário, considerado o interesse da coletividade" (fl. 247). No paradigma indicado, ao contrário, decidiu-se pela ilegalidade do corte de energia elétrica. 2. A controvérsia acerca da suspensão de fornecimento de serviço essencial restou superada pela 1ª Seção do STJ, no julgamento do ERESP 363.943/MG, Min. Humberto Gomes de Barros, DJ 1º.3.2004, quando se consagrou entendimento no sentido de que, persistindo a inadimplência do consumidor após o recebimento de aviso prévio, é legítima a interrupção de serviço essencial, explorado por empresa concessionária de serviço público, nos termos do art. 6º, § 3º, II, da Lei n. 8.987/95. Sobre a matéria, proferi voto nos autos do REsp 678.356/MG, acolhido por unanimidade pela 1ª Turma desta Corte, na sessão de 7.3.2006, cujos fundamentos, por serem adequados à hipótese dos autos, transcrevo:

No caso, a jurisprudência recente tem se firmado no sentido de que a Lei n. 8.987/95, que dispõe sobre o regime de concessão e permissão da prestação de serviços públicos previsto no art. 175 da Constituição Federal, prevê, nos incisos I e II do § 3º do art. 6º, duas hipóteses em que é legítima sua interrupção do fornecimento de serviços prestados por concessionários de serviços públicos:

"Art. 6º Toda concessão ou permissão pressupõe a prestação de serviço adequado ao pleno atendimento dos usuários, conforme estabelecido nesta lei, nas normas pertinentes e no respectivo contrato.

§ 1º Serviço adequado é o que satisfaz as condições de regularidade, continuidade, eficiência, segurança, atualidade, generalidade, cortesia na sua prestação e modicidade das tarifas.

§ 2º A atualidade compreende a modernidade das técnicas, do equipamento e das instalações e a sua conservação, bem como a melhoria e expansão do serviço.

§ 3º Não se caracteriza como descontinuidade do serviço a sua interrupção em situação de emergência ou após prévio aviso, quando:

I — motivada por razões de ordem técnica ou de segurança das instalações; e,

II — por inadimplemento do usuário, considerado o interesse da coletividade."

Nos termos da Lei n. 8.987/95, que trata especificamente do regime de prestação dos serviços públicos, não é considerada quebra na continuidade do serviço — e não viola, por essa razão, a garantia de continuidade na sua prestação contida no CDC — a sua interrupção, em situação emergencial ou após prévio aviso, motivada pelo inadimplemento do usuário ou por fraude no relógio medidor.

Tem-se, assim, que a continuidade do serviço público, assegurada pelo art. 22 do CDC, não constitui princípio absoluto, mas garantia limitada pelas disposições da Lei n. 8.987/95, a qual, em nome justamente da preservação da continuidade e da qualidade da prestação dos serviços ao conjunto dos usuários, permite, em hipóteses entre as quais a de inadimplemento do usuário, a suspensão no seu fornecimento.

Confiram-se, a propósito, os julgados REsp 363.943/MG, 1ª Seção, Min. Humberto Gomes de Barros, DJ 1º.3.2004; e REsp 302.620/SP, 2ª Turma, Rel. p/ o acórdão Min. João Otávio de Noronha, DJ 16.2.2004.

3. Pelas considerações expostas, nego provimento aos presentes embargos de divergência.

É o voto.

Documento: 623620 — Inteiro Teor do Acórdão — *Site* certificado — DJ 15.5.2006 p. 4 de 5

Superior Tribunal de Justiça

Certidão de Julgamento

Primeira Seção

Número Registro: 2005/0205224-3 EREsp 576242/MG

Números Origem: 1919562 200300603360 672980076133

Pauta: 26.4.2006 Julgado: 26.4.2006

Relator — Exmo. Sr. Ministro Teori Albino Zavascki

Presidente da Sessão — Exmo. Sr. Ministro Francisco Falcão

Subprocurador-Geral da República — Exmo. Sr. Dr. Moacir Guimarães Moraes Filho

Secretária — Bela. Zilda Carolina Véras Ribeiro de Souza

Autuação

Embargante: Senérgica Indústria e Comércio Ltda.

Advogado: Luiz Marinho de Abreu e Silva e Outros

Embargado: Companhia Energética de Minas Gerais — CEMIG

Advogado: Severina Celeste Lopes e Outros

Assunto: Administrativo — Contrato — Fornecimento — Energia Elétrica

CERTIDÃO

Certifico que a egrégia Primeira Seção, ao apreciar o processo em epígrafe na sessão realizada nesta data, proferiu a seguinte decisão:

"A Seção, por unanimidade, conheceu dos embargos, mas lhes negou provimento, nos termos do voto do Sr. Ministro-Relator."

Os Srs. Ministros Castro Meira, Denise Arruda, Eliana Calmon e João Otávio de Noronha votaram com o Sr. Ministro-Relator.

Ausentes, ocasionalmente, os Srs. Ministros José Delgado e Luiz Fux.

Brasília, 26 de abril de 2006.

Zilda Carolina Véras Ribeiro de Souza — Secretária

Documento: 623620 — Inteiro Teor do Acórdão — *Site* certificado — DJ 15.5.2006, p. 5 de 5.

Cabe ponderar, assim, que o Poder Judiciário entende que pode sofrer interrupção os serviços públicos essenciais, remunerados por tarifa — prestados por concessionárias do serviço — *quando há inadimplência, como previsto no art. 6º, § 3º, II, da Lei n. 8.987/95. Exige-se, todavia, que a interrupção seja antecedida por aviso. A continuidade do serviço, sem o efetivo pagamento, quebra o princípio da igualdade da partes e ocasiona o enriquecimento sem causa, repudiado pelo Direito.*

Neste sentido, o Superior Tribunal de Justiça se posicionou:

Superior Tribunal de Justiça

Recurso Especial n. 798.204-RJ (2005/0191206-8)

Relatora: Ministra Eliana Calmon

Recorrente: Mottasport Academia Ltda.

Advogado: Álvaro Cravo e Outros

Recorrido: Light Serviços de Eletricidade S/A

Advogada: Anna Maria da Trindade dos Reis e Outros

EMENTA: ADMINISTRATIVO — SERVIÇO PÚBLICO — CONCEDIDO — ENERGIA ELÉTRICA — INADIMPLÊNCIA.

1. Os serviços públicos podem ser próprios e gerais, sem possibilidade de identificação dos destinatários. São financiados pelos tributos e prestados pelo próprio Estado, tais como segurança pública, saúde, educação, etc. Podem ser também impróprios e individuais, com destinatários determinados ou determináveis. Neste caso, têm uso específico e mensurável, tais como os serviços de telefone, água e energia elétrica. 2.

Os serviços públicos impróprios podem ser prestados por órgãos da administração pública indireta ou, modernamente, por delegação, como previsto na CF (art. 175). São regulados pela Lei n. 8.987/95, que dispõe sobre a concessão e permissão dos serviços públicos. 3. Os serviços prestados por concessionárias são remunerados por tarifa, sendo facultativa a sua utilização, que é regida pelo CDC, o que a diferencia da taxa, esta, remuneração do serviço público próprio. 4. Os serviços públicos essenciais, remunerados por tarifa, porque prestados por concessionárias do serviço, podem sofrer interrupção quando há inadimplência, como previsto no art. 6º, § 3º, II, da Lei n. 8.987/95. Exige-se, entretanto, que a interrupção seja antecedida por aviso, existindo na Lei n. 9.427/97, que criou a ANEEL, idêntica previsão. 5. A continuidade do serviço, sem o efetivo pagamento, quebra o princípio da igualdade das partes e ocasiona o enriquecimento sem causa, repudiado pelo Direito (arts. 42 e 71) do CDC, em interpretação conjunta. 6. Recurso especial improvido.

ACÓRDÃO

Vistos, relatados e discutidos os autos em que são partes as acima indicadas, acordam os Ministros da Segunda Turma do Superior Tribunal de Justiça "A Turma, por unanimidade, negou provimento ao recurso, nos termos do voto da Sra. Ministra-Relatora". Os Srs. Ministros João Otávio de Noronha, Castro Meira e Humberto Martins votaram com a Sra. Ministra-Relatora.

Dr(a). Gustavo Persch Holzbach, pela parte recorrido: Light Serviços de Eletricidade S/A

Brasília, 17 de agosto de 2006 (Data do Julgamento).

Ministra Eliana Calmon — Relatora

Recorrente: Mottasport Academia Ltda.

Advogado: Álvaro Cravo e Outros

Recorrido: Light Serviços de Eletricidade S/A

Advogada: Anna Maria da Trindade dos Reis e Outros

Relatório

A Exma. Sra. Ministra Eliana Calmon — Relator: Trata-se de recurso especial, interposto com fulcro nas alíneas *a* e *c* do permissivo constitucional, contra acórdão do Tribunal de Justiça do Estado do Rio de Janeiro, assim ementado:

> SERVIÇO PÚBLICO DE FORNECIMENTO DE ENERGIA ELÉTRICA. A relação entre fornecedor e consumidor não se confunde com a firmada por concessionária e usuário, dado que o concedente é o poder público, caso em que se observa a supremacia do interesse público. Vácuo legislativo em reger os direitos do usuário em relação à concessionária. Inadimplemento do Congresso Nacional com o disposto no art. 27, da Emenda Constitucional n. 19/98, que determina a edição da lei de defesa do usuário de serviços públicos. Aplicação somente analógica da legislação consumerista, que deve ser interpretada em harmonia com outros diplomas. Se há regulamento administrativo estabelecendo a forma como será regulada a relação, descabe a invocação do Código do Consumidor para obter algo que com aquele

contrasta. Usuário inadimplente no pagamento de suas contas. Suspensão do fornecimento por falta de pagamento.

Autotutela admitida por lei após prévio aviso comprovado nos autos. Litigância de má fé configurada. Verba honorária, que observou o princípio da razoabilidade. Recurso desprovido. (fl. 220)

Inconformada, a recorrente aponta, além de dissídio jurisprudencial, violação dos arts. 22 e 42 do CDC, sustentando a ilegalidade da suspensão do fornecimento de energia elétrica, face à violação aos princípios da continuidade e da dignidade da pessoa humana. Após as contrarrazões, subiram os autos por força do agravo de instrumento.

Relatei.

Recurso Especial n. 798.204-RJ (2005/0191206-8)

Relatora: Ministra Eliana Calmon

Recorrente: Mottasport Academia Ltda.

Advogado: Álvaro Cravo e Outros

Recorrido: Light Serviços de Eletricidade S/A

Advogada: Anna Maria da Trindade dos Reis e Outros

VOTO

A Exma. Sra. Ministra Eliana Calmon — Relator: O tema encontra divergências nesta Corte, embora hoje, majoritariamente, colham-se depoimentos em favor da legalidade do corte de fornecimento, em razão do inadimplemento.

Pela divergência e incompreensão do problema, especialmente pelas novidades do Direito Administrativo, convém se faça uma digressão sobre os diferentes ângulos de visão que vêm servindo de apoio para o entendimento daqueles que consideram não ser permitida a interrupção do serviço, quando se tratar de serviços públicos essenciais, como, por exemplo, fornecimento de água, energia elétrica, telefonia, transporte, etc.

Segundo a CF/88, cabe ao Poder Público a prestação de serviços públicos, entendendo--se como tais, os prestados pela Administração ou por seus delegados, sob normas e controles estatais, para satisfazerem necessidades essenciais ou secundárias da coletividade, ou simples conveniências do Estado.

Além dos serviços públicos da competência exclusiva de cada ente estatal da Administração direta, União (art. 21, CF/88), Municípios (art. 39, inciso V, CF/88), Estados (art. 25, § 1º, CF/88), há uma competência comum para a titularidade de tais serviços, destacando-se aqueles próprios e gerais, prestados pelo Poder Público, sem possibilidade de identificação dos destinatários, chamados de serviços UTI UNIVERSI. Esses serviços são financiados pelos impostos, como são os serviços de segurança pública, os de saúde e outros.

Diferentemente, há os serviços públicos impróprios e individuais, cujos usuários são determinados ou determináveis, os quais permitem a aferição do *quantum* utilizado por cada consumidor, o que ocorre com os serviços de telefone, água e energia elétrica. Tais serviços, em contraposição aos UTI UNIVERSI, são chamados de UTI SINGULI.

Para a consecução dos serviços públicos diretos ou indiretos, criaram-se os entes da chamada Administração indireta, cujo modelo veio com o DL n. 200/67, criando-se, ao lado da União, Estados, Municípios e Distrito Federal, as autarquias, empresas públicas, sociedades de economia mista e fundações públicas.

O esgotamento do modelo interventor do Estado ocorreu na década de 1990, demonstrando o Poder Público sua incapacidade para financiar os serviços de utilidade pública, o que o levou a firmar parcerias com a iniciativa privada, por via de delegação de serviços públicos ao particular, como previsto no art. 175 da CF/88, não sendo demais transcrever o texto:

Incumbe ao Poder Público, na forma da lei, diretamente ou sob o regime de concessão ou permissão, sempre através de licitação, a prestação de serviços públicos.

O parágrafo único do artigo em destaque diz que a lei disporá sobre o regime jurídico da delegação dos direitos dos usuários e da política tarifária.

Em obediência à norma constitucional, veio a Lei n. 8.987/95, prequestionada neste recurso, a regular a concessão e a permissão dos serviços públicos. Essa lei foi alterada posteriormente, em alguns artigos, pela Lei n. 9.074/95, que, por seu turno, regulou a concessão dos serviços de energia elétrica. Assim, os serviços *UTI SINGULI* podem ser prestados pelo próprio Estado, ou por delegação, tendo-se como traço de identificação a remuneração.

Os serviços *UTI UNIVERSI*, também chamados de próprios, são remunerados por espécie tributária específica, a taxa, cujo pagamento é obrigatório, porque decorre da lei, independentemente da vontade do contribuinte. A espécie tem por escopo remunerar um serviço público específico e divisível, posto à disposição do contribuinte.

Esse serviço caracteriza-se pela obrigatoriedade, pois o contribuinte não tem opção, porque, mesmo que dele não se utilize, é obrigado a remunerá-lo, e pela continuidade, mesmo ocorrendo a inadimplência. Trava-se, então, entre o contribuinte e o Poder Público, uma relação administrativo-tributária, solucionada pelas regras do Direito Administrativo.

Com esses serviços não se confundem os *UTI SINGULI* ou impróprios, prestados pelo Estado via delegação, por parceria com entes da Administração descentralizada ou da iniciativa privada.

Diferente daqueles, esses serviços são remunerados por tarifas ou preços públicos, e as relações entre o Poder Público e os usuários são de Direito Privado, aplicando-se o Código de Defesa do Consumidor, ao identificarem-se os usuários como consumidores, na dicção do art. 3º do CDC.

A tarifa é, portanto, remuneração facultativa, oriunda de relação contratual na qual impera a manifestação da vontade, podendo o particular interromper o contrato quando assim desejar.

Assim, não se há confundir taxa com tarifa ou preço público, como aliás advertido está na Súmula n. 545/STF. Se o serviço público é remunerado por taxa, não podem as partes cessar a prestação ou a contraprestação por conta própria, característica só pertinente às relações contratuais, na esfera do Direito Civil.

Verifica-se, portanto, que a partir do sistema de remuneração, é que se define a natureza jurídica da relação do serviço público prestado.

Doutrinariamente, não há unidade. Uma corrente defende a aplicação do CDC somente aos serviços remunerados por tarifa, estando dentre os adeptos dessa corrente, Cláudio Bonolo e Paulo Valério del Pai Moraes (*Questões controvertidas no código de defesa do consumidor*. 4. ed. Porto Alegre: Livraria do Advogado).

Uma segunda corrente, menos ortodoxa, entende que o CDC é aplicável, indistintamente, a todos os serviços, remunerados por taxa ou tarifa. Dentre os adeptos estão Cláudia Lima Marques e Adalberto Pasqualotto.

Filio-me à primeira corrente, para a qual só os serviços remunerados por tarifa podem ser regidos pelo Código de Defesa do Consumidor, em razão do direito de escolha do usuário, um dos direitos básicos para o reconhecimento da condição de consumidor (art. 6º do Código).

O art. 22 do CDC faz menção expressa aos serviços públicos essenciais, embora não os caracterize, defina ou sequer indique as atividades assim consideradas. Por outro ângulo, a CF/88 apenas sinaliza que a lei definirá os serviços ou atividades essenciais (art. 9º, § 1º).

Somente na Lei n. 7.783/89, a Lei de Greve, é que se encontra a definição das atividades essenciais, como aquelas que atendem às necessidades inadiáveis da comunidade, trazendo, no art. 10, a relação dos serviços ou atividades essenciais e definindo, no art. 11, as necessidades inadiáveis como aquelas que, não atendidas, colocam em perigo iminente a sobrevivência, a saúde ou a segurança da população.

Tem entendido a doutrina que a Lei de Greve supre o CDC com a relação do seu art. 10, embora os consumeristas não o considerem como absoluto, porque, para eles, todo serviço público é, em princípio, essencial. Lamentavelmente, o impasse doutrinário não foi ainda solucionado pela jurisprudência, extremamente vacilante nesse especial aspecto, inclusive nesta

Corte de Justiça.

As definições até aqui propostas, longe de mero exercício doutrinário, são de importância fundamental para definir não só a classificação de quais sejam os serviços essenciais, os quais para mim estão na listagem do art. 10 da Lei de Greve, como também para definir qual a natureza jurídica da relação, entendendo-se que, se o serviço essencial é remunerado por taxa, temos um serviço regido pelo Direito Público, Tributário e Administrativo.

Se remunerado por tarifa, temos uma relação regida pelo CDC.

Mas não é só, porque é importante também o estabelecimento das consequências da inadimplência.

No estudo das regras norteadoras do serviço público, tem-se como obrigatório o atendimento ao princípio da adequação (art. 175, parágrafo único, inciso IV, CF/88). O mesmo princípio está na Lei n. 8.987/95, que regulamentou as condições para a prestação dos serviços públicos sob o regime da concessão ou permissão, havendo o mencionado diploma definido, no art. 6º, § 1º, o que seja serviço adequado:

Serviço adequado é o que satisfaz as condições de regularidade, continuidade, eficiência, segurança, atualidade, generalidade, cortesia na sua prestação e modicidade nas tarifas.

Conclui-se, pelo teor do dispositivo transcrito, que a continuidade consiste na indispensabilidade do serviço público essencial, devendo ser prestado sem interrupções. O já citado art. 22 do CDC é expresso ao indicar a continuidade como característica do serviço, impondo a reparação de dano em caso de descumprimento.

A leitura apressada e literal do dispositivo pode levar a crer que em nenhuma hipótese é possível a interrupção do serviço: entretanto, há na Lei n. 8.987/95 a expressa previsão de interrupção, em determinados casos, como se depreende da leitura do seu art. 6º, § 3º, inciso II: Não se caracteriza como descontinuidade do serviço a sua interrupção em situação de emergência ou após prévio aviso, quando por inadimplemento do usuário, considerando o interesse da coletividade.

A seu turno, a Lei n. 9.427/97, ao criar a ANEEL e disciplinar o regime de concessão e permissão dos serviços de energia elétrica, previu expressamente a possibilidade de corte, assim como a Resolução n. 456, de 29 de novembro de 2000 (arts. 90 e 94).

A aplicação das normas indicadas, especialmente em confronto com o art. 22 do CDC, vem causando profundos embates doutrinários e jurisprudenciais, com divergências entre autores e nos tribunais do País.

Tenho posição já manifestada em alguns julgados, dentre os quais o *leading case* da Segunda Turma, assim ementado:

ADMINISTRATIVO — SERVIÇO DE FORNECIMENTO DE ÁGUA — PAGAMENTO À EMPRESA CONCESSIONÁRIA SOB A MODALIDADE DE TARIFA — CORTE POR FALTA DE PAGAMENTO: LEGALIDADE.

1. A relação jurídica, na hipótese de serviço público prestado por concessionária, tem natureza de Direito Privado, pois o pagamento é feito sob a modalidade de tarifa, que não se classifica como taxa.

2. Nas condições indicadas, o pagamento é contraprestação, e o serviço pode ser interrompido em caso de inadimplemento.

3. Interpretação autêntica que se faz do CDC, que admite a exceção do contrato não cumprido.

4. A política social referente ao fornecimento dos serviços essenciais faz-se por intermédio da política tarifária, contemplando equitativa e isonomicamente os menos favorecidos.

5. Recurso especial improvido. (REsp 337.965/MG, rel. Min. Eliana Calmon, Segunda Turma, por maioria, j. 2.9.2003, DJ.)

Na oportunidade em que proferi o voto condutor, deixei claro que, na interpretação do art. 22 do CDC, Lei n. 8.078/90, não se pode ter uma visão individual, considerando-se o consumidor que, por algum infortúnio está inadimplente, pois o que importa é o interesse da coletividade, que não pode ser onerada pela inadimplência.

Os serviços essenciais, na atualidade, são prestados por empresas privadas que recompõem os altos investimentos com o valor recebido dos usuários, através dos preços públicos ou tarifas, sendo certa a existência de um contrato estabelecido entre concessionária e usuário, não sendo possível a gratuidade de tais serviços.

Assim como não pode a concessionária deixar de fornecer o serviço, também não pode o usuário negar-se a pagar o que consumiu, sob pena de se admitir o enriquecimento sem causa, com a quebra do princípio da igualdade de tratamento das partes.

A paralisação do serviço impõe-se quando houver inadimplência, repudiando-se apenas a interrupção abrupta, sem o aviso, como meio de pressão para o pagamento das contas em atraso. Assim, é permitido o corte do serviço, mas com o precedente aviso de advertência.

À prestadora do serviço exige-se fornecimento de serviço continuado e de boa qualidade, respondendo ela pelos defeitos, acidentes ou paralisações, pois é objetiva a sua responsabilidade civil, como claro está no parágrafo único do art. 22 do CDC. Como então aceitar-se a paralisação no cumprimento da obrigação por parte dos consumidores? Tal aceitação levaria à ideia de se ter como gratuito o serviço, o que não pode ser suportado por quem fez enormes investimentos e conta com uma receita compatível com o oferecimento dos serviços.

Essa é a interpretação que dou ao art. 22, e não consigo visualizar a chancela legislativa para a tolerância da inadimplência, com a manutenção do serviço.

Por outro ângulo, diz o art. 42:

> Art. 42. Na cobrança de débitos, o consumidor inadimplente não será exposto a ridículo, nem será submetido a qualquer tipo de constrangimento ou ameaça.
>
> Parágrafo único. O consumidor cobrado em quantia indevida tem direito à repetição do indébito, por valor igual ao dobro do que pagou em excesso, acrescido de correção monetária e juros legais, salvo hipótese de engano justificável.

Procurei a interpretação autêntica desse dispositivo na palavra do Dr. Antônio Hermann de Vasconcellos e Benjamim, visto ter ele trabalhado na elaboração legislativa, buscando o real alcance da norma:

> O preceito não constava do texto original da Comissão de Juristas. Foi novidade trazida pelo Substituto do Ministério Público — Secretaria de Defesa do Consumidor. Na defesa de sua adoção, assim escrevi na justificativa juntada ao Substituto: "A tutela do consumidor ocorre antes, durante e após a formação da relação de consumo. São do conhecimento de todos os abusos que são praticados na cobrança de dívidas de consumo. Os artifícios são os mais distintos e elaborados, não sendo raros, contudo, os casos de ameaças, telefonemas anônimos, cartas fantasiosas e até a utilização de nomes de outras pessoas. No Brasil, infelizmente, não há qualquer proteção contra tais condutas. O consumidor — especialmente o de baixa renda — é exposto ao ridículo, principalmente em seu ambiente de trabalho, tendo, ainda, seu descanso no lar perturbado por telefonemas, muitos deles em cadeia e até em altas horas da madrugada". (*Código brasileiro de defesa do consumidor, comentado pelos autores do anteprojeto.* 7. ed. p. 334.)

Aí está, portanto, o entendimento da norma transcrita, o que, em nenhum passo, impede a cobrança corriqueira e legítima, só reprimindo os abusos.

Segundo os comentários dos autores do anteprojeto, o art. 42 tem de ser lido em conjunto com o art. 71, dispositivo assim redigido:

> Art. 71. Utilizar, na cobrança de dívidas, de ameaça, coação, constrangimento físico ou moral, afirmações falsas, incorretas ou enganosas, ou de qualquer outro procedimento que exponha o consumidor, injustificadamente, a ridículo ou interfira com seu trabalho, descanso ou lazer.
>
> Pena — Detenção de três meses a um ano e multa.

Observe-se, portanto, que nenhum dos dois artigos autoriza a continuidade do serviço de forma gratuita.

Admitir o inadimplemento por um período indeterminado e sem a possibilidade de suspensão do serviço é consentir com o enriquecimento sem causa de uma das partes, fomentando a inadimplência generalizada, o que compromete o equilíbrio financeiro da relação e a própria continuidade do serviço, com reflexos inclusive no princípio da modicidade. Sim, porque o custo do serviço será imensurável a partir do percentual de inadimplência, e os usuários que pagam em dia serão penalizados com possíveis aumentos de tarifa.

A política tarifária do setor de fornecimento de energia elétrica, fortemente regulado, é estabelecida pelo Poder Público. As tarifas têm valores diferenciados, sendo classificadas por faixa, distintas, conforme a atividade ou o nível socioeconômico do consumidor, estando fora de questão admitir-se a prestação gratuita dos serviços.

Modernamente, não há mais espaço para que desenvolva o Estado políticas demagógicas, de cunho assistencialista. O papel do Estado é o de criar condições para que seus cidadãos assumam a responsabilidade pelos seus atos.

A propósito, adverte Celso Ribeiro Bastos para a importância do regime tarifário. Da' mesma forma as tarifas não podem deixar de ser justamente remuneratórias do capital investido. Caso assim não fosse, estar-se-ia quebrando a justa expectativa de todo aquele que desempenha a atividade econômica no regime capitalista, qual seja a de auferir lucros no fim do exercício. É certo, por outro lado, que o Poder Público não está obrigado a cobrir as despesas decorrentes de uma administração perdulária ou mesmo desarrazoadamente incompetente.

A justa remuneração deve ser apurada considerando-se os custos do serviço, levados a efeito de forma eficiente e econômica. O concessionário não pode beneficiar-se de um lucro certo, independente da forma por que administrou a concessão.

Cumprida a sua parte, consistente na geração do serviço de estrita economicidade, não pode também o concessionário deixar de fazer jus a tarifas que lhe assegurem uma lucratividade normal, sob pena de a concessão converter-se numa forma sub-reptícia de confisco. (*Curso de direito econômico*. São Paulo: Celso Bastos, 2003. p. 314.)

Embora seja permitida a suspensão do serviço público objeto das reclamações de consumo, ela não se constituiu em direito absoluto.

Em primeiro lugar, o fornecedor tem o dever de colaborar para que o consumidor possa adimplir o contrato. Ou seja, deve criar condições para o regular pagamento. Aliás, o pequeno inadimplemento do consumidor se confunde com a mera impontualidade, sem gerar as consequências de um corte de fornecimento. Daí a obrigatoriedade de o fornecedor estabelecer ao usuário datas opcionais para o vencimento de seus débitos (art. 7ºA, Lei n. 8.987/95); além de prazo para proceder-se à interrupção quando houver inadimplência.

Na hipótese dos autos, ocorreu a suspensão do fornecimento de energia elétrica em virtude do inadimplemento do recorrente no pagamento de suas contas.

Diante do exposto, concluo não existir respaldo para impedir a paralisação do serviço, se houve a inadimplência e estava o consumidor avisado de que seria interrompido o fornecimento.

Sob o aspecto da norma específica, estão as concessionárias autorizadas a suspender os serviços, quando não pagas as tarifas (art. 6º, § 3º da Lei n. 8.987/95); sob o aspecto ontológico, não se conhece contrato de prestação de serviço, firmado com empresa pública, cujo não pagamento seja irrelevante para o contratado; sob o ângulo da lógica capitalista, é impossível a manutenção de serviço gratuito por parte de grandes empresas que fazem altos investimentos.

Assim e em conclusão, nego provimento ao recurso especial.

É o voto.

Certidão de Julgamento

Segunda Turma

Número Registro: 2005/0191206-8 REsp 798204/RJ

Números Origem: 200400133279 200501364883 200513504531 200513704762

Pauta: 17.8.2006 Julgado: 17.8.2006

Relatora — Exma. Sra. Ministra Eliana Calmon

Presidente da Sessão — Exmo. Sr. Ministro João Otávio de Noronha

Subprocuradora-Geral da República — Exma. Sra. Dra. Dulcinéa Moreira de Barros

Secretária — Bela. Valéria Alvim Dusi

Autuação

Recorrente: Mottasport Academia Ltda.

Advogado: Álvaro Cravo e Outros

Recorrido: Light Serviços de Eletricidade S/A

Advogada: Anna Maria da Trindade dos Reis e Outros

Assunto: Administrativo

Sustentação Oral

Dr(a) Gustavo Persch Holzbach, pela parte: Recorrido: Light Serviços de Eletricidade S/A

CERTIDÃO

Certifico que a egrégia Segunda Turma, ao apreciar o processo em epígrafe na sessão realizada nesta data, proferiu a seguinte decisão:

"A Turma, por unanimidade, negou provimento ao recurso, nos termos do voto da Sra. Ministra-Relatora."

Os Srs. Ministros João Otávio de Noronha, Castro Meira e Humberto Martins votaram com a Sra. Ministra-Relatora.

Brasília, 17 de agosto de 2006.

Valéria Alvim Dusi — Secretária

Documento: 641305 — Inteiro Teor do Acórdão — *Site* certificado — DJ 4.9.2006, p. 11 de 11.

Depreende-se, portanto, pelas decisões colacionadas, que o Código de Defesa do Consumidor não prevê em seus artigos a possibilidade de o consumidor ser privilegiado, injustamente, com o fornecimento de serviços sem que se configure a devida contraprestação; muito pelo contrário, tentou, o mencionado ordenamento, dar tratamento isonômico às partes da relação de consumo, sem tolerar privilégios e locupletamento por nenhuma delas.

Contudo, em posicionamento contrário ao do Superior Tribunal de Justiça, o Tribunal de Justiça do Rio Grande do Sul, assim decidiu sobre o assunto:

APELAÇÃO CÍVEL. LICITAÇÃO E CONTRATO ADMINISTRATIVO. CORSAN. SUSPENSÃO DO FORNECIMENTO DE ÁGUA POR INADIMPLÊNCIA DO CONSUMIDOR. ILEGALIDADE.

Mostra-se indevido e injusto o procedimento da CORSAN em cortar o fornecimento do serviço por falta de pagamento de tarifas de água. Inteligência do art. 22, parágrafo único e art. 42 do CDC.

Por maioria, deram provimento, vencido o Relator.

Apelação Cível n. 70010850865

Vigésima Primeira Câmara Cível em regime de exceção Comarca de Uruguaiana

Condomínio Edifício Dona Lenise Apelante

Companhia Riograndense de Saneamento Corsan Apelado

ACÓRDÃO

Vistos, relatados e discutidos os autos.

Acordam os Magistrados integrantes da Vigésima Primeira Câmara Cível do Tribunal de Justiça do Estado, por maioria, deram provimento, vencido o Relator.

Custas na forma da lei.

Participaram do julgamento, além do signatário, os eminentes Senhores Des. Francisco José Moesch — Presidente e Revisor; Des. Genaro José Baroni Borges.

Porto Alegre, 13 de abril de 2005.

Des. Francisco José Moesch — Redator para o acórdão.

Dr. Sérgio Luiz Grassi Beck — Relator.

RELATÓRIO

Dr. Sérgio Luiz Grassi Beck — Relator

Cuida-se de apelação cível interposta por Condomínio Edifício Dona Lenise, contra sentença proferida pela MM. Juíza de Direito da 1ª Vara Cível da Comarca de Uruguaiana que julgou improcedente a ação ordinária por ele proposta contra COMPANHIA RIOGRANDENSE DE SANEAMENTO — CORSAN.

Sustenta, o apelante, em suas razões (fls. 97/99) que há disparidade de tratamento entre a forma de cobrança necessária dos condôminos devedores (via judicial) e a forma praticada pela apelada (corte no abastecimento d'água após a 2ª fatura vencida), eis que beneficia-se mediante a emissão de uma única fatura para várias economias, transferindo a responsabilidade de cobrança para o condomínio. Além disso, que em momento algum negou-se ao pagamento pelo serviço que lhe é prestado, pleiteando igualdade de tratamento entre as partes.

Reitera, ainda, que a água não deve ser cortada, eis que o condomínio não possui condições de suspender dos condôminos devedores seu fornecimento, e que, diante de tal atitude por parte da CORSAN, há transgressão do CDC.

Por fim, requereu o provimento da apelação a fim de que seja desconstituída a decisão de primeiro grau.

Foram apresentadas contrarrazões (fls. 104/119).

É o relatório.

VOTO

Dr. Sérgio Luiz Grassi Beck — Relator

Presentes os pressupostos de admissibilidade, conheço do recurso.

Analisando os autos, verifico que deve ser mantida integralmente a decisão vergastada face aos seus fundamentos. A presente discussão versa sobre a possibilidade de suspensão dos serviços de fornecimento de água encanada em caso de inadimplemento, por se tratar de serviço essencial.

Filio-me ao entendimento de que é perfeitamente cabível o corte da prestação de serviço essencial, quando configurada a inadimplência do consumidor do serviço.

Deve ser consignado que o acolhimento da tese de que é cabível o corte do fornecimento desses serviços, que se apresentam como essenciais, não elide a incidência do Código de Defesa do Consumidor sobre tais relações.

No entanto, o Código de Defesa do Consumidor não prevê em seus artigos a possibilidade de o consumidor ser privilegiado, injustamente, com o fornecimento de serviços sem que se configure a devida contraprestação; muito pelo contrário, tentou, o mencionado ordenamento, dar tratamento isonômico às partes da relação de consumo, sem tolerar privilégios e locupletamento por nenhuma delas.

Se aceitássemos a tese de que não cabe o corte da prestação de serviço essencial, quando configurada a mora por parte do consumidor, estaríamos condenando as concessionárias do serviço público à prestação gratuita do serviço, por tempo indeterminado, o que afronta ao direito e conduz, indubitavelmente, à quebra da prestação desse tipo de serviço.

O ato de corte do fornecimento de água encanada, objeto deste litígio, é mero ato regular de direito, uma vez configurada a ausência da contraprestação devida pelo apelante.

A alegação de falta de recursos para o pagamento do débito, lamentavelmente, não é argumento jurídico com força suficiente capaz de escusar a falta do pagamento que é exigível pelo outro polo da relação ora debatida.

A Companhia Riograndense de Saneamento — CORSAN se incumbe, por contrato, à prestação de determinada atividade, que originalmente compete ao Estado. Esta presta serviço, mas não assume as obrigações de arcar com as consequências dos problemas sociais existentes, sob pena de verem inviabilizadas as suas atividades pelas dificuldades financeiras insuperáveis que seriam acarretadas pelo grande número de inadimplentes, decorrente da situação socioeconômica que o país atravessa, que é de todos sabido, sendo certo que a cobrança dos débitos em atraso se revelaria inviável, na maioria dos casos, pois não teriam como, ao final, penhorar valores ou bens, com o que, se for impedido o corte dos serviços prestados aos inadimplentes, na prática equivale a uma condenação à CORSAN, à prestação de serviço gratuito e por tempo indeterminado, como acima frisado.

Dispõe o Regulamento dos Serviços de Água e Esgoto da CORSAN, em seu art. 76 e sua alínea *d* que "a falta de pagamento da fatura de serviços, em conformidade com o art. 6º, § 3º, inciso II, da Lei n. 8.987/95" implicará a suspensão do fornecimento de água.

Dita norma deve ser interpretada, portanto, à luz da Lei n. 8.987/95, que trata sobre o regime de concessão e permissão da prestação de serviços públicos em seu art. 6º, § 3º, inciso II, ao reconhecer o direito do concessionário público interromper o fornecimento da prestação em caso de inadimplemento do usuário, "considerando o interesse da coletividade". Não se trata, portanto, de um direito absoluto, mas de um direito condicionado ao interesse público.

Assim, em tese, considerando a ausência de impugnação quanto aos valores cobrados, referindo apenas a impossibilidade financeira pelo inadimplemento dos demais condôminos como causa de não pagamento, o corte no fornecimento afigurar-se-ia viável. Indubitavelmente, a prestação de serviços adequados, eficientes, seguros e contínuos, especificamente quanto aos essenciais, conforme especificado no art. 22 da Lei n. 8.078/90, não pode ser exigida em face da ausência de pagamento da taxa ou tarifa, que se revela indispensável à manutenção do sistema e da própria continuidade do serviço para toda a coletividade. Com isso, quer-se afirmar que o art. 42 da legislação consumeirista não resta violado pela simples suspensão do serviço de fornecimento, haja vista a utilização de medida legitimada pelo próprio ordenamento jurídico para a cobrança de dívida.

Contudo, a questão relativa ao fornecimento de água deve ser analisada sobre outro enfoque, na medida em que se refere à saúde pública. Efetivamente, a adoção das medidas necessárias à cientificação do usuário relativamente ao corte, ausente questionamento quanto à existência do débito, autorizaria a concessionária a proceder à suspensão do fornecimento do serviço público.

Muito embora o abastecimento de água seja considerado serviço essencial, o corte no fornecimento ao consumidor inadimplente revela-se regular, sob pena de inviabilizar-se o próprio serviço, em detrimento da coletividade em geral que, mesmo premida por adversidade econômica , paga regularmente a sua conta de água.

Neste sentido:

EMENTA: CORSAN. CORTE NO FORNECIMENTO D'ÁGUA. O SERVIÇO DE FORNECIMENTO DE ÁGUA É REALIZADO MEDIANTE CONTRAPRESTAÇÃO DO PAGAMENTO DAS TARIFAS. O NÃO PAGAMENTO PODE IMPLICAR CORTE D'ÁGUA SOB PENA DE INVIABILIZAR O SERVIÇO. APELO PROVIDO. (APELAÇÃO CÍVEL N. 598096337, 5ª Câmara Cível, TJRS, Relator: Marco Aurélio dos Santos Caminha, j. 11.2.1999.)

Nesse norte, deve ser mantida na íntegra a decisão prolatada, autorizando a suspensão da prestação do serviço de água eis que à adequada prestação do fornecedor há de corresponder a ajustada contraprestação do consumidor.

Diante do exposto, nego provimento ao apelo, mantendo integralmente a decisão vergastada, confirmando a condenação das custas processuais.

Des. Francisco José Moesch — Presidente e Revisor.

Rogo vênia para divergir do nobre Relator.

O fornecimento de água é serviço público. Na lição de Hely Lopes Meirelles (*Direito administrativo brasileiro*. 24. ed. São Paulo: Malheiros, p. 297) serviço público "é todo aquele prestado pela Administração ou por seus delegados, sob normas e controles estatais, para satisfazer necessidades essenciais ou secundárias da coletividade, ou simples conveniências do Estado".

Segundo o grande mestre, os serviços públicos são classificados em próprios e impróprios. Os serviços públicos próprios são aqueles "que se relacionam intimamente com as atribuições do Poder Público (segurança, polícia, higiene e saúde públicas etc.) e para a execução dos quais a Administração usa da sua supremacia sobre os administrados". Já os serviços públicos impróprios são "os que não afetam substancialmente as necessidades da comunidade, mas satisfazem interesses comuns de seus membros, e, por isso, a Administração os presta remuneradamente, por seus órgãos ou entidades descentralizadas (autarquias, empresas públicas, sociedades de economia mista, fundações governamentais), ou delega sua prestação a concessionários, permissionários ou autorizatários". (*Op. cit.*, p. 298 e seguintes).

Os serviços próprios, portanto, só podem ser prestados pelo Estado, diretamente, usando o *jus imperii* sobre os administrados, mantidos pelos tributos gerais (impostos); são os denominados serviços *uti universi*. Os serviços impróprios, sem a nota da necessidade, mas da utilidade pública, quando não da essencialidade, atendem conveniências da coletividade e dos cidadãos, para quem são postos à disposição mediante utilização individualizada, mantidos por taxa (tributo) ou tarifa (preço público), que representam remuneração mensurável. Assim, os serviços de telefonia, energia elétrica, água e esgoto, limpeza urbana, etc. São os serviços *uti singuli*.

O fornecimento de água constitui serviço público impróprio, prestado *uti singuli*, mantido por tarifa (preço público), nos dias de hoje absolutamente essencial até mesmo ao mais humilde dos lares brasileiros, por razões que soam óbvias. E como os demais serviços, "desde que implantados, geram direito subjetivo à sua obtenção para todos os administrados que se encontrem na área de sua prestação ou fornecimento e satisfaçam as exigências regulamentares" (*Op. cit.*, p. 300).

Ao poder público, dispõe o art. 175 da Constituição Federal, incumbe, diretamente ou sob regime de concessão ou permissão, a prestação dos serviços públicos, devendo dispor a lei, entre outros, sobre os direitos dos usuários (mesmo artigo, parágrafo único, inciso II). Daí resultou uma das novidades do sistema do Código de Defesa do Consumidor, qual seja, a de incluir as pessoas jurídicas de direito público entre os fornecedores, como refere Cláudia de Lima Marques, "prevendo expressamente, no art. 22 do CDC, um dever dos órgãos públicos, de suas empresas, concessionárias ou permissionárias de fornecer serviços adequados, eficientes, seguros e quanto aos essenciais, contínuos". (*Contratos no código de defesa do consumidor*. 3. ed. São Paulo: Revista dos Tribunais, p. 209.)

O art. 22 da lei consumerista estabelece que "os órgãos públicos, por si ou suas empresas, concessionárias, permissionárias ou sob qualquer outra forma de empreendimento, são obrigados a fornecer serviços adequados, eficientes, seguros e, quanto aos essenciais, contínuos". E, no seu parágrafo único, dispõe que, nos casos de descumprimento dessas obrigações, serão as pessoas jurídicas compelidas a cumpri-las.

Há que se distinguir dois aspectos: o que se pode entender por essencial e o que pretende a norma quando designa que esse serviço essencial tem de ser contínuo.

Comecemos pelo sentido de essencial. Com efeito, não poderia a sociedade funcionar sem um mínimo de segurança pública. Nesse sentido, então, é que se diz que todo serviço público é essencial. Assim o são os serviços de saúde, fornecimento de energia elétrica, água, esgoto, coleta de lixo, de telefonia, etc. Contudo, há no serviço considerado essencial um aspecto real e concreto de urgência, isto é, necessidade concreta e efetiva de sua prestação. O serviço de fornecimento de água para uma residência não habitada, por exemplo, não se reveste dessa urgência. Mas o fornecimento de água para uma família é essencial e absolutamente urgente, uma vez que as pessoas precisam de água para sobreviver. Essa é a preocupação da norma.

Mas, então, é de perguntar: se todo serviço público é essencial, por que é que a norma estipulou que somente nos essenciais eles são contínuos?

O serviço público essencial revestido, também, do caráter de urgente não pode ser descontinuado. Veja-se que, no sistema jurídico brasileiro, há a Lei n. 7.783, de 28 de junho de 1989, conhecida como "Lei de Greve", que define exatamente quais são esses serviços públicos essenciais e urgentes:

"Art. 10. São considerados serviços ou atividades essenciais:

I — tratamento e abastecimento de água; produção e distribuição de energia elétrica, gás e combustíveis;

II — assistência médica e hospitalar;

III — distribuição e comercialização de medicamentos e alimentos;

IV — funerários;

V — transporte coletivo;

VI — captação e tratamento de esgoto e lixo;

VII — telecomunicações;

VIII — guarda, uso e controle de substâncias radioativas, equipamentos e materiais nucleares;

IX — processamento de dados ligados a serviços essenciais;

X — controle de tráfego aéreo;

XI — compensação bancária."

Esses serviços, então, não podem ser interrompidos. O CDC é claro, taxativo, e não abre exceções: os serviços essenciais são contínuos. E diga-se, em reforço, que essa garantia decorre do texto constitucional.

Como alicerce de todo o sistema de proteção consumerista, o CDC elegeu direitos básicos do consumidor. E é direito básico do consumidor (CDC, art. 6º):

"I — a proteção da vida, saúde e segurança [...]

X — a adequada e eficaz prestação dos serviços públicos em geral."

Este delineamento é específico às relações de consumo, relação que se vislumbra, na espécie, modo claro.

Tenho, por isso, que ilegal a suspensão do fornecimento de água como forma de coação, haja vista o disposto no art. 42 do CDC; ademais, por ser serviço essencial, não pode ser suprimido. A Carta Constitucional proíbe terminantemente que isso ocorra. O meio ambiente no qual vive o cidadão deve ser equilibrado e sadio, pois é dele que decorre, em larga medida, a saúde da pessoa e consequentemente sua vida sadia, tudo garantido constitucionalmente. Se para manutenção desse meio ambiente e da saúde do indivíduo têm de ser fornecidos serviços públicos essenciais, eles só podem ser ininterruptos. O corte do serviço gera uma violação direta ao direito do cidadão e indiretamente à própria sociedade.

Nesse sentido, os seguintes precedentes deste Tribunal:

APELAÇÃO CÍVEL. REEXAME NECESSÁRIO CONHECIDO DE OFÍCIO. CORSAN. MANDADO DE SEGURANÇA. CORTE NO FORNECIMENTO DE ÁGUA COMO MEIO DE COAÇÃO AO PAGAMENTO.

Mostra-se ilegal, injusto e irrazoável o procedimento da CORSAN, em cortar o fornecimento deste bem essencial em propriedade do impetrante.

A água e a energia elétrica são, na atualidade, bens essenciais à população, constituindo--se serviços públicos indispensáveis subordinados ao princípio da continuidade de sua prestação, pelo que se torna impossível a sua interrupção. Os arts. 22 e 42, do CDC, aplicam-se às empresas concessionárias de serviço público. O corte da água ou da eletricidade, como forma de compelir o usuário ao pagamento de tarifa ou multa, extrapola os limites da legalidade. Não há de se prestigiar atuação da justiça privada no Brasil, especialmente, quando exercida por credor econômica e financeiramente mais forte, em largas proporções, do que o devedor. Afronta, se assim fosse admitido, aos princípios constitucionais da inocência presumida e da ampla defesa. O direito do cidadão de utilizar-se dos serviços públicos essenciais para a sua vida em sociedade deve ser interpretado com vistas a beneficiar a quem deles se utiliza.

Apelo a que se nega provimento. Reexame conhecido de ofício. Sentença confirmada. (AC n. 70006017800, Rel Des. Carlos Roberto Lofego Caníbal, j. 14.5.2003.)

AGRAVO DE INSTRUMENTO. CONTRATO ADMINISTRATIVO. CORSAN. ABASTECIMENTO DE ÁGUA. CORTE DE SERVIÇO ESSENCIAL. DÉBITO *SUB JUDICE*.

Tratando-se de serviço essencial e indispensável ao cidadão, correta se mostra a concessão de liminar para manutenção do fornecimento de energia elétrica enquanto questionável judicialmente eventual débito existente.

Agravo desprovido. (AI n. 70005191655, Rel. Des. Antonio Janyr Dall'Agnol Junior, j. 18.12.2002.)

Pelo exposto, dou provimento ao apelo, invertidos os ônus sucumbenciais.

Des. Genaro José Baroni Borges — De acordo com o Presidente.

Apelação Cível n. 70010850865, de Uruguaiana/RS — Por maioria, deram provimento, vencido o Relator.

Vale observar, contudo, que em outro diapasão, o Tribunal de Justiça de Minas Gerais se posiciona:

As concessionárias de serviço público não violam o princípio da dignidade humana, da continuidade do serviço público e o estatuto do idoso, se a causa do corte do fornecimento de serviço de água e esgoto é a inadimplência do usuário, por fato que extrapola a atividade da concessionária, pois elas não podem ser compelidas a suportar o inadimplemento, sob risco de inviabilizar a prestação para toda coletividade, ainda que adimplente, por não poder arcar com o *deficit* econômico causado com a ausência de pagamento de alguns cidadãos, razão pela qual ausente o direito líquido e certo a ser protegido pela via do *mandamus*. (TJMG — Ap. Cível n. 1.0024.05.699305-8/001, rel. Des. Schalcher Ventura, j. 5.10.2006.)

Verifica-se, assim, não obstante um posicionamento direcionado e uniforme do Superior Tribunal de Justiça, bem como de alguns Tribunais da federação, haver evidentes questionamentos sobre o assunto em tela.

O que se tem absoluta certeza, diante do todo aqui consignado, é que os órgãos públicos, por si ou suas empresas, concessionárias, permissionárias ou sob qualquer outra forma de empreendimento, são obrigados a fornecer serviços adequados, eficientes, seguros e, quanto aos essenciais, contínuos.

A qualidade no serviço público trata-se de direito básico do cidadão, devendo responder o responsável nos termos do Código de Defesa do Consumidor e seu descumprimento, total ou parcial, obrigará a efetiva reparação dos danos causados.

O Código de Defesa do Consumidor deverá ser sempre aplicado quando o consumidor estiver diante de serviços públicos "executados mediante o regime da concessão, cabendo ao intérprete potencializar a utilização das normas do Código em conjunto com as regras protetivas do consumidor, existentes nas leis específicas que regulam cada um dos serviços"[10], conciliando as imposições do direito constitucional, com a proteção do consumidor e as prerrogativas administrativas, destinadas ao cidadão.

Enfim, o serviço público deve ser essencialmente de qualidade, pois serviço público com qualidade precária significa cidadania precária!

REFERÊNCIAS BIBLIOGRÁFICAS

COSTA, Regina Helena. A tributação e o consumidor. In: *Revista de Direito do Consumidor*, São Paulo: Revista dos Tribunais, v. 21, 2003.

MACEDO JÚNIOR, Ronaldo Porto. *Direito administrativo econômico*. São Paulo: Malheiros, 2002.

MEIRELLES, Hely Lopes. *Direito administrativo brasileiro*. 21. ed. São Paulo: Malheiros, 2001.

MOREIRA NETO, Diogo de Figueiredo. *Curso de direito administrativo*. 11. ed. Rio de Janeiro: Forense, 1996.

PIETRO, Maria Sylvia Zanella di. *Direito administrativo*. 13. ed. São Paulo: Atlas, 2001.

SMANIO, Gianpaolo Poggio. *Interesses difusos e coletivos*. 4. ed. São Paulo: Atlas, 2001.

---

(10) *V Congresso Brasileiro de Direito do Consumidor*, realizado em Belo Horizonte em 2 de maio de 2000.

As Instituições Financeiras, a Lei da Usura e o CDC. Um Breve Ensaio sobre o Diálogo das Fontes

Carlos Eduardo Nicoletti Camillo[*]
Roberto Nussinkis Mac Cracken[**]

1. Colocação do problema

A atividade bancária de concessão de crédito não tem por escopo prejudicar aqueles que dela se utilizam. Muito pelo contrário, essa atividade está visceralmente ligada ao desenvolvimento da atividade produtiva[1].

Com efeito, a concessão de crédito efetuada pelas instituições financeiras, devidamente autorizadas pelo Banco Central do Brasil tem por escopo permitir que os beneficiários desenvolvam suas atividades produtivas para a consecução de seus fins, as quais, amiúde, ficariam prejudicadas sem esse mecanismo de apoio existente no mercado financeiro.

Nesse sentido, desenvolvendo relevante e fundamental atividade, os bancos encontram-se submetidos à política monetária determinada pelo Conselho Monetário Nacional, segundo as diretrizes traçadas pelo Governo Federal, por força da legislação atualmente em vigor (Lei n. 4.595, de 31 de dezembro de 1964), devidamente recepcionada pela Constituição Federal de 1988.

---

[*] Professor de Introdução ao Estudo do Direito e Direito Civil, nos programas de graduação e pós-graduação da Faculdade de Direito da Universidade Presbiteriana Mackenzie. Doutorando em Direito pela PUC/SP. Advogado em São Paulo.
[**] Professor de Direito Processual Civil no programa de graduação da Faculdade de Direito da Universidade Presbiteriana Mackenzie. Mestre em Direito. Desembargador do TJ/SP.
[1] A propósito, como nos ensina Arnaldo Rizzardo "Basicamente, grande parte das atividades produtivas depende do crédito. O progresso e a expansão do comércio e da indústria são movidos pelos empréstimos, que munem os mais variados setores da economia de meios para alcançar os objetivos a que se destinam. *Possibilita o crédito a própria existência das indústrias e do comércio. Na maioria das vezes, as pessoas físicas ou jurídicas comerciais ou industriais não têm meios próprios para atender as constantes demandas de aperfeiçoamento e expansão no ramo em que atuam.* É o crédito que move a engrenagem para alcançar tais objetivos, o qual tem no banco o seu principal elemento técnico propulsor. Não se destina para criar riquezas, mas para possibilitar a sua circulação e acumulação, como faz ver Bonfim Viana. *Efetivamente, os instrumentos tradicionais do crédito são as instituições financeiras. Elas recebem os depósitos e os investem no setor público ou privado. O banco promove a industrialização do crédito, o favorecimento da circulação de riquezas e enseja as condições de consolidação das poupanças individuais.* (*Contratos de crédito bancário*. 2. ed. São Paulo: Revista dos Tribunais, 1990. p. 13).

Não obstante, há quem sustente que a atividade bancária de concessão de crédito deva ser regrada pelo Decreto n. 22.626, de 7 de abril de 1933, editado sob a égide de Vargas, e que ficou conhecido como Lei da Usura. Confira-se, *in verbis*, o disposto no art. 1º desse Decreto:

> Art. 1º É vedado, e será punido nos termos desta lei, estipular em quaisquer contratos taxas de juros superiores ao dobro da taxa legal (Código Civil, art. 1.062).

Esse normativo fora criado numa época em que o Sistema Financeiro Nacional ainda não estava estruturado e, à evidência, era praxe a agiotagem que fazia concorrência aos bancos oficiais.

Algumas décadas mais tarde, editou-se um moderno diploma legal, rompendo com a então disciplina jurídica dos bancos e casas de crédito, de maneira a adaptar os bancos brasileiros às mudanças e evoluções na legislação estrangeira, notadamente na Europa.

A Lei n. 4.595/64 foi estatuída com o fito de disciplinar o âmbito financeiro nacional, tendo extinguido, na forma do seu art. 2º, o Conselho da Superintendência da Moeda e do Crédito — SUMOC, para ser substituída pelo atual Conselho Monetário Nacional. Confira-se *in verbis*:

> Art. 2º Fica extinto o Conselho da atual Superintendência da Moeda e do Crédito, e criado, em substituição, o Conselho Monetário Nacional, com a finalidade de formular a política da moeda e do crédito como previsto nesta lei, objetivando o progresso econômico e social do País.

O art. 4º desse mesmo diploma legal elencou as incumbências do Conselho Monetário Nacional, podendo-se destacar, dentre elas, as seguintes:

> VI — Disciplinar o crédito em todas as suas modalidades e as operações creditícias em todas as suas formas, inclusive aceites, avais e prestações de quaisquer garantias por parte das instituições financeiras;
>
> [...]
>
> IX — Limitar, sempre que necessário, as taxas de juros, descontos, comissões e qualquer outra forma de remuneração de operações e serviços bancários ou financeiros, inclusive os prestados pelo Banco Central da República do Brasil, assegurando taxas favorecidas aos financiamentos que se destinem a promover.

É exatamente aí que reside um aparente conflito normativo. De um lado, sustenta-se a incidência da Lei da Usura aos contratos bancários e de outro, argumenta-se que a Lei da Usura teria sido derrogada, tão somente às instituições financeiras autorizadas a funcionar e operar no país, em decorrência da Lei n. 4.595/64.

Em meio a essa crescente discussão, sobreveio o Direito do Consumidor, apropriadamente um novo ramo do direito, uma disciplina transversal entre o direito privado e o direito público, que visa proteger um sujeito de direitos em todas as suas relações jurídicas frente ao fornecedor, um profissional, empresário ou comerciante: o consumidor[2].

A Constituição Federal de 1988 reconheceu o consumidor, tanto o âmbito individual e coletivo, assegurando a sua proteção tanto como direito fundamental no art. 5º, inciso XXXII, como princípio da ordem econômica no art. 170, inciso V, assim preconizado em nossa doutrina como direito fundamental de terceira geração[3].

E assim é que, em respeito ao art. 48 do Ato das Disposições Constitucionais Transitórias, foi deflagrado o comando para que o legislador ordinário exteriorizasse um conjunto de regras protetivas a esse novo sujeito de direitos, tendo culminado na Lei n. 8.078, de 1990 — o nosso Código de Defesa do Consumidor — CDC.

Reconhece a melhor doutrina que a fonte de inspiração do CDC foi o Projeto Calais-Auloy de Código do Consumo (Projet de Cod de la Consommation), bem como as leis gerais de proteção ao consumidor da Espanha (Lei n. 26/84), de Portugal (Lei n. 19/81 e Decreto-Lei n. 446/85), do México (1976) e do Québec (1979), além das diretivas europeias sobre publicidade (n. 84/540), da legislação norte-americana (Federal Trade Commission Act, Consumer Product Safety Act, Truth in Lending Act, Fair Credit Reporting Act e Fair Debt Collection Practices Act) e do direito alemão (AGB-Gesetz)[4].

Essa nova legislação fomentou, verdadeira e concretamente, uma reconstrução às relações jurídicas de direito privado, rompendo definitivamente com o arquétipo ultrapassado do modelo obrigacional (credor x devedor) e inaugurando uma nova página à interpretação do direito, priorizando e protegendo o protagonista das relações de consumo — o consumidor — não pelo consumo de produtos ou serviços propriamente dito, mas por respeitá-lo, em primeiro lugar, como sujeito merecedor da elementar dignidade da pessoa humana, preconizada em nossa Constituição Federal, art. 1º, inciso III.

Dispõe o art. 3º do CDC que:

Art. 3º Fornecedor é toda pessoa física ou jurídica, pública ou privada, nacional ou estrangeira, bem como os entes despersonalizados, que desenvolvem atividade de produção, montagem, criação, construção, transformação, importação, exportação, distribuição ou comercialização de produtos ou prestação de serviços.

§ 1º Produto é qualquer bem, móvel ou imóvel, material ou imaterial.

§ 2º Serviço é qualquer atividade fornecida no mercado de consumo, mediante remuneração, inclusive as de natureza bancária, financeira, de crédito e securitária, salvo as decorrentes das relações de caráter trabalhista.

---

(2) MARQUES, Claudia Lima; BENJAMIN, Antônio Herman V.; BESSA, Leonardo Roscoe. *Manual de direito do consumidor*. 2. ed. São Paulo: Revista dos Tribunais, 2009. p. 25.
(3) A melhor doutrina define os chamados direitos de terceira dimensão (ou de solidariedade ou fraternidade) como aqueles pertencentes à coletividade, de titularidade coletiva ou difusa. Dentre eles, sobressai-se o direito à paz, ao meio ambiente equilibrado, à comunicação, à proteção do consumidor. Nesse sentido, confira-se LUCCA, Newton de. *Direito do consumidor*. São Paulo: Quartir Latin, 2003. p. 426.
(4) MARQUES, Claudia Lima. *Op. cit.*, p. 50.

Contudo, parte da doutrina sustentou a inaplicabilidade do Código de Defesa do Consumidor às relações de consumo[5].

Hoje o assunto encontra-se superado, por força de reiterados julgados, tanto que recentes Súmulas do E. Superior Tribunal de Justiça não deixam qualquer margem de dúvidas quanto à sua incidência nas relações bancárias. Confira-se:

Súmula n. 285:

"Nos contratos bancários posteriores ao Código de Defesa do Consumidor incide a multa moratória nele prevista."[6]

Súmula n. 297:

"O Código de Defesa do Consumidor é aplicável às instituições financeiras."[7]

Súmula n. 381:

"Nos contratos bancários, é vedado ao julgador conhecer, de ofício, da abusividade das cláusulas."[8]

Neste diapasão, como interpretar a dialética normativa ínsita às Instituições Financeiras em face da Lei da Usura, tendo como pano de fundo o Código de Defesa do Consumidor?

2. O discurso pela incidência da Lei da Usura aos contratos bancários

Discorrendo sobre o conteúdo e alcance do art. 406 do Código Civil que dispõe sobre a limitação dos juros aos juros compensatórios, cobrados pelas instituições financeiras, argumenta com muita maestria o professor Luiz Antonio Scavone Jr. que[9]:

> Aparentemente as instituições financeiras estão livres desses limites. Quanto a elas, mesmo lobrigando profunda atecnia jurídica, entendeu-se que a Lei n. 4.595/64, recepcionada como lei materialmente complementar pela Constituição Federal de 1988, no seu art. 4º, IX, permite que o Conselho Monetário Nacional fixe as taxas de juros praticadas.

Incrivelmente, nada obstante a norma se refira à limitação, entendeu-se o termo como liberação.

Para Scavone Jr., o Decreto n. 22.626/33 encontra-se em estrita conformidade com a Constituição Federal e, destarte, deve ser reputado válido e eficaz em face dos contratos bancários, de maneira que toda a jurisprudência criada na Superior

---

(5) Neste sentido, confira-se o magistério do professor VIDIGAL, Geraldo Camargo. O sistema financeiro nacional e o consumidor. In: *Justitia*, v. 59, n. 179/180, p. 157, jul./dez. 1997.
(6) DJ 13.5.2004.
(7) DJ 9.9.2004.
(8) DJ 5.5.2009.
(9) SCAVONE JR., Luiz Antonio (coord.). *Comentários ao código civil* — artigo por artigo. São Paulo: Revista dos Tribunais, 2006. p. 426.

Instância, a exemplo do que ocorre com a Súmula n. 596[10], do E. STF deve ser revista e, pois, revogada. Veja-se as conclusões por ele propostas[11]:

a) o Decreto n. 22.626/33 e, consequentemente, o art. 406 do CC, cumulado com o art. 161, § 1º, do CTN, que limitam as taxas de juros a 1% ao mês, estão de acordo com a Constituição Federal de 1988, que recepcionou o art. 161, § 1º, do CTN e o Decreto n. 22.626/33;

b) válida, assim, a limitação da Lei de Usura para as instituições financeiras; e,

c) como consequência, a Súmula n. 596 do STF, de 1975, está ultrapassada e merece revisão.

E não raras são as decisões proferidas por Tribunais em nosso país chancelando o entendimento aqui esposado, isto é, no sentido de ser aplicável o Decreto n. 22.626/33 aos contratos bancários[12].

3. Argumentação pela incidência da Lei n. 4.595/64

Argumenta-se, em primeiro lugar, que a taxa de juros não é ditada pela instituição financeira, mas pela política econômica-financeira do Governo Federal, sendo certo que a sua diminuição e a redução das taxas de mercado não ocorrem do dia para a noite, mas dependem de um conjunto de medidas econômicas que vem sendo tomadas pelo próprio Governo há décadas.

Nessa trilha, o Comitê de Política Monetária do Banco Central — COPOM não surpreende e vem, pois, mantendo as taxas de juros em patamares elevados.

E assim é que o E. Supremo Tribunal Federal, sensível à essência da questão de juros e absolutamente convicto da licitude do Sistema Financeiro Nacional e do diploma jurídico que o rege (a Lei n. 4.595/64), sempre reconheceu a inaplicabilidade das disposições contidas no Decreto n. 22.626/33 e, bem assim, do art. 192, § 3º, da CF em face das instituições financeiras[13].

Tanto é assim, que foi editada a Súmula n. 596, do E. Supremo Tribunal Federal cuja redação convém realçar:

---

(10) Confira-se o teor dessa Súmula: "As disposições do Decreto n. 22.626, de 1933 não se aplicam às taxas de juros e aos outros encargos cobrados nas operações realizadas por instituições públicas ou privadas, que integram o Sistema Financeiro Nacional."
(11) SCAVONE JR., Luiz Antonio. *Idem.*
(12) Por todos os julgados, confira-se o julgamento da Apelação Cível n. 2000.006337-1, mediante a lavra do I. Desembargador Relator Sérgio Roberto Baasch Luz e votação unânime da C. 2ª Câmara de Direito Comercial do E. Tribunal de Santa Catarina, j. 20.2.2003.
(13) Nesse sentido, veja-se: RT 590/256. Como corolário, inúmeros julgados dos Tribunais Estaduais também foram proferidos nessa mesma trilha. Confira-se: RT 760/250 (Tribunal de Justiça de São Paulo); RT 768/230, RT 698/100 (1º Tribunal de Alçada Civil de São Paulo); RT 757/270 (Tribunal de Justiça de Sergipe).

As disposições do Decreto n. 22.626, de 1933 não se aplicam às taxas de juros e aos outros encargos cobrados nas operações realizadas por instituições públicas ou privadas, que integram o Sistema Financeiro Nacional.

Outrossim, o próprio E. Supremo Tribunal Federal, anteriormente à edição da Emenda Constitucional n. 40, firmou jurisprudência torrencial no sentido de que o art. 192, § 3º da CF que dispunha sobre a limitação das taxas de juros em 12% a.a., se tratava de norma que não era autoaplicável, carecendo, à evidência, de norma complementar. Confira-se, inicialmente, o principal julgamento:

> AÇÃO DIRETA DE INCONSTITUCIONALIDADE. TAXA DE JUROS REAIS ATÉ DOZE POR CENTO AO ANO (§ 3º DO ART. 192 DA CONSTITUICÃO FEDERAL). QUESTÕES PRELIMINARES SOBRE: 1. Impedimento de ministros; 2. Ilegitimidade na representação do autor (partido político), no processo; 3. Descabimento da ação por visar a interpretação de norma constitucional e não, propriamente, a declaração de inconstitucionalidade de lei ou ato normativo; 4. Impossibilidade jurídica do pedido, por impugnar ato não normativo (Parecer SR n. 70, de 6 de outubro de 1988, da consultoria geral da república, aprovado pelo presidente da república). Mérito: eficácia imediata, ou não, da norma do § 3º do art. 192 da Constituição Federal, sobre a taxa de juros reais (12 por cento ao ano). Demais preliminares rejeitadas, por unanimidade. Mérito: ação julgada improcedente, por maioria de votos (declarada a constitucionalidade do ato normativo impugnado). 1. Ministro que oficiou nos autos do processo da ADIN, como procurador-geral da república, emitindo parecer sobre medida cautelar, está impedido de participar, como membro da corte, do julgamento final da ação. 2. Ministro que participou, como membro do poder executivo, da discussão de questões, que levaram a elaboração do ato impugnado na ADIN, não está, só por isso, impedido de participar do julgamento. 3. Havendo sido a procuração outorgada ao advogado signatário da inicial, por partido político, com representação no congresso nacional (art. 103, inc. VIII, da CF), subscrita por seu vice-presidente, no exercício da presidência, e, depois, ratificada pelo presidente, e regular a representação processual do autor. 4. Improcede a alegação preliminar, no sentido de que a ação, como proposta, visaria apenas a obtenção de uma interpretação do tribunal, sobre certa norma constitucional, se, na verdade, o que se pleiteia, na inicial, e a declaração de inconstitucionalidade de certo parecer da consultoria geral da república, aprovado pelo presidente da república e seguido de circular do banco central. 5. Como o parecer da consultoria geral da república (SR n. 70, de 6 de outubro de 1988, DO 7.10.1988), aprovado pelo presidente da república, assumiu caráter normativo, por força dos arts. 22, § 2º, e 23 do Decreto n. 92.889, de 7 de julho de 1986, e, ademais, foi seguido de circular do banco central, para o cumprimento da legislação anterior à Constituição de 1988 (e não do § 3º do art. 192 desta última), pode ele (o parecer normativo) sofrer impugnação, mediante ação direta de inconstitucionalidade, por se tratar de ato normativo federal (art. 102, I, *a*, da CF). **6. Tendo a Constituição federal, no único artigo em que trata do sistema financeiro nacional (art. 192), estabelecido que este será regulado por lei complementar, com observância do que determinou no *caput*, nos seus incisos e parágrafos, não é de se admitir a eficácia imediata e isolada do disposto em seu § 3º, sobre taxa de juros reais (12 por cento ao ano), até porque estes não foram conceituados, só o tratamento global do sistema financeiro nacional, na futura lei complementar, com a observância de todas as normas do *caput*, dos incisos e parágrafos do art.**

192, e que permitirá a incidência da referida norma sobre juros reais e desde que estes também sejam conceituados em tal diploma. 7. Em consequência, não são inconstitucionais os atos normativos em questão (parecer da consultoria geral da república, aprovado pela presidência da república e circular do banco central), o primeiro considerando não autoaplicável a norma do § 3º sobre juros reais de 12 por cento ao ano, e a segunda determinando a observância da legislação anterior à Constituição de 1988, até o advento da lei complementar reguladora do sistema financeiro nacional. 8. Ação declaratória de inconstitucionalidade julgada improcedente, por maioria de votos. (ADI 4-7/DF — Distrito Federal — Ação Direta de Inconstitucionalidade — Rel. Min. Sydney Sanches, Tribunal Pleno — DJ 25.6.1993.)

Posteriormente a esse julgamento, o E. Supremo Tribunal Federal jamais mudou de opinião sobre o assunto, como se infere do julgamento proferido no julgamento do AI n. 275.635 AgR/Minas Gerais[14].

É exatamente essa, portanto, a jurisprudência consolidada do E. Supremo Tribunal, no sentido de que o Decreto n. 22.626/33 não incide sobre as operações e contratações promovidas junto às instituições financeiras e, ainda, que o art. 192, § 3º, da CF não era autoaplicável, carecendo, pois, de lei que a regulamentasse, de modo que não há que se falar, destarte, em fixação de taxa de juros em até 12% ao ano.

O E. Superior Tribunal de Justiça também chancela o entendimento de que não há limitação quanto aos juros praticados pelas Instituições Financeiras, tanto que editou a Súmula n. 382[15]. Confira-se, *in verbis*:

A estipulação de juros remuneratórios superiores a 12% ao ano, por si só, não indica abusividade.

Como se vê, os Tribunais Superiores comungam o entendimento de que a Lei da Usura é, pois, inaplicável às instituições financeiras.

4. SOLUCIONANDO O APARENTE CONFLITO PELAS REGRAS CONVENCIONAIS

Se pretendermos diminuir a importância da complexidade da matéria quanto à incidência de um ou outro normativo, não há margem para qualquer discussão, pois um dos eficazes avatares do positivismo jurídico reside nas soluções dos conflitos aparentes.

---

(14) "AGRAVO REGIMENTAL EM AGRAVO DE INSTRUMENTO. JUROS. LIMITAÇÃO. CF, ART. 192, § 3º. AUSÊNCIA DE PREQUESTIONAMENTO.
1. O Pleno desta Corte já decidiu que o art. 192, § 3º, da Constituição Federal, que limita as taxas de juros em 12% ao ano, necessita de regulamentação (ADI n. 4).
2. A questão constitucional ventilada nas razões do recurso extraordinário não foi examinada no acórdão recorrido, nem foram opostos embargos de declaração para sanar eventual omissão. Incidência das Súmulas ns. 282 e 356 desta Corte.
Agravo regimental a que se nega provimento."
(AI 275635 AgR/MG — Minas Gerais, Rel. Min. Maurício Corrêa, DJ 4.5.2001).
(15) DJ 8.6.2009.

Assim, em se tratando de conflito normativo, a escolha do caminho não é mera discricionariedade do aplicador do direito, que deverá guiar-se à luz da ciência jurídica, sob pena de desestabilizar o sistema jurídico. E assim é que a ciência do direito, em respeito ao princípio da coerência do sistema jurídico, fornece critérios normativos para a solução dos conflitos. São eles: (a) critério hierárquico, (b) critério cronológico e (c) critério da especialidade.

Pelo critério hierárquico, *lex superior derogat legi inferiori*, isto é, a lei superior tem primazia, superioridade em relação à inferior, derrogando-a, neste sentido. Encontra-se previsto no art. 2º, § 2º, da Lei de Introdução ao Código Civil.

Pelo critério cronológico, *lex posterior deragat legi priori*, ou seja, a lei posterior revoga a lei anterior, desde que se encontrem as duas normas no mesmo âmbito de vigência e aplicação. A sua previsão está assentada no art. 2º, *caput* e § 1º, da Lei de Introdução ao Código Civil.

Pelo critério da especialidade, *lex specialis derogat legi generali*, isto é, a lei especial derroga a lei geral. Não significa, aqui, que a lei especial irá retirar do mundo jurídico a norma geral. Nas palavras de Maria Helena Diniz, "a norma especial acresce um elemento próprio à descrição legal do tipo previsto na norma geral, tendo prevalência sobre esta, afastando-se assim o *bis in idem*, pois o comportamento só se enquadrará na norma especial, embora também esteja previsto na geral"[16]. Sua previsão está disposta no art. 5º, *caput*, da CF.

A nosso ver, o conflito normativo objeto de nossa investigação poderia ser reparado a partir de um critério normativo, não se podendo falar, neste caso, em lacuna de conflito.

Fala-se, a propósito, que as normas em questão pertenceriam a diferentes planos de hierarquia: enquanto que o Decreto n. 22.626/33 tem natureza de lei ordinária, a Lei n. 4.595/64 assumiria contornos de verdadeira Lei Complementar, o que não concordamos com o devido respeito.

Em verdade, ambas as normas coexistem em nosso ordenamento, mas sua incidência tem planos distintos, isto porque ao confrontar a Lei n. 4.595/64 em face do Decreto n. 22.626/33 depreende-se, neste último, uma faceta de cunho generalista: é exatamente esse o termo utilizado no art. 1º desse normativo: "em quaisquer contratos".

De fato. Antes da edição da Lei n. 4.595/64 inexistia em nosso ordenamento outro diploma que prescrevesse similar disposição, de maneira que o Decreto n. 22.626/33 aplicava-se indistintamente a todas as relações jurídicas, mormente aos contratos de mútuo, inclusive aos feneratícios.

Com o advento da Lei n. 4.595/64, o Decreto n. 22.626/33 logicamente perdeu sua eficácia aos contratos de mútuo celebrados pelas instituições financeiras, pois

---

(16) DINIZ, Maria Helena. *Conflito de normas*. 8. ed. São Paulo: Saraiva, 2008. p. 40.

uma nova norma, de natureza especial, responsável pela estruturação do Sistema Financeiro Nacional rompeu com o anterior direito posto, estabelecendo novos critérios e padrões para a fixação dos juros compensatórios.

Mais. É preciso não olvidar que a fixação e limitação dos juros nas operações bancárias obedecem a critérios e diretrizes peculiares, emanadas por motivações de uma norma especial que transcendem aos limites objetivos da Lei da Usura, para alcançar outras perspectivas de natureza econômica que atendam aos postulados do Sistema Financeiro Nacional e traduzam na sustentabilidade da ordem econômica nacional.

Nesse diapasão, a jurisprudência chancelada pela Superior Instância tem sido a de outorgar a incidência da Lei n. 4.595/64 aos contratos bancários de mútuo, o que entendemos correto, de maneira que somente na hipótese de uma nova norma, que venha modificar a atual Lei n. 4.595/64, é que se poderia cogitar de uma efetiva limitação de juros no patamar desejado.

5. O DIÁLOGO DAS FONTES COMO MODELO DE COEXISTÊNCIA E APLICAÇÃO HARMÔNICA DO CÓDIGO DE DEFESA DO CONSUMIDOR E LEGISLAÇÃO EXTRAVAGANTE

Em um sistema normativo agressivo como o brasileiro, onde inúmeras normas são editadas diariamente, é absolutamente comum o advento dos conflitos normativos.

Como nos ensina Cláudia Lima Marques, foi exatamente o professor Erik Jayme, em seu Curso Geral de Haia de 1995, que nos brindou com essa expressão, em face do atual pluralismo pós-moderno, caracterizado por um direito com fontes legislativas plúrimas, de onde se instaura "a necessidade de coordenação entre as leis no mesmo ordenamento, como exigência para um sistema eficiente e justo (Identité culterelle et intégration: le droit internationale prive postmoderne. *Recueil des Cours*, II, p. 60 e 251 e ss.)[17].

Com efeito, a perspectiva que se abre a partir do diálogo das fontes é a de fazer interpretar normas que aparentemente fomentariam um concreto conflito de normas para, em verdade, promover a sua aplicação simultânea, coerente e harmônica.

E é fecunda a seara do direito consumerista para fazer valer a lição do professor Erik Jayme, mormente pela busca da reconstrução de um direito privado marcado por uma funcionalidade social que transcende a propriedade ou mesmo as obrigações contratuais para fazer incidir em todas as relações jurídicas em que a pessoa humana, titular de direitos subjetivos e alvo da dignidade esculpida como primeiro princípio de nossa Constituição Federal, está presente.

Vejamos o possível diálogo entabulado a partir da Lei n. 4.595/64 em face da Lei da Usura, sem perder de vista a incidência da legislação consumerista.

---

(17) *Op. cit.*, p. 89.

Em que pesem as argumentações em sentido contrário, as quais respeitamos incondicionalmente, não se pode falar na incidência do Decreto n. 22.626/33 (Lei da Usura) para impor as limitações aos juros compensatórios incidentes nos contratos bancários.

Isso porque a Lei n. 4.595/64, embora se encontre no mesmo plano hierárquico que o Decreto n. 22.626/33, tem natureza especial, já que disciplina a fixação dos juros às instituições financeiras autorizadas a funcionar pelo Banco Central do Brasil e, bem assim, pelo Conselho Monetário Nacional.

O critério da especialidade, *lex specialis derogat legi generali*, é um dos mais significativos e fortes critérios para a solução de antinomias aparentes no âmbito do direito positivo, notadamente porque sua previsão está assentada em nossa Constituição Federal (art. 5º, *caput*) e traduz, apropriadamente, a impossibilidade de se outorgar tratamento igualitário a quem é definitivamente desigual.

É exatamente essa a hipótese dos contratos bancários em face da Lei da Usura: são contratos específicos, que fogem às peculiaridades generalistas que ainda têm alcance por aquele texto normativo.

Nesse sentido, em face do advento da Lei n. 4.595/64, o Decreto n. 22.626/33 perdeu definitivamente seu âmbito de abrangência sobre os contratos de mútuo celebrados pelas instituições financeiras, pois uma nova norma, de natureza eminentemente especial, responsável pela estruturação e sustentabilidade do Sistema Financeiro Nacional rompeu com o anterior direito posto, estabelecendo novos critérios jurídicos para a fixação dos juros compensatórios.

Não se pode, portanto, falar em conflito ou mesmo em diálogo nessas fontes normativas, pelo exato motivo de que referidas normas possuem âmbitos distintos de aplicação e incidência em nosso sistema jurídico.

Mas isso, contudo, não afasta a proteção e prioridade ao consumidor de serviços bancários, por conta do que prescreve o Código de Defesa do Consumidor.

Não há, aqui, a possibilidade de se sustentar a inaplicabilidade da legislação consumerista, porque o âmbito de aplicação e incidência são coincidentes e não é a jurisprudência que assim inaugurou o entendimento, tendo ela, tão somente, se limitado a declarar aquilo que precisava ser declarado.

Nesse sentido, o diálogo entre a Lei n. 4.595/64 e o Código de Defesa do Consumidor são inevitáveis. Não se imagina, de um lado, afastar a possibilidade de se limitar a fixação dos juros bancários, tal como declarado pela jurisprudência contemporânea.

A perspectiva do diálogo que se entrava entre a Lei n. 4.595/64 e o CDC repousa no respeito, observância e sujeição, pelos bancos e assemelhados, aos princípios, parâmetros e diretrizes contidos na legislação consumerista, sempre que se constatar uma verdadeira e concreta relação de consumo.

E qual o efeito direto para os juros remuneratórios bancários?

À evidência que não se poderá falar em limitação, mas o cotejo das obrigações contratuais bancárias deverá ser aferido caso a caso, a partir da sua adequação e pertinência ao sistema protetivo contratual do consumidor inserido no CDC, independentemente da existência ou não de normativos do Banco Central, cuja eficácia é imediata tão somente aos Bancos e assemelhados e aos consumidores, apenas pela via reflexa.

Em uma palavra, a possibilidade da inexistência de limitação aos juros bancários não afasta o controle jurisdicional aos contratos bancários que se sujeitam inevitavelmente ao sistema consumerista, mostrando-se de rigor que todas as informações sejam prestadas ao consumidor de maneira clara, ostensiva e detalhada, sem prejuízo de toda a proteção contratual.

E ainda que todas essas providências tenham sido fielmente observadas pelo fornecedor de serviços bancários, não se afastará a possibilidade da apreciação jurisdicional, em busca da proporcionalidade, moderação e equilíbrio da relação contratual.

Pelo exposto, a jurisprudência chancelada pela Superior Instância tem sido a de afastar a incidência do Decreto n. 22.626/33 aos contratos bancários, reconhecendo, pois, que a fixação e limitação dos juros nas operações bancárias obedecem a critérios e diretrizes peculiares, emanadas por motivações de uma norma especial que transcendem aos limites objetivos da Lei da Usura, para alcançar outras perspectivas de natureza econômica que atendam aos postulados do Sistema Financeiro Nacional e traduzam sustentabilidade, enquanto princípio da ordem econômica nacional.

Mas isto, sem perder de vista a proteção ao protagonista das relações de consumo, o consumidor, cuja proteção encontra-se assentada constitucionalmente, com o rigor da cláusula pétrea e exteriorizando, apropriadamente, a tutela de um direito fundamental de terceira dimensão em nosso ordenamento jurídico.

REFERÊNCIAS BIBLIOGRÁFICAS

BENJAMIN, Antônio Herman V.; MARQUES, Claudia Lima; BESSA, Leonardo Roscoe. *Manual de direito do consumidor*. 2. ed. São Paulo: Revista dos Tribunais, 2009.

DINIZ, Maria Helena. *Conflito de normas*. 8. ed. São Paulo: Saraiva, 2008.

_____. *As lacunas no direito*. 8. ed. São Paulo: Saraiva, 2007.

_____. *Lei de introdução ao código civil brasileiro interpretada*. 13. ed. São Paulo: Saraiva, 2007.

_____. *Norma constitucional e seus efeitos*. 7. ed. São Paulo: Saraiva, 2006.

_____. *Código civil anotado*. 12. ed. São Paulo: Saraiva, 2006.

ENGISH, Karl. *Introdução ao pensamento jurídico*. 6. ed. Tradução de J. Baptista Machado. Lisboa: Calouste Gulbenkian, 1988.

FERRAZ JUNIOR, Tércio Sampaio. *Introdução ao estudo do direito* — técnica, decisão, dominação. 4. ed. São Paulo: Atlas, 2003.

LUCCA, Newton de. *Direito do consumidor*. São Paulo: Quartir Latin, 2003.

RIZZARDO, Arnaldo. *Contratos de crédito bancário*. 2. ed. São Paulo: Revista dos Tribunais, 1990.

SCAVONE JR., Luiz Antonio (coord.). *Comentários ao código civil* — artigo por artigo. São Paulo: Revista dos Tribunais, 2006.

SILVA, José Afonso da. *Comentário contextual à Constituição*. 3. ed. São Paulo: Malheiros, 2007.

VIDIGAL, Geraldo Camargo. O sistema financeiro nacional e o consumidor. In: *Justitia*, v. 59, n. 179/180, p. 157, jul./dez. 1997.

A Atividade dos Profissionais Liberais da Área da Saúde e o Código de Defesa do Consumidor: ～ Desconstruindo um Mito ～

Ana Cláudia S. Scalquette[*]
Rodrigo Arnoni Scalquette[**]

INTRODUÇÃO

Todas as vezes em que se discute a adequação da aplicação do Código de Defesa do Consumidor aos médicos, e, porque não dizer, aos profissionais da área da saúde em geral, sente-se, claramente, a aversão e, até mesmo, a indignação por parte dos profissionais envolvidos nessas relações, como forma, quase que automática, de reação a algo que lhes acarretaria grandes prejuízos, senão econômicos, ao menos, nas convicções do que seria uma relação médico/paciente ideal.

A nosso ver, grande parte desse excesso de preocupação está relacionada, ainda, ao impacto que causou o código quando da sua entrada em vigor. Só se comentava acerca da responsabilidade objetiva, da inversão do ônus da prova, passando-se a ideia de que o consumidor sempre teria razão e estaria em todas as situações superprotegido em relação a todos aqueles que com ele contratassem.

Outro fator que contribuiu para o questionamento da aplicação das normas protetivas às relações entre esses profissionais e os consumidores foi a própria nomenclatura consumidor e fornecedor, que passa a ideia de algo frio, mercantil, situação bem distante daquela perseguida como modelo na área da saúde, onde a confiança e o contato humano, além de fatores colaboradores do sucesso de qualquer tratamento,

---

(*) Doutora em Direito Civil pela Universidade de São Paulo — USP. Mestre em Direito Político e Econômico pela Universidade Presbiteriana Mackenzie. Professora da Graduação e Pós-graduação da Faculdade de Direito da Universidade Presbiteriana Mackenzie, nas disciplinas Direito Civil e Tutela nas Relações de Consumo. Advogada.
(**) Doutorando em Filosofia do Direito pela Pontifícia Universidade Católica de São Paulo — PUC/SP. Mestre em Direito Político e Econômico pela Universidade Presbiteriana Mackenzie. Especialista em Direito do Consumidor e Direito Público e Privado. Professor da Faculdade de Direito da Universidade Presbiteriana Mackenzie, nas disciplinas História do Direito e Direito Penal. Advogado.

acalentam a alma e permitem uma cumplicidade que não se pode verificar em quase nenhuma outra relação profissional.

Entendemos que não há inconsistência, impropriedades, ou qualquer prejuízo aos profissionais liberais da área da saúde com a sistematização trazida pelo CDC, como se procurará demonstrar no presente artigo.

A proteção conferida ampara o mais frágil, mas também esclarece ao profissional quais as cautelas que deverá tomar para que o serviço de saúde seja prestado de maneira adequada e para que não lhe seja imputada responsabilização inadvertidamente, pois a boa-fé e a transparência devem existir para as duas partes envolvidas na relação.

Resta-nos a missão de aclarar lei tão simples, mas que tanto provoca discussões, para que seus objetivos possam ser compreendidos e que o mito que se criou a seu respeito possa ser, aos poucos, desconstruído.

1. CÓDIGO DE DEFESA DO CONSUMIDOR: PARTES E OBJETOS DA RELAÇÃO DE CONSUMO

Antes mesmo de iniciar-se o estudo da compatibilidade ou não do CDC com a atividade dos profissionais liberais da área da saúde, deve-se atentar para o que se pode entender por Relação de Consumo.

Relação de Consumo é aquela em que figuram como partes o consumidor e o fornecedor, e como objeto um produto ou a prestação de um serviço, sendo que, nesse último, podem entrar os serviços médicos, odontológicos, de veterinária, assim por diante.

O primeiro conceito de consumidor vem definido no art. 2º da lei consumerista, a saber: "Art. 2º Consumidor é toda pessoa física ou jurídica que adquire ou utiliza produto ou serviço como destinatário final".

Pelo que se evidencia, a principal característica da figura do consumidor é ser destinatário final, mas, acerca de seus atributos, Adolfo Mamoru Nishiyama[1] esclarece que, do conceito acima, podem ser extraídos três elementos: o subjetivo — toda pessoa física ou jurídica; o objetivo — produtos ou serviços; e o teleológico — destinação que se dá ao produto ou serviço, sendo descartada a revenda ou qualquer outra destinação intermediária que se possa dar.

Sob esse prisma, pode-se constatar que quando se trata de um profissional da área da saúde, não se consegue fugir da regra, pois não há como repassar o serviço prestado a outra pessoa. Portanto, clara está a adequação da situação da vida à previsão legal.

---
(1) NISHIYAMA, Adolfo Mamoru. *A proteção constitucional do consumidor*. Rio de Janeiro: Forense, 2002. p. 38.

Ressalte-se que o conceito de consumidor também pode ser encontrado em outros dispositivos da lei de consumo, especificamente nos arts. 17, 29 e parágrafo único do art. 2º, conceitos que se referem aos consumidores por equiparação; o primeiro englobando todas as vítimas de um acidente de consumo; o segundo relativo àqueles que são expostos a práticas comerciais; e o terceiro à coletividade.

Por outro lado, o conceito de fornecedor, previsto no art. 3º, é dos mais abrangentes. Veja-se:

> Art. 3º Fornecedor é toda pessoa física ou jurídica, pública ou privada, nacional ou estrangeira, bem como os entes despersonalizados, que desenvolvem atividades de produção, montagem, criação, construção, transformação, importação, exportação, distribuição ou comercialização de produtos ou prestação de serviços.

Desta forma, pode-se visualizar que o profissional liberal da área da saúde pode ser fornecedor, pois é pessoa física, prestadora de serviço, desenvolvendo essa atividade com habitualidade.

Em relação ao objeto da relação de consumo, tem-se que produto é qualquer bem móvel ou imóvel, material ou imaterial, enquanto que serviço, de acordo com o parágrafo segundo do art. 3º, é: "qualquer atividade fornecida no mercado de consumo, mediante remuneração, inclusive as de natureza bancária, financeira, de crédito e securitária, salvo as decorrentes das relações de caráter trabalhista".

Portanto, sendo a atividade do profissional da área da saúde prestada a um destinatário final e mediante remuneração, não se distancia, pelo contrário, em tudo se coaduna com a exigência legal para a caracterização de uma relação de consumo.

2. Características do CDC e principais distinções em relação ao Código Civil

A proteção e defesa do consumidor é mandamento constitucional, pois no art. 5º da Constituição Federal de 1988, dentre os direitos fundamentais, está a obrigação do Estado de promover a defesa do consumidor.

E assim ele o fez ao promulgar a Lei n. 8.078, de 11 de setembro de 1990, conhecida por Código de Defesa do Consumidor.

Há muito havia a necessidade da sistematização da proteção do consumidor, fato que pode se confirmar pelos comentários de José Geraldo Brito Filomeno:

> O que de fato havia, antes da edição do mencionado código de defesa do consumidor, era um verdadeiro *cipoal de normas esparsas, e sem qualquer sistematização*, dentro das diretrizes e filosofia retroexpostas, normas tais que pode-se dizer, cuidavam direta ou indiretamente dessa, ou daquela faceta de proteção ao consumidor[2].

---

(2) FILOMENO, José Geraldo Brito. *Manual de direitos do consumidor.* 7. ed. São Paulo: Atlas, 2004. p. 70.

Foi, portanto, a urgência da adequação do sistema protetivo que fez com que fosse criado um verdadeiro microssistema jurídico para proteção e defesa do consumidor.

Microssistema jurídico que, aliás, se caracteriza, sobretudo, pela normatização através de cláusulas gerais e princípios, fazendo uso abundante de normas de conceito aberto, como podemos evidenciar pelas expressões: *abusivo, boa-fé, exagerada*.

O uso de tal técnica legislativa permite ao intérprete da norma adequá-la aos mais variados casos, nas mais diversas situações, acompanhando a mudança trazida pelo tempo e, dessa forma, ajustando-se aos anseios da sociedade situada em uma determinada época, com todas as suas características sociais e culturais.

O que pode ser considerado um abuso hoje, pode não ser amanhã. O que já foi exagerado outrora, não o é mais na atualidade.

Enfim, essa característica que o legislador empregou no CDC fez que ele ficasse preservado do envelhecimento, apresentando-o como um microssistema jurídico completo que protege e defende o hipossuficiente, aquele que é mais frágil na relação consumo.

Ainda em relação à estruturação legal da matéria, Carlos Alberto Bittar esclarece que ela:

> [...] gravita em torno dos objetivos que nortearão a política nacional das relações de consumo, definidas no Código, a saber: atendimento das necessidades dos consumidores; respeito à sua dignidade, saúde e segurança; transparência e harmonia das relações de consumo; proteção dos interesses econômicos dos consumidores; e melhoria de sua qualidade de vida (art. 4º)[3].

Cumpre esclarecer que as relações de consumo, existentes até 1990, eram regidas pelas normas do Código Civil, sobretudo, na esfera da responsabilidade.

Com o advento do Código de Defesa do Consumidor, lei especial que regula todas as relações de consumo, o consumidor passou a contar com um novo sistema jurídico especialmente pensado e criado para equilibrar e harmonizar essas mesmas relações. Mas, afinal, o que mudou?

O Código de Defesa do Consumidor assumiu como regra a tão comentada responsabilidade objetiva. E o que isso representa?

Representa um grande avanço na proteção dos consumidores, pois, independentemente de existir ou não culpa por parte do fornecedor, ele responde por suas ações, pois, se lucra com a atividade, tem de assumir os riscos de seu negócio. Em contrapartida, a regra no Código Civil é a da responsabilidade subjetiva, ou seja, aquela em que se verifica a culpa, salvo quando, de maneira diversa, o legislador tiver determinado no texto da lei.

---

(3) BITTAR, Carlos Alberto. *Direitos do consumidor:* código de defesa do consumidor. Rio de Janeiro: Forense Universitária, 2003. p. 27.

Porém, em se tratando da responsabilidade do profissional liberal, andou bem o legislador consumerista em prever uma exceção à regra, pois, nesse caso, a responsabilidade será apurada mediante verificação de culpa. Afinal, não se trata de um empresário ou comerciante, mas de uma pessoa que emprega seus conhecimentos técnicos para atender àquele que deles precisa.

Como se pode evidenciar, a característica do profissional liberal não é a de ser um ente poderoso, munido de todas as habilidades necessárias para gerir com eficiência o seu "negócio", pelo contrário. Todavia, embora não apresente essa característica de ser "mais forte", o que demonstraria a urgência da proteção do mais fraco, a fraqueza do consumidor pode ser constatada no simples fato de que ele contrata o serviço por *necessidade* e, acima de tudo, não detém os conhecimentos técnicos necessários para tratar de todas as questões que decorrem desse serviço, o que o faz hipossuficiente e, sobremaneira, dependente de uma relação de confiança, razão que faz com que seja mais do que justificada a proteção especial da lei.

Retomar-se-á a questão relativa aos profissionais liberais, um pouco mais adiante.

Há, ainda, no CDC, a possibilidade de inversão do ônus da prova. Esse direito do consumidor depende de autorização judicial que somente será concedida, caso seja o consumidor hipossuficiente, ou sejam verossímeis suas alegações. Veja-se, essa possibilidade, embora antes fosse possível, ganhou força de "direito básico do consumidor" com o seu respectivo código.

Essas são, de maneira bem sucinta, as principais inovações trazidas, no que tange à responsabilidade, pelo código do consumidor, o que enseja o seguinte pensamento, em termos práticos: o que realmente mudou em relação ao profissional da área da saúde quando se pensa em responsabilidade?

Pode-se concluir que quase nada, ou melhor, se mudança houve, constata-se que foi para melhor, pois, em sua parte geral, o CDC apresenta todos os direitos que tem de ser respeitados pelos fornecedores e quais as suas mais importantes obrigações.

Fazendo com que se possa conhecer os direitos daqueles com os quais se relaciona e, sobretudo, quais são os deveres que devem ser cumpridos, afirmamos que o código só tornou mais transparente a relação entre as partes, facilitando assim a delimitação do espaço de cada uma delas e, por consequência, suas obrigações recíprocas.

Respeitado o dever de informar, com clareza e de modo a facilitar a compreensão e alcance da informação, o direito de escolha do consumidor, cliente ou paciente, é garantido, fortalecendo a confiança que a relação reclama.

Dessa forma, pode-se já antecipar que o mito de que o Código de Defesa do Consumidor arruinou a relação desses profissionais com seus clientes-pacientes urge ser derrubado.

Por fim, para elucidar a questão das possíveis distinções entre o Código de Defesa do Consumidor e o Código Civil, oportunas são as lições de Cláudia Lima Marques[4] que constata haver diálogo sistemático de coerência, diálogo sistemático de complementaridade e o diálogo de coordenação e adaptação sistemática entre esses dois diplomas, portanto, suposto conflito seria superado pelo diálogo das fontes.

3. SISTEMAS DE RESPONSABILIDADE NO CDC: REPONSABILIDADE PELO FATO DO PRODUTO E DO SERVIÇO E RESPONSABILIDADE PELO VÍCIO DO PRODUTO E DO SERVIÇO

Para que se possa compreender melhor a situação dos profissionais liberais, especialmente dos que atuam na área de saúde, faz-se necessário uma passagem pelos sistemas de responsabilidade previstos no CDC.

A responsabilidade pelo fato do produto ou serviço surgiu, basicamente, em função do avanço tecnológico, pois mesmo com todo o rigor do controle empregado na produção, produtos e serviços chegavam ao mercado com defeito.

A impossibilidade de evitar todas as falhas fez com que surgisse a necessidade de pensar na responsabilização a partir do mero ato de colocação dos produtos e serviços defeituosos no mercado e não diante da culpa pela ocorrência do dano.

Em tempo, entende-se por defeito aquilo que vai além do produto ou do serviço para atingir o consumidor em seu patrimônio jurídico mais amplo (moral, material, estético ou da imagem), por isso, só se fala propriamente em acidente, no caso, acidente de consumo, na hipótese de defeito, pois é aí que o consumidor é atingido[5].

Assim, a decisão sobre quem deveria amargar o prejuízo, causado pelo dano decorrente do acidente de consumo, pendeu para o fornecedor, que, afinal, tem lucro com a atividade que pratica.

Dessa forma, para que se consiga viabilizar o ressarcimento de forma mais eficaz, a responsabilidade pelo fato é objetiva, devendo ocorrer a reparação integral dos danos causados ao consumidor.

Decorre desse sistema protetivo a obrigação do fornecedor de não colocar no mercado produtos ou serviços que apresentem riscos à saúde ou à segurança do consumidor, bem como, se o risco decorrer da natureza do produto ou serviço, de informá-lo sobre todos os riscos, de forma ostensiva e adequada.

Em que pese ser a responsabilidade pelo fato objetiva, os pressupostos para sua caracterização têm de estar presentes, ou seja: a colocação do produto no mercado (evento danoso); a relação de causalidade (ligação da ação com o dano); e o dano,

---

(4) MARQUES, Cláudia Lima. *Contratos no código de defesa do consumidor*. 5. ed. São Paulo: Revista dos Tribunais, 2005. p. 29.
(5) Cf. NUNES, Luiz Antonio Rizzatto. *Curso de direito do consumidor*. São Paulo: Saraiva, 2004. p. 167.

que abrange tanto os prejuízos sofridos diretamente (danos emergentes) quanto aquilo que se deixou de ganhar em virtude do ato danoso (lucros cessantes).

É de se lembrar que, mesmo sendo objetiva, há causas que excluem a responsabilidade, como a culpa exclusiva da vítima ou de terceiro, a prova de que não houve colocação do produto ou serviço no mercado ou que o defeito não existe.

No que se refere à responsabilidade pelo vício do produto e do serviço, a principal diferença reside no fato de que o produto ou serviço não é defeituoso, mas sim contém um vício de qualidade ou quantidade que o torna impróprio ou inadequado. E o que isso significa? Significa que não existe a potencialidade danosa, existem apenas anomalias que comprometem a sua funcionalidade.

Nesse caso, o ressarcimento será apenas segundo as alternativas legalmente previstas, no mais das vezes, troca, desconto ou devolução do dinheiro.

A inovação, nessa matéria, em relação ao Código Civil, é a proteção conferida mesmo em caso de vício aparente ou de fácil constatação.

Os vícios, que no dia a dia chamamos de "defeitos" — contrariando a distinção técnica feita em matéria de consumo —, podem ser de qualidade ou quantidade do produto ou serviço.

Cumpre esclarecer, nas palavras de Helio Zaghetto Gama, que "os defeitos de informação são equiparados aos defeitos dos produtos e dos serviços"[6] e "os vícios de informação são equiparados aos vícios de qualidade e de quantidade"[7].

A propósito, Plínio Lacerda Martins constata que "o princípio da transparência consagra que o consumidor tem o direito de ser informado sobre todos os aspectos do serviço ou produto exposto ao consumo, traduzindo assim no princípio da informação"[8].

Note-se que a falha na informação pode aparecer em variados momentos como: falha de informação no que se refere ao dever de informar sobre os riscos do produto ou serviço; falha em relação ao uso correto do bem, e, por fim, o dever de pós informar o consumidor sobre um defeito descoberto após a transação, como no caso de *recall*[9].

Para concluir a análise dos sistemas de responsabilidade e permitir a visualização das diferenças, apresenta-se o seguinte quadro comparativo:

---

(6) GAMA, Hélio Zaghetto. *Curso de direito do consumidor*. Rio de Janeiro: Forense, 2002. p. 55.
(7) *Idem*.
(8) MARTINS, Plínio Lacerda. *O abuso nas relações de consumo e o princípio da boa-fé*. Rio de Janeiro: Forense, 2002. p. 104.
(9) Cf. GUIMARÃES, Paulo Jorge Scartezzini. *Vícios do produto e do serviço por qualidade, quantidade e insegurança:* cumprimento imperfeito do contrato. São Paulo: Revista dos Tribunais, 2004. p. 375.

RESPONSABILIDADE PELO FATO DO PRODUTO E DO SERVIÇO	RESPONSABILIDADE PELO VÍCIO DO PRODUTO E DO SERVIÇO
Previsão Legal — arts. 12 a 17 do CDC	Previsão Legal — arts. 18 a 25 do CDC
Existência de *Defeito* no Produto ou na Prestação de Serviço	Existência de *Vício* no Produto ou na Prestação de Serviço
Potencialidade Danosa (vida, saúde ou segurança)	Não há potencialidade danosa
Todas as possibilidades de indenização	Alternativas de indenização previstas em lei (arts. 18, § 1º, 19 e 20 do CDC)
Prazo prescricional de 5 anos (pretensão à reparação dos danos)	Prazo decadencial de 30 ou 90 dias, dependendo da durabilidade do produto ou serviço (direito de reclamar pelos vícios)

4. ATIVIDADES DOS PROFISSIONAIS LIBERAIS DA ÁREA DA SAÚDE E O *CDC*: INCOMPATIBILIDADES?

Pode-se definir profissional liberal como "aquele que exerce seu ofício com independência, sem qualquer vinculação hierárquica, caracterizando-se seu trabalho por sua natureza preponderantemente intelectual ou técnica"[10].

No que tange à responsabilidade do profissional liberal, mesmo com a possibilidade do advento de danos ao consumidor, o legislador do CDC previu, como já dito anteriormente, uma exceção à regra da responsabilidade objetiva, exigindo para a responsabilização, a verificação de culpa do profissional.

Ressalte-se que o tratamento diferenciado do profissional liberal encontra razão de existir porque, no mais das vezes, é uma relação de confiança, de natureza *intuitu personae*.

Em regra, essa obrigação é de meio e não de resultado, mas, ainda que seja de resultado, esse fato não é suficiente para alterar a regra de responsabilização com culpa, ou seja, continuará sendo subjetiva mesmo se tratando de obrigação de resultado, por ser pessoal.

Antes de mais nada, cumpre ressaltar que há duas responsabilidades que podem ser questionadas na área da saúde: aquela que decorre da prestação de serviço pessoal, feita diretamente pelo profissional (médico, dentista, veterinário etc.), e aquela que decorre da prestação de serviços feita pelos hospitais, clínicas, laboratórios etc.

Por ser objeto de estudo no presente artigo, dar-se-á destaque à responsabilidade do profissional liberal.

---

(10) SAAD, João Gabriel. *Comentários ao código de defesa do consumidor*. 5. ed. São Paulo: LTr, 2002. p. 273.

Em relação ao médico, observa Maria Leonor de Souza Kühn que:

> [...] a relutância incial em se aceitar que a responsabilidade médica fosse de caráter contratual se originava na presunção de culpa do devedor pelo inadimplemento do contrato, que recairia sobre o médico cada vez que o paciente (credor) reclamasse do não cumprimento ou do cumprimento defeituoso da obrigação[11].

Sérgio Cavalieri Filho, ao analisar algumas profissões, dentre elas, as da área da saúde, a respeito do médico e da natureza do contrato que celebra assevera que:

> [...] tendo em vista que o médico não se limita a prestar serviços estritamente técnicos, acabando por se colocar numa posição de conselheiro, de guarda e protetor do enfermo e de seus familiares, parece-nos mais correto o entendimento daqueles que sustentam ter a assistência médica a natureza de contrato *sui generis*, e não de mera locação de serviços, consoante orientação adotada pelos Códigos da Suíça e Alemanha[12].

Por fim, conclui que a natureza jurídica do contrato em nada altera a responsabiliade do médico que responderá subjetivamente, frisando que a exceção da apuração de culpa só se aplica em caso de responsabilidade pessoal do profissional liberal, não favorecendo, portanto, a pessoa jurídica na qual ele trabalhe como empregrado ou faça parte da sociedade[13].

Cláudia Lima Marques[14], no mesmo sentido, em relação à extensão da reponsabilidade subjetiva às pessoas jurídicas formadas por médicos ou outros profissionais liberais, conclui não haver essa possibilidade, argumentando que privilegiado não é o tipo de serviço, mas a pessoa (física) do profissional liberal, para, afinal, constatar que difícil seria encontrar a situação de profissionais liberais, como médicos, por exemplo, que não abram mão de sua característica de profissionais liberais, mas atuem em grupo, até mesmo com pessoas que não sejam profissionais liberais.

Diante da constatação da autora em relação à atipicidade da situação de profissionais que atuem em conjunto, pensamos que se esse for o caso, a responsabilidade subjetiva deve sim ser ampliada para abarcar tal fato, pois a razão que ensejou a exceção do Código de Defesa do Consumidor, continua a existir, portanto, concluímos que o caso concreto deverá ser analisado para que a responsabilidade objetiva não seja uma pena desmedida na proteção do consumidor.

Em relação ao ônus da prova, permanece ao consumidor o direito de requerer sua inversão, mesmo que se trate de profissional liberal. Nesse sentido, as afirmações de Ronaldo Alves de Andrade:

---

(11) KÜHN, Maria Leonor de Souza. *Responsabilidade civil:* a natureza jurídica da relação médico-paciente. Barueri: Manole, 2002. p. 62.
(12) CAVALIERI FILHO, Sérgio. *Programa de responsabilidade civil.* 7. ed. São Paulo: Atlas, 2007. p. 360.
(13) *Ibidem*, p. 361.
(14) MARQUES, Cláudia Lima. *Contratos no código...*, cit., p. 249.

Embora a responsabilidade do profissional seja subjetiva, é importante colocar em ressalto que a relação jurídica continua sendo de consumo, significando dizer que a ela se aplicam todas as regras do CDC, inclusive com relação à inversão do ônus da prova, quando presentes os requisitos do art. 6º, inc. VIII, do citado diploma legal e também quanto à competência[15].

No que se refere ao ônus probatório, em que pese essa não ser posição uníssona na doutrina, parece-nos a mais acertada, pois, muitas vezes, não dipõe o consumidor de meios probatórios para comprovar a culpa do profissional liberal, especialmente porque, quando se trata de profissionais da área da saúde, quase não há documentos em posse do consumidor, ao contrário, toda documentação, incluindo anotações daquilo que foi acordado, fica em poder do profissional liberal. Pense-se no caso dos médicos (prontuários), dentistas, veterinários (fichas), psicólogos etc.

Oportuno relatar quais são os problemas mais frequentes que envolvem o consumidor e alguns profissionais da área da saúde para, então, tecermos nossas conclusões.

No caso dos dentistas, os maiores problemas ocorrem no diagnóstico, na execução do tratamento e na anestesia. Em relação aos fisioterapeutas, os erros mais frequentes são na não aplicação da técnica adequada à deficiência apresentada pelo paciente e na não observância das restrições determindas pelo médico assistente do paciente[16].

Já os nutricionistas podem responder por danos gerados em razão de programas de alimentação que elaborem, tanto para pacientes em geral, quanto para os funcionários de uma empresa[17].

Mas, como podemos perceber, em todas as áreas acima apresentadas, em regra, a falha decorreu de falta de cuidado do profissional na aplicação da técnica mais adequada ao tratamento, podendo, ainda, existir falha no dever de informação, direito básico do consumidor, garantido pelo código consumerista.

Ressalte-se, mais uma vez, que o objetivo do Código de Defesa do Consumidor é a harmonização, ou seja, o equilíbrio das partes envolvidas na relação de consumo, e esse equilíbrio somente será alcançado quando houver transparência de regras que estabeleçam os limites e os deveres a serem observados.

A esse respeito, José Geraldo Brito Filomeno ensina que a filosofia inserida no código do consumidor "aponta no sentido de uma busca (da harmonia das relações de consumo), harmonia essa não apenas fundada no tratamento das partes envolvidas, como também na adoção de parâmetros até de ordem prática"[18].

---

(15) ANDRADE, Ronaldo Alves de. *Curso de direito do consumidor*. Barueri: Manole, 2006. p. 186-187.
(16) Cf. SAAD, João Gabriel. *Op. cit.*, p. 280.
(17) *Idem*, p. 281.
(18) GRINOVER, Ada Pellegrini; FILOMENO, José Geraldo Brito *et al. Código brasileiro de defesa do consumidor comentado*. Rio de Janeiro: Forense Universitária, 1998. p. 51.

Complementa João Batista de Almeida alertando que:

> [...] se o que se busca é o equilíbrio nas relações de consumo, para que atendam às necessidades do consumidor e o interesse do fornecedor, sem grande conflituosidade, é natural que a maior conscientização das partes no que toca aos seus direitos e deveres conduzirá fatalmente a esse objetivo. Pode-se adiantar que, quanto maior o grau de conscientização das partes envolvidas, menor será o índice de conflito nas relações de consumo. Por conscientização entende-se a educação, formal e informal, bem como a informação do consumidor e fornecedor[19].

É exatamente nisso que acreditamos para desmistificar a ideia de que a aplicação do Código de Defesa do Consumidor poderá ser nociva aos profissionais liberais da área da saúde. Sendo garantido o dever de informação para ambos os lados e havendo a conscientização dos direitos e deveres que cabem a cada uma das partes, o código cumprirá sua função de equilibrar de maneira adequada as relações de consumo.

CONCLUSÕES

No presente artigo procuramos apresentar de forma simples e objetiva o sistema de responsabilização previsto no Código de Defesa do Consumidor e destacar as principais diferenças que este diploma guarda, nesse aspecto, com o Código Civil, utilizado, em regra, até 1990, como norma regulamentadora das relações entre os profissionais liberais e seus pacientes/clientes.

Abordamos, inicialmente, os conceitos das partes e objetos que formam uma relação de consumo, definição imprescindível para que se faça a delimitação da aplicação da lei consumerista.

Em seguida, detalhamos os sistemas de responsabilização "pelo fato do produto e do serviço" e de responsabilização "pelo vício do produto ou serviço", diferenciando-os, sem esquecer dos defeitos e vícios que decorrem de falhas de infomação.

Por fim, nos ativemos à questão dos profissionais liberais e sua regulamentação especial, inserida nas regras de consumo, em que, para que se apure sua responsabilidade por defeitos na prestação de serviço, exige-se a verificação de culpa.

Tal tratamento especial, dispensado, corretamente a nosso ver, ao profissional liberal, se adequou perfeitamente à especialidade de sua relação com o consumidor "paciente/cliente".

Essa relação, mais do que de prestação de serviço, é de confiança, de afeto e de entrega, características tão tuteladas atualmente e que acabam, por vezes, outrora mais do que hoje, sendo esquecidas pelo intérprete da lei.

---

(19) ALMEIDA, João Batista de. *A proteção jurídica do consumidor*. São Paulo: Saraiva, 2002. p. 19-20.

O sistema protetivo que abre exceção ao profissional liberal e garante-lhe a responsabilização somente quando sua culpa for verificada demonstra que em nada deve se temer a lei consumerista, pelo contrário, com o advento do *codex* de consumo, ganhou o consumidor e ganhou também o fornecedor, nesse caso específico, os profissionais liberais da área da saúde, pois hoje têm um sistema disciplinador específico que garante a transparência nas relações e assegura o dever de informação para ambos os lados.

Vinte anos se passaram após a entrada em vigor do Código de Defesa do Consumidor, mas ainda há um trabalho árduo a ser feito no que se refere ao aclaramento de suas regras com o intuito de apresentar a todos seus reais objetivos, quais sejam, o equilíbrio e a harmonização das relações de consumo.

Esse desejo é compartilhado por muitos que evidenciam o caráter garantidor que essa lei carrega. Nosso esforço é nesse sentido.

REFERÊNCIAS BIBLIOGRAFICAS

ALMEIDA, João Batista de. *A proteção jurídica do consumidor*. São Paulo: Saraiva, 2002.

ANDRADE, Ronaldo Alves de. *Curso de direito do consumidor*. Barueri: Manole, 2006.

BITTAR, Carlos Alberto. *Direitos do consumidor:* código de defesa do consumidor. Rio de Janeiro: Forense Universitária, 2003.

BITTAR, Eduardo C. B. *Estudos de direito de autor, direito da personalidade, direito do consumidor e danos morais*. Coordenação Eduardo C. B. Bittar e Silmara Juny Chinelato. Rio de Janeiro: Forense Universitária, 2002.

CAVALIERI FILHO, Sérgio. *Programa de responsabilidade civil*. 7. ed. São Paulo: Atlas, 2007.

FILOMENO, José Geraldo Brito. *Curso fundamental de direito do consumidor*. São Paulo: Atlas, 2007.

_____ . *Manual de direitos do consumidor*. 7. ed. São Paulo: Atlas, 2004.

GAMA, Hélio Zaghetto. *Curso de direito do consumidor*. Rio de Janeiro: Forense, 2002.

GUIMARÃES, Paulo Jorge Scartezzini. *Vícios do produto e do serviço por qualidade, quantidade e insegurança:* cumprimento imperfeito do contrato. São Paulo: Revista dos Tribunais, 2004.

GRINOVER, Ada Pellegrini; FILOMENO, José Geraldo Brito *et al. Código brasileiro de defesa do consumidor comentado*. Rio de Janeiro: Forense Universitária, 1998.

KÜHN, Maria Leonor de Souza. *Responsabilidade civil:* a natureza jurídica da relação médico--paciente. Barueri: Manole, 2002.

MARQUES, Cláudia Lima. *Comentários ao código de defesa ao consumidor*. Arts. 1º a 74. São Paulo: Revista dos Tribunais, 2003.

_____. *Contratos no código de defesa do consumidor*. 5. ed. São Paulo: Revista dos Tribunais, 2005.

MARTINS, Plínio Lacerda. *O abuso nas relações de consumo e o princípio da boa-fé*. Rio de Janeiro: Forense, 2002.

NISHIYAMA, Adolfo Mamoru. *A proteção constitucional do consumidor*. Rio de Janeiro: Forense, 2002.

NUNES, Luiz Antonio Rizzatto. *O código de defesa do consumidor e sua interpretação jurisprudencial*. São Paulo: Saraiva, 1997.

_____. *Curso de direito do consumidor*. São Paulo: Saraiva, 2004.

SAAD, João Gabriel. *Comentários ao código de defesa do consumidor*. 5. ed. São Paulo: LTr, 2002.

DA RESPONSABILIDADE CIVIL DAS ENTIDADES HOSPITALARES QUANTO À ATUAÇÃO DO MÉDICO: UMA NOVA PERSPECTIVA DE APLICAÇÃO DO CÓDIGO DE DEFESA DO CONSUMIDOR

Ivan Gerage Amorim[*]
Eduardo Pereira Andery[**]

INTRODUÇÃO

A saúde pode ser analisada partindo-se de aspectos e conceitos distintos, englobando um conjunto de termos que possuem alcances diversos[1]. Não obstante, dispõe a Constituição da Organização Mundial da Saúde, já em seu Preâmbulo, que a saúde "é um estado de completo bem-estar físico, mental e social, e não consiste apenas na ausência de doença ou de enfermidade".

No ordenamento jurídico interno, a saúde "é um direito fundamental do ser humano, devendo o Estado prover as condições indispensáveis ao seu pleno exercício", conforme dispõe o art. 2º da Lei n. 8.080/90.

A Constituição Federal, por sua vez, em seu art. 6º, estabelece que o direito à saúde é um direito social, valor este que acaba por perpassar todo seu texto. Ao tratar dos Direitos Fundamentais Sociais na CF/88, Moro observa que o constituinte fez a

---

(*) Advogado associado do escritório *Andery Sociedade de Advogados*. Mestrando em Direito Político e Econômico pela Universidade Presbiteriana Mackenzie. Especialista em Direito Ambiental pela UNIMEP/Piracicaba, com experiência em Direito Médico no Anderson Coe & King, LLP (ACK Law) em Baltimore (MD), EUA.
(**) Advogado militante nas áreas de Direito Civil e de Direito do Consumidor. Especialista em Direito Contratual pelo Centro de Extensão Universitária (CEU/SP). Professor de Direito Civil na PUC-Campinas (2000/2006) e no Curso Ductor — Preparatório para Carreiras Jurídicas (2007-2008). Titular do escritório *Andery Sociedade de Advogados*. Consultor Jurídico de Entidades Hospitalares.
(1) Para Almansa Pastor, três entendimentos poderiam acolher alguns destes conceitos. Num primeiro sentido, restrito, a saúde consistiria simplesmente numa ausência de enfermidade. Noutro sentido, em um sentido acadêmico e amplo, a saúde seria definida como um estado no qual o ser orgânico exerce normalmente todas as suas funções. E, por fim, num sentido mais técnico e mais amplo, a saúde se encontra bem definida segundo dispõe a Organização Mundial da Saúde — OMS. PASTOR, Jose Manuel Almansa. *Derecho de la seguridad social*. 7. ed. Madrid: Tecno, 1991. p. 367.

opção no sentido de outorgar aos direitos sociais o caráter de fundamentais, seguindo tendência no plano internacional, como se vê no Pacto sobre Direitos Econômicos, Sociais e Culturais, por exemplo[2].

Nesse sentido, não restam dúvidas de que a saúde é um direito social fundamental cujo valor vincula-se ao próprio direito à vida e à dignidade da pessoa humana, razões pelas quais tanto tem chamado a atenção da doutrina e do judiciário, sobretudo com a vinda do Código de Defesa do Consumidor.

Com isso, temos que o CDC estabelece como direitos básicos dos consumidores a saúde, a vida e a segurança, conforme expresso em seu art. 6º, além do que também preconiza como um de seus princípios básicos, senão fundamental, a responsabilização objetiva pelo fato do produto e do serviço.

Dentro desse contexto, não podemos perder de vista a relevante função e atuação das entidades hospitalares, sem as quais, na prática, não se pode falar na efetivação da saúde em seu sentido mais amplo.

Entretanto, ultimamente, os hospitais têm sido os "protagonistas" e os "vilões" de inúmeras ações judiciais promovidas por pacientes e familiares que reclamam indenizações materiais e morais sob a alegação da prática de erro médico derivado de sua prestação de serviços.

Nesse cenário, onde, por um lado, a prestação dos serviços médico-hospitalares é uma atividade essencial e indispensável à própria efetivação da saúde e, por outro, divide espaço com o direito à vida, à incolumidade física e à própria dignidade do paciente, impõe-se uma maior reflexão quanto à responsabilidade civil decorrente do denominado "erro médico", notadamente para que se encontre um equilíbrio nessa relação jurídica, de forma a harmonizar os referidos valores sem inviabilizar a atividade hospitalar e sem negar os direitos básicos do consumidor[3].

1. DELIMITAÇÃO DO TEMA

O presente trabalho não tem a mínima pretensão de abordar todas as nuances da responsabilidade civil das entidades hospitalares, mas de despertar a atenção do leitor para uma nova abordagem da responsabilidade objetiva no âmbito do Código de Defesa do Consumidor, mais especificamente no que toca à atuação do médico como sendo a própria prestação de serviços dos hospitais, seja ele empregado, mero preposto ou profissional autônomo.

---

(2) MORO, Sérgio Fernando. O judiciário e os direitos sociais fundamentais. In: ROCHA, D. M. da; SAVARIS, J. A. (coords.) *Curso de especialização em direito previdenciário*. Curitiba: Juruá, 2006. p. 269-292. v. 1. Direito previdenciário constitucional.
(3) Assim, estabelece o art. 4º que "a Política Nacional das Relações de Consumo tem por objetivo o atendimento das necessidades dos consumidores, o respeito à sua dignidade, saúde e segurança, a proteção de seus interesses econômicos, a melhoria da sua qualidade de vida, bem como a transparência e harmonia das relações de consumo, atendidos os seguintes princípios: [...] III — harmonização dos interesses dos participantes das relações de consumo e compatibilização da proteção do consumidor com a necessidade de desenvolvimento econômico e tecnológico, de modo a viabilizar os princípios nos quais se funda a ordem econômica (art. 170 da Constituição Federal), sempre com base na boa-fé e equilíbrio nas relações entre consumidores e fornecedores; (...)".

Excluímos do presente trabalho a prestação de serviços hospitalares que se confundem ou podem ser equiparadas à de "hospedaria", bem como os demais serviços conexos, tais como enfermagem, limpeza, alimentação etc. visto que, quanto a estes, não nos parece haver a mínima dúvida de que a responsabilidade da entidade hospitalar é objetiva, para tanto bastando a convergência de seus elementos essenciais: defeito na prestação do serviço, dano e nexo causal entre aquele e este (CDC, art. 14, *caput*), sem se perquirir se houve ou não conduta culposa[4].

Por outro lado, quer pela importância do tema que envolve a saúde, conforme breve e anteriormente referido, quer pelo sensível aumento de demandas contra os nosocômios, pretendendo sua responsabilização sob a alegação de má prática médica ou em razão do denominado erro médico, a matéria se mostra extremamente atual, apaixonante e, ao mesmo tempo, permeada de divergências doutrinárias e jurisprudenciais a respeito.

Nesse sentido, não poucos balizados autores corroboram a tese de que a responsabilidade civil das entidades hospitalares é subjetiva[5], para tanto fixando como divisor de águas a prestação de serviço por médico com ou sem vínculo empregatício; outros sustentam tratamento isonômico aos profissionais liberais, aplicando-se a exceção prevista no art. 14, § 4º, do CDC.

Por fim, a maioria dos autores consumeristas define a responsabilidade dos hospitais como sendo objetiva[6] (CDC, art. 14, *caput*), notadamente repudiando qualquer análise que diga respeito à culpa.

---

(4) Cabe ressaltar que o hospital se refere a uma universalidade relacionada com um conjunto de atividades, dentre as quais se incluem instalações, instrumentos, aparelhos e um conjugado de pessoal administrativo, médico e técnico, além de demais atividades que envolvem hospedagem, medicamentos, alimentação, etc. MELO, Nehemias Domingos de. *Responsabilidade civil por erro médico*: doutrina e jurisprudência. São Paulo: Atlas, 2008. p. 114.
(5) *Vide*: Recurso Especial n. 258.389-SP, bem como: RESp. 908.359-SC; RESp. 629.209/RJ; RESp 259.816/RJ; Ap. Cív. 510.988.4/6 (6ª Câm. TJSP); Ap. Cív. 552.108-4/9 (4ª Câm. TJSP) e Recurso Especial n. 908.359/SC (2006/0256989-8). Embora se trate de decisões que corroborem com o entendimento da culpa presumida, acabam por fundamentar a plausibilidade da tese ora colocada, qual seja a de vinculação dos serviços profissionais na aferição da responsabilidade dos nosocômios em decorrência da prestação de serviços médicos e não dos serviços considerados de hospedaria. Para um maior aprofundamento teórico acerca de tal entendimento e, sem demérito aos demais, ver também os seguintes autores: Rui Stoco, Aguiar Dias, Caio Mário da Silva Pereira e Ruy Rosado de Aguiar Júnior.
(6) Ver neste sentido: "Responsabilidade Hospitalar: a responsabilidade civil do hospital é de ordem objetiva, nos termos do art. 14 do Código de Defesa do Consumidor, não cabendo investigar a culpa de seus prepostos, mas se o serviço prestado pelo nosocômio foi defeituoso ou não. A configuração dos elementos nexo causal e dano gera o dever de indenizar, sendo que as excludentes da responsabilidade possíveis para o caso em comento seriam, com supedâneo no art. 14, § 3º, I e II, inexistência de defeito no serviço e culpa exclusiva do consumidor ou de terceiro. No caso concreto, restou demonstrado que os Hospitais que prestaram atendimento ao autor procederam de forma adequada para as peculiaridades verificadas. Não há que se entender como falha na prestação do serviço o retardo na retirada do fragmento metálico do olho do autor, na medida em que as circunstâncias fáticas não recomendavam esta ação de pronto. [...]". TJRS — Apelação Cível n. 70009863325. Nona câmara cível. Comarca de são Leopoldo. Relª Desª Marilene Bonzanini Bernardi — j. 29.6.2005. E ainda: "A responsabilidade hospitalar é objetiva e decorre do art. 14 do CDC, só dela se eximindo o nosocômio quando comprovar a inexistência de defeito no serviço prestado ou culpa exclusiva do consumidor ou de terceiro (§ 3º). Sabe-se, por outro lado, que a enfermagem deve cumprir as orientações médicas quanto às atribuições inerentes ao exercício dessa profissão, mas goza de relativa autonomia, isto é, tem atribuições próprias e que independem de qualquer determinação. Uma delas é zelar pela integridade daqueles que estão internados nas dependências institucionais. Além disso, consoante jurisprudência citada nas razões recursais, quando o atendimento ocorre pelo SUS há responsabilidade solidária entre médicos e hospitais. Todavia, apesar dessas conclusões e também em razão das mesmas, penso que a indenização concedida deva ser reduzida, não se podendo desconsiderar que a

Em nossa modesta visão, sustentamos uma posição que talvez possa ser vista como intermediária. De um lado, não se nega o avanço social e legislativo espelhado no Código de Defesa do Consumidor — que com clareza instituiu o princípio da responsabilização objetiva dos fornecedores de serviços, dentre eles as entidades hospitalares — e de outro, não se abstrai totalmente a análise da culpa — não para definir a responsabilidade civil em si do hospital, mas para averiguar e definir se houve ou não defeito na prestação dos serviços médicos.

2. DA ATIVIDADE HOSPITALAR: RELAÇÃO DE CONSUMO

Num primeiro momento, embora não nos pareça existir divergências a respeito, não é demais lembrar que as entidades hospitalares se caracterizam como fornecedoras na medida em que disponibilizam no mercado de consumo serviços médicos/hospitalares mediante remuneração, seja esta direta (paga pelo próprio paciente), seja indireta (paga pelas operadoras de seguro ou plano saúde), amoldando-se perfeitamente nas disposições do art. 3º, *caput*, do CDC.

Por sua vez, o paciente é o beneficiário ou destinatário final dos serviços hospitalares prestados, tipificando-se como consumidor padrão, nos exatos termos do art. 2º, *caput*, do referido código.

Com efeito, tratando-se de relação jurídica tipicamente de consumo, o próprio Código de Defesa do Consumidor deixa muito claro que veicula normas de ordem pública e, portanto, de natureza cogente, ou seja, de aplicação obrigatória e não meramente supletiva da vontade das partes, conforme dispõe o seu art. 1º, *verbis*: "O presente Código estabelece normas de proteção e defesa do consumidor, de ordem pública e interesse social, nos termos do arts. 5º, inciso XXXII, 170, inciso V, da Constituição Federal e 48 de suas Disposições Transitórias"[7].

Sendo assim, segue-se que não cabe ao intérprete ou ao aplicador da lei e muito menos às partes interessadas escolher quais disposições legais deverão ser aplicadas ao caso concreto, sendo inegável a atração das disposições do Código de Defesa do Consumidor[8].

---

falha hospitalar foi estrutural, decorrente da própria sistemática do SUS, não sendo, ao menos, a causa exclusiva do resultado indesejado". Apelação Cível n. 70003721248, Décima Câmara Cível, Tribunal de Justiça do RS. Relator: Luiz Ary Vessini de Lima. J. em 27.6.2002. BENJAMIN, Antonio Herman de Vasconcellos e. *Comentários ao código de proteção do consumidor*. Coord. Juarez de Oliveira. São Paulo: Saraiva, 1991. p. 80; NERY JUNIOR, Nelson; NERY, Rosa Maria Andrade. *Código de processo civil comentado e legislação extravagante*. 3. ed. São Paulo: Revista dos Tribunais, 1997. p. 1.359; NUNES, Luiz Antonio Rizzato. *Comentários ao código de defesa do consumidor*. São Paulo: Saraiva, 2000. p. 204-205.

(7) Referido inciso XXXII, do art. 5º da CF, dispõe que "impõe-se ao Estado promover, na forma da lei, a defesa do consumidor". Preocupação semelhante encontra-se no art. 170 da CF, em que a "ordem econômica, fundada na valorização do trabalho humano e na livre iniciativa", tem por fim "assegurar a todos existência digna, conforme os ditames da justiça social", incluídos aí a defesa do consumidor (art. 170, inciso V, CF). O art. 48 das Disposições Constitucionais Transitórias, por sua vez, coloca que "O Congresso Nacional, dentro de 120 dias da promulgação da Constituição, elaborará Código de Defesa do Consumidor", prazo esse muito ultrapassado quando da promulgação da Lei n. 8.078/90. GRINOVER, Ada Pellegrini *et al*. *Código de defesa do consumidor*: comentado pelos autores do anteprojeto. 9. ed. Rio de Janeiro: Forense Universitária, 2007. p. 22-24.

(8) Com efeito, de se observar que tal artigo informa ao operador do direito a natureza cogente da Lei n. 8.078/90; "determina questões diretamente relacionadas com sua aplicação no direito pátrio; define sua obrigatoriedade e rigidez como norma imperativa;

Fixadas essas premissas, quais sejam, que estamos diante de normas de ordem cogente, que as entidades hospitalares e os pacientes enquadram-se, respectivamente, nas figuras de fornecedores de serviço e de consumidores, tem-se como conclusão lógica que, em ocorrendo defeito na prestação dos serviços médico/hospitalares, a entidade hospitalar responderá civil e objetivamente pelos danos causados aos seus pacientes, nos termos do art. 14 do CDC, razões suficientes para afastar a incidência do Código Civil que, *in casu*, somente tem aplicação subsidiária.

Entretanto, o legislador não foi tão longe a ponto de erigir a responsabilidade do fornecedor de serviços como puramente objetiva, mas a condicionou à existência de defeito, de forma que este não só integra os pressupostos caracterizadores da própria responsabilidade (defeito, dano e nexo de causalidade entre um e outro), como também a sua inexistência foi erigida à condição de excludente de responsabilidade, conforme se verifica no art. 14, § 3º, inciso I do CDC.

E, é justamente nesse ponto, caracterização ou não de defeito, que se insere a análise da culpa, não da entidade hospitalar em si, mas a do facultativo, visto que o ato médico é o objeto principal do serviço hospitalar a ser prestado.

3. DO DEFEITO NA PRESTAÇÃO DOS SERVIÇOS MÉDICOS HOSPITALARES: ANÁLISE DA CONDUTA MÉDICA

Conforme já mencionado, a responsabilidade civil dos hospitais por danos causados aos consumidores na prestação de serviços é de ordem objetiva, nesse particular atraindo a aplicação do art. 14 do CDC, em correspondência à responsabilidade sem culpa pelo fato do produto prevista no art. 12 do mesmo Código.

Por sua vez, conforme preceitua o referido dispositivo legal, o legislador não chegou ao ponto de estabelecer a responsabilidade puramente objetiva (teoria do risco puro ou integral), mas a condicionou à existência de defeito, de forma que os pressupostos que dão ensejo à mesma são: serviço defeituoso, evento danoso e relação de causalidade entre o defeito e o dano.

Nesse sentido, emerge de extrema importância a aferição do defeito na prestação dos serviços hospitalares, notadamente considerando que tanto ocupa a posição de pressuposto da responsabilidade civil objetiva (CDC, art.14, *caput*) como sua inexis-

---

estabelece regra que soluciona conflitos ocorrentes na esfera do direito intertemporal; e, finalmente, regula por meio de uma interpretação sistemática com o próprio microssistema consumerista, problemáticas atinentes a conflitos entre leis diversas e o Código de Defesa do Consumidor". DELFINO, Lúcio. Reflexões acerca do art. 1º do código de defesa do consumidor. In: *Revista de Direito do Consumidor*, São Paulo: Revista dos Tribunais, n. 48, out./dez. 2003. p. 162. Acerca da diferenciação da aplicação da norma existente entre o Código Civil e o Código de Defesa do Consumidor e para um maior aprofundamento sobre o tema, vide: TEPEDINO, Gustavo. Código de defesa do consumidor, código civil e complexidade do ordenamento. *Revista de Direito do Consumidor*, São Paulo: Revista dos Tribunais, n. 56, out./dez. 2005. p. 11. E ainda artigo em que Marques trabalha alguns dos mais importantes aspectos de vinculação e diálogo entre o novo Código e o CDC. MARQUES, Claudia Lima. Superação das antinomias pelo diálogo das fontes: o modelo brasileiro de coexistência entre o código de defesa do consumidor e o código civil de 2002. *Revista de Direito do Consumidor*, São Paulo: Revista dos Tribunais, n. 51, jul./set. 2004. p. 57-67.

tência foi elevada à categoria de excludente de responsabilidade (CDC, art. 14, § 3º, I).

E é justamente na apreciação do defeito (ou na demonstração da inexistência dele) que se fundamenta a necessidade de se apurar a conduta e o próprio trabalho do médico[9], notadamente levando-se em conta que o trabalho médico é inerente à própria atividade hospitalar, senão a prestação de serviço mais importante e realmente buscada pelo paciente.

Aliás, é intuitivo que a prestação de serviços meramente hospitalares (isto é, referentes à hospedaria e toda infraestrutura correspondente) embora também importante, torna-se secundária frente ao trabalho médico.

Rui Stoco, embora abordando a questão sobre outro enfoque[10], nesse particular se avizinha com a nossa posição, ao preconizar *verbis*:

> Perceba-se, porque importante, que o *caput* do art. 14 do CDC condicionou a responsabilização do fornecedor de serviços à existência de defeitos relativos à prestação de serviços. Tal expressão, embora em contradição com o princípio adotado no próprio artigo da lei, induz culpa, máxime quando se trate de atividade médica, cuja contratação assegura meios e não resultado (salvo com relação às cirurgias estéticas e não reparadoras), de modo que, o resultado não querido não pode ser rotulado de defeito [...][11].

Assim, uma vez bem delimitada as atividades fornecidas pelo estabelecimento hospitalar (em serviços de hospedagem e os serviços médicos em si), o tema ganha novos contornos, no sentido de que a responsabilidade dos nosocômios pelos serviços médicos, embora objetiva, deve ser qualificada pelo defeito na prestação dos serviços, a ser verificado por meio da aferição da culpa de tais profissionais liberais.

Pertinente a colocação de Lisboa ao diferenciar produto de serviço, o que, no nosso sentir, justifica uma análise diferenciada quanto aos acidentes de consumo derivados do fato do produto e do serviço, *verbis*:

> O Código de Defesa do Consumidor procurou estabelecer a distinção entre produto e serviço, contrariando a nomenclatura ordinariamente utilizada

---

(9) KFOURI NETO, Miguel. *Responsabilidade civil do médico*. 5. ed. rev. e atual. à luz do novo Código Civil, com acréscimo doutrinário e jurisprudencial. São Paulo: Revista dos Tribunais, 2003. p. 186.
(10) Em apertada síntese, Stoco, ao abordar a questão da responsabilidade civil dos hospitais, assevera ser necessário distinguir se os médicos que neles atuam possuem ou não vínculo empregatício, concluindo que os hospitais não respondem pela atuação dos profissionais autônomos. (STOCO, Rui. A teoria do resultado à luz do código de defesa do consumidor. *Revista do Consumidor*, São Paulo: Revista dos Tribunais, n. 26).
(11) [...] "Neste ponto parece que o legislador cometeu grave erro lógico e de concepção, eis que, se a responsabilidade do hospital ou da empresa prestadora de serviços é contratual, tal circunstância mostra-se, no caso dos hospitais, em antinomia com a teoria da responsabilidade objetiva, pois se a instituição de saúde se compromete a submeter um paciente a cirurgia, por intermédio de médicos, sob a sua responsabilidade, está a exercer uma atividade de meio e não de resultado". *Ibidem*, p. 212.

segundo a qual, no universo jurídico, tudo aquilo que não se pode enquadrar na concepção de sujeito é considerado objeto de direito, desde que economicamente apreciável.

O Código Civil não prevê a figura do produto com o alcance da definição contida no microssistema de proteção do consumidor. O legislador consumerista procurou relacionar a ideia de "produto" à de "bem"; e a noção de "serviço" à de "atividade". O critério distintivo básico entre serviço e produto é, destarte, a atividade profissional do fornecedor ser preponderante para a outorga de um bem material ou imaterial[12].

Nesse sentido, observe-se que, quando se fala em defeito no fornecimento de produto — que atrai a aplicação do art. 12 do CDC, o mesmo pode ser objetivamente constatado, no mais das vezes havendo um vício intrínseco ou de qualidade ligado à própria concepção, projeto ou fabricação, de forma que o defeito pode ser materialmente aferido ou aferido de plano.

Diferente é a situação que envolve a verificação de defeito na prestação de serviços médicos ocorridos no interior dos hospitais, uma vez que a prestação dos serviços se confunde com a própria conduta e atuação do médico que, na sua essência, envolve a própria ciência médica, portanto inexata, dependendo da ponderação e conjugação de uma enormidade de fatores do paciente para se chegar numa hipótese diagnóstica, ou excluir tantas outras, situação essa que, de uma forma geral, situa a profissão médica como sendo uma atividade de meio e não de resultado.

Nesse ponto, comporta abrirmos um parêntese no sentido de que, em se tratando de conduta médica, também não podemos abstrair dessa análise a clássica distinção entre atividade de meio e de resultado, o que também refletirá na existência ou não de defeito[13].

Em outras palavras, pode-se dizer que, por se tratar de serviço hospitalar que se resume à própria prestação de serviços médicos, a responsabilização do médico, cuja responsabilidade depende da verificação da culpa (CDC, art. 13, § 4º), será condicionante da existência ou não da responsabilidade das entidades hospitalares pelos serviços médicos prestados em seu estabelecimento, lançando-se as seguintes proposições: se o médico agiu com culpa, há defeito na prestação dos serviços médicos prestados pelos hospitais. Por outro lado, inexistindo culpa médica, não se pode falar em defeito na prestação dos serviços hospitalares, impondo-se o reconhecimento da excludente prevista no art. 14, § 3º, inciso I do CDC.

---

(12) LISBOA, Roberto Senise. *Responsabilidade nas relações de consumo*. 2. ed. rev. e atual. São Paulo: Revista dos Tribunais, 2006. p. 197.
(13) Sobre este aspecto, vide decisões que reforçam a ideia de tratar-se de obrigações de meios aquelas atribuídas aos hospitais. Neste sentido: TJSP — AP com Revisão n. 971602100, 30ª Câm.; Rel. Marcos Ramos, j. em 28.2.2007; e TJSP Ap. Cív. n. 153.325.4/0, 1ª Câm. de Dir. Privado, rel. Des. Elliot Akel. Sobre a importância da diferenciação das obrigações de meio e resultado na aferição da responsabilidade, ver também SILVA, Regina Beatriz Tavares da. Pressupostos da responsabilidade civil na área da saúde: ação, dano e nexo causal. Fundamentos da responsabilidade civil na área da saúde: culpa ou risco. A prova. In: SILVA, R. B. T. da (coord.). *Responsabilidade civil na área da saúde*. São Paulo: Saraiva, 2007. p. 4-5.

Com efeito, não haveria lógica se, na atividade de natureza contratual em que tão somente se assegura a melhor técnica para se atingir o resultado, restar comprovado que o médico não atuou com culpa e, ainda assim, "ser o hospital responsabilizado pelo dano sofrido pelo paciente, em decorrência da sua responsabilidade objetiva e do vínculo empregatício entre ambos"[14].

As decisões judiciais a seguir citadas, embora não digam respeito propriamente à nossa tese — visto que não avaliam a culpa como pressuposto da existência do defeito na prestação dos serviços —, dão um importante passo no sentido de admitir que, em se tratando de responsabilidade civil das entidades hospitalares, a análise da culpa médica é essencial e não contraria a sistemática adotada pelo CDC.

Nesse sentido, confira-se:

> CIVIL. INDENIZAÇÃO. MORTE. CULPA. MÉDICOS. AFASTAMENTO. CONDENAÇÃO. HOSPITAL. RESPONSABILIDADE. OBJETIVA. IMPOSSIBILIDADE. 1 — A responsabilidade dos hospitais, no que tange à atuação técnico-profissional dos médicos que neles atuam ou a eles sejam ligados por convênio, é subjetiva, ou seja, dependente da comprovação de culpa dos prepostos, presumindo-se a dos preponentes. Nesse sentido são as normas dos arts. 159, 1.521, III, e 1.545 do Código Civil de 1916 e, atualmente, as dos arts. 186 e 951 do novo Código Civil, bem com a Súmula n. 341 daSTF *(É presumida a culpa do patrão ou comitente pelo ato culposo do empregado ou preposto)*. 2 — Em razão disso, não se pode dar guarida à tese do acórdão de, arrimado nas provas colhidas, excluir, de modo expresso, a culpa dos médicos e, ao mesmo tempo, admitir a responsabilidade objetiva do hospital, para condená-lo a pagar indenização por morte de paciente. 3 — O art. 14 do CDC, conforme melhor doutrina, não conflita com essa conclusão, dado que a responsabilidade objetiva, nele prevista para o prestador de serviços, no presente caso, o hospital, circunscreve-se apenas aos serviços única e exclusivamente relacionados com o estabelecimento empresarial propriamente dito, ou seja, aqueles que digam respeito à estadia do paciente (internação), instalações, equipamentos, serviços auxiliares (enfermagem, exames, radiologia), etc. e não aos serviços técnicos-profissionais dos médicos que ali atuam, permanecendo estes na relação subjetiva de preposição (culpa). 4 — Recurso especial conhecido e provido para julgar improcedente o pedido[15].

No mesmo sentido da decisão anteriormente proferida no REsp 258.389/SP, o Tribunal de Justiça do Rio Grande do Sul assim se manifestou:

> Em caso de responsabilidade civil de hospitais e clínicas médicas em geral, por ato de seus prepostos no exercício da medicina, embora a pessoa

---

(14) MINODA, Hélio Renato Marini. *Responsabilidade civil médico-hospitalar*. Dissertação de Mestrado. Nova Lima: Faculdade de Direito Milton Campos/FDMC, 2006. p. 35. Acerca da responsabilidade civil dos hospitais por atos dos médicos empregados, vide decisão da 1ª Câm. de Dir. Privado do TJSP que asseverou que "mesmo quando se trate de pessoa jurídica, prestadora de serviços médicos, a sua responsabilidade só será objetiva se o ato que lhe for atribuído não decorrer de conduta exclusiva de médicos, como, por exemplo, na má execução de serviços hospitalares. Se, todavia, o fato imputado à pessoa jurídica decorrer de atos praticados por médicos, prepostos seus ou que tenham agido a seu mando ou com o seu consentimento, a sua responsabilidade só será admitida se provada a culpa de quem realizou o ato médico". Neste sentido, ver: TJSP — Ag. Inst. n 171.799.4/3; Rel. Guimarães e Souza; j. em 26.9.2000.

(15) Recurso Especial n. 258.389 — SP (2000/0044523-1).

jurídica tenha culpa objetiva, deve ser feito um exame da conduta do médico sob a ótica da responsabilidade subjetiva. Isso porque a responsabilidade dos hospitais, no que tange à atuação técnico-profissional dos médicos que neles atuam ou a eles sejam ligados por convênio, é subjetiva, ou seja, dependente da comprovação de culpa dos prepostos, presumindo-se a dos preponentes. (REsp 258389/SP). Hipótese em que a obrigação assumida pelo médico é de meio e não de resultado. Destarte, não se considera como objeto da obrigação a cura do paciente, e sim o emprego do tratamento adequado de acordo com o estágio atual da ciência, e, evidentemente, os recursos disponíveis ao profissional da medicina, o qual deve agir, sempre, da maneira mais cuidadosa e consciente possível. (Apelação Cível n. 70022995757, Nona Câmara Cível, Tribunal de Justiça do RS, Relator: Tasso Caubi Soares Delabary, j. 10.9.2008.)

Conclusões

Concluindo, somente se poderá dizer que um serviço médico-hospitalar é defeituoso quando ao se analisar a conduta do profissional médico ficar constatado que o mesmo se afastou da melhor técnica, não fez uso dos meios disponíveis ou retardou a conduta necessária; em última análise, quando o médico agiu com imperícia, imprudência ou negligência.

Com isso, não estamos afastando a responsabilização objetiva dos hospitais pelo fato do produto ou do serviço, mas fazendo uma abordagem coerente com a própria especificidade da atividade e, sobretudo, com a própria sistemática do CDC que condicionou a responsabilidade cível à existência ou não de defeito. **E na concepção do defeito insere-se a análise da culpa.**

Referências bibliográficas

BENJAMIN, Antonio Herman de Vasconcellos e. *Comentários ao código de proteção do consumidor*. Coord. Juarez de Oliveira. São Paulo: Saraiva, 1991.

DELFINO, Lúcio. Reflexões acerca do art. 1º do código de defesa do consumidor. In: *Revista de Direito do Consumidor*, São Paulo: Revista dos Tribunais, n. 48, out./dez. 2003.

GRINOVER, Ada Pellegrini *et al. Código de defesa do consumidor*: comentado pelos autores do anteprojeto. 9. ed. Rio de Janeiro: Forense Universitária, 2007.

KFOURI NETO, Miguel. *Responsabilidade civil do médico*. 5. ed. rev. e atual. à luz do novo Código Civil, com acréscimo doutrinário e jurisprudencial. São Paulo: Revista dos Tribunais, 2003.

LISBOA, Roberto Senise. *Responsabilidade nas relações de consumo*. 2. ed. rev. e atual. São Paulo: Revista dos Tribunais, 2006.

MARQUES, Claudia Lima. Superação das antinomias pelo diálogo das fontes: o modelo brasileiro de coexistência entre o código de defesa do consumidor e o código civil de 2002. *Revista de Direito do Consumidor*, São Paulo: Revista dos Tribunais, n. 51, jul./set. 2004.

MELO, Nehemias Domingos de. *Responsabilidade civil por erro médico*: doutrina e jurisprudência. São Paulo: Atlas, 2008.

MINODA, Hélio Renato Marini. *Responsabilidade civil médico-hospitalar*. Dissertação de Mestrado. Nova Lima: Faculdade de Direito Milton Campos/FDMC, 2006.

MORO, Sérgio Fernando. O judiciário e os direitos sociais fundamentais. In: ROCHA, D. M. da; SAVARIS, J. A. (coords.) *Curso de especialização em direito previdenciário*. Curitiba: Juruá, 2006. v. 1. Direito previdenciário constitucional.

NERY JUNIOR, Nelson; NERY, Rosa Maria Andrade. *Código de processo civil comentado e legislação extravagante*. 3. ed. São Paulo: Revista dos Tribunais, 1997.

NUNES, Luiz Antonio Rizzato. *Comentários ao código de defesa do consumidor*. São Paulo: Saraiva, 2000.

PASTOR, Jose Manuel Almansa. *Derecho de la seguridad social*. 7. ed. Madrid: Tecno, 1991.

SILVA, Regina Beatriz Tavares da. Pressupostos da responsabilidade civil na área da saúde: ação, dano e nexo causal. Fundamentos da responsabilidade civil na área da saúde: culpa ou risco. A prova. In: SILVA, R. B. T. da (coord.). *Responsabilidade civil na área da saúde*. São Paulo: Saraiva, 2007.

STOCO, Rui. A teoria do resultado à luz do código de defesa do consumidor. *Revista do Consumidor*, São Paulo: Revista dos Tribunais, n. 26.

TEPEDINO, Gustavo. Código de defesa do consumidor, código civil e complexidade do ordenamento. *Revista de Direito do Consumidor*, São Paulo: Revista dos Tribunais, n. 56, out./dez. 2005.

O Direito do Consumidor
em Face da Saúde Suplementar

Maríly Díniz do Amaral Chaves[*]

INTRODUÇÃO

A Constituição Federal, não obstante tinha estabelecido que a saúde é direito de todos e dever do Estado (art. 196), e a par disso tenha previsto que as ações e serviços de saúde são de relevância pública, impondo ao Poder Público a sua regulamentação, fiscalização e controle (art. 197), ao mesmo tempo deferiu à iniciativa privada a liberdade de prestação de assistência à saúde mediante a obtenção de lucro (art. 199).

Ocorre que a legislação específica para o setor de planos de saúde (Lei n. 9.656/98) só entrou em vigor após mais de dez anos depois da promulgação da Constituição Federal, motivo pelo qual no início da década de 1990, para coibir os reiterados abusos cometidos pela iniciativa privada "[...] o Código de Defesa do Consumidor passou a ser um importante instrumento de defesa do usuário de plano de saúde"[1].

Abordaremos o tema referente ao sistema de saúde suplementar, que contrata diretamente com uma clientela própria e presta assistência à saúde mediante a obtenção de lucro, e a incidência do Código de Defesa do Consumidor nessa relação.

1. O CAMPO DE INCIDÊNCIA E O OBJETO DE REGULAMENTAÇÃO DA LEI N. 9.656/98

A princípio cumpre observar que antes da promulgação da Lei n. 9.656/98, as questões relativas às relações contratuais em termos de saúde eram submetidas à aplicação do Código de Defesa do Consumidor (Lei n. 8.078/90).

(*) Bacharel em Direito pela Universidade Presbiteriana Mackenzie. Procuradora do Estado. Mestre e Doutora em Direito das Relações Sociais pela PUC/SP. Coordenadora do Curso de Especialização em Direito do Estado da Escola Superior da Procuradoria Geral do Estado de São Paulo. Vice-Diretora da Escola Superior da Procuradoria Geral do Estado de São Paulo.
(1) TRETTEL, Daniela Batalha. *Planos de saúde na visão do STJ e do STF.* 1. ed. São Paulo: Verbatim, 2010. p. 34.

Com o advento da Lei n. 9.656/98, o Código de Defesa do Consumidor passou a ser aplicado subsidiariamente no tocante às questões contratuais relativas à assistência privada à saúde.

O campo de abrangência da Lei n. 9.656/98 é bastante amplo, pois que, não obstante exclua a possibilidade de pessoa física operar os produtos denominados planos e seguros privados de assistência à saúde nos termos do § 4º do art. 1º da Lei n. 9.656/98, de acordo com a disposição do art. 18 do mesmo diploma legal, tais pessoas também se submetem à citada lei, juntamente com os demais sujeitos de sua disciplina que são as pessoas jurídicas de direito privado, que abrangem tanto as sociedades cooperativas (companhias ou de responsabilidade limitada, que explorem diretamente a atividade de planos de saúde, com instalações, pessoal e equipamentos próprios ou contratando com terceiros a disponibilidade de tais elementos da atividade, às seguradoras), como as seguradoras que explorem o ramo de seguros-saúde e as administradoras de plano de saúde, além das entidades ou empresas que mantêm sistemas de assistência à saúde, pela modalidade de autogestão ou de administração, conforme preceitua o § 2º do art. 1º da citada lei e de outras sociedades e instituições que possam aparecer, dedicadas a essa atividade[2].

Cumpre ressaltar que, apesar de a lei possibilitar ao empresário do ramo de saúde suplementar com a *finalidade de lucro* organizar-se sob as vestes de uma pessoa jurídica, sob a modalidade de sociedade civil ou comercial, ou ainda, conforme já dito, valer-se de uma cooperativa ou de uma entidade de autogestão, não se admite a utilização de uma microempresa, nem a constituição de uma sociedade civil sem fins lucrativos para a exploração do empreendimento.

Quanto ao produto cuja criação e comercialização a lei objetivou regulamentar, cumpre observar que, a princípio, foi delimitado pelo disposto no inciso I do art. 1º, como sendo os Planos Privados de Assistência à Saúde, abrangendo nesse conceito a atividade das seguradoras; entretanto, no § 1º do art. 1º da citada lei "[...] menciona a possibilidade de que outros produtos, além daquele conceituado pelo inciso I, sejam oferecidos pelas operadoras de planos de assistência à saúde"[3]. demonstrando assim que a "conceituação inicial não é exaustiva [...]"[4]. A ideia foi submeter todas as ativi-dades desenvolvidas pelas administradoras e operadoras de planos privados de assistência à saúde à fiscalização exercida pela ANS, como é o caso por exemplo do reembolso de despesas com tratamentos utilizados pelo filiado consumir, escolhido por ele, ou, ainda, o pagamento direto feito pela operadora referente ao custeio de despesas necessárias aos tratamentos indicados.

Definidos o campo de abrangência da lei e o produto, objeto da regulamentação, passaremos a analisar os avanços na regulamentação da proteção da saúde introduzidos pela Lei n. 9.656/98.

---

(2) BOTTESINI, Maury Ângelo; MACHADO, Mauro Conti. *Lei dos planos e seguros de saúde, comentada e anotada*. São Paulo: Revista dos Tribunais, 2003. p. 27.
(3) *Ibidem*, p. 31.
(4) *Idem*.

2. INOVAÇÕES POSITIVAS DECORRENTES DA LEI N. 9.656/98

A primeira inovação consagrou o princípio da integralidade também em matéria da saúde suplementar, na medida em que o art. 10 prevê a obrigatoriedade de cobertura "[...] das doenças listadas na Classificação Estatística Internacional de Doenças e Problemas relacionados com a Saúde, da Organização Mundial de Saúde [...]".

Antes da promulgação da citada lei, com base na regra prevista no art. 51, IV do CDC, em várias ocasiões, já havia sido considerada ilegal a cláusula de exclusão de cobertura de algumas moléstias.

Nesse sentido é o entendimento da jurista Ada Pellegrini Grinover:

> Quem quer contratar plano de saúde quer cobertura total, como é óbvio. Ninguém paga plano de saúde para, na hora em que adoecer, não poder ser atendido. De outro lado, se o fornecedor desse serviço exclui de antemão determinadas moléstias, cujo tratamento sabe dispendioso, estará agindo com má-fé, pois quer receber e não prestar o serviço pretendido pelo consumidor[5].

A segunda novidade foi a consagração do *Princípio da Universalidade* de acesso à assistência privada à saúde, o qual decorre da conjunção do art. 11[6] (que garante a contratação de ações ou serviços privados de saúde aos portadores de doenças preexistentes), com o art. 14 (que garante a qualquer pessoa, independentemente da idade ou do fato de ser portador de deficiência, o direito de contratar planos ou seguros de saúde), ambos da Lei n. 9.656/98.

É conveniente verificar que a expressão deficiente empregada pelo legislador abrange tanto as deficiências físicas quanto as psíquicas, bem como os problemas decorrentes das condições de superdotados ou, ainda, dos hiperativos, que a rigor não têm um *deficit*, mas um *plus*, e até mesmo aqueles que sofram em razão de um vício[7].

A terceira inovação é a referente à obrigatoriedade de oferta do produto, sob uma modalidade básica de prestação de serviço privado de saúde denominada pelo legislador de plano-referência, o qual assegura ao usuário um mínimo de serviços, com cobertura assistencial médico-ambulatorial e hospitalar, nos termos do art. 10, § 2º da Lei n. 9.656/98.

A par do plano-referência introduzido pelo art. 10, a lei facultou aos fornecedores que atuem em diversos segmentos, e que segundo a regra que deflui do art. 12 da Lei

---

(5) GRINOVER, Ada Pellegrini *et al. Código de defesa do consumidor comentado pelos autores do anteprojeto.* Rio de Janeiro: Forense Universitária, 1995. p. 411.

(6) Além do art. 11, *caput*, o conceito de doenças e lesões preexistentes, originalmente previsto no art. 1º, da Resolução n. 2 do CONSU, de 3 de novembro de 1998, tem redação atual dada pelo art. 2º, I, da Resolução Normativa n. 162, de 17 de outubro de 2007, da ANS.

(7) BOTTESINI, Maury Ângelo; MACHADO, Mauro Conti. *Op. cit.*, p. 109-110.

n. 9.656/98 consistem nos planos *ambulatorial, de internação hospitalar, de atendimento obstétrico* e *de atendimento odontológico* que podem ser oferecidos de forma isolada ou combinados, por exemplo, plano hospitalar com ou sem obstetrícia, etc.

Vidal e Yolanda Serrano explicam a legalidade dessa oferta casada, esclarecendo que o Código de Defesa do Consumidor não proíbe a oferta casada desde que, também, sejam disponibilizados individualmente os produtos objetos da promoção[8].

É fundamental relembrar que para cada um desses planos segmentados, a lei estabeleceu exigências mínimas, como cobertura em número ilimitado para o plano ambulatorial (art. 12, I, *a* da Lei n. 9.656/98) ou cobertura de internações sem limitação de prazo (art. 12, II, *a* da Lei n. 9.656/98).

A limitação de consultas e de internações, prática contratual comum por parte das operadoras já vinha sendo considerada ilegal pela doutrina e jurisprudência, com base no art. 51 do CDC antes da promulgação da Lei n. 9.656/98.

A quarta inovação refere-se à limitação do prazo de carência prevista no art. 12, inciso V da lei, bem como a proibição de recontagem de carência em decorrência de vencimento do contrato ou atraso no pagamento, regra que deflui do art. 13, I, do mesmo Diploma Legal.

A limitação do prazo de carência para o máximo de 180 (cento e oitenta) dias como regra geral, à exceção dos partos a termo, cujo prazo de carência é de 300 (trezentos) dias, das coberturas dos casos de urgência e emergência, cujo prazo de carência é de 24 (vinte e quatro) horas, e nos casos de doenças preexistentes, cujo prazo é de 24 (vinte e quatro) meses, nos termos do art. 11, foi uma medida muito salutar, eis por que o IDEC "[...] já encontrou planos de saúde em que certos procedimentos tinham carência de 36 meses, enquanto o contrato, curiosamente, era de apenas 12 meses"[9].

Antes da promulgação da Lei de Planos de Saúde, essa prática de carência por dia de atraso no pagamento já era vedada pelo CDC por exigir do consumidor vantagem manifestamente excessiva (art. 39, V) e por estabelecer ao consumidor obrigações consideradas abusivas e exageradamente desvantajosas (art. 51, IV), além de tal entendimento já ter sido pacificado na jurisprudência.

A quinta inovação importante refere-se à proibição de rescisão unilateral do contrato, que será abordada sob o ponto de vista de resolução do contrato por parte das operadoras ou seguradoras, nos termos do art. 13, II e III, da lei, desde que o titular e os dependentes não estejam internados.

Antes da promulgação da lei, a prática comum de "expulsão" daqueles consumidores que apresentassem muitos problemas de saúde, ou que atingissem idade avançada, era coibida pela regra do inciso IV do art. 51 do CDC.

---

[8] NUNES JUNIOR, Vidal Serrano; SERRANO, Yolanda Alves Pinto. *Código de defesa do consumidor interpretado*. São Paulo: Saraiva, 2003. p. 39.
[9] IDEC. *Planos de Saúde*. São Paulo: Globo, 2002. p. 12.

Cumpre, ainda, analisar a problemática referente a rescisão unilateral de contrato coletivo, a qual foi objeto de duas demandas no STJ, não tendo sido pacificada a questão, eis que no julgamento do REsp n. 602.397/RS em 21.6.2005, o Ministro Castro Filho considerando a aplicabilidade do Código de Defesa do Consumidor, afastou a cláusula que permite a rescisão unilateral por ser abusiva, enquanto que no julgamento do REsp n. 889.406/RJ em 20.11.2007, o Ministro Massani Uyeda entendeu que a vedação de rescisão unilateral de contrato de plano de saúde nos termos do art. 13 da Lei n. 9.656/98 não se aplica a contratos coletivos, e sustentou que o CDC não teria sido ofendido, não havendo que se falar em abusividade da cláusula, na medida em que o direito de rescisão foi concedido a ambas as partes[10].

A sexta inovação importante, refere-se à restrição de descredenciamento de entidades hospitalares prestadoras de serviços, prevista no art. 17 da lei, buscando garantir "[...] a criação de uma rede estável de contratados, credenciados e referenciados [...]"[11]. Ademais, Rizzatto Nunes destaca que a escolha por locais de atendimento médico-hospitalar próximos à residência ou local de trabalho é de suma importância em caso de urgência ou emergência[12].

A gravidade da questão foi considerada pela lei (§ 2º do art. 17) que previu que estando o usuário internado, e havendo substituição do estabelecimento hospitalar nos termos admitido pelo § 1º do art. 17, fica o estabelecimento obrigado a manter a internação, e a operadora a arcar com os custos.

Nos termos da lei, a substituição de estabelecimento é admitida desde que seja oferecida equivalência dos serviços prestados. A competência para aferir esse requisito legal de equivalência foi conferida à ANS, que deve ser comunicada pela operadora com 30 (trinta) dias de antecedência, mesmo prazo estabelecido para a comunicação do usuário.

Algumas substituições podem ensejar o rompimento do contrato, caso as modificações prejudiquem o usuário, ou ainda tornem desinteressante a manutenção do contrato, circunstâncias essas que devem ser comprovadas[13].

A sétima inovação refere-se ao direito conferido ao trabalhador e seu grupo familiar, entendendo-se como tal o conjunto de dependentes e agregados de manterem a condição de beneficiário do plano ou do seguro-saúde coletivo, nas mesmas condições de cobertura assistencial de que gozavam quando da vigência do contrato de trabalho, desde que o titular assuma o pagamento integral. Esse direito assegurado nos termos do art. 30 da lei é denominado pela doutrina de filiação temporária[14].

São destinatários desse direito de filiação temporária tanto os empregados, como os trabalhadores terceirizados sem vínculo empregatício, os trabalhadores avulsos e

---
(10) TRETTEL, Daniela Batalha. *Op. cit.*, p. 115-116.
(11) BOTTESINI, Maury Ângelo; MACHADO, Mauro Conti. *Op. cit.*, p. 128.
(12) NUNES, Luiz Antonio Rizzatto. *Comentários à lei de plano privado de assistência à saúde*. São Paulo: Saraiva, 2000. p. 68.
(13) BOTTESINI, Maury Ângelo; MACHADO, Mauro Conti. *Op. cit.*, p. 129-130.
(14) *Ibidem*, p. 212.

também os sócios das empresas da firma estipulante do seguro ou do plano de assistência, que venham a se desligar da sociedade por qualquer motivo, bem como os dependentes e agregados destes; isto porque, tanto as regras de isonomia decorrentes do tratamento deferido aos consumidores como as normas constitucionais de proteção à saúde "[...] impedem tratamento discriminatório em razão da natureza jurídica do vínculo que tenha permitido ou motivado a filiação e o desligamento do usuário, seus dependentes e agregados ao plano ou seguro privado de assistência à saúde, estipulado pela empresa"[15].

A lei estabeleceu como fato gerador do direito de filiação temporária a rescisão contratual sem justa causa, devendo-se entender abarcada nessa rescisão contratual tanto a demissão como a exoneração, ambas sem justa causa; entretanto, ainda que o empregado tenha sido demitido por justa causa, não se admite que a sanção trabalhista tenha o condão de atingir a proteção da saúde do trabalhador, ou pior, de seus dependentes ou agregados, motivo pelo qual o professor Rizzatto Nunes, dentre outros doutrinadores, sustenta que o direito de filiação temporária se estende ao empregado demitido por justa causa, como àquele que pede demissão[16], ou ainda àqueles que aderem aos Planos de Desligamento Voluntário, os PDV[17], uma vez que, conforme destaca o autor, o *télos* da norma é garantir a continuidade do contrato preexistente ao término da relação empregatícia.

A oitava inovação introduzida por força do art. 31 da lei, pautou-se por cumprir a disposição constitucional de proteção ao idoso prevista no art. 230, ao assegurar ao aposentado a manutenção dos benefícios de cobertura assistencial, nas mesmas condições da cobertura de que gozava quando da vigência do contrato de trabalho, desde que assuma o pagamento integral.

O requisito temporal para a manutenção na condição de beneficiário por tempo indeterminado é a contribuição para planos de saúde pelo prazo mínimo de dez anos, não importando se a contribuição foi feita para um único plano, de uma única operadora ou para vários planos distintos, também não importando o fato de ter havido ou não interrupção da contribuição.

Os dependentes e agregados dos aposentados também mantêm o direito à cobertura, enquanto ostentarem a condição de dependente ou agregado.

Àqueles que contribuíram para planos por período inferior foi assegurada a manutenção como beneficiário do plano por período proporcional ao do tempo de contribuição, à razão de um ano para cada ano de contribuição (art. 31, § 1º).

A par dos avanços conquistados pela promulgação da Lei n. 9.656/98, há que se atentar para o retrocesso advindo de alguns de seus dispositivos legais, que no

---

(15) *Ibidem*, p. 209-211.
(16) NUNES, Luiz Antonio Rizzatto. *Op. cit.*, p. 84.
(17) BOTTESINI, Maury Ângelo; MACHADO, Mauro Conti. *Op. cit.*, p. 211.

entender dos consumidores, que se manifestaram através de suas entidades de defesa, diminui a proteção assegurada por entendimento jurisprudencial já consolidado.

3. Aspectos negativos da Lei n. 9.656/98

Passaremos a analisar os aspectos da Lei n. 9.656/98 criticados pela doutrina, valendo-nos da mesma sistemática adotada para arrolar os avanços advindos da sua promulgação, ou seja, analisaremos os temas na sequência legal.

Assim, o primeiro tema que passaremos a analisar refere-se à elevação do preço das mensalidades resultantes da criação do contrato-referência previsto no art. 10 da citada lei, que, por ser um plano completo, apresenta um alto custo, tornando-se assim uma garantia formal, na medida em que é inacessível à maioria dos consumidores, motivo pelo qual Pasqualotto, a exemplo de outros doutrinadores, temem o efeito desse dispositivo.

O argumento invocado pelas empresas que atuam no ramo suplementar da saúde, no sentido de que a lei ao prever no art. 12 outras espécies de contratos de saúde deferiu ao consumidor a liberdade de optar pelos produtos mais baratos que são os planos segmentados, não tem o condão de tornar viável o direito que se buscou tutelar ao exigir a oferta de um plano-referência que, na realidade, é o único compatível com a real proteção ao direito à saúde.

O segundo retrocesso a ser destacado decorre da redação do art. 10 da lei, pois, não obstante a análise do *caput* desse combinado com o teor dos arts. 11 e 12 demonstre que o legislador adotou o princípio da integralidade para pautar as relações de consumo relativas à saúde suplementar, o art. 10 em seus incisos estabelece exceções, ou seja, viabiliza a exclusão de coberturas e determina que tanto a amplitude das mesmas, como de transplantes e de procedimentos de alta complexidade sejam regulamentados por norma da ANS, e anteriormente pelo Consu.

Depreende-se da análise do art. 35-A da Lei n. 9.656/98, que a função do Consu é de controlar e fiscalizar a atuação da saúde suplementar. Esse controle é exercido pelo poder regulamentar conferido a esse órgão, nos limites da lei, eis que "O poder regulamentar [...] é ato normativo secundário, pois depende de lei. Sem ela, não teria existência"[18].

Ocorre que a Resolução n. 12, do Consu, exorbitou de seu poder regulamentar ao dispor que os transplantes à exceção de córnea e rim, compõem o rol dos procedimentos médicos excluídos do plano hospitalar, ampliando assim uma hipótese de exceção prevista pela lei, através de um regulamento[19].

---

(18) ARAÚJO, Luiz Alberto David; NUNES JÚNIOR, Vidal Serrano. *Curso de direito constitucional*. São Paulo: Saraiva, 2004. p. 287.
(19) DALLEMULE, Patrizia Bonfá Martucci. *A nova regulamentação dos planos privados de assistência à saúde sob o enfoque da proteção ao consumidor*. Monografia elaborada como conclusão do curso de Especialização. PUC, 2000. p. 65-67.

O terceiro retrocesso decorreu do fato de que o Consu também exorbitou de seu poder regulamentar, ao dispor na Resolução n. 13 sobre a assistência médica nos casos de urgência e emergência, conforme será demonstrado.

Antes de analisarmos a questão regulamentar, cumpre esclarecer que os conceitos de emergência e urgência não se confundem. Segundo o critério legal estabelecido pelo art. 35-C, atendimentos de emergência são aqueles que implicam em risco imediato de vida ou lesões irreparáveis para o paciente, e são caracterizados por declaração do médico assistente; e atendimentos de urgência são aqueles resultantes de acidentes pessoais ou complicações no processo gestacional.

Definidos os conceitos de urgência e emergência, cumpre confrontar o teor da Resolução n. 13 com o teor do art. 12, V, *c*, eis que ambos dispõem a respeito de atendimento em casos de urgência ou emergência.

O art. 12, V, *c*, buscando tutelar o direito à saúde, estabeleceu o prazo de carência de apenas 24 (vinte e quatro) horas para esses atendimentos e, no *caput* do art. 35-C, previu a obrigatoriedade da cobertura para atender tais casos.

Depreende-se da análise da Lei n. 9.656/98 que a intenção foi ampliar esse dever, igualmente, aos casos de emergência que, embora não designem situações de atendimento imediato, traz em si a ideia de perigo, o que justifica a tutela.

Assim sendo, comprova-se que a regra prevista no parágrafo único do art. 35-C, ao deferir competências para a ANS publicar normas regulamentares a respeito do atendimento de urgência ou emergência, tinha por escopo detalhar a tutela legal, a fim de viabilizar maior eficácia no atendimento desses casos.

Ocorre que, conforme já tratado nesse trabalho, antes da criação da ANS, esse poder de regulamentação competia ao Consu, que, por sua vez, ao expedir a Resolução n. 13, ao invés de assegurar o direito previsto pela lei, trouxe limitações à cobertura dos casos de urgência e emergência, contrariando o teor da lei.

A citada resolução determinou que, tanto em caso de emergência como de urgência, seja o plano ambulatorial ou hospitalar, estando o consumidor em período de carência, fará jus à cobertura, apenas das primeiras 12 (doze) horas de atendimento, excluindo a cobertura para internação (arts. 2º e 3º e § 1º respectivamente da Resolução n. 13, de 4 de novembro de 1998).

Ademais, verifica-se da análise desse dispositivo que tal proteção foi restrita, nessa hipótese, tão somente às pessoas que possuam planos ou seguro do segmento hospitalar, além de restringir o conceito de urgência que fará jus a essa tutela, por ter excluído a hipótese de complicações no processo gestacional, remetendo as pessoas que se encontrem nessa situação às mesmas regras previstas nos arts. 2º e 3º e § 1º da citada resolução.

O quarto ponto que pode ser indicado como retrocesso advindo com a promulgação da Lei n. 9.656/98 foi a regra prevista no art. 13, III. Apesar de ter restringido a possibilidade de rescisão unilateral do contrato às hipóteses de fraude ou inadimplência por período superior a sessenta dias consecutivos ou não, bem como proteger o consumidor que se encontrasse internado, proibindo a suspensão ou rescisão contratual unilateral, em qualquer hipótese, durante a ocorrência de internação, tornou o dispositivo injusto ao se referir apenas ao titular do plano.

Ocorre que a interpretação do dispositivo previsto no art. 13, III, da Lei n. 9.656/98 deve ser feita através de uma análise sistemática, considerando as regras do Código de Defesa do Consumidor à luz da Constituição, de modo que "[...] não pode haver tratamento discriminatório dos usuários dos planos de saúde, sejam eles titulares ou dependentes do titular"[20].

O quinto problema decorrente da Lei n. 9.656/98 refere-se à autorização legal de mudança de preço por faixa etária, não obstante alguns doutrinadores, a exemplo de Rizzatto Nunes, Maury Ângelo Bottesini e Mauro Conti Machado entendam que não há que se falar em reajuste, pois, na realidade, a lei estaria estabelecendo "um produto — tipo de contrato — para cada faixa etária, que é um fator determinante do preço das mensalidades dos planos e dos seguros-saúde"[21].

Em que pese a veracidade das ponderações feitas pela doutrina, não há como afastar a razão daqueles que criticam a possibilidade fática de alteração de valor da mensalidade do plano de saúde, em razão da faixa etária.

O Estatuto do Idoso (Lei n. 10.741, de 1º de outubro de 2003) proíbe, no § 3º do art. 15, a discriminação do idoso nos planos de saúde pela cobrança de valores diferenciados em razão da idade.

Em observância ao Estatuto do Idoso, a ANS editou a Resolução Normativa n. 63, que reviu o critério de distribuição por dez faixas etárias sendo válida para os contratos firmados a partir de janeiro de 2004; entretanto, foi mantido o percentual de 500%, que passou a incidir antes dos 60 anos. A única novidade consistiu em proibir que o acréscimo acumulado entre a sétima e a décima faixas superasse a variação acumulada entre a primeira e a sétima faixas. Assim sendo, constata-se que a realidade da exclusão dos idosos dos planos de saúde ainda é uma prática abusiva que se constata nos dias de hoje, sob a vigência da Lei dos Planos de Saúde, e com anuência da ANS.

Nos termos do art. 230 da Constituição Federal qualquer discriminação do idoso em matéria de saúde ofende aos Princípios da Igualdade e da Dignidade da Pessoa Humana, implicando em discriminação inconstitucional.

Nesse sentido é o entendimento do IDEC ao sustentar: "[...] Essa prática é ilegal, de acordo com o Código de Defesa do Consumidor (arts. 4º, I, VI, 6º, IV, 51, XV, § 1º, I a III), e também inconstitucional, por ser nitidamente discriminatória"[22].

---

(20) BOTTESINI, Maury Ângelo; MACHADO, Mauro Conti. *Op. cit.*, p. 106.
(21) *Ibidem*, p. 112.
(22) IDEC. *Planos de Saúde*. São Paulo: Globo, 2002. p. 33.

O sexto aspecto negativo da Lei é o referente à questão da constitucionalidade do art. 35-E, eis que não obstante a louvável intenção do legislador de submeter os contratos antigos às normas protetivas da Lei n. 9.656/98, tal determinação feriu cláusula pétrea. Conforme ensina Luiz Guilherme de Andrade V. Loureiro:

> A irretroatividade da lei, portanto, é corolário necessário para a segurança das relações jurídicas e para a paz social. Neste contexto, os contratos celebrados anteriormente à vigência da Lei n. 9.656/98, de 5 de junho de 1998, não podem ser atingidos por suas disposições, uma vez que constituem atos jurídicos perfeitos e acabados, celebrados segundo as regras então vigentes e que correspondem, em tese, à vontade das partes[23].

Segundo o Idec: "[...] Para os consumidores desses planos firmados antes de 1999, não incide a nova legislação composta pela lei, pelas medidas provisórias e pelas resoluções do Consu e da ANS, com exceção de algumas regras importantes que valem para todos [...]", pois os contratos antigos, embora continuem sob o regime do Código de Defesa do Consumidor, são beneficiados pela definição legal de proteção ao consumidor de saúde, estabelecida especificamente por meio da Lei n. 9.656/98; eis por que citada lei não inovou o ordenamento jurídico, apenas especificou a proteção já conferida pelo Código de Defesa do Consumidor por meio de normas gerais.

Nesse sentido é o entendimento de Cláudia Lima Marques:

> Para os contratos anteriores, pois, vige apenas o Código de Defesa do Consumidor, mas sob a luz do que agora foi positivado legalmente abusivo (limitações, cláusulas de exclusão muito amplas, como a de doenças preexistentes, aumentos desmesurados e não informados face à idade, etc.)[24].

Assim, segundo o Idec[25], as novas regras estabelecidas pela Lei n. 9.656/98 que também valem para os contratos antigos são: a) clareza nos contratos, pois o Código de Defesa do Consumidor em seu art. 46 exige que os contratos que regulam as relações de consumo sejam redigidos em termos claros, de maneira que a nova lei, apenas, veio reforçar essa regra geral de proteção ao consumidor; b) proibição do cancelamento do contrato pela empresa, pois o Código de Defesa do Consumidor proíbe tal prática com base no art. 51, XI, do CDC; c) necessidade de autorização da ANS para a implementação de aumentos; tal regra tem o intuito de coibir a cobrança de aumentos abusivos; d) proibição da interrupção da internação; e) proibição de recontagem de carência por dia de atraso do pagamento.

Por último, refutando a teoria da "convergência estatista" tem-se que a responsabilidade pelos danos suportados pelos particulares, em razão da prestação

---

(23) LOUREIRO, Luiz Guilherme de Andrade V. *Seguro saúde* (Lei n. 9.656/98). São Paulo: Lejus, 2000. p. 208.
(24) MARQUES, Claudia Lima *et al. Saúde e responsabilidade:* seguros e planos de assistência privada à saúde. São Paulo: Revista dos Tribunais, 1999. p. 118-119.
(25) IDEC. *Planos de Saúde.* São Paulo: Globo, 2002. p. 15-19.

de ações e serviços de saúde suplementar mediante a obtenção de lucro, não gera em regra a responsabilidade civil do Estado; isto porque conforme ensina Alexy[26] o simples fato de ser facultado à iniciativa privada o desempenho de algumas atividades não implica em uma participação do Estado na sua realização.

Conclusão

Diante disso, constata-se que apenas será possível responsabilizar o Estado por danos decorrentes de atividades desempenhadas pelos particulares em matéria de saúde suplementar, mediante a obtenção de lucro, na hipótese em que o Estado falhar no dever de proteção do direito à saúde, em razão de ação ou omissão do particular, quando o dano ocorreu por ausência da fiscalização que lhe cabia.

Atentando para o fato de que a Ordem Econômica nos termos da Constituição de 1988 é regida pelo primado da defesa do consumidor, dentre outros, tem-se que o Código de Defesa do Consumidor encontra suas raízes na Constituição e se presta a nortear toda relação de consumo.

Considerando que a atividade desempenhada pela saúde suplementar caracteriza-se como relação de consumo, tendo em um dos polos as operadoras no conceito de fornecedor previsto pelo CDC e no outro polo os consumidores que adquirem ou utilizam esses serviços como destinatários finais ou equiparados, nos termos definidos no CDC, admite-se que os planos privados de assistência à saúde são contratos de consumo.

Assim sendo, a saúde suplementar submete-se ao comando do Código de Defesa do Consumidor por se tratar de relação de consumo.

O Código de Defesa do Consumidor é uma lei geral e principiológica, pois criou um microssistema das relações de consumo, de modo que subordina qualquer legislação extravagante que tratar da matéria de consumo[27].

Isto posto, afirma-se que na presença de antinomias na Lei n. 9.656/98 deve-se aplicar o Código de Defesa do Consumidor de forma complementar e não subsidiária, no sentido de nortear a interpretação das normas relativas à saúde[28][29].

Referências bibliográficas

ALEXY, Robert. Theorie der grundrechte. Teoria de los derechos fundamentais *apud* SARLET, Ingo Wolfgang (org.). *A Constituição concretizada* — construindo pontes com o público e o privado. Porto Alegre: Livraria do Advogado, 2000.

---

(26) ALEXY, Robert. Theorie der grundrechte. Teoria de los derechos fundamentais *apud* SARLET, Ingo Wolfgang (org.). *A Constituição concretizada* — construindo pontes com o público e o privado. Porto Alegre: Livraria do Advogado, 2000. p. 136-137.
(27) GREGORI, Maria Stella. *A normatização dos planos privados de assistência à saúde no Brasil sob a ótica da proteção do consumidor*. Dissertação de Mestrado. PUC-SP, 2004. p. 259.
(28) *Ibidem*, p. 262.
(29) TRETTEL, Daniela Batalha. *Planos de saúde...*, cit., p. 70.

ARAÚJO, Luiz Alberto David; NUNES JÚNIOR, Vidal Serrano. *Curso de direito constitucional*. São Paulo: Saraiva, 2004.

BOTTESINI, Maury Ângelo; MACHADO, Mauro Conti. *Lei dos planos e seguros de saúde, comentada e anotada*. São Paulo: Revista dos Tribunais, 2003.

DALLEMULE, Patrizia Bonfá Martucci. *A nova regulamentação dos planos privados de assistência à saúde sob o enfoque da proteção ao consumidor*. Monografia elaborada como conclusão do curso de Especialização. PUC, 2000.

GREGORI, Maria Stella. *A normatização dos planos privados de assistência à saúde no Brasil sob a ótica da proteção do consumidor*. Dissertação de Mestrado. PUC-SP, 2004.

GRINOVER, Ada Pellegrini et al. *Código de defesa do consumidor comentado pelos autores do anteprojeto*. Rio de Janeiro: Forense Universitária, 1995.

IDEC. *Planos de Saúde*. São Paulo: Globo, 2002.

LOUREIRO, Luiz Guilherme de Andrade V. *Seguro saúde* (Lei n. 9.656/98). São Paulo: Lejus, 2000.

MARQUES, Claudia Lima et al. *Saúde e responsabilidade:* seguros e planos de assistência privada à saúde. São Paulo: Revista dos Tribunais, 1999.

NUNES, Luiz Antonio Rizzatto. *Comentários à lei de plano privado de assistência à saúde*. São Paulo: Saraiva, 2000.

NUNES JUNIOR, Vidal Serrano; SERRANO, Yolanda Alves Pinto. *Código de defesa do consumidor interpretado*. São Paulo: Saraiva, 2003.

TRETTEL, Daniela Batalha. *Planos de saúde na visão do STJ e do STF*. 1. ed. São Paulo: Verbatim, 2010.

O Ministério Público e o Questionamento Judicial de Matéria Tributária ante o Código de Defesa do Consumidor

Eduardo Marcial Ferreira Jardim[*]

Comentos introdutórios

Consoante comum sabença, o Ministério Público, tanto Federal quanto Estadual, sempre se insurgiu contra a cobrança de tributos ilegais ou inconstitucionais que integram o preço final de mercadorias ou serviços, razão pela qual deu pressa em ajuizar inúmeras ações civis públicas com o fito de afastar a exigibilidade daqueles gravames e, por essa forma, proteger os direitos do consumidor.

Não obstante, a legislação aplicável à espécie hospeda uma vedação no que concerne à utilização de ação civil pública como instrumento para litígios de índole tributária, consoante gravado no parágrafo único do art. 6º, da Medida Provisória de n. 2.180-35, de 24 de agosto de 2001, que assim dispõe:

Art. 6º Os arts. 1º e 2º da Lei n. 7.347, de 24 de julho de 1985, passam a vigorar com as seguintes alterações:

"Art. 1º [...]

[...]

V — por infração da ordem econômica e da economia popular;

VI — à ordem urbanística."

Parágrafo único. Não será cabível ação civil pública para veicular pretensões que envolvam tributos, contribuições previdenciárias, o Fundo de Garantia do Tempo de Serviço — FGTS ou outros fundos de natureza institucional cujos beneficiários podem ser individualmente determinados (NR).

(*) Mestre e Doutor em Direito pela Pontifícia Universidade Católica de São Paulo e Professor Titular de Direito Tributário na Faculdade de Direito da Universidade Mackenzie.

Ademais, mesmo antes do advento do aludido diploma legal, o Judiciário não dera acolhida aos pleitos naquele sentido, por entender que o Ministério Público não teria legitimidade ativa para defender direitos de contribuintes, sob o fundamento de que a legislação aplicável à espécie estaria circunscrita aos interesses e direitos difusos de caráter metaindividuais. Essa premissa propende a comprometer o direito do consumidor, o qual se vê instado a suportar o ônus financeiro de tributos cobrados na contramão do figurino constitucional.

De outro lado, verdade seja, a Lei n. 7.347, de 24 de julho de 1985, que instituiu a ação civil pública, conquanto tenha versado sobre direitos difusos, de natureza transindividual, versejou também sobre os direitos coletivos. A mais disso, impende lembrar também que a Lei n. 8.078, de 11 de setembro de 1990, no caso o Código de Defesa do Consumidor, também não olvidou os direitos coletivos, tanto que os inscreveu no inciso II, do parágrafo único do art. 81. Com efeito, os direitos coletivos serão examinados nos desdobres deste Estudo com a intencionalidade de verificar o seu cabimento ou não na seara do consumidor em relação à tributação.

O assunto mereceria especial atenção em virtude dos primados que circundam o direito do consumidor, merecendo preocupação redobrada, mercê da elevada carga tributária que, decisivamente, extrapola a capacidade contributiva de expressiva parcela da população.

A propósito, cumpre dizer que o Brasil registra uma arrecadação tributária de, aproximadamente, 38% em relação ao Produto Interno Bruto, ou seja, o dobro ou quase o dobro do que se verifica em países do mesmo patamar, aqueles categorizados como emergentes, caso da Argentina, do Uruguai e do Chile, ou mesmo da China, onde o respectivo percentual gravita nas faixas de 15 a 20%.

Por todas as veras, é sobremodo gritante o descompasso do nível de tributação entre o nosso país e os demais, a exemplo daqueles retrocitados, fato que contraria os postulados éticos e econômicos que deveriam informar as políticas governamentais.

De par com essas considerações, importa esclarecer que a medida da carga tributária exprime um valor médio, tanto que é um dado macroeconômico, o qual revela aquilo que todos pagariam, *per capita*. Destarte, é mister considerar que nem todos pagam, seja pela condição de não serem contribuintes, nem consumidores, mas excluídos, bem como há os isentos, os imunes, os sonegadores etc., donde, dentre os que pagam, a média tende a ser maior do que os apontados 38%.

Assim, afigura-se plausível estimar que os tributos incidentes sobre as mercadorias e os serviços representariam algo entre 40 e 50% do preço final, ou seja, R$ 40,00 ou R$ 50,00 a cada R$ 100,00. Todavia, essa fórmula de avaliação depara-se falaciosa, porquanto reveladora da relação percentual dos tributos com referência ao preço final e não com relação à mercadoria ou aos serviços.

A bem ver, suponha-se uma mercadoria ao preço de R$ 100,00 no varejo, no qual 50% seriam de tributação. Nesse caso, os tributos representam 50% do preço final, mas 100% do preço da mercadoria antes da tributação. Logo, a percentagem da carga tributária costuma ocultar e ofuscar a realidade, a qual somente poderia ser mensurada sobre o preço da mercadoria ou do serviço e não do preço final!

Ao lado das observações ora expostas, impende lembrar que, sob a perspectiva financeira, o consumidor paga os tributos imersos no preço final, ainda que por meio de repasse efetivado pelo contribuinte comerciante ou prestador de serviços, o qual, não podendo contar com o Ministério Público, vê-se totalmente desprotegido e à míngua da sanha arrecadatória dos Governos de todos os níveis; fato, diga-se de passo, que empalidece a quintessência do Código de Defesa do Consumidor.

À derradeira, impende dizer que o consumidor desfruta do direito inquebrantável de ter conhecimento do valor dos tributos incidentes sobre as mercadorias e os serviços, conforme determina, aliás, o § 5º, do art. 150, da *lex legum*.

1. Positivação da matéria no patamar constitucional e no plano legal

Preambularmente, cumpre sublinhar que a Carta da República atribuiu ao Estado a incumbência de promover a defesa do consumidor na forma da lei. Fê-lo por intermédio do mandamento inscrito no art. 5º, inciso XXXII, o qual, diga-se de passo, representa cláusula pétrea, mercê da conjugação desse dispositivo com o art. 60, § 4º, inciso IV, da *lex legum*.

Ao demais, a defesa do consumidor representa um dos princípios que informa a Ordem Econômica e Financeira, conforme quer o comando inserto no art. 170, inciso V, do Texto Supremo, tudo com o desígnio de assegurar os altaneiros ideais de Justiça.

O art. 127, da Constituição Federal, a seu turno, verseja sobre a legitimidade ativa do Ministério Público, em seu aspecto geral, a qual, entrementes, não é reconhecida por remansosa jurisprudência de nossas Cortes em relação a pleitos volvidos a proteger o consumidor, o que será analisado na sequência deste Estudo. Já o art. 129, inciso III, instrumentaliza o *Parquet* no sentido de promover o inquérito civil e ajuizar a ação civil pública com o propósito, dentre outros, de proteger os direitos coletivos.

Consoante prefalado, o art. 150, § 5º, da Carta Magna estabelece que sejam os impostos divulgados ao consumidor de mercadorias e serviços. A despeito de a letra do comando fazer menção apenas aos impostos, ressalta a evidência de que não teria sentido lógico mencionar o valor dos impostos e ocultar o importe das contribuições e taxas, donde, sob o ponto de vista lógico e contextual, o consumidor tem o direito de saber qual o montante dos tributos que integram o preço final das mercadorias e dos serviços. Inobstante isso, a referida lei não veio a lume, fato que não impede o judiciário de aplicar a regra constitucional, máxime porque, ao contrário do senso comum, o juiz não é escravo da lei, mas da Constituição. Verativamente, aquela expressão diz respeito ao Poder Executivo, jamais ao Judiciário, pois aquele, sim, tem por missão institucional o cumprimento e a aplicação da lei, uma vez que a função administrativa, conquanto interdependente, é realmente subalterna à legislativa.

Por outro lado, afora as testilhas que permeiam o assunto atinente à legitimidade do Ministério Público, para insurgir-se contra a tributação em nome do consumidor, torna-se de mister tenha ele conhecimento da carga tributária a ser objeto do eventual questionamento.

No estrato legal, o direito do consumidor encontra-se basicamente vertido na Lei n. 8.078, de 12 de setembro de 1980, na ação civil pública prevista originalmente pela Lei n. 7.347, de 24 de julho de 1985, com as alterações introduzidas pela Medida Provisória n. 2.180-35, de 24 de agosto de 1981, de senão também na Lei n. 8.884, de 11 de junho de 1994, todas com modificações supervenientes, além das respectivas regulamentações. Há outros diplomas que versam sobre pontos distintos do assunto, a exemplo da Lei n. 10.504, de 8 de julho de 2002, que institui o "Dia Nacional do Consumidor", sem contar a existência de leis e atos administrativos voltados para aspectos que escapam ao objetivo deste Estudo.

2. POSTURA DOUTRINAL E PRETORIAL SOBRE O ASSUNTO

No âmbito doutrinal, em que pese a existência de algumas vozes dissidentes, o entendimento absolutamente preponderante infirma o cabimento da ação civil pública como forma de discutir a tributação contida nas mercadorias e nos serviços.

Dentre os primeiros, merecem ser lembrados os nomes de Welber Barral[1], Professor de Direito Internacional da Universidade Federal de Santa Catarina, James Marins[2], Professor da Pontifícia Universidade Católica do Paraná, e Milton Flaks[3], Procurador do Estado do Rio de Janeiro.

Welber Barral, em brilhante trabalho sobre o tema, defende com mestria o cabimento da ação civil pública tendo por objeto as questões tributárias. Num extrato de seu Estudo, obtempera que a cobrança de tributo confiscatório é um interesse difuso que se espraia por toda a comunidade, cuja defesa compete ao Ministério Público[4].

Nas conclusões, o referido professor é enfático ao verberar que:

> [...] os tributos ilegais dificilmente serão imputados a grupos econômicos poderosos, que recorrerão ao Judiciário, em qualquer instância, para defender seus direitos. Na realidade, estes tributos, via de regra indiretos, são recolhidos da camada humilde da população. Estes fatos servem para conferir ainda mais responsabilidade aos titulares da ação civil pública, guardiões dos interesses difusos da comunidade[5].

O festejado professor James Marins, a seu turno, reconhece inegável cabida da ação civil pública no plano tributário, pois, a seu pesar, ilegalidade ou inconstituciona-

---
(1) BARRAL, Welber. Notas sobre ação civil pública. *Revista de Processo*, v. 80, p. 151-154.
(2) MARINS, James. *Direito processual tributário brasileiro*. São Paulo: Dialética, 2001. p. 502 e ss.
(3) FLAKS, Milton. Instrumentos de defesa coletiva dos contribuintes. *Revista dos Tribunais*, v. 681, p. 41-46, 1992.
(4) BARRAL, Welber. *Op. cit.*, p. 153.
(5) *Ibidem*, p. 154.

lidades tributárias ressoam, tanto no campo dos interesses coletivos quanto nos individuais, em consonância com os pressupostos aplicáveis à espécie, tanto no Texto Supremo quanto na legislação de regência[6].

Milton Flaks, por sua vez, ao abordar o assunto, admite a defesa do contribuinte em juízo com o fito de contestar a cobrança de tributo inconstitucional, seja sob o prisma de interesses coletivos insertos no art. 110, seja sob o pálio de interesses individuais homogêneos de origem comum, conforme previsto no art. 81, parágrafo único, inciso III, ambos do Código de Defesa do Consumidor[7].

Quanto aos segundos, opositores da tese, alinham-se Arnoldo Wald[8], ao atualizar o clássico de Hely Lopes Meirelles[9], Ives Gandra Martins[10] e Cleide Previtalli Cais[11]. Para tanto, o primeiro autor se reporta às decisões pretorianas, abraçando os seus diversos pressupostos; já os demais sustentam que a ação civil pública tende a tutelar os interesses transindividuais, indivisíveis, indeterminabilidade de seus destinatários e indisponíveis e, por isso, seria incompaginável com a divisibilidade, determinabilidade dos contribuintes e disponibilidade imanente aos tributos.

A jurisprudência, por sua vez, revela que os Tribunais de Justiça dos Estados propendem a afastar a possibilidade da utilização da ação civil pública em matéria tributária, ao passo que o Superior Tribunal de Justiça, num primeiro momento, apresentou decisões conflitantes, mas, em seus recentes julgados, vem pacificando entendimento contrário àquela ação com o propósito de contestar a cobrança de tributos.

Nesse rumo, a bem ver, a orientação pretoriana adota a premissa segundo a qual o Ministério Público não tem legitimidade para propor a ação civil pública com o intuito de afastar a cobrança de tributos, sob o fundamento de tratar-se de interesses individuais e disponíveis do contribuinte e, por isso mesmo, haveriam de ser exercidos pelos próprios titulares desses direitos.

Exatamente nessa óptica exsurge remansosa jurisprudência do Superior Tribunal de Justiça, *ad exemplum* do Recurso Especial n. 17.8408/SP, assim ementado:

Processual Civil — art. 557, *caput*, do CPC — Aplicabilidade — Confronto com a jurisprudência dominante — Ação Civil Pública — Ministério Público — Matéria Tributária — Ilegitimidade.

1. Nos termos do art. 557, *caput*, do CPC, o relator está autorizado a negar seguimento ao recurso em confronto com a jurisprudência dominante do Tribunal. Daí que a existência de precedentes esparsos não impede o julgamento monocrático do recurso.

2. O Superior Tribunal de Justiça, em diversas oportunidades, já se manifestou no sentido de que não tem o Ministério Público legitimidade para propor ação civil pública com o

---

(6) MARINS, James. *Op. cit.*, p. 502 e ss.
(7) FLAKS, Milton. *Op. cit.*, p. 43.
(8) WALD, Arnoldo. *Mandado de segurança*. 29. ed. São Paulo: Malheiros, 2006. p. 239 e ss.
(9) MEIRELLES, Hely Lopes. *Mandado de segurança, ação popular, ação civil pública, mandado de injunção:* "habeas data". 29. ed. Atualizada por Arnoldo Wald e Gilmar Ferreira Mendes. São Paulo: Malheiros, 2006.
(10) MARTINS, Ives Gandra. Ação civil pública é veículo imprestável para a defesa de direitos individuais indisponíveis: a cobrança de tributos municipais não pode ser contestada por ação civil pública. *Revista Dialética de Direito Tributário*, n. 32, p. 97.
(11) CAIS, Cleide Previtalli. *O processo tributário*. 2. ed. São Paulo: Revista dos Tribunais, 1996. p. 213.

objetivo de impedir a cobrança de tributos, uma vez que os direitos do contribuinte, porquanto individuais e disponíveis, devem ser postulados por seus próprios titulares. Precedentes.

3. O fato da ação civil pública haver sido ajuizada antes da edição da MP n. 2.180/01, que desautorizou o uso daquele instrumento para discutir matéria tributária, não altera esse quadro, visto que o posicionamento jurisprudencial acerca do tema foi estabelecido antes mesmo do advento da novel norma.

4. Agravo improvido. (Segunda Turma, Rel. Ministra Eliana Calmon; julgamento em 16.5.2006; DJ 14.6.2006, p. 200).

Na mesma trilha é o julgamento do Recurso Especial n. 974.489/PE, em que o pensar cediço daquela Corte é revelado nos estreitos dizeres de sua Ementa, nos seguintes termos:

Processual Civil. Recurso Especial. Ação civil Pública. Serviço de Telefonia. Sujeito Passivo da COFINS e PIS/PASEP. Ilegitimidade do Ministério Público. Jurisprudência da Primeira Turma. Ressalva do entendimento do Relator (Ilegitimidade do Ministério Público, art. 129, III, da Constituição Federal. Lei Complementar n. 75/93. Interesses individuais homogêneos. Direito do Consumidor. Ilegalidade no Repasse de tributos a usuários do Serviço Público de Telecomunicação. (Primeira Turma, Rel. Min. Luiz Fux; julgamento, 25.11.2008; DJ 21.5.2009).

Desnecessário mencionar outros julgados, pois aqueles ora citados espelham o ponto de vista sedimentado no Superior Tribunal de Justiça, sem contar que, a partir da edição da Medida Provisória de n. 2.180-35/01, a matéria restou positivada, o que sugere como remotíssima a possibilidade de o consumidor desfrutar do concurso do Ministério Público como interposta pessoa que pudesse defender os seus direitos perante o Judiciário.

Em suma, no ver do Superior Tribunal de Justiça, o Ministério Público somente poderia utilizar a ação civil pública com o fito de questionar matéria que envolva direitos difusos, indisponíveis, donde, *a contrario sensu*, não reconhece legitimidade para a discussão de matéria tributária, em virtude de revestir natureza individual e disponível, razão por que seria suscetível de questionamento tão somente por seus titulares.

Outro argumento utilizado pelo Superior Tribunal de Justiça consistiria na possibilidade de sentenças contraditórias com eficácia *erga omnes*, conforme pronunciamento da Primeira Turma, assim ementado:

Admitida a ação civil pública para impedir a cobrança de tributo taxado de inconstitucional, possibilitaria a prolação de sentenças contraditórias com efeito *erga omnes*, o que é absurdo (STJ-1ª T., REsp 90.406-MG, Rel. Min. Garcia Vieira, j. 17.3.1998, DJU 4.5.1998. p. 78).

Os pressupostos firmados pelo Superior Tribunal de Justiça serão contestados nas dobras deste Estudo, mas o argumento derradeiro merece reparos, desde logo, máxime porque nem todas as decisões prolatadas em ações civis públicas são dotadas de eficácia *erga omnes*, podendo, outrossim, revestir aspecto eficacial *ultra partes*, em consonância com o disposto no inciso II, do art. 103, do CDC. Mais, com referência àquelas de eficácia *erga omnes* não haveria o suposto conflito, uma vez que a primeira decisão poderia neutralizar a propositura de outras ações versando sobre o mesmo tema.

O Supremo Tribunal Federal, a seu turno, também já decidiu por não admitir ação civil pública proposta pelo MP para impedir a cobrança de tributos, conforme revela a ementa do Pleno a seguir transcrita:

> Ausência de legitimação do MP para ações da espécie, por não configurada, no caso, a hipótese de interesses difusos, como tais considerados os pertencentes concomitantemente a todos e a cada um dos membros da sociedade, comum bem não individualizável ou divisível, mas, ao revés, interesses de grupo ou classe de pessoas, sujeitos passivos de uma exigência tributária cuja impugnação, por si só, pode ser promovida por eles próprios, de forma individual ou coletiva. (STF-Pleno n. 173288).

Entrementes, o *decisum* do Pleno do Pretório Excelso considerou apenas a possibilidade dos direitos difusos, olvidando que a própria Constituição cuida de outras hipóteses, inclusive dos direitos coletivos, o que será examinado na sequência deste Estudo. A mais disso, é necessário esclarecer que, diferentemente do pensar do Supremo, embora o consumidor venha a arcar com o ônus financeiro do tributo, cujos valores lhe são repassados, ele não é contribuinte daqueles gravames e, por isso, não poderia questioná-los a não ser pela via da ação civil pública.

3. REFLEXÕES ACERCA DO TEMA SOB A CRAVEIRA DO TEXTO EXCELSO

A) ART. 5º, INCISO XXXII, DA CF

O comando em apreço assim dispõe: *o Estado promoverá, na forma da lei, a defesa do consumidor*. Trata-se, pois, de direito e garantia fundamental, gravados como cláusula pétrea, em face do disposto no art. 60, § 4º, inciso IV, do Código Máximo. Sob o ponto de vista dos efeitos jurídicos, a norma afigura-se autoaplicável, sujeita a disciplinamento integrativo infraconstitucional, respeitada sua essência monádica. É dizer, a regra *in casu* pode e deve ser implementada no plano legislativo, desde que sem qualquer restringência, máxime porque seria uma *contradictio in terminis* admitir que o constituinte atribuísse poderes para que o legislador infirmasse direitos ou quaisquer valores proclamados no Texto Supremo.

Em consonância com argumentos expendidos introdutoriamente, vezes sem conta a tributação representa mais de 50% na composição do preço final de mercadorias e serviços, daí a necessidade de haver mecanismos que possibilitem ao consumidor o direito de contraditar eventual ilegalidade ou inconstitucionalidade de tributos que lhe são repassados no mercado varejista.

Nem se diga que poderia ele bater às portas do Judiciário a fim de exercer o seu direito, pois, dada a condição de consumidor e não de contribuinte, não lhe é facultado opor-se à cobrança de tributos a serem recolhidos por seus fornecedores. Destarte, seria indispensável que os Poderes da República concretizassem na plenitude o direito do consumidor, assegurando a integralidade de seu desfrute, sobretudo definindo os meios de insurgência contra o valor do repasse dos tributos porventura ilegais ou inconstitucionais.

B) ART. 170, INCISO V, DA CF

O preceito em epígrafe exprime um dos postulados constitucionais de conteúdo econômico e jaz no Título VII, denominado "Da Ordem Econômica e Financeira", ao passo que o Capítulo I, ora sob exame, denomina-se "Dos Princípios Gerais da Atividade Econômica".

Pois bem, o *caput* do artigo em apreço firma como premissa norteadora da atividade econômica a livre iniciativa, a dignidade e a justiça social, a qual se enlaça com a defesa do consumidor, em consonância com o disposto no inciso V, do mesmo mandamento constitucional.

A exemplo do item precedente, desponta uma reiteração do primado da defesa do consumidor, o que lhe dá cores tintas, donde, *a fortiori*, não poderia também ser coarctada, como sói acontecer, por decorrência de postura omissiva do Estado.

C) ARTS. 127, CAPUT E 129, III, DA CF

O *caput* do art. 127 assim preceitua: "o Ministério Público é instituição permanente, essencial à função jurisdicional do Estado, incumbindo-lhe a defesa da ordem jurídica, do regime democrático e dos interesses sociais e individuais indisponíveis".

Preliminarmente, cumpre lembrar que as decisões que negam legitimidade ativa ao Ministério Público, em relação à ação civil pública de matéria tributária em prol do consumidor, são estribadas na cláusula derradeira do comando *in casu* e, portanto, substanciadas nos interesses sociais e individuais indisponíveis. Igual sorte se reproduz no campo legislativo, o qual será analisado ao depois.

Por outro lado, é necessário reconhecer que os aludidos *interesses sociais e individuais indisponíveis* simbolizam um dos três epítetos do cânone inserto no *caput* do art. 127, ao passo que o art. 129, inciso III, amplia aquele espectro, enquanto encarta os *direitos coletivos* no rol das prerrogativas conferidas ao Ministério Público no plano constitucional. De conseguinte, convém gizar que ao *Parquet* também compete defender a ordem jurídica e o regime democrático.

Colocadas em curso essas noções propedêuticas, depara-se oportuno analisar a questão em consonância com seu quadrinômio, desenvolvendo breves reflexões sobre cada um dos tópicos contidos no art. 127, combinados com o art. 129, inciso III, todos do Estatuto Supremo.

I — INTERESSES SOCIAIS E INDIVIDUAIS INDISPONÍVEIS

Sob o pálio da cláusula em apreço, o legislador e parte da doutrina entenderam que os direitos a serem tutelados pelo Ministério Público seriam os transindividuais, basicamente timbrados pela difusibilidade, indivisibilidade e indisponibilidade. Destarte, o questionamento de matéria tributária por meio de ação civil pública em defesa do consumidor representa tema até então rejeitado pelo judiciário sob pretexto de cuidar de interesses individuais e disponíveis, ou seja, na contramão dos direitos metaindividuais.

II — DIREITOS COLETIVOS

Por outro lado, cabe verificar se as implicações de natureza tributária em relação ao consumidor teriam vestes coletivas ou não, a fim de identificar se esses direitos e interesses poderiam ser objeto de ação civil pública.

A carga semântica da expressão revela tratar-se de direitos relativos a um grupo de pessoas, independentemente de sua determinação, *a priori*, mas determináveis, *oportuno tempore*, desde que ligadas por uma mesma situação de origem comum. É o caso, por exemplo, da precisa lição de Kazuo Watanabe, que assim pontificou:

> "Origem comum" não significa, necessariamente, uma unidade factual e temporal. As vítimas de uma publicidade enganosa veiculada por vários órgãos de imprensa e em repetidos dias ou de um produto nocivo à saúde adquirido por vários consumidores em um largo espaço de tempo e em várias regiões têm, como causa de seus danos, fatos com homogeneidade tal que os tornam a "origem comum" de todos eles, ou seja, o que têm em comum é a procedência, e a gênese na conduta comissiva ou omissiva da parte contrária[12].

O caso, aliás, aplica-se a preceito à hipótese em que os consumidores de mercadorias ou serviços tributados compõem um universo de pessoas, portanto uma coletividade, e, por essa razão, encontram-se investidos de interesses e direitos de origem comum.

É indubitável que a tributação embutida no preço de mercadoria e serviços transcende o individual e representa interesse de toda a coletividade, até porque seria desproposionado negar que um tributo cobrado *uti universi* não teria cores coletivas. Nesse trilho, aliás, ao tempo em que o STJ ainda não havia se posicionado contrário à ação civil pública versando sobre tributação, merece transcrito um excerto do exemplaríssimo pronunciamento do Ministro Demócrito Reinaldo, numa ação civil pública proposta pelo Ministério Público contra a cobrança de taxa de iluminação pública. Passemos-lhe a palavra:

---

(12) WATANABE, Kazuo. *Código brasileiro de defesa do consumidor*: obra coletiva, comentada pelos autores do anteprojeto do CDC. 9. ed. Rio de Janeiro: Forense Universitária, 2007. p. 825.

Os interesses individuais, *in casu* (suspensão do indevido pagamento de taxa de iluminação pública) embora pertinentes a pessoas naturais, se visualizadas em seu conjunto, em forma coletiva e impessoal, transcendem a esfera de interesses puramente individuais e passam a constituir interesses da coletividade como um todo, impondo-se a proteção por via de um instrumento processual punico e de eficácia imediata — "ação coletiva". (REsp n. 49.272-6-RS-1ª Turma do STJ, j. 21.9.1994).

Conforme bem realçado por Ada Pellegrini Grinover, "o objeto litigioso do processo dizia respeito, tanto em relação à causa de pedir como também ao pedido, à tutela dos interesses e direitos de toda uma coletividade, e não a interesses individuais homogêneos dos membros dessa coletividade"[13].

Impende observar, pois, que o art. 129, inciso III, do Texto Magno, aludiu aos direitos coletivos de forma genérica, em sua acepção comum e não técnica, pelo que não se confunde com a definição dos direitos coletivos no mandado de segurança, os quais foram definidos e delimitados na própria Constituição Federal (art. 5º, LXX, letras *a* e *b*).

O asserto mencionado goza do placitar de Thomas Cooley[14], para quem as palavras devem ser compreendidas em sua significação natural, salvo se expressas em linguagem técnica.

O asserto é abonado por Tércio Sampaio Ferraz Júnior[15], que, por sua vez, se reporta a um memorável voto da lavra do ministro Octávio Gallotti no RE n. 104.306-SP, o qual, num excerto, assim afirmou: "se a lei pudesse chamar de compra o que não é compra, de importação o que não é importação, de exportação o que não é exportação, de renda o que não é renda, ruiria todo o sistema tributário inscrito na Constituição".

Por essa forma, afigura-se plausível dessumir que os direitos coletivos escopados a proteger o consumidor devem ser compreendidos em sua plenitude semântica, sendo vedado, pois, ao legislador e ao intérprete restringir a sua latitude, ainda que minimamente, sob pena de incorrer em patente inconstitucionalidade.

De conseguinte, uma vez reconhecida a fisionomia de interesse e direito coletivo àquele concernente ao consumidor, enquanto contribuinte tributário de fato, força é admitir que os direitos desse jaez desfrutam de supedâneo constitucional inscrito no art. 129, inciso III, e, por isso, merecem resplandecer e serem obedecidos, não só pelo editor das normas gerais e abstratas como pelos produtos de normas concretas e individuais.

---

(13) GRINOVER, Ada Pellegrini. *A marcha do processo*. Rio de Janeiro: Forense Universitária, 2000. p. 27.
(14) COOLEY, Thomas. *Princípios gerais do direito constitucional dos Estados Unidos da América do Norte*. Editor Carlos Echenique. Porto Alegre: Livraria Universal, 1909. p. 407.
(15) FERRAZ JR., Tércio Sampaio. *Direito constitucional:* liberdade de fumar, privacidade, estado, direitos humanos e outros temas. São Paulo: Manole, 2007. p. 23.

Assim, se é verdade que a matéria tributária não abriga cores difusas e metaindividuais, não menos verdade também é que a tributação compreende matizes coletivos. Nesse ponto, a bem ver, o art. 129, inciso III, do Texto Supremo, precitado, de forma incisiva e com clareza solar, qualifica como função institucional do Ministério Público promover o inquérito civil e a ação civil pública, para a proteção de uma série de direitos, inclusive os interesses difusos e coletivos.

O referido entendimento, a bem ver, ecoa no abalizado magistério de Pinto Ferreira[16], que assim atremou:

> Cabe ao MP a intervenção no que concerne a interesses sociais e individuais indisponíveis e a interesses difusos e coletivos. O MP sempre busca a defesa dos interesses públicos primários. Assim, ele age de forma prioritária, sempre buscando o interesse geral, em tudo que interessa de modo indeterminado a toda comunidade. Daí a ampliação de sua atividade, mediante o acréscimo de outras prerrogativas, especificadas no art. 129 da Constituição, como, entre outras, a ação civil pública, ação de inconstitucionalidade ou representação para fins de intervenção da União e dos Estados, a defesa dos direitos e interesses das populações indígenas.

Pontes de Miranda, a seu turno, opôs-se de forma contundente contra as regras destinadas a reduzir o campo de atuação do Ministério Público. Ao comentar o assunto na Carta de 1967, enfatizou a impossibilidade de tolher qualquer ação daquela instituição, a qual, a seu ver, estaria incumbida pela tutela de incapazes, de massa e de ausentes. À época, não havia a figura do consumidor com a dimensão e a positivação atual, mas o consumidor subjaz nas entrevozes de seu pensamento[17].

Em apertada síntese, essas ponderações tendem a reafirmar o ponto de vista pugnado no presente Estudo, na vereda em que, por essa óptica, as questões tributárias de interesse do consumidor encontram guarida no Texto da República, mercê de sua feição coletiva, expressamente contemplada no mandamento contido no art. 129, inciso III, que, ao demais, instrumenta o Ministério Público a ocupar o polo ativo em ações civis públicas predestinadas a tutelar aqueles interesses e direitos.

III — Ordem jurídica

Trata-se de instituto da Teoria Geral do Direito e, por isso mesmo, entronca-se com todos os ramos da ciência jurídica. Com pena de ouro, Maria Helena Diniz[18] assim a define:

> Conjunto de normas estabelecidas pelo poder político competente, que se impõem e regulam a vida social de um dado povo em determinada época.

---

(16) FERREIRA, Pinto. *Comentários à Constituição brasileira*. São Paulo: Saraiva, 1992. v. 5, p. 127-128.
(17) MIRANDA, Francisco Cavalcanti Pontes de. *Comentários à Constituição de 1967, com a Emenda n. 1, de 1969*. 2. ed. 2. tir. São Paulo: Revista dos Tribunais, 1973. t. III, p. 406.
(18) DINIZ, Maria Helena. *Dicionário jurídico*. São Paulo: Saraiva, 1998. v. 3, p. 460.

Com essas normas possível será obter o equilíbrio social, impedindo a desordem, os ilícitos e os crimes, procurando proteger a saúde e a moral pública, resguardando os direitos e a liberdade das pessoas. Pode-se dizer, segundo Miguel Reale, que o direito é uma ordenação heterônoma das relações sociais, baseada numa integração normativa de fatos e valores. Trata-se do ordenamento jurídico.

Dela não discrepa Plácido e Silva, que, ao definir o verbete "Ordem Jurídica" em seu tradicional *Vocabulário Jurídico*, com outras palavras embora, assim averbou: "Complexo de regras e princípios ditados pelo poder público, como normas obrigatórias, para que se regulem e se protejam todas as relações e interesses dos cidadãos entre si, e entre eles e o próprio Estado, no intuito de manter a própria ordem social e política do estado"[19].

Destarte, ressalta à evidência que o reconhecimento de legitimidade ativa ao Ministério Público no sentido de opor-se à cobrança de tributo cobrado indevidamente do consumidor, por via oblíqua, embora, representa defender a ordem jurídica, em obséquio a uma das cláusulas inscritas no art. 127 da Carta da República.

Em contrapartida, a denegação dessa legitimidade é que afronta a ordem jurídica e ultraja os direitos do consumidor, deixando-o à míngua de se insurgir contra eventual ilegalidade do tributo, pois, não sendo sujeito passivo da obrigação tributária, o único caminho que lhe resta seria contar com a interposição do *Parquet* para livrar-se da apontada ilicitude.

Decididamente, contestar a legitimidade ativa do Ministério Público no sentido de propor ações contra tributos acoimados como indevidos, com o fito de defender o consumidor, entreplica passar ao largo da contextura íntima do art. 127 da Constituição Federal, amesquinhando a grandeza daquela instituição, sobre menoscabar direitos e garantias fundamentais do consumidor e acutilar um dos postulados constitucionais concernentes à atividade econômica.

Demais disso, as normas tendentes a reduzir os direitos do consumidor, no atinente a contraditar a cobrança de tributos ilegais ou inconstitucionais, sobre não derivarem de norma superior que lhe comunique validade, por vezes chegam a conflitar com regras impressas no Texto Supremo, donde, segundo Kelsen[20], não podem valer como uma norma posta dentro da ordem jurídica.

IV — Regime democrático

O mais expressivo conceito de democracia remonta ao discurso de Gettysburg em 19 de novembro de 1863, pronunciado pelo então Presidente Abraham Lincoln na cerimônia de inauguração do Cemitério Militar de Gettysburg, local onde ocorrera

---

(19) SILVA, Plácido e. *Vocabulário jurídico*. 4. ed. Rio de Janeiro: Forense, 1975. v. 3.
(20) KELSEN, Hans. *Teoria pura do direito*. 3. ed. Tradução de dr. João Baptista Machado. Coimbra: Armênio Amado, p. 326.

a batalha com o mesmo nome. Realmente, trata-se de um dos mais memoráveis discursos em língua inglesa, tendo por eixo a nova democracia norte-americana, no qual o presidente a definiu como "o governo do povo, pelo povo, para o povo, consagrado ao princípio de que todos os homens nascem iguais"[21].

Deveras, esse conceito é atemporal e universal e, por isso, permeia todos os meandros dos Estados Democráticos, seja por meio de positivação expressa, seja inexpressa. Entre nós, a Carta Magna proclamou a democracia indireta ou representativa, na qual o povo, titular do Poder, atribui as funções de Governo aos seus representantes, escolhidos em eleições diretas, com mandatos temporários e sujeitos à responsabilização pelo cometimento de qualquer ilegalidade.

Nas dobras de seu aspecto conceptual gravitam outros primados constitucionais, a exemplo da legalidade, igualdade e os demais direitos e garantias fundamentais, porquanto todos guardam uma correlação lógica inexorável com o postulado democrático.

Ao definir o verbete em seu Dicionário, Kyioshi Harada[22] assim se manifestou:

> Regime de governo que permite e assegura ao povo a liberdade e a igualdade. É o governo do povo, pelo povo, para o povo. É o regime constitucional de governo da minoria que, sobre a base política e da garantia das liberdades civis, assegura às minorias, com seu direito de representação e crítica. O art. 1º da CF prescreve que a República Federativa do Brasil constitui-se em um Estado Democrático de Direito *in verbis:* "Todo poder emana do povo, que o exerce por meio de representantes eleitos diretamente, nos termos da Constituição".

Ao aludir às suas espécies, menciona a democracia indireta ou representativa, adotada em nosso país, a qual, segundo suas palavras, é aquela em que o povo, não podendo dirigir os negócios do Estado diretamente, em face da extensão territorial, da densidade demográfica e da complexidade dos problemas sociais, outorga as funções de governo aos seus representantes, os quais elege periodicamente.

O regime democrático, mercê de sua natureza, tende a assegurar a fruição e concreção dos direitos fundamentais. Nessa vereda, aliás, é a abalizada lição de Canotilho, que assim averbou: "O princípio democrático e o princípio do Estado de Direito contribuem ambos para a conformação e racionalização da vida da comunidade e são ambos instrumentos contra abusos do poder"[23].

Por sem dúvida, a tributação contida no preço de mercadorias e serviços, a qual é repassada ao consumidor, caso seja acoimada de qualquer ilegalidade, traduz inegável

---
(21) LINCOLN, Abraham. *The gettysburg address*. Biblioteca do Congresso dos Estados Unidos da América do Norte.
(22) HARADA, Kyioshi. *Dicionário de direito público*. 2. ed. São Paulo: MP, 2005. p. 126-127.
(23) CANOTILHO, José Joaquim Gomes. *Direito constitucional*. Coimbra: Almedina, 1987. p. 345 e ss.

locupletamento ilícito e consequente abuso de Poder por parte do Estado. Logo, por considerar que o consumidor não ocupa o polo passivo da relação tributária e, por esse motivo, não poderia insurgir-se contra a referida ilicitude, torna-se de mister que o seu direito seja intentado pelo Ministério Público, em harmonia, aliás, com a cláusula sob exame, inserta no *caput* do art. 127, da Carta Magna, e, sobretudo, em homenagem ao primado democrático que, em última análise, tem por destinatários o povo, universo, diga-se de passo, habitado pelos consumidores.

Destarte, negar esse liame consubstanciado no binômio "democracia" e "consumidor", entreplica passar ao largo do sacramental primado do arquiprincípio democrático, o qual, sobranceiro, deve conformar os Estados timbrados com esse regime de governo.

4. O PROBLEMA TEMATIZADO NO PLANO LEGISLATIVO

A) LEI N. 7.347, DE 24 DE JULHO DE 1985 E LEI N. 8.078, DE 11 DE SETEMBRO DE 1990

A Lei n. 7.347/85 teve o condão de instituir a ação civil pública em nosso ordenamento jurídico. Seu preâmbulo alude ao consumidor, contemplando-o no universo de seus desígnios, o que, de logo, desponta no art. 1º, que assim estabelece:

> Regem-se pelas disposições desta Lei, sem prejuízo da ação popular, as ações de responsabilidade por danos morais e patrimoniais causados:
>
> I — ao meio ambiente;
>
> II — ao consumidor;
>
> III — à ordem urbanística;
>
> IV — a bens e direitos de valor artístico, estético, histórico, turístico e paisagístico;
>
> V — a qualquer outro interesse difuso ou coletivo;
>
> VI — por infração da ordem econômica e da economia popular (Lei n. 10.257, de 10 de julho de 2001).
>
> Parágrafo único. Não será cabível ação civil pública para veicular pretensões que envolvam tributos, contribuições previdenciárias, o Fundo de Garantia do Tempo de Serviço — FGTS ou outros fundos de natureza institucional cujos beneficiários podem ser individualmente determinados. (MP n. 2.180-35, de 24 de agosto de 2001).

Inicialmente, cumpre observar que a redação original do art. 1º da Lei n. 7.347, de 24 de julho de 1985, assegurava a defesa do consumidor, não só sob o aspecto difuso como também sob o ângulo coletivo, este, ao parecer, compatível com as questões tributárias.

Entrementes, legislação superveniente restringiu o espectro daquele comando e, nesse sentido, vedou expressamente a propositura de ação civil pública como instrumento de discussão de matéria tributária, tudo em virtude do disposto no art.

6º, da Medida Provisória n. 2.180-35, de 24 de agosto de 2001, que modificou o texto originário mediante a inserção do parágrafo único ora estampado.

Realmente, merece reproches aquela indevida vedação que inviabiliza a utilização da ação civil pública na seara tributária, pois simboliza manifesta afronta ao direito constitucional do consumidor, em seus aspectos genéricos, sobre acutilar função institucional do *Parquet* no rumo de deflagrar a referida ação na defesa de direitos coletivos, os quais, por óbvio, encampam a tributação repassada ao consumidor.

Deveras, o descompasso anotado revela que a regra contida no parágrafo único do art. 1º, da Lei n. 7.347/85, culmina por restringir o campo de atuação do Ministério Público, consoante grafado na Carta da República em seu art. 129, inciso III, o que, por óbvio, compromete de modo inexorável a validez daquele comando que merece expungido da ordem jurídica, mercê de sua inconstitucionalidade.

Sobre mais, consoante arguta observação de José Eduardo Burti Jardim, aquele dispositivo abriga outra mácula inexorável, uma vez que a Lei da Ação Civil Pública reveste fisionomia adjetiva, pelo que a Medida Provisória não poderia jamais dispor sobre matéria, nos precisos termos do art. 62, § 1º, alínea *b*, da Carta da República. Como diria Camões, "cessa tudo que a antiga musa canta quando outro valor mais alto se alevanta".

Tirante aquelas impropriedades, passemos ao exame dos direitos básicos dos destinatários de mercadorias e serviços, cinzelados na Lei n. 8.078, de 11 de setembro de 1980, a qual instituiu o Código de Defesa do Consumidor. Com efeito, aquele diploma cuida dos direitos transindividuais e dos homogêneos, os quais se encontram positivados no art. 81, parágrafo único, incisos I, II e III. Assim, ao definir os interesses ou direitos difusos, o inciso I, do referido comando os define como "os transindividuais, de natureza indivisível, de que sejam titulares pessoas indeterminadas e ligadas por circunstâncias de fatos".

Contemplam também os direitos coletivos, assim entendidos, os transindividuais, de natureza indivisível, titularizados por grupo, categoria ou classe de pessoas ligadas entre si ou com a parte contrária por meio de uma relação base, conforme disposto no inciso II, do art. 81. Prestigia, ainda, os interesses ou direitos individuais homogêneos, vale dizer, aqueles decorrentes de origem comum, em consonância com o disposto no inciso III, daquele dispositivo.

Nos quadrantes dos interesses e direitos do consumidor na messe tributária, os seus prosélitos invocam os direitos coletivos insertos no inciso II, do parágrafo único do art. 81, do CDC, ou então vislumbram lastro no texto do inciso III, do mesmo comando. É a posição, aliás, pugnada pelo festejado professor James Marins, que, no tocante aos direitos homogêneos, assim se manifestou:

> Sem dúvida, os danos causados na esfera econômica dos contribuintes através de atos de arrecadação pública ilegais ou inconstitucionais são espécie de interesse coletivo, mais especificamente, na maioria das

hipóteses, interesses individuais homogêneos, perfeitamente tuteláveis, portanto, através de ação civil pública[24].

Outrossim, na mesma obra o renomado Professor sustenta os aludidos interesses e direitos do consumidor, fazendo-o sob a óptica dos direitos coletivos, com fulcro no art. 103, inciso IV, da Lei da Ação Civil Pública, o qual, no ver do presente Estudo, ressoa no disposto no art. 81, inciso II, do CDC. Nesse compasso, assim veementizou James Marins: "O art. 110 do Código do Consumidor conferiu amplitude à Lei da Ação Civil Pública, ao introduzir o inciso IV em seu art. 1º que possibilita que qualquer outro interesse difuso ou coletivo possa ser protegido através dela"[25].

Por outro lado, contudo, a corrente dominante invoca que aquela disposição legal seria inconstitucional, pois estaria ampliando indevidamente o comando constitucional ora esquadrinhado. Esse é o posicionamento, *ad exemplum*, pugnado por Carlos Victor Muzzi Filho[26] em Tese apresentada no XXIV Congresso Nacional de Procuradores do Estado.

Por induvidoso, o texto primevo da Lei sob comento instrumentou o consumidor com a prerrogativa de buscar na ação civil pública o meio de asseguração de seu direito, caso violado. Essa regra, diga-se de passo, encontra suporte constitucional no disposto no art. 129, inciso III, que investe o Ministério Público do poder-dever de promover o inquérito civil e a ação civil pública em prol de uma série de propósitos, inclusive a proteção dos direitos coletivos.

Não se forra de objurgatórias, também, a incompletude do Código de Defesa do Consumidor, uma vez que, ao enumerar os interesses e direitos do consumidor, por meio do parágrafo único do art. 81, deixou de explicitar aqueles de índole tributária, o que rendeu margem a intensas controvérsias, sobre gerar incertezas e vulnerando o universo de direitos do consumidor. Portanto, cumpre reconhecer que, no mínimo, o CDC afigura-se omisso na proteção ao consumidor, em especial no tangente à matéria tributária, a qual é justamente uma das mais importantes no plexo de seus interesses e direitos.

Essas disposições intersertas no parágrafo único do art. 81, do CDC, em vez de proteger o consumidor, como seria de mister, afigura-se omissiva nesse ponto, no que deixa de explicitar os princípios constitucionais volvidos a tutelar interesses e direitos naquele sentido.

Realmente, trata-se de uma *contradictio in terminis,* pois o CDC é lacunoso num dos principais aspectos concernentes ao direito do consumidor, que é justamente a possibilidade de questionar uma das mais elevadas cargas tributárias do planeta, imersa no preço, a qual, não raro, não resiste a um contraste de legalidade.

---

(24) MARINS, James. *Op. cit.*, p. 503.
(25) *Ibidem*, p. 502-503.
(26) MUZZI FILHO, Carlos Victor. *Impropriedade da ação civil pública em matéria tributária.* Disponível em: <http://www.pge.sp.gov.br/centrodeestudos/bibliotecavirtual/Congresso/Tese28.doc>.

Obviamente, essa omissão não impede que o Judiciário aplique a Constituição, máxime porque a omissão do parlamento que descumpre o Texto Excelso não poderia tornar ineficaz uma norma constitucional, a qual, como quer Ruy Barbosa, jamais teria a feição de conselho ou aviso, mas comando imperativo.

CONSIDERAÇÕES FINAIS

Ante os comentos expostos, torna-se oportuno apresentar em apertada síntese os argumentos contrários à utilização da ação civil pública na messe tributária e as objeções suscitadas e veementizadas neste Estudo, as quais podem ser assim resumidas.

1. POSIÇÃO TRADICIONAL CONTRÁRIA À AÇÃO CIVIL PÚBLICA NO CAMPO TRIBUTÁRIO

a) a ação civil pública teria por objeto tão somente os direitos metaindividuais de natureza indivisível e indisponível, e, por essa razão, seriam incompatíveis com a natureza divisível e disponível dos tributos;

b) os tributos abrigam natureza patrimonial, daí sua natureza disponível;

c) o consumidor encontra-se ligado ao fornecedor e não à Fazenda Pública, pelo que não teria legitimidade para questionar a tributação por meio de interposta pessoa, no caso o Ministério Público, podendo fazê-lo por mecanismos específicos;

d) haveria vedação expressa inserta no parágrafo único da Lei n. 7.347, de 24 de julho de 1985, introduzido pela Medida Provisória n. 22.180-35, de 24 de agosto de 2001; e

e) os efeitos *erga omnes* da ação civil pública ensejariam decisões contraditórias, o que seria um absurdo.

2. PROPOSTA DESTE LIVRO EM PROL DA AÇÃO CIVIL PÚBLICA NA SEARA TRIBUTÁRIA

Primus: Cumpre obtemperar, a apontada divisibilidade e disponibilidade dos tributos não reveste foros de procedência, tanto que o tributo somente ganha divisibilidade com o lançamento, o que nem sempre ocorre, máxime porque os tributos, em sua maioria, são recolhidos sem a edição daquele ato administrativo. Assim, impostos como o IPI ou o ICMS ou o ISS, bem como as contribuições sociais, a exemplo de PIS e Cofins, dentre outras, são calculados pelo sujeito passivo da obrigação tributária que, em tese, dá pressa em efetivar o pagamento do gravame. O valor correspondente à tributação integra o preço de varejo e é repassado ao consumidor, o que revela a relatividade da referida divisibilidade, ao menos à luz dos primados da ciência do direito tributário.

Melhor sorte não cabe à acoimada disponibilidade, sob pretexto de que o contribuinte de tributos poderia decidir sobre efetuar o pagamento ou insurgir-se contra a exigibilidade. Ora, essa visão padece de completude, pois, sob o prisma da Fazenda Pública, um dos característicos do tributo é exatamente a indisponibilidade, inclusive por decorrência de sua definição inserta no art. 3º do Código Tributário Nacional ao qualificó como prestação nascida compulsoriamente e cobrada por atos vinculados. Com efeito, afigura-se estrambótico cindir a obrigação tributária e dar-lhe cores de um lado só, o que mostra a equivocidade do ponto de vista *sub examen*.

Sobre mais, importa grafar que aquela opinião passa ao largo dos direitos coletivos que são contemplados no Texto Supremo e, conforme será sustentado ao diante, teria o condão de encampar a tributação suportada pelo consumidor.

Secundus: Merece igualmente refusado o entendimento que atrela a patrimonialidade dos tributos com a divisibilidade, até porque essa premissa não é o aresto da verdade, conforme sugerem os seus prosélitos. De um lado, o conteúdo patrimonial é imanente a qualquer obrigação, seja de dar, fazer ou não fazer, até porque o cumprimento de uma obrigação de fazer reveste um conteúdo passível de valoração econômica, senão também o seu inadimplemento enseja uma responsabilidade patrimonial.

Essa lição, aliás, remonta ao Direito Romano, conforme estampa a definição de Paulo: *obligationum substancia non in so consistit, ut aliquod corpus nostrum aut servitutem nostram faciant, sed ut alium nobis obstringant ad dandum aliquid, val faciendum val praesstandum*[27].

Entre nós, Washington de Barros Monteiro definiu obrigação como a "relação jurídica de caráter transitório, estabelecida entre devedor e credor e cujo objeto consiste numa prestação pessoal econômica, positiva ou negativa, devida pelo primeiro ao segundo, garantindo-lhe o adimplemento através de seu patrimônio"[28].

Realmente, o aventado aspecto patrimonial não tem o apanágio de infirmar a relação de pertinência lógica entre os campos da ação civil pública e a tributação.

Tertius: Censurável por todos os títulos é a alegação tendente a impedir o consumidor de adversar a tributação contida nos preços, sob pretexto de seu direito exaustar-se no plano entre fornecedor e consumidor e remetê-lo às ações tributárias. Homessa, é cediço que o consumidor não é sujeito passivo de obrigação tributária, daí a necessidade de contar com o Ministério Público para lhe fazer as vezes, sob pena de ver-se privado do exercício de direito e garantia fundamental, além de propiciar o locupletamento ilícito da Fazenda Pública, caso haja ilegalidade nos tributos imersos no preço.

Quartus: Força é iterar que aquele comando se depara manifestamente inconstitucional, máxime porque diploma do timbre de Medida Provisória jamais poderia

---
(27) DIGESTO, livro 44, título 7, lei 3.
(28) MONTEIRO, Washington de Barros. *Curso de direito civil*. 9. ed. São Paulo: Saraiva, 1979. p. 8.

dispor sobre matéria adjetiva, *ex-vi* do disposto no § 1º, inciso I, letra *b*, do art. 62, da Carta da República.

Quintus: A ação civil pública preordenada a obstar a cobrança de tributos indevidos do consumidor não se assujeita à suposta contradição de sentenças com efeito *erga omnes*, consoante proclamado pelo Egrégio Superior Tribunal de Justiça, máxime porque a sua abrangência é *ultra partes*, limitada a grupo, categoria ou classe, em obséquio ao disposto no art. 103, inciso II, do CDC, donde, ao contrário da noção tradicional, não geraria qualquer conflito eficacial.

3. Cumpra-se a Constituição!

O autor deste Estudo foi voz dissonante à época da edição da Carta da República de outubro de 1988, tanto que, ao revés do brado **Constituinte-já!**, adotou, escreveu e palestrou no sentido inverso, equipole dizer, **Constituinte-não!**

A seu ver, a Carta de antanho abrigava as mesmas virtudes dos Textos democráticos contemporâneos, uma vez que definia a forma de Estado, o regime de governo, a tripartição de Poderes, contemplava os direitos e as garantias, bem como estabelecia alentadas regras programáticas de cunho social e econômico. Verdade seja, compreendia alguns comandos autoritários, estes, sim, suscetíveis de revogação.

Diante dessas ponderações, propugnava pela edição de uma única emenda, com um único artigo, o qual poderia expungir da ordem normativa o chamado entulho autoritário e, a partir de então, ao contrário de editar uma nova Constituição, seria necessário criar mecanismos que assegurassem o cumprimento da própria Constituição.

Desafortunadamente, o país abraçou o outro modelo, qual seja, concebeu uma nova Constituição que sabidamente não é cumprida, o que faz lembrar as palavras cáusticas de Carlos Lacerda, quando deputado federal, que, ante situações desse jaez, sugeria a propositura de um projeto de lei com a finalidade de estabelecer que as leis fossem cumpridas.

É exatamente o que se verifica no âmbito do tema ora examinado, uma vez que o consumidor ganhou *status* constitucional, bem assim há uma série de leis supostamente destinadas a defender os seus direitos, mas, a exemplo do caso vertente, esses diplomas não se concretizam na plenitude os seus direitos.

Corolários

As normas constitucionais não representam conselhos ou avisos, conforme memorável lição de Ruy Barbosa[29], donde a ausência de lei que obrigue seja divul-

---

(29) "Não há, numa Constituição, cláusula a que se deva atribuir meramente o valor moral de conselhos, avisos ou lições. Todas têm a força imperativa de regras." (BARBOSA, Ruy. *Comentários à Constituição Federal brasileira*. São Paulo: Saraiva, 1933. t. II, p. 489).

gado e discriminado o valor dos tributos contidos no preço de mercadorias e serviços, como quer o § 5º, do art. 150, da Constituição Federal, revela que o Congresso Nacional passa ao largo do Texto Excelso, fato, aliás, que ressoa com igual dimensão nos demais Poderes da República.

Tirante as questões relativas aos direitos metaindividuais, remanesce ao Ministério Público o direito e o dever de defender a ordem jurídica e o regime democrático, senão também os direitos coletivos, espectro, a bem ver, que abrange a discussão referente à cobrança de tributos ilegais ou inconstitucionais, tudo em obséquio ao mandamento inserto no *caput* do art. 127 conjugado com o art. 129, III, ambos da Constituição da República, o que revela a inconstitucionalidade de qualquer norma legislativa que infirme aqueles antessupostos.

Merecem acoimadas de manifesta inconstitucionalidade quaisquer normas que restrinjam a latitude dos arts. 127 e 129, inciso III, da Constituição Federal, cabendo igual sorte às lacunas existentes nessa seara, motivo por que, uma vez instado, o Judiciário pode e deve assegurar ao Ministério Público o direito e a legitimidade de questionar a cobrança de tributos indevidos, tudo em nome da ordem jurídica conjugada com a defesa do consumidor. Como quer Ruy Barbosa[30]: "Com a lei, pela lei e dentro da lei; porque fora da lei não há solução".

REFERÊNCIAS BIBLIOGRÁFICAS

BARBOSA, Ruy. *Discursos parlamentares*. Rio de Janeiro: Ministério da Educação e Saúde, 1892. t. I, v. 19: Obras completas.

_____ . *Comentários à Constituição Federal brasileira*. São Paulo: Saraiva, 1933. t. II.

BARRAL, Welber. Notas sobre ação civil pública. *Revista de Processo*, v. 80.

CAIS, Cleide Previtalli. *O processo tributário*. 2. ed. São Paulo: Revista dos Tribunais, 1996.

CANOTILHO, José Joaquim Gomes. *Direito constitucional*. 4. ed. Coimbra: Almedina, 1987.

COOLEY, Thomas. *Princípios gerais de direito constitucional dos Estados Unidos da América do Norte*. Editor Carlos Echenique. Porto Alegre: Livraria Universal, 1909.

DIGESTO, Livro 44, Título 7, Lei n. 3.

DINIZ, Maria Helena. *Dicionário jurídico*. São Paulo: Saraiva, 1998. v. 3.

FERRAZ JR., Tércio Sampaio. *Direito constitucional:* liberdade de fumar, privacidade, estado, direitos humanos e outros temas. Barueri: Manole, 2007.

FERREIRA, Pinto. *Comentários à Constituição brasileira*. São Paulo: Saraiva, 1992. v. 5.

FLAKS, Milton. Instrumentos de defesa coletiva dos contribuintes. *Revista dos Tribunais*, v. 681, p. 41-48, 1992.

---

(30) BARBOSA, Ruy. *Discursos parlamentares*. Rio de Janeiro: Ministério da Educação e Saúde, 1892. v. 19 (Obras completas), capítulo XII, t. I, p. 285-289.

GRINOVER, Ada Pellegrini. *A marcha do processo*. Rio de Janeiro: Forense Universitária, 2000.

HARADA, Kyioshi. *Dicionário de direito público*. 2. ed. São Paulo: MP, 2005.

KELSEN, Hans. *Teoria pura do direito*. 3. ed. Tradução de João Baptista Machado. Coimbra: Armênio Amado, 1974.

LINCOLN, Abraham. *The gettysburg address*. Biblioteca do Congresso dos Estados Unidos da América do Norte.

MARINS, James. *Direito processual tributário brasileiro*. São Paulo: Dialética, 2001.

MARTINS, Ives Gandra. Ação civil pública é veículo imprestável para a defesa de direitos individuais indisponíveis: a cobrança de tributos municipais não pode ser contestada por ação civil pública. *Revista Dialética de Direito Tributário*, n. 32.

MEIRELLES, Hely Lopes. *Mandado de segurança, ação popular, ação civil pública, mandado de injunção*: "habeas data". 29. ed. Atualizada por Arnoldo Wald e Gilmar Ferreira Mendes. São Paulo: Malheiros, 2006.

MIRANDA, Francisco Cavalcanti Pontes de. *Comentários à Constituição de 1967 com a emenda de 1969*. 2. ed. 2. tir. São Paulo: Revista dos Tribunais, 1973. t. III.

MONTEIRO, Washington de Barros. *Curso de direito civil*. 9. ed. São Paulo: Saraiva, 1979.

MUZZI FILHO, Carlos Victor. *Impropriedade da ação civil pública em matéria tributária*. Disponível em: <http://www.pge.sp.gov.br/centrodeestudos/bibliotecavirtual/Congresso/Tese28.doc>.

SILVA, Plácido e. *Vocabulário jurídico*. 4. ed. Rio de Janeiro: Forense, 1975. v. 3.

WATANABE, Kazuo. *Código brasileiro de defesa do consumidor*: obra coletiva, comentada pelos autores do anteprojeto do CDC. 9. ed. Rio de Janeiro: Forense Universitária, 2007.

Aproximações entre os Conceitos de ~ Consumidor e Contribuinte ~

João Bosco Coelho Pasín[*]
Marcela Judith Wasserman[**]

INTRODUÇÃO: QUALIFICATIVOS EM EVOLUÇÃO, DESDE SEMPRE

Desde os primeiros tempos da humanidade, até hoje em dia, nos mais remotos e conhecidos lugares, os indivíduos sempre experimentaram a condição de serem "consumidores" e "contribuintes", ainda que sob o império de diferentes graus de segurança jurídica, notadamente, quanto ao nível de respeito dispensado aos seus direitos e as suas garantias.

Sem dúvida, os primeiros homens na face da Terra foram "consumidores" e "contribuintes". Eles caçavam e, entre si, dividiam e trocavam as diferentes carnes das presas abatidas. Igualmente, os indivíduos mais fracos e de diferentes etnias só eram aceitos e passavam a integrar algumas hordas, caso realizassem algum tipo de pagamento ou sacrifício em favor do líder do grupo. À medida que as hordas deixavam de ser nômades e, aos poucos, iam se estabelecendo em tribos, a agricultura começou a se desenvolver e tornou-se uma realidade, principalmente, junto às várzeas dos grandes rios como, por exemplo, no Oriente: o Tigre, o Eufrates, o Nilo, o Ganges e o Amarelo; e, na Europa: o Danúbio, o Sena, o Elba, o Douro e o Ebro, entre os mais conhecidos.

É lógico que, até aqui, estamos diante de noções bem rudimentares de consumidor e contribuinte, respectivamente, até porque referimo-nos a um tempo no qual

---

[*] Doutor em Direitos e Garantias do Contribuinte pela Universidade de Salamanca, Espanha. Mestre em Direito Político e Econômico pela Universidade Presbiteriana Mackenzie. Especialista em Direito Tributário pelo Centro de Extensão Universitária — CEU/IICS. Professor e Chefe do Núcleo Temático de Direito e Processo Tributário da Faculdade de Direito da Universidade Presbiteriana Mackenzie. Professor Convidado da Universidade Nacional de Córdoba, Argentina. Coordenador da *Revista Brasileira de Direito Tributário e Finanças Públicas*. Membro da Academia Paulista de Letras Jurídicas. Advogado e Consultor Tributário em São Paulo.

[**] Doutoranda em Direito Civil pela Universidade de Salamanca, Espanha. Professora Titular da Faculdade de Direito da Universidade de Palermo, Argentina. Professora Ajudante Ordinária da Universidade de Buenos Aires, Argentina. Membro do Conselho da *Revista Ratio Legis*, Peru. Coordenadora da *Revista de Derecho Internacional y del Mercosur*, Argentina. Membro Correspondente da Academia Paulista de Letras Jurídicas. Advogada e Consultora Jurídica em Buenos Aires.

as relações sociais, econômicas e jurídicas eram insuficientes e os Estados ainda estavam longe de existirem.

O que importa é que, no tempo e no espaço — em especial, no mundo ocidental, tanto no *Civil Law* (sistema romano-germânico), como no *Commow Law* (sistema inglês) —, houve uma evolução constante dos conceitos de "consumidor" e "contribuinte", sempre em consonância com a evolução social da humanidade, até se chegar às noções atuais, que são mais bem estruturadas e alinhadas com os direitos fundamentais. Por outro lado, em grande parte do mundo oriental, sobretudo, em Estados patrimonialistas — onde o cidadão não contribui para a cobertura dos gastos públicos, é dizer, não paga tributos, em especial, impostos (o governo cobre seus gastos com uma fonte segura de renda: a exploração do petróleo, por exemplo. Nos Estados patrimonialistas, as relações de consumo gozam de relativa proteção jurídica, em especial, quando o Estado patrimonialista é, também, fundamentalista, ou seja, adota o *Islamic Law*) —, e em Estados de exceção — onde as relações de consumo são controladas e os cidadãos sofrem com medidas confiscatórias (o governo limita a liberdade econômica: controla os meios de produção e interfere diretamente no direito de propriedade dos cidadãos) — os conceitos de "consumidor" e "contribuinte" seguem padecendo de uma maior estruturação e reconhecimento,

Será, pois, sobre esta evolução — sobretudo a mais recente e conhecida, que se verifica no mundo ocidental — e, ainda, sobre o estágio conceitual atual — ainda distante de ser unívoco —, que nós desenvolveremos nossas breves e pontuais considerações, nunca deixando de lado o emprego do Direito comparado, enquanto método de análise da legislação, jurisprudência e da doutrina existente sobre a matéria.

1. Primeiros passos do "consumidor", como "sujeito de direitos e deveres"

Cada vez que estudamos este assunto, centramo-nos em dois pontos: o conceito de consumidor e os seus direitos e deveres.

Hoje, deparamo-nos com uma grande e diversa quantidade de acepções relativas ao "consumidor", que se situa, inegavelmente, no polo considerado mais débil das relações contratuais de consumo.

Ainda que na atualidade o conceito de "consumidor" integre e forme parte da linguagem jurídica, sua origem procede da Ciência Econômica.

Na Economia, o termo "consumidor" designa o sujeito de mercado, ou seja, aquele que adquire bens ou utiliza serviços para seu próprio uso ou para a satisfação de suas necessidades pessoais ou familiares. Nesta relação, por um lado, podemos identificar a pretensão do consumidor, que dispõe de um valor econômico para comprar um bem ou utilizar um serviço; por outro lado, contrapondo-se, encontramos o empresário, que ao receber referido valor objetiva não só recuperar seu investimento, mas, também, multiplicá-lo, auferindo lucro.

No Direito, a problemática atual relativa à delimitação e aos sentidos atribuídos ao termo "consumidor" não pode ser facilmente assimilada, sem que se proceda a devida análise tópica e histórica da origem e evolução dos sucessivos movimentos de proteção e defesa dos consumidores, que, notadamente, manifestaram-se no final do século XIX e ao longo do século XX.

Devemos recordar que, inicialmente, na Alemanha Federal, no ano de 1960, foi criada uma Associação de Consumidores; e, posteriormente, na Grã-Bretanha realizaram-se os primeiros trabalhos oficiais e institucionalmente organizados em comissão, com a finalidade de buscar-se uma maior proteção aos consumidores. O informe "Molony" foi, pois, o resultado dos labores e esforços desta comissão.

Nos Estados Unidos da América, floresceram várias organizações de consumidores — destacando-se, entre tais, a Liga dos Consumidores, que foi criada em New York em 1891. A consolidação destes pioneiros movimentos de proteção surgiu como consequência da publicação do livro *Your Money's Worth*, que foi escrito pelos procuradores da *Consumer Union*, como manifesto contra a falta de transparência institucional relativa aos dados de estudos comparativos sobre produtos, que eram realizados e não divulgados pela Administração Pública[1].

O primeiro grande estadista incentivador do movimento de proteção dos direitos dos consumidores veio a ser o Presidente dos Estados Unidos da América, John F. Kennedy. À época preeleitoral, sua equipe de campanha já havia identificado e tirado proveito dos "eleitores-consumidores": habilmente e de forma reiterada, Kennedy prometeu várias medidas em concreto para a efetiva proteção deste coletivo, até então, sem representação. Já eleito e de posse de seu mandato, John F. Kennedy proferiu uma Mensagem Especial ao Congresso Nacional, no dia 15 de março de 1962[2], sobre a Proteção dos Interesses dos Consumidores, na qual enfatizou: a) os meios necessários para o fortalecimento dos programas de proteção dos consumidores; b) a importância da obediência a quatro princípios básicos — "segurança" (no âmbito jurídico, correspondente aos mandados de "não arbitrariedade" e "certeza do direito"), "informação"

---

(1) Destacamos que o engenheiro Stuart Chase e o economista F. J. Schlink, ambos funcionários da *National Bureau of Standards*, foram os fundadores da referida organização, sendo que, o segundo deles, também criou a denominada *Consumer´s Research*, que foi a primeira entidade norte-americana dedicada a oferecer informações ao consumidor, notadamente, através da difusão entre seus associados:
a) do resultado de pesquisas, que, comparativamente, eram realizadas sobre o preço e a qualidade dos produtos e serviços verificados no mercado; e,
b) da publicação de estudos técnicos em um periódico especializado, editado em forma de revista e com circulação mensal, denominado de *Consumer Bulletin*, cuja venda serviu para financiar as atividades da entidade.
Ademais, devemos lembrar que a primeira organização norte-americana de consumidores com natureza estatal foi criada em 1936, denominando-se *Consumer´s Union of United States*. Finalmente, Vance Packard publicou o livro *The hidden persuaders* no ano de 1957, no qual apresentou a figura do consumidor como um sujeito débil, vulnerável e, facilmente, manipulado pelas empresas. Panorama que, indubitavelmente, serviu de alerta para a sociedade norte-americana e acabou abrindo novos horizontes, sempre favoráveis à proteção e defesa dos consumidores.
(2) Segundo a doutrina, esta é a data apontada como marco do efetivo nascimento do movimento organizado de proteção do consumidor. Contudo, Federico de Castro y Bravo, em suas Notas sobre las limitaciones intrínsecas de la autonomía de la voluntad. La defensa de la competencia. El orden público. La protección del consumidor. *ADC*, 4, 1982, v. 35, p. 987 a 1.085, aponta o dia 19 de março de 1962 e não o citado dia 15, citando o HIPPEL, V.; VERBRAUCHERSSCHUTZ, T. *Special message to the congress on protecting the consumers interest*, 1979. p. 225 a 234.

(publicidade, transparência e visibilidade dos dados de produtos e serviços), "eleição" (livre opção do consumidor na escolha de produtos e serviços) e "mediação" (diálogo entre as partes envolvidas na relação de consumo, em especial, promovido por órgãos e organismos interlocutores); e, c) a ampla, comum e corrente condição de consumidor, que, por definição, não só alcança, mas, também, inclui a todos[3].

À evidência, podemos afirmar que a brilhante retórica adotada por Kennedy em seu discurso em defesa dos consumidores representou um marco na proteção deste seguimento, em especial, por haver destacado que as questões relativas aos consumidores afetam a todos os indivíduos e a toda a comunidade nacional[4].

Neste contexto, nasce a proteção do "consumidor", enquanto sistema jurídico de defesa particular do indivíduo inserido na sociedade, ou seja, como uma nova manifestação revelada a partir da evolução social do direito, na esteira da terceira geração dos "direitos humanos fundamentais" vinculados à ordem socioeconômica[5], onde a "igualdade formal" em face da lei cede espaço à "igualdade material" — respectivamente, consideradas igualdades "jurídico-política" (horizontal) e "socioeconômica" (vertical), nos dizeres de Giovanni Sartori[6] —, com o objetivo de proporcionar uma maior proteção e defesa do "consumidor", assim como sucedeu em relação aos direitos e garantias dos "trabalhadores" e "contribuintes", que também tiveram seus direitos e garantias individuais aperfeiçoados, com o reconhecimento deste novo enfoque aplicativo conferido ao princípio da igualdade[7].

2. Noção de "Consumidor": definindo-se o seu "conceito"

A evolução em concreto da noção de "consumidor" sempre se fundou no uso privado de bens adquiridos[8].

---

(3) Seus efeitos prontos e acabados foram notados em sua política legislativa e, logo, na pessoa de seus sucessores. Na parte central de seu discurso, o Presidente Kennedy manifestou: "Los consumidores, todos nosotros por definición, representan el grupo económico más importante y se hallan interesados en casi todas las decisiones económicas, públicas y privadas. Sus gastos representan las dos terceras partes de los gastos económicos totales. Sin embargo, constituye el único grupo que no está organizado realmente y cuya opinión casi nunca es tenida en cuenta", añadiendo a continuación "si a los consumidores se les ofrecen productos inferiores, si los precios son exorbitantes, si las medicinas son peligrosa o ineficaces, si el consumidor no tiene posibilidad de elegir en base a una adecuada información, entonces se despilfarra su dólar, y su salud y su seguridad quedan amenazadas y sufre el interés nacional". Cf. HIPPEL, V.; VERBRAUCHERSSCHUTZ, T. Op. cit.
(4) BRAVO, Federico de Castro y. Notas sobre las ..., cit., p. 1068.
(5) Neste sentido, Manoel Gonçalves Ferreira Filho (cf. Direitos humanos fundamentais. 3. ed. São Paulo: Saraiva, 1999).
(6) SARTORI, Giovanni. Elementos de teoría política. Trad.. María Luz Morán. Madrid: Alianza, 1999. p. 101-102.
(7) Sobre o tema: TOLOSA, L. Abellán; GIMENO, J. P. Fernández; PUIG, A. Fontana; ZULUETA, P. Martorell; LÓPEZ, M. J. Reyes; LÓPEZ, A. Reyes. Derecho de consumo. Coordenador M. J. Reyes López. Valencia: Tirant lo Blanch, 1999; RODRÍGUEZ-CANO, A. Bercovitz. La protección de los consumidores. La Constitución española y el derecho mercantil. In: Lecturas sobre la Constitución española. Madrid: Universidad Nacional de Educación a Distancia, 1978; RODRÍGUEZ-CANO, A. Bercovitz; RODRÍGUEZ-CANO, R. Bercovitz. Estudios jurídicos sobre la protección de los consumidores. Madrid: Tecnos, 1987; BRAVO, Federico de Castro y. Notas sobre las limitaciones intrínsecas de la autonomía de la voluntad. La defensa de la competencia. El orden público. La protección del consumidor. ADC, 4, 1982, v. 35, p. 987 a 1.085; DIEZ-PICAZO, L.; LEÓN, L. Ponce de ¿Una nueva doctrina general do contrato?. ADC, 4, 1993, v. 46; AGUIRRE, C. Martinez de. Trascendencia do principio de protección a los consumidores en el derecho de obligaciones. ADC, 1, 1994, v. 47, p. 31-89; ALONSO, J. Prada. Protección do consumidor y responsabilidad civil. Madrid: Marcial, 1998; POLO, E. La protección del consumidor en el derecho privado. Madrid: Civitas, 1980.
(8) Neste sentido, temos a Carta de Proteção dos Consumidores do Conselho Europeu de 1973.

Aplicou-se, desde sempre, um critério específico à noção de "consumidor", que se interpretou de forma restritiva nos Tribunais[9], mas, invariavelmente, considerada como sendo o "destinatário final" de bens e serviços de uso familiar ou doméstico.

Na doutrina, encontramos as denominadas noções de consumidor em concreto e em abstrato; sendo que, esta última, denota vários sentidos[10].

Em abstrato, o "consumidor" é considerado como todo o "cidadão"[11] que adquire ou utiliza bens e serviços. Trata-se, nesta concepção, de um conceito dos mais amplos.

Desta forma, todos os "cidadãos" são considerados "consumidores", segundo expressa esta corrente em plena conformidade com os primeiros movimentos organizados de defesa e proteção dos consumidores.

Esta verdadeira equiparação faz com que os direitos à educação, informação, segurança e saúde, entre outros, restem reconhecidos de igual maneira em relação a ambas as figuras. Assim, a proteção e defesa do "consumidor" ganha uma dimensão constitucional em razão não só da sua condição como "cidadão", mas, também, como "administrado" e, até mesmo, como "contribuinte", condição que o faz gozar de uma

---

(9) *Vide* ACHIRICA, J. Lete. La directiva sobre la venta y las garantías de los bienes de consumo de 25 de mayo de 1999 y su transposición en el derecho español. *AC*, 4, 1999. p. 1.368.
(10) PENCO, Á. A. La noción de consumidor y su tratamiento en el derecho comunitario, estatal y autonómico. Breve referencia al concepto de consumidor en el derecho extremeño. *Anuario de la Facultad de Derecho*, ISSN 0213-988X, n. 18, 2000. p. 310 e GIMENO, J. P. Fernandez. Los consumidores y usuarios como sujetos afectos a una especial tutela jurídica. In: LÓPEZ, M. J. Reyes (coord.). *Derecho privado de consumo*. Valencia: Tirant lo Blanch, 2005. p. 97 a 99.
(11) No campo dos direitos políticos, segundo Manoel Gonçalves Ferreira Filho, o vocábulo "cidadão" designa aquele que possui o direito de participar do processo governamental (ativa ou passivamente) em um regime democrático ou, ainda, oligárquico. O autor destaca, ainda, que "cidadão", em sentido ativo, diz respeito àqueles que podem votar, ou seja, que são eleitores, enquanto que "cidadão", em sentido passivo, refere-se à qualidade de poder ser eleito (cf. *Curso de direito constitucional*. São Paulo: Saraiva, p. 111-112). Esta concepção de "cidadania" é, pois, alçada num sentido estritamente técnico. Em outra concepção, a ideia posta é a de que o "cidadão" é o "nacional", principalmente, em decorrência de legislações que não traçam nenhuma linha distintiva entre os dois conceitos, como colima a lição do professor Manoel Gonçalves Ferreira Filho ao identificar essa situação de verdadeira sinonímia (cf. *Curso de direito constitucional*. São Paulo: Saraiva, p. 111-112). Nesta perspectiva, a acepção de "cidadania" é tomada como sinônimo de "nacionalidade". No Brasil, embora a linha distintiva entre "cidadão" e "nacional" tenha sido traçada pelo constituinte de 1988, ainda que de forma tecnicamente tênue, na prática, a difusão do termo "cidadão" entre as pessoas comuns da sociedade vem sendo correntemente associada à figura daquele que faz jus à reivindicação de direitos e garantias consagrados pela Constituição Federal. Aliás, a Carta Magna de 1988 é o grande marco desta perspectiva, isto porque nasceu como sendo a "Constituição Cidadã", nas palavras de Ulysses Guimarães, presidente de sua Assembleia Constituinte. Sendo, pois, o que lembra João Bosco Leopoldino da Fonseca:
"Em mensagem ao Congresso, datada de 28.6.1985, o Presidente da República propunha a convocação de uma Assembleia Nacional Constituinte, o que se efetivou através da Emenda Constitucional n. 26, de 27 de novembro de 1985. A Assembleia instalou-se em 1º.2.1987.
O rompimento com o período político anterior propiciou a formação de uma ideologia marcada pela contraposição aos fundamentos informadores do constitucionalismo anterior, nos campos econômico e social. Pode-se afirmar que houve acentuada ênfase no aspecto social — quer sob o aspecto de se dar uma configuração de alto relevo ao cidadão —, o que levou o deputado Ulisses Guimarães a apelidar o novo texto de Constituição cidadã — quer sob o prisma do novo papel a ser desempenhado pelo Estado." (*Direito econômico*. 2. ed. Rio de Janeiro: Forense, p. 84). Ademais, no atual estágio de globalização internacional, o termo "cidadão" vem ganhando uma conotação cosmopolita com a difusão da expressão "cidadão do mundo", que ressalta a queda de barreiras não só políticas, mas, também, econômicas e sociais. Nesta perspectiva, fica claro uma concepção de "cidadão" transcendente à figura do "nacional", isto porque nela também estão incluídos os estrangeiros. É dizer, a "cidadania" ganha um sentido "popular-cosmopolita" e "humanístico" por alcançar todas as pessoas sem nenhum tipo de distinção.

gama de direitos bem mais amplos do que aquela constante das normas específicas e hierarquicamente inferiores existentes sobre a matéria[12].

Esta concepção abstrata serve para justificar e expressar metas e programas políticos, sempre e quando seja esperada uma pronta atuação do Poder Público em atenção aos anseios sociais dos cidadãos, enquanto consumidores[13].

No Brasil, as motivações de alguns textos legislativos reiteram esta acepção abstrata e política de consumidor, que é ampla e possui um inegável apelo popular. É, pois, o que notamos, por exemplo, a partir da leitura das apresentações do Código de Defesa do Consumidor (Lei n. 8.078/90) — no qual se consagra, de forma expressa, a "defesa do cidadão" em suas relações de consumo — e da Lei Estadual n. 10.294/99 (sobre a proteção e defesa do usuário do serviço público do Estado de São Paulo) — na qual se emprega a expressão "cidadão consumidor".

Por outro lado, temos a noção concreta de consumidor, que é o responsável pelo exercício de certos direitos e garantias em seu próprio interesse. Nesta concepção, o consumidor só poderá exercitar determinados direitos em função da realização de um ato de consumo. Contudo, como não existe nenhuma definição jurídico-universal de consumidor, acabam sempre prevalecendo as "noções de consumidor" — com os seus direitos e garantias correspondentes — instituídas pelas ordens positivas.

Esta situação encontra-se, por exemplo, refletida nas díspares e sucessivas Diretivas Comunitárias da União Europeia[14], que objetivam delimitar o alcance das

---

(12) Os direitos reconhecidos ao consumidor em sentido abstrato podem ser exercitados em defesa dos interesses gerais dos consumidores, sem a necessidade de atender a uma participação em especial de proteção a um determinado ato de consumo.
(13) Este é o caráter adotado para a noção de consumidor na Resolução do Conselho da Comunidade de Estados Europeus de 1975, que aprovou o Programa Preliminar para uma política de proteção e informação aos consumidores.
(14) Diretiva 1985/577/CEE do Conselho de 20.12.1985 relativa à proteção dos consumidores no caso de contratos negociados fora dos estabelecimentos comerciais. (DOL 31.12.1985, n. 372, LCEur 1985/1350) manifesta que consumidor é *toda pessoa física que, nas transações amparadas pela presente Diretiva, atue para um uso que se possa considerar alheio à atividade profissional;* Diretiva 87/102/CEE do Conselho de 22.12.1986 relativa a aproximação das disposições legais, regulamentares e administrativas dos Estados membros em matéria de crédito destinado ao consumo (DOL 12.2.1987, n 42, p. 48-53). Modificada pela Diretiva 90/88/CEE do Conselho, de 22.2.1990 (DOL 10.3.1990, n 61, p. 14-18) e pela Diretiva 98/7/CE do Parlamento Europeu e do Conselho de 16.2.1998 (DOL 1º.4.1998, n. 101, p. 17-23), dispõe que consumidor é *a pessoa física que, nas operações reguladas pela presente Diretiva, atua com fins que se possam considerar à margem de seu ofício ou profissão;* Diretiva 1993/13/CEE do Conselho de 5.4.1993 relativa às Cláusulas abusivas nos contratos celebrados com consumidores (DOL 21.4.1993, n. 95, LCEur 1993/1071) entende-se por consumidor *toda pessoa física que, nos contratos regulados pela presente Diretiva, atue com um propósito alheio à sua atividade profissional;* no mesmo sentido, a Diretiva 1997/7/CE do Parlamento Europeu e do Conselho de 20.5.1997 sobre a proteção dos consumidores em matéria de contratos à distância (DOL 4.6.1997, n. 144, LCEur 1997/1493) manifesta que consumidor é *toda pessoa física que, nos contratos regulados pela presente Diretiva, atue com um propósito alheio à sua atividade profissional;* Diretiva 1998/6/CE do Parlamento Europeu e do Conselho de 16.2.1998 em matéria de divulgação dos preços dos produtos oferecidos ao consumidor, que é considerado *qualquer pessoa física, que compre um produto com fins alheios a sua atividade comercial ou profissional;* Diretiva 1998/10/CE do Parlamento Europeu e do Conselho de 26.2.1998 relativa à aplicação da oferta de rede aberta (ONP) à telefonia vocal e sobre o serviço universal de telecomunicações no âmbito concorrencial (DOL 1º.4.1998, n. 101, LCEur 1998/1007) considera o consumidor como *qualquer pessoa física que utilize um serviço de telecomunicações acessível ao público para fins alheios ao seu ofício, comércio ou profissão,* Diretiva 1999/44/CE do Parlamento Europeu e do Conselho de 25.5.1999 sobre determinados aspectos da venda e das garantias dos bens de consumo (DOL 7.7.1999, n. 171, LCEur 1999/1654) manifesta que consumidor é *toda pessoa física que, nos contratos a que se refere a presente Diretiva, atua com fins que não entram no marco de sua atividade profissional.* E, finalmente, a Diretiva 2002/21/CE do Parlamento Europeu e do Conselho de 7.3.2002 sobre o marco regulador comum das redes e os serviços de

disposições legais relativas aos direitos e garantias do consumidor, no marco das diferentes ordens jurídicas dos países membros — em verdade, todas se referem aos "consumidores", que são considerados à luz de diferentes aspectos e circunstâncias. Identificamos que, nesta matéria, o próprio legislador comunitário é consciente de que as acepções de consumidor adotadas em suas Diretivas são diferentes[15].

Esta situação ocorreu na Europa, em especial, porque a temática relativa ao consumidor é uma matéria multidisciplinar com reflexos notados em diversos âmbitos da Ciência Jurídica[16]. Por este motivo, naquele momento, haveria sido oportuno que os legisladores dos Estados membro, ou os próprios legisladores comunitários, optassem pela integração e harmonização de todas as disposições normativas existentes sobre os direitos e garantias dos consumidores em torno da instituição de um *Código de Consumo*[17].

---

comunicações eletrônicas (DOL 24.4.2002, n. 108, LCEur 2002/1040) entende por consumidor *qualquer pessoa física que utilize um serviço de comunicações eletrônicas disponível para o público para fins não profissionais*; Diretiva 2002/65/CE do Parlamento Europeu e do Conselho de 23.9.2002 sobre a comercialização de serviços financeiros destinados aos consumidores (DOL 9.10.2002, n. 271, LCEur 2002/2613) e modifica as Diretivas 90/619/CEE, de 8.11.1990 (LCEur 1990/1309), 97/7/CE, de 20.5.1997 (LCEur 1997/1493) e 98/27/CE, de 19.5.1998 (LCEur 1998/1788) expressa que consumidor é *toda pessoa física que, nos contratos à distância, atue com um propósito alheio a sua atividade comercial ou profissional* e Proposta de Diretiva COM (2003) 356, de 18.6.2003 (LCEur 2003/2310) manifesta que consumidor é *qualquer pessoa física que, nas práticas comerciais contempladas pela presente Diretiva, atue com um propósito alheio a sua atividade econômica, negócio ou profissão*.
(15) Diretiva 1985/577/CEE do Conselho de 20.12.1985 relativa a proteção dos consumidores no caso de contratos firmados fora dos estabelecimentos comerciais (DOL 31.12.1985, n. 372, LCEur 1985/1350) manifesta que *consumidor é toda pessoa física que, para as transações amparadas pela presente Diretiva, atue para um uso que possa ser considerado alheio a sua atividade profissional*. Diretiva 87/102/CEE do Conselho de 22.12.1986 relativa a aproximação das disposições legais, regulamentares e administrativas dos Estados membros em matéria do crédito ao consumo (DOL 12.2.1987, n. 42, p. 48-53). Modificada pela Diretiva 90/88/CEE do Conselho, de 22.12.1990, que modifica a Diretiva 87/102/CEE relativa a aproximação das disposições legais, regulamentares e administrativas dos Estados Membros em matéria de crédito ao consumo (DOL 10.3.1990, n. 61, p. 14-18) e pela Diretiva 98/7/CE do Parlamento Europeu e do Conselho de 16.2.1998 (DOL 1º.4.1998, n. 101, p. 17-23), dispõe que *consumidor é toda pessoa física que, nas operações reguladas por esta Diretiva, atua com fins que possam ser considerados à margem de seu ofício ou profissão*; Diretiva 1999/44/CE do Parlamento Europeu e do Conselho de 25.5.1999 sobre determinados aspectos da venda e das garantias dos bens de consumo (DOL 7.7.1999, n. 171, LCEur 1999/1654) manifesta que *consumidor é toda pessoa física que, nos contratos aos quais se refere a presente Diretiva, atua com fins que não entram no marco da sua atividade profissional.*
(16) No mesmo sentido: GIMENO, J. P. Fernandez. Los consumidores y usuarios como sujetos afectos a una especial tutela jurídica. In: LÓPEZ, M. J. Reyes (coord.). *Derecho privado de consumo*. Valencia: Tirant lo Blanch, 2005. p. 95-119.
(17) Outra possibilidade teria sido a incorporação diretamente de toda a legislação referida, relativa à proteção do consumidor, no regime de compra e venda civil, situação que, eventualmente, haveria contribuído para a sua modernização, ao menos, no que diz respeito à ampliação dos mecanismos de tutela estabelecidos frente ao inadimplemento e saneamento de vícios, na linha do que havia sido realizado na Alemanha com o BGB. Foi uma árdua tarefa, isto porque, a "reforma" do BGB necessitou de tempo, de um amplo debate e, finalmente, de um difícil consenso para sua aprovação antes do prazo final (31.12.2001). O objetivo da modernização do direito das obrigações, ainda que apenas de forma parcial, exigia um grande esforço, notadamente, de tempo, que acabou sendo alcançado com êxito. Ainda pelo tempo que se levou para realizar a reforma, devemos lembrar que seu primeiro antecedente refere-se a um projeto levado ao Parlamento Federal em 1978 e, também, a 52ª Assembleia de Juristas Alemães. Tal projeto caiu no esquecimento em razão da falta de debate verificada à época. Contudo, o debate sobre uma reforma ressurgiu com a necessidade de transposição da Diretiva 1999/44/CE. Em agosto de 2000, apresentou-se, assim, o Projeto de Discussão da Lei de Modernização do Direito das Obrigações. Elaborou-se uma "Redação consolidada do Projeto de Discussão", que melhorou em grande parte o texto anterior. Em janeiro de 2001, foram constituídas as comissões para a elaboração do regime jurídico sobre o regime jurídico da compra e venda de obra; no dia 2 de março de 2001, os trabalhos foram concluídos e, no dia 6 de março, foi publicado o projeto, que serviu de base para o governo federal. Em 9 de maio de 2001, o Projeto do Governo, *Entwurf eines Gesetzes zur Modernisierung des Schuldrechts*, acompanhado das devidas explicações e justificativas da Reforma; *a posteriori*, algumas mudanças foram introduzidas e, finalmente, veio a ser aprovado pelo Parlamento Federal em 11 de outubro de 2001, passando ao Conselho Federal. A vigência da lei teve início em 1º de janeiro de 2002.

Com efeito, a situação brasileira é completamente oposta à referida realidade encontrada na Europa, uma vez que, no Brasil, o *Código de Defesa do Consumidor*[18] é uma realidade exitosa há duas décadas, que, hoje, nós celebramos.

O legislador brasileiro bem soube concentrar em um único texto todas as normas relativas à regulação das relações de consumo e, ainda, instituir um conceito unívoco de "consumidor", que é considerado como sendo "toda pessoa física ou jurídica que adquire produtos e serviços como destinatário final" (*caput*, art. 2º, Lei n. 8.078/90), equiparando-se ao conceito "a coletividade de pessoa, ainda que indetermináveis, que tenham intervindo nas relações de consumo" (parágrafo único, art. 2º, Lei n. 8.078/90)[19].

À evidência, o Código de Defesa do Consumidor opta por uma noção de consumidor em concreto, que como mencionamos anteriormente, responsável por lhe atribuir direitos e garantias, que, individualmente, podem ser exercitados na proteção de seus interesses em particular. Ademais, centra-se no caráter de "destinatário final" do "consumidor", que não pode adquirir produtos ou utilizar serviços colocando-os, novamente, no mercado.

Segundo J. M. Farina, "consumidor final" é quem adquire bens ou serviços sem a intenção de obter um proveito econômico posterior por sua inexecução, nem de empregá-los em um processo de produção ou comercialização de bens ou serviços destinados ao mercado[20].

Pode ocorrer que quem compra certos produtos não o faça para transferi-los, novamente, mas, sim, para utilizá-los no que constitui seu negócio habitual, ou seja,

---

(18) *Vide* BRASIL, República Federativa do. *Código de defesa do consumidor.* Lei n. 8.078, de 11 de setembro de 1990.
(19) A Lei n. 26/84, de 19 de julho, que estabelece normas gerais para a Defesa dos Consumidores e Usuários na Espanha (art. 1.2) manifesta que: "A los efectos de esta Ley son consumidores o usuarios las personas físicas o jurídicas que adquieren, utilizan o disfrutan, como destinatarios finales, bienes muebles o inmuebles, productos, servicios, actividades o funciones, cualquiera sea la naturaleza pública o privada, individual o colectiva, de quienes los producen, facilitan, suministran o expiden" y añade en su apartado 3 que "no tendrán la consideración de consumidores o usuarios quienes, sin constituirse en destinatarios finales, adquieran, almacenen, utilicen o consuman bienes o servicios, con el fin de integrarlos en procesos de producción, transformación, comercialización o prestación a terceros". Na Argentina, a Lei n. 24.240 entende por Consumidor "toda persona física o jurídica que adquiere o utiliza bienes o servicios en forma gratuita u onerosa como destinatario final, en beneficio propio o de su grupo familiar o social. Queda comprendida la adquisición de derechos en tiempos compartidos, clubes de campo, cementerios privados y figuras afines. Se considera asimismo consumidor o usuario a quien, sin ser parte de una relación de consumo, como consecuencia o en ocasión de ella adquiere o utiliza bienes o servicios como destinatario final, en beneficio propio o de su grupo familiar o social, y a quien de cualquier manera está expuesto a una relación de consumo". No México a Lei Federal de Proteção do Consumidor, no seu art. 2º, dispõe que: "Para los efectos de esta ley, se entiende por I. Consumidor: la persona física o moral que adquiere, realiza o disfruta como destinatario final bienes, productos o servicios. Se entiende también por consumidor a la persona física o moral que adquiera, almacene, utilice o consuma bienes o servicios con objeto de integrarlos en procesos de producción, transformación, comercialización o prestación de servicios a terceros, únicamente para los casos a que se refieren los arts. 99 y 117 de esta ley. Tratándose de personas morales que adquieran bienes o servicios para integrarlos en procesos de producción o de servicios a terceros, sólo podrán ejercer las acciones a que se refieren los referidos preceptos cuando estén acreditadas como microempresas o microindustrias en términos de la Ley para el Desarrollo de la Competitividad de la Micro, Pequeña y Mediana Empresa y de la Ley Federal para el Fomento de la Microindustria y la Actividad Artesanal, respectivamente y conforme a los requisitos que se establezcan en el Reglamento de esta ley". No Peru, a Lei de Proteção do Consumidor entende como consumidor "a las personas naturales o jurídicas que adquieren, utilizan o disfrutan como destinatarios finales productos o servicios".
(20) FARINA, J. M. *Defensa do consumidor y do usuario.* Comentario exegético de la Ley n. 24.240 y do Decreto Reglamentario n. 1.798/94. 3. ed. Buenos Aires: Astrea, 2004. p. 45-46.

não para fins pessoais ou domésticos como, por exemplo, sucederia na compra de um computador para a utilização em uma loja ou supermercado, fato que o faz parecer assumir a condição de destinatário final e, portanto, de consumidor. Assim, não pode ser considerado consumidor quem se comporta de forma contrária, adquirindo os mesmos bens, entretanto, objetivando integrá-los a um processo de produção ou comercialização que se sujeitará à disciplina jurídica do Código Civil.

Igualmente, devemos ter em conta que a integração de um bem a um processo de produção deve ser matizada, uma vez que nem todos aqueles que adquirem um produto para integrá-lo a um processo de produção não podem ser considerados consumidores. Seria, pois, o caso da pessoa que compra uma máquina para cozinhar alimentos em sua casa; daquela outra que, no seu sítio de lazer, emprega o adubo adquirido em sua horta, onde são produzidas verduras para seu consumo doméstico; ou, ainda, o caso típico da avó que adquire lã para tricotar novas roupas para seus netos. Nestes casos, a aquisição da máquina de cozer, do adubo da horta e da lã em novelo realiza-se com a finalidade de uso em um processo de transformação ou produção, que se verifica fora do âmbito empresarial, até porque todas as três atividades são realizadas fora do mercado e sem ânimo de lucro, colocando os seus protagonistas na posição de consumidores[21].

No caso das "pessoas jurídicas", tema muito discutido entre os doutrinadores[22], o legislador brasileiro, também, atribuiu-lhes o caráter de "destinatários finais", responsáveis por adquirir um bem em um estabelecimento comercial para seu próprio consumo, atuando fora de sua atividade profissional, posto que, nem sempre, os bens adquiridos pelas pessoas jurídicas integram a cadeia do processo de produção ou de comercialização[23].

---

(21) GIMENO, J. P. Fernandez. *Los consumidores y ...*, cit., p. 102.
(22) J. Alfaro Águila Real, (cf. *Las condiciones generales de la contratación*. Madrid: Civitas, 1991. p. 159) expressa que a inclusão das pessoas jurídicas na noção legal de consumidor não possui demasiada transcendência, uma vez que, sendo assim, só podem ser considerados consumidores aquelas pessoas jurídicas que, sem finalidade de lucro, transmitem à título gratuito os bens e serviços adquiridos, mas, no que se refere à opção legislativa, o conceito ampliado deve ser considerado equivocado, uma vez que uma das razões fundamentais em prol da proteção do consumidor reside na carência de organização frente aos empresários. J. P. Fernández Gimeno (cf. *Los consumidores y ...*, cit., p. 104 e 105) manifesta que a concepção consumidor extendida às pessoas jurídicas sem nenhuma limitação é digna de crítica. Dentro das pessoas jurídicas encontramos as associações e fundações (cuja proteção poderia ser lógica, inclusive, necessária), mas, ao seu lado, apresentam-se, também, não apenas as sociedades personalistas, mas, também, as capitalistas (sociedades limitadas e, inclusive, anônimas), cuja proteção não se adéqua com o fundamento e o espírito das leis dos consumidores. Por sua vez, também, manifesta que as sociedades contam com importantes assessorias jurídicas, fiscais e financeiras, que lhe aconselham na formalização de seus contratos. Isto pode levar a que o adquirente seja uma grande sociedade capitalista, cujos recursos econômicos e de assessoramento sejam muito superiores aos do ofertante e, todavia, a primeira goze de proteção especial da Lei, enquanto que o segundo tenha contra todos os mecanismos articulados para a defesa do consumidor. Levado ao extremo, esta equiparação de todas as pessoas jurídicas, pode acabar com a situação de privilégio gozada pelos consumidores. "Los consumidores y usuarios..." (cf. *Op. cit.*, p. 104-105).
(23) Na Espanha, a jurisprudência do Tribunal Supremo — órgão equivalente ao Superior Tribunal de Justiça, STJ, no Brasil (Sentenças de 17.6.1997 [RJ 1997,5759], 17.03.1998 [RJ 1998, 1351], 18.06.1999 [RJ 1999, 4478] e 16.10.2000 [2000, 9906], entre outras), exclui do âmbito de proteção da Lei Geral de Defesa dos Consumidores e Usuários aqueles que adquirem bens sem serem os destinatários finais, com o fim de integrá-los em atividades empresariais ou profissionais. Considerando que não é objeto da discussão a existência da vulnerabilidade legal denunciada na demanda e elucidada na sentença recorrida, a questão debatida no referido grupo de recursos refere-se a determinar se a entidade demandante, um sindicato, tem, nos termos do art. 1.3 da Lei Geral de Defesa dos Consumidores e Usuários, a qualidade de consumidor final; qualificativo que sustenta a parte

Em face do exposto e em razão da infinidade de supostos, acreditamos que, em qualquer caso, notadamente, naqueles mais controvertidos, será sempre o Juiz quem deverá valorar as circunstâncias de cada caso, de modo a verificar se o adquirente pode, ou não, invocar a proteção especial dispensada aos consumidores.

3. O *"CONTRIBUINTE"*, ENQUANTO *"SUJEITO DA POTESTADE IMPOSITIVA"*

Nos dias atuais não nos restam dúvidas, o "contribuinte" é a pessoa física ou jurídica que possui relação pessoal e direta com o fato gerador. É, em regra, quem realiza o fato gerador. É a pessoa que, no campo fenomênico, perfaz o preceito descrito pela hipótese de imposição consagrada por uma norma tributária.

Podemos dizer, assim, que o "contribuinte" é o titular do fato gerador. Sendo, pois, não só o titular de um "dever" — "pagar o tributo devido", "suportar a dívida tributária" —, mas, também, o titular de uma série de "direitos e garantias".

Nesta condição, o "contribuinte" deve revelar a titularidade de uma "riqueza econômica", que é indispensável para sua sujeição à imposição tributária. Do contrário, os princípios da "capacidade contributiva" e da "isonomia em matéria tributária" restariam vulnerados.

O "contribuinte" figura no polo passivo da obrigação tributária — *ex lege*, por excelência[24]. É, assim como o "consumidor", a parte considerada mais vulnerável na relação jurídica, até porque, no polo ativo da relação jurídico-tributária sempre figurará o Estado. Aliás, a relação jurídico-tributária caracteriza-se, inegavelmente, não só como uma relação de "crédito-débito" — *schuld* —, mas, também, como uma relação de "Poder-dever" — *haftung*.

---

recorrente e que lhe é negado pela demanda da recorrente, que entende que a mesma não pode ser objeto de especial proteção tanto por esta lei, como pela Lei de Contratos celebrados fora de estabelecimentos mercantis. Senão, vejamos: "Entiende la Sala que el sindicato demandante, tiene, a efecto de ambas normas, la condición de consumidor final, en primer lugar, porque se trata de un ente de carácter asociativo, con personalidad jurídica propia, cuya función primordial es servir de cauce al ejercicio de la libertad sindical mediante la promoción y defensa de los intereses sociales y económicos de los trabajadores (art. 1º de la Ley Orgánica n. 11/85, de Libertad Sindical), lo que en modo alguno puede equipararse a las actividades profesionales o empresariales de producción, transformación, comercialización o prestación de servicios a terceros que la Ley n. 26/84 excluye de su ámbito de protección; y en segundo lugar porque, como señala la Sentencia de la Audiencia Provincial de Burgos de 15 de febrero de 2001(AC 2001, 875), '[...] para que se lleve a cabo la exclusión del concepto de consumidor no basta con el hecho de que el bien o servicio se integre sin más en un proceso de producción, transformación, comercialización o prestación a terceros, pues en ese caso, y sobre todo si se lleva al extremo la idea, realmente será difícil encontrar supuestos en los que se aplique la legislación de defensa de los consumidores, sino que lo realmente importante y que excluye la aplicación de la legislación especial es que ese bien o servicio que se adquiere, tenga por finalidad directa llevar a cabo labores de producción, transformación, comercialización o prestación a terceros, de tal manera que esos bienes o servicios se integren de manera relevante en el ámbito comercial que desarrolla la adquirente', lo que evidentemente, en el presente caso no ha ocurrido, ya que ni la adquirente realiza labores de aquella índole, ni la publicidad contratada se integra de manera relevante en el ámbito propio de su actividad; lo que conduce necesariamente a la desestimación del recurso y a la confirmación de la resolución recurrida [...]".
(24) O professor Américo Masset Lacombe, sob a influência do pensamento de Geraldo Ataliba, ressalta o aspecto pessoal da hipótese de incidência como sendo o atributo responsável pela determinação dos sujeitos ativo e passivo da obrigação tributária. Esse professor, ainda, enfatiza o papel determinante da lei em relação à determinação do sujeito passivo da obrigação tributária (Cf. *Obrigação tributária*. São Paulo: Revista dos Tribunais, p. 30).

À evidência, o "contribuinte" é quem se sujeita à "potestade de imposição", que é uma manifestação do próprio Poder de Tributar — expressão do Poder Estatal, uno e indiviso —, segundo preceitua Ezio Vanoni:

> La potestà d'imposizione si può definire secondo noi come il potere spettante ad un ente pubblico nei confronti di tutti coloro che appartengono a quell'ente per vincoli politici, sociali, economici, al fine di procurarsi i mezzi per l'esplicazione dell'attività publica[25].

No plano de análise da figura do "contribuinte de direito", Antonio Berliri defende que quem deve pagar o imposto ao sujeito ativo é aquele sobre o qual venha a recair a ação executória em caso de não pagamento tempestivo do tributo[26]. Antonio Berliri baseia sua posição ao destacar a importância em se distinguir de forma rigorosa o "Direito Tributário" da "Ciência das Finanças Públicas", bem como a "relação jurídica impositiva" da "obrigação tributária", quando do estudo dos problemas de identificação do sujeito passivo[27].

No mesmo sentido, ao tratar da relação jurídica tributária, enquanto relação pessoal, Dino Jarach aponta que em alguns tributos pode haver um certo grau de dificuldade para se identificar quem é o "contribuinte" e, em virtude disso, preceitua que o "sujeito passivo da obrigação tributária" é sempre aquele que realiza o fato imponível ou, ainda, aquele que guarda relação com esse fato da vida humana, previamente definido em lei como seu pressuposto[28].

Devemos destacar que, no polo passivo da obrigação tributária, ainda pode figurar o "responsável tributário" — ao lado do "contribuinte", como "coobrigado tributário"; ou, sozinho, como único "obrigado tributário" —, que é uma pessoa — física ou jurídica — apontado pela legislação tributária como sujeito passivo da obrigação tributária. É, pois, o que ocorre, por exemplo, quando a obrigação tributária deriva de um "fato gerador presumido" — § 7º, art. 150 da Constituição Federal de 1988. Por suposto, todos os "direitos e garantias dos contribuintes" estendem-se ao "responsável tributário", ainda que o mesmo não tenha realizado o fato gerador de certo e determinado tributo.

Desde uma perspectiva histórica, fácil é reconhecer que o "contribuinte" sempre esteve, continua estando e seguirá à mercê dos desígnios do Estado-Fiscal.

À época em que os "confiscos" eram realizados através da imposição de "supostos tributos" — em verdade, "pseudotributos" (falsos tributos) —, o Estado não reconhecia os direitos e garantias dos contribuintes. Neste período, no qual não havia tributo propriamente dito, prevalecia a máxima: *in dubio pro fiscun*.

---

(25) VANONI, Ezio. *Elementi di diritto tributario. Altri saggi di diritto finanziario. Opere giuridiche.* Milano: Giuffrè, 1962. v. 2, p. 37.
(26) Cf. BERLIRI, Antonio. *Principios de derecho tributario.* Traducción, estudio preliminar y notas por Narciso Amorós Rica y Eusebio González García. Madrid: Derecho Financiero, 1973. v. 2, p. 211.
(27) Cf. *Op. cit.*, p. 208.
(28) Cf. JARACH, Dino. *Curso superior de derecho tributario.* Buenos Aires: Cima, 1969. p. 170-171.

Ao longo dos séculos esta situação foi mudando, isto porque os direitos e garantias dos contribuintes foram sendo reconhecidos e assegurados pelos Estados em suas ordens jurídicas, que passaram a limitar o exercício do poder de tributar, agora, não mais considerado como absoluto. Merece destaque, neste período, a Carta de *Alfonso* VI de *Castilla e León*, datada do ano de 1091, que foi o documento responsável por instituir formalmente o "Princípio da Autoimposição", ou seja, a necessidade de "consentimento dos súditos" para criar ou majorar os tributos da Coroa. Fernando Sáinz de Bujanda, Victor Uckmar, Eusebio González e João Bosco Coelho Pasin, entre outros, referem-se ao referido documento como o mais importante precedente da "legalidade em matéria tributária", que nasceu com a *Magna Charta Baronorum* do rei John I — John Lackland, o **rei João "sem Terra" — outorgada na Inglaterra em 1215. A Magna Carta e sua posterior ratificação pela Declaração de Direitos — Bill of Rights (1688), que foi antecedido pela** *Petition of Rights* (1628) **— e, ainda, pelas várias Declarações de Direitos das Colônias Inglesas na América —** *Charter of New England* (1620); *Charter of Massachusetts Bay* (1629); *Charter of Maryland* (1632); *Charter of Connecticut* (1662); *Charter of Rhode Island* (1663); *Charter of Carolina* (1663); *Charter of Georgia* (1732), *Massachusetts Body of Liberties* (1641); *New York Charter of Liberties* (1683) e *Pennsylvania Charter of Privileges* (1701) —, **consolidou a primeira geração dos "direitos humanos fundamentais", tão comprometida com os "ideais de liberdade".**

Com a Revolução Francesa (1789), outros dois ideais afloraram: a "igualdade" e a "fraternidade", que se associam diretamente com a segunda e terceira gerações dos "direitos humanos fundamentais", respectivamente. Estas gerações comprometem-se, justamente, em assegurar a "igualdade social e econômica" — formalmente, os direitos sociais restam consagrados pelas Constituições Mexicana (1917), Soviética (1918) e Alemã da República de Weimar (1919) — e a "solidariedade" — na atualidade, extremamente necessária em um mundo neoliberal-globalizado, com sucessivas crises econômicas e com tantos problemas socioambientais.

No século XIX, verificamos que o Direito Tributário começa a ser estudado como capítulo próprio da Ciência Econômica. No final do século XIX, alguns autores já situavam o Direito Tributário na Ciência das Finanças Públicas. Até aqui, prevalecia um estudo tributário influenciado pela Revolução Industrial e pelo liberalismo econômico — também decisivos para a evolução dos direitos e garantias dos consumidores. Consequentemente, o estudo do Direito Tributário passou a ser realizado de forma predominante no campo próprio da Ciência Jurídica, primeiramente, como capítulo do Direito Administrativo; e, posteriormente, como capítulo do Direito Financeiro. No que se refere ao estudo da "obrigação tributária", inicialmente, sua análise esteve vinculada ao Direito Privado, em especial, ao Direito Civil; e, depois, passou a ser estudada sob o império dos princípios próprios do Direito Público.

Apesar dos esforços realizados, o Direito Tributário ainda estava longe de lograr sua autonomia científica, que só foi sendo conquistada ao longo do século XX, quando surgiram algumas "teorias do imposto" e, cada vez mais, os "direitos e garantias dos contribuintes" foram sendo acolhidos pelas ordens jurídicas e observados pelos Estados.

No século XX, ainda, surgiria a ideia de uma interpretação *in dubio pro contribuinte*, que evoluiria para uma concepção exegética mais equilibrada e acertada: a interpretação *in dubio pro Justitia Tributaria*, segundo bem ensina o professor Eusebio González e Teresa González Martínez[29].

4. O "CIDADÃO-CONTRIBUINTE", ENQUANTO "CONTRIBUINTE DE FATO"

Numa perspectiva abstrata, assim como ocorre com o conceito de "cidadão--consumidor", surge a figura do "cidadão-contribuinte", que possui uma conotação nitidamente política e, principalmente, vinculada à sua retórica.

A expressão "cidadão-contribuinte" designa não só o "contribuinte de direito" — "contribuinte" ou "responsável tributário", nos termos do parágrafo único do art. 121 do Código Tributário Nacional —, mas, também, o "contribuinte de fato", que carece de uma maior proteção jurídica.

Podemos, ainda, incluir no conceito de "cidadão-contribuinte" todas aquelas pessoas que se sujeitam às "obrigações tributárias acessórias" — cumprimento de deveres instrumentais e formais (apresentação de declarações, escrituração de livros contábeis, colaboração com a fiscalização, etc.) —, até porque, estas pessoas nem sempre também são "contribuintes de direito". Aliás, no Direito Tributário, as "obrigações tributárias acessórias" não decorrem, necessariamente, das "obrigações tributárias principais", como se verifica nos casos de apresentação da "declaração de isento" imposta pelo regime jurídico do Imposto de Renda das Pessoas Físicas ou, ainda, a necessidade das "entidades beneficiadas por imunidade tributária" de manter a escrituração contábil, bem como os certificados necessários para a concessão do referido benefício fiscal.

Destacamos que, na doutrina, Achille Donato Giannini não utiliza a expressão "contribuinte de fato", muito embora, na análise das possíveis relações de sujeição passiva, não se afaste da tarefa de tratar da situação econômica por ela permeada, considerando que "[...]la persona obligada al pago del impuesto — tanto si se trata del sujeto pasivo, como del responsable o del sustituto — no es siempre aquella sobre la que recae, en definitiva, la carga del tributo, toda vez que en muchas ocasiones le es posible obtener de otras el rembolso de la suma pagada. A este hecho económico de la traslación del impuesto de la persona a otra distinta (regreso en sentido lato) corresponden en el ámbito del Derecho situaciones sustancialmente diversas entre

---

(29) GONZÁLEZ, Eusebio; MARTÍNEZ, Teresa González. *Direito tributário:* elementos de teoria geral. Tradução e Notas: João Bosco Coelho Pasin. São Paulo: Rideel, no prelo 2010.

sí. En efecto, a veces se trata de un mero proceso económico, que el Derecho no regula de ningún modo [...]; otras se trata de una relación (regreso en sentido propio), regulada por una norma tributaria o extraña al Derecho tributario, entre el sujeto pasivo del impuesto y otra persona que no participa en la relación tributaria [...], o bien entre los diversos participantes en dicha relación [...]"[30].

Ezio Vanoni ao abordar a figura do "contribuinte de fato" aponta que "...con questa espressione, presa dalla Scienza delle Finanze, si designa colui il quale sopporta nella realtà economica il peso di un tributo" e, em seguida, aclara que "il contribuente di fatto può coincidere col contribuente di diritto, cioè con colui che è chiamato dalla legge a pagare el tributo, come può essere un sogetto diverso sul quale il contribuente di diritto riversa in tutto o in parte il peso del tributo da lui pagato"[31].

Em última análise, podemos dizer que todos os demais "cidadãos" — "estrangeiros" ou "nacionais", residentes no país — são "cidadãos-contribuintes" na medida em que sofrem direta, ou indiretamente, os efeitos da imposição tributária. É dizer, adotando-se uma "concepção abstrata" — assim como sucede em relação ao conceito de "cidadão-consumidor", onde todos são apontados como "consumidores" —, todos devem ser considerados "contribuintes", ou seja, "cidadãos-contribuintes".

Nesta perspectiva, muitas vezes, o "consumidor" — sujeito aos "tributos indiretos" sobre bens e serviços — acaba figurando, de forma efetiva, como "cidadão-contribuinte". Aliás, devemos apontar que os "tributos indiretos" são aqueles que repercutem economicamente sobre terceiros, ou seja, acabam sendo suportados de fato por pessoas que, legalmente, não figuram como "contribuintes de direito", mas, sim, como "destinatários finais", é dizer, como "consumidores" de bens ou serviços. Isto ocorre, pois, por desejo do próprio legislador, quando o mesmo exerce sua "potestade normativa" em matéria tributária e opta pela adoção de modelos simplificados de gestão tributária, que facilitam as tarefas de arrecadação e fiscalização[32],

---

(30) Achille Donato Giannini, também, esclarece:
"Dada la infinita cadena de relaciones económicas y la libre formación de los precios de las cosas y de los servicios, es natural que el contribuyente obligado, según la ley tributaria, a pagar el impuesto por el hecho de poseer una cosa o de desarrollar una actividad (es decir, el 'contribuyente percutido', según la terminología de los hacendistas'), tienda a transferir la carga del tributo a otras personas con las cuales entra en relación a causa de la cosa poseída o de la actividad desarrollada mediante el aumento do precio de los productos que él vende, de los servicios prestados o de las unidades suministradas." (GIANNINI, Achille Donato. *Instituciones de derecho tributario*. Trad. Fernando Sainz de Bujanda. Madrid: Derecho Financiero, 1957. p. 132 e 133).
(31) VANONI, Ezio. *Elementi di diritto tributario. Altri saggi di diritto finanziario. Opere giuridiche.* Milano: Giuffrè, 1962. v. 2, p. 125.
(32) Frente ao Direito português e europeu, Claudia Dias Soares explica:
"A não coincidência entre o contribuinte de direito/contribuinte e o contribuinte de fato (sujeito que suporta o 'sacrifício tributário efetivo') pode ser intencional ou não. Quando seja intencional, o legislador pode escolher entre prever na lei de forma expressa essa repercussão ou limitar-se a não proibir, concebendo-a, logo no momento da criação do imposto, como provável. A administração fiscal considera, então, como sujeito passivo aquele que realiza ou desencadeia o facto gerador, mas quer que seja outrem a suportar o sacrifício patrimonial. Pelo que obriga ou autoriza o contribuinte de direito a repercutir o imposto. [...]. Nos impostos indiretos é, em regra, prevista e/ou desejada a ocorrência de repercussão fiscal. Pelo que alguns autores falam, a este propósito, de 'repercussão obrigatória *ex lege*' e de: contribuintes legais de fato'. O IVA, *v. g.*, elege como sujeito passivo o transmitente dos bens ou o prestador do serviço, mas é o consumidor que se pretende que o suporte, sendo, por isso, a sua repercussão querida pelo legislador." (SOARES, Claudia Dias. O contribuinte de direito e o contribuinte de facto do imposto ecológico. In: *Revista Tributária e de Finanças Públicas,* São Paulo: Revista dos Tribunais, ano 8, n. 34, 2000. p. 38-39).

mas dificultam a proteção jurídica dos direitos e garantias dos "contribuintes de fato" — em verdade, por vezes, identificados como "consumidores"[33].

Teresa González Martínez e Eusebio González lembram que José Luis Pérez de Ayala identifica este problema, após discutir a questão examinando a doutrina alemã, prescrevendo que a figura do "contribuinte 'legal' de fato" deveria ser reconhecida pelo legislativo de modo que os direitos e garantias dos "contribuintes de fato" restassem devidamente assegurados[34].

Nesta linha, Gustavo Miguez de Mello afirma ser o "contribuinte de fato" aquele que, por vezes, suporta o "encargo econômico do tributo repercutido", em sua totalidade ou, apenas, em sua parcialidade[35]. E, neste tema, o autor defende que quem "[...] pagou indevidamente tributos 'indiretos' ou 'diretos' não pode sofrer encargos maiores do que o contribuinte que se absteve de pagar o tributo indevido. Tem de prevalecer o princípio da igualdade mesmo que o contribuinte não faça prova de haver assumido o encargo"[36]. Além deste princípio, Gustavo Miguez de Mello também invoca os princípios da segurança jurídica, da capacidade contributiva e da equidade na defesa dos direitos e garantias dos "contribuintes de fato"[37].

---

(33) A jurisprudência vem reiterando não haver identidade entre as figuras do "contribuinte de direito" (contribuinte ou responsável tributário) e do "consumidor". Aponto, pois, o extrato de uma sentença proferida, por unanimidade, pelos integrantes da 2ª Câmara Cível do Tribunal de Alçada do Estado do Paraná: "Ação Civil Pública — Propositura por Ministério Público — Hipótese de lançamento de tributos pela Municipalidade — Ilegitimidade *ad causam* — Defesa do contribuinte inadmissível por não se confundir com a figura do consumidor — Restrição da tutela às hipóteses legalmente previstas — Inteligência dos arts. 129, III, da CF, 81, parágrafo único, III e 92 da Lei n. 7.347/85 e Lei n. 8.078/90. [...] O conteúdo das expressões "consumidor" e "contribuinte" não se equivale e, se está o Ministério Público expressamente autorizado à promoção da defesa dos direitos do primeiro, o mesmo não ocorre com relação ao segundo na hipótese de lançamento de tributos pela Municipalidade que, por sua vez, não se identifica na categoria de entidade comercial ou prestadora de serviços [...].
A relação jurídica que ora se apresenta é entre o contribuinte e a Fazenda Pública Municipal, e enquanto não se identifica aquele na categoria de consumidor também não o faz esta na categoria de entidade comercial ou prestadora de serviços, a não ser nas exceções previstas pelo art. 22 do Código de Defesa do Consumidor, onde o fornecedor se equipara.
Outrossim, fica perfeitamente claro que a Carta Constitucional, a Lei Específica n. 7.347/85 e o próprio Código de Defesa do Consumidor (Lei n. 8.078/90) excluem do âmbito de legitimidade do Ministério Público a defesa do contribuinte com relação ao lançamento de impostos editados pela municipalidade, por não se confundir este com a figura do consumidor que, conforme já acima referido, são pessoas distintas uma da outra, sendo o direito do primeiro (contribuinte) meramente individual, daí por que, com relação a ele, não está o *parquet* legitimado para propor ação em seu nome. [...]" (Cf. RT, 691:170 — AC 53.111-5 — Reexame Rel. Juiz Irlan Arco-Verde). À nitidez, percebemos que o Ministério Público Paranaense pretendeu equiparar a figura do "contribuinte de direito" com a figura do "consumidor" (em realidade, o "contribuinte de fato") ao intentar uma Ação Civil Pública e não obteve êxito. A referida equiparação foi refutada alegando os magistrados que as figuras relativas ao "consumidor" e ao "contribuinte" pertencem à categorias jurídicas distintas. Além disto, os julgadores entenderam que o Ministério Público não poderia se legitimar para defender o contribuinte, já que os direitos desse seriam meramente individuais. Não temos dúvidas, pois, que sob a égide dos atuais "Código de Defesa do Consumidor" e "Código Tributário Nacional" referente equiparação é inviável. Por outro lado, não podemos concordar que o Ministério Público não possa se legitimar para defender os contribuintes, inclusive, valendo-se de Ação Civil Pública, posto que os direitos e garantias dos contribuintes também são passíveis de serem coletivamente tutelados.
(34) GONZÁLEZ, Eusebio; MARTÍNEZ, Teresa González. *Direito tributário:* elementos de teoria geral. Tradução e Notas: João Bosco Coelho Pasin. São Paulo: Rideel, no prelo 2010.
(35) MELLO, Gustavo Miguez de. Comentários aos arts. 165 a 169. In: MARTINS, Ives Gandra da Silva (coord.). *Comentários ao código tributário nacional.* São Paulo: Saraiva, 1998. p. 367.
(36) *Op. cit.,* p. 364.
(37) *Op. cit.,* p. 365-366.

Contudo, Hugo de Brito Machado adverte que não existe o intitulado "contribuinte de fato", porque a qualificação jurídica do "contribuinte" não prescinde da identificação de quem em realidade suportou o peso financeiro do tributo[38]. Além disto, Hugo de Brito Machado entende que a repercussão meramente econômica do tributo não é juridicamente relevante e lembra que o art. 166 do Código Tributário Nacional[39] não teve o seu real alcance fixado, no meio doutrinário e jurisprudencial[40].

Portanto, com a expressão "cidadão-contribuinte" objetivamos demonstrar que todos aqueles sujeitos relacionados com o fenômeno impositivo tributário e com os seus reflexos merecem ter seus direitos humanos fundamentais efetivamente assegurados, seja no âmbito do Direito Público — em particular, no Direito Tributário — ou, então, pela implementação de adequados instrumentos a serem viabilizados, até mesmo, pelo Direito Privado[41].

5. A DEFESA DO CONSUMIDOR E O INDEFESO "CONTRIBUINTE DE FATO"

O princípio constitucional de defesa do consumidor reflete uma das modernas tendências do Direito: a defesa da livre economia de mercado a partir da proteção de seus elementos microeconômicos.

Nesta perspectiva, o professor Marcos Sacristán Represa ensina que na "[...] origen de la necesidad de una política y un Derecho protector de los consumidores, están, como se advertía, determinadas transformaciones sufridas por el mercado en las últimas décadas, que obligan a caracterizarlo en sus aspectos más nuevos, funcionalmente como un mercado de producción tecnificada, de comercialización masiva, promoción agresiva y estructuralmente carente de condiciones para que actuara plenamente el principio de libertad de competencia"[42].

No Brasil, o princípio de defesa do consumidor[43] foi consagrado pelo inciso V do art. 170 da Constituição Federal de 1988, muito embora a Política Nacional de

---

(38) MACHADO, Hugo de Brito. Sujeito passivo. In: NASCIMENTO, Carlos Valder do (coord.). *Obrigação tributária*. São Paulo: Revista dos Tribunais, 1988. p. 80.
(39) O Código Tributário Nacional consagra:
"Art. 166. A restituição de tributos que comportem, por sua natureza, transferência do respectivo encargo financeiro somente será feita a quem prove haver assumido referido encargo, ou, no caso de tê-lo transferido a terceiro, estar por este expressamente autorizado a recebê-la."
(40) *Op. cit.*, Hugo de Brito Machado salienta:
"A propósito da repercussão, incorre a doutrina jurídica em lamentável equívoco, cuidando de classificar os tributos em *diretos* e *indiretos*, e cogitando um tal de *contribuinte de fato*, como se entre este e o sujeito ativo da obrigação tributária houvesse algum tipo de relação jurídica.
(Contribuinte é somente a pessoa, referida na norma pela categoria da qual participa, que tenha relação pessoal e direta com o fato gerador da obrigação tributária. Relação jurídica, obviamente, que só pode existir se prevista em norma válida." (*Idem*).
(41) Por exemplo, a regulamentação da mediação e arbitragem em matéria tributária (não permitida pelo ordenamento jurídico brasileiro) poderia ser um valioso instrumento posto à disposição do "cidadão-contribuinte".
(42) Cf. REPRESA, Marcos Sacristán. Protección de los consumidores. In: VELÁZQUEZ, Antonio Calonge (coord.). *Políticas comunitarias*. Título XIV. Valladolid: Caja Duero, Lex Nova, UVA e IEE, 1998. p. 416.
(43) João Bosco Leopoldino da Fonseca preceitua:
"O Constituinte entendeu, seguindo as modernas correntes do Direito, que um dos elos da economia de mercado é o consumidor, e por isso impõe ao Estado a sua proteção." (*Direito econômico*. 2. ed. Rio de Janeiro: Forense, 1999. p. 90).

Relações de Consumo viesse a ser implementada apenas em 1990, com o advento da Lei n. 8.078, que estatuiu o Código de Defesa e Proteção do Consumidor[44]. Na Europa, Portugal e Espanha já haviam consagrado a "defesa do consumidor" a partir de suas Constituições de 1976 (reformada em 1982) e 1978, respectivamente.

Ao se referir à política estatal de defesa do consumidor, o professor Celso Ribeiro Bastos adverte que não obstante "[...]medidas efetivas tenham sido tomadas nesse setor, é forçoso reconhecer que muito mais resta ainda a ser feito. A questão crucial é posta pelo fato de que a antiga relação entre o adquirente e o artesão foi substituída por uma cadeia de agentes que vai desde o produtor até o consumidor final".

Sobre a nitidez, pudemos reconhecer que um dos principais problemas decorrentes desta moderna cadeia composta pelos agentes econômicos, no circuito de produção de riquezas, diz respeito à tributação, uma vez que, na maioria das vezes, o seu "peso" vem sendo suportado pelo "consumidor" — o "destinatário final" do produto adquirido ou do serviço contratado —, ou seja, por aquele que, quase sempre, encontra-se apenas na condição de "contribuinte de fato".

Não é possível que, nos dias atuais, a reconhecida figura deste "destinatário final" — igualmente, identificada com as figuras do "consumidor" e do "contribuinte de fato" — continue apenas tutelada no âmbito do Direito Civil e siga sem receber a devida proteção jurídica no âmbito tributário.

Conclusões

a) Na Europa e no Brasil, as "relações de consumo" gozam de proteção jurídica, ainda que, em concreto, suas diferentes legislações não acolham um conceito comum de "consumidor". Da mesma forma, as "relações jurídico-tributárias" são protegidas pelas legislações, que adotam conceitos semelhantes de "contribuinte";

b) Em abstrato, sob uma "concepção retórico-política", todos os "cidadãos" são "consumidores" e "contribuintes". Daí, pois, as expressões "cidadão-consumidor" e "cidadão-contribuinte"; e

c) Por vezes, a mesma pessoa assume a condição de "consumidor" e "contribuinte de fato", sem ser "contribuinte de direito" — "contribuinte" ou "responsável tributário". Neste caso, na esfera tributária, inexistirá

---

(44) Sobre as normas constitucionais relativas à defesa do consumidor, enquanto Princípio Constitucional de Direito Econômico, Eros Roberto Grau observa que "[...] confere a Constituição, desde logo, concreção nas regras inscritas nos seus arts. 5º, XXXII — 'o Estado promoverá, na forma da lei, a defesa do consumidor' —, 24, VIII — responsabilidade por dano ao consumidor —, 150, § 5º — 'a lei determinará medidas para que os consumidores sejam esclarecidos acerca dos impostos que incidam sobre mercadorias e serviços' —, e 48 das Disposições Transitórias — determinação que o Congresso Nacional elaborasse, dentro de 120 dias da promulgação da Constituição, código de defesa do consumidor. Ademais, o parágrafo único, II do art. 175 introduz entre as matérias sobre as quais deverá dispor a lei que trate de concessão ou permissão de serviço público os direitos dos usuários." (*A ordem econômica na Constituição de 1988*. 4. ed. São Paulo: Malheiros, 1998. p. 258).

qualquer proteção jurídica objetiva conferida ao "contribuinte de fato", enquanto que, na esfera cível, será dispensada a devida proteção jurídica ao "consumidor". Nesta condição, o "contribuinte de fato" só poderá postular seus direitos na esfera tributária com a expressa autorização do "contribuinte de direito". Tal situação verifica-se no Brasil e, igualmente, na Europa, onde a doutrina vem reclamando o devido reconhecimento dos direitos e garantias do "contribuinte de fato" pela legislação.

REFERÊNCIAS BIBLIOGRÁFICAS

ACHIRICA, J. Lete. La directiva sobre la venta y las garantías de los bienes de consumo de 25 de mayo de 1999 y su transposición en el derecho español. *ADC*, 4, 1999.

AGUIRRE, C. Martinez de. Trascendencia do principio de protección a los consumidores en el derecho de obligaciones. *ADC*, 1, 1994, v. 47.

ALONSO, J. Prada. *Protección do consumidor y responsabilidad civil*. Madrid: Marcial, 1998.

BERLIRI, Antonio. *Principios de derecho tributario*. Traducción, estudio preliminar y notas por Narciso Amorós Rica y Eusebio González García. Madrid: Derecho Financiero, 1973. v. 2.

BRAVO, Federico de Castro y. Notas sobre las limitaciones intrínsecas de la autonomía de la voluntad. La defensa de la competencia. El orden público. La protección del consumidor. *ADC*, 4, 1982, v. 35.

Carta de Proteção dos Consumidores do Conselho Europeu de 1973.

DIEZ-PICAZO, L.; LEÓN, L. Ponce de ¿Una nueva doctrina general do contrato?. *ADC*, 4, 1993, v. 46.

FARINA, J. M., *Defensa do consumidor y do usuario. Comentario exegético de la Ley n. 24.240 y do Decreto Reglamentario n. 1.798/94*. 3. ed. Buenos Aires: Astrea, 2004.

FERREIRA FILHO, Manoel Gonçalves. *Direitos humanos fundamentais*. 3. ed. São Paulo: Saraiva, 1999.

FONSECA, João Bosco Leopoldino da. *Direito econômico*. 2. ed. Rio de Janeiro: Forense, 1999.

GIANNINI, Achille Donato. *Instituciones de derecho tributario*. Trad. Fernando Sainz de Bujanda. Madrid: Derecho Financiero, 1957.

GIMENO, J. P. Fernandez. Los consumidores y usuarios como sujetos afectos a una especial tutela jurídica. In: LÓPEZ, M. J. Reyes (coord.). *Derecho privado de consumo*. Valencia: Tirant lo Blanch, 2005.

GONZÁLEZ, Eusebio; MARTÍNEZ, Teresa González. *Direito tributário:* elementos de teoria geral. Tradução e Notas: João Bosco Coelho Pasin. São Paulo: Rideel, no prelo 2010.

GRAU, Eros Roberto. *A ordem econômica na Constituição de 1988*. 4. ed. São Paulo: Malheiros, 1998.

HIPPEL, V.; VERBRAUCHERSSCHUTZ, T. *Special message to the congress on protecting the consumers interest*, 1979.

JARACH, Dino. *Curso superior de derecho tributario*. Buenos Aires: Cima, 1969.

LACOMBE, Américo Masset. *Obrigação tributária*. São Paulo: Revista dos Tribunais, 1977.

MACHADO, Hugo de Brito. Sujeito passivo. In: NASCIMENTO, Carlos Valder do (coord.). *Obrigação tributária*. São Paulo: Revista dos Tribunais, 1988.

MELLO, Gustavo Miguez de. Comentários aos arts. 165 a 169. In: MARTINS, Ives Gandra da Silva (coord.). *Comentários ao código tributário nacional*. São Paulo: Saraiva, 1998.

PENCO, Á. A. La noción de consumidor y su tratamiento en el derecho comunitario, estatal y autonómico. Breve referencia al concepto de consumidor en el derecho extremeño. *Anuario de la Facultad de Derecho*, ISSN 0213-988X, n. 18, 2000. Disponible em: <http://dialnet.unirioja.es/servlet/articulo?codigo=831211>.

POLO, E. *La protección do consumidor en el derecho privado*. Madrid: Civitas, 1980.

REAL, J. Alfaro Águila. *Las condiciones generales de la contratación*. Madrid: Civitas, 1991.

REPRESA, Marcos Sacristán. Protección de los consumidores. In: VELÁZQUEZ, Antonio Calonge (coord.). *Políticas comunitarias*. Título XIV. Valladolid: Caja Duero, Lex Nova, UVA e IEE, 1998.

RODRÍGUEZ-CANO, A. Bercovitz. La protección de los consumidores. La Constitución española y el derecho mercantil. In: *Lecturas sobre la Constitución española*. Madrid: Universidad Nacional de Educación a Distancia, 1978.

RODRÍGUEZ-CANO, A. Bercovitz; RODRÍGUEZ-CANO, R. Bercovitz. *Estudios jurídicos sobre la protección de los consumidores*. Madrid: Tecnos, 1987.

SARTORI, Giovanni. *Elementos de teoría política*. Trad. María Luz Morán. Madrid: Alianza, 1999.

SOARES, Claudia Dias. O contribuinte de direito e o contribuinte de facto do imposto ecológico. In: *Revista Tributária e de Finanças Públicas*, São Paulo: Revista dos Tribunais, ano 8, n. 34, 2000.

TOLOSA, L. Abellán; GIMENO, J. P. Fernández; PUIG, A. Fontana; ZULUETA, P. Martorell; LÓPEZ, M. J. Reyes; LÓPEZ, A. Reyes. *Derecho de consumo*. Coordenador M. J. Reyes López. Valencia: Tirant lo Blanch, 1999.

VANONI, Ezio. *Elementi di diritto tributario. Altri saggi di diritto finanziario. Opere giuridiche*. Milano: Giuffrè, 1962. v. 2.

Reflexões sobre as Relações de Consumo na Sociedade da Informação

Juliana Abrusio[*]
Marco Aurélio Florêncio Filho[**]

Introdução

De todas as invenções humanas, a internet é uma das tecnologias que mais transformações trouxe para a vida em sociedade. Desde a década de 1970 do século passado, a forma de comunicação deu um salto vertiginoso. A partir de então, se estuda a modificação social decorrente da rapidez da comunicação, do livre e vasto acesso à informação. Estuda-se, também, o novo homem desta sociedade; o ser inserido em um contexto de hiperinformação, de ceticismo oriundo dessa complexidade do mundo moderno[1], e da escassez de tempo para absorver esse emaranhado de conteúdo[2].

Acrescente-se a rapidez com que as novas tecnologias surgem e são substituídas umas pelas outras, ou agregadas às já existentes, em tão curto espaço de tempo. Nesse sentido, cumpre destacar que, *verbis*:

> Sob tal perspectiva, de nada adianta rebelar-se contra a irreversibilidade do celular, da banda larga, da interatividade etc. São tantas e tão velozes as informações que nos chegam, de todos os lados e diariamente, que se torna imperiosa a tentativa de disciplinar-se, com algum rigor metodo-

---

(*) Mestre em Direito pela Universidade de Roma Tor Vergata, com título revalidado pela Universidade de São Paulo. Professora da Graduação da Faculdade de Direito da Universidade Presbiteriana Mackenzie e da Pós-Graduação em Direito Digital e das Telecomunicações da mesma Instituição. Advogada.
(**) Doutorando em Filosofia do Direito pela Pontifícia Universidade Católica de São Paulo. Mestre em Direito pela Universidade Federal de Pernambuco. Professor da Graduação da Faculdade de Direito da Universidade Presbiteriana Mackenzie e da Pós-Graduação em Direito Digital e das Telecomunicações da mesma Instituição. Advogado.
(1) Hodiernamente, vivemos em uma sociedade dita complexa, onde verificamos um multiculturalismo e uma pluralidade social, isto é, uma sociedade composta por diversas etnias, religiões e culturas; sem que se verifique um passado histórico em comum. Nesse sentido, a internet revela-se uma facilitadora da comunicação e integração, tendo em vista que através de suas diversas ferramentas as pessoas podem se comunicar em tempo real nos mais diferentes locais do mundo, integrando, destarte, o corpo social.
(2) MARQUES, Cláudia Lima. Responsabilidade civil nas relações de consumo. In: MONTENEGRO FILHO, Misael; PIRES FILHO, Ivon; MARANHÃO, Daniel de Albuquerque. *Responsabilidade civil* — temas atuais. Recife: Bagaço, 2000. p. 271-272.

lógico, o estado anárquico em que nos encontramos diante do mundo virtual[3].

Diante de tais inovações, não podemos permanecer inertes às transformações, e, por intermédio do Direito, devemos buscar os instrumentos para dar uma resposta ao caso concreto. Segundo Di Majo, Ferri e Franzoni :

> [...] a tarefa do jurista não é certamente a de refutar o "novo" na obstinada defesa do antigo, mas de individualizar as linhas de "longa permanência" de um fenômeno, para individualizar novas formas organizadoras da já existente[4].

Vivemos, hoje, a era da informação[5]. As pessoas passaram a realizar na internet várias atividades do seu cotidiano, seja na hora de escolher onde passar as férias, seja na hora de procurar as referências de um profissional, seja na hora de cotar preços de um determinado produto, ou até mesmo no momento de realizar uma compra. Estabelecer-se comercialmente na internet, não é apenas uma opção para o empresário, mas também uma necessidade[6].

Destarte assinala Lisboa,

> [...] enquanto a Revolução Industrial objetivava o desenvolvimento da produção de bens tangíveis ou corpóreos, coube à revolução da informação a finalidade de desenvolver as tecnologias de produção, por meio do acúmulo do conhecimento e da facilitação de seu acesso a todas as pessoas[7].

É nesse enfoque que o presente artigo visa alcançar o seu propósito, sem, destaque-se, esgotar o tema, que é extremamente amplo e pode ser abordado por diversas facetas.

1. A INTERNET E A SOCIEDADE DE CONSUMO

A internet consolidou-se como um dos principais veículos de comunicação. Segundo dados apresentados pelo *Registro de domínios para a Internet no Brasil* (Registro.br), existem mais de dois milhões de nomes de domínio[8] registrados

---

(3) LUCCA, Newton de. Aspectos atuais da proteção aos consumidores no âmbito dos contratos informáticos e telemáticos. In: LUCCA, Newton de; SIMÃO FILHO, Adalberto. *Direito & internet* — aspectos jurídicos relevantes. São Paulo: Quartier Latin, 2008. p. 33.
(4) MAJO, A. di; FERRI, G. B.; FRANZONI, M. *Il contrato in generale. L'invalidità del contratto*. Milão: Giuffrè, 2002. t. VII, p. 456.
(5) Segundo Simão Filho, "a Sociedade da Informação pode ser situada partindo-se da migração de uma época industrial e pós--industrial para a era da informação, tida por pós-moderna" (2007. p. 9).
(6) REINALDO FILHO, Demócrito Ramos. Responsabilidade civil por abuso do direito de informação. In: MONTENEGRO FILHO, Misael; PIRES FILHO, Ivon; MARANHÃO, Daniel de Albuquerque. *Responsabilidade civil* — temas atuais. Recife: Bagaço, 2000. p. 105-106.
(7) LISBOA, Roberto Senise. O consumidor na sociedade da informação. In: PAESANI, Liliana Minardi. *O direito na sociedade da informação*. São Paulo: Atlas, 2007. p. 118.
(8) Por definição extraída do Registro.br, nome de domínio "é um nome que serve para localizar e identificar conjuntos de computadores na internet [site]. Foi concebido com o objetivo de facilitar a memorização dos endereços de computadores na internet. Sem ele, teríamos que memorizar uma sequência grande de números". Segundo Lorenzetti, os nomes de domínio são equivalentes a um direito de propriedade, são embargáveis e executáveis (2004. p. 217).

no país[9], como clara demonstração da imensa participação e utilização da grande rede.

Desde o surgimento da internet comercial, esta assim entendida como a internet utilizada nas residências e empresas dos cidadãos, graças ao lançamento e utilização do *browser*[10], o que ocorreu em meados de 1994, detectamos, nitidamente, que o papel e postura do usuário internauta também sofreu suas modificações. No início, os usuários serviam-se passivamente da internet, e eram destinatários de seus serviços, limitando-se a basicamente acessar conteúdos e enviar *e-mails*.

Ocorre, porém, que houve uma transformação interna na maneira de utilização desta tecnologia. De poucos anos para cá, o usuário passou a ser mais participativo e contribuir com seu próprio conteúdo.

Popularmente, dá-se a esta nova fase o nome de *web 2.0*, assim compreendida como a internet composta de *sites* que permitem que seus usuários gerem seu próprio conteúdo e o compartilhem com outros usuários[11]. Podem ser citados como *sites* deste tipo Wikipédia, Flickr, You Tube, Twitter, dentre outros.

Além disso, a diminuição dos custos para aquisição de um computador e dos demais serviços necessários para usufruir da internet e ter acesso ao mundo da *world wide web*[12], faz com que este veículo de comunicação seja mais atrativo aos empresários, especialmente para expor seus anúncios, na certeza de que cada vez mais consumidores em potencial estarão presentes e em contato com seus anúncios.

Com a inclusão social e o uso constante da internet, percebem-se mudanças nos comportamentos individuais que acabam por transformar o modo de vida em sociedade, também em seus aspectos econômicos.

Segundo Tancer, por exemplo, o maior impacto de todos no modelo da indústria de notícias teve a ver com uma questão de oportunidade: em vez de ler as notícias uma única vez no dia, as pessoas passaram a ter a opção de ler um fluxo contínuo de notícias constantemente atualizadas e, além disso, gratuitamente disponíveis na internet[13].

Não é à toa que a venda de publicidade em jornais e revistas impressos vem caindo acentuadamente nos últimos anos e perdendo espaço para a internet. Pesquisa

---

(9) Dado obtido da estatística apresentada pelo Registro.br. Disponível em: <http://registro.br/estatisticas.html> Acesso em: 12.3.2010.
(10) É um programa de computador, também conhecido como "navegador", que possibilita seus usuários interagirem com o conteúdo da internet.
(11) Segundo Tancer, a web 2.0 é considerada uma "expressão da moda", um "jargão técnico". Hoje já se fala em internet 3.0. (2009. p. 159).
(12) A *World Wide Web* é um conjunto de protocolos que exibem documentos ligados através de hyperlinks por toda a internet. Estes protocolos, desenvolvidos no final da década de 1980 por pesquisadores em um laboratório europeu, especificam como um Servidor Web provê conteúdo na www. Eles também especificam como *browser* — tais como Netscape Navigator ou Microsoft internet Explorer — recupera conteúdo na *World Wide Web* (LESSIG. 2001. p. 55).
(13) TANCER, Bill. *Click* — ideias surpreendentes para os negócios e para a vida. São Paulo: Globo, 2009. p. 178.

publicada em 16 de março de 2010, realizada pela entidade *e-bit*, informa que, atualmente, há mais de 17,6 milhões de consumidores que realizam compras pela internet[14].

Neste sentido, os baixos custos da publicidade oferecida pela internet, comparado a outros veículos de comunicação, como a televisão e mídia impressa, atraem diversas empresas que procuram aumentar o consumo de seus produtos e serviços visando alavancar seu volume de vendas, e nada melhor do que um veículo cada vez mais popular, já que mais acessível à fração da população que, antes, não tinha condições de dispor e usufruir da internet. Segundo Lima Marques, porém, "no meio eletrônico, a publicidade tem um efeito exponencialmente mais agressivo"[15].

Assim, temos presenciado, nos últimos quinze anos, um crescimento exponencial da utilização da internet para as práticas das relações de consumo. Consoante Lisboa, "A repercussão da Sociedade da Informação sobre a coletividade de consumidores também é inegável"[16].

Com efeito, não há dúvidas de que o Código de Defesa do Consumidor[17] também é aplicado à internet, não havendo nenhuma circunstância que possa afastá-lo quando verificada a "relação de consumo", independente do meio em que se concretize.

A relação de consumo, tal como se define a partir dos arts. 2º e 3º do Código de Defesa do Consumidor, configura o objeto da tutela do consumidor, mesmo quando ocorrida na internet.

É necessário que, não obstante a distância física que os separa, exista a figura do consumidor e do fornecedor. O primeiro é aquele que adquire o bem ou o serviço como destinatário final, isto é, realiza a compra para usar o bem ou o serviço em proveito próprio. O segundo, é a pessoa física ou jurídica, pública ou privada, nacional ou estrangeira que, "em uma palavra, é o fabricante, o vendedor ou o prestador de serviços"[18].

Quando a contratação eletrônica é realizada entre consumidor e fornecedor, utiliza-se a expressão *Business-to-Consumer* ou B2C, para designar a categoria do comércio eletrônico que será regida pelo Código de Defesa do Consumidor. Por sua vez, a relação *Business-to-Business*, ou B2B, indica a categoria do comércio eletrônico praticada entre empresários (não consumidores), caso em que será aplicado o Código Civil para regular suas relações jurídicas.

---

(14) Notícia da pesquisa disponível em: <www.ebitempresa.com.br/clip.asp?cod_noticia=3419&pi=1> Acesso em: 16.3.2010.
(15) MARQUES, Cláudia Lima. *Confiança no comércio eletrônico e a proteção do consumidor*. São Paulo: Revista dos Tribunais, 2004. p. 163.
(16) LISBOA, Roberto Senise. O consumidor na sociedade da informação. In: PAESANI, Liliana Minardi. *O direito na sociedade da informação*. São Paulo: Atlas, 2007. p. 130.
(17) Sobre o escopo fundamental do Código de Defesa do Consumidor, Zanetti ressalta que "foi o de restabelecer o equilíbrio entre as partes, para impedir que o fornecedor se aproveitasse de sua posição de força e impusesse sua vontade ao contratante mais fraco, isto é, ao consumidor" (2008. p. 205).
(18) SAAD, Eduardo Gabriel. *Comentários ao código de defesa do consumidor*. São Paulo: LTr, 2002. p. 70.

Destarte, levando-se em consideração que, via de regra, todos os atos do usuário da internet ficam armazenados em registros eletrônicos, é possível utilizar-se de técnicas de mapeamento do comportamento do consumidor[19]. A extensa utilização das novas tecnologias nas práticas sociais, tais como celular, câmaras de vídeo, cartão de crédito, *notebooks* etc., contribuem para a exposição das práticas consumistas[20].

Não há dúvidas que a observação do efetivo "comportamento *on-line*" do consumidor é uma maneira deveras eficaz de se conhecer seus hábitos e preferências. Entretanto, tais práticas não podem violar o direito à privacidade do indivíduo, de modo que, se utilizadas, devem ser claras quanto à sua aplicação, bem como quanto ao destino e uso dos dados coletados, sem perder de vista o mais importante, que é a autorização expressa do consumidor.

Isso porque o dever de informar é princípio fundamental da tutela do consumidor, e, ao lado do princípio da transparência, insculpido no art. 4º do Código de Defesa do Consumidor, impõe a forma como os produtos e serviços devem ser oferecidos no mercado, bem como garantem maior proteção ao consumidor, cujas práticas devem ser sempre seguidas, especialmente no meio da internet, em cujo ambiente há uma distância física entre as partes contratantes, exigindo-se ainda mais atendimento ao dever de informar e de ser transparente[21].

A Diretiva 97/7/CE do Parlamento Europeu e do Conselho, de 20 de maio de 1997, que trata da proteção dos consumidores em matéria de contratos a distância, bem dispõe que "a utilização de técnicas de comunicação a distância não deve conduzir a uma diminuição da informação prestada ao consumidor"[22].

---

(19) Há ferramentas, já desenvolvidas e em utilização, que permitem o levantamento dos perfis, preferências e hábitos dos consumidores *on-line*. Na obra de Tancer, o autor explana sobre uma dessas ferramentas capaz de gerar relatórios sobre os perfis demográficos e psicográficos de visitantes de vários *sites*. Sobre a ferramenta explica que "a amostragem dos EUA contém comportamento de uso de mais de 10 milhões de usuários da internet, e está agrupada de duas maneiras. A metodologia primária, baseada em acordos com múltiplos provedores de todo o país, anonimiza e agrega dados de uso de mais de 7,5 milhões de internautas. Os dados são coletados a partir de diversos provedores para a obtenção de um corte transversal de internautas, regionalmente. A amostra de provedores é suplementada por múltiplos painéis opt-in [termo em inglês abreviação de *option in*, "opção de entrada", para definir a forma de obtenção da permissão do titular dos dados, ou seja, este deve dar a autorização, para que seja incluído na base de dados], ou grupos de usuários da internet que concordam em ser monitorados e fornecerem informações demográficas. Essa informação nos permite elaborar relatórios sobre os perfis demográficos [refere-se a uma medida de gênero, idade, renda familiar e distribuição regional por estado para visitantes de um *site* ou categoria] e psicográficos [sistema que agrupa os indivíduos com base em comportamento, crenças e características demográficas únicas] de visitantes de vários *sites* e categorias de *sites*. Tanto os dados dos provedores como os dados opt-in são atualizados todos os dias, fornecendo informações de uso referente ao dia anterior. Os dados de termos de busca são atualizados semanalmente, e os dados demográficos e psicográficos são baseados numa média de quatro semanas de uso" (2009. p. 22-23, 263).
(20) Sobre o assunto, a obra de Baker faz uma reflexão inédita e comenta sobre a imensa quantidade de dados que são gerados dia a dia, pelos próprios indivíduos usuários de suas ferramentas tecnológicas, e como tais dados podem ser geridos e usados por terceiros. "Quando se trata de produzir dados, somos prolíficos. Os usuários de celulares, *lap tops* e cartões de crédito, só pelo fato de viverem, engordam a cada dia os seus próprios dossiês digitais". [...] "a perspectiva é suficiente para empolgar os profissionais de marketing. Uma vez que tenham acesso aos nossos dados, poderão decodificar nossos desejos, temores e necessidades. Poderão nos vender precisamente o que estamos querendo" (2000. p. 12-13).
(21) Sobre o dever de informar, ensina Nunes que se trata de um "dever exigido mesmo antes do início de qualquer relação. A informação passou a ser componente necessário do produto e do serviço, que não podem ser oferecidos no mercado sem ela (2007. p. 142).
(22) *Vide* item 11 das considerações iniciais da Diretiva 97/7/CE do Parlamento Europeu e do Conselho. E ainda, sobre a proteção ao consumidor, no item 17 das considerações iniciais está disposto que: "(17) os princípios consignados nos arts. 8º e

Pelo fato da relação ser celebrada através dos meios eletrônicos, as proteções decorrentes da legislação de consumo devem ser rigorosamente observadas, com ainda mais cuidado.

Nas palavras de Lisboa "para o consumidor, a aplicação da teoria da confiança nos negócios jurídicos e do princípio da boa-fé objetiva são indispensáveis, tendo em vista a sua participação cada vez mais intensa por meios de Tecnologia da Informação[23].

É este, inclusive, o princípio que norteia a Resolução do Conselho Europeu, de 19 de janeiro de 1999, a respeito dos aspectos relativos ao consumidor na sociedade da informação (1999/C 23/01). Verifica-se nas alíneas *a* a *d*, do item 6 de seu preâmbulo:

> Para instaurar essa confiança, é necessário facultar, relativamente às novas tecnologias, um nível de proteção equivalente ao existente nas transações tradicionais, através da aplicação dos princípios existentes da política dos consumidores aos novos produtos e serviços disponíveis na sociedade da informação, nomeadamente:
>
> a) A transparência e o direito a receber informações suficientes e confiáveis previamente e, nos casos adequados, depois da transação, incluindo em especial a identidade autenticada do fornecedor e as informações necessárias para provar a autenticidade de cada elemento de uma transação;
>
> b) A não discriminação no acesso aos produtos e serviços e a consideração das necessidades dos consumidores vulneráveis;
>
> c) A proteção dos consumidores contra práticas comerciais não solicitadas, enganosas e desleais, inclusive publicitárias, e o apoio à criação de meios confiáveis que lhes permitam filtrar o conteúdo dos sistemas de comunicação;
>
> d) A proteção dos interesses econômicos dos consumidores, tendo em conta uma distribuição justa dos riscos e responsabilidades que reflita em especial a responsabilidade do fornecedor na escolha de meios comerciais eletrônicos, incluindo, sobretudo, as condições necessárias para que o consumidor tome decisões ponderadas;

---

10 da Convenção Europeia de Proteção dos Direitos do Homem e das Liberdades Fundamentais, de 4 de novembro de 1950; que é necessário reconhecer ao consumidor o direito à proteção da vida privada, nomeadamente no que diz respeito à tranquilidade face a certas técnicas de comunicação particularmente invasivas; que é necessário, por conseguinte, estabelecer restrições específicas à utilização dessas técnicas; que os Estados-membros devem tomar as medidas apropriadas para proteger eficazmente os consumidores que não desejem ser contatados através de determinados meios de comunicação, sem prejuízo das cláusulas de salvaguarda especiais do consumidor previstas na legislação comunitária relativa à proteção dos dados pessoais e da privacidade".

(23) LISBOA, Roberto Senise. O consumidor na sociedade da informação. In: PAESANI, Liliana Minardi. *O direito na sociedade da informação*. São Paulo: Atlas, 2007. p. 136.

2. Das ferramentas de busca na internet e dos links patrocinados

Não são poucas as vezes que o consumidor utiliza a internet para tirar dúvidas e saber mais sobre determinado produto ou serviço de interesse. É comum usar a internet como meio de procurar o menor preço e melhor oportunidade. A internet pode ser uma ferramenta muito útil e versátil para o consumidor[24].

Porém, a sistemática no modo de apresentação das lojas na internet é diversa dos estabelecimentos físicos espalhados em ruas ou *shopping centers*. O consumidor deve, necessariamente, inserir o endereço eletrônico, que lhe proporcionará acessar o *site* da empresa, e ali encontrar as informações que procura.

Neste contexto, despontam os *sites* de busca, como meio de facilitar a pesquisa na internet. Para tanto, basta inserir uma palavra ou conjunto delas, e o provedor responsável pelo *site* de busca fará uma "varredura" pela internet e indexará os *sites* relacionados ao termo, ou aos termos, de busca.

Estes *sites* de busca estão disponíveis gratuitamente na internet. Google, Yahoo, Laycos e Alta Vista são exemplos de prestadores de serviços dessa natureza. Conhecidos, também, como "motores de busca" ou "buscadores", são dotados de duas funções principais: *i.* inserção dos termos de busca das páginas da Internet no campo específico do mecanismo de busca, cuja inserção pode ocorrer: a) automaticamente, através de programas de computador robôs que vasculham as páginas e incluem no índice os termos nelas encontrados; ou b) manualmente, pela ação do interessado que registra no campo específico o endereço de cada página e define os termos de busca que ele considera pertinentes; *ii.* apresentação do resultado de uma busca, em formato de lista, contendo nome e descrição das páginas de interesse, contendo *links* (hiperligações) que, quando "clicados", levam o usuário diretamente à própria página.

A partir do resultado, a ordem de aparição na qual esses *links* são listados tem relevante valor comercial, devido à tendência dos usuários acessarem as primeiras ocorrências apresentadas, especialmente por uma questão de comodidade em procurar pelos primeiros itens indexados. Por esse motivo, muitos provedores de busca, mediante serviço pago, oferecem uma posição estratégica, para resultados de busca por determinado termo previamente cadastrado pelo anunciante junto ao *site* de busca. Esses *links* recebem a denominação de "*links* patrocinados".

Segundo Oikawa, "na medida em que cada vez mais internautas utilizam buscadores para localizar empresas e realizar pesquisas de preços, estar presente na primeira página de ocorrências pode significar a diferença"[25].

---

(24) Domingues, comentando sobre as versatilidades e qualidades da internet, e seu papel de destaque, afirma que "as qualidades que lhe são próprias firmaram-se como um marco revolucionário na comunidade publicitária e como uma mídia única e versátil", e indica quais são as qualidades da internet como tal, a saber: "diversidade, qualidade e quantidade de informações; rastreamento; aumento da competitividade; não segmentação (*i.e.*, é uma mídia de todos e para todos); interatividade" (2008. p. 131-132).
(25) OIKAWA, Alysson Hautsch. *Considerações acerca da possibilidade de concorrência desleal nos links patrocinados em serviços de busca na internet.* Disponível em: <http://www1.jus.com.br/doutrina/texto.asp?id=6412> Acesso em: 10.3.2010. p. 1.

É certo, contudo, que tais serviços requerem o uso responsável dos termos (palavras-chaves) utilizados para responder as consultas dos usuários, pois são livremente definidos pelo contratante do serviço.

O contratante do serviço realiza os seguintes procedimentos para adquirir os serviços do *link* patrocinado: *i.* cadastra seus dados junto ao serviço; *ii.* define o(s) termo(s) (palavras-chave) que ativarão o sistema no momento em que o visitante utilizar o serviço de busca. Para cada palavra, o contratante define qual a mensagem e qual o *link* que serão apresentados ao usuário. Ao clicar neste *link*, o visitante será conduzido automaticamente ao *site* do contratante do serviço de *link* patrocinado; *iii.* define qual o montante de recursos financeiros que empenhará em cada palavra--chave ou na campanha como um todo. Cada vez que um visitante clicar no *link* patrocinado, será cobrado do anunciante o valor correspondente ao *click* realizado pelo visitante[26]; *iv.* o contratante é livre para escolher as palavras-chave de sua preferência, usualmente correspondentes ao nome da sua empresa e aos produtos ou serviços por ela ofertados.

3. DA CONCORRÊNCIA DESLEAL E DA VIOLAÇÃO À TUTELA DO CONSUMIDOR

Tem-se debatido desde o final da década passada que, diante das facilidades e vantagens inerentes aos *sites* de busca, abriu-se espaço para a prática da concorrência desleal, por meio da qual se registra uma marca alheia, como se própria fosse, atrelando tal marca ao *site* de concorrente, acarretando no possível desvio de clientela. Tal expediente se torna ainda mais preocupante sob a ótica do prejuízo causado ao consumidor, que poderá ser levado a engano, consultando, e até mesmo comprando, em loja diversa da que originalmente buscava[27].

São duas situações conflituosas possíveis, vale dizer, a concorrência desleal praticada para o desvio e captação indevida de clientela, e o prejuízo gerado ao consumidor, destinatário dos anúncios e dos próprios bens e serviços ofertados.

Desta feita, entre a empresa vítima, que sofre a prática da concorrência desleal, e a empresa agressora e seus respectivos representantes, será aplicada a tutela prevista na legislação da propriedade industrial (Lei n. 9.279/96). Não se trata, pois, de relação

---

(26) A *Click Through Rate* — CTR é uma medida usada na internet, para mostrar o desempenho e sucesso de um determinado anúncio ou campanha publicitária. Significa o número de cliques em um determinado anúncio dividido pelo número de impressões da página de anúncios que aparece quando um bloco de *links* é clicado. Quando mais relevantes, maior a frequência com que os usuários clicarão neles, resultando em um CTR mais alto (TANCER. 2009. p. 51).

(27) No mundo da internet, no qual a informação transmitida é considerada segura quando imbuída do atributo de autenticação, é preciso ter certeza se uma empresa não está se fazendo passar por outra, utilizando-se, indevidamente, da propriedade industrial alheia. O fato é que com a revolução da informação, e a expansão da internet, todos os sinais distintivos disponibilizados ao mercado de consumo assumem maior relevância. Na visão de Forgioni, comentando a sociedade pós-revolução industrial, "o aquecimento do mercado trouxe o incremento da concorrência, incitando a disputa por clientela. Num mundo em que os produtos não apresentavam marcadas diferenças intrínsecas, é dada renovada importância aos meios de diferenciação e de penetração e, portanto, às marcas e aos reclames. A vantagem competitiva do agente econômico vem protegida com o principal escopo de impedir a indevida exploração por terceiros e, assim, permitir o bom funcionamento do mercado" (2008. p. 509).

de consumo. De outro lado, está a violação ao próprio consumidor, quando este for prejudicado pela prática da manobra de concorrência e de publicidade enganosa.

Em exemplo, seria como se um popular *site* de turismo denominado "Descanso Viagens", adquirisse o serviço de *link* patrocinado, perante o *site* de buscas do *Yahoo*, e para tanto registrasse, como palavra-chave a ele relacionada, a marca do *site* de turismo concorrente "Lazer Turismo". Assim, toda vez que o internauta digitasse o termo "Lazer Turismo" no *site* de buscas do *Yahoo*, o primeiro colocado, e em posição de destaque, seria o *site* concorrente "Descanso Viagens", pois este realizou a manobra de registrar a marca do concorrente[28], para ocupar posição estratégica e privilegiada no resultado de buscas, em clara violação da propriedade industrial alheia e indubitável intenção de desvio de clientela.

No caso hipotético acima apresentado, o anunciante desta prática responde civil, penal e administrativamente pela publicidade que promover utilizando-se de meios ilícitos. Sob a perspectiva da empresa "Lazer Turismo", os representantes da empresa "Descanso Viagens" violam as regras da leal concorrência. Sob a perspectiva do consumidor, violam as regras previstas no Código de Defesa do Consumidor, ao induzir-lhe em erro.

Atente-se que não é porque o ilícito foi praticado pela internet que haverá qualquer tipo de mitigação de responsabilidade. É certo que a constituição de prova para demonstrar e comprovar o ilícito e autoria poderá ser dificultada. Trata-se, portanto, de uma questão *ad probationem*. A par disso, por ter se utilizado de meio facilitador, considerada a velocidade, bem como o poder de alcance de público da internet, tal circunstância deve ser sopesada como uma agravante no caso em concreto.

Isto porque, seja qual for o veículo utilizado, "a publicidade não pode ocultar sua natureza de instrumento de estímulo do consumo e induzir o destinatário em erro quanto ao produto ou serviço"[29][30]. Infelizmente, a publicidade[31] na internet deu espaço para novos tipos de publicidades abusivas ou enganosas[32].

---

(28) Tal manobra pode ser possível em razão da utilização dos *metatags,* que são os termos inseridos, pelo responsável do *site*, na sua programação (código fonte), de modo a ser identificado no momento da busca de uma determinada palavra-chave, e ser indexado pelo *site* de busca. Para maiores informações vide www.metatags.org.
(29) COELHO, Fábio Ulhoa. *Curso de direito comercial.* São Paulo: Saraiva, 2010. v. 3, p. 45.
(30) Acrescenta Coelho que "a lei, ao conceituar a simulação, enganosidade e abusividade da mensagem publicitária, não leva em conta os meios de transmissão, mas o conteúdo e efeitos potenciais" (2010, v.3, p. 45).
(31) Conforme esclarece Del Masso: "É comum confundir-se *marketing* com publicidade ou publicidade com promoção de vendas, além de outras expressões constantemente utilizadas como, por exemplo, *merchandising.* [...] O *marketing* envolve várias atividades do empresário. O processo inicia-se na busca do que o consumidor em potencial está desejando e termina com o oferecimento do produto. Portanto, quando se fala em *marketing* se fala em estratégia [...] O significado técnico de *merchandising* representa o planejamento para introduzir no mercado um produto [...] Um outra nomenclatura utilizada, que merece cuidado, consiste na diferença existente entre publicidade e promoção de vendas [...] na promoção de vendas o esforço flui para que os produtos encontrem os consumidores; o contrário ocorre na publicidade, que busca dirigir o consumidor para os seus produtos (2008. p. 53-54).
(32) MARQUES, Cláudia Lima. *Confiança no comércio eletrônico e a proteção do consumidor.* São Paulo: Revista dos Tribunais, 2004. p. 163.

Como descreve Del Masso, "A sobrevivência da sociedade de consumo dependente diretamente da publicidade; o hábito de consumir é orientado pela comunicação entre o empresário e o consumidor"[33]. Entretanto, deve se destacar que esta publicidade deve ser feita de forma ética e lícita.

4. DA PUBLICIDADE ENGANOSA E ABUSIVA

O art. 6º do Código de Defesa do Consumidor, garante ao consumidor a proteção contra a publicidade enganosa e abusiva, métodos comerciais coercitivos ou desleais. O princípio da proteção contra a publicidade enganosa ou abusiva se alicerça no princípio maior previsto na Constituição Federal[34]. Segundo Nunes, a publicidade:

> [...] como meio de aproximação do produto e do serviço ao consumidor tem guarida constitucional, ingressando como princípio capaz de orientar a conduta do publicitário no que diz respeito aos limites da possibilidade de utilização desse instrumento[35].

Para o Código de Defesa do Consumidor, a publicidade é enganosa quando induz o consumidor ao erro, conforme seu art. 37, *caput* e §§ 1º, 2º e 3º, *vide*:

Art. 37. É proibida toda publicidade enganosa ou abusiva.

§ 1º É enganosa qualquer modalidade de informação ou comunicação de caráter publicitário, inteira ou parcialmente falsa, ou, por qualquer outro modo, mesmo por omissão, capaz de induzir em erro o consumidor a respeito da natureza, características, qualidade, quantidade, propriedades, origem, preço e quaisquer outros dados sobre produtos e serviços.

§ 2º É abusiva, dentre outras, a publicidade discriminatória de qualquer natureza, a que incite à violência, explore o medo ou a superstição, se aproveite da deficiência de julgamento e experiência da criança, desrespeita valores ambientais, ou que seja capaz de induzir o consumidor a se comportar de forma prejudicial ou perigosa à sua saúde ou segurança.

§ 3º Para os efeitos deste código, a publicidade é enganosa por omissão quando deixar de informar sobre dado essencial do produto ou serviço.

Quanto à publicidade enganosa, depreende-se do texto da lei, que o anúncio de informação falsa não é suficiente para a caracterização deste tipo de publicidade. É necessário, ainda, que os dados falsos tenham efetivo potencial de indução dos consumidores em erro.

Já no que se refere à publicidade abusiva, cabe ressaltar que o § 2º apresenta rol exemplificativo, de modo que não se esgotam, nas suas hipóteses, os casos

---

(33) MASSO, Fabiano Dolenc del. *Direito do consumidor e publicidade clandestina*. São Paulo: Campus Elsevier, 2009. p. 44.
(34) A Constituição Federal tratou da publicidade de produtos, práticas e serviços no inciso II do § 3º do art. 220, dos anúncios de bebidas alcoólicas, agrotóxicos, medicamentos e terapias no § 4º do art. 220, e da publicidade do serviço público no art. 37.
(35) NUNES, Rizzatto. *Comentários ao código de defesa do consumidor*. São Paulo: Saraiva, 2007. p. 66.

elencados. É abusiva a publicidade[36] que se realiza com fins contrários à ordem pública, ao direito, à moral[37].

Além disso, constitui crime, conforme dispõe o art. 67 do Código de Defesa do Consumidor, "fazer ou promover publicidade que sabe ou deveria saber ser enganosa ou abusiva". A objetividade jurídica deste crime, segundo Passarelli, é dupla, pois tutela, imediatamente, as relações de consumo, e mediatamente resguarda a integridade psíquica do consumidor coletivamente considerado[38]. A coletividade de consumidores é o sujeito passivo[39].

Ainda em sede penal, sob a perspectiva da empresa que se valeu do *link* patrocinado com o registro indevido de palavra-chave, cumpre destacar que esta prática pode ser enquadrada como crime de concorrência desleal, previsto no art. 195, da Lei de Propriedade Industrial (Lei n. 9.279/96), pelo emprego de meio fraudulento, para desviar, em proveito próprio ou alheio, clientela de outrem (inciso III); por usar expressão ou sinal de propaganda alheias, ou os imita, de modo a criar confusão entre os produtos ou estabelecimentos (inciso IV); e/ou por usar, indevidamente, nome comercial, título de estabelecimento ou insígnia alheios (inciso V).

Em 4 de março de 2010, um caso de *link* patrocinado foi julgado pelo Tribunal de Justiça de São Paulo[40]. Os réus foram condenados porque utilizaram, indevidamente, o serviço denominado *link* patrocinado, porquanto contrataram este serviço, vinculando-o à marca da empresa vítima, com o propósito de desviar clientela daquela.

Segundo entendimento do Tribunal, a inclusão da marca da vítima, no registro dos *links* patrocinados, é suficiente para captar-lhe indevidamente clientela. Isto porque o consumidor, quando digitava a marca da empresa vítima junto aos mecanismos de busca, visualizava em destaque o *link* de acesso à empresa ré.

Nas palavras da Desembargadora Relatora, "optando por acessar o primeiro *link*, o que é bastante comum ante a ordem de relevância dos anúncios — como é notório entre os usuários da rede mundial de computadores —, o usuário 'visitava' o *site* da empresa representada pelos réus".

Ressalte-se que para a caracterização do tipo penal foi prescindível a demonstração do efetivo desvio de clientela. A conduta punida foi o ato de cadastrar o nome da empresa vítima, dentre outras palavras-chaves, nos buscadores da internet, sendo este o meio fraudulento empregado caracterizador da concorrência desleal.

---

(36) O Código de autorregulamentação publicitária do CONAR apresenta situações ditas como publicidades abusivas, prevista nos arts. 23 e 27, *in verbis*: "Os anúncios devem ser realizados de forma a não abusar da confiança do consumidor, não explorar sua falta de experiência ou de conhecimento e não se beneficiar de sua credulidade" (art. 23). "O anúncio deve conter uma apresentação verdadeira do produto oferecido, conforme disposto nos artigos seguintes desta Seção, onde estão enumerados alguns aspectos que merecem especial atenção" (art. 27).
(37) SAAD, Eduardo Gabriel. *Comentários ao código de defesa do consumidor.* São Paulo: LTr, 2002. p. 377.
(38) PASSARELLI, Eliana. *Dos crimes contra as telações de consumo.* São Paulo: Saraiva, 2002. p. 74.
(39) MENDES, Marcelo O. Código de defesa do consumidor. In: DAOUN, Alexandre Jean; FLORÊNCIO FILHO, Marco Aurélio Pinto. *Leis penais comentadas.* São Paulo: Quartier Latin, 2009. p. 180.
(40) Apelação n. 990.09.142773-0, TJ-SP, Rel. Rachid Vaz de Almeida.

5. Do papel e responsabilidade dos provedores intermediários

Questão mais polêmica reside na responsabilidade do próprio provedor de busca (Google, Yahoo etc.), ou seja, na figura do intermediário.

Em caso semelhante à problemática supramencionada, em junho de 2006, um Tribunal francês condenou a empresa Google a indenizar o titular da marca Louis Vuitton, em 300 mil euros por perdas e danos, confirmando e elevando a condenação de primeiro grau proferida em 2005, em razão de imitação de marca, concorrência desleal e publicidade enganosa.

A decisão teve como fundamento o fato da empresa Google promover — através de seu *site* de buscas — *links* patrocinados de empresas, que comercializavam artigos e produto de contrafação, associadas à palavra-chave Louis Vuitton.

A Corte de Justiça da União Europeia, em março de 2010, por sua vez, decidiu que a empresa Google não viola os direitos de marca com seus serviços de *links* patrocinados, ao permitir que anunciantes adquiram palavras-chave correspondentes a marcas de concorrentes.

O fundamento de decisão é no sentido de limitar a responsabilidade em favor dos prestadores de serviços intermediários[41]. Por este entendimento, o provedor só pode ser responsabilizado se agir diretamente na violação da marca ou publicidade enganosa. Ainda, será responsabilizado se após ser informado do ilícito, não agir com prontidão para retirar os dados ou fazer com que o acesso a eles se torne indisponível[42].

A decisão da corte europeia traz luz a assunto atual e de muita importância para o presente e futuro da internet, ao reconhecer a necessidade de pronta e rápida colaboração dos provedores intermediários, no atendimento de avisos sobre ilegalidade que esteja ocorrendo com a utilização de seus serviços, bem como na guarda dos registros eletrônicos, de seus usuários, cujos dados são essenciais para posterior investigação e elucidação da autoria.

Nesse sentido, prevê, outrossim, a Diretiva 2000/31/CE, do Parlamento Europeu e do Conselho, de 8 de junho de 2000, relativa a aspectos legais dos serviços da sociedade de informação, em especial do comércio eletrônico, ao dispor que os provedores de armazenagem de conteúdo, como prestadores de serviço da sociedade da

---

(41) Nesta linha está a Resolução do Comitê Gestor de internet CGI.br/RES/2009/003/P, em seu item n. 7, ao ditar que "o combate a ilícitos na rede deve atingir os responsáveis finais e não os meios de acesso e transporte, sempre preservando os princípios maiores de defesa da liberdade, da privacidade e do respeito aos direitos humanos". Ainda, nesse sentido: SOUZA. 2009. p. 655-656.
(42) A este modelo proposto para atuação dos provedores de internet dá-se o nome de *notice and take down*, cuja expressão tem origem no direito norte-americano, *Digital Millennium Copyright Act — DMCA*, e indica a prática que deve ser adotada pelo provedor quando ao ser avisado (*notice*) do ilícito, deve retirar ou bloquear o conteúdo (*take down*), (BAGBY. 2003. p. 137).

informação, não serão responsabilizados desde que "o prestador, a partir do momento em que tenha conhecimento da ilicitude, atue com diligência no sentido de retirar ou impossibilitar o acesso às informações" (art. 14, alínea 1, b)[43].

A ausência do efetivo comprometimento e colaboração das empresas intermediárias desse segmento afrontam os direitos fundamentais da dignidade da pessoa humana e de seu direito de resposta, pois sendo vítima de um ilícito, ainda que ocorrido pela internet, tem aquela o direito de encontrar seu agressor e receber deste o ressarcimento pelos danos ocasionados.

Conclusão

A internet é uma das tecnologias que pode ser enquadrada no rol das invenções humanas que mais alterações trouxe para a vida em sociedade. Se vantagens existem, não se pode negar, de outro lado, que a grande quantidade de informações e a velocidade com que surgem e são disseminadas, atreladas à escassez de tempo para absorver tanto conteúdo, impactam os diversos aspectos da sociedade, inclusive o Direito.

Como eficaz veículo de comunicação, além de econômico se comparado com outras mídias, a internet tem sido largamente utilizada como meio para a divulgação de anúncios publicitários, visando atingir potencias consumidores da *world wide web*, que vem crescendo exponencialmente nos últimos anos.

É inegável, portanto, a importância da publicidade para a vida das pessoas, seja para quem anuncia, seja para o seu destinatário. Isto porque se vive em uma sociedade da informação, onde os espaços geográficos foram relativizados e as notícias, de um modo geral, são manifestadas em tempo real, para todo o mundo. Não se pode admitir, porém, a publicidade enganosa ou abusiva.

A internet, para as relações de consumo, revela-se não apenas um instrumento potencializador de informação, mas também um elemento facilitador ao ato de consumo.

Os consumidores sem saírem de suas residências podem hoje fazer pesquisas, através da internet, acerca dos melhores preços e produtos/serviços, em diversos *sites* e podem realizar compras.

Assim, o Código de Defesa do Consumidor se revela diploma legal de imprescindível importância, diante de um internauta-consumidor, muitas vezes vulnerável, pelas

---

(43) Sobre a armazenagem temporária (*caching*), a mesma Diretiva, em seu art. 13, alínea 1, *e*, prevê que a responsabilidade não será aplicada desde que "o prestador atue com diligência para remover ou impossibilitar o acesso à informação que armazenou, logo que tome conhecimento efetivo de que a informação foi removida da rede na fonte de transmissão inicial, de que o acesso a esta tornou-se impossível, ou de que um tribunal ou autoridade administrativa ordenou essa remoção ou impossibilidade de acesso".

práticas competitivas e antiéticas dos fornecedores. Segundo Goyard-Fabre, nas sociedades "avançadas" que se declaram democráticas não existe mais consenso relativo aos ideais políticos, aos interesses sociais e aos valores éticos; no lugar do sistema de valores tradicionais, o jogo da competição se instalou nessas sociedades industrializadas ao máximo e, com esse jogo competitivo, se dá livre curso ao pluralismo, à irracionalidade, ao individualismo e até ao egoísmo. A obsessão com a produção e a eficácia econômica engendrou uma desintegração axiológica. A herança moral perdeu seu sentido[44].

Não seria exagero afirmar que a ética nas relações de consumo na internet é a pedra de toque da sociedade da informação, tendo em vista suas diversas perspectivas de análise.

Isto porque, as manifestações antiéticas não se adstringem às relações dos empresários entre si, ou seja, na luta por se ocupar um lugar no mercado, mas também, e sobretudo, nas relações entre fornecedores e consumidores, sendo estes últimos o elo mais fraco na relação consumerista.

Outra ponderação importante é que, tendo em vista os registros eletrônicos deixados pelos usuários da internet, é possível, por meios específicos, captar dados e criar perfis do comportamento e hábitos *on-line* de consumo. Tais técnicas, entretanto, quando utilizadas, devem ser claras quanto à forma de coleta dos dados dos usuários e seu destino, tudo mediante a expressa autorização do consumidor, sob pena de violação ao seu direito de privacidade.

Ademais, observa-se que os serviços de *links* patrocinados, oferecidos pelos *sites* de buscas, tem sido, por vezes, utilizados para captação indevida de clientela, o que é feito pelo registro da marca alheia através dos *metatags*. Tal prática pode induzir o consumidor em erro, bem como configurar crime de concorrência desleal contra os responsáveis pela ilicitude da manobra *on-line*.

Os provedores dos *sites* de busca, por sua vez, são figuras intermediárias, e serão responsabilizados pelos atos de seus usuários, apenas no caso de não agirem quando comunicados sobre a prática de algum ilícito praticado através do uso de suas ferramentas. A colaboração dos provedores deve ser no sentido de, pronta e rapidamente, retirar ou impossibilitar o acesso às informações indevidas. Trata-se do princípio do *notice and take down*, que vem sido adotado pela maioria da doutrina e jurisprudência brasileiras.

Finalmente, o objetivo do presente ensaio foi trazer à baila reflexões sobre questões pertinentes às relações de consumo e a internet e, mormente, a perspectiva do consumidor nessa luta dos fornecedores pela busca de um espaço no ambiente de comércio virtual, denominado pela doutrina de comércio eletrônico.

---

(44) GOYARD-FABRE, Simone. *O que é democracia?* Tradução Cláudia Berliner. São Paulo: Martins Fontes, 2003. p. 284.

REFERÊNCIAS BIBLIOGRÁFICAS

BAGBY, John W. *Cyberlaw handbook for e-commerce*. Ohio: Thomson, 2003.

BAKER, Stephen. *Numerati*. Tradução de Ivo Korytowski. São Paulo: Arx, 2009.

COELHO, Fábio Ulhoa. *Curso de direito comercial*. São Paulo: Saraiva, 2010. v. 1.

_____ . *Curso de direito comercial*. São Paulo: Saraiva, 2010. v. 3.

DOMINGUES, Alessandra de Azevedo. Formatos e Classificações da Publicidade Eletrônica e seus Controles Legais: licitudes e ilicitudes. In: LUCCA, Newton de; SIMÃO FILHO, Adalberto. *Direito & internet* — aspectos jurídicos relevantes. São Paulo: Quartier Latin, 2008.

FERRER, Florencia; SANTOS, Paula. *E-government:* o governo eletrônico no Brasil. São Paulo: Saraiva, 2004.

FORGIONI, Paula. Nome de domínio e título de estabelecimento: nova função para um antigo instituto. In: LUCCA, Newton de; SIMÃO FILHO, Adalberto. *Direito & internet* — aspectos jurídicos relevantes. São Paulo: Quartier Latin, 2008.

GOYARD-FABRE, Simone. *O que é democracia?* Tradução Cláudia Berliner. São Paulo: Martins Fontes, 2003.

LESSIG, Lawrence. *The future of ideas*. New York: Random House, 2001.

LISBOA, Roberto Senise. O consumidor na sociedade da informação. In: PAESANI, Liliana Minardi. *O direito na sociedade da informação*. São Paulo: Atlas, 2007.

LORENZETTI, Ricardo L. *Comércio eletrônico*. São Paulo: Revista dos Tribunais, 2004.

LUCCA, Newton de. Aspectos atuais da proteção aos consumidores no âmbito dos contratos informáticos e telemáticos. In: LUCCA, Newton de; SIMÃO FILHO, Adalberto. *Direito & internet* — aspectos jurídicos relevantes. São Paulo: Quartier Latin, 2008.

MAJO, A. di; FERRI, G. B.; FRANZONI, M. *Il contrato in generale. L'invalidità del contratto.* Milão: Giuffrrè, 2002. t. VII.

MARQUES, Cláudia Lima. *Confiança no comércio eletrônico e a proteção do consumidor*. São Paulo: Revista dos Tribunais, 2004.

_____ . Responsabilidade civil nas relações de consumo. In: MONTENEGRO FILHO, Misael; PIRES FILHO, Ivon; MARANHÃO, Daniel de Albuquerque. *Responsabilidade civil* — temas atuais. Recife: Bagaço, 2000.

MASSO, Fabiano Dolenc del. *Direito do consumidor e publicidade clandestina*. São Paulo: Campus Elsevier, 2009.

MENDES, Marcelo O. Código de defesa do consumidor. In: DAOUN, Alexandre Jean; FLORÊNCIO FILHO, Marco Aurélio Pinto. *Leis penais comentadas*. São Paulo: Quartier Latin, 2009.

NUNES, Rizzatto. *Comentários ao código de defesa do consumidor*. São Paulo: Saraiva, 2007.

OIKAWA, Alysson Hautsch. *Considerações acerca da possibilidade de concorrência desleal nos* links *patrocinados em serviços de busca na Internet*. Disponível em: <http://www1.jus.com.br/doutrina/texto.asp?id=6412> Acesso em: 10.3.2010.

PASSARELLI, Eliana. *Dos crimes contra as telações de consumo*. São Paulo: Saraiva, 2002.

REINALDO FILHO, Demócrito Ramos. Responsabilidade civil por abuso do direito de informação. In: MONTENEGRO FILHO, Misael; PIRES FILHO, Ivon; MARANHÃO, Daniel de Albuquerque. *Responsabilidade civil* — temas atuais. Recife: Bagaço, 2000.

SAAD, Eduardo Gabriel. *Comentários ao código de defesa do consumidor*. São Paulo: LTr, 2002.

SIMÃO FILHO, Adalberto. Sociedade da informação e seu lineamento jurídico. In: PAESANI, Liliana Minardi. *O direito na sociedade da informação*. São Paulo: Atlas, 2007.

SOUZA, Carlos Affonso Pereira. A responsabilidade civil dos provedores pelos atos de seus usuários na internet. In: BLUM, Renato Opice; BRUNO, Marcos Gomes da Silva; ABRUSIO, Juliana. *Manual de direito eletrônico e internet*. São Paulo: Lex, 2009.

TANCER, Bill. *Click* — ideias surpreendentes para os negócios e para a vida. São Paulo: Globo, 2009.

ZANETTI, Cristiano de Souza. *Direito contratual contemporâneo*. A liberdade contratual e sua fragmentação. São Paulo: Método, 2008.

Direito do Consumidor e o Meio Ambiental

María Cecília Ladeira de Almeida[*]

> *Consumo sustentável é o ato de adquirir, utilizar e descartar bens e serviços com respeito ao meio ambiente e à dignidade humana. Consumo Sustentável quer dizer saber usar os recursos naturais para satisfazer as nossas necessidades, sem comprometer as necessidades das gerações futuras.*
> *(Relatório Brundtland, 1987).*

Nos dias de hoje, a sociedade de consumo carrega em seus ombros a corresponsabilidade na conservação e preservação ambiental.

É essa sociedade insaciável que produziu nas últimas décadas uma quantidade incalculável de bens, sem perceber que, se seus desejos são infinitos, os recursos naturais não o são.

De fato, nas últimas décadas, a capacidade consumerista da população tornou-se impossível de ser vencida pela capacidade da recomposição espontânea da natureza. O crescimento populacional, com diversas opções de acesso cada vez maiores, em razão da revolução tecnológica, gerou tantas facilidades, que agora mesmo em que escrevo este texto poderia estar adquirindo qualquer produto em qualquer lugar do mundo, sem sair da frente da tela do computador. Assim, superando a metodologia clássica na formação e celebração dos contratos, ainda, esta forma de contratação consumerista permite a realização de negócios cada vez mais fáceis, mais ágeis, com um consumidor mais exigente e insaciável. A compulsão por "comprar" chega a ser considerada até mesmo uma doença.

---

[*] Professora de Direito Agrário, Ambiental e Civil da Faculdade de Direito da Universidade Presbiteriana Mackenzie, São Paulo; Professora de Direito Civil da Pontifícia Universidade Católica de Minas Gerais, *campus* Poços de Caldas; Mestre em Direito Civil pela USP; Especialista em Direito Agrário pela "Asociación Española de Derecho Agrario", Madrid, Espanha; Especialista em Direito das Sociedades Cooperativas pela "Universidad Politécnica de Madrid", Espanha; Especialista em Direito Empresarial pela Universidade Mackenzie; Procuradora Federal, exercendo a Chefia da Procuradoria Regional Especializada do INCRA/SP; Membro da UMAU — "Unione Mondiale degli Agraristi Universitari", Pisa, Itália; Membro da ABDA — Associação Brasileira de Direito Agrário; Membro do IAB — Instituto dos Advogados Brasileiros, Rio de Janeiro, RJ. Vice-presidente da Comissão Agrária do Instituto dos Advogados Brasileiros.

Mas, se por um lado, aqui se expõe um lado nefasto da sociedade de consumo, deve-se apresentar seu lado positivo. Ela traz enormes benefícios, na medida em que havendo demanda, há produção. Se há produção de bens e serviços, há criação de empregos, se há empregos, há a redução da pobreza, se há redução da pobreza, há consumo, se há consumo etc., entra-se num círculo vicioso.

Ora, ninguém pretende impedir o desenvolvimento, o crescimento econômico.

Nesse sentido, Artur Moret, no *site* Jornal de Debates, em 28 de fevereiro de 2007, ao responder a questão "é possível controlar a produção sem prejudicar a economia de um país?" opina que:

> [...] a relação entre o ambiente e consumo é simples de ser feita, pois para[1] produzir qualquer produto é necessário insumo, na maioria dos casos, de recursos naturais (extraídos da natureza), portanto quanto maior o consumo maior são os problemas causados, principalmente numa sociedade como a brasileira, consumista e não eficiente [...] A ineficiência da produção e do consumo leva ao desequilíbrio da natureza [...].

Por outro lado, Carla Rister, em magistral obra *Direito ao Desenvolvimento: antecedentes, significados e consequências,* comenta que: "[...] a Constituição teve como preocupação com o desenvolvimento nacional equilibrado, ou seja, em que haja homogeneidade nas condições de vida das pessoas em todo o território nacional, reduzindo-se as desigualdades regionais e sociais".

De fato, o constituinte ao estabelecer as bases da federação determina o direito ao desenvolvimento ao lado da sadia qualidade de vida. Isto é, não há dicotomia entre desenvolvimento e meio ambiente.

Em assim sendo, é necessário que seja equacionado o comportamento do cidadão, em face da não aceitação da "opção zero". Vale dizer, é preciso um consumo sustentável que tem como coadjuvante uma produção racional, nos termos do art. 225 da Constituição Federal, gerando então o almejado desenvolvimento sustentável.

Em conferência pronunciada em Buenos Aires, em 2009, no VI Congreso Americano de Derecho Agrario, já me manifestara sobre isso ao dizer:

> Em outra oportunidade, aqui mesmo em Buenos Aires, no ano de 1998, esta palestrante já havia se manifestado sobre a inexistência de dicotomia entre o direito ao desenvolvimento e a preservação ao meio ambiente, bem como sobre o exercício da atividade agrária que não pode estar desassociada da preservação ambiental.

O núcleo constitucional da proteção ao meio ambiente no Brasil está no art. 225 da Constituição Federal, muito embora já em 1981, pela Lei n. 6.938, fora instituído no Brasil a Política Nacional de Meio Ambiente. Essa

---

(1) RISTER, Carle. *Direito ao desenvolvimento*: antecedentes, significados e consequências. Rio de Janeiro: Renovar, 2007. p. 334.

lei regulamenta a matéria até hoje, ao lado de um grande contingente de normas que disciplinam diversos setores ambientais.

[...]

No art. 4º da referida Lei n. 6.938/81, definindo quais as metas da política nacional de meio ambiente, consta a compatibilização do desenvolvimento socioeconômico com a preservação da qualidade do meio ambiente e do equilíbrio ecológico.

O arcabouço jurídico nacional garante o desenvolvimento e o meio ambiente ecologicamente equilibrado.

Dino Bellorio Clabot, analisando a situação que se apresenta até aqui, em seu *Tratado de Derecho Ambiental,* pontifica que:

> El abuso en la utilización del médio há provocado la falta o escasez y/o la baja calidad de muchos productos afectando, los derechos de la población consumidora[...] cuando hablamos de coordinación de actuaciones, se trata de senalar que cualquier actividad humana guarde debido respecto del conjunto de prescripciones que la ciencia há adoptado como de cumplimiento obligatorio para la defena de la supervivencia de la especie y la forma de vida que conocemos [...].

Clabot se utiliza dos ensinamentos de Eduardo Pigretti[2] para constatar que se incluem ao direito ambiental, o direito relativo a alimentação (qualidade, quantidade e sanidade de tais produtos, enfim aspectos da segurança alimentar), direitos do consumidor, entre outros.

Um dos temas dominantes na ECO-92 era a particular relação entre os problemas ecológicos e a estagnação econômica e os problemas socioeconômicos que daí adviriam. O "desenvolvimento sustentável" foi a grande resposta a essa questão. E, para a consecução desse objetivo, a solução é a obrigatoriedade do Estudo de Impacto Ambiental, como essencial não só a manutenção de um sistema ecológico equilibrado, mas especialmente a manutenção da qualidade de vida. Tal estudo é obrigatório, nos termos do art. 225, § 1º, IV combinado com a Resolução CONAMA n. 1/86.

Da mesma forma, ensina Clabot[3]:

> [...] en el planteo de la problemática ya estaba presente el derecho del consumidor a un ambiente sano y sus derechos protegidos orgánicamente a través de la planificación y la normativa que alcanzan a regular el medio natural y social que preocupa y afecta al consumidor y usuario de bienes y también de servicios.

---

(2) PIGRETTI, Eduardo. La responsabilidad por daño ambiental *apud* CLABOT, Dino Bellorio. *Tratado de derecho ambiental.* Buenos Aires: Ad-Hoc, 1997. p. 516.
(3) CLABOT, Dino Bellorio. *Tratado de derecho ambiental.* Buenos Aires: Ad-Hoc, 1997. p. 516.

De fato, estamos diante de interesses jurídicos idênticos. Não é possível o exercício de um direito sem a existência do interesse jurídico correspondente, já pontificou Ihering[4]. Sem interesse econômico ou moral, não se exercita o direito. Desta feita, o direito deve ir ao encontro com a vontade de seu titular, seja esse direito individual, coletivo ou difuso.

Os direitos difusos são aqueles conceituados como os transindividuais e de objeto indivisível. Tem como titulares pessoas relacionadas entre si por situações de fato que, todavia, não são determinadas. "Interesse difuso é necessidade de toda a sociedade". Não há determinação dos sujeitos, em razão da magnitude do conflito de interesses. Por isso mesmo são indisponíveis. É a lição de Roberto Senise Lisboa[5].

Não há como não constatar que tanto o direito ambiental como o direito consumerista estão enquadrados entre os direitos difusos, pois são interesses transindividuais, não têm sujeitos determinados, interessam a toda a sociedade e são indisponíveis.

Nessa linha de raciocínio, a relação de consumo pode estar direta ou indiretamente ligada ao meio ambiente. A sociedade motorizada, chamada a adquirir o "carro do ano", que tem gerado um enorme problema ambiental tanto em relação à poluição atmosférica, como pela circulação dos mesmos por ruas em cidades que não comportam o elevado número de veículos. Isso sem falar no descarte de tais veículos, suas estruturas, seus pneus. O consumo exagerado criou problemas para o desenho das cidades, seus planos diretores, meio ambiente artificial. O desmatamento desenfreado visando a expansão da exploração imobiliária, acabando com os cinturões verdes das cidades e destruindo seu patrimônio histórico-cultural em favor de grandes espigões destinados à moradia de centenas de pessoas.

O crescente consumo alimentar exige estratégias nacionais e internacionais de "segurança alimentar", que em muitos casos geram o desflorestamento e, num momento posterior, a desertificação. A Organização Mundial para a Alimentação e Agricultura — FAO[6] informa que, há quarenta anos (anos 70), a pesca representava em torno de 19 milhões de toneladas. Hoje representa 80 milhões de toneladas por ano. O consumo de água potável já é escasso para 2 bilhões de pessoas em todo o mundo e o problema tende a se agravar. Nas cidades, o consumo dessa água gera um descarte de toneladas de garrafas plásticas, o mais das vezes, jogadas em lixões, sem nenhuma preocupação de reciclagem.

Um dos exemplos recentes é a exportação/importação de alimentos contaminados para países de baixa renda, quando não nenhuma, com graves riscos a saúde. Veja-se, por exemplo, o peixe criado no delta do rio Mekong, Vietnã. A região, de triste lembrança, foi palco de sangrentas batalhas durante os anos da guerra do Vietnã. A região foi contaminada por todo o tipo de desfolhante e nela foram lançadas

---

(4) IHERING, Rudolf Von. Dogmática jurídica *apud* LISBOA, Roberto Senise. *Contratos difusos e coletivos*. 2. ed. São Paulo: Revista dos Tribunais, 2000. p. 31.
(5) IHERING, Rudolf Von. *Dogmática jurídica* ..., cit., p. 62.
(6) Food and Agricultural Organization — FAO.

toneladas de bombas. Hoje, nesse mesmo delta, ainda contaminado, segundo especialistas, cria-se um peixe, que está sendo comercializado em todo o mundo, pois de facial criação e custo baixo. Dessa forma, chega ao mercado consumidor a um preço barato.

O panga ou peixe-gato estão infestados de elevados níveis de venenos e bactérias: **arsênio dos efluentes industriais e tóxicos e perigosos subprodutos do crescente sector industrial, metais contaminantes, bifenilos poli clorados (PCB), o DDT e seus (DDTs), clorato, compostos relacionados (CHLs), hexaclorocicloexano isômeros (HCHs), e hexaclorobenzeno(HCB) [...] Não há nada de natural nos Pangas — Eles são alimentados com peixes mortos restos e ossos de secas e de solo numa farinha da América do Sul, a mandioca, e resíduo de soja e grãos. Obviamente, este tipo de alimentação insalubre não tem nada a ver com a alimentação num ambiente natural**[7].

O produto contaminado, exposto a venda em todo mundo, inclusive no Brasil, merece considerações. Quem é responsável, caso o mesmo cause dano a saúde? Nos termos da legislação consumerista, compete ao consumidor acionar quem seja mais fácil. Há responsabilidade solidária, neste caso.

O CDC adota, em seu art. 12, a responsabilidade civil objetiva, pois o valor a ser protegido é o ressarcimento da vítima da maneira mais rápida possível. Desta forma, todos os envolvidos e mencionados no art. 12 são solidariamente responsáveis. E, ainda, em observância ao pontificado por Claudia Lima Marques[8], o art. 12 institui uma hierarquia para responder pelo dano. Falta todavia, no elenco ali declinado, o comerciante. Este, de fato, tem uma estreita relação com o consumidor-vítima. Sua responsabilidade, também, é solidária, mas em caráter secundário, pois o comerciante só responde nos seguintes casos previstos no art. 13:

I — O fabricante, o construtor, o produtor ou importador não puderem ser identificados;

II — O produto for fornecido sem identificação clara do seu fabricante, produtor, construtor ou importador;

III — Não conservar adequadamente os produtos perecíveis.

No caso dos incisos I e II acima mencionados, o comerciante é responsável aparente, já no caso do inciso III, sua responsabilidade é real. A ação de regresso é permitida, nos termos do parágrafo único do já mencionado art. 13, "segundo sua participação na causação do evento danoso".

Destas poucas ideias, pode-se chegar à conclusão de que sem dúvida a sociedade contemporânea está numa encruzilhada. Não pode adotar a opção zero, pois é preciso continuar evoluindo. Por outro se constata, como já dito alhures, o homem está extraindo da natureza muito mais do que ela está conseguindo espontaneamente

---

(7) Disponível em: <http://isafromaveiro.blogspot.com> Acesso em: 17.2.2009; <http://www.panoramadaaquicultura.com.br> ed. 111, jan./fev. 2009.
(8) MARQUES, Claudia Lima. *Contratos no código de defesa do consumidor.* 5. ed. São Paulo: Revista dos Tribunais, 2005. p. 1.210-1.220.

recompor. A recomposição não espontânea, feita pela ação humana, muitas vezes piora o estado das coisas.

Visando "girar o mercado" não se fala mais em bens duráveis. Todos tem um prazo de vida útil, sendo que vencido tal prazo, é necessário comprar, consumir outro, pois os produtos são propositalmente feitos para não durar, exigindo sua substituição.

Veja-se o fenômeno da telefonia celular. O aparelho comprado no mês, já é obsoleto em poucos meses, incentivando, mediante gigantescas campanhas publicitárias, a aquisição de outro, que por ter um "X" a mais, absolutamente desnecessário, mas em razão da impactante publicidade, torna-se imprescindível, gerando uma angústia ao consumidor, até que, por impulso, compra o que não precisa.

É necessário que a sociedade, cada vez mais, obtenha bens e serviços colocados a sua disposição visando a real melhora na qualidade de vida. Para tanto, é preciso romper com o modelo hoje existente, buscando a conscientização de que melhora na qualidade de vida passa, necessariamente, pela preservação e conservação do meio ambiente.

É imprescindível que o consumo seja consciente e sustentável, equacionando homem/natureza/economia. A relação consumo deve utilizar racionalmente os bens ambientais naturais ou artificiais disponíveis, sem comprometer as gerações futuras.

O Brasil é integrante da *International Organization for Standardization* — ISO, cuja sede é em Genebra. Portanto, integra o grupo de países que já tem certificação de produtos e serviços de consumo, ditada organização. A adoção por qualquer produtor/fornecedor de métodos sistematizados vocacionados com a questão ambiental é voluntária, tanto para as ISO série 9.000, para gestão da qualidade de produtos e serviços, como para a série ISO 14.000, para sistemas de gestão ambiental. Nesta série estão contidos os sistemas de gestão ambiental, as auditorias ambientais, rotulagem ambiental, avaliação de desempenho ambiental e análise de ciclo de vida. A adoção de consumo de produtos certificados talvez seja o início na mudança necessária da mentalidade, visando a melhoria da qualidade de vida do homem/consumidor.

É preciso ter em mente, todavia, para essa mudança, o *caput* do art. 225 da Constituição Federal que dispõe que o meio ambiente ecologicamente equilibrado é direito de todos, essencial à sadia qualidade de vida, impondo ao Poder Público e à "coletividade" o dever de sua preservação e conservação. Assim, cada cidadão é corresponsável pelo equilíbrio ecológico do planeta, devendo, então, como já dito acima, conscientizar-se de que suas relações de consumo devem ser sustentáveis.

REFERÊNCIAS BIBLIOGRÁFICAS

ALMEIDA, Maria Cecilia Ladeira de. Derecho agrario contemporáneo para el siglo XXI: agricultura — ambiente — alimentación. Conferência para o *VI Congreso de Derecho Agrario do Comité Americano de Derecho Agrario*, Buenos Aires, set. 2009.

CLABOT, Dino Bellorio. *Tratado de derecho ambiental*. Buenos Aires: Ad-Hoc, 1997.

IHERING, Rudolf Von. Dogmática juridical *apud* LISBOA, Roberto Senise. *Contratos difusos e coletivos*. 2. ed. São Paulo: Revista dos Tribunais, 2000.

LISBOA, Roberto Senise. *Contratos difusos e coletivos*. 2. ed. São Paulo: Revista dos Tribunais, 2000.

MARQUES, Claudia Lima. *Contratos no código de defesa do consumidor*. 5. ed. São Paulo: Revista dos Tribunais, 2005.

PIGRETTI, Eduardo. La responsabilidad por daño ambiental *apud* CLABOT, Dino Bellario. *Tratado de derecho ambiental*. Buenos Aires: Ad-Hoc, 1997.

RISTER, Carla Abrantkoski. *Direito ao desenvolvimento*: antecedentes, significados e consequências. Rio de Janeiro: Renovar, 2007.

Sites

<www.panoramadaaquicultura.com.br> ed. 111, jan./fev. 2009.

<http://isafromaveiro.blogspot.com> Acesso em: 17.2.2009.

O Direito à Informação e os
~ Alimentos Transgênicos ~

Flavia Mendes de Carvalho(*)
Margarete Alvarenga Ortíz(**)

Introdução

O Código de Defesa do Consumidor representa um microssistema de proteção dos consumidores, considerados hipossuficientes e vulneráveis na relação jurídica em que estão envolvidos.

Nesta proteção sobressai o direito à informação e a oferta verídica, que serão avaliadas, neste artigo, em correlação com um tema muito polêmico e atual: os alimentos transgênicos.

Tem-se assim o objetivo desta pesquisa: compreender a sistemática do Código de Defesa do Consumidor com a análise do regime jurídico da oferta e do direito à informação nas relações de consumo e após aplicá-lo à questão dos transgênicos.

1. Contexto de elaboração do código de defesa do consumidor

O Código de Defesa do Consumidor, editado em 11 de setembro de 1990, ocasionou uma verdadeira revolução nas relações comerciais, e decorre de acontecimentos históricos e culturais, que, sobretudo após a Revolução Industrial, modificaram por completo as relações que envolvem consumidores e fornecedores.

Os movimentos consumeristas do Brasil surgiram com certo atraso em relação aos demais movimentos ao redor do mundo que ganharam força após o surgimento da sociedade capitalista de massa.

(*) Graduada em Direito pela Universidade Presbiteriana Mackenzie. Especialista em Direito Empresarial e Direito Processual Civil pela Universidade Presbiteriana Mackenzie. Advogada do Juizado Especial Cível — Anexo da Universidade Presbiteriana Mackenzie.
(**) Aluna do Curso de Mestrado do Programa de Pós-Graduação em Direito Político e Econômico da Universidade Presbiteriana Mackenzie. Integrante do Grupo de Pesquisa CNPq Direito e Desenvolvimento Sustentável. Advogada do Juizado Especial Cível — Anexo da Universidade Presbiteriana Mackenzie.

Em apanhado sobre o histórico do movimento consumerista, José Geraldo Brito Filomeno[1] menciona que há autores, como Leizer Lerner[2], que vislumbraram a proteção do consumidor já no antigo "Código de Hamurabi", que traria regras de proteção, ainda que indireta, como, por exemplo, a Lei n. 233 que impunha ao arquiteto que reconstruísse às suas próprias expensas uma casa cuja parede se revelasse deficiente. Observa, porém, Filomeno, que "no que diz respeito ao 'movimento consumerista', já com a plena consciência dos interesses a serem defendidos e definição de estratégias para protegê-los, pode-se detectar nos chamados 'movimento dos frigoríficos de Chicago' já o despertar daquela consciência".

Ainda que possa se constatar que esta preocupação já estava presente no século XIX, como por exemplo pela lei antitruste americana, Lei Shermann, de 1980, conforme aponta Rizzato Nunes[3], a verdadeira consciência social e cultural de defesa do consumidor iniciou-se apenas na segunda metade do século XX.

O olhar mais acentuado sobre a figura do adquirente de bens e produtos ganha verdadeira força após o já mencionado surgimento da produção em massa, o qual possibilitava o aumento da oferta diante de uma demanda cada vez mais crescente, características estas próprias da Revolução Industrial.

Este modelo de produção em série gerou um aumento grandioso da oferta e passou a atingir um número cada vez maior de pessoas. Com o advento dos avanços tecnológicos e o fortalecimento e incremento das telecomunicações, a produção passa a atingir níveis nunca antes imaginados e este sistema passa a permitir a circulação ampla de produtos em todo o mundo.

Rizzato Nunes[4], ao apontar algumas características do modelo da sociedade de massa, esclarece que "nele a produção é planejada unilateralmente pelo fabricante no seu gabinete, isto é, o produtor pensa e decide fazer uma larga oferta de produtos e serviços para serem adquiridos pelo maior número possível de pessoas". Referido autor conclui que este novo modelo de produção industrial, que caracteriza a sociedade capitalista contemporânea, tinha que ser acompanhado de um novo modelo contratual, pois aquele que desenvolve um produto ou um serviço de massa planeja um contrato também de massa que passou a ser denominado de "contrato de adesão".

A partir daí as relações comerciais de consumo passam a ser interpretadas de maneira diversa do tradicional direito privado, pois se reconhece que o consumidor, diante de sua vulnerabilidade, não reúne condições de discutir as cláusulas contratuais e, portanto, deve ser protegido por normas que restabeleçam o equilíbrio entre as partes.

---

(1) FILOMENO, José Geraldo Brito. *Manual de direitos do consumidor*. 5. ed. São Paulo: Atlas, 2001.
(2) LERNER, Leizer *apud* ROLLEMBERG, Jorge T. M., 1987 *apud* FILOMENO, José Geraldo Brito. *Manual de direitos do consumidor*. 5. ed. São Paulo: Atlas, 2001. p. 22.
(3) NUNES, Luís Antonio Rizzatto. *Curso de direito do consumidor*. 3. ed. São Paulo: Saraiva, 2008.
(4) *Ibidem*, p. 4.

No Brasil é possível observar que, neste contexto, surgem os movimentos consumeristas, de modo que diversas entidades criadas especificamente para a defesa do consumidor contribuíram para a implementação de diretrizes de proteção e defesa deste.

Assim que antes mesmo da promulgação da Constituição de 1988 uma Comissão composta por membros dos segmentos interessados, notadamente Ada Pellegrini Grinover, Antônio Herman de Vasconcellos e Benjamin e Nelson Nery, passaram a assessorar o relator da Comissão Mista do Congresso Nacional, incumbida de apresentar o Projeto do Código de Defesa do Consumidor, consolidando os projetos legislativos existentes.

Dessa consolidação adveio o substitutivo da Comissão mista, que acabaria se transformando no Código de Defesa do Consumidor[5].

2. A DISCIPLINA NA ESFERA CONSTITUCIONAL E O MICROSSISTEMA DE PROTEÇÃO AO CONSUMIDOR

No âmbito da proteção constitucional o inciso XXXII do art. 5º da Constituição Federal, inserido no capítulo dos "direitos e deveres individuais e coletivos", menciona que dentre os deveres do Estado Brasileiro, está o de promover, na forma da lei, a defesa do consumidor. O art. 170, inserido no capítulo "da ordem econômica", destaca que a "ordem econômica, fundada na valorização do trabalho humano e na livre iniciativa, tem por fim assegurar a todos existência digna, conforme os ditames da justiça social, observando os seguintes princípios: [...] V — defesa do consumidor".

Neste ponto é preciso destacar que se por um lado a Constituição Federal garantiu a livre iniciativa, por outro ela não é ampla, total e irrestrita, pois o art. 1º, que dispõe sobre os fundamentos da República Federativa do Brasil, traz, ao lado da livre iniciativa, como demais fundamentos, os valores sociais do trabalho, a cidadania e a dignidade da pessoa humana (incisos IV, II e III).

Com isso, em interpretação sistemática do texto constitucional, depreende-se que aquele que desejar explorar atividade econômica privada deverá estar atento a sua responsabilidade social respeitando os valores sociais do trabalho, a garantia absoluta da dignidade da pessoa humana e a proteção ao consumidor. Ou seja, a Constituição garante a exploração da atividade econômica e a livre concorrência, mas impõe um dever ético ao empreendedor, o respeito à parte hipossuficiente e vulnerável na relação jurídica (consumidor) pautando suas atividades pelo respeito à dignidade da pessoa humana.

Seguindo as normas constitucionais de proteção ao consumidor, e sendo decorrência do próprio comando constitucional (art. 48 dos ADCT), a Lei n. 8.078/

---

(5) GRINOVER, Ada Pellegrini et al. Código brasileiro de defesa do consumidor: comentado pelos autores do anteprojeto. 9. ed. Rio de Janeiro: Forense, 2007.

90 trouxe em seu bojo um verdadeiro microssistema de proteção ao consumidor que visa regular a nova relação jurídica existente em que se reconhece a desigualdade de fato entre os contratantes devendo haver a proteção estatal do elo mais fraco da economia.

O Código de Defesa do Consumidor trouxe ainda verdadeiros princípios peculiares a esta nova relação, dentre eles o princípio da vulnerabilidade do consumidor, que justifica o seu tratamento desigual, e o reconhecimento expresso de que o Código é norma de ordem pública e de interesse social (art. 1º da Lei n. 8.078/90), o que significa que seus preceitos são inderrogáveis.

Além de conter princípios específicos, o Código de Defesa do Consumidor relaciona-se com inúmeros outros ramos do direito, trazendo em seu conteúdo normas de caráter variado, de cunho processual, administrativo etc., além de trazer instrumentos de implementação da tutela de proteção ao consumidor (art. 5º da Lei n. 8.078/90).

Portanto, muito mais do que um corpo de normas o Código de Defesa do Consumidor é, segundo José Geraldo Brito Filomeno:

> "um elenco de princípios epistemológicos" sendo instrumental adequado a defesa do consumidor; [...] cuida-se de um verdadeiro exercício de cidadania, ou seja, a qualidade de todo ser humano, como destinatário final do bem comum de qualquer Estado, que o habilita a ver reconhecida toda a gama de seus direitos individuais e sociais, mediante tutelas adequadas colocadas à sua disposição pelos organismos institucionalizados, bem como a prerrogativa de organizar-se para obter esses resultados ou acesso àqueles meios de proteção e defesa[6].

3. O DIREITO A INFORMAÇÃO E A OFERTA

O direito a informação, erigido como direito básico no art. 6º, inciso III do Código de Defesa do Consumidor, desponta como um dos principais instrumentos de proteção ao consumidor.

Nesta nova ordem econômica, em que os fornecedores e distribuidores de produtos pautam suas atividades visando atingir uma grande massa de consumidores, a informação adequada é o grande trunfo da parte economicamente vulnerável, pois somente munido de informações adequadas sobre as características do produto ou do serviço é que o consumidor pode exercer sua liberdade de escolha, garantindo-se, assim, um pouco mais de equilíbrio na relação contratual.

Gérard Cas, citado por José de Brito Filomeno[7] pondera que "a sociedade industrial engendrou uma nova concepção de relações contratuais que têm em conta

---

(6) FILOMENO, José Geraldo Brito. *Manual de direitos do consumidor*. 5. ed. São Paulo: Atlas, 2001. p. 29.
(7) CAS, Gérard. La défense du consommateur. Paris: Universitaires de France, 1980. p. 9. *Apud* FILOMENO, José Geraldo Brito *et al. Código brasileiro de defesa do consumidor:* comentado pelos autores do anteprojeto. 9. ed. Rio de Janeiro: Forense, 2007. p. 137.

a desigualdade de fato entre os contratantes", concluindo que, dessa forma, "o legislador procura proteger os mais fracos contra os mais poderosos, o leigo contra o melhor informado; os contratantes devem sempre curvar-se diante do que os juristas modernos chamam de "ordem pública econômica".

Esta nova ordem se afasta dos princípios da filosofia ultraliberal onde se destaca o princípio da liberdade contratual pleno e absoluto, pois reconhecendo-se a desigualdade entre o fornecedor e o consumidor somente normas reguladoras podem tentar restabelecer algum equilíbrio nesta relação.

Importa esclarecer que o direito a educação, previsto no inciso II do art. 6º da Lei n. 8.078/90, está intrinsecamente ligado ao direito de informação, pois somente aquele que tem condições de compreender as informações que lhe são veiculadas pode, de fato, exercer sua liberdade de escolha. Ao lado da educação formal, exige-se que o fornecedor estabeleça um canal de comunicação com o consumidor colocando a sua disposição informações sobre todas as características importantes de produtos e serviços. Com isso, o dever de informar, portanto, surge antes mesmo do início da relação contratual, e o produto ou serviço não pode ser oferecido no mercado sem a informação adequada observando sempre os princípios da transparência (art. 4º da Lei n. 8.078/90), da boa-fé objetiva e da confiança.

A informação também está diretamente ligada a oferta. Sabe-se que a sociedade de consumo impôs um novo modelo de relação comercial decorrente da produção em massa. Na lição de Antônio Herman de Vasconcellos e Benjamin[8], o consumidor deixou de ter identidade própria para tornar-se um "ser anônimo". Referido autor nos ensina que na sociedade do consumo os indivíduos são "engolidos" pela massificação das relações econômicas e a produção em massa transforma o consumidor num ser anônimo. Diante deste anonimato, as práticas comerciais (que o autor estabelece como gênero do qual *marketing* seria uma espécie) tem como papel preponderante a aproximação do consumidor aos bens maciçamente colocados à sua disposição. De acordo com o mencionado autor, *marketing*, em ampla definição, seria "a interface entre a oferta e a demanda", o "processo administrativo pelo qual os produtos são lançados adequadamente no mercado e através do qual são efetuadas transferências de propriedade"[9]. Uma das facetas do *marketing* é a publicidade, contudo, esta não se esgota naquela. A publicidade é uma das atividades do *marketing* e "como qualquer técnica de comunicação, está englobada num contexto mais vasto, o do *marketing*, de que é um dos elementos mais importantes"[10].

Antonio Herman[11] identifica ainda três momentos obrigacionais do *marketing* no Código de Defesa do Consumidor. Primeiro no aspecto pré-contratual, já que ao

---

(8) BENJAMIN, Antonio Herman de Vasconcellos *apud* FILOMENO, José Geraldo Brito *et al*. *Código brasileiro de defesa do consumidor*: comentado pelos autores do anteprojeto. 9. ed. Rio de Janeiro: Forense, 2007. p. 254.
(9) *Ibidem*, p. 257.
(10) *Ibidem*, p. 263.
(11) *Ibidem*, p. 261.

marketing é conferido efeito vinculante se preenchido certos requisitos; segundo, na fase contratual, pois o *marketing* se sobrepõe a cláusulas que se proponham a negar sua força vinculante; por fim em momento pós-contratual, pois acarreta o direito de indenizar, na hipótese de dano ao consumidor.

No que se refere a publicidade, como manifestação do *marketing*, que antecede a concretização do ato de consumo (informação pré-contratual) esta se reveste de extrema importância, pois é baseado nela que o consumidor efetivamente tomará sua decisão.

A oferta inicial, que influenciará a decisão do consumidor, está regulada pelo Código de Defesa do Consumidor nos arts. 30 e 31. O art. 30 usa em seu texto os vocábulos "informação ou publicidade". Segundo a observação de Rizzatto Nunes a norma usa os dois vocábulos de forma proposital, pois a informação não se confunde com a publicidade. Esclarece referido autor que no Código Brasileiro de Autorregulamentação Publicitária, que cuida da publicidade, define-se "anúncio" "em sentido lato" como "qualquer espécie de publicidade" veiculada por qualquer meio de comunicação, inclusive "embalagens, rótulos, folhetos e material de ponto de venda". Conclui assim que a publicidade abrange os meios comumente conhecidos, tais como anúncios de televisão, rádio, jornal, revista e também os constantes de rótulos folhetos, enquanto a informação é mais ampla, pois abrange tudo aquilo que conhecemos e até mesmo a fala ou resposta do gerente do banco, do funcionário do atendimento telefônico, e qualquer informação oferecida por todo e qualquer meio (escrito, verbal, gestual) que chegue ao consumidor[12].

Como corolário da aplicação dos princípios de proteção do consumidor, os arts. 30 e 35 da Lei n. 8.098/90 disciplinam o regime vinculante da oferta que se difere em muito do regime privado tradicional. No direito privado vigora o princípio da autonomia da vontade e a proposta obriga o proponente "se o contrário não resultar dos termos dela, da natureza do negócio, ou das circunstâncias do caso" (art. 427 do Código Civil). Nos termos do Código Civil para obrigar o proponente (ou policitante) a oferta deve ainda ser firme, precisar seu objeto e preço e ser dirigida a pessoa determinada. O regime da vinculação da oferta do Código Civil, no entanto, é adequado somente para as relações estritamente privadas (de pessoa a pessoa) não se adaptando à realidade do mercado de consumo. Na sociedade de massa, onde o consumidor é alvo constante do mercado de consumo, atribuir-se caráter vinculativo à oferta é assegurar que a expectativa criada por meio da publicidade deverá corresponder à realidade.

No regime de proteção do consumidor "além de estabelecer, como princípio, a força obrigatória da policitação, daí advindo a sua irrevogabilidade durante o prazo fixado pelo anunciante ou outro razoável, a lei ainda impõe em dever genérico de informação, acompanhado de outros mais específicos"[13].

---

(12) NUNES, Luís Antonio Rizzatto. *Curso de direito do consumidor*. 3. ed. São Paulo: Saraiva, 2008. p. 415.
(13) BENJAMIN, Antonio Herman de Vasconcellos a*pud* FILOMENO, José Geraldo Brito *et al*. *Código brasileiro de defesa do consumidor*: comentado pelos autores do anteprojeto. 9. ed. Rio de Janeiro: Forense, 2007. p. 280.

Dentre os deveres específicos de informação merece destaque o art. 31 do Código de Defesa do Consumidor que estabelece que "a oferta e apresentação de produtos ou serviços devem assegurar informações corretas, claras, precisas, ostensivas e em língua portuguesa sobre suas características, qualidades, quantidade, composição, preço, garantia, prazos de validade e origem, entre outros dados, bem como sobre os riscos que apresentam à saúde e segurança dos consumidores".

Destaca-se aqui a importância das informações acerca da composição e origem do produto, especialmente os do gênero alimentício. Para que o consumidor saiba se o produto pode apresentar riscos a sua saúde, ou mesmo, se um item constante na composição do produto pode vir, no futuro, a lhe causar algum dano, devem ser prestadas informações completas sobre a composição e naturalidade do mesmo.

Rizzato Nunes[14], mencionando as normas específicas do Código Brasileiro de Autorregulação para os anúncios de gêneros alimentícios, esclarece que estes: a) devem restringir-se às normas de seu licenciamento pelas autoridades competentes; b) não devem associar o produto alimentício a produtos farmacomedicinais ou dietéticos; c) devem deixar bem claro, na embalagem, a qualidade, natureza e tipo de alimento e o emprego de aditivos ou preservativos artificiais, quando for o caso; d) devem deixar expresso, quando possível, o valor nutricional e calórico do produto anunciado; e) devem indicar claramente, na embalagem, se se trata de produto natural ou artificial.

Todas essas questões assumem novos contornos quando os alimentos são transgênicos, como se passa a analisar.

4. Os organismos transgênicos

Os seres vivos possuem no interior de suas células moléculas de ácido desoxirribonucléico, ADN ou DNA, que contêm o material genético responsável pela transmissão das informações hereditárias. Quando o material genético de um ser vivo é modificado de forma não natural, resulta em um Organismo Geneticamente Modificado — OGM ou Organismo Transgênico. Se a alteração se der em genes que transmitem características hereditárias, a descendência desse organismo também receberá tais informações modificadas.

O organismo geneticamente modificado — OGM, ou transgênico, segundo art. 3º, inciso V, da Lei n. 11.105, de 24 de março de 2005 — que dispõe sobre a Política Nacional de Biossegurança, é o "organismo cujo material genético — ADN/ARN tenha sido modificado por qualquer técnica de engenharia genética".

A descoberta da estrutura do DNA ocorreu em 1953, encabeçada por Francis Harry Compton Crick, James Dewey Watson e Maurice Hugh Frederick Wilkins.

---

(14) NUNES, Luís Antonio Rizzatto. *Curso de direito do consumidor*. 3. ed. São Paulo: Saraiva, 2008. p. 476.

Respectivamente, bioquímico, biólogo e fisiologista, que em virtude desta fantástica pesquisa, receberam, em 1962, o prêmio Nobel de Fisiologia/Medicina. A partir de então, a engenharia genética ganhou força e incorporou os conhecimentos adquiridos nos mais diversos segmentos. Essa nova tecnologia, isto é, a tecnologia do DNA recombinante ou engenharia genética, permitiu que genes que continham informações benéficas fossem identificados, modificados, retirados e inseridos em outras espécies a fim de garantir que determinada característica fosse reproduzida.

A técnica do DNA recombinante pode ser utilizada em microrganismos, plantas e animais. Todavia, a principal controvérsia encontra-se nos produtos alimentícios, que têm seus genes manipulados a fim de que adquiram características que os tornem mais resistentes a doenças de culturas regionais e às condições áridas, o que representa lucratividade ao produtor.

Antes mesmo do desenvolvimento da técnica do DNA recombinante, o homem já explorava as características genéticas de algumans espécies, por meio do melhoramento genético clássico. Este método manipula o genoma, ou seja, a informação hereditária do indivíduo, codificado em seu DNA, com o intuito de se obter indivíduos com as características desejáveis. A manipulação do DNA por essa técnica vale-se do cruzamento de espécies, polinização artificial, indução por mutação entre outras. Sua desvantagem calca-se no fato de, por induzir inúmeras mutações em diversos genes, ser necessária a seleção dos indivíduos obtidos que apresentem as características pretendidas. Assim, obtêm-se indivíduos com as características desejadas, mas com outras características não pretendidas, porquanto impossível evitar as últimas.

Os defensores da transferência de genes de um organismo para o outro, técnica denominada transgênese, argumentam a possibilidade de identificação, isolamento e modificação de um único gene que, ao ser introduzido em outras células, alcança as características desejáveis. A diferença pauta-se na mutação, porque seria ela realizada nesse único gene trabalhado, e não no conjunto de genes do indivíduo, como se observa na técnica de melhoramento clássica. Ainda em relação à transgênese, acrescenta Rodrigues e Arantes[15] que "não é limitada pela barreira do cruzamento sexual; portanto, a maior diferença que ela apresenta seria a possibilidade de transferência de genes entre espécies reprodutivamente incompatíveis".

Os defensores da tecnologia do DNA recombinante enumeram inúmeros benefícios para o aprimoramento dessa técnica, com a difusão entre os produtores agrícolas e incremento no consumo humano. Sustentam que as plantas geneticamente modificadas são mais resistentes a pragas diversas que atacam a agricultura, além de desenvolver condições para resistir a climas áridos, geadas ou solo pobre em nutrientes. Dessa forma, o uso dos transgênicos promete reduzir o uso de agrotóxicos, herbicidas, inseticidas e fungicidas que contaminam a água e causam efeitos danosos ao homem e ao meio ambiente. O resultado da lavoura seria produtos mais resistentes,

---

(15) RODRIGUES, Melissa Cachoni; ARANTES, Olívia Marcia Nagy. *Direito ambiental & biotecnologia:* uma abordagem sobre os transgênicos sociais. Curitiba: Juruá. 2008. p. 29.

o que diminuiria os gastos com a produção e, de conseguinte, aumento de lucratividade. Afirmam, ainda, a possibilidade de obtenção de produtos com maior valor nutritivo, o desenvolvimento de plantas produtoras de medicamentos e as vacinas-planta, como exemplo citado por Rodrigues e Arantes[16], a produção de banana e mamão que podem funcionar como vacina contra a hepatite B. Outro ponto positivo seria o aumento da produção que poderia resolver o problema da fome nos países mais vulneráveis.

Os contrários à utilização dos transgênicos argumentam a falta de amparo científico que possa dar segurança à utilização dessa técnica e aos alimentos que dela derivam. Aduzem a inexistência de controle do gene manipulado, o que poderia causar resultados inesperados e talvez incontroláveis, no meio ambiente e no organismo humano. O risco à saúde ocorreria em razão da introdução de proteínas produzidas pela alteração genética, que causam reações alérgicas em pessoas vulneráveis, além da potencialização dos efeitos das substâncias tóxicas existentes nessa nova cultura. Sustentam, também, a possibilidade do gene que tem resistência a um antibiótico passar para outras plantas e para o homem, o que acarretaria o aparecimento de indivíduos insucetíveis de tratamento por esse meio. Argumentam que alimentos melhorados geneticamente com o fim de se tornarem mais resistentes geram produtos com menor valor nutritivo. As plantas transgênicas teriam maior resistência aos agrotóxicos, e isso faria com que a dosagem na utilização aumentasse consideravelmente, surgindo as pragas mais resistentes, a contaminação das águas e dos seres vivos. Por fim, dizem que os transgênicos são uma ameaça à diversidade, uma vez vez que não é possível conter o cruzamento de uma espécie transgênica com uma não transgênica, quando plantadas em áreas com proximidade espacial e temporal.

Diante de todas as controvérsias existentes em torno dos transgênicos, emergem, no art. 225 da Constituição Federal de 1988, os princípios do Direito Ambiental Brasileiro, que servem para nortear a problemática relacionada à utilização ou não dos organismos geneticamente modificados. Esse dispositivo estabelece o direito de todos ao meio ambiente ecologicamente equilibrado e isso envolve também a questão da produção, comercialização e consumo dos transgênicos. No § 1º, inciso IV do referido artigo, encontramos o princípio da precaução, ao exigir, para a instalação de atividade potencialmente causadora de significativa degradação do meio ambiente, prévio estudo de impacto ambiental.

O princípio da precaução foi ainda sedimentado na Conferência das Nações Unidas para o Meio Ambiente e o Desenvolvimento, Rio-92, no princípio 15 da Agenda 21, do qual o Brasil é signatário. Confira-se:

> De modo a proteger o meio ambiente, o princípio da precaução deve ser amplamente observado pelos Estados, de acordo com suas capacidades. Quando houver ameaça de danos sérios ou irreversíveis, a ausência de

---

[16] *Ibidem*, p. 31.

absoluta certeza científica não deve ser utilizada como razão para postergar medidas eficazes e economicamente viáveis para prevenir a degradação ambiental.

Em razão de uma realidade de incertezas e dúvidas, o princípio da precaução trabalha com a proteção contra o simples risco, em dispensa ao conhecimento do dano. Busca-se, por esse princípio, evitar a ocorrência de um evento danoso incerto e futuro para o meio ambiente, no qual o homem está inserido. "Como se pode perceber, a precaução se instala onde paira dúvida. Consubstancia-se em dupla incerteza: o perigo em si mesmo e a ausência de conhecimentos científicos sobre ele"[17].

Nesse compasso, os defensores da proibição do plantio e comercialização dos alimentos transgênicos alegam que estes representam insegurança para o consumo. Isto porque são recentes as pesquisas de segurança alimentar, além dos testes aplicados serem superficiais, de curta duração e em pequena escala. Seria necessário que o Estado, os detentores do capital e a sociedade civil aguardeassem que a comunidade científica dispusesse de informações suficientes e claras acerca do consumo dos alimentos transgênicos para que eles fossem amplamente difundidos. "Alguns organismos geneticamente modificados também oferecem riscos hipotéticos, porque há precariedade das pesquisas e dos testes para comprovar sua segurança"[18].

Diante de tais incertezas colocadas pela comunidade científica quanto à utilização segura dos transgênicos, essa controvérsia ressalta a defesa do consumidor, erigido o princípio da ordem econômica no art. 170, inciso V da Constituição Federal de 1988, assim como os arts. 1º, inciso III e art. 5º, inciso XXXII do mesmo diploma legal.

Como visto anteriormente o art. 6º do Código de Defesa do Consumidor disciplina, como direito básico do consumidor, a informação adequada e clara acerca dos diversos produtos e serviços colocados à disposição para consumo, com especificação correta de quantidade, características, composição, qualidade e preço, assim como sobre os riscos que apresentem.

Da mesma sorte o art. 8º do Código de Defesa do Consumidor, inserido na Seção I, que trata da proteção à saúde e segurança. Nele, extrai-se que os produtos colocados à venda no mercado de consumo não acarretarão riscos à saúde ou segurança dos consumidores, o que compele os fornecedores a dar as informações necessárias e adequadas a seu respeito.

A par desses princípios encontramos no art. 4º, da Lei n. 8.078, de 1990, o dever de respeito à transparência, de modo a reconhecer a vulnerabilidade do consumidor nas relações jurídicas de que participam. Isto implica ao fornecedor o dever de informar quando da veiculação da oferta e da apresentação do produto.

---

(17) RODRIGUES, Melissa Cachoni; ARANTES, Olívia Marcia Nagy. *Direito ambiental & biotecnologia...*, cit., p. 72.
(18) ALVES, Wagner Antonio. *Princípios da precaução e da prevenção no direito ambiental brasileiro.* São Paulo: Juarez de Oliveira, 2005. p. 46.

O Decreto n. 4.680, de 24 de abril de 2003 regulamenta o direito à informação, assegurado pelo Código de Defesa do Consumidor, quanto aos alimentos e ingredientes alimentares destinados ao consumo humano ou animal que contenham ou sejam produzidos a partir de organismos geneticamente modificados. Por tal decreto, o consumidor tem o direito de que as embalagens de produtos transgênicos venham com a informação ostensiva acerca dessa qualidade, sempre que o percentual de utilização de transgênicos for superior a 1%.

Convencionou-se que os rótulos dos produtos transgênicos devem conter a letra T dentro de um triângulo amarelo, acompanhado dos dizeres "Produto feito a partir de transgênico". Pelo sistema de proteção ao consumidor, as informações relacionadas aos transgênicos não devem se restringir a tal símbolo, pois a informação deve ser clara e ampla. Implica, portanto, que o rótulo contenha demais outras informações suficientes para que o consumidor faça sua escolha.

Para que a informação seja eficiente e esteja em harmonia com as disposições do Código de Defesa do Consumidor, é imprescindível que a rotulagem esclareça a origem e características dos genes que foram introduzidos no alimento ou a partir dos quais o alimento geneticamente modificado foi cultivado ou produzido, não bastando a simples afirmação de que se trata de alimento transgênico ou de que contém organismos geneticamente modificados, principalmente para prevenir doenças e reações alérgicas ao consumidor[19].

A informação do consumidor deve se estender aos produtos veiculados em feiras livres, mormente quando se trata de produto a granel ou *in natura*. No caso de produtos de origem animal, devem ser informados ao consumidor acerca da ração e demais alimentos geneticamente modificados, utilizados na criação, que eventualmente tais animais tenham consumido. A informação ampla, clara e precisa também deve abarcar os alimentos comercializados em restaurantes, bares e lanchonetes, quando da utilização de transgênicos na sua preparação. Finalmente, a informação igualmente deve abarcar os produtos veiculados gratuitamente, a exemplo da merenda escolar, da qual os pais devem estar cientes da sua composição.

Mediante as informações, o consumidor terá à sua disposição a opção de consumir tais produtos ou não. Para tanto, ela deve ser veiculada de forma a alcançar o entendimento do consumidor, o que dará a ele a oportunidade de escolher se quer consumir produtos geneticamente modificados e a segurança acerca dessa escolha alimentar.

Conclusão

Em síntese, o surgimento dos produtos transgênicos impactou a produção e o consumo do setor alimentício. A proposta trazida pela engenharia genética se mostra

---

(19) MOREIRA, Edgar. Alimentos transgênicos e proteção do consumidor. In: SANTOS, Maria Celeste Cordeiro (org.). *Biodireito:* ciência da vida, os novos desafios. São Paulo: Revista dos Tribunais, 2001. p. 240.

atraente aos olhos da humanidade, vez que promete a solução de diversos problemas que ainda se enfrenta, a exemplo da fome mundial, da estagnação do solo na produção de alimentos, da alergia alimentar. Promete ainda uma agricultura com redução dos níveis de agrotóxicos, o que implica em melhor qualidade da água e menor impacto ambiental, além da produção de alimentos mais nutritivos.

Pelo princípio da precaução, o Poder Público tem o dever de exigir um estudo prévio de impacto ambiental para a instalação de atividade potencialmente causadora de significativa degradação do meio ambiente. O princípio da precaução não é contrário ao desenvolvimento de novas tecnologias, contudo pretende proteger o meio ambiente, no qual o homem está inserido, de atividades inseguras, eventuais causadoras de danos futuros, ainda que não identificados.

O consumidor, de outra parte, tem garantido o direito à informação ampla, clara e precisa, direito este que ganha novos e importantes contornos quando envolve o desenvolvimento e comercialização de alimentos transgênicos. A informação quanto a esses produtos deve ocorrer em consonância ao sistema do Código de Defesa do Consumidor e com o Decreto n. 4.680, de 24 de abril de 2003, para que se conceda a oportunidade a quem os compra de saber previamente as incertezas científicas quanto à sua segurança alimentar.

Diante da complexidade da questão, o fornecedor de produtos transgênicos deve estar atento não só ao direito básico da informação ampla garantido ao consumidor, mas também a seu dever ético de educação, pois não basta apenas a identificação de que o produto contém organismos geneticamente modificados, é preciso munir o consu-midor de esclarecimentos básicos sobre a questão, dimensionando seu alcance e reper-cussão na saúde do consumidor, atualizando constantemente as informações sobre os avanços das pesquisas científicas, para que o consumidor possa realmente fazer uma escolha consciente.

Referências bibliográficas

ALVES, Wagner Antonio. *Princípios da precaução e da prevenção no direito ambiental brasileiro.* São Paulo: Juarez de Oliveira. 2005.

FILOMENO, José Geraldo Brito. *Manual de direitos do consumidor.* 5. ed. São Paulo: Atlas, 2001.

GRINOVER, Ada Pellegrini *et al. Código brasileiro de defesa do consumidor:* comentado pelos autores do anteprojeto. 9. ed. Rio de Janeiro: Forense, 2007.

MOREIRA, Edgar. Alimentos transgênicos e proteção do consumidor. In: SANTOS, Maria Celeste Cordeiro (org.). *Biodireito:* ciência da vida, os novos desafios. São Paulo: Revista dos Tribunais, 2001.

NUNES, Luís Antonio Rizzatto. *Curso de direito do consumidor.* 3. ed. São Paulo: Saraiva, 2008.

RODRIGUES, Melissa Cachoni; ARANTES, Olívia Marcia Nagy. *Direito ambiental & biotecnologia:* uma abordagem sobre os transgênicos sociais. Curitiba: Juruá. 2008.

Consumismo: Uma Questão de Poder

Patrícia Tuma Martins Bertolin[*]
Suzete Carvalho[**]

> Eu sei que a gente se acostuma.
> Mas não devia. [...]
> A gente se acostuma a andar na rua e ver cartazes, a abrir revistas e ver anúncios. A ligar a televisão e assistir a comerciais. A ir ao cinema, a engolir publicidade. A ser instigado, conduzido, desnorteado, lançado na infindável catarata dos produtos. [...]
> A gente se acostuma para poupar a vida.
> Que aos poucos se gasta, e que, de tanto acostumar,
> se perde de si mesma.
> Marina Colasanti

> [...]os shopping centers *expressam, simbolizam e revelam-se sucedâneos de espaços públicos. Nesses casos, os indivíduos e as coletividades são induzidos a comportar-se de tal modo que o consumismo aparece como uma figuração de cidadania. São muitas as evidências de que as formas de sociabilidade que se conheciam estão sendo drástica e generalizadamente modificadas. Está em curso a expansão das formas de sociabilidade determinadas pelo mercado, o consumismo, a organização sistêmica das estruturas mundiais de poder, a dinâmica empresarial, a lógica do capital, a razão instrumental.*
> Octavio Ianni

Considerações introdutórias

O consumismo é uma das mais envolventes questões do mundo atual, não apenas pelo fato de abarcar a sociedade como um todo, como também por predominar sobre

---

(*) Mestre e Doutora em Direito do Trabalho pela Universidade de São Paulo; Professora do Curso de Graduação em Direito e do Programa de Pós-Graduação em Direito Político e Econômico da Universidade Presbiteriana Mackenzie, em São Paulo. Contato: p.bertolin@mackenzie.com.br.
(**) Especialista em Filosofia do Direito e Mestre em Direito do Trabalho pela Universidade de São Paulo. Alguns de seus escritos sobre temas jurídicos, socioculturais e filosófico-literários podem ser acessados no blog www.novaeleusis.blogspot.com.

o largo espectro de atividades e áreas culturais, revolucionando valores e comportamentos, haja vista a concepção corrente de que vivemos em um "Mundo de Mercado". Importa destacar ainda o impacto de seu exercício alienado sobre a degradação do meio ambiente, comprometendo dessa forma a própria sobrevivência do planeta.

1. A CULTURA DO CONSUMO

Consumo sempre houve e sempre haverá, em todos os agrupamentos humanos. Logo, importa perquirir, *ab initio*, por que a nossa sociedade é tida, hoje, como "a sociedade do consumo" por excelência.

O consumo, o consumismo, a sociedade do consumo, enfim, a própria "cultura do consumo" têm sido temas recorrentes nas ciências sociais — e nem sempre objeto de análises negativas:

> A cultura do consumidor é uma cultura de consumo de uma sociedade de mercado. No mundo moderno o consumo se tornou o foco central da vida social. Práticas sociais, valores culturais, ideias, aspirações e identidades são definidas e orientadas em relação ao consumo ao invés de e para outras dimensões sociais como trabalho, cidadania e religião entre outros. Esta característica permite, no ponto de vista de alguns, descrever a sociedade contemporânea de uma forma negativa, ou seja como uma sociedade materialista, pecuniária, na qual o valor social das pessoas é aferido pelo que elas têm e não pelo que elas são. Em uma outra perspectiva, mais positiva, permite definir a cultura do consumidor como um universo no qual predomina a autonomia e a soberania de escolha do consumidor [...][1].

Ambas as avaliações — negativa e positiva — dos estudiosos fornecem argumentos a serem considerados na análise do tema, porém, dada a complexidade de que se revestem os valores e as práticas sociais, a questão transcende o enfoque bidimensional, comportando uma visão mais abrangente. Assim, ainda que este trabalho, *ad brevitatis*, não permita uma análise mais detalhada — vale considerar que, direta ou indiretamente, a autora acrescenta um dado importante ao trazer à reflexão a ideia de que não há falar-se em "autonomia e soberania de escolha do consumidor", sem que se leve em conta as várias dimensões da cultura e as ideologias que fundamentam esse universo.

De fato, parece fundamental investigar, entre outras questões relevantes, a que e a quem serve esse mecanismo — e não apenas como ele se processa, seja na subjetividade do indivíduo, seja no plano coletivo, vale dizer, na sociedade, haja vista que o consumismo comporta, no mínimo, aspectos psicológicos (plano individual), sociológicos, político-econômicos e ambientais (nível coletivo), incluída aqui a questão da cidadania.

---

(1) BARBOSA, Lívia. *Sociedade de consumo*. 2. ed. Rio de Janeiro: Jorge Zahar, 2008. p. 32.

Hoje, passados os malfadados "anos de chumbo", em que — abafado o direito de expressão — a luta pela cidadania se resumia à reconquista dos direitos mais elementares, como a liberdade de ir e vir e de votar e ser votado, há que repensá-la em termos igualitários não apenas de direitos e deveres, mas também de oportunidades, especialmente de educação e trabalho.

Em que pese a implantação sempre crescente de práticas democráticas, nossa cidadania ainda é capenga, manipulada pelos "donos do poder" político-econômico-midiático, haja vista a postura demagógica, entre outros inúmeros exemplos, que apresenta irrisórios aumentos de renda como possibilidade de aquisição de bens e serviços, acenando assim um hipotético avanço na cidadania da população.

Embora considerada por alguns como uma espécie de consagração da liberdade individual, a cultura do consumo mais parece ter aniquilado a individualidade, ao estabelecer padrões de consumo necessários à inclusão das pessoas em determinados grupos, "guetificando" ainda mais os subgrupos sociais e, consequentemente, acirrando os preconceitos e a inveja entre os diferentes níveis socioeconômico-culturais que estruturam a sociedade. Nesse sentido, ela seria "[...] desintegradora e responsável pelo afastamento das pessoas de valores e tipos de relações sociais consideradas mais verdadeiras, autênticas"[2].

A questão deve ser repensada inclusive levando-se em conta a nefasta influência que esse modo de pensar e sentir da sociedade pode representar na formação (in)consciente das novas gerações, pois:

> Se a juventude precisa de modelos e heróis, estes são criados constantemente, de modo a satisfazerem detalhadamente todos os anseios dos jovens, desde o que se refere ao campo visual: roupa, cabelo, sapato, acessórios, enfim, a moda em geral; passando pelos gostos: estilo musical, preferência por determinados programas de televisão, lugares que frequentam; comportamento: atitudes tomadas em determinadas circunstâncias; até a própria reflexão, que é moldada a partir de todas as outras formas de expressão. Este jovem é caracterizado pelo desejo de tudo sentir, tudo conhecer, tem uma curiosidade extrema e a certeza constante de que tudo está ao seu alcance, de que está disposto e possibilitado a todas as coisas. Nada é definitivo para ele, tudo pode ser transformado de acordo com seus anseios e suas necessidades, portanto, tudo é acessível[3].

Anseios e necessidades que lhe foram impostos explícita ou subliminarmente pela mídia, mas que encontram apoio na nova estrutura familiar e social, fundada no individualismo. Por tudo isso os jovens são o principal foco da sociedade do consumo, que tem se empenhado, tanto em antecipar essa fase da vida (com relação às crianças,

---

(2) BARBOSA, Lívia. *Op. cit.*, p. 37.
(3) FÉLIX, Fabíola Angarten. *Juventude e estilo de vida:* cultura de consumo, lazer e mídia. Dissertação (Mestrado). Universidade Estadual de Campinas. Instituto de Filosofia e Ciências Humanas. Campinas, 2003. p. 31-32.

que a moda insiste em vestir como "miniadultos"), quanto em retardar o seu término — com relação às pessoas de meia-idade e mesmo aos idosos, estimulados pela mídia a comportarem-se e a vestirem-se como eternos jovens, além de fazerem todos os tratamentos estéticos imagináveis para se manterem eternamente nessa condição.

Hoje lazer e consumo estão indissociavelmente vinculados, sobretudo nas grandes metrópoles, onde os momentos de ócio frequentemente são passados nos *shopping centers,* tidos como verdadeiros "templos do consumo", tornando os rituais do consumismo uma espécie de terapia contra o *stress,* sendo comum se recorrer a "umas comprinhas" como solução para os mais variados tipos de problemas.

Abolidos culturalmente os rituais de passagem — em que se honrava a tradição —, os jovens, em especial, criam suas próprias "liturgias", sem orientação experiente e adequada, consagrando espaços públicos nos quais exercitam suas "iniciações" agora desvinculadas de sua conotação transcendental.

Outro aspecto digno de menção é que os valores relacionados ao Mercado ultrapassaram a esfera do consumo, alcançando áreas como a educação e a saúde, o que se pode verificar, por exemplo, por meio da utilização, nas últimas décadas, de expressões como "cliente", "satisfação", "qualidade total", entre muitas outras, nestas áreas socialmente prioritárias.

A par de ser uma das maiores conquistas humanas para seu próprio desenvolvimento individual e coletivo, o fato é que a Linguagem, cuja capacidade destrutiva é também incontestável, tem sido, historicamente, uma das formas de expressão mais utilizadas pelo poder de todas as ordens para validar o *status quo* e concretizar a dominação.

Destarte, considerando que o poder econômico é o Bezerro de Ouro[4] dos tempos atuais, aquele por quem e a quem todas as camadas da sociedade rendem culto e reverência, nada mais óbvio que as diferentes áreas adotem seus jargões, ainda que os diferentes atores sociais sejam "despersonalizados" e consumidos pelo sistema. O que lhes resta, como defesa, se não alimentar anseios e desejos nunca satisfeitos?

2. CONSUMO: FONTE DE DESEJOS NUNCA SATISFEITOS

Mais do que necessidades, são os desejos o elemento propulsor da sociedade de consumo, havendo uma diferença fundamental entre esses dois conceitos: "[...] Enquanto as necessidades de uma pessoa podem ser objetivamente estabelecidas, os nossos desejos podem ser identificados apenas subjetivamente"[5].

---

(4) A expressão remonta ao Velho Testamento e se refere à idolatria de um bezerro confeccionado em ouro pelo povo de Israel durante o êxodo do Egito. A respeito, sugere-se disponível em: <http://www.bible-facts.info/comentarios/vt/exodo/OBezerrodeOuro.htm> Acesso em: 26.2.2010.
(5) BARBOSA, Lívia. *Op. cit.,* p. 49.

Esses desejos não têm limites e "[...] hoje, o essencial está sempre além do indispensável [...]"[6]. Muito além — diga-se de passagem. Poder-se-ia até acrescentar, sem medo de incidir em erro, que hoje há uma cultura do inessencial, do supérfluo, do descartável que, embora atinja indiscriminadamente todas as faixas etárias, tem nos jovens a principal vítima de seu poder deletério, pois os mantêm alienados dos verdadeiros valores a serem cultivados.

Assim, a mídia e a publicidade criam diuturnamente novas necessidades (e desejos), aproveitando-se da insegurança própria daqueles que estão em processo de transição entre as diferentes etapas da vida, principalmente: infância/adolescência ou maturidade/velhice, épocas em que as modificações internas (hormonais) e externas (socioambientais) muitas vezes acabam por gerar desequilíbrios psicoemocionais.

Os primeiros, em fase de formação, são movidos por uma espécie de compulsão psico-emocional que poderia ser traduzida como urgente "necessidade de pertença"[7] a algum grupo no qual sejam paradoxalmente respeitados em sua individualidade e aceitos como "iguais" e que, sobretudo, lhes permita dar vazão à agressividade e às formas de expressão características de sua idade. Nesse sentido, a inserção em "tribos" e o consumismo se apresentariam como mecanismos de defesa contra as "imposições" dos adultos e a insegurança ante um futuro que, embora jamais admitam, se lhes afigura ameaçador.

Outra etapa da vida importante no contexto do consumismo, embora nem sempre vista como tal, é a passagem da maturidade à velhice, uma vez que, superadas as exigências familiares, em especial a criação e encaminhamento dos filhos, e relativamente libertos de algumas das injunções sociais, como as preocupações profissionais e econômicas, os idosos acabam por sentir-se atraídos pelos apelos da publicidade para o consumo de bens materiais que os façam desfrutar condignamente da aposentadoria a que fizeram jus, dando vazão a "desejos de consumo" tantas vezes sublimados.

Há, porém, quem conteste que a sociedade do consumo seja materialista, alegando que as mercadorias tornam-se rapidamente obsoletas e sustentando ser o hedonismo — e não o materialismo — o motor desse processo:

> Se os consumidores desejassem realmente a posse material dos bens, se o prazer estivesse nela contido, a tendência seria a acumulação dos objetos, e não o descarte rápido das mercadorias e a busca por algo novo que possa despertar os mesmos mecanismos associativos. O desejo dos consumidores

---

(6) VICENTIN, Diego Jair. *A mobilidade como artigo de consumo. Apontamentos sobre as relações com o aparelho celular.* Dissertação (Mestrado). Universidade Estadual de Campinas, Instituto de Filosofia e Ciências Humanas. Campinas, 2008. p. 86.
(7) A "necessidade de pertença" foi incluída por Maslow, em sua famosa Teoria das Motivações, entre as necessidades sociais hierarquicamente fundadas. Aplicável aos mais variados momentos do ser humano, em sua complexidade individual e social, essa parece ser uma das características mais fortes do ideário adolescente. A Pirâmide de hierarquia motivacional de Maslow, entre outros *sites* e *blogs*, está disponível em: <http://www.fabiosampa.com.br/motivacao-artigos/242-motivacao-maslow.html> Acesso em: 4.3.2010.

é experimentar na vida real os prazeres vivenciados na imaginação, e cada novo produto é percebido como oferecendo uma possibilidade de realizar essa ambição. Mas como sabemos que a realidade sempre fica aquém da imaginação, cada compra nos leva a uma nova desilusão, o que explica a nossa determinação de sempre achar novos produtos que sirvam como objetos de desejo a serem repostos[8].

Como ensina Flávio di Giorgi em bem humorado texto[9] elaborado para um ciclo de conferências posteriormente editadas sob o título *O Desejo*, depois da era clássica o verbo *desiderare* "dominou o cenário de sentido do desejo". *Desiderare*, segundo o estudioso, vem de *sidus* (astro, de onde sideral), com o sentido de "desistir dos astros", desistir de especular sobre o futuro: "não tenho o que eu quero e por isso eu desejo". O ato de contemplar os astros chamava-se *considerare*, e a desistência de especular sobre o futuro gerava o *desiderare*, o desejar, desligar-se da ideia de destino.

Assim, como explica Lívia Barbosa na citação supra e, não obstante o senso comum repouse na ideia do "ter" como preocupação máxima, o desejar se sobrepõe à necessidade, daí nossa determinação de sempre buscar novos objetos que nos satisfaçam. Esse eterno descontentamento, verdadeira "insatisfação existencial", é, na atualidade, nutrido astuciosa e eficientemente pelo quarto poder — a todo-poderosa mídia, a serviço de um Mercado alimentado por "máquinas desejantes", para usar a expressão de Deleuze.

Para Nietzsche, amamos o próprio desejo e não o objeto desejado, ou seja, o ser humano deseja desejos, mais especialmente o "desejo do Outro", como viria a dizer Jacques Lacan. Para esses autores, o desejar se sobrepõe ao ter, pois quando obtemos o que desejamos, já almejamos outra coisa, o que revelaria nossa eterna insatisfação[10].

Como consequência, tem-se o excesso de "novidades" colocadas ardilosamente à disposição de consumidores que, nem sempre aptos economicamente a arcar com os ônus que a compulsão para com o novo acarreta, se vêm atraídos pelas "facilidades" que lhes são oferecidas e ajudam a "descarregar" as sobras da excessiva produção.

É bem verdade que o excesso de produtos de uma indústria é frequentemente considerado um dos sinais mais óbvios de que a economia tem um bom desempenho, mas, por outro lado, isto também passou a ser visto de forma negativa, sobretudo a partir das últimas décadas, uma vez que toda abundância acaba por gerar desperdício, o que se reflete em carências e exclusão.

Essa percepção passou a ser um dos pontos de partida dos debates sobre sustentabilidade social e ambiental, porém a efetiva implantação de projetos para uma

---

(8) BARBOSA, Lívia. *Op. cit.*, p. 53.
(9) GIORGI, Flávio Di. Caminhos do desejo. In: NOVAIS, Adauto (coord.). *O desejo*. São Paulo: Companhia das Letras, 1999. p. 125-142.
(10) CARVALHO, Suzete. Inveja. In: *Revista Thot*, São Paulo: Palas Athena, n. 80, p. 78.

economia sustentável esbarra no fato de que a eficiência produtiva é fundamental ao capitalismo de mercado, mesmo que o seu preço seja muito alto do ponto de vista da preservação dos recursos naturais e/ou da redução das desigualdades sociais.

3. O PAPEL DA CULTURA DO CONSUMO NA REPRODUÇÃO DO CAPITALISMO

Com base em um critério quantitativo e monetário, os imperativos do Mercado direcionam a lógica da produção e a própria vida sociocultural:

> Enquanto em outras culturas os critérios de sanção social responsáveis, por exemplo, pela adoção ou não de uma nova tecnologia, eram calcados em critérios qualitativos (culturais, éticos e religiosos, como o são as tradições, as crenças míticas, os valores comunitários etc.), no capitalismo tal desenvolvimento vai ser sancionado e dirigido pelas forças de mercado, pela sua capacidade de gerar lucro ou não. Em outras palavras, enquanto em outras sociedades o próprio crescimento econômico e tecnológico estava sujeito a um controle político da sociedade, no capitalismo tal desenvolvimento pode buscar a sua livre expansão no mercado, dirigido e sancionado pela concorrência econômica. Do controle qualitativo, passamos à primazia do quantitativo[11].

O Mercado se utiliza do consumo para fazer valer e perpetuar o lado nefasto da ideologia capitalista, uma vez que:

> O consumo é o grande emoliente, produtor ou encorajador de imobilismos. Ele é, também, um veículo de narcisismos, por meio de seus estímulos estéticos, morais, sociais; e aparece como o grande fundamentalismo do nosso tempo, porque alcança e envolve toda gente. Por isso, o entendimento do que é o mundo passa pelo consumo e pela competitividade, ambos fundados no mesmo sistema da ideologia[12].

É bom lembrar que o termo fundamentalismo tem sido entendido, historicamente, como uma postura religiosa e política adotada por aqueles que acreditam numa verdade única, em cujos dogmas creem cegamente, aplicando-os em todos os atos de sua vida. Nossa subserviência progressiva à Cultura do Consumo nos torna fundamentalistas inconscientes da ideologia do Mercado.

Em decorrência da velocidade com que os produtos se tornam obsoletos, houve uma multiplicação sem precedentes desses produtos, o que "coincidiu" com o advento do modelo de especialização flexível, no que concerne à lógica organizacional dos

---

(11) STAHEL, Andri Werner. Capitalismo e entropia: os aspectos ideológicos de uma contradição e a busca de alternativas sustentáveis. In: CAVALCANTI, Clóvis (org.). *Desenvolvimento e natureza:* estudos para uma sociedade sustentável. 3. ed. São Paulo: Cortez, 2001. p. 7-108.
(12) SANTOS, Milton. *Por uma outra globalização:* do pensamento único à consciência universal. 14. ed. Rio de Janeiro: Record, 2007. p. 49.

processos da produção. Neste modelo as empresas deixam de produzir em grandes quantidades e apenas produtos homogêneos, como no fordismo-taylorismo[13], passando a diversificar a produção, de acordo com o que o mercado consumidor espera.

Nesse sistema, o ritmo da produção também é intenso, mas o trabalhador não consegue perceber de onde vêm as pressões que sobre ele se exercem, que são creditadas ao "mercado" e ao "cliente" — contra os quais não existe argumentação possível.

Ricardo Antunes denuncia a "perda de centralidade do trabalho" e a "prevalência da lógica do capital"[14], decorrentes deste novo modo de organização da produção, o que favoreceu a emergência de novas formas de sociabilidade, em que o consumo tem desempenhado papel fundamental.

Assim, a sociedade industrial era uma sociedade de produtores,

> [...] mas no atual estágio da sociedade moderna, tem-se cada vez menos necessidade de mão de obra industrial em massa [...]. Em vez disso, a sociedade precisa engajar seus membros na condição de consumidores, com o dever, a capacidade e a vontade de desempenhar esse papel. O consumo passa a ser encarado, mais do que um direito ou um prazer, como um "dever do cidadão"[15].

Fátima Portilho ressalta que, quando o cidadão é reduzido a mero consumidor, suas ações passam a tomar lugar apenas numa dimensão privada e dele são exigidos papéis cada vez mais variados, como a "participação política através da atitude de votar com a carteira", uma "nova forma de exercício de 'seus direitos'"[16]. Exemplifica isso com "[...] a criação dos Códigos de Defesa do Consumidor, que passaram a ser vistos como uma das principais ações de defesa dos 'direitos do cidadão', banalizando paulatinamente a cidadania"[17].

Em termos propriamente sociológicos, essa mudança não é apenas uma mudança quantitativa que se dá no campo do consumo por intermédio da maior disponibilidade e variedade de bens. Ao contrário, reflete uma mudança na própria lógica social do consumo, que passa de uma relação de massificação do consumidor para uma hipertrofia da sua individualidade[18].

---

(13) O modelo de organização da produção conhecido por *fordismo-taylorismo*, sedimentado nas primeiras décadas do século XX, tinha como traços fundamentais a produção em série, por meio de linha de montagem, de produtos homogêneos, e era considerado aniquilador da dimensão criativa do trabalho.
(14) ANTUNES, Ricardo. *Adeus ao trabalho?* Ensaio sobre as metamorfoses e a centralidade do mundo do trabalho. 2. ed. São Paulo: Cortez, 1995. p. 135. *Vide* também: ANTUNES, Ricardo. *Os sentidos do trabalho:* ensaio sobre a afirmação e a negação do trabalho. 6. ed. São Paulo: Boitempo, 2002.
(15) PORTILHO, Fátima. *Sustentabilidade ambiental, consumo e cidadania*. São Paulo: Cortez, 2005. p. 74.
(16) PORTILHO, Fátima. *Op. cit.*, p. 184.
(17) *Idem*.
(18) RETONDAR, Anderson Moebus. A (re)construção do indivíduo: a sociedade de consumo como "contexto social" de produção de subjetividades. In: *Sociedade e Estado*, Brasília, 2008, v. 23, n. 1, p. 141. Disponível em: <http://www.scielo.br/pdf/se/v23n1/a06v23n1.pdf> Acesso em: 9.2.2010.

Não obstante, dada a complexidade de que se revestem todas as questões humanas, individuais e/ou sociais, essa lógica acabou por atrair a participação no mercado consumidor de pessoas estigmatizadas pelas estereotipias consignadas pelo senso comum aos chamados "grupos minoritários", abrindo-lhes, inclusive, uma nova perspectiva de cidadania, na medida em que lhes permite uma libertadora sensação de individualidade e de inserção social.

Assim, faz sentido considerar, com Milton Santos, que anteriormente se falava de uma "autonomia da produção", no sentido de que uma empresa, ao investir numa produção, buscava, para garantir seu êxito, manipular a opinião por meio da publicidade, enquanto hoje essa lógica foi invertida: "[...] as empresas hegemônicas produzem o consumidor antes mesmo de produzir os produtos [...]. Então, na cadeia causal, a chamada autonomia da produção cede lugar ao despotismo do consumo"[19].

É o caso da moda, que é lançada uma estação antes de "entrar em vigor" e que, para ser acompanhada, requer esforço e dispêndio permanentes, pois "à medida que ela se dissemina pelo interior da sociedade ela deixa de ser um diferencial para alguns grupos e um novo ciclo para um novo produto é estabelecido"[20], o que garante que este processo se reproduza indefinidamente. Vale destacar o papel da publicidade neste aspecto, ao reafirmar "[...] a noção de indivíduo enquanto efetivo agente do processo social, transfigurado na imagem do *indivíduo-consumidor*"[21].

O valor dos produtos não corresponde ao valor de troca, sendo mais um "valor simbólico", já que a aquisição de certos produtos garante ao consumidor a sensação de pertencer a um grupo (como no caso de determinadas *griffes*).

> [...] podemos indicar que um objeto de luxo, destinado ao consumo conspícuo e à distinção, só realiza essa função na medida em que é reconhecido socialmente como distintivo. É preciso que esteja inserido num contexto social, numa trama simbólica, em que tenha poder de distinção. Neste caso, o consumo não é uma prática estritamente individual; aqueles que contemplam o objeto distintivo também o estão consumindo, em sua imagem, enquanto objeto de desejo. Consomem e corroboram (consumam) a distinção que ele confere a seu portador. Deslocado de seu contexto social ou sistema simbólico o mesmo objeto não provocaria efeito similar, não colocaria em prática sua potência distintiva, não seria consumido como tal — embora provavelmente o seria de outra maneira[22].

É a ética do capital a exercitar sua capacidade de manipulação, inclusive por meio de uma violência simbólica que faz parecerem naturais os contratos leoninos

---

(19) SANTOS, Milton. *Por uma outra globalização:* do pensamento único à consciência universal. 14. ed. Rio de Janeiro: Record, 2007. p. 48.
(20) BARBOSA, Lívia. *Op. cit.,* p. 42.
(21) RETONDAR, Anderson Moebus. *Op. cit.,* p. 148-149.
(22) FÉLIX, Fabíola Angarten. *Juventude e estilo de vida:* cultura de consumo, lazer e mídia. Dissertação (Mestrado). Universidade Estadual de Campinas, Instituto de Filosofia e Ciências Humanas. Campinas, 2003. p. 114.

que exploram a ingenuidade, a vaidade ou a necessidade contingencial, enfim, a hipossuficiência jurídico-econômica da maior parte da população, subvertendo os valores humanos e o próprio desenvolvimento do ser individual e social, em seu próprio benefício, haja vista que:

> [...] na relação travada por homens e objetos, estes últimos, ou melhor, a rede em que eles se inserem, tem a capacidade de otimizar o processo de acumulação de capital. Noutras palavras, no capitalismo de ponta, o poder produtivo do consumidor é mobilizado não só como potência virtual de consumo (portanto, de realização da produção no mercado), mas também como agente de desenvolvimento dos próprios objetos que consome[23].

Benjamin Barber, ao analisar o que chama de "etos infantilista do capitalismo", observa que este fechou um ciclo, em que possibilitava aos empresários que assumissem riscos prosperarem, mas o fizessem servindo ao crescimento de nações emergentes, o que foi feito "[...] com a ajuda de um etos protestante que emprestou peso moral ao trabalho duro, ao investimento sagaz e à rígida abnegação"[24]. Acrescenta o autor que a capacidade de produção do sistema capitalista hoje ultrapassa as necessidades às quais ele servia, mas, ao mesmo tempo, "[...] sua capacidade de distribuição é obstruída pelas crescentes desigualdades que ele catalisou", levando-o, para ter êxito, a já não depender da produção, mas do consumismo e, para tanto, gerando "[...] um etos de infantilização que preza os mesmos atributos que o etos protestante condenava". Enfim, completa o autor, o capitalismo "parece estar literalmente consumindo a si próprio, deixando a democracia em perigo e o destino dos cidadãos incerto"[25].

Assim, para a questão que ora se discute, que tem implicações econômicas, políticas, sociológicas e ambientais, entre outras, o tema do desenvolvimento é central:

> [...] somos levados a distinguir entre desenvolvimento e mau desenvolvimento. Ambos podem ser sustentados pela mesma taxa de crescimento econômico, mas diferenciam-se nitidamente em termos da composição do produto final, das "taxas de exploração da natureza", e dos tipos, da intensidade e da distribuição de custos sociais[26].

Destarte,

> O desafio do nosso tempo é utilizar a presente crise como uma oportunidade para dar início a um processo de transição do mau desenvolvimento ao desenvolvimento e, dessa forma, tentar formar um amplo consenso social em torno de um novo projeto de sociedade[27].

---
(23) FÉLIX, Fabíola Angarten. *Op. cit.*, p. 151.
(24) BARBER, Benjamin R. *Consumido:* como o mercado corrompe crianças, infantiliza adultos e engole cidadãos. Rio de Janeiro: Record, 2009. p. 48.
(25) *Idem.*
(26) SACHS, Ignacy. *Rumo à ecossocioeconomia:* teoria e prática do desenvolvimento. São Paulo: Cortez, 2007. p. 125.
(27) *Ibidem*, p. 126.

Portanto,

>Seria prudente esperar das sociedades industrializadas um progresso rápido no sentido da "simplicidade voluntária", salvo se a presente crise piorar ainda mais. Muita gente ainda considera que a busca do conforto material e a acumulação de "bens posicionais" são objetivos de vida desejáveis. Somos todos, em grande medida, prisioneiros do passado vivo — tradições culturais e hábitos profundamente arraigados — e do labirinto institucional articulado para a promoção do "consumo pelo consumo". Por um lado, as ainda prevalecentes desigualdades de riqueza, renda e acesso aos recursos e, por outro, as memórias da longa e difícil luta da classe trabalhadora por melhores padrões de vida explicam com mais clareza o apelo do consumismo[28].

4. Consumismo: uma questão de poder

A cultura do consumo representa a importância crescente da cultura no exercício do poder. O poder de escolha do indivíduo na esfera do consumo nas sociedades pós-tradicionais tem sido o campo de debate sobre a sua real liberdade de escolha ou submissão a interesses econômicos maiores que se escondem por trás do *marketing* e da propaganda. Será o consumo uma arena de liberdade e escolha ou de manipulação e indução? Terá o consumidor efetivamente escolha? Ele é súdito ou soberano, ativo ou passivo, criativo ou determinado?[29]

Conseguir apreender os reais interesses que movem a Cultura do Consumo, seus meandros e mazelas, é começar a desvendar nosso papel num jogo de regras unilaterais. Questionar e, principalmente, questionar-se, é o primeiro passo no rumo dessa conscientização, pois:

>O jogo de marcas tem como alvo os consumidores, mas também ajuda a apagar as fronteiras entre o consumidor e o que é consumido. Pensando que conquistou o mundo das coisas, o consumidor é, na verdade, consumido por essas coisas. Tentando ampliar a si próprio, ele desaparece. Sua chamada liberdade evapora até mesmo quando é mencionada. Porque ela é mais privada do que pública e, portanto, impede as verdadeiras consequências públicas das escolhas particulares [...][30].

Hoje em dia, comprar não é simplesmente um trabalho, mas, na verdade, tornou-se um emprego para aqueles que atuam como compradores para ricos profissionais, assim como o *marketing* se tornou uma vocação para milhares de adolescentes contratados por empresas para criar um bochicho sobre seus produtos e "influenciar"

---

(28) SACHS, Ignacy. *Op. cit.*, p. 137.
(29) BARBOSA, Lívia. *Op. cit.*, p. 35.
(30) BARBER, Benjamin R. *Consumido:* como o mercado corrompe crianças, infantiliza adultos e engole cidadãos. Rio de Janeiro: Record, 2009. p. 47.

líderes a consumir suas marcas. Um tipo de escolha é preservado, mas [...] é apenas uma escolha particular, a escolha do prisioneiro sobre onde ficar ou se sentar dentro da gaiola consumista: No *shopping*? No multiplex? Na internet? Em frente à televisão? [...][31].

A palavra Poder, com seu forte apelo linguístico, tem sido usada quer em sua conotação positiva, quer (principalmente) no aspecto negativo, pelos desmandos que seu mau uso pode conferir — e tem, historicamente, conferido — a quem o detém. À dominação política e religiosa a que imensos contingentes de seres humanos foram submetidos arquimilenarmente, o capitalismo houve por bem acrescer "nova" espécie de jugo: o Mercado, cujas armas dissimulam seu potencial deletério, apresentando-se como novas possibilidades de prazer e realização.

De clareza meridiana que o termo pode ser — como de fato tem sido — usado nos mais variados contextos e áreas, a sabor de interesses e/ou das ações e atividades validadas por seus mais plenos significados. Postas essas considerações filosófico-linguísticas, como fundações, resta acrescentar, no que concerne ao consumo, que a "questão do poder" pode ser enfocada tanto do ponto de vista de mera capacidade econômica individual e coletiva, dentro de um contexto de equilíbrio da Economia, quanto no sentido da dominação de uma elite detentora das regras do jogo.

Visto o Poder Econômico como mero mantenedor do *status quo* de uma elite privilegiada, voltado exclusivamente aos interesses do Mercado, sem preocupações com o aproveitamento racional e responsável dos recursos materiais e/ou com a produção, distribuição e consumo de bens necessários ao bem-estar da população, a geração de consequências negativas seria inconteste. Esse o mau desenvolvimento.

Por outro lado, dentro de um contexto de equilíbrio econômico, no qual se considere a urgência da recuperação do meio ambiente, com ações eficientes de sustentabilidade, e nivelados os interesses de todas as partes envolvidas nas relações de consumo (empresários, trabalhadores, consumidores), poder-se-ia falar na possibilidade de consequências positivas dentro mesmo da lógica capitalista. De relevar, nesse contexto, o respeito à dignidade e ao direito à cidadania plena, incluídas aqui não apenas a satisfação das necessidades básicas da população, mas a possibilidade de escolha livre e consciente sobre o que comprar, quando, onde e como exercer esse poder. Esse o "bom" desenvolvimento.

Conclusões

Nada obstante o lado polêmico da Cultura do Consumo, especialmente quando vista sob o prisma do Poder, o tema comporta possibilidades abrangentes tanto da causa da cidadania, quanto da sustentabilidade, entre outras, podendo, portanto, ser explorado por via da carga positiva que toda questão de alta complexidade carrega

---

(31) BARBER, Benjamin R. *Op. cit.*, p. 65.

em si. A adoção de selos sociais e ecológico-ambientais para produtos fabricados com respeito às normas legais que regem a matéria e a certificação de empresas que desenvolvem ações relacionadas com a proteção ao trabalho, por exemplo, deveriam ser desburocratizadas, na medida em que podem representar importante contributo no sentido de promover maior politização das partes envolvidas nas relações de consumo.

Essas, entre outras políticas públicas que visem estabelecer maior equanimidade entre essas relações, a par da necessária conscientização para a premência de soluções para a questão socioambiental, como a implantação de projetos viáveis de sustentabilidade, sejam de ordem econômica, social ou ecológica, podem incentivar o consumidor a contribuir para o fortalecimento de uma Economia mais justa e sustentável, que o fortalecerão ainda como sujeito de direitos e deveres, vale dizer, como cidadão.

REFERÊNCIAS BIBLIOGRÁFICAS

ANTUNES, Ricardo. *Adeus ao trabalho?* Ensaio sobre as metamorfoses e a centralidade do mundo do trabalho. 2. ed. São Paulo: Cortez, 1995.

_____ . *Os sentidos do trabalho:* ensaio sobre a afirmação e a negação do trabalho. 6. ed. São Paulo: Boitempo, 2002.

BARBER, Benjamin R. *Consumido:* como o mercado corrompe crianças, infantiliza adultos e engole cidadãos. Rio de Janeiro: Record, 2009.

BARBOSA, Lívia. *Sociedade de consumo.* 2. ed. Rio de Janeiro: Jorge Zahar, 2008.

CARVALHO, Suzete. Inveja. In: *Revista Thot*, São Paulo: Palas Athena, n. 80.

COLASANTI, Marina. *Eu sei, mas não devia.* Rio de Janeiro: Rocco, 1996.

FÉLIX, Fabíola Angarten. *Juventude e estilo de vida*: cultura de consumo, lazer e mídia. Dissertação (Mestrado). Universidade Estadual de Campinas. Instituto de Filosofia e Ciências Humanas. Campinas, 2003.

GIORGI, Flávio di. Caminhos do desejo. In: NOVAIS, Adauto (coord.). *O desejo*. São Paulo: Companhia das Letras, 1999.

IANNI, Octavio. O declínio do Brasil-nação. In: *Estudos avançados*, São Paulo, 2000, v. 14, n. 40, p. 51-58. Disponível em: <http://www.scielo.br/pdf/ea/v14n40/v14n40a06.pdf> Acesso em: 8.2.2010.

PORTILHO, Fátima. *Sustentabilidade ambiental, consumo e cidadania.* São Paulo: Cortez, 2005.

RETONDAR, Anderson Moebus. A (re)construção do indivíduo: a sociedade de consumo como "contexto social" de produção de subjetividades. In: *Sociedade e Estado*, Brasília, 2008, v. 23, n. 1, p. 141. Disponível em: <http://www.scielo.br/pdf/se/v23n1/a06v23n1.pdf> Acesso em: 9.2.2010.

SACHS, Ignacy. *Rumo à ecossocioeconomia:* teoria e prática do desenvolvimento. São Paulo: Cortez, 2007.

SANTOS, Milton. *Por uma outra globalização:* do pensamento único à consciência universal. 14. ed. Rio de Janeiro: Record, 2007.

STAHEL, Andri Werner. Capitalismo e entropia: os aspectos ideológicos de uma contradição e a busca de alternativas sustentáveis. In: CAVALCANTI, Clóvis (org.). *Desenvolvimento e natureza:* estudos para uma sociedade sustentável. 3. ed. São Paulo: Cortez, 2001.

VICENTIN, Diego Jair. *A mobilidade como artigo de consumo. Apontamentos sobre as relações com o aparelho celular.* Dissertação (Mestrado). Universidade Estadual de Campinas, Instituto de Filosofia e Ciências Humanas. Campinas, 2008.

Sociedade do Consumo ou "Consumo da Sociedade"?
~ Uma Reflexão Necessária ~

Ana Claudia Pompeu Torezan Andreucci[*]
Sergio José Andreucci Junior[**]

EU ETIQUETA
Em minha calça está grudado um nome que não é meu de batismo ou de cartório. Um nome [...] estranho. Meu blusão traz lembrete de bebida Que jamais pus na boca, nessa vida. Em minha camiseta, a marca de cigarro Que não fumo, até hoje não fumei. [...] Meu lenço, meu relógio, meu chaveiro, minha gravata e cinto e escova e pente. Meu copo, minha xícara, minha toalha de banho e sabonete, meu isso, meu aquilo. Desde a cabeça ao bico dos sapatos são mensagens, letras falantes, gritos visuais, ordens de uso, abuso, reincidências. [...] E fazem de mim homem-anúncio itinerante Escravo da matéria anunciada. Estou, estou na moda. [...] Agora sou anúncio Ora vulgar ora bizarro. Em língua nacional ou em qualquer língua (Qualquer principalmente.) Não sou — vê lá — anúncio contratado. Eu é que mimosamente pago para anunciar, para vender [...] Cada vinco da roupa, sou gravado de forma universal, saio da estamparia, não de casa, Da vitrine me tiram, recolocam, Objeto pulsante mas objeto Que se oferece como signo dos outros. Objetos estáticos, tarifados. Por me ostentar assim, tão orgulhoso De ser não eu, mas artigo industrial, Peço que meu nome retifiquem. Já não me convém o título de homem. Meu nome novo é Coisa. Eu sou a Coisa, coisamente.
Carlos Drummond de Andrade[***]

---

[*] Doutoranda em Filosofia do Direito pela PUC/SP. Mestra em Direito das Relações Sociais pela PUC/SP. Especialista em Estudos de Problemas Brasileiros pela Universidade Presbiteriana Mackenzie (UPM). Graduada em Direito pela UPM. Graduada em Jornalismo pela Faculdade Cásper Líbero. Professora dos Cursos de Graduação e Pós-Graduação *Lato Sensu* da Faculdade de Direito da UPM. Coordenadora do TGI da Faculdade de Direito da UPM.
[**] Mestre em Comunicação pela Faculdade Cásper Líbero. MBA em Gestão Estratégica de Negócios pela Escola de Administração da Fundação Getúlio Vargas-SP. Pós-Graduado em Administração de Marketing pela Fundação Álvares Penteado. Pós-Graduado em Qualidade Total pela UFMG-Fundação Christiano Otoni. Graduado em Relações Públicas pela Faculdade Cásper Líbero. Sócio-Diretor da Agência de Publicidade Andreucci Comunicação. Professor do Curso de Relações Públicas da Cásper Líbero. Professor Convidado do Curso de Pós-Graduação em Comunicação e Mercado da ECA-USP. Diretor de Marketing da Cia. de Dança Cisne Negro. Diretor Executivo dos Projetos Sociais "Caminhos da Arte" e "Reciclando Sonhos".
[***] Foram extraídos trechos da poesia mas indica-se ao leitor a apreciação do poema na íntegra e que em nossa opinião reflete sobremaneira a sociedade consumista contemporânea.

Introdução

Século XXI. Vinte anos do Código de Defesa do Consumidor. Como em qualquer aniversário, em especial naqueles que demarcam décadas, a reflexão é algo recorrente. Paramos para avaliar o passado, alicerçar o presente e projetar o futuro. A grande questão que se torna pauta do dia entre a sociedade atual, para aqueles que já se deram conta desta "grande estratégia" é que o consumo, e não mais a produção, se tornou a essência, a personalidade, o caráter de cada um na chamada era moderna. Fazendo parte de uma coletânea de artigos escritos em homenagem aos 20 anos do Código de Defesa do Consumidor o presente ensaio tem por objetivo discutir a importância do consumo, enquanto permeador do conjunto de crenças e desejos existentes na sociedade brasileira, no que se refere aos aspectos comunicacionais do direito e acesso à cidadania. Constatou-se que as mídias, principalmente por meio do discurso publicitário, foram responsáveis pela relativa unificação do campo simbólico do consumo no Brasil.

A "indústria cultural", tal como a concebiam Adorno e Horkheimer[1], resulta na produção de mercadorias específicas. Entretanto, a abordagem deste assunto escapa aos interesses deste texto. Estes autores analisaram bens simbólicos de natureza cultural, dentre os quais se destacam o cinema, a música e o teatro. A intervinculação, no plano do simbólico, entre o consumo de bens culturais e o de mercadorias (físicas) é evidente. Mas, nos limites dos esforços desta pesquisa, o objeto escolhido fixou-se no problema das mercadorias, estudando-se aqui as de ampla visibilidade social.

O tipo de consumo aqui referido, embora possua também atributos simbólicos, tem natureza diferenciada. Não se pode descartar a importância da publicidade, que é um dos elementos formadores dos comportamentos de nossa época, como auxiliar nas supostas "escolhas" feitas pelos grupos socioculturais.

No Brasil, a televisão e os demais meios de comunicação, por meio do discurso publicitário direto e indireto, exercem grande pressão para que consumamos. A necessidade de adquirir mercadorias e serviços é atualmente produzida com grande força, através da relação existente entre as mídias e a sociedade.

O desejo de consumo reproduz-se segundo a estruturação social. Esta está sempre em constante movimentação e interage com as construções de natureza ideológica e com suas relações — representações mentais —, mesmo que distorcidas, da materialidade social.

Nestor Garcia Canclini[2] considerou o consumo como uma das dimensões do processo comunicacional, relacionando-o com práticas e apropriações culturais dos diversos sujeitos envolvidos neste sistema. Afirmou que por meio dele os sujeitos transmitem mensagens aos grupos socioculturais dos quais fazem parte.

---

(1) ADORNO, T.; HORKHEIMER, M. *Dialética do esclarecimento:* fragmentos filosóficos. Rio de Janeiro: Zahar, 1985. p. 23.
(2) BOURDIEU, Pierre. *Consumidores e cidadãos.* Rio de Janeiro: UFRJ, 1999. p. 37.

Segundo Canclini[3], o consumo não deveria ser visto somente como uma posse de objetos isolados, mas também como "apropriação coletiva" destes. Este processo consideraria relações de solidariedade e, principalmente, de distinção, através de bens e mercadorias que satisfazem no plano biológico e no simbólico, servindo também para enviar e receber mensagens.

1. Consumo e cultura

As atividades de consumo ocorreriam dentro de um campo simbólico, no qual os indivíduos estariam em constante movimento. Segundo Pierre Bourdieu, o conceito de campo poderia ser entendido como um espaço de produção de relações sociais objetivas, considerando as interações instituídas entre os atores envolvidos neste processo. O autor atentou para a análise da posição ocupada por estes atores e suas condições sociais, que determinariam o nível das relações estabelecidas ditando que:

> O campo de produção simbólica é um microcosmo da luta simbólica entre as classes: é ao servirem os seus interesses na luta interna do campo de produção (e só nessa medida) que os produtores servem os interesses dos grupos exteriores ao campo de produção[4].

Seguindo as mesmas ideias, a reação dos sujeitos seria estabelecida dentro dos limites deste universo simbólico. Este seria permanentemente elaborado e reelaborado para servir aos interesses de grupos que estejam em uma posição destacada, ou seja, as classes dominantes. Elas são corresponsáveis pela formação do seu campo de atuação, ditando as regras para os demais grupos que estejam em uma inferior posição econômica e política.

Ao contrário da análise proposta por Bourdieu, pode-se dizer que as relações estabelecidas entre as partes envolvidas não se efetuam de modo mecanicista. Trata-se de uma interação dialética entre os grupos socioculturais dominantes e que seria mantido e revisto a partir de negociações e do aceite dos grupos subalternos. A imposição estabelecida pelo grupo dominante, de propor um projeto intelectual para todo o conjunto social, não é factível somente a partir do seu poder coercitivo, mas principalmente através do consentimento dos grupos subordinados. Este processo resultaria em representações mentais sobre o problema, que também estariam inseridas no jogo social.

No interior dos grupos dominantes, para o sociólogo francês, são travadas lutas buscando a definição dos chamados "princípios de hierarquização". Os setores dominantes, cujo poder se baseia no capital econômico, legitimam sua dominação através da própria produção simbólica ou através de um grupo conservador que atenda a seus interesses.

---

(3) *Ibidem*, p. 88.
(4) BOURDIEU, Pierre. *O poder simbólico*. Rio de Janeiro: Bertrand Brasil, 1998. p. 12.

Logo, parte-se do princípio que alguns dos aspectos da proposta de Bourdieu são aplicáveis em relação ao consumo. Este seria, segundo nosso ponto de vista, um sistema de representação onde estão inteiramente diluídas relações de poder. Nele, as ações e reações dos grupos subordinados são estabelecidas dentro das possibilidades permitidas pelo grupo que dita as regras do jogo no plano simbólico e econômico.

As representações geradas no interior do campo simbólico do consumo estão relacionadas a um determinado espaço físico. É ilusório acreditar que os habitantes do mundo rural o percebem nos mesmos moldes que os habitantes dos grandes centros urbanos. Todo campo possui, necessariamente, um *locus*. À medida que há um deslocamento deste *locus*, a ordem simbólica é simultaneamente alterada. As classes médias norte-americanas, por exemplo, não valorizam necessariamente as mesmas mercadorias do que os membros destes mesmos setores na França. O campo simbólico possui particularidades, adaptando-se aos aspectos locais no qual ele foi criado.

Jean Baudrillard[5], em sua análise, acreditou na existência de uma "sociedade de consumo". Segundo o autor viveríamos em um contexto no qual o consumo invade a vida das pessoas, suas relações envolvem toda a sociedade e as satisfações pessoais são completamente traçadas através dele. Nesta perspectiva, o autor tendeu a exagerar a importância do problema. Apesar do consumo nunca ter possuído tanta significação, como em nosso tempo, ele é um dos aspectos constituintes da cultura contemporânea. Supervalorizar a inegável hegemonia da ideologia do consumo pode levar a que se perca de vista os demais problemas de nossa sociedade. Deixar de entender, por exemplo, que somente existe consumo por efeito da atual maciça produção de mercadorias.

O que foi chamado por Baudrillard de "sociedade de consumo" trata-se de uma expressão atual do capitalismo. Neste contexto, e dentro da visão do autor, o desenvolvimento se estabelece através da incessante produção dos chamados bens de consumo duráveis, tais como os automóveis e os eletroeletrônicos. Embora estes produtos tenham hoje uma qualidade maior, é uma exigência do sistema que possuam durabilidade ou obsolescência programadas para que sejam novamente adquiridos e substituídos em uma autêntica roda-viva.

De acordo com Baudrillard, no consumo estariam baseadas as novas relações estabelecidas entre os objetos e os sujeitos. Segundo ele, neste campo, a importância dos objetos cada vez mais é valorizada pelas pessoas. Embora sua descrição da realidade esteja correta, o autor legitimou este processo, considerando-o como inevitável. Não percebeu que isto se relaciona com o modo no qual a ideologia do consumo foi construída, sendo esta responsável pela criação destas representações mentais no plano coletivo.

Nesta nova ordem social, o consumo existiria com maior força de expressão do que no passado, principalmente através do conjunto de crenças e desejos presentes

---

(5) BAUDRILLARD, Jean. *A sociedade de consumo*. Lisboa: Edições 70, 1991. p. 22.

na sociedade. Trata-se de um sistema no qual os sujeitos encontram-se mergulhados. No plano simbólico, o consumo atinge a todos, pois as classes médias e os trabalhadores mais pobres sofrem o mesmo tipo de pressão para que consumam. Ambos desejam ou necessitam desejar a participação neste mesmo sistema, independente de suas condições materiais.

Salienta-se que as mídias foram responsáveis pelo processo de relativa unificação do campo simbólico do consumo, por meio da difusão das mercadorias consideradas consensualmente como objetos de desejo. No Brasil, a partir da década de 1960, a televisão foi se impondo como um meio de comunicação hegemônico. Atualmente, aproximadamente 98% dos lares brasileiros possuem pelo menos um televisor. Isto possibilita que haja uma uniformização dos padrões referenciais de consumo, nos quais praticamente as mesmas mercadorias seriam desejadas, independente do grupo ao qual o indivíduo pertença.

Em tempos pretéritos havia maior distância simbólica entre a vida dos operários e a das classes médias, por exemplo. Hoje, no entanto, um trabalhador manual e um médico almejam comprar os mesmos produtos que são veiculados para ambos através da publicidade. As mídias aproximaram o universo dos diferentes setores sociais, tornando-os membros do mesmo sistema simbólico.

Pierre Bourdieu[6] analisou como o consumo de bens culturais e de mercadorias na França seria determinado pelas características de classe, como grau de instrução e a origem social. Não se descarta que os grupos socioculturais possam criar representações acerca do consumo que estariam relacionadas à sua posição na sociedade. Isto explicaria porque pessoas pertencentes a um determinado grupo valorizam determinado tipo de mercadoria em detrimento de outro. No entanto, no chamado Terceiro Mundo, o grau de unificação cultural é muito mais acentuado. As classes médias têm origens mais modestas e não raro são recrutadas entre os filhos e netos dos trabalhadores manuais.

O esquema explicativo do sociólogo francês, portanto, não se aplica integralmente ao Brasil, onde a ação dos meios de comunicação introduziu uma certa padronização nos comportamentos. As elites e classes médias francesas, por exemplo, têm séculos de história, e já desenvolveram hábitos culturais que as tornam distintas dos demais setores sociais. É comum que os mais abastados brasileiros compartilhem práticas culturais das classes mais pobres, como o *funk music* ou as telenovelas.

As práticas de consumo têm grande importância nas relações comunicacionais que vêm se estabelecendo na sociedade contemporânea. Por meio destas, os grupos socioculturais possuem ou desejam possuir determinadas mercadorias que atuam como elementos de distinção. Estas também transmitem determinadas mensagens ao meio em que estão inseridas.

---

(6) BOURDIEU, Pierre. *A economia das trocas simbólicas*. São Paulo: Perspectiva, 1979. p. 56.

O telefone celular, atualmente, pode ser considerado um dos mais baratos instrumentos de inclusão sociossimbólica. Consiste em um dos objetos de desejo fundamental para todas as classes sociais urbanas. Para um médico ou para uma empregada doméstica, este objeto possui praticamente o mesmo valor simbólico, pois sua posse os inclui nesta mesma ordem. A diferença se estabelece na concretização deste desejo. De modo geral, os médicos podem adquirir modelos mais sofisticados.

De acordo com Baudrillard, o consumo não pode ser definido nem pela sua capacidade de absorção, nem como uma mera satisfação de necessidades. Se assim fosse, deveria chegar a um ponto de saturação. Segundo ele:

> É preciso que fique claramente estabelecido desde o início que o consumo é um modo ativo de relação (não apenas com os objetos, mas com a coletividade e com o mundo), um modo de atividade sistemática e de resposta global no qual se funda nosso sistema cultural[7].

O consumo pode ser definido como "uma prática idealista"[8] que vai além da relação com os objetos e com os indivíduos, se prolongando para todos os registros históricos, comunicacionais e culturais. Nele, os signos devem se reproduzir infinitamente para que possam preencher uma realidade ausente. Por isto, de acordo com o autor, sua lógica não é pautada pela presença. Assim, o simples desejo de consumir, o sonho de possuir determinado objeto, produz intensas sensações que povoam o simbólico contemporâneo. De acordo com o mesmo autor acima citado, a sociedade de consumo, em texto publicado originalmente em 1970, seria uma "recusa do real". Esta sociedade sofreria os efeitos da atuação dos meios de comunicação de massa, que foram considerados geradores de uma "vertigem da realidade". Baudrillard separou o consumo do mundo real. De acordo com os limites culturais e ideológicos da época, não se conhecia a ideia de que as representações mentais elaboradas coletivamente também fazem parte das realidades dos envolvidos neste processo e que estas são responsáveis pelo modo como as pessoas organizam as suas vidas[9].

O autor partiu do princípio da existência de uma dualidade do mundo, na qual o simbólico e o material seriam componentes com baixo nível de conexão. Nesta mesma obra, percebem-se indícios da sua futura teoria do simulacro[10] desenvolvida, tendo como um dos seus objetivos, o de analisar a influência das mídias na sociedade.

O poder de sedução do consumo está presente justamente na relação dialética estabelecida entre aparência e realidade, entendido por ele como a materialidade. O sistema de consumo é criado a partir da sua interação com a sociedade. Sua separação, estabelecida entre o simbólico e o material, é ilusória, visto que ambos se compõem dos elementos existentes na mesma realidade. A resposta que os indivíduos darão ao

---

(7) BAUDRILLARD, Jean. *O sistema dos objetos*. São Paulo: Perspectiva, 1993. p. 206.
(8) *Ibidem*, p. 209.
(9) *Ibidem*, p. 31-32.
(10) BAUDRILLARD, Jean. *Simulacros e simulação*. Lisboa: Relógio d'água, 1991. p. 33.

consumo se efetua a partir da relação entre seu universo simbólico e a vinculação deste com a realidade material.

Em nenhum momento na história da humanidade o consumo caracterizou-se pelos seus aspectos puramente econômicos. Sua importância cultural e representacional sempre esteve presente. Com o incremento da produção de mercadorias, este processo foi ainda mais incentivado, tornando-se parte da cultura contemporânea.

Optou-se neste artigo pelo conceito de cultura proposto por Canclini[11], no qual ela foi definida como o "[...] conjunto dos processos sociais de produção, circulação e consumo da significação na vida social". O autor tratou a cultura como um sistema em constante transformação, criado a partir das relações estabelecidas entre os grupos. Sua análise se contrapõe aos pressupostos defendidos pela antropologia tradicional, onde os aspectos culturais eram vistos como elementos estáticos e patrimoniais. No entanto, ele considerou o problema dos significados sem analisar as representações construídas, que buscam entender porque entes sociais atribuem ou não determinada significação a algo. Trata-se de uma questão que deve ser considerada na abordagem dos aspectos culturais.

Os aspectos culturais do consumo foram tratados por Mike Featherstone[12], afirmando a existência de uma chamada "cultura de consumo". Nesta obra, foi dito que as mercadorias e a forma como estas se estruturam são questões centrais para a compreensão da sociedade contemporânea. Destacou a existência de uma dimensão cultural da economia, sendo os símbolos e o uso de bens materiais também "comunicadores". O autor percebeu que, hoje, o consumo adquiriu uma importância cultural nunca antes vista. Tornou-se, em alguns casos, mais importante do que sua dimensão puramente econômica.

O autor norte-americano, no entanto, considerou a existência de uma cultura própria, criada pela chamada "sociedade de consumo". Não percebeu que, apesar do aumento do consumo no plano social, devido principalmente ao incremento da produção de mercadorias, ele é apenas um dos componentes da cultura contemporânea. Não considerou que a importância do consumo é fundamental para o desenvolvimento do sistema capitalista, necessitando que sejam criadas novas estratégias para obtenção de margens de lucro cada vez maiores.

O consumo, mesmo que não possa ser efetivamente exercido, está presente nas crenças e desejos existentes, assim como as demais construções ideosimbólicas sobre a vida humana e a natureza. Passou a fazer parte da cultura contemporânea, sendo uma prática bastante incentivada pelo sistema. É hegemônica a sensação de que todos podem estar nele inseridos, não havendo muitas diferenciações. Esta sensação, no entanto, é dissipável, pois o capitalismo cria mecanismos de distinção, muitas vezes sutis, entre os grupos socioculturais.

---

(11) CANCLINI, Néstor García. *Cultura y comunicación:* entre lo global y lo local. La Plata: Periodismo y Comunicación, 1997. p.35.
(12) FEATHERSTONE, Mike. *Cultura de consumo e pós-modernismo.* São Paulo: Studio Nobel, 1995. p. 121.

2. O CONSUMO E AS MERCADORIAS: SINÔNIMO DE "FELICIDADE"?

A mercadoria é um elemento central na economia capitalista. Sua importância vem sendo mencionada desde o século XIX. Karl Marx, em *O Capital* (1867), já havia atentado para seu caráter fetichista. Discutiu os dois principais valores nela embutidos: o de uso e o de troca, analisando o modo como estes se constituíram. Segundo ele:

> [...] a forma mercadoria e a relação de valor dos produtos de trabalho, na qual ele se representa, não têm que ver absolutamente nada com a sua natureza física e com as relações materiais que daí se originaram. Não é mais nada que determinada relação social entre os próprios homens que para eles aqui assume a forma fantasmagórica de uma relação entre coisas[13].

Marx mencionou que as relações estabelecidas entre as mercadorias e os sujeitos seriam um dos indicadores do seu valor. Percebeu que "o caráter místico da mercadoria não provinha, portanto, de seu valor de uso"[14]. Contudo, sua importância simbólica foi destacada de acordo com o contexto histórico em que o texto foi escrito.

Este problema foi também analisado por Jean Baudrillard[15], para quem a existência dos objetos (nome dado às mercadorias disponíveis) não é condicionada unicamente para que eles possam ser possuídos e usados, mas, principalmente, para serem produzidos e comprados.

Uma das contribuições do sociólogo francês foi a de chamar atenção para a existência do valor simbólico. Este, em determinadas condições, pode ser mais importante do que os valores tradicionais estudados pela economia clássica. Em inúmeros casos, é fácil identificá-los, lembrando que são socialmente diferenciados. Isto é, o mesmo bem pode ter valores diferentes em grupos socioculturais distintos.

Mercadorias, como o telefone celular, um dos desejos de consumo da maior parte da população urbana brasileira, podem não ser representadas exatamente da mesma maneira por todos. Mas a tendência é que todos o identifiquem como equipamento básico para a vida contemporânea e, por isso, o desejem com fervor.

Os grupos socioculturais desejam possuir determinados "signos" em função predominantemente de seus valores simbólicos. Isto também não elimina por completo a presença do valor de uso na aquisição de um determinado produto. Atualmente, grande parte da população urbana deseja ter um automóvel com ar-condicionado, que é considerado um elemento de inclusão social. Isto ocorre principalmente pelo *status* que a inserção deste equipamento no carro traz para o comprador, ficando sua utilidade em plano secundário.

---

(13) MARX, Karl. *O capital*: crítica da economia política. São Paulo: Abril, 1983. p. 71.
(14) *Ibidem*, p. 70.
(15) BAUDRILLARD, Jean. *O sistema dos objetos*. São Paulo: Perspectiva, 1993. p. 172.

Assim, no plano simbólico, possuir um carro com ar-condicionado o diferencia dos demais membros que ainda não o têm. Obviamente, isto se aplica quando o problema é visto por quem não possui ou pode ter objeto semelhante. Nesta ótica, o seu "feliz" possuidor passa a ser considerado pela sociedade, segundo a lógica deste sistema, como um indivíduo em posição de destaque. Obviamente, isto dura até o momento da banalização de uso de determinado produto. As necessidades de possuí-los, adquiri-los e portá-los relacionam-se às suas disponibilidades mercantis. Não se deseja, pelo menos de modo orgânico, o que o sistema produtivo local ou externo não pode colocar no mercado.

Os grupos socioculturais que estão inseridos no campo do consumo reproduzem incessantemente um comportamento — baseado em representações específicas — aparentemente destinado a igualar-se ao conjunto, (muitos querem ter um telefone celular). Paradoxalmente, as mercadorias funcionam como elemento de distinção. Isto leva que alguns membros das classes médias desejem e, se for o caso, possuam modelos mais caros. Isto é feito com o intuito de se destacarem no meio em que estão inseridos.

O fato de se possuir um carro de luxo é um exemplo. Isto demonstra que a lógica irracional de apropriação dos símbolos em determinados grupos socioculturais se estabelece através de uma relação dialética entre o desejo de se tornar padrão (adquirindo o mesmo objeto) e o de se diferenciar (através de um objeto que seja considerado simbolicamente superior).

Vivemos em uma sociedade que gira em torno das mercadorias. Através delas, os indivíduos comunicam-se com a sociedade e sentem-se nela incluídos. O ato de possuir ou desejar bens tornam os indivíduos mais ou menos "distintos" ou "iguais" aos demais membros de seu grupo sociocultural.

De acordo, ainda, com Baudrillard, qualquer bem, para que seja consumido, deve se transformar primeiramente em signo[16]. Sendo assim, as relações de consumo modificariam-se, ultrapassando o âmbito dos objetos e dos indivíduos, e definindo-se como uma ideologia. O consumo consistiria em uma relação ativa, estabelecida entre objetos, sujeitos e o mundo. Seria detentor de uma lógica própria, sendo parte do sistema cultural. Iria além de um simples processo de satisfação das necessidades de uso e troca. Tratar-se-ia de uma atividade no domínio da manipulação dos signos.

Canclini[17], em sua leitura de Baudrillard, estabeleceu diferenças entre o valor de signo e o de símbolo. Segundo ele, o primeiro se caracterizaria pelo conjunto de implicações simbólicas que vêm associadas a um determinando objeto. Um carro de luxo importado não é visto da mesma forma do que um nacional. Trata-se de um signo que é muito mais valorizado, considerando a ordem simbólica existente.

---

(16) BAUDRILLARD, Jean. *O sistema dos objetos*. São Paulo: Perspectiva, 1993. p. 173.
(17) CANCLINI, Néstor García. *Cultura y comunicación:* entre lo global y lo local. La Plata: Periodismo y Comunicación, 1997. p. 88.

Já o valor de símbolo difere dos valores que a sociedade estabelece para um determinado objeto. O fato de possuir um carro de luxo e importado, que possa ter um equivalente nacional, não é simbolizado da mesma maneira pelos indivíduos. Estes podem atribuir um valor diferente a este objeto do que sua função como signo. Conclui-se, então, que de acordo com Canclini, enquanto os valores de signos são atribuídos socialmente, os de símbolo são estabelecidos individualmente.

As mercadorias constituem o fundamento da existência do consumo. Isto faz com que elas sejam infinitamente criadas, pois serão logo destruídas e substituídas. Segundo Baudrillard[18], o consumo seria definido como um estágio intermediário entre a produção e a destruição dos signos. O seu sentido define-se através desta relação.

Uma das principais mensagens veiculadas pelos meios de comunicação é a da associação entre consumo e felicidade. A ideia de que através da aquisição de determinados produtos as pessoas conseguirão ser felizes é bastante incentivada e adotada por nossa sociedade. Se o consumo é assim compreendido, deve gerar nos consumidores sensações de felicidade. Mas, se isto ocorre, pode-se dizer e observar no cotidiano que os sentimentos de frustração por não ter (decepção) ou ter em demasia (tédio), de inveja e ressentimento dos que têm (rancor), dentre outros, caminham no mesmo sentido.

O importante é o fato de possuir a mercadoria e mais ainda o que ela simboliza, tornando os indivíduos inseridos ou não. A aceitação deste discurso por uma grande parte da população sem condições objetivas de consumir o que lhes é proposto é legítima, pois os envolvidos buscam a realização pessoal, através da posse de bens almejados pelas elites e pelos demais membros da mesma sociedade.

A pressão derivada desta crença é imensa, incentivando que todos adquiram os objetos da moda para que, através deles, tenham a sensação da felicidade. De acordo com este discurso e com esta prática, o fato de uma determinada pessoa não possuir um certo produto, que é considerado "essencial", a coloca em posição "inferior" em relação ao meio da qual faz parte.

É interessante observar como a publicidade muitas vezes é capaz de perceber as crenças veiculadas no entorno social, utilizando-se delas para atingir o público pretendido. No ano 2001, foi divulgado um anúncio na televisão de um novo carro popular. Neste, um casal dançava em uma discoteca. A mulher, ao perceber que estava sendo notada pelo rapaz, aproximou-se e perguntou se eles sairiam no carro dela ou no dele. Como ele não possuía aquele bem, a moça deixou-o sozinho. Imagine o possível efeito desta mensagem entre os mais jovens. Este anúncio representa aspectos do sistema de crenças que predominam na sociedade brasileira. Se você não possui automóvel, visto como um objeto de inclusão, não pode ser considerado um seu "feliz" membro. Este comercial terminou sendo retirado do ar, depois de saturar o público e

---

[18] BAUDRILLARD, Jean. *O sistema dos objetos*. São Paulo: Perspectiva, 1993. p. 91.

gerar reclamações dos órgãos autorreguladores das emissões televisivas, no jogo cínico contemporâneo.

O discurso e prática existentes na nossa sociedade é o de que a valorização das pessoas seja medida por meio dos bens materiais que elas podem ter acesso. Segundo sua lógica, quem não possui um carro não tem "valor" e é um "fracassado". É interessante observar que ao invés de valorizar, como no discurso romântico anterior, o indivíduo pelo que ele é, passa-se a dar mais importância ao que ele tem e ao que ele pode oferecer materialmente. Trata-se de um ajuste ideológico da cultura popular à realidade de maturação do mundo dos negócios contemporâneos. Aliás, sem esse ajuste o estímulo ao consumo seria prejudicado.

O discurso ideológico se relaciona à necessidade de representação de um grupo social. Teria a função de justificar e mobilizar as crenças construídas. A ideologia seria necessariamente uma espécie de filtro através do qual o real é vislumbrado. Assim como foi abordada por Marx, ela cria uma espécie de ilusão, gerando uma consciência deformada da realidade.

Robert Kurz afirmou que as relações fetichistas até o momento foram determinantes na construção da história da humanidade, sendo também formadoras das consciências. De acordo com ele:

> [...] já não é mais necessário recorrer a sofisticadas "teorias da manipulação" para explicar como as classes dominantes conseguiram impor à maioria, durante milênios, um sistema de exploração[19].

A percepção do autor em considerar a ideologia consumista como uma imposição das classes dominantes é pertinente. No entanto, ele legitimou este processo, tratando--o como se a história da humanidade não pudesse ter sido construída de outro modo. É um pouco exagerada sua argumentação. A importância das mercadorias e dos objetos, tal como ocorre agora, é uma característica do sistema capitalista, a partir das últimas décadas do século XX.

O discurso ideológico do consumismo afirma que a principal finalidade da vida dos indivíduos é comprar. Nas sociedades contemporâneas, este comportamento foi naturalizado. As pessoas creem que a vida resume-se ao que podem consumir. Trata--se de uma ideologia que é incentivada pelas mídias e foi incorporada pela grande maioria da população urbana. O consumo tornou-se o centro da vida e, atualmente, constitui uma das principais finalidades da existência.

3. O DISCURSO PUBLICITÁRIO E O CONSUMO: ESTRATÉGIAS E "FABRICAÇÃO DE NECESSIDADES"

A mídia, pela publicidade, é um dos fatores mais importantes na determinação do comportamento dos indivíduos quanto ao consumo. A todo tempo ela "induz" as

---

[19] KURZ, Robert. *Os últimos combates.* Rio de Janeiro: Vozes, 1997. p. 12.

necessidades, mas, na maior parte dos casos, o faz considerando o conjunto da realidade econômica e cultural. Os anúncios publicitários terão maior ou menor sucesso comercial a partir do nível de suas correspondências com o entorno social.

Os desejos de consumo não são naturais. A construção destes admite modificações constantes. Na década de 1970, por exemplo, o ideal dos brasileiros era possuir um fusca. Atualmente, esse tipo de veículo não possui o mesmo valor simbólico, a não ser como lembrança de uma época.

As necessidades criadas através da publicidade representam, primeiramente, os interesses econômicos das grandes empresas. Secundariamente, baseiam-se nos possíveis sonhos das mais diversas naturezas do chamado público alvo. A exploração do desejo sexual é recorrente, no desejo de vender produtos tão diversos como refrigerantes ou automóveis.

A disponibilidade de determinados produtos no mercado é um dos pré-requisitos para maior ou menor grau de exploração midiática destes. É interessante observar que próximo às consideradas datas comerciais — Dia das Mães, Pais, Namorados etc. — quando a produção e disponibilização de algumas mercadorias aumenta, o número de anúncios a respeito de telefones celulares cresce mais da metade, por exemplo.

Jean Baudrillard, em sua análise sobre a publicidade, afirmou que ao mesmo tempo em que ela é um objeto, também é um discurso. Considerou que esta é um elemento central do que chamou de "sistema de objetos"[20]. Suas principais funções são as de divulgar as características dos objetos (mercadorias) e promover sua venda.

Segundo o mesmo autor, a mensagem publicitária não convenceria aos indivíduos. Funcionaria como uma espécie de fábula, na qual as pessoas não estariam preocupadas em analisar a veracidade do seu discurso. Na verdade, elas seriam seduzidas por este. De acordo com Baudrillard, a publicidade atuaria diretamente no plano das crenças e dos desejos dos grupos socioculturais. Ainda, de acordo com o autor francês, "a publicidade é antes consumida do que destinada a dirigir o consumo"[21].

As análises deste autor só respondem parcialmente ao problema. Afinal, se os anúncios publicitários não direcionam a prática dos consumidores, como explicar o fato das pessoas desejarem praticamente os mesmos objetos? Há constantemente peças publicitárias que divulgam informações incorretas sobre produtos. Não é comum que as empresas sejam punidas por esta prática. Os consumidores também não acreditam integralmente nas informações difundidas, considerando que isto não é um fato grave. Há, no Brasil, uma aceitação tácita de que a publicidade mente e que não devemos nos importar com isto. Somente os mais ingênuos as leem e interpretam ao pé da letra, da voz e da imagem divulgada. Os publicitários trabalham com esta simulação,

---

(20) BAUDRILLARD, Jean. O sistema dos objetos. São Paulo: Perspectiva, 1993. p. 174.
(21) Ibidem, p. 182.

partindo desta para outras, em um mundo onde o que vale e é verdadeiro, é veiculado pela mídia. O consumo se dá no universo do senso comum, onde o paradoxo é a regra.

O discurso publicitário, de tempos em tempos, produz alguns ícones que se transformam ou se ligam aos desejos da população. No Brasil urbano de hoje, os três principais são: o telefone celular, o automóvel e a casa própria. Aproximadamente 30% dos comerciais veiculados no horário nobre da TV Globo, a maior audiência do país, referem-se a estes, ao mesmo tempo, símbolos e objetos. Os demais se relacionam, principalmente, aos produtos alimentícios e de limpeza, cosméticos, bancos e provedores de acesso à internet.

Ao mesmo tempo em que a publicidade transmite um discurso universal, existem mensagens que são direcionadas para determinadas classes ou grupos sociais. Um exemplo disso é que os comerciais de carros, no horário nobre, referem-se, em sua grande maioria, aos chamados modelos populares. Estes são destinados preferencialmente aos consumidores pertencentes aos setores médios e baixos das classes médias que estão assistindo televisão neste mesmo horário.

A partir das 22:00 horas os anúncios relacionam-se a produtos mais caros, como carros nacionais ou importados de luxo. Em alguns canais de TV por assinatura, não há praticamente anúncios dos carros considerados populares. Eles atingem aos membros dos setores médios e altos das classes médias que podem possuir mercadorias de custo maior e, através delas, simbolizarem sua destacada posição social.

4. CONSUMO E CIDADANIA: O QUE REALMENTE É SER CIDADÃO?

Historicamente, os brasileiros nunca conheceram plenamente os direitos plenos de cidadania. Aliás, é um mito acreditar que exista algum povo que os tenha integralmente e sem qualquer problema. Mesmo nos países mais ricos e considerados respeitadores dos direitos humanos, existem dificuldades. Obviamente, mais em alguns do que em outros, ou mais para uns do que para outros. A diferença para o Terceiro Mundo é a de que lá existe a clara consciência compartilhada socialmente de padrões mínimos de vida digna e civilizada. Os negros norte-americanos, por exemplo, tiveram e têm em sua agenda o problema dos direitos civis. Isto é, sua inclusão no sistema simbólico dos direitos da população branca, sobretudo os segmentos das classes médias.

Os Direitos do Homem foram pensados, inicialmente, no decorrer da Revolução Francesa e reafirmados após a Segunda Guerra Mundial, com a Declaração Universal dos Direitos Humanos (1948). Trata-se, segundo este texto célebre, dos direitos ao trabalho, alimentação, saúde, propriedade, educação e liberdade civil e religiosa. Entende-se, aqui, que os Direitos do Homem, tais como foram pensados, resultam nos de cidadania.

A maior parte da população brasileira está longe de possuir completamente os direitos de cidadania. Até mesmo as nossas elites não se apropriaram destes direitos em sua totalidade, sendo com isso muito mais detentoras de privilégios. Em uma sociedade com tal nível de desigualdade, é impossível que este discurso seja praticado ou praticável.

O conceito de cidadania ainda é bastante discutido pelas ciências sociais. Maria Victoria Benevides[22] considerou que a ideia de cidadania está vinculada com as possibilidades de participação das classes populares na vida pública, exercida através do voto. Segundo ela, os representantes destes indivíduos apenas eventualmente refletem suas opiniões e seus desejos. A solução para o problema seria um sistema representativo que tivesse formas de participação direta, submetendo os representantes à consulta popular.

A autora mencionou apenas o conceito clássico de cidadania, relacionando-o com a ampliação da participação política na vida pública. Acredita que, através do voto, as demais exigências da sociedade serão conquistadas, como emprego e saúde. Historicamente, nem sempre as conquistas sociais foram conseguidas por meio deste instrumento. Os momentos na história do Brasil em que os trabalhadores decidiram ir às ruas exigir seus direitos foram, em alguns casos, mais proveitosos do que a ida às urnas.

Nestor García Canclini[23] afirmou que as modificações ocorridas na maneira de consumir mudaram as possibilidades e as formas de exercício da cidadania. Isto ocorreu devido à degradação das instituições e da política, em que as formas de participação popular enfraqueceram-se, originando outras. Segundo o autor:

> Homens e mulheres percebem que muitas das perguntas próprias dos cidadãos — a que lugar pertenço e que direitos isso me dá, como posso me informar, quem representa meus interesses — recebem suas respostas mais através do consumo privado de bens e dos meios de comunicação de massa do que nas regras abstratas da democracia ou da participação coletiva em espaços públicos (*opus citatum*, p. 37).

De acordo com Canclini, as classes sociais substituíram os seus anteriores direitos de cidadania pelo direito ao consumo. Considerou que os primeiros foram integralmente conquistados pela população latino-americana, o que se pode dizer que não é exato. No Brasil, as possibilidades de manifestação dos trabalhadores na vida pública sempre foram bastante limitadas.

A substituição do interesse na participação política pelo consumo não é um processo natural. O autor tratou-o como se fosse inevitável, relacionando-o com a crise do público e o aumento da importância do privado em nossa sociedade. Segundo ele, o descrédito nas instituições públicas, nos últimos anos, tem levado os trabalhadores

---

(22) BENEVIDES, Maria Victoria de Mesquita. *A cidadania ativa*. São Paulo: Ática, 1998. p. 58.
(23) CANCLINI, Néstor García. *Consumidores e cidadãos*. Rio de Janeiro: UFRJ, 1999. p. 47.

a desenvolverem outras formas de participação que atuam na esfera privada, como o consumo. Ao contrário deste pensamento, acredita-se na existência de um discurso montado pelas classes dominantes e incorporado, através de um processo de negociação e de legitimação, pelos demais setores sociais.

Há, indubitavelmente, uma midiatizada pressão social de cima para baixo e de baixo para cima, para que os tradicionais direitos de cidadania sejam substituídos pelo direito ao consumo. Isto ocorre, principalmente, porque este é um dos elementos de inclusão social na ordem atual. Como os mecanismos de participação política sempre foram bastante limitados, as pessoas através do chamado poder de compra pretendem se inserir na sociedade, contribuindo para a diminuição de sua exclusão. Este assunto, no entanto, será discutido em maiores detalhes no próximo capítulo.

Ao contrário do que pensa Canclini, nas relações de consumo ocorrem um possível processo de aniquilação dos sujeitos. Ao desenvolver esta sistemática vinculação com os objetos, os indivíduos acabam transformando-se em objetos, já que o mais importante não é o que se é, mas o que se pode ter. Isto acontece provavelmente porque, nesta relação, os objetos possuem uma importância maior do que os sujeitos. Nisto, a ação destes últimos é determinada principalmente pela produção das mercadorias e, em segundo lugar, pela influência dos meios de comunicação. Trata-se de fatores que exercem uma considerável pressão nas "escolhas" dos indivíduos quanto ao que vão consumir.

A objetificação do ser humano, que ocorre através da aceitação da ideologia do consumo, pode inviabilizar a possibilidade de transformação do indivíduo em cidadão. Neste processo há uma desumanização do homem, pois ele pode valorizar principalmente as interpenetrações existentes entre estes e as mercadorias. É comum nos dias de hoje, por exemplo, que muitas pessoas prefiram viver cercada de objetos, ao invés de se relacionar com outros indivíduos. O consumo, tal como hoje é posto à disposição das pessoas, com suas normas e exigências por vezes absurdas, pode ser considerado como um dos elementos que contribuem para o isolamento e a separação entre as pessoas.

Canclini, ao afirmar a existência de uma expectativa de valorização do consumo em detrimento dos direitos de cidadania, reafirmou o processo de objetificação da sociedade. Ao invés de um direito, transformou a cidadania em objeto. Tendo direitos ao consumo de mercadorias e serviços, pode-se considerar integralmente um cidadão. O autor não discutiu as implicações deste modo de pensar para a sociedade, aceitando-o como um dado inquestionável. A repressão aos clássicos direitos de cidadania foi um dos fatores que contribuíram para o desenvolvimento deste processo.

A crença na ideologia do consumo é um dos elementos explicativos para a quase ausência de projetos coletivos na atual sociedade urbana brasileira. Nesta realidade, em vez das pessoas preocuparem-se em reivindicar seus direitos de cidadania, elas passaram a lutar pela posse de objetos que as tornam "inseridas".

Canclini percebeu que no mundo urbano o consumo permeia simbolicamente todos os setores da sociedade. Sua capacidade de percepção e de descrição da realidade é bastante acertada. O autor, no entanto, aceitou este discurso *a priori*, desconsiderando que se trata de um sistema montado a partir da legitimação sociopolítica, no qual as pessoas tendem a ser convencidas de que o mais importante é o que podem consumir e não a reivindicação dos seus direitos enquanto cidadãos.

O consumo vem se estabelecendo plenamente no plano simbólico, embora a realidade material brasileira seja bastante distinta. Segundo os dados divulgados pelo Instituto Brasileiro de Geografia e Estatística — IBGE, aproximadamente 10% da população tem como renda familiar algo acima de oito mil reais por ano. Os 90% restantes foram assim divididos: 50% das famílias ganham até mil e oitocentos reais ao ano e os outros 40%, entre mil e oitocentos e oito mil reais. Ao mesmo tempo, 0,001% da população total, segundo a revista *Veja*, declararam ganho superior a meio milhão de reais por ano. Em um país marcado por profundas desigualdades sociais, a reivindicação dos direitos à educação, saúde, trabalho e propriedade ainda deveria ser uma questão fundamental.

Os indivíduos que estão abaixo deste patamar, que são os 90% restantes, estão excluídos economicamente deste sistema em relação à realidade material. Trata-se de pessoas que possuem condições de vida precárias, tendo acesso à saúde, educação e moradia de modo bastante deficiente. Porém, esta dura realidade material não impede que, simbolicamente, elas também desejem ter acesso aos ideais de felicidade propagados pela mídia e, consequentemente, pelo conjunto social dominante. Até porque se vive em uma sociedade que discrimina de modo direto, ou indiretamente, os grupos que não podem fazer do *status* regra de convívio e pertencimento social.

CONSIDERAÇÕES FINAIS: A INDISPENSABILIDADE DA AUTORREFLEXÃO

Feitos os apontamentos principais, importante concluir destacando que a sociedade será aquilo que fizermos dela. Formada por cada um de nós e por todos nós ao mesmo tempo, devemos em todos os momentos oportunos, nos debates, nas despretensiosas conversas, ou até mesmo em um momento como de agora, festejando os 20 anos do CDC nos perguntar e incitar os outros a questionarem parafraseando uma obra atual e que merece ser lida *Você quer o que deseja?* de Jorge Forbes. Ou, ainda, como profetizado pelo poeta mineiro, será que nos transformamos em "coisas", "meras etiquetas"? Quais são os valores embutidos nas atitudes de consumo? São os objetos a serem consumidos realmente necessários?

A cada compra, a cada consumo, cada um de nós, individual e reflexivamente, deve questionar-se até que ponto está sendo levado por este grande "sistema". Vale a pena pensar para a concretização de um consumidor consciente e pelo combate de uma sociedade consumista e consumida por "necessidades fabricadas" com vistas a se garantir um "pseudostatus" social e um ilusório pertencimento.

Referências bibliográficas

ADORNO, T.; HORKHEIMER, M. *Dialética do esclarecimento:* fragmentos filosóficos. Rio de Janeiro: Zahar, 1985.

BAUDRILLARD, Jean. *A sociedade de consumo.* Lisboa: Edições 70, 1991.

_____. *Simulacros e simulação.* Lisboa: Relógio d'água, 1991.

_____. *O sistema dos objetos.* São Paulo: Perspectiva, 1993.

_____. *Para uma crítica da economia política do signo.* Rio de Janeiro: Elfos, 1995.

_____. *A troca simbólica e a morte.* São Paulo: Loyola, 1996.

BENEVIDES, Maria Victoria de Mesquita. *A cidadania ativa.* São Paulo: Ática, 1998.

BOURDIEU, Pierre. *A economia das trocas simbólicas.* São Paulo: Perspectiva, 1979.

_____. *O poder simbólico.* Rio de Janeiro: Bertrand Brasil, 1998.

CANCLINI, Néstor García. *Cultura y comunicación:* entre lo global y lo local. La Plata: Periodismo y Comunicación, 1997.

_____. *Consumidores e cidadãos.* Rio de Janeiro: UFRJ, 1999.

FEATHERSTONE, Mike. *Cultura de consumo e pós-modernismo.* São Paulo: Studio Nobel, 1995.

KURZ, Robert. *Os últimos combates.* Rio de Janeiro: Vozes, 1997.

KUTTNER, Robert. *Tudo à venda:* as virtudes e os limites do mercado. São Paulo: Cia. das Letras, 1998.

MATTELART, Armand. *A globalização da comunicação.* Bauru: Edusc, 2000.

MARX, Karl. *O capital:* crítica da economia política. São Paulo: Abril, 1983.

A Publicidade no Código de
Defesa do Consumidor

Carolina Boarí Caracíola[*]

Notas introdutórias

A tutela do consumidor foi introduzida na ordem constitucional desde a Carta de 1934, mas a proteção se perfazia indiretamente, não como elemento contundente para a prática do Estado. Todavia, esta inserção não deixa de demonstrar ares de preocupação do constituinte com o tema, posto que brotava na nação a consciência da necessidade de proteção ao consumidor. Ocorre que, num evoluir ascendente, a constituinte de 1988 curvou-se ante aos anseios da sociedade, com especial destaque a contemplação dos direitos fundamentais do consumidor, culminando assim, na inserção de dispositivos específicos e objetivos sobre o tema.

Assim é que o Estado brasileiro, redesenhado pelos princípios positivados na atual Carta Constitucional, é dotado de inequívoca fisionomia democrática, sendo inquestionável o resgate da proteção irrestrita aos direitos humanos, focalizando-se o homem e a dignidade da pessoa como centro das atenções jurídicas[1]. Nesse sentido, traz a Constituição Federal de 1988 um extenso rol de direitos e garantias fundamentais que, pela doutrina, vêm catalogados em direitos de primeira, segunda, terceira e quarta dimensões subsumindo-se, por completo, na noção de Estado Social, também denominado *Welfare State*. Tomando-se por base a titularidade, alude-se a direitos de primeira dimensão, aqueles pertencentes ao indivíduo; de segunda, ao grupo; de terceira, à comunidade; e, de quarta, este último, pertencente ao gênero humano; assinalando-se, neste contexto, que os direitos humanos de primeira dimensão caracterizam-se como direitos de defesa, enquanto que os de segunda, terceira e quarta, encontram-se adstritos aos direitos de participação[2].

(*) Doutoranda em Comunicação e Semiótica pela Pontifícia Universidade Católica de São Paulo (PUC/SP). Mestre em Educação, Arte e História da Cultura, pela Universidade Presbiteriana Mackenzie, com a dissertação "A arte na publicidade de uma marca de luxo". Pós-Graduação em Comunicação com o Mercado pela ESPM. Graduação em Propaganda e Marketing (ESPM) e Direito (FMU). Atua como docente em cursos de graduação em publicidade e marketing, ministrando as disciplinas comportamento do consumidor e visual merchandising.
(1) RAMOS, Glauco Gumerato. Assistência integral ao necessitado. In: *Revista dos Tribunais*, São Paulo, n. 765:49.
(2) BONAVIDES, Paulo. *Do Estado liberal ao Estado social*. 10. ed. São Paulo: Malheiros, 1997. Prefácio.

Inserido nos direitos humanos fundamentais de primeira dimensão, surge revigorada a tutela conferida ao consumidor pela Constituição de 1988, tutela esta que vem expressamente prevista em quatro dispositivos constitucionais. O primeiro deles e o mais importante por refletir a concepção do movimento consumerista vem expresso no art. 5º, inciso XXXII, no capítulo relativo aos "direitos e deveres individuais e coletivos", no qual se insere, dentre os deveres impostos ao Estado brasileiro, o de promover, na forma da lei, a defesa do consumidor. Outro dispositivo constitucional atinente à tutela constitucional do consumidor relaciona-se à competência concorrente para legislar sobre danos ao consumidor (art. 24, VIII). No capítulo da Ordem Econômica, a defesa do consumidor é apresentada como um dos motivos justificadores da intervenção do Estado na economia (art. 170, V). E, finalmente, ainda no bojo da Constituição de 1988, diz o art. 48 do ato de suas disposições transitórias que "o Congresso Nacional, dentro de cento e vinte dias da data da promulgação da Constituição, elaborará código de defesa do consumidor", comando este que — não obstante o prazo assinalado não tenha sido estritamente observado — culminou com a promulgação da Lei n. 8.078, de 11 de setembro de 1990, originando, pois, o então denominado Código de Defesa do Consumidor.

Certo se nos afigura que não apenas o Código de Defesa do Consumidor tem base constitucional (art. 48 do ADCT) como, mais amplamente, todos os princípios da proteção acham-se constitucionalmente assegurados. É que a defesa do consumidor se traduz num tipo de princípio-programa, tendo por objeto uma ampla política pública. A expressão designa um programa de ação de interesse público. Como todo programa de ação, a política pública desenvolve uma atividade, uma série organizada de ações, para a consecução de uma finalidade, imposta na lei ou na Constituição. A imposição constitucional ou legal de políticas é feita, portanto, por meio das chamadas normas-objetivo, de sorte a competir ao Poder Público certo grau de liberdade para estruturar os meios adequados à consecução desse objetivo obrigatório. É claro que a implementação desses meios exige a edição de normas, bem como de regulamentos de Administração Pública; sendo certo, ademais, que essa atividade normativa não exaure, em absoluto, o conteúdo do programa de ação pública[3].

A temática relativa à tutela do consumidor e à publicidade no Código de Defesa do Consumidor exsurge na atualidade como uma das preocupações mais angustiantes da doutrina atinente ao Direito do Consumidor, bem como da doutrina relativa à área de propaganda e *marketing*, de sorte a conjugarem-se esforços na delimitação teórico--conceitual, bem como prática, do conteúdo e extensão da proteção ao consumidor e dos limites da publicidade tendo-se em vista o respeito à dignidade humana.

Assim é que o presente artigo exsurge adstrito à garantia constitucional assecuratória à proteção do consumidor, entendida, esta última, especificamente no que toca à adequada informação acerca dos bens, produtos e serviços postos ao consumo,

---

(3) COMPARATO, Fábio Konder. A proteção ao consumidor na constituição brasileira de 1988. In: *RDM*, n. 80, p. 66-75.

impondo-se, neste sentido, a estrita observância da publicidade à realidade, de sorte a caracterizar-se como não enganosa, não abusiva e não simulada.

Com a explosão de diversos movimentos sociais a partir do final da década de 1960, movimentos estes que caracterizaram-se por denunciar a insatisfação generalizada com as instituições erigidas sob a égide de paradigmas autocráticos, pudemos verificar uma flagrante crise social a culminar na ruptura dos paradigmas vigentes, estabelecendo-se, pois, uma nova realidade, voltada, já agora, para a edificação de uma democracia participativa[4].

No Brasil, a Constituição de 1988 demarca, no âmbito jurídico, a transição democrática e a institucionalização dos direitos humanos no país, destacando-se como uma das Constituições mais avançadas do mundo no que toca à consolidação legislativa das garantias e direitos fundamentais[5].

Ao alargar o universo dos direitos fundamentais, a Constituição de 1988 — também conhecida como "Constituição cidadã" — projetou a construção de um Estado Democrático de Direito, destinado a assegurar não só os direitos individuais, direitos estes de primeira geração, mas, também, os direitos sociais, metaindividuais e coletivos, dentre outros.

Acentuada se nos afigura a preocupação da Constituição em assegurar os valores da dignidade e do bem-estar da pessoa humana, valores estes que exsurgem como imperativos na edificação da Justiça social. Desta forma, considerando-se que toda Constituição há de ser decodificada e interpretada como uma unidade sistêmica[6], podemos afirmar que a nossa atual Carta Política elege o valor da dignidade humana como valor essencial a informar a ordem constitucional, sendo certo que é nesse contexto que se impõe a observação e o estudo relativo à tutela constitucional do consumidor.

Até a edição da atual Carta Constitucional, não havia no ordenamento pátrio grande preocupação em abordar os problemas do consumidor sob ângulo constitucional[7]. Entretanto, paulatinamente essa situação vem mudando[8]. Assim é que a Carta vigente, rompendo com esta tradição, assumiu expressa e amplamente a tutela do consumidor, de modo a estabelecer uma verdadeira proclamação programática de

---

(4) MARINHO, Guilherme. Tutela jurisdicional e tutela legal (aspectos antecipatórios). In. LEAL, Rosemiro Pereira (coord.). *Estudos continuados de teoria do processo.* Porto Alegre: Síntese, 2000. p. 88.
(5) PIOVESAN, Flávia. A proteção dos direitos humanos no sistema constitucional brasileiro. *Jus Navegandi.* Disponível em: <http:www.jus.com.br> Acesso em: 1.2002.
(6) Sobre o tema conferir: ROTHENBURG, Walter Claudius. *Princípios constitucionais.* Porto Alegre: Sergio Antonio Fabris, 1999. p. 58 a 66.
(7) MOREIRA, José Carlos Barbosa. *Temas de direito processual.* 5. série. São Paulo: Saraiva, 1994. p. 39.
(8) Preleciona Nelson Nery Junior que: "É cada vez maior o número de trabalhos e estudos jurídicos envolvendo interpretação e aplicação da Constituição Federal, o que demonstra a tendência brasileira de colocar o Direito Constitucional em seu verdadeiro e meritório lugar: o de base fundamental para o direito do País. O intérprete deve buscar a aplicação do direito ao caso concreto, sempre tendo como pressuposto o exame da Constituição Federal. Depois, sim, deve ser consultada a legislação infraconstitucional a respeito do tema". NERY JUNIOR, Nelson. *Princípios do processo civil na Constituição Federal.* 6. ed. rev. amp. e atual. São Paulo: Revista dos Tribunais, 2000. p. 20.

princípios ordenadores das relações de consumo, princípios estes que vêm realçando as garantias fundamentais do consumidor, de sorte a nortear a atividade jurisdicional, bem como a informar as decisões judiciais dos valores constitucionais.

Acerca do tema, perceptível se nos afigura a coordenação de tais princípios, no sentido de tornar acessível, bem administrado, justo e efetivo o sistema de proteção ao consumidor, assegurando, pois, os direitos inerentes à dignidade da pessoa humana.

1. Movimento consumerista e a era do consumidor como rei

A Revolução Industrial[9] representa uma ruptura com os antigos meios de produção. A figura do artesão e da tendência de confecção de um bem específico para cada pessoa cederam lugar à larga escala de produção, bem como à reprodução ilimitada de bens de consumo. O processo produtivo passou a compreender o planejamento de um único produto, sendo este reproduzido milhares de vezes em escala industrial, alicerçando, desta forma, um mercado de massa.

As indústrias aumentavam sua produtividade aplicando a administração científica de Taylor[10], cuja premissa maior era a racionalização da produção, através da decomposição das tarefas em movimentos elementares e ritmados, seguindo a cadência das máquinas. Os operários faziam parte de uma engrenagem, não possuíam qualquer qualificação, sendo pagos para não pensar. Como não participavam do processo produtivo como um todo, deveriam apenas executar suas obrigações de acordo com um roteiro pré-planejado, evitando o desperdício de tempo, suprindo gestos desnecessários e comportamentos supérfluos no interior do processo produtivo. O tempo era um bem precioso, pois significava aumento de produção e, consequentemente, vendas, pois, até então, as empresas viviam uma situação ideal, na qual a demanda dos consumidores era maior do que a oferta de produtos.

A partir de 1930 o cenário econômico modificou-se e "começaram a surgir os primeiros sinais de excesso de oferta. Os fabricantes desenvolveram-se e produziram em série. Portanto, a oferta passou a superar a demanda e os produtos acumulavam-se em estoques"[11]. A concorrência aumentava de forma significativa, novos estabelecimentos comerciais surgiam, atraídos pelos lucros obtidos por aqueles já existentes. A comercialização do produto deixou de ser uma consequência natural da produção, fazendo com que as empresas utilizassem técnicas agressivas de vendas, como por exemplo, a publicidade.

Desta forma, o mercado apresentava-se cada vez mais disputado. Com o final da Segunda Guerra Mundial a produção de material bélico teve fim e as empresas voltaram-se para a comercialização dos mais variados bens de consumo. Os consu-

---

(9) Sobre o tema conferir: HOBSBAWM, Eric J. *A era das revoluções:* Europa 1789-1848. 3. ed. Tradução de Maria Tereza Lopes Teixeira e Marcos Penchel. Rio de Janeiro: Paz e Terra, 1981.
(10) Sobre o tema conferir: CHIAVENATO, Idalberto. *Introdução à teoria geral da administração.* São Paulo: Makron, 1993.
(11) CASAS, Alexandre Luzzi Las. Marketing: conceitos, exercícios, casos. São Paulo: Atlas, 2005. p. 21.

midores tornavam-se cada vez mais exigentes e ávidos por produtos específicos para suas necessidades. Neste contexto, nasceu o movimento consumerista, que tinha como escopo conseguir melhor tratamento para os consumidores.

A partir de 1950, os empresários passaram a perceber que vendas a qualquer custo não era uma forma de comercialização muito correta. As vendas não eram constantes. O mais importante era a conquista e a manutenção de negócios a longo prazo, mantendo relações permanentes com a clientela. Por isso, nessa época passou a existir uma valorização maior do consumidor. Todos os produtos deveriam ser vendidos a partir da constatação dos seus desejos e necessidades[12].

O movimento consumerista surgiu nos Estados Unidos e influenciou as estruturas de consumo de uma série de países capitalistas. No Brasil, o movimento consumerista "surgiu no ano de 1976, com a convocação de uma comissão para estudar a implantação do 'sistema estadual de defesa do consumidor', pelo governador paulista Paulo Egydio Martins"[13]. Tal estudo teve como principal consequência a criação do PROCON.

O referido órgão, instalado já a partir de janeiro de 1979, visa ao atendimento do consumidor, equacionamento de suas queixas, tentativa de resolução, orientação e encaminhamento a outros órgãos para a devida apreciação do caso específico e adoção das medidas cabíveis[14].

No Brasil, o movimento consumerista teve grande evolução, sendo seu ápice marcado pela edição da Lei n. 8.078, de 11 de setembro de 1990, o Código de Defesa do Consumidor.

Neste contexto, o consumidor tornou-se o centro e o ponto de partida no eixo decisório das empresas, iniciando a era do consumidor como rei. As organizações voltaram-se à produção de bens diferenciados e customizados, não havendo mais espaço para o pensamento de Henry Ford, que pregava que seu Ford-T era disponível em qualquer cor, contanto que fosse preto.

O *marketing* volta-se à criação de valor para seus consumidores, através da entrega de produtos mais dirigidos às suas necessidades, adotando um processo bilateral de produção, no qual o cliente torna-se um cocriador, sendo responsável pelas adaptações e aperfeiçoamentos dos artigos a serem comercializados.

> [...] o conceito de criação de valor é relativamente recente e pode ser entendido como uma evolução do conceito de *marketing* e de orientações da comercialização aos consumidores. [...] Os consumidores passaram de uma situação passiva dos anos 1970 para uma ativa nos anos 1990 e, no

---
(12) *Idem.*
(13) FILOMENO, José Geraldo Brito. *Manual de direitos do consumidor.* São Paulo: Atlas, 2001. p. 40.
(14) BENJAMIN, Antonio Herman de Vasconcellos; GRINOVER, Ada Pellegrini *et al. Código brasileiro de defesa do consumidor:* comentado pelos autores do anteprojeto. 7. ed. Rio de Janeiro: Forense Universitária, 2001. p. 56.

final dos anos 2000, tornaram-se agentes interativos, participando da criação de valor[15].

A concorrência crescente, a quase comoditização[16] dos artigos oferecidos, bem como a ampliação de ofertas ao mercado, forçam as organizações a criarem estratégias eficazes de relacionamento com seu público-alvo. Atualmente, satisfazer o cliente é o mínimo que uma empresa pode fazer. O ideal, na busca de fidelização do consumidor, é buscar o seu encantamento.

O treinamento dos vendedores deve ser observado, por todas as organizações, como chave de sucesso, pois este caracteriza-se como o principal ponto de contato com o cliente. A ideia de que a compra finaliza o relacionamento com o consumidor deve ser abandonada, pois ações de pós-venda também devem ser priorizadas, uma vez que transformam "o comprador esporádico ou de liquidações em consumidor permanente"[17].

Seguindo a premissa de encantamento do consumidor, o Stew Leonard´s, supermercado americano, com lojas em Connecticut e Nova York, adota a seguinte regra em seus estabelecimentos: "Regra n. 1: O cliente sempre tem razão! Regra n. 2: Se o cliente estiver errado releia a regra n. 1"[18]. O resultado de tal postura é a consolidação de um relacionamento apaixonado com clientes que se tornam "evangelizadores" da marca.

2. O CÓDIGO DE DEFESA DO CONSUMIDOR E AS RELAÇÕES DE CONSUMO

O direito do consumidor é cláusula pétrea, tendo previsão no art. 5º, inciso XXXII, do Capítulo I do Título II da Constituição Federal, não podendo ser objeto de deliberação a proposta de emenda constitucional que pretenda abolir tais direitos. Além disso, a defesa do consumidor constitui-se em princípio geral da atividade econômica, de acordo com o art. 170, inciso V da Magna Carta.

A relação de consumo é o vínculo jurídico por meio do qual se verifica a aquisição, pelo consumidor, de um produto ou de um serviço, junto ao fornecedor. De fato, os mesmos elementos que se encontram presentes na relação jurídica ordinária são encontrados na de consumo, motivo pelo qual pode-se afirmar que o vínculo de consumo é espécie de relação jurídica, porém dotada de características especiais, quais sejam: o fornecedor, o consumidor e o produto ou o serviço[19].

Desta forma, a utilização do Código de Defesa do Consumidor incidirá, apenas, em relações jurídicas de consumo, por força de seus arts. 2º e 3º.

---

(15) *Op. cit.*, p. 23.
(16) Produto que não apresenta diferenciação, sendo comprado, principalmente, em função do preço.
(17) BLESSA, Regina. Merchandising *no ponto de venda*. São Paulo: Atlas, 2007. p. 72.
(18) *Ibidem*, p. 76.
(19) LISBOA, Roberto Senise. *Relação de consumo e proteção jurídica do consumidor no direito brasileiro*. São Paulo: Juarez de Oliveira, 1999. p. 5.

As relações jurídicas regidas pela Lei n. 8.078/90 devem apresentar elementos subjetivos, representados, em um polo, pela figura do fornecedor e, no polo oposto, do consumidor (pessoas físicas ou jurídicas), bem como elementos objetivos, os produtos ou serviços. A destinação final também deve ser analisada para a utilização, do Código de Defesa do Consumidor, que ocorrerá, "se a causa do liame disser respeito à transmissão definitiva ou provisória de produto ou de atividade humana remunerada, sem que outra destinação seja objetivada pelo beneficiado (adquirente ou usuário)"[20].

O Código de Defesa do Consumidor, para regular as relações de consumo, estabelece, em seu art. 4º, a vulnerabilidade do consumidor no mercado de consumo, uma vez que o mesmo destaca-se como a parte mais fraca, vulnerável da relação, pois desconhece o processo produtivo. Tal princípio ressalta a preocupação do diploma com a harmonização das relações entre consumidores e fornecedores[21]. Neste mesmo sentido, o Código de Defesa do Consumidor estabelece que o fornecedor é o responsável pelo risco oriundo da prática de sua atividade, sendo sua responsabilidade objetiva, não podendo o mesmo se esquivar de eventuais danos que seus produtos ou serviços possam causar aos consumidores.

2. A PUBLICIDADE[22] NO CÓDIGO DE DEFESA DO CONSUMIDOR

A propaganda apresenta os produtos ofertados como símbolos de satisfação de desejo, "objetos" capazes de preencher a incompletude humana por meio do consumo, nos planos da compra, uso ou posse[23]. Valendo-se do uso de discursos altamente persuasivos, a publicidade atua como o "instrumento" privilegiado que sustenta a pulsão pela busca de completude no consumo.

A utilização de estereótipos de beleza, perfeição e aceitação são ultraexplorados na comunicação publicitária, resultando na criação de grupos aspiracionais e tendências de comportamento.

Quando a inteligência humana descobriu que os processos de persuasão pessoal podiam ser apoiados, ou até mesmo substituídos por mensagens dirigidas a um público, começou a funcionar a comunicação em massa, e especificamente o que chamamos de propaganda[24].

A publicidade constrói cenários de acolhimento, remetendo o receptor da mensagem à ideia de que somente o produto/benefício que ela oferta é capaz de proporcionar felicidade, satisfação plena e bem-estar. Sendo assim, não é mais possível

---

(20) *Ibidem*, p. 30.
(21) Neste sentido preleciona FILOMENO, José Geraldo Brito; GRINOVER, Ada Pellegrini *et al*. *Código brasileiro de defesa do consumidor:* comentado pelos autores do anteprojeto. 7. ed. Rio de Janeiro: Forense Universitária, 2001. p. 55.
(22) Cabe ressaltar que o presente artigo utilizará as palavras publicidade e propaganda como sinônimas.
(23) PEREZ, Clotilde. A comunicação da completude: a busca do objeto de desejo. In: *Revista Educação Arte e História da Cultura*, v. 3/4, p.109-116, 2004.
(24) PREDEBON, José (coord.). *Curso de propaganda:* do anúncio à comunicação integrada. São Paulo: Atlas, 2004. p. 20.

conceber a publicidade como uma ferramenta de *marketing* que tem como função divulgar ofertas ou produtos. A linguagem publicitária acaba por transcender essa função, de sorte a consolidar o perfil da sociedade de consumo hipermoderna.

Antes do início da vigência do Código de Defesa do Consumidor, não havia qualquer regulamentação jurídica da atividade publicitária. O Código Brasileiro de Ética e Autorregulamentação Publicitária — CBAP estabelece limites para a prática publicitária, porém, confere ao conselho de ética do Conselho Nacional de Autorregulamentação Publicitária — CONAR, órgão sem vínculo com o poder estatal, a tarefa de apreciar e julgar as possíveis infrações[25]. Embora o CONAR não tenha poder para punir os atos ilegais, atua como "primeiro filtro da atividade publicitária"[26].

Assim, se hoje a regulamentação da publicidade se faz através de um "sistema misto", em que há um composto de regulamentação privada (CONAR e CBPA) e pública (CDC), atende-se contudo, para o fato de que o consumidor somente tem a garantia jurídica da defesa de seus direitos através do CDC[27].

A Constituição de 1988 não apresenta um capítulo exclusivo relativo ao tema da publicidade, havendo, todavia, em seu texto, dispositivos relacionados ao assunto. A Carta Magna estabelece em seus arts. 5º e 220 a liberdade de expressão e a livre manifestação do pensamento. O referido Diploma também dispõe sobre a ética publicitária, coibindo o anúncio de "produtos, práticas e serviços que possam ser nocivos à saúde e ao meio ambiente" (art. 220, II), que estejam em desacordo com a legislação pátria, ou que não respeitem os "valores éticos e sociais da pessoa e da família" (art. 221, IV). No que tange, mais especificadamente, ao *marketing*, o art. 170 da Carta em vigor cuida da ordem econômica, com o escopo de "assegurar a existência digna e uma justiça social, observados, entre outros, os princípios da livre concorrência e o da defesa do consumidor"[28].

Contudo, é o Código de Defesa do Consumidor que dispensa especial atenção ao controle da mensagem publicitária, pois trata-se de uma técnica de estímulo ao consumo. Classificada como uma "informação pré-contratual"[29], a matéria estabelece o princípio da vinculação contratual da publicidade (arts. 30 e 35, CDC), pois as "promessas, como todas as informações transmitidas por intermédio da publicidade, obrigam e passam a integrar o futuro contrato"[30].

---

(25) Conforme preleciona: RODARTE, Daniela; HERMAN, Otto. *O código de defesa do consumidor como fator relevante no comportamento do consumidor*. Disponível em: <http://www.portaldomarketing.com.br/Artigos/Codigo_de_defesa_do_Consumidor_como_fator_relevante_no_comportamento_do_consumidor.htm> Acesso em: 12.3.2009.
(26) SANTOS, Fernando Gherardini. *Direito do* marketing: uma abordagem jurídica do *marketing* empresarial. São Paulo: Revista dos Tribunais, 2000. p. 209.
(27) SANTOS, Fernando Gherardini. *Op. cit.,* p. 192.
(28) GUIMARÃES, Paulo Jorge Scartezzini. *A publicidade ilícita e a responsabilidade civil das celebridades que dela participam.* São Paulo: Revista dos Tribunais, 2001. p. 146.
(29) BENJAMIN, Antonio Herman de Vasconcellos; GRINOVER, Ada Pellegrini *et al. Código brasileiro de defesa do consumidor:* comentado pelos autores do anteprojeto. 7. ed. Rio de Janeiro: Forense Universitária, 2001. p. 243.
(30) MARQUES, Claudia Lima. Os contratos de crédito na legislação brasileira de proteção ao consumidor. *Revista de Direito do Consumidor*, São Paulo, n. 17, jan./mar. 1996.

O Código não se limitou ao regramento das relações "contratuais" de consumo. A proteção do consumidor tem início em momento anterior ao da realização do contrato de consumo. O legislador reconheceu, então, que a relação de consumo não é apenas a contratual. Ela surge, igualmente, através das técnicas de estimulação do consumo, quando, de fato, ainda sequer se pode falar em verdadeiro consumo, e sim em expectativa de consumo. A publicidade, portanto, como a mais importante dessas técnicas recebeu especial atenção do Código[31].

3. Propagandas ilegais: simulada, enganosa e abusiva

3.1. A publicidade simulada

A Lei n. 8.078/90 proíbe três formas de publicidade: simulada, enganosa e abusiva, classificando-as como propagandas ilegais.

A publicidade simulada desrespeita o art. 36 do CDC:

Art. 36. A publicidade deve ser veiculada de tal forma que o consumidor, fácil e imediatamente, a identifique como tal.

Parágrafo único. O fornecedor, na publicidade de seus produtos ou serviços, manterá, em seu poder, para informação dos legítimos interessados, os dados fáticos, técnicos e científicos que dão sustentação à mensagem.

A publicidade simulada disfarça-se de informação, na expectativa de ser assimilada como uma forma de matéria jornalística ou parte do programa em que está inserida, caracterizando-se como uma mensagem implícita, camuflada. Desta forma, a publicidade simulada fere o princípio da identificação da mensagem publicitária, o qual fundamenta que a mensagem publicitária somente é lícita se puder ser identificada, pelo receptor, de forma fácil e imediata.

No Brasil, convencionou-se, erroneamente, chamar de *merchandising*[32] "a aparição dos produtos no vídeo, no áudio ou nos artigos impressos, em sua situação normal de consumo, sem declaração ostensiva da marca"[33].

Com o objetivo de aumentar suas receitas, veículos de comunicação utilizam a estratégia de *merchandising*, eficaz na comunicação direta com o receptor da mensagem e endossado diretamente por alguma celebridade. "Um dia, uma grande rede de televisão entendeu que seus 'pontos de venda' eram suas novelas, filmes e programas. Assim, começou a chamar de *merchandising* toda a inclusão sutil de produtos, serviços, marcas e empresas em sua programação normal"[34].

---

(31) BENJAMIN, Antonio Herman de Vasconcellos; GRINOVER, Ada Pellegrini *et al. Op. cit.*, p. 277.
(32) De acordo com Regina Blessa, "*Merchandising* é qualquer técnica, ação ou material promocional usado no ponto de venda, que proporcione informação e melhor visibilidade a produtos ou serviços, com o propósito de motivar e influenciar as decisões de compra dos consumidores". BLESSA, Regina. *Quem tem medo de* merchandising? Disponível em: <www.blessa.com.br> Acesso em: 10.2.2009.
(33) MIZUHO, Tahara. *Contato imediato com mídia.* São Paulo: Global, 1987. p. 43.
(34) BLESSA, Regina. Merchandising *no ponto de venda.* São Paulo: Atlas, 2007, p. 6.

As novelas e minisséries envolvem o telespectador-consumidor com mensagens publicitárias protagonizadas pelas personagens dos folhetins, de modo a inserir as marcas e produtos na trama da história. Programas de *reality shows* utilizam exageradamente tal estratégia, funcionando como vendedores dos mais variados produtos, tais como cosméticos, refrigerantes, pilhas alcalinas, operadoras de telefonia e uma lista sem fim de bens ou serviços, sempre contextualizados em uma prova de liderança, uma premiação ou recompensa para os participantes do programa em questão.

Em tese, o *merchandising* não é proibido pelo Código de Defesa do Consumidor, desde que seja previamente informado ao consumidor, respeitando, desta forma, a exigência da identificação imediata da mensagem publicitária. Porém, tal atividade "representa uma forma de burla ao limite de 15 minutos de publicidade por hora de programação"[35].

3.2. A PUBLICIDADE ENGANOSA

O art. 37 do Código de Defesa do Consumidor preceitua:

Art. 37. É proibida toda publicidade enganosa ou abusiva.

§ 1º É enganosa qualquer modalidade de informação ou comunicação de caráter publicitário, inteira ou parcialmente falsa, ou, por qualquer outro modo, mesmo por omissão, capaz de induzir em erro o consumidor a respeito da natureza, características, qualidade, quantidade, propriedades, origem, preço e quaisquer outros dados sobre produto e serviços.

É enganosa toda publicidade cuja promessa não possa ser cumprida, de forma total ou parcial, bem como a publicidade não verdadeira, ou seja, aquela que mente a respeito de alguma característica do produto ou serviço.

A principal característica da publicidade enganosa refere-se à possibilidade de induzir o consumidor em erro, não havendo a necessidade de que esse erro seja consumado, a mera indução já configura a ilegalidade da propaganda.

Não se exige, para qualificar a publicidade como enganosa, o requisito de induzir o público em erro de maneira efetiva. Pelo contrário, para que a publicidade seja considerada enganosa, basta que potencialmente "induza" em erro os destinatários, sem necessidade de que tal erro se consume[36].

A publicidade caracterizada como enganosa fere o interesse de toda sociedade exposta à sua mensagem, sendo pessoas determináveis ou não, uma consequência do que preceitua o art. 29 do Código de Defesa do Consumidor que equipara "aos consumidores todas as pessoas determináveis ou não", expostas às práticas comerciais. Desta forma, não há a necessidade de se atingir o consumidor de forma concreta, a simples veiculação do anúncio configura a ilegalidade.

---

(35) BENJAMIN, Antonio Herman de Vasconcellos; GRINOVER, Ada Pellegrini *et al. Op. cit.*, p. 283.
(36) CHAISE, Valéria Falcão. *A publicidade em face do código de defesa do consumidor.* São Paulo: Saraiva, 2001. p. 33.

A publicidade enganosa fere o princípio da veracidade da informação publicitária, uma vez que engana ou suprime informações essenciais ao consumidor, pois qualquer informação levada ao conhecimento da coletividade deve corresponder à verdade. O princípio da veracidade é dever complementar ao princípio da boa-fé, expresso no art. 4º, inciso III do CDC, estabelecendo que as partes da relação de consumo devem atuar com confiança e lealdade durante todo o processo obrigacional, mantendo uma conduta coerente com a intenção previamente manifestada.

A veiculação de propaganda enganosa também desrespeita o princípio da autonomia da vontade, pois se o consumidor identificasse a mensagem como falsa, provavelmente não compraria o produto ou serviço. "Para que seja considerada enganosa, a informação falsa deve ser recebida pelo destinatário da comunicação como verdadeira"[37].

Ademais, a publicidade enganosa representa uma afronta aos deveres de lealdade, transparência, identificação e veracidade que devem ser observados pelo anunciante.

O mercado brasileiro apresenta exemplos de tal prática. O anúncio do produto Elisbelt, protagonizado pela modelo Joana Prado, na época a Feiticeira, prometia um corpo escultural, "de enfeitiçar" sem grande esforço e sem sair de casa. Elisbelt era vendido como um simulador de atividade física localizada, utilizando o *slogan*: "Não é feitiçaria, é tecnologia".

Desta forma, a publicidade enganosa não é permitida pelo Código de Defesa do Consumidor, pois o mesmo preconiza a tutela do consumidor, em função de sua vulnerabilidade ante aos fornecedores, coibindo práticas de má-fé, tais como a omissão de informações essenciais sobre produtos ou serviços ofertados.

3.3. A PUBLICIDADE ABUSIVA

O § 2º do art. 37 do Código de Defesa do Consumidor assim define a publicidade abusiva:

> Art. 37. É proibida toda publicidade enganosa ou abusiva.
>
> § 2º É abusiva, dentre outras, a publicidade discriminatória de qualquer natureza, a que incite à violência, explore o medo ou a superstição, se aproveite da deficiência de julgamento e experiência da criança, desrespeita valores ambientais, ou que seja capaz de induzir o consumidor a se comportar de forma prejudicial ou perigosa à sua saúde ou segurança.

Mister é esclarecer que a utilização da expressão "dentre outras" aparece com o escopo de não esgotar, no texto legal, as espécies de propaganda abusiva. O art. 37, § 2º apresenta uma lista exemplificativa, cabendo aos aplicadores da lei a adaptação do texto legal ao caso concreto.

---

(37) COELHO, Fábio Ulhoa. *Comentários ao código de proteção do consumidor*. São Paulo: Saraiva, 1991. p. 161.

O Código de Defesa do Consumidor, ao coibir a publicidade abusiva, zela pelos bons costumes, moralidade, direitos e liberdades individuais, ou seja, preserva os princípios de ordem superior. Neste sentido, a publicidade abusiva pode ser entendida da seguinte forma:

> Não chega a ser mentirosa, mas é distorcida, desvirtuada dos padrões de publicidade escorreita e violadora de valores éticos que a sociedade deve preservar. Além disso, deturpa a vontade do consumidor, que pode, inclusive, ser induzido a comportamento prejudicial ou perigoso à sua saúde e segurança[38].

A propaganda abusiva agride valores sociais, o meio ambiente, igualdade de raças, falta de discernimento da criança, bem como a segurança do indivíduo. Desta forma, a potencialidade de tal forma de publicidade refere-se ao dano moral, diferentemente da publicidade enganosa, cuja indução em erro acarreta dano patrimonial ao consumidor.

A mensagem discriminatória, seja ela racial, estética ou religiosa, contida na propaganda abusiva atinge os princípios fundamentais estabelecidos na Constituição Federal, dentre eles o da dignidade humana (art. 1º, III, CF), a promoção do bem de todos sem preconceitos de origem, raça, sexo, cor, idade (art. 3º, IV, CF), da igualdade perante a lei (art. 5º, CF, I, XLI, XLII, CF).

Exemplos de anúncios abusivos são corriqueiros no Brasil. Marcas de cerveja que utilizam a figura da mulher como mero objeto (cerveja Skol com o filme "Musa do Verão", protagonizado pela atriz Bárbara Borges), que associam o produto como meio de conquista de popularidade, sucesso ou êxito social (cerveja Brahma com o filme "Brahmeiros", cuja ideia transmitida era a de que quem bebe Brahma é rico de amigos, até mesmo a associação de mascotes (conotação infantil) com o consumo da bebida alcoólica (cerveja Brahma com anúncios protagonizados por "siris", "caranguejo", "tartarugas" que soltavam um sonoro "nã, nã, nã, nã" e se aproveitavam da deficiência de julgamento das crianças).

A marca de veículos FIAT exibiu, para o lançamento do Palio Adventure, um comercial que estimulava a direção em alta velocidade, ou seja, incitava um comportamento prejudicial à vida do consumidor. A academia de ginástica Runner exibiu nas ruas de São Paulo, *outdoors* com a seguinte inscrição "Sereia ou baleia?".

Sendo assim, a criação publicitária deve caminhar junto com a ética e o respeito ao ser humano, sua segurança e valores morais, encontrando formas divertidas e não ofensivas de vender seus produtos ou serviços.

Considerações finais

A sociedade moderna, influenciada pelo sistema capitalista, concebe no consumo, uma maneira de identificação. Produtos transcedem suas qualidades

---

(38) ALMEIDA, João Batista. *A proteção jurídica do consumidor*. São Paulo: Saraiva, 1993. p. 91.

materiais e conferem identidade a seus usuários. A cultura hedonista do "ter" acaba por moldar o perfil de toda uma coletividade, disposta a descartar seus pertences em pequenos lapsos temporais, como um aval para poder consumir cada vez mais.

A edição do Código de Defesa do Consumidor configura uma nova situação ao consumidor brasileiro, que passou a ser amparado, por lei, em suas relações de consumo. Fornecedores e consumidores reconheceram no Código um instrumento para regular e equilibrar as práticas consumeristas, procurando aprender e aplicar suas diretrizes.

A publicidade, como principal instrumento de vendas, desempenha função primordial nas relações de consumo, pois informa, oferta e persuade a respeito dos mais variados produtos e serviços, representando o elo de ligação entre consumidores e fornecedores. Sendo assim, tal atividade deve ser regulada, evitando abusos em face do consumidor.

O controle da propaganda é exercido por um sistema misto. O CONAR, órgão ligado ao setor publicitário, a fiscaliza através do Código Brasileiro de Autorregulamentação Publicitária, porém, o controle interno de tal atividade não é suficiente, uma vez que apresenta, apenas, caráter moral. Na esfera pública, o controle da publicidade se manifesta no plano do Direito Civil, através do aspecto contratual, no qual toda informação veiculada deve ser precisa, de tal forma que o consumidor a reconheça de maneira fácil e imediata; do Direito Administrativo, cuja principal sanção refere-se à incidência de multas e do Direito Penal, através da proibição da veiculação das publicidades ilegais: enganosa e abusiva, com aplicação de pena privativa de liberdade ou multa, a serem impostas ao responsável pela propaganda ilícita.

Neste sentido, é necessária a conscientização do fornecedor de proceder com boa-fé e lealdade, oferecendo produtos e serviços não prejudiciais à saúde, meio ambiente e ao bem-estar da sociedade, divulgando-os através de mensagens verdadeiras, claras e precisas, sem a utilização de promessas falsas ou agressivas à dignidade humana.

Fundamental para a harmonia das relações de consumo, sobretudo, é a educação do consumidor que deve exigir seus direitos e garantias, reconhecendo seu papel de elemento essencial na relação de consumo. Cabe ao mesmo adotar uma postura consciente, efetuar um consumo responsável e sustentável, rejeitando empresas que não atuem com transparência e verdade.

Desta forma, as relações de consumo devem alicerçar-se no respeito mútuo, tendo na publicidade uma ferramenta criativa de comunicação com o dever de aproximar os fornecedores de seus consumidores.

REFERÊNCIAS BIBLIOGRÁFICAS

ALMEIDA, João Batista. *A proteção jurídica do consumidor*. São Paulo: Saraiva, 1993.

BENJAMIN, Antonio Herman de Vasconcellos; GRINOVER, Ada Pellegrini et al. *Código brasileiro de defesa do consumidor:* comentado pelos autores do anteprojeto. 7. ed. Rio de Janeiro: Forense Universitária, 2001.

BLESSA, Regina. Merchandising *no ponto de venda.* São Paulo: Atlas, 2007.

_____ . *Quem tem medo de* merchandising? Disponível em: <www.blessa.com.br> Acesso em: 10.2.2009.

BONAVIDES, Paulo. *Do Estado liberal ao Estado social.* 10. ed. São Paulo: Malheiros, 1997.

CASAS, Alexandre Luzzi Las. Marketing: conceitos, exercícios, casos. São Paulo: Atlas, 2005.

CHAISE, Valéria Falcão. *A publicidade em face do código de defesa do consumidor.* São Paulo: Saraiva, 2001.

CHIAVENATO, Idalberto. *Introdução à teoria geral da administração.* São Paulo: Makron, 1993.

COELHO, Fábio Ulhoa. *Comentários ao código de proteção do consumidor.* São Paulo: Saraiva, 1991.

COMPARATO, Fábio Konder. A proteção ao consumidor na Constituição brasileira de 1988. In: *RDM*, n. 80.

FILOMENO, José Geraldo Brito. *Manual de direitos do consumidor.* São Paulo: Atlas, 2001.

GUIMARÃES, Paulo Jorge Scartezzini. *A publicidade ilícita e a responsabilidade civil das celebridades que dela participam.* São Paulo: Revista dos Tribunais, 2001.

HOBSBAWM, Eric J. *A era das revoluções:* Europa 1789-1848. 3. ed. Tradução de Maria Tereza Lopes Teixeira e Marcos Penchel. Rio de Janeiro: Paz e Terra, 1981.

LISBOA, Roberto Senise. *Relação de consumo e proteção jurídica do consumidor no direito brasileiro.* São Paulo: Juarez de Oliveira, 1999.

MARINHO, Guilherme. Tutela jurisdicional e tutela legal (aspectos antecipatórios). In. LEAL, Rosemiro Pereira (coord.). *Estudos continuados de teoria do processo.* Porto Alegre: Síntese, 2000.

MARQUES, Claudia Lima. Os contratos de crédito na legislação brasileira de proteção ao consumidor. *Revista de Direito do Consumidor,* São Paulo, n. 17, jan./mar. 1996.

MIZUHO, Tahara. *Contato imediato com mídia.* São Paulo: Global, 1987.

MOREIRA, José Carlos Barbosa. *Temas de direito processual.* 5. série. São Paulo: Saraiva, 1994.

NERY JUNIOR, Nelson. *Princípios do processo civil na Constituição Federal.* 6. ed. rev. amp. e atual. São Paulo: Revista dos Tribunais, 2000.

PEREZ, Clotilde. A comunicação da completude: a busca do objeto de desejo. In: *Revista Educação Arte e História da Cultura,* v. 3/4, 2004.

PIOVESAN, Flávia. A proteção dos direitos humanos no sistema constitucional brasileiro. *Jus Navegandi.* Disponível em: <http:www.jus.com.br> Acesso em: 1.2002.

PREDEBON, José (coord.). *Curso de propaganda:* do anúncio à comunicação integrada. São Paulo: Atlas, 2004.

RAMOS, Glauco Gumerato. Assistência integral ao necessitado. In: *Revista dos Tribunais,* São Paulo, n. 765.

RODARTE, Daniela; HERMAN, Otto. *O código de defesa do consumidor como fator relevante no comportamento do consumidor.* Disponível em: <http://www.portaldo marketing.com.br/Artigos/Codigo_de_defesa_do_Consumidor_como_fator_relevante_no_comportamento_do_consumidor.htm> Acesso em: 12.3.2009.

ROTHENBURG, Walter Claudius. *Princípios constitucionais.* Porto Alegre: Sergio Antonio Fabris, 1999.

SANTOS, Fernando Gherardini. *Direito do* marketing: uma abordagem jurídica do *marketing* empresarial. São Paulo: Revista dos Tribunais, 2000.

Relações de Consumo e Publicidade no Código de Defesa do Consumidor — ∞ Uma Abordagem Ética ∞

Robson B. M. Garcez[*]

Ética é uma reflexão sobre as decisões que precisam ser tomadas e sobre o desenvolvimento de critérios para hierarquizar as prioridades entre valores e propósitos.
Charles McCoy

Introdução

A promulgação da Lei n. 8.078/90, o Código de Defesa do Consumidor, inaugurou um momento de sensíveis mudanças em um campo social marcado pela contínua atividade, as denominadas relações de consumo. Produtos e serviços circulam o espaço da convivência humana, fazendo-se palco de frequentes conflitos. Estes são frutos de descumprimento de deveres e lesões a direitos, com abusos no exercício de um e de outro, entre tantas causas possíveis. A consolidação das normas regentes da coexistência ativa dos que lidam com serviços e produtos, portanto, era necessária.

A chegada do Código há duas décadas assinalou a concretização da vontade manifesta do constituinte de 1988, a modernização da estrutura legal destinada ao regramento dessa área específica. Sobretudo, dotou a sociedade de um instrumento de proteção aos agentes dessas relações, necessidade antiga e anseio mais acentuado nos dias que precederam sua entrega à população nacional. Fornecedores e adquirentes de produtos, inclusos seus fabricantes, assim como tomadores e os que prestam serviços passaram a ter um norte regulatório.

As relações humanas, ainda assim, são permanentemente dinâmicas, fugindo à capacidade de previsão completa o que delas pode advir. Arendt diz que "o fato de

---

(*) Professor da Faculdade de Direito da Universidade Presbiteriana Mackenzie — em que leciona Ética e Cidadania Aplicadas ao Direito — é graduado em Direito e Mestre em Comunicação e Letras (Discurso Jurídico) pela mesma instituição. Especialista em Direito Constitucional pelo Centro de Extensão Universitária de São Paulo, é advogado militante.

que o homem é capaz de agir significa que se pode esperar dele o inesperado, que ele é capaz de realizar o infinitamente improvável"[1]. Nesta linha, do homem que se envolve em relações motivadas pelas necessidades de consumo, tudo se pode esperar, *ipso facto*. Por isso, simultaneamente ao seu aspecto jurídico, as atividades ora abordadas devem ser vistas no espaço de relações que têm **dimensões éticas**. Deve-se isto ao fato de que nem tudo é normatizado pela legislação, assim não estando sob o controle social exercido parcialmente pelas leis aqueles comportamentos que surgem das muitas possibilidades de agir e reagir peculiares aos humanos.

Este artigo, pois, pretende abordar alguns aspectos éticos que se revelam subjacentes em determinados artigos do Código de Defesa do Consumidor e no espírito do todo de seu texto. Para delimitar seu enfoque, concentra-se no seu art. 37, que prevê a publicidade em suas formas enganosa e abusiva. Como ocorre no cotidiano, os termos propaganda e publicidade são usados como sinônimos neste texto, ainda que, em sentido estrito, possam ser distintos.

1. Síntese histórica da propaganda comercial no Brasil

1.1. Antecedentes

Do ponto de vista histórico, a proteção do consumidor ante os atos abusivos por parte dos fornecedores data de há bastante tempo. Um depoimento referente ao ano de 1770 dá-nos informação de que: "Havia ciganos praticando a mascateação. Muitos abusavam da ingenuidade e da boa-fé das donas de casa, especialmente na ausência de seus maridos. Isto levou, a 12 de dezembro de 1770, a Câmara de São Paulo a adotar medidas repressivas"[2].

Salienta-se nesse registro o papel interventor do Estado que, já em tão remota data, alcançava as questões de consumo.

Um embrionário, mas importante, marco dos esforços consumeristas[3] em nosso país, por certo, surgiu no Código Comercial Brasileiro de 1850. Seu art. 210 trazia a seguinte disposição legal:

> O vendedor, ainda depois da entrega, fica responsável pelos vícios e defeitos ocultos na coisa vendida, que o comprador não podia descobrir antes de a receber, sendo tais que a tornem imprópria do uso a que era destinada, ou que de tal sorte diminuam o seu valor, que o comprador, se os conhecera, ou a não comprara, ou teria dado por ela muito menos preço.

---

(1) ARENDT, Hannah. *A condição humana*. 6. ed. Rio de Janeiro: Forense Universitária, 1993. p. 190.
(2) *Apud* GIACOMINI FILHO, Gino. *Consumidor versus propaganda*. São Paulo: Summus, 1991. p. 27.
(3) Por *consumerismo* compreende-se o conjunto de medidas voltadas à proteção do consumidor. O termo é um anglicismo oriundo de *consumerism*, movimento de consumidores e entidades americanas no início da metade do século passado. Segundo Morgensztern, o consumerismo brasileiro surgiu entre as décadas de 1940 e 1960 passadas, quando foram sancionadas várias leis e decretos federais legislando sobre saúde, proteção econômica e comunicações. *Apud* GIACOMINI FILHO, Gino. *Op. cit.*, p. 19.

No limiar do século XX, o Brasil contava cerca de 18 milhões de habitantes, com uma densidade demográfica de pouco mais de 18 habitantes por quilômetro quadrado. O surgimento de grandes núcleos urbanos daria lugar à intensificação dos negócios, com o consequente aumento da especialização em vários setores. Nas comunicações, firmam-se os jornais, agora com a reprodução de fotografias. Vêm as revistas; o rádio engatinha, mas segue em crescimento. Em 1920, a primeira concessão para uma emissora de rádio no país. Somente em 1932, por um decreto, libera-se a propaganda comercial radiofonizada. Em 1933, surgem os *spots* nos programas vinculados a marcas, bem como os *jingles* e programas patrocinados. A chegada da Rádio Nacional (do Rio de Janeiro) e sua expansão, em 1935, fez desta o veículo de comunicação (e propaganda) que — com suas potentes ondas curtas — cobriu o país. Giacomini Filho registra que, no ano de 1948, havia no Brasil o número de 3,5 milhões de receptores de rádio[4]. Por tal quantidade de aparelhos, em tempo no qual a população não contava com a diversidade de meios de acesso às informações das décadas seguintes e tampouco a dos nossos tempos, pode-se imaginar o poder de influência da propaganda comercial sobre aquela.

O passar dos dias e dos anos, o intenso desenvolvimento de novos produtos, muitos deles lesivos das expectativas dos seus adquirentes. Pressão sobre os legisladores pela elaboração de normas que enquadrassem as práticas empresariais na direção dos interesses da sociedade.

Em 1916, nasceu o Código Civil, com intenso balizamento da vida em sociedade. Do ano de 1933, é a Lei da Usura, que pode ser considerada o primeiro texto de proteção do Consumidor. Em 1940, veio-nos o Código Penal Brasileiro, que — nos arts. 171 e 175 — já preceituava para as relações de comércio, amparando o consumidor:

> Comete estelionato quem obtiver, para si ou para outrem, vantagem ilícita, em prejuízo alheio, induzindo ou mantendo alguém em erro, mediante artifício, ardil ou qualquer outro meio fraudulento.
>
> Incide em fraude no comércio quem, no exercício de atividade mercantil, enganar o adquirente ou consumidor:
>
> I. vendendo como verdadeira ou perfeita mercadoria falsificada ou deteriorada;
>
> II. entregando um mercadoria por outra.

Em 1932, foi editado um decreto que proibia "Anunciar a cura de doenças consideradas incuráveis segundo os atuais conhecimentos científicos". Em 1934, outro decreto — de extrema e surpreendente atualidade — estabelecia, quanto à divulgação comercial falsa:

> [...] fazer, pela imprensa, mediante distribuição de prospectos, rótulos, invólucros, ou por qualquer outro meio de divulgação, sobre a própria

---

(4) GIACOMINI FILHO, Gino. *Op. cit.*, p. 31.

atividade civil, comercial ou industrial, ou sobre a de terceiros, falsas informações de fatos capazes de criar indevidamente uma situação vantajosa, em detrimento dos concorrentes ou de induzir a outrem a erro.

Em 1950, a população brasileira chegara aos cerca de 52 milhões de habitantes. Há um reconhecível avanço no segmento industrial, que se reflete no comércio. Resultado de uma construção paulatina, já se reconhece uma estrutura voltada para a área do consumo, que se constrói pelos instrumentos legais que o Estado promove. Assim, em 1951, nasceu a Lei de Economia Popular. Em 1962, a Lei Delegada n. 4 dispunha sobre a intervenção do domínio econômico para garantir a distribuição de produtos essenciais ao consumo popular. No mesmo ano, surgiria o Conselho Administrativo de Defesa Econômica — CADE, órgão destinado a coibir o abuso do poder econômico. O Instituto Nacional de Pesos e Medidas — INPM surgiu em 1967. O Conselho Interministerial de Preços — CIP, cuja função era regular o sistema de preços no mercado interno, foi criado em 1968.

No campo da ética publicitária, em 1957, foi realizado o I Congresso Brasileiro de Propaganda, em que se aprovou o Código de Ética dos Profissionais de Propaganda.

Em 1976, em São Paulo, foi criado o PROCON, órgão que se espraiou pelo Brasil. Em 1983, foi instituído o DECON, Departamento Estadual de Polícia do Consumidor, no Estado de São Paulo.

Em 1985, foi editada a Lei dos Direitos Difusos, que deu legitimidade ativa às associações para que ajuizassem ações de caráter coletivo, no âmbito do meio ambiente, quanto na defesa do consumidor.

Em 1987, foi criada a Secretaria de Defesa do Consumidor. No mesmo ano, foi criado o Instituto Brasileiro de Defesa do Consumidor — IDEC.

Um fato bem relevante ao tema ora abordado se deu ainda na década de 1970, com a aprovação do Conselho Nacional de Autorregulamentação Publicitária — CONAR, que passou a regular a atuação ética desse segmento profissional. Essa organização não governamental tem por objetivos a fiscalização da ética na propaganda, o fomento dos princípios da ideologia (valores) da atividade, bem como promover a defesa do direito de anunciar, princípio garantido pela Constituição Federal, que é a contrapartida do direito do cidadão à informação comercial. Uma evidência dos cuidados a que se volta o CONAR, pode se ler no art. 1º do Código respectivo: "Todo anúncio deve ser respeitador e conformar-se às leis do país; deve, ainda, ser honesto e verdadeiro". No mesmo sentido, o seu Capítulo II é vazado em termos eloquentes como: honestidade, decência, princípios gerais de respeitabilidade, entre outros. Menciona a proteção de valores sociais como intimidade, ecologia, contendo, ainda, instruções pra anúncios de bebidas alcoólicas, empregos, imóveis, educação, serviços médicos, medicamentos e outros.

A Constituição Federal, promulgada aos 5 de outubro de 1988, no art. 220, deu atenção à publicidade comercial de medicamentos, bebidas alcoólicas e derivados de fumo. Em 1990, por uma portaria, O Ministério da Saúde restringiu a publicidade de cigarro e congêneres. Adotou-se, ainda, a reprodução de fotos de vítimas do uso desses produtos de tabacos, agora impressos nas embalagens dos maços individuais, visando ao desestímulo do seu uso, notadamente por novos consumidores.

Enfim, em 11 de setembro de 1990, foi promulgada a Lei n. 8.078/90, o Código de Defesa do Consumidor. Este legado normativo destaca-se como a primeira lei exclusivamente consagrada à proteção do consumidor em nosso país.

2. A INFORMAÇÃO DO CONSUMIDOR

Palco de não raros desvios éticos, após sua consolidação mundo afora, a publicidade comercial demorou a tomar corpo em terras brasileiras. Em muito isto se deveu à relativa lentidão que marcou o desenvolvimento da imprensa por aqui. Somente em 1706, por exemplo, chegou ao país a primeira tipografia, quando ainda eram os equipamentos gráficos proibidos na então Colônia, por imposição de Portugal. A dependência inicial dos veículos impressos exclusivamente, fez com que a publicidade comercial se desse por meio do jornalismo, a partir de 1820, atividade que se desenvolveu por jornalistas e gráficos.

Característica dessa época é a preocupação nitidamente informacional dos anúncios, que diziam "quem quiser" ou "quem queira comprar[...]". Não havia a obsessão de se recorrer a jargões imperativos para a compra ou aceitação de algo, o que dava um tom cavalheiresco aos anúncios da época. Lembra Giacomini Filho que "[...] isso vem se associar a um estado de economia que não demandava 'empurrar' o consumo, pelo que não havia clima para utilização de pesados apelos promocionais"[5].

Após a primeira metade do século XIX, alguns anúncios já revelavam cuidados com a veracidade da propaganda veiculada, como o da "Casa Muniz":

> "Máximas do bom anunciante". A verdadeira reclame é aquella que é mais proveitosa para o público que para o próprio annunciante. O valor de uma reclame está na razão directa da authenticidade das suas promessas. Uma boa casa não promette em seus annuncios mais do que pode dar; mas dá tudo quanto promette. O bom annunciante não pede que o público acredite em suas palavras. Pede que o público lhes verifique a veracidade, visitando a sua casa. A leitura de um annuncio é uma suggestão. A vista do artigo annunciado é um argumento.

E, dos mesmos dias, vem-nos um exemplo de publicidade nitidamente enganosa, obtido no anúncio do Xarope de Honorio Prado:

> "Eu era assim" (figura de uma pessoa doentia). Cheguei a ficar quase assim!!! (figura de uma cabeça de caveira). Soffria horrivelmente dos

---
(5) GIACOMINI FILHO, Gino. *Op. cit.*, p. 29.

pulmões, mas graças ao milagroso Xarope peitoral de alcatrão e jatahy, preparado pelo pharmacêutico Honorio do Prado, consegui ficar assim!! (figura de um homem são). Completamente curado e bonito. Esse xarope cura tosses, bronchites, asthma, rouquidão e escarros de sangue. Preço do vidro 1$500. Único depósito na Capital Federal: J. M. Pacheco & Comp. Rua dos Andradas, n. 58[6].

Nítida, nessa época, a pulverização de profissionais e distribuidores de produtos, que se fazia somar da precariedade da propaganda comercial, carente de melhor estrutura.

3. A CULTURA DE CONSUMO

Nos dias da Modernidade, o modo de vida consumista se tornou uma das marcas do Ocidente, de que é paradigma a sociedade norte-americana. Slater diz que tal concepção "foi projetada há muito tempo como um ideal de liberdade política, sucesso econômico e satisfação pessoal, traçando uma linha divisória entre Norte e o Sul, o Primeiro e Terceiro Mundo, capitalismo e socialismo"[7]. A defesa de tal cultura apresenta argumentos como a liberdade de mercado (a soberania do consumidor etc.), o fomento à produção, a colheita dos frutos do trabalho pelo consumo, o avanço cultural, bem como as vindas de novos tempos e necessidades que trazem, a própria modernização, enfim. Nesse sentido, escreve o citado autor:

> O consumo é fundamental para a modernidade e para a reflexão sobre a modernidade, levantando questões de necessidades e identidade, escolha e representação, poder e desigualdade, da relação entre o público e o privado, o Estado e a sociedade, o individual e o coletivo. A importância das questões de consumo tem de ser enfatizada em contraposição a perspectivas moralistas e voltadas para a produção (para as quais o consumo é um assunto relativamente trivial, secundário e até vergonhoso) e também em contraposição àqueles que acham que a cultura do consumo é um fenômeno muito recente — do pós-guerra ou pós-moderno. Ela vai muito, muito além disso[8].

E ao cotejar as atividades produtivas com as de consumo, acusando um tratamento injustamente diferenciado para com estas, já que são indissociáveis, afirma Barbosa:

> [...] este espaço que o consumo ocupa no imaginário ocidental não se encontra revestido da mesma dignidade moral atribuída à atividade produtiva. Enquanto esta é vista como moralmente dignificante e politicamente

---
(6) *Apud* GIACOMINI FILHO, Gino. *Op. cit.*, p. 29.
(7) SLATER, Don. *Cultura do consumo & modernidade*. São Paulo: Nobel, 2002. p. 5.
(8) *Idem*.

correta, o consumo encontra-se no polo oposto, associado ao gasto, ao supérfluo, à dissipação e às desigualdades materiais. Significado este impresso na própria etimologia do termo[9].

Entretanto, ainda que tais considerações devam ser sopesadas para que não mergulhemos na areia movediça de ver as relações de consumo como *locus* de mera prevalência do consumidor sobre os seus demais partícipes, não podemos deixar de, por outro lado, reconhecer a cultura de consumo como um campo social da ética. Com efeito, é precisamente em vista do largo espectro das atividades publicitárias e da já reconhecida vulnerabilidade do consumidor que este fator revela interesse ao presente estudo, razão deste breve registro.

4. A NATUREZA ÉTICO-JURÍDICA DA DEFESA DO CONSUMIDOR

O trato jurídico desta matéria foi previsto no texto constitucional promulgado em cinco de outubro de 1988, no seu art. 5º, inciso XXXII, que — como norma de eficácia limitada — estabeleceu: "O Estado promoverá, na forma da lei, a defesa do consumidor". E a mesma Lei Fundamental, ao reger a ordem econômica de nossa República, entremeou como princípio da referida faceta de nosso Estado precisamente "a defesa do consumidor", como é do art. 170, IV. Neste mesmo âmbito, o Código do Consumidor atribuiu ao consumidor, de certo modo, o *status* de agente econômico, ao falar, por exemplo, da "proteção de seus interesses econômicos", no art. 4º, *caput*.

Vale ressaltar, aqui, a posição em que foi situada a proteção do consumidor, na sua primeira menção constitucional, a saber, no âmbito dos "direitos e garantias fundamentais" do cidadão brasileiro.

Para uma consideração ética desse aspecto, entendemos necessário trazer em harmonia sistêmica alguns dos fundamentos da República Federativa do Brasil, firmados no artigo inaugural da Constituição vigente, quais sejam: "a cidadania" e "a dignidade da pessoa humana" (art. 1º, II e III). O exercício da cidadania plena não se alcança quando aos habitantes de determinado território deixam de ser assegurados direitos e garantias — com os necessários deveres — para a normatização e realização de suas relações sociais, inclusas as de consumo. Em tal cenário, como outrora visto no Brasil, apesar de normas esparsas destinadas a regular pontualmente as atividades negociais, o sentimento e a constatação de incompletude da vida sociojurídica eram inevitáveis.

Paralelamente, resta flagrante que a dignidade da pessoa humana — vetor central de quaisquer abordagens éticas em nosso ordenamento jurídico — prevista no inciso III do art. 1º, é referência destacada na proteção das relações de consumo. Sua dimensão ética perpassa e vai além das meras proibições e permissões. Aliás, ao estabelecer a Política Nacional de Relações de Consumo nos arts. 4º (e 5º), reza o Código de 20 anos que tal política tem por finalidade:

---
(9) BARBOSA, Lívia *apud* SLATER, Don. *Op. cit.*, p. 8.

[...] o atendimento das necessidades dos consumidores, o "respeito à sua dignidade", saúde e segurança, a proteção dos seus interesses econômicos, a melhoria da sua qualidade de vida, bem como a transparência e harmonia das relações de consumo, atendidos os seguintes princípios:

I — reconhecimento da vulnerabilidade do consumidor.

O núcleo da orientação ética para o trato com o consumidor, neste dispositivo, reside na expressão "respeito à sua dignidade". A palavra "respeito", neste uso, vem revestida de acentuada valoração, porque tem função determinante, servindo como um vetor dos termos seguintes, por ele regidos. Oportuno é salientar, ainda, neste sentido, os demais termos que denunciam tal enfoque axiológico: "respeito" à sua "saúde" (física e psíquica), bastando que se considerem os transtornos morais ou interiores que certos negócios de consumo acarretam; respeito à sua "segurança": produtos e serviços impróprios aos fins desejados pelo consumidor põem-no em risco, como a outros; melhoria da sua "qualidade de vida": expressão incorporada à nossa linguagem há nem tanto tempo, a vida digna e plenamente realizada sempre foi o almejo do ser humano, ao que a busca de bens e serviços é um dos meios de tê-la viabilizada; "transparência" e harmonia nas relações de consumo: valor que se tem consagrado como revestidor da conduta socialmente desejável, a transparência ou limpidez de caráter e conduta também é esperada nas atividades da Administração Pública[10], mas vem aqui como e nas relações entre o consumidor e terceiros nelas envoltos.

Outra abordagem própria desse direito, com que não nos delongamos neste estudo, é a de sua classificação quanto aos indivíduos que abrange. E estritamente observado, trata-se de "direito difuso", enquadramento do saber partilhado de quantos lidam com o Direito. Como escreve Figueiredo, a "indivisibilidade" é a primeira característica dessa modalidade jurídica: os bens jurídicos neles abrangidos não podem ser fruídos com exclusividade por um único titular.

Justamente porque a "indeterminação dos indivíduos", que deles se beneficiam, é característica imanente a essa classe de direitos. Não apenas a indeterminação, porém a impossibilidade de se saber concretamente a extensão de seu desfrute. Como corolário de todo o afirmado até aqui, a "indisponibilidade" há de ser também a sua tônica[11].

Registramos tal contribuição doutrinária com o propósito de que, em vista da abrangência do direito do consumidor e tomando por analogia o raciocínio apresentado acima, salientemos que "os valores éticos caminham em direção conexa". São eles universais e lastreados em princípios, cuja função é vetorial, norteadora. Todos devem agir eticamente em quaisquer âmbitos, inclusas as relações de consumo, no que se configura também "a indeterminação dos indivíduos que devam agir eticamente".

---

(10) Nesse sentido, vide o art. 37, *caput*, da Constituição Federal, com destaque para o inciso IV, o Princípio da Publicidade das atividades estatais, que — entre outras funções — serve como um paradigma.
(11) FIGUEIREDO, Lúcia Valle. *Direitos difusos e coletivos*. São Paulo: Revista dos Tribunais, 1989, p. 16.

Dos partícipes do negócio do consumo, nesse diapasão, deve-se e se pode esperar que não renunciem a essa tarefa, regrada pela consciência.

6. Publicidade comercial e o direito brasileiro

A propaganda é a forma de comunicação persuasiva e identificada que se realiza através dos meios de comunicação de massa. É atividade de acentuada relevância aos atos negociais do comércio, prestando-se tanto à divulgação dos produtos e serviços postos no mercado, quanto à necessária informação dos que vão à tomada desses bens.

Como afirma Cas, o acesso do consumidor às suas responsabilidades de agente econômico passa por sua informação, elemento essencial para que a relação de consumo se complete[12]. E nessa nova ordem jurídica voltada para o fomento da ordem econômica do país e, notadamente, para a proteção do consumidor, o Código de Defesa do Consumidor brasileiro estabeleceu tratamento específico para a realização da propaganda ou publicidade no âmbito das atividades do consumo.

Com efeito, no seu Capítulo V, que regula as práticas comerciais, a Seção II estabelece as normas sobre a oferta ou publicidade de produtos e serviços:

> Art. 30. Toda informação ou publicidade, suficientemente precisa, veiculada por qualquer forma ou meio de comunicação com relação a produtos e serviços oferecidos ou apresentados, obriga o fornecedor que a fizer veicular ou dela se utilizar e integra o contrato que vier a ser celebrado.
>
> Art. 31. A oferta e apresentação de produtos ou serviços devem assegurar informações corretas, claras, precisas, ostensivas e em língua portuguesa sobre suas características, qualidades, quantidade, composição, preço, garantia, prazos de validade e origem, entre outros dados, bem como sobre os riscos que apresentam à saúde e segurança dos consumidores.
>
> [...]
>
> Art. 37. É proibida toda publicidade enganosa ou abusiva.
>
> § 1º É **enganosa** qualquer modalidade de informação ou comunicação de caráter publicitário, inteira ou parcialmente falsa, ou, por qualquer outro modo, mesmo por omissão, capaz de induzir em erro o consumidor a respeito da natureza, características, qualidade, quantidade, propriedades, origem, preço e quaisquer outros dados sobre produtos e serviços.
>
> § 2º É **abusiva**, dentre outras, a publicidade discriminatória de qualquer natureza, a que incite a violência, explore o medo ou a superstição, se aproveite da deficiência de julgamento e experiência da criança, desrespeita valores ambientais, ou que seja capaz de induzir o consumidor a se comportar de forma prejudicial à sua saúde ou segurança.

---

(12) CAS, Gérard. La défense du consummateur. In: *Collection Encyclopédique Que Sais-Je?* Paris: Universitaires de France, v. 1.611, 1980. p. 79.

§ 3º Para os efeitos deste Código, a publicidade é enganosa por omissão quando deixar de informar sobre dado essencial do produto ou serviço. (destaques do autor)

7. O engano e o abuso na publicidade de produtos e serviços

"Enganar" e "abusar" são os dois núcleos das condutas tipificadas pelo Código como nocivas às atividades de divulgação dos produtos dispostos à venda, bem como aos serviços que são oferecidos. Da análise pura e simples desses termos resulta inevitavelmente a racional constatação de que há o elemento subjetivo em plena ação. As relações de consumo são afetáveis por ambas.

"O engano", o logro, a burla situam-se no da ação de alguém voltada a um resultado alcançável pela atuação de outrem. É o âmbito da ação dolosa. Na relação entre a oferta de serviços ou produtos e o seu tomador ou adquirente, há a intenção de induzir em erro o consumidor quanto àquilo que obtém, quer sejam bens, quer serviços. A propaganda enganosa lesiona aquilo que — pela custosa conquista que lhe é própria — deve ser visto como o bem maior na relação ora considerada: a confiança depositada pelo consumidor no outro. Esta, uma vez afetada, pelo menos ao nível do consumidor consciente, traz a perda da credibilidade a quem não fez jus à sua permanência.

A "publicidade enganosa por omissão", lembra-nos Ferreira, pode se efetivar quando nada diz, ou deixa de informar o que seria devido ou necessário à plena informação do tomador do serviço ou adquirente de qualquer produto. O § 3º do referido art. 37 tem redação cristalina: "Para os efeitos deste Código, a publicidade é enganosa por omissão quando deixar de informar sobre dado essencial do produto ou serviço"[13].

Já "o abuso", de sua vez, caracteriza-se por qualquer ação publicitária que se revele discriminatória de qualquer forma. Também ocorre quando embute incentivo à violência, ou explore o medo e a superstição, obviamente disso obtendo vantagem comercial. A criança, com as peculiaridades do ser humano em desenvolvimento, pode ser vítima dessa modalidade de propaganda. Configura-se também pelo desrespeito de valores ambientais ou qualquer procedimento de divulgação comercial que tenha potencial para induzir o consumidor a se comportar de modo nocivo ou perigoso à sua segurança ou saúde.

8. Sustentabilidade das relações de consumo e ética

O Direito, propondo-se a ordem, abrange os domínios das ações, com elas se ocupando. A Ética, como ciência da moral, lida com as intenções, visando a que as ações individuais sejam as socialmente ou universalmente desejáveis.

---

(13) FERREIRA, Thaís de Abreu. Compatibilidade entre os princípios do código de defesa do consumidor e do novo código civil. A indenização por danos decorrentes do tabagismo. In: SOARES, Renata D. B. M. (coord.). *Novos rumos do direito contratual*. Estudos sobre princípios de direito contratual e suas repercussões práticas. São Paulo: LTr, 2009. p. 35-97.

Como apontado no início deste texto, o espaço das relações sociais e, de forma particular, das relações de consumo, necessita uma segura orientação jurídica, sendo necessário revesti-lo de princípios éticos. Já em 1930, Ripert, na clássica obra acerca da influência da regra moral sobre a relação de direito, ao tratar dos contratos de adesão e do abuso do poder econômico de que, já em seus dias, eram tais documentos veículos eficazes, lega-nos eloquente lição:

> A liberdade contratual não é reconhecida senão porque a troca de produtos e dos serviços nos aparece com a mais justa e a mais fácil organização das relações sociais. Se, em certos casos, esta liberdade leva à exploração injusta dos fracos pelos fortes, é preciso quebrá-la. Não é por não ter natureza contratual que o contrato de adesão é suspeito, é, pelo contrário, por ser contrato[14].

A atividade publicitária integra o contrato, como reza o Código de Defesa do Consumidor em seu art. 30, parte final, razão pela qual a liberdade dos contratantes da relação de consumo há de ser protegida, conforme tutela específica prevista naquele dispositivo legal.

Giacomini Filho, em frase lapidar, auxilia-nos: "Não se pode negar as inúmeras práticas publicitárias nocivas, mas é com o aperfeiçoamento da ética que estas tendem a minorar". E fulmina: "Os publicitários insistem em que o consumidor é rei; pois bem, ele está aí para cobrar o que lhe é devido"[15].

Conclusão

O advento do Código de Defesa do Consumidor certamente marcou época na produção legislativa de nosso país. De modo singular, a proteção das relações entre fabricantes, fornecedores e, notadamente, os destinatários finais dos produtos de mercado, os consumidores, passou a ter um conjunto de normas de abrangência bastante a que violações e abusos comuns de outrora fossem inibíveis e mesmo puníveis. Por certo, esse Código se voltou especialmente a proteger a parte considerada hipossuficiente nos negócios do consumo, o consumidor; tal centralização, pela mão dupla existente nessas atividades, também se fez útil à orientação dos demais agentes do processo.

Não projetado para ser panaceia aos males passíveis de ocorrência no dinâmico mundo das relações de consumo, o Código vintenário inegavelmente se firmou como relevante instrumento normativo de nossa legislação nacional. E, ao dispor para além de matérias puramente jurídicas, a feição mais específica de sua natureza, o Código avançou, fincando as estacas de valores éticos essenciais à higidez do sistema que veio regular. O espaço da publicidade comercial se fez pródigo a esse fim.

---

(14) *Idem.*
(15) *Op. cit.*, p. 126.

No universo das relações de consumo, a ética apresenta-se como a base para a atuação responsável dos seus partícipes e, ao mesmo tempo, como o viável caminho que tem se revelado insubstituível à sua sustentabilidade. O bom negócio, considerada a mediação que a conduta ética pode proporcionar, é o que proporcione satisfação às partes. De um lado, o atendimento pleno a quem necessita de determinada provisão de bens ou serviços e, por outro, o alcance do objetivo de gerar renda e mesmo riqueza a outrem; em qualquer caso, visa-se a não impor danos à sociedade. O passaporte uma atuação nesse campo que seja a um tempo justa e satisfatória está nas mãos, ou melhor, na mente e no coração dos que vivemos e convivemos nesse universo de oportunidades de erros e acertos, apresentado pelas relações ora estudadas.

REFERÊNCIAS BIBLIOGRÁFICAS

ALMEIDA, Guilherme A. de; CHRISTMANN, Martha O. *Ética e direito* — uma perspectiva integrada. 2. ed. São Paulo: Atlas, 2004.

BRASIL. *Código de defesa do consumidor*. São Paulo: Saraiva, 2008.

_____ . *Constituição da república federativa do Brasil*. 42. ed. atual. e amp. São Paulo: Saraiva, 2009.

CAS, Gérard. La défense du consummateur. In: *Collection Encyclopédique Que Sais-Je?* Paris: Universitaires de France, v. 1.611, 1980.

FIGUEIREDO, Lúcia Valle. *Direitos difusos e coletivos*. São Paulo: Revista dos Tribunais, 1989.

GIACOMINI FILHO, Gino. *Consumidor* versus *propaganda*. São Paulo: Summus, 1991.

LAGNEAU, Gérard. *A sociologia da publicidade*. Trad. de Heloysa L. Dantas. São Paulo: Cultrix/Edusp (Coleção Atualização Cultural), 1981.

MATOS, Francisco Gomes de. *Ética na gestão empresarial:* da conscientização à ação. São Paulo: Saraiva, 2008.

PINEDA, Eduardo Soto; MARROQUÍN, José Antônio Cárdenas. *Ética nas empresas*. São Paulo: McGraw-Hill, 2008.

RIPERT, Georges. *A regra moral nas obrigações civis*. Campinas: Bookseller, 2000.

SILVA, José Afonso da. *Curso de direito constitucional positivo*. 20. ed. São Paulo: Malheiros, 2002.

SOARES, Renata D. B. M. (coord.). *Novos rumos do direito contratual*. Estudos sobre princípios de direito contratual e suas repercussões práticas. São Paulo: LTr, 2009.

VESTERGAARD, Torben; SCHRODER, Kim. *A linguagem da propaganda*. 2. ed. Trad. de João Alves dos Santos. Ensino Superior. São Paulo: Martins Fontes, 1994.

Relações de Consumo e
Defesa da Concorrência

Vicente Bagnoli[(*)]

INTRODUÇÃO

O constituinte em 1988 destacou a livre concorrência e a defesa do consumidor como princípios da ordem econômica a assegurar a existência digna conforme os ditames da justiça social. Dois anos mais tarde, observando o art. 5º, XXXII, da Constituição Federal, é promulgada a Lei n. 8.078, que dispõe sobre a proteção e defesa do consumidor. Já em 1994, em atenção ao § 4º do art. 173 da Constituição Federal, é promulgada a Lei n. 8.884, sobre a prevenção e a repressão às infrações contra a ordem econômica.

Tanto a primeira Lei, Código de Defesa do Consumidor — CDC, quanto a segunda, Lei de Defesa da Concorrência, são essenciais para o desenvolvimento socioeconômico e para assegurar o bem-estar do consumidor, possuindo estreita relação para a consecução de tais objetivos e o bom funcionamento do mercado.

A defesa do consumidor no âmbito das relações de consumo, bem como a defesa da livre concorrência, no ambiente da economia de mercado, são direitos recentes, do final do século XIX. Neste período, no qual o capitalismo encontrava-se em sua forma mais liberal, a sociedade em geral não mais suportava a ausência do Estado que se limitava a decidir questões sempre tratadas como lide privadas.

É, portanto, no final do século XIX e início do século XX que surgem novos Direitos a tutelar o mercado, o comportamento dos agentes econômicos, a relação social e o bem-estar do consumidor. São direitos de segunda geração, que exigem do Estado um comportamento legal a tutelar os interesses dos mais fracos, dos hipossuficientes, a fim de que estes tenham respeitados os seus direitos de primeira geração. Dentre os

---

(*) Doutor em Filosofia e Teoria Geral do Direito pela USP. Mestre em Direito Político e Econômico pelo Mackenzie, onde é professor adjunto da Faculdade de Direito e coordenador do GEDC-Mack. Autor de livros e artigos, consultor não governamental da International Competiton Network — ICN e sócio de Vicente Bagnoli Advogados; bagnoli@mackenzie.br.

diplomas que trazem esses novos direitos é de se destacar a Lei Sherman nos EUA, a Constituição do México de 1917 e a Constituição de Weimar de 1919.

Tais direitos, como o do consumidor e da concorrência, são mecanismos utilizados pelo Estado para prevenir e reprimir o abuso do poder econômico.

1. O CONTROLE DO PODER ECONÔMICO

Poder econômico se refere à condição econômica da empresa (compreendida em conjunto ao grupo econômico ao qual faz parte) e à possibilidade dessa empresa intervir no mercado, de maneira a impor aos outros concorrentes condição que geralmente não consigam resistir à disputa. O poder econômico também atua, mesmo que na maioria das vezes de maneira praticamente imperceptível, submetendo os consumidores aos interesses da empresa.

A empresa, especialmente a grande empresa, tem o seu poder evidenciado pela sua organização que emprega o capital e mobiliza as aptidões imperativas para sua atuação no mercado, modificando a relação concorrencial estabelecida a partir da conquista de mercados pela preferência dos consumidores. A economia passa a ser planejada pela grande empresa, o que compromete o bem-estar da sociedade, reiterando a superioridade do poder econômico em relação ao consumidor. Nessas situações o mercado não funciona de forma a produzir os efeitos positivos da concorrência, exigindo a regulação do mercado.

Contudo, a autorregulação do mercado tão somente pela "mão invisível" da concorrência, regida pela lei da oferta e da procura, pode em dados momentos até funcionar em mercados onde a competição se estabelece naturalmente. Contudo, a história ensinou que a ordem econômica não consegue se autocontrolar com os agentes econômicos atuando num mercado sem a fiscalização e a disciplina do Estado.

O funcionamento do mercado deve ser tutelado por uma eficaz legislação de defesa da concorrência que impõe limites à possibilidade de os agentes adquirirem poder econômico por meio de comportamentos e práticas restritivas, ao invés da eficiência e de suas capacidades superiores. Observa-se, entretanto, que o poder econômico não é *per se* negativo, podendo, inclusive, viabilizar a utilização de capacidade técnica ou organizacional que não estaria disponível a empresas de menor porte, com benefícios aos consumidores e até mesmo à economia.

Todavia, a essência da legislação de defesa da concorrência está na confiança de que, sendo o mercado operante e protegido de práticas anticoncorrenciais, será difícil o poder econômico se converter em abuso e o bem-estar econômico do consumidor ser comprometido. Além do mais, no mercado pautado pela concorrência, dificilmente os agentes econômicos de grande porte e detentores de poder estarão sozinhos. Atuarão nesse mercado outros grandes agentes, como também agentes menores e eficientes. Com isso, o abuso individual do agente que detém poder econômico dificilmente será exercido e o consumidor poderá dentro das ofertas existentes no mercado, fazer as suas escolhas.

Diante disso, o dever de defender a livre concorrência e o bem-estar do consumidor é desempenhado pelo Estado por meio de órgãos competentes, submetendo a todos os agentes econômicos atuantes no mercado, independentemente de serem entes privados ou públicos no desempenhar de suas atividades.

2. Os sistemas de defesa do consumidor e da concorrência

Tanto a defesa da concorrência, quanto a defesa do consumidor, são feitas por meio de sistemas.

No caso da concorrência, convencionou-se designar por Sistema Brasileiro de Defesa da Concorrência — SBDC os órgãos do governo competentes para atuarem em todo o território nacional na prevenção e repressão às infrações contra a ordem econômica, bem como na difusão da cultura da defesa da concorrência.

O SBDC é integrado pela Secretaria de Acompanhamento Econômico — SEAE do Ministério da Fazenda, a Secretaria de Direito Econômico — SDE do Ministério da Justiça e o Conselho Administrativo de Defesa Econômica — CADE, autarquia vinculada ao Ministério da Justiça, que atuam à luz da Lei n. 8.884, de 11 de junho de 1994, a Lei de Defesa da Concorrência. A SEAE e a SDE são os órgãos encarregados da instrução dos processos, enquanto o CADE é a instância judicante administrativa. As decisões do CADE não comportam revisão no âmbito do Poder Executivo, podendo ser revistas apenas pelo Poder Judiciário.

Esses órgãos atuam na análise de operações de concentração, a fim de verificar eventual possibilidade de grande concentração nos mercados e exercício de poder econômico, para então decidir se tal operação pode ou não ser aprovada, bem como atuam na análise de condutas praticadas por agentes econômicos e se tais práticas implicam em prejuízo à concorrência, devendo ser punidas.

No que se refere à SDE, sua competência em matéria concorrencial é apurar, prevenir e reprimir os abusos do poder econômico, com as decisões finais proferidas pelo CADE, e no campo da defesa do consumidor, zelar pelos seus direitos e interesses na promoção das medidas necessárias para assegurá-los, como também aplicar a legislação referente à intervenção no domínio econômico, a fim de garantir a livre distribuição de bens e serviços. Para desempenhar suas funções a SDE possui dois Departamentos: o Departamento de Proteção e Defesa do Consumidor — DPDC, aplicando-se a Lei n. 8.078/90, e o Departamento de Proteção e Defesa Econômica — DPDE, no qual a matéria em análise é a disposta na Lei n. 8.884/94.

Diferentemente da defesa da concorrência, na qual o SBDC é apenas uma designação da atuação conjunta de três órgãos, o Sistema Nacional de Defesa do Consumidor — SNDC possui previsão expressa na Lei n. 8.078/90 em seu Título IV.

Neste sentido, dispõe o CDC em seu art. 105 que integram o Sistema Nacional de Defesa do Consumidor, os órgãos federais, estaduais, do Distrito Federal e municipais e as entidades privadas de defesa do consumidor, sendo o DPDC da SDE o organismo de coordenação da política do SNDC.

Em matéria de relações de consumo, cumpre também destacar o Decreto n. 2.181/97 que dispõe acerca da organização do SNDC e estabelece as normas gerais de aplicação das sanções administrativas previstas no CDC.

3. A CONCORRÊNCIA COMO MEIO ÓTIMO NA PROMOÇÃO DO BEM-ESTAR ECONÔMICO DO CONSUMIDOR

A busca da adequada preservação do funcionamento da economia de mercado exige uma legislação eficaz de defesa da concorrência. As exigências do próprio mercado numa economia capitalista como a brasileira fazem com que o processo de socialização e a distribuição dos benefícios da atividade econômica passem pelo mercado. Daí a necessidade de uma lei com atuação em prol do mercado concorrencial.

Uma lei de defesa da concorrência deve garantir a liberdade de competição entre os agentes econômicos objetivando assegurar as condições de produção e de consumo próprias de um regime de economia de mercado. Para tanto, é essencial que o processo de socialização e a distribuição dos benefícios da atividade econômica passem pelo mercado.

Nesse sentido, foi promulgada em 11 de junho de 1994 a Lei n. 8.884, Lei de Defesa da Concorrência, orientada pelos ditames constitucionais da liberdade de iniciativa, livre concorrência, função social da propriedade, defesa dos consumidores e repressão ao abuso do poder econômico, aplicada, sem prejuízo de convenções e tratados de que seja signatário o Brasil, às práticas cometidas no todo ou em parte no território nacional ou que nele produzam ou possam produzir efeitos, tendo a coletividade como titular dos bens por ela protegidos. Verifica-se, portanto, que a defesa dos consumidores é um importante princípio constitucional da ordem econômica que orienta a legislação concorrencial.

A concorrência como meio ótimo na promoção do bem-estar econômico do consumidor é possível com o Estado promovendo instituições fortes e aptas a controlar o poder econômico por meio do Direito.

Nos mercados imperfeitos a regulação é necessária, revelando-se a alternativa ao modelo clássico concorrencial e o meio para instituir as condições de concorrencialidade. Para tanto, deve ser priorizada a instituição de autoridades administrativas autônomas, no Brasil autarquias federais denominadas agências reguladoras, comprometidas com a defesa dos consumidores diante da pressão exercida pelo poder econômico. Mais ainda, tais agências, como ANATEL (telecomunicações), ANEEL (energia elétrica) e ANS (saúde complementar) devem estar comprometidas com os interesses e proteção dos direitos dos consumidores e relacionadas com o Sistema Nacional de Defesa do Consumidor — SNDC, a fim de integrarem uma grande rede nacional de proteção aos consumidores, como mais um mecanismo de se evitar a captura das agências pelo poder econômico.

Já nos mercados perfeitos o Estado, por meio de instituições de defesa da concorrência (SBDC) devidamente munidas de recurso técnico, pessoal, econômico e legal, deverá atuar para prevenir e coibir abusos, a fim de que a disputa entre os agentes resulte na vitória do mais apto, aquele escolhido pelo consumidor.

Para tanto, é necessário garantir o pleno acesso à informação ao consumidor, uma das tarefas primordiais das autoridades competentes em controlar o poder econômico. Informação é poder, e o poder econômico, ciente desse poder, o utiliza, legitimando seu direito de não prestar informações e, não prestando as informações necessárias às autoridades governamentais que, impotentes ou cooptadas, não as exige. O controle da informação aumenta o poder das grandes empresas e a sociedade, ingênua e individualista, acredita que em assimetria de informação consegue fazer as melhores escolhas. Perde o consumidor, que em assimetria de informação é incapaz de promover as melhores escolhas. Outrossim, a assimetria de informação no mercado compromete a competição entre os agentes, afetando desta forma o desenvolvimento.

A lógica pela concorrência é transferir a decisão, a escolha, ao consumidor, por isso deve estar plenamente informado. Para tanto, a sociedade também tem uma importante atribuição a cumprir, sobretudo deixar de ser individualista, envolvida pelo consumismo imposto pelo poder econômico, e começar a pensar o coletivo, o bem comum. Cumpre também à sociedade organizar-se em grupos de defesa dos interesses da coletividade, algo fundamental para exercer o dever cívico de pressionar o governo a fazer valer a soberania popular. A pressão junto ao governo é a contraforça ao poder econômico, que não mais poderá se esconder no anonimato e deverá prestar todas as informações necessárias para o consumidor fazer suas escolhas. Feito isso, a concorrência exigirá dos agentes do mercado o melhor em qualidade, preço, atendimento ao consumidor, respeito aos trabalhadores e responsabilidade socioambiental.

A relação entre defesa da concorrência e bem-estar do consumidor é destacada por Richard Whish (2009. p. 65) ao explicar as funções do *Office of Fair Trading* — OFT, a autoridade em defesa da concorrência do Reino Unido. A missão do OFT é fazer com que os mercados funcionem bem para os consumidores. Para tanto, a OFT reforçou as leis de proteção da concorrência e de consumo, sobretudo obtendo, compilando e criando um banco de dados, informando a sociedade como a competição pode beneficiar os consumidores e a economia, provendo informações e recomendações aos ministérios e promovendo boas práticas de consumo.

Na União Europeia a defesa dos interesses dos consumidores ganha maior destaque na legislação de defesa da concorrência. Explica Giorgio Monti[1] que a noção

---

(1) MONTI, Giorgio. *EC competition law*. Cambridge: Cambridge, 2007. p. 99.

de consumidor na União Europeia engloba os adquirentes de produtos de empresas acusadas de infringir a lei de concorrência, como revendedores, distribuidores ou quem compra algo em uma loja; todos são tidos como consumidores. Esta ampla definição é justificada pelos objetivos defendidos pela lei de concorrência, ou seja, os interesses dos agentes econômicos no mercado devem ser protegidos daqueles que promovam condutas anticoncorrenciais, em conformidade com o interesse do consumidor implicitamente incorporado no valor econômico de liberdade.

Contudo, prossegue Giorgio Monti[2], a atenção da Comissão Europeia tem sido no consumidor final, analisando como ele pode ou não ter proveitos a partir do comportamento das empresas. Tal entendimento estaria em conformidade com a "europeização" da legislação e proteção dos consumidores em atenção ao Tratado da União Europeia (art. 153 inserido no Tratado de Maastricht). O foco no consumidor final chega a ser apontado como o padrão adotado pela legislação concorrencial europeia, e não os temas também relacionados ao antitruste como eficiência ou liberdade econômica.

Os benefícios ao consumidor final propiciados pela concorrência são variados, como preços reduzidos, produtos de maior qualidade, maior oferta de produtos e serviços e inovação tecnológica. Neste sentido, salienta Monti[3] que cada vez mais será perceptível os benefícios ao consumidor viabilizados pela aplicação de leis de defesa da concorrência. O combate aos cartéis, por exemplo, gera uma redução dos preços, ou ainda autorizar acordos para reduções de custos de produção, algo que também tende a reduzir preços em benefício do consumidor.

Neste sentido, importante observar a Lei de Defesa da Concorrência (Lei n. 8.884/94), no que se refere às concentrações econômicas submetidas para análise e decisão final do CADE, que dispõe no art. 54, § 1º, que o CADE poderá autorizar os atos, sob qualquer forma manifestados, que possam limitar ou, seja como for, prejudicar a livre concorrência, ou resultar na dominação de mercados relevantes de bens ou serviços, desde que atendam as seguintes condições: I — tenham por objetivo, cumulada ou alternativamente: a) aumentar a produtividade; b) melhorar a qualidade de bens ou serviço; ou c) propiciar a eficiência e o desenvolvimento tecnológico ou econômico; II — os benefícios decorrentes sejam distribuídos equitativamente entre os seus participantes, de um lado, e os consumidores ou usuários finais, de outro; III — não impliquem eliminação da concorrência de parte substancial de mercado relevante de bens e serviços; IV — sejam observados os limites estritamente necessários para atingir os objetivos visados.

Como visto, a própria legislação concorrencial ao defender a livre concorrência acaba assegurando e promovendo o bem-estar econômico do consumidor. Não resta dúvida quanto à relação existente entre a defesa da concorrência e a proteção do

---
(2) *Idem.*
(3) *Ibidem*, p. 100.

consumidor. Giorgio Monti faz a análise entre os objetivos das legislações de concorrência e consumo:

> While competition law and consumer law are designed to remedy market failures, they do so in slightly different ways. Competition law safeguards economic freedom so that consumer sovereignty can be exercised, while consumer law is associated with a wider, and deeper, range of measures to protect the consumer from dangerous products, unfair contract terms, lack of information, or abusive sales tactics. In other words, competition law regulates the market process in general, while consumer law regulates the specific transaction between seller and consumer[4].

Percebe-se que a proteção do consumidor a partir da defesa da concorrência tende a ser mais eficiente, pois ao promover a liberdade econômica dentro dos mercados, a defesa da concorrência assegura a soberania do consumidor, permitindo que a decisão final seja tomada pelo consumidor diante das opções que lhe são oferecidas. Em outras palavras, a defesa da concorrência defende o consumidor de maneira ampla, macro, enquanto a legislação de proteção do consumidor muitas vezes resolve problemas pontuais, micros, defendendo um consumidor e não a sociedade.

A análise da proteção do consumidor pela defesa da concorrência é tão relevante, que o "5º IDRC Pre-ICN Fórum em Concorrência e Desenvolvimento", com data de 26 de abril de 2010, em Istambul, na Turquia, tem como tema "O Consumidor é Rei (e Rainha): trazendo o consumidor de volta para a lei de concorrência", examina algumas das dimensões do bem-estar do consumidor em políticas de concorrência.

O Fórum, que é copromovido pelo *International Development Research Centre* — IDRC — do Canadá e pela Autoridade Turca de Defesa da Concorrência (*Rekabet Kurumu*), antecede o maior evento mundial de defesa da concorrência, a Conferência da Rede Internacional da Concorrência (*International Competition Network* — ICN), no qual, anualmente, a questão da defesa da concorrência, suas tendências e as melhores práticas a serem adotadas pelas agências são discutidas por autoridades de concorrência nacionais ou multinacionais, organizações não governamentais, organismos internacionais, como OCDE, OMC e UNCTAD, comunidades acadêmicas e setores privados relacionados à concorrência.

A temática do consumidor e da concorrência no Fórum é tratada a partir do grande mote concorrencial, qual seja, promover o aumento do bem-estar. Contudo, este mote pode estar direcionado em duas finalidades: aumentar o bem-estar do consumidor e aumentar a eficiência econômica. Outrossim, é observada a relação do consumidor com a concorrência diante dos efeitos gerados pela crise financeira mundial e as decisões, muitas vezes com medidas concorrenciais e efeitos (positivos ou negativos) para o consumidor, adotadas pelos diversos governos.

---

(4) MONTI, Giorgio. *EC Competition Law*. Cambridge: Cambridge, 2007, p. 100-101.

Para tanto, quatro questões gerais são discutidas no Fórum para compreender a dimensão atual do consumidor em políticas de defesa da concorrência. Quais sejam:

• How can the division of objectives and functions between competition and consumer protection policy best be articulated?

• How do new competition authorities assess their experience of the relationship between these two bodies of law and implementation? In particular, what are the disadvantages of operating a single hybrid agency that integrates both competition and consumer protection functions, or two separate agencies; how can the respective disadvantages be overcome in practice? On which aspects of the interaction should the competition authority focus to yield the greatest "public relations" benefit?

• Behavioural economics is a fast moving field. Consumer protection legislation has taken up many of its practical lessons, essentially to protect consumers against themselves. Are firms able to take advantage of the "weaknesses" of consumer behaviour, compared to that of the idealised "rational man?" If so, in what ways? Can existing provisions be applied in a way that accommodates new advances in understanding of these matters or does the competition law need to be amended? In which markets are the investigated behaviours most relevant? In what situations or types of jurisdictions is it most urgent to address this issue?

• What approaches have different competition authorities taken to justify their need for continued support from policymakers? Should all be trying to show the impact of their interventions by quantifying the gains they generate or could this backfire? What methodologies have been tried to evaluate consumer gains from competition law enforcement, with what result? What are the respective merits and difficulties of different evaluation methods and which are feasible for young, under-resourced authorities[5]?

Um Estado determinado a promover o bem-estar social e, efetivamente, controlar o poder econômico, deverá relacionar concorrência e desenvolvimento, sobretudo para economias em desenvolvimento e em transição, introduzindo cada vez mais a defesa da concorrência em setores regulados e reforçar o combate a cartéis, de modo a assegurar a proteção do consumidor. Neste sentido, alguns objetivos deverão ser perseguidos, tais como: (i) assegurar um efetivo processo concorrencial; (ii) promover o bem-estar econômico do consumidor; (iii) maximizar a eficiência; (iv) assegurar a liberdade econômica; (v) assegurar o equilíbrio entre os concorrentes em condições desiguais; (vi) promover a lealdade e a igualdade; (vii) promover a escolha do consumidor; (viii) alcançar a integração dos mercados; (ix) facilitar privatizações e liberalização dos mercados; e, (x) promover a concorrência nos mercados internacionais.

---

(5) Disponível em: <http://www.icn-istanbul.org/submenu/program/idrc.aspx>.

Conclusão

O surgimento recente, tanto do direito do consumidor, quanto do direito da concorrência, foram respostas aos anseios sociais, sobretudo no início do século XX, mas que ganham devida importância no Brasil apenas na década de 1990. Ambos são a resposta do Estado, em defesa do funcionamento dos mercados e do bem-estar do consumidor, aos abusos praticados pelo poder econômico.

Enquanto a legislação de defesa do consumidor, em linhas gerais, protege o consumidor contra os eventuais abusos praticados pelo poder econômico nas relações de consumo, a essência da legislação de defesa da concorrência está na confiança de que o mercado operante e protegido de práticas anticoncorrenciais, o poder econômico dificilmente se traduzirá em abuso e, como consequência, o bem-estar econômico do consumidor estará assegurado.

O dever de defender a livre concorrência e o bem-estar do consumidor passa a ser desempenhado pelo Estado por meio de órgãos competentes, que integram o Sistema Nacional de Defesa do Consumidor e o Sistema Brasileiro de Defesa da Concorrência, respectivamente para a aplicação das Leis ns. 8.078/90 e 8.884/94.

No contexto da economia de mercado é essencial que o processo de socialização e a distribuição dos benefícios da atividade econômica passem pelo mercado e, sendo a defesa dos consumidores um importante princípio constitucional da ordem econômica que orienta a legislação concorrencial, a concorrência se revela o meio ótimo na promoção do bem-estar econômico do consumidor.

A lógica pela concorrência é transferir a decisão, a escolha, ao consumidor, por isso ele deve estar plenamente informado, para que obtenha os benefícios propiciados pela concorrência, como preços reduzidos, produtos de melhor qualidade, maior oferta de produtos e serviços e inovação tecnológica.

Para tanto, a sociedade além de deixar de ser individualista e submissa ao consumismo imposto pelo poder econômico, deverá pautar-se pelo coletivo, o bem comum. O Estado também deverá promover instituições fortes e aptas a controlar o poder econômico por meio do Direito em benefício da competição e dos consumidores.

Neste sentido, as agências reguladoras devem estar comprometidas com a competição e o bem-estar do consumidor e relacionadas com o Sistema Nacional de Defesa do Consumidor — SNDC, a fim de integrarem uma grande rede nacional de proteção aos consumidores, como mais um mecanismo de se evitar a captura das agências pelo poder econômico. O Judiciário também deve pensar a defesa do consumidor como algo macro, no sentido de que uma decisão em favor de um consumidor não seja apenas a indenização por um dano causado ou um serviço que não tenha sido prestado. Mas, sobretudo, uma punição ao agente econômico, para que este não incorra na mesma conduta em prejuízo a outros consumidores e a punição imposta seja exemplar ao mercado, sinalizando ao infrator e aos demais agentes econômicos que tal conduta ofensiva aos consumidores não é admitida.

Verifica-se, desta forma, que a defesa da concorrência defende o consumidor de maneira ampla, macro, enquanto a legislação de proteção do consumidor muitas vezes resolve problemas pontuais, micros, defendendo muitas vezes um consumidor específico, isolado, e não a sociedade.

Conclui-se, portanto, que a proteção do consumidor a partir da defesa da concorrência tende a ser mais eficiente, pois ao promover a liberdade econômica dentro dos mercados, a defesa da concorrência assegura a soberania do consumidor, permitindo que a decisão final seja tomada pelo consumidor diante das opções que lhe são oferecidas.

REFERÊNCIAS BIBLIOGRÁFICAS

BAGNOLI, Vicente. *Introdução ao direito da concorrência*: Brasil-globalização-União Europeia-Mercosul-ALCA. São Paulo: Singular, 2005.

_____ . *Direito e poder econômico*: os limites jurídicos do imperialismo frente aos limites econômicos da soberania. Rio de Janeiro: Elsevier, 2009.

_____ . *Direito econômico*. 3. ed. Série Leituras Jurídicas. São Paulo: Atlas, 2008. v. 29.

DENSA, Roberta. *Direito do consumidor*. 2. ed. Série Leituras Jurídicas. São Paulo: Atlas, 2006. v. 21.

MASSO, Fabiano Del. *Direito do consumidor e publicidade clandestina*. Rio de Janeiro: Elsevier, 2009.

MONTI, Giorgio. *EC competition law*. Cambridge: Cambridge, 2007.

PASSARELLI, Eliana. *Dos crimes contra as relações de consumo*. São Paulo: Saraiva, 2002.

WHISH, Richard. *Competition law*. 6. ed. Oxford: Oxford, 2009.

Sítios consultados

<http://www.mj.gov.br/sde>

<http://www.planalto.gov.br>

<http://www.icn-istanbul.org>

Direito da Concorrência e
∽ Proteção ao Consumidor ∾

Paulo Egídio Seabra Succar[*]

Introdução

É uma honra e satisfação ser convidado pelas professoras organizadoras deste livro para contribuir com este artigo numa obra que celebra os vinte anos de promulgação, no Brasil, do Código de Defesa do Consumidor. Há alguns anos, desde meu regresso ao magistério mackenzista em 2005, depois de uma pós-graduação no exterior, tenho percebido o aumento das intersecções entre o direito empresarial e o direito do consumidor. E a perda de conteúdo do direito civil. As relações do direito privado são, atualmente, no mais das vezes, tuteladas pelo direito empresarial ou pelo direito consumerista. A mim me parece bem claro que o direito civil é a área do direito que vem perdendo influência nas relações privadas. Cada vez mais arrinconado no direito de pessoas, bens imóveis e família, o nosso atual código de direito privado se "mercantilizou" muito mais do que pensava a vã filosofia. Quero dizer, atualmente o direito empresarial ocupa muito mais espaço na realidade das pessoas e no tratamento legislativo do que o direito civil, desmentindo as conclusões mais apressadas sobre a independência e importância do direito empresarial. E esse arrinconamento deve-se à expansão do direito empresarial, e sobretudo ao desenvolvimento do direito consumerista.

(*) Bacharel em Direito pela Faculdade de Direito da Universidade Presbiteriana Mackenzie (1989). Especialização em Direito Processual Civil pela Faculdade de Direito da Universidade Presbiteriana Mackenzie (1991). Mestrado em Direito Comercial pela Faculdade de Direito da Universidade Presbiteriana Mackenzie (1991). Mestrado em Direito Europeu pela Faculdade de Direito da Universidade de Valladolid/Espanha (2004). Nomeado Observador Permanente do Centro de Innovación, Desarrollo y Investigación Jurídica para Latinoamérica. Membro da Comissão de Direito Empresarial da Ordem dos Advogados do Brasil — OAB (2009). Professor de Direito Empresarial nos cursos de Graduação e Pós-graduação da Faculdade de Direito da Universidade Mackenzie. Professor Associado da Universidad Rey Juan Carlos — Madrid/Espanha. Membro efetivo do Instituto dos Advogados de São Paulo (IASP). Coordenador da Comissão Chamber of Commerce da Associação Comercial de São Paulo — Distrital Santana. Membro do Comitê de Ensino Jurídico e Relações com Faculdades do CESA — Centro de Estudos das Sociedades de Advogados.
Agradece-se aos acadêmicos de direito Nathalia Paredes e Lucas Evangelinos, monitores da cadeira de direito de empresa e sociedades empresárias na Faculdade de Direito da Universidade Presbiteriana Mackenzie, os quais contribuíram decisivamente para a elaboração deste artigo.

Certamente outros articulistas que estão contribuindo para esta obra deitarão raízes no estudo do surgimento e desenvolvimento do direito do consumidor. Para não me tornar repetitivo e também não avançar questões alheias à minha área de conhecimento, apenas lembro que desde sempre se cogitou de proteger a parte frágil da relação de consumo, já mesmo em sede do direito comercial. Na Idade Média as corporações de ofício, origem do direito empresarial, sofriam rígido controle e fiscalização[1]. Paula Forgioni, em seu excelente *Do mercador ao Mercado* lembra que os empresários que se dedicavam ao comércio de pescados eram obrigados o cortar o rabo de todos os peixes não vendidos ao final do dia, para que no dia seguinte o peixe não fosse vendido como fresco. Claro que aquelas regras valiam para aqueles tempos de simplicidade das relações econômicas. Mas a sensação do desequilíbrio entre as partes (empresário e consumidor) nas relações de consumo já estava lá. O surgimento da produção em massa durante a Revolução Industrial e, mais recentemente, a aceleração dos negócios e o desenvolvimento dos meios de comunicação e de transporte exacerbaram aquele desequilíbrio, polarizando as relações e atraindo a atenção do legislador. A concentração de capitais e as estratégias agressivas de publicidade demonstraram a necessidade da existência do direito consumerista, que rompeu com a lógica do direito entre iguais, tradicionalmente transmitido pelo regime civil-romanista. Sob os auspícios dessas circunstâncias no Brasil promulga-se em 1990 o Código de Defesa do Consumidor, em consonância com os avanços estrangeiros na matéria, baseando-se, fundamentalmente, na experiência do direito social de proteção ao economicamente mais frágil, buscando um equilíbrio de forças.

O DIREITO DA CONCORRÊNCIA

Já o estudo do direito da livre concorrência e da livre iniciativa é bem mais recente e está impregnado das regras que presidem a sociedade capitalista contemporânea — dela vem a influência dos estudos do capital e do dinheiro —, mas, em realidade, vincula-se à vetusta atividade empresária, cuja prática permeou toda a evolução humana, transformou a Baixa Idade Média, provocou a Revolução Francesa, conduziu à Revolução Industrial e atua em cada ato da vida em nossos dias do século XXI[2]. A defesa da concorrência propõe a eficiência da economia, sendo seu objetivo-fim tornar máximo o nível de bem-estar econômico da sociedade.

E, surpreendam-se, o direito do consumidor compõe a nova fronteira do direito empresarial: o direito concorrencial, que se apresenta como um ramo híbrido da ciência do direito.

A concorrência empresarial (que existia desde que se iniciaram as trocas) torna-se assunto e objeto de estudo a partir do final do século XIX, quando a sociedade inicia o segundo processo de constitucionalização de direitos, inserindo nas cartas

---

(1) BITTAR, Carlos Alberto. *Direitos do consumidor*. 6. ed. Rio de Janeiro: Forense Universitária, 2003.
(2) SUCCAR, Paulo; BAGNOLI, Vicente. *Estudos de direito da concorrência*. São Paulo: Mackenzie, 2004.

políticas as questões sociais que envolviam a sociedade daquele antanho. Surge antes o mercantilismo, contemporâneo ao Absolutismo Monárquico. Com ele a ideia do monopólio (lícitos, desempenhados diretamente pelo Estado, importante para a formação de um mercado nacional, e ilícitos, os que não eram explorados pelo Estado, nem por particulares por ele concedido) que, em 1624, é duramente afetado pelo *Statute of Monopolies*, proveniente do Parlamento inglês, o qual limitava o poder do Soberano para conceder ou exercer monopólios. Os valores do Iluminismo abriram caminho para as Revoluções Liberais, da Revolução Gloriosa inglesa à Revolução Francesa que provocou a grande ruptura social. Nessa época pós-Revolução Francesa destaca-se a Lei Chapelier, de importância capital para o direito comercial. É a Lei Chapelier que, inspirada nos ideais revolucionários, especialmente o da igualdade, extingue os antigos Tribunais Consulares, Tribunais de Comércio também conhecidos como Corporações de Ofício, romanticamente retratado por Shakespeare no julgamento de Antonio em *O Mercador de Veneza*. Antes da queda de Napoleão, em 1815, na Batalha de Waterloo, Bonaparte tinha promulgado o Código Civil e o Código de Comércio, em 1807. Pouco antes já tivera início a Revolução Industrial (na sua fase industrial), contaminando alguns outros países da Europa, Estados Unidos e Japão em sua fase econômica ou financeira. Surgem assim as grandes sociedades anônimas, os grupos econômicos, conglomerados e, claro: o mercado consumidor e os cartéis.

Claro. Os empresários logo perceberam que a concorrência era cruel para os ineficientes, razão pela qual preferiram firmar acordos entre si, neutralizando a concorrência. Em 1882 surge o primeiro e mais famoso de todos os trustes: o *Standard Oil*, liderado pelo Grupo Rockfeller, ainda hoje um dos mais ricos e influentes dos Estados Unidos. Como reação promulga-se naquele país o *Sherman Act*, considerado o marco legal do antitruste.

No Brasil, após frustradas tentativas de legislar sobre a concorrência empresarial, o tema ganha foros constitucionais com o art. 170 da Constituição Federal Brasileira, que indica como princípio da ordem econômica, a livre concorrência e a defesa do consumidor. Assim mesmo, nessa ordem. Talvez esses dois princípios sejam os pilares do que se convencionou chamar de Constituição Econômica, terceira geração da evolução constitucional.

As primeiras Constituições liberais foram fruto do Estado Liberal de Adam Smith. O Estado Liberal cedeu lugar ao intervencionista e agora o intervencionista cede lugar ao regulador. É inegável que foi sob o pensamento liberal que se deu a formação do Estado Moderno. Do liberalismo ficamos com a garantia às liberdades individuais e o afastamento do Estado da tarefa de prestação da atividade econômica. No século XX o Estado Liberal perde sua primazia, contrastado pela Revolução Marxista e pela crescente adoção de políticas intervencionistas, marcadas, segundo Alberto Venâncio Filho[3]:

---

(3) VENÂNCIO FILHO, Alberto. *A intervenção do Estado no domínio econômico*. Rio de Janeiro: FGV, 1968.

Durante todo o transcorrer do século XIX, importantes transformações econômicas e sociais vão profundamente alterar o quadro em que se inserira esse pensamento político-jurídico. As implicações cada vez mais intensas das descobertas científicas e de suas aplicações, que se processam com maior celeridade, a partir da Revolução Industrial, o aparecimento das gigantescas empresas fabris, trazendo, em consequência, a formação de grandes aglomerados urbanos, representam mudanças profundas na vida social e política dos países, acarretando alterações acentuadas nas relações sociais, o que exigirá paulatinamente, sem nenhuma posição doutrinária preestabelecida, o Estado vá, cada vez mais, abarcando maior número de atribuições, intervindo mais assiduamente na vida econômica e social, para compor os conflitos de interesses de grupos e de indivíduos.

Após atingir níveis acentuados de intervenção, foi-se revertendo parte dessa situação e tanto no mundo capitalista como no comunista assistiu-se a um revigoramento do mercado como instrumento por excelência regulador da economia. E todas as Constituições passaram a conter dispositivos sobre a organização da economia, lidando, agora, com os conceitos concorrência e consumidor.

Neste contexto é promulgada a Lei n. 8.884, de 11 de junho de 1994, conhecida como Lei de Defesa da Concorrência. Promulgada a apenas quatro anos após a Lei do Código de Defesa do Consumidor, a Lei n. 8.884 também adota a expressão "defesa" para nomear a nova norma legal.

Torna-se, portanto, imprescindível para análise da situação do consumidor frente aos fornecedores, o entendimento do vínculo entre esses dois dogmas, pois a concorrência existente entre os fornecedores tem influência direta no rol de direitos do consumidor.

O DIREITO DO CONSUMIDOR MOLDANDO O DIREITO DA CONCORRÊNCIA

Esta visão — do direito consumerista moldando o da concorrência — é relativamente nova. O objetivo-fim da defesa da concorrência sempre foi tornar máximo o nível de bem-estar econômico da sociedade. Economias competitivas são, também, uma condição necessária para o desenvolvimento econômico sustentável a longo prazo. Nesse ambiente econômico as empresas se defrontam com os incentivos adequados para aumentar a produtividade e introduzir novos e melhores produtos, gerando crescimento econômico.

Nas palavras do ilustre professor Alexandre de Moraes: "'livre concorrência': constitui livre manifestação da liberdade de iniciativa, devendo, inclusive, a lei reprimir o abuso de poder econômico que visar à dominação dos mercados, à eliminação da concorrência e ao aumento arbitrário dos lucros (CF, art. 173, § 4º)"[4].

---

(4) MORAES, Alexandre. *Direito constitucional*. 30. ed. São Paulo: Atlas, 2009.

De forma mais profunda, "o conceito de livre concorrência tem caráter instrumental, significando o 'princípio econômico' segundo o qual a fixação dos preços das mercadorias e serviços não deve resultar de atos cogentes da autoridade administrativa, mas sim do livre jogo das forças em disputa de clientela na economia de mercado. Houve, por conseguinte, iniludível opção de nossos constituintes por dado tipo de política econômica, pelo *tipo liberal do processo econômico*, o qual só admite a intervenção do Estado para coibir abusos e preservar a livre concorrência de quaisquer interferências, quer do próprio Estado, quer do embate de forças competitivas privadas que pode levar à formação de monopólios e ao abuso do poder econômico visando ao aumento arbitrário dos lucros" (O Plano Collor II e a intervenção do Estado na ordem econômica. In: *Temas de direito positivo*. São Paulo: Revista dos Tribunais, 1992. p. 250-251)[5].

Abordaremos adiante algum tema sobre o CADE, um dos três personagens do Sistema Brasileiro de Defesa da Concorrência, mas desde logo se torna incontestável que o consumidor passou a ser objeto jurídico tutelado, protegido pelas normas do direito da concorrência e, bem assim, tornou-se elemento de limitação da expansão da liberdade de empreender, pilar mestre das economias capitalistas.

Alan Greenspan em sua autobiografia *A Era da Turbulência*[6] relata um caso bastante interessante sob esse aspecto da ação das forças do mercado, sem intervenção, mas com vigilância do Estado. E ilustra bem a questão do exercício da liberdade de empreender e os interesses dos consumidores".

Em visita à União Soviética, ao tempo do Governo Gorbachev, tentando auxiliá--lo no movimento reformista sob a mentalidade da glasnost (abertura), Alan Greenspan fez um trajeto que o levou à periferia de Moscou. Nesse caminho avistou um trato a vapor, da década de 1920 (era 1989 (!), Gorbachev desmontava a União Soviética soprada pela Perestroika, ambicioso programa de reforma econômica, o mundo estava prestes a assistir a demolição de um dos maiores símbolos da Guerra Fria, o muro de Berlim que dividia a Alemanha em Oriental e Ocidental, a Polônia realizou sua primeira eleição livre e os acontecimentos que se seguiram surpreenderam o mundo. O sindicato Solidariedade de Lech Walesa conquistou a vitória decisiva contra o Partido Comunista Polonês e Gorbachev declarou que a então URSS aceitava o resultado das eleições livres). O veículo era completamente desajeitado e barulhento, com grandes rodas de metal. Alan Greenspan perguntou ao seu condutor: "Por que será que ainda estão usando essa velharia?" "Não sei", respondeu seu interlocutor. "Por que ainda funciona?" Como os Chevrolets 1957 que ainda habitam as ruas de Havana, em Cuba, aquela relíquia na antiga União Soviética representava a diferença entre as sociedades sob planejamento central e as sociedades liberais. Aliás, aqueles

---

(5) MENDES, Gilmar Ferreira; COELHO, Inocêncio Mártires; BRANCO, Paulo Gustavo Gonet. *Curso de direito constitucional*. 4. ed. São Paulo: Saraiva, 2009.
(6) GREENSPAN, Alan. *A era da turbulência*. Rio de Janeiro: Campus, 2008.

sistemas ruíram exatamente porque não foram capazes de melhorar o padrão de vida dos consumidores e em criar riqueza. A produção e a distribuição são determinadas por instruções específicas das agências de planejamento às fábricas, indicando de quem e em que quantidades devem receber suprimentos e serviços, e a quem devem distribuir a produção. Presume-se o pleno emprego e predeterminam os salários. O grande ausente é o consumidor final, que, nas economias sob planejamento central, devem aceitar passivamente os bens cuja produção foi encomendada pelos órgãos do governo.

Assim, ao mesmo tempo em que os consumidores (ou seus direitos) limitam a expansão empresarial, compõem uma força importante na dinâmica dos freios e contrapesos da economia capitalista. Sem mercados eficientes para determinar oferta e demanda, as consequências são quase sempre enormes excedentes de produtos que ninguém quer e enormes faltas de produtos que muita gente quer, mas que não são produzidos em volumes adequados. As faltas resultam em racionamento. Pudemos ver de perto essa experiência não na União Soviética (lamentavelmente), mas na pitoresca ilha de Cuba, quando lá estivemos em 2007 para estudar sociedades com controle central.

O Direito do Consumidor, tendo como propósito a defesa do consumidor, pode ser definido, nas palavras da erudita Cláudia Lima Marques, como sendo parte da ciência, parte da evolução do pensamento jurídico, "criando novos conceitos, pensando topicamente e dando novo conteúdo a noções-chaves como a boa-fé, a equidade contratual, a válida manifestação de vontade, a equivalência de prestações, a transparência e o respeito entre parceiros na fase pré-contratual"[7].

É possível afirmar que a relação existente entre esses princípios se pauta no resultado oriundo da livre concorrência, pois os inúmeros confrontos existentes entre os fornecedores para captação de consumidores, acaba atingindo-os, por exemplo, financeiramente, com o aumento ou diminuição do valor de um determinado produto, ou na maior ou menor variedade de escolha, qualidade, grau de informações, acessibilidade etc.

Neste sentido, "A livre concorrência é um dos princípios norteadores da atividade econômica. Desse modo, o princípio da concorrência é assumido como "garantia--institucional" da ordem econômica. A projeção no mercado das diferentes e autônomas iniciativas é tida como a forma mais adequada de racionalização econômica, porque, em razão da diversidade e competitividade de ofertas, cria-se terreno favorável para um progresso econômico e social em benefício dos cidadãos". [...] (MIRANDA; MEDEIROS. *Const. anotada*. t. II, p. 20)[8].

---

(7) MARQUES, Cláudia Lima. *Contratos no código de defesa do consumidor:* o novo regime das relações contratuais. 4. ed. São Paulo: Revista dos Tribunais, 2002. p. 25.
(8) *Apud* NERY JUNIOR, Nelson; NERY, Rosa Maria de Andrade. *Constituição federal comentada e legislação constitucional.* 2. ed. São Paulo: Revista dos Tribunais, 2009.

Ressalta-se, novamente, que tal liame deve ser cautelosamente vigiado, com intuito de prevenir práticas ilícitas como a formação de cartéis, os *dumpings*, os trustes e outras formas de buscar artificialmente influenciar o mercado, proporcionando alta lucratividade aos empresários e desalento aos consumidores.

De tal sorte que o Conselho Administrativo de Defesa Econômica — CADE, "[...] órgão judicante, com jurisdição em todo o território nacional, criado pela Lei n. 4.137/62 e transformado em Autarquia vinculada ao Ministério da Justiça pela Lei n. 8.884, de 11 de junho de 1994"[9], exerce a função de órgão regulador da concorrência na economia do Brasil, tendo intervindo, recentemente, em casos como a fusão das empresas de telefonia OI e Brasil Telecom, compra da Quattor pela petroquímica Braskem, a compra da Cimentos de Portugal por três empresas brasileiras: Votorantim, Camargo Corrêa e Companhia Siderúrgica Nacional, a fusão entre os bancos Itaú e Unibanco, entre outros.

Em outro fronte, a Lei Antitruste (Lei n. 8.884/94) disciplina a prevenção e a repressão às infrações contra a ordem econômica, orientada pelos ditames constitucionais de liberdade de iniciativa, livre concorrência, função social da propriedade, defesa dos consumidores e repressão ao abuso do poder econômico, direitos esses de que é titular a coletividade (LAT, art. 1º, *caput* e parágrafo único).

Da mesma forma, mas com uma proximidade maior dos consumidores, há a Fundação de Proteção e Defesa do Consumidor — PROCON. Tal instituição, criada pela Lei n. 9.192, de 23 de novembro de 1995, pauta-se no objetivo de "elaborar e executar a política estadual de proteção e defesa do consumidor" (art. 2º do diploma supracitado).

Neste sentido, o Superior Tribunal de Justiça, em caso relacionado à prática de *dumping* pela Companhia de Petróleo Esso, já reconheceu ser legítimo o PROCON para fiscalizar a ocorrência de infração contra a ordem econômica e aplicar multa:

> A Primeira Turma do Superior Tribunal de Justiça reconheceu a legitimidade do Procon para fiscalizar a ocorrência de infração contra a ordem econômica e aplicar multa. O entendimento mudou a decisão da justiça paulista que dera razão à revendedora de combustíveis e anulara a multa do Procon, por entender que não haveria dano ao consumidor.

No entanto, o relator no STJ, ministro Francisco Falcão, destacou que o Código de Defesa ao Consumidor permite a atuação do Procon em casos como esse. Legitimidade garantida também pela lei que trata da prevenção e da repressão às infrações contra a ordem econômica[10].

Vale destacar, ainda, até em homenagem ao dia 8 de outubro de 2009, Dia Nacional de Combate a Cartéis, o empenho do governo brasileiro para

---

(9) Disponível em: <http://www.cade.gov.br/Default.aspx?be7f818f9d7cbc9eaa> Acesso em: 29.3.2010.

(10) Disponível em: <http://www.stj.gov.br/portal_stj/publicacao/engine.wsp?tmp.area=448&tmp.texto=86582&tmp.area_anterior=44&tmp.argumento_pesquisa=dumping> Acesso em: 29.3.2010.

constituição de um mercado livre de práticas desleais de concorrência em nosso país e no estrangeiro.

Durante a solenidade que marcou esta data, "foi assinado acordo de cooperação entre o governo e a União Europeia para a troca de informações e tecnologias no combate ao crime. 'É necessária uma atuação conjunta cada vez maior e mais eficiente', disse o ministro da Justiça, Tarso Genro. O Brasil já possui acordos semelhantes com Estados Unidos, Argentina, Chile, Portugal, Rússia e Canadá".

Para a comissária de Concorrência da União Europeia, Nellie Kroes, o bloco e o Brasil precisam "trabalhar em conjunto para construir melhores mercados, com mais condições de competição"[11].

Nesta seara, contudo, não cabe apenas às instituições governamentais a defesa dos direitos do consumidor, pois de nada vale a repressão a certas práticas desempenhas por fornecedores, que buscam aumentar seus rendimentos manipulando ilegalmente o mercado, quando o próprio consumidor não age com cautela para resguardar seus direitos.

A aquisição de um produto "genérico" em "estabelecimento" que não está autorizado a vendê-lo pode parecer, a princípio, um bom negócio, por conta de seu preço mais baixo, capacidade de desempenhar funções iguais ao original, disponibilidade, entre outras aparentes vantagens.

No entanto, observe que neste simples ato, o consumidor, além de colocar em risco, praticamente, o rol inteiro de seus direitos previstos no art. 6º do CDC, também afetou o mercado, pois o ganho que deveria ser auferido pelo fornecedor que realiza suas atividades dentro da lei, foi, por outro lado, recepcionado por um fornecedor informal.

Obviamente, à conduta individual de um consumidor, por si só, não pode ser atribuída parte da responsabilidade pelas ações desleais de inúmeros fornecedores, porém a prática reiterada, por milhares de consumidores, desta mesma conduta pode.

Para entender o Direito Consumerista, pois, não é possível limitar-se à análise da relação existente entre fornecedor e "cliente", o próprio Código de Defesa do Consumidor, em seu art. 4º, alerta que a Política Nacional das Relações de Consumo tem como princípio: "VI — coibição e repressão eficientes de todos os abusos praticados no mercado de consumo, inclusive a concorrência desleal e utilização indevida de inventos e criações industriais das marcas e nomes comerciais e signos distintivos, que possam causar prejuízos aos consumidores".

Conclusão

Concluindo, o consumidor hoje é protegido por um conjunto de regras que tipificam os direitos e garantias do destinatário final das mercadorias e serviços. Esse

---

(11) Disponível em: <http://www.presidencia.gov.br/noticias/ultimas_noticias/6pr-09102009/> Acesso em: 29.3.2010.

arcabouço se tornou, ao longo do tempo, com o amadurecimento de outras leis e com o surgimento de tantos órgãos de proteção, um elemento limitador da própria atividade econômica.

Com efeito, ganha importância a seção "Das Práticas Comerciais" (Capítulo V, do Título I do Código de Defesa do Consumidor). É que ele engloba diversos comportamentos previstos no art. 39, muitos dos quais guardando íntima relação com outros diplomas legais de natureza empresarial-econômica. Prevê práticas que, nas palavras de Carlos Alberto Bittar, "ao turbarem a livre possibilidade de escolha do consumidor" avançam contra o próprio mercado e se conecta, quase que necessariamente, a uma conduta de aumento abusivo de lucro, ou uma monopolização, eliminação de concorrência e outras condutas que estão previstas no art. 20 da Lei n. 8.884/94.

As especulações de mercado, a formação de cartéis e outras manobras também são exemplos típicos de abusos reprovados pela legislação antitruste, e rejeitados no campo do direito consumerista com potencial para lesar o patrimônio do consumidor.

Por fim, se a lei de defesa da concorrência tem como objetivo imediato a lisura das relações negociais entre os agentes econômicos, de maneira a evitar abusos em prejuízo do livre mercado e da concorrência leal e honesta, seu fim mediato é, modernamente considerada, a defesa do consumidor, destinatário de tudo que se produz, o que justifica a afirmação do professor José Geraldo Brito Filomeno, para quem "a defesa da ordem econômica tem como razão final a proteção dos interesses e direito dos consumidores, eis que destinatários finais de tudo o que é produzido no mercado, seja em matéria de produtos, seja na de serviços".

REFERÊNCIAS BIBLIOGRÁFICAS

BITTAR, Carlos Alberto. *Direitos do consumidor.* 6. ed. Rio de Janeiro: Forense Universitária, 2003.

GREENSPAN, Alan. *A era da turbulência.* Rio de Janeiro: Campus, 2008.

MARQUES, Cláudia Lima. *Contratos no código de defesa do consumidor:* o novo regime das relações contratuais. 4. ed. São Paulo: Revista dos Tribunais, 2002.

MENDES, Gilmar Ferreira; COELHO, Inocêncio Mártires; BRANCO, Paulo Gustavo Gonet. *Curso de direito constitucional.* 4. ed. São Paulo: Saraiva, 2009.

MORAES, Alexandre. *Direito constitucional.* 30. ed. São Paulo: Atlas, 2009.

NERY JUNIOR, Nelson; NERY, Rosa Maria de Andrade. *Constituição federal comentada e legislação constitucional.* 2. ed. São Paulo: Revista dos Tribunais, 2009.

SUCCAR, Paulo; BAGNOLI, Vicente. *Estudos de direito da concorrência.* São Paulo: Mackenzie, 2004.

VENÂNCIO FILHO, Alberto. *A intervenção do Estado no domínio econômico.* Rio de Janeiro: FGV, 1968.

Novos Instrumentos de Acesso à Justiça e o ⨳ Código de Defesa do Consumidor ⨳

Andrea Boari Caraciola[*]
Nuncio Theophilo Neto[**]
Wilson Gianulo[***]

Introdução

Analisada a cláusula do amplo acesso à Justiça, nela compreendido o direito a uma tutela adequada, tempestiva e efetiva face ao conflito de direito material controvertido, impõe-se à reflexão, no presente artigo, a temática adstrita aos 20 anos do Código de Defesa do Consumidor analisada sob a ótica da Justiça multiportas: este

---

(*) Doutora em Direito, subárea direito processual civil, pela Pontifícia Universidade Católica de São Paulo, com a tese "Princípio da Congruência no Código de Processo Civil" (2007), mestre em Direito pela Universidade Presbiteriana Mackenzie , com a dissertação "Efeito Infringente dos Embargos de Declaração"(1999), especialista em Direito Empresarial pela Universidade Presbiteriana Mackenzie (1995) e graduada em Direito pela Universidade Presbiteriana Mackenzie (1994). Pedagoga com habilitação específica em Administração Escolar, graduada pela Universidade Presbiteriana Mackenzie (1993). Atualmente (desde 2006) é coordenadora da Prática Jurídica da Faculdade de Direito da Universidade Presbiteriana Mackenzie, onde também leciona disciplinas de direito processual civil. É advogada na área cível, especializada em desapropriação. Plataforma lattes: http://buscatextual.cnpq.br/buscatextual/visualizacv.jsp?id=K4753536H9.

(**) Graduação em Direito pela Faculdade de Direito da Universidade de São Paulo (1980), graduação em Economia pela Faculdade de Ciências Econômicas, Contábeis e Administrativas da Universidade Presbiteriana Mackenzie (1979) e mestrado em Direito Político e Econômico pela Universidade Presbiteriana Mackenzie (2002). É Doutorando em Direito Internacional das Relações do Comércio pela Pontifícia Universidade Católica de São Paulo. Atualmente é Juiz de Direito de entrância especial — Tribunal de Justiça de São Paulo, professor assistente associado II da Faculdade de Direito da Universidade Presbiteriana Mackenzie, exercendo desde 2005 sua direção.

(***) Graduação pela Faculdade Padre Anchieta de Direito (1984). Especialização em Direito Processual Civil pelo Centro Universitário das Faculdades Metropolitanas Unidas FMU (1993). Mestrado em Direito Procesual Civil pela Universidade Presbiteriana Mackenzie (2000). Ex-professor licenciado do Centro Universitário das Faculdades Metropolitanas Unidas (FMU) em Direito Civil. Doutorando em Direito Político e Econômico pela Universidade Presbiteriana Mackenzie. Professor na Graduação e Pós-Graduação da Universidade Presbiteriana Mackenzie. Editor e Membro do Conselho Editorial da Revista Literária de Direito. Diretor dos Cursos de Complementação Profissional do Instituto de Cultura Jurídica. Coordenador do Curso de Direito do Campus de Campinas — SP. Ex-Chefe do Núcleo de Direito Processual Civil da Faculdade de Drieito da Universidade Mackenzie — SP. Membro da Academia Paulista de Letras Jurídicas Advogado Militante.

o objeto de nossa investigação explorativa, que se reveste de importância ímpar neste momento histórico, no qual se revela imprescindível o balanço sobre os acertos e desacertos cometidos nestes 20 anos de vigência do Código de Defesa do Consumidor, tendo-se em vista o aperfeiçoamento da legislação e de sua aplicação na sociedade.

Importante destacar que a presente investigação explorativa sobre o Código de Defesa do Consumidor será desenvolvida de forma adstrita a tutela constitucional do processo e os meios alternativos de solução de conflitos, matéria atinente à teoria geral do processo e que comporta dupla conformação, quais sejam, o direito de acesso à Justiça, também denominado direito de ação e de defesa, bem como o direito ao processo, direito este que abarca as garantias do devido processo legal.

1. Processo e Constituição: o consumidor na Constituição brasileira de 1988

Cumpre inicialmente observar a importância do estudo científico acerca da estruturação principiológica e garantística do processo, uma vez que perceptível a tendência legislativa inserta em diversos ordenamentos de dogmatização constitucional do processo, exsurgindo neste contexto a conscientização acerca da importância da tutela constitucional do processo em benefício da adequada funcionalidade da ordem jurídica[1].

"Não escapa à percepção do observador atento a evolução da ciência processual, a feliz implementação pelo legislador constituinte, do que se denomina modelo constitucional do processo, horizonte que impõe o aperfeiçoamento do sistema jurídico a partir dos princípios e valores constitucionais."[2]

Assim é que o estudo relativo aos princípios informadores do direito processual insertos na Constituição Federal encontram-se estrategicamente condensados no ápice da estrutura piramidal normativa judiciária, de sorte a atuarem como "vetores para soluções interpretativas"[3] às questões postas à apreciação do Poder Judiciário.

Por esse espectro, temos na promulgação da Carta Constitucional de 1988 um marco, um divisor de águas no estudo da ciência processual: deixou o processo de ser estudado tão somente como mecanismo puramente formal e técnico de solução de controvérsias para, influenciado por elementos históricos, culturais, sociológicos

---

(1) Podemos decodificar uma tendência manifesta nos ordenamentos jurídicos modernos no acolhimento de uma estruturação principiológica do processo no bojo de suas Cartas Políticas sob a forma de garantias constitucionais, na esteira do que dispõe a **Declaração Universal dos Direitos Humanos de 1948** que expressamente dispõe em seu **art. VIII**: "Todo homem tem direito de receber dos tribunais nacionais competentes remédio efetivo para os atos que violem os direitos fundamentais que lhe sejam reconhecidos pela constituição ou pela lei"; bem como em seu **art. X**: "Todo homem tem direito, em plena igualdade, a uma justa e pública audiência por parte de um tribunal independente e imparcial, para decidir de seus direitos e deveres ou do fundamento de qualquer acusação criminal contra ele".
(2) CARACIOLA, Andrea Boari. *Princípio da congruência no código de processo civil*. São Paulo: LTr, 2010. p. 22.
(3) Expressão utilizada por MELLO, Celso Antônio Bandeira de. *Curso de direito administrativo*. 8. ed. São Paulo: Malheiros, 1996. p. 545.

e políticos, ser compreendido enquanto instrumento ético, a refletir, também, o momento histórico e social.

O fenômeno da constitucionalização do direito[4], permeado por inequívoco valor ideológico, teve início após a Segunda Guerra Mundial, na Europa, principalmente nos países que na primeira metade do século XX foram marcados pela presença de regimes políticos totalitários. Nesse sentido a preleção de José Joaquim Calmon de Passos[5]:

> Decorrência necessária, a meu sentir, dos ganhos democráticos obtidos em termos de cidadania, que se traduziram em mais significativa participação nas decisões políticas de um maior número de instituições e pessoas. A noção de "devido processo legal", já anteriormente trabalhada pela doutrina, ganhou dimensão nova, revestindo-se do caráter mais abrangente de garantia do "devido processo constitucional". Compreendido o direito como algo não dado aos homens pela natureza mas por eles "produzido", revelou--se fundamental entender-se o processo de sua produção, que se percebeu ter matrizes políticas, devendo, portanto, para legitimar-se, adequar-se a quanto "estabelecido constitucionalmente para sua produção", em qualquer de seus níveis.

"Esse movimento de constitucionalização do direito, que objetiva estabelecer um sistema de proteção e de garantias mínimas aos direitos fundamentais da pessoa no texto constitucional, albergando-se, dentre tais garantias, aquelas inerentes ao processo judicial e que também repercute na hermenêutica jurídica, mostra-se particularmente intenso no que toca ao processo, a revelar uma inequívoca interface entre Constituição-processo, no que diz respeito à tutela constitucional do processo e dos princípios fundamentais da organização judiciária e do processo previsto na Carta, bem como entre processo-Constituição, a envolver a jurisdição constitucional, voltada ao controle de constitucionalidade e à preservação das garantias constitucionais por meio da chamada jurisdição constitucional das liberdades"[6].

Nítida a opção veiculada na Carta Política ao eleger a dignidade humana como valor essencial a informar a ordem constitucional, neste contexto impondo-se a observação e o estudo da tutela constitucional do processo, decodificado como instrumento de exercício da cidadania, adequado e apto à pacificação social.

Destarte, a Carta Constitucional assumiu um verdadeiro programa de princípios ordenadores da atividade processual que, embora não constituam uma teoria geral da tutela constitucional, realçam as garantias fundamentais do processo, de sorte a

---

(4) OLIVEIRA, Carlos Alberto Álvaro de. O processo civil na perspectiva dos direitos fundamentais. *Revista de Processo*, São Paulo: Revista dos Tribunais, n. 113, jan./fev. 2004. p. 9.
(5) PASSOS, José Joaquim Calmon de. A instrumentalidade do processo e devido processo legal. *Revista de Processo*, São Paulo: Revista dos Tribunais, n. 102, jan./fev. 2004. p.59.
(6) CARACIOLA, Andrea Boari. *Op. cit.*, p. 22.

nortear a atividade jurisdicional, bem como a informar as decisões judiciais dos valores constitucionais[7].

É cada vez maior o número de trabalhos e estudos jurídicos envolvendo interpretação e aplicação da Constituição Federal, o que demonstra a tendência brasileira de colocar o Direito Constitucional em seu verdadeiro e meritório lugar: o de base fundamental para o direito do País. O intérprete deve buscar a aplicação do direito ao caso concreto, sempre tendo como pressuposto o exame da Constituição Federal. Depois, sim, deve ser consultada a legislação infraconstitucional a respeito do tema[8].

"Com a Constituição de 1988, o processo passa a ser uma instituição que, sob a denominação de modelo constitucional do processo, é regida pelo conjunto principiológico que envolve o devido processo legal, de sorte a conter o acesso à Justiça, e, por conseguinte, os princípios da ação e da defesa, publicidade, legalidade, motivação, isonomia e reserva legal, dentre outros"[9], tendo-se em vista tecer uma verdadeira tutela constitucional da ação e da defesa, de modo a delinear a transição democrática e a institucionalização dos direitos humanos no país, destacando-se como uma das Constituições mais avançadas do mundo no que toca à consolidação legislativa das garantias e direitos fundamentais[10].

"Ao alargar o universo destes direitos, a Constituição de 1988 projetou a construção de um Estado democrático de direito, destinado a assegurar não só os direitos individuais, direitos estes de primeira dimensão, mas também os direitos sociais, metaindividuais e coletivos."[11][12]

Importante se nos afigura tecer aqui algumas observações: a questão acerca das dimensões dos direitos deve ser analisada a partir dos anseios do ser humano em contraponto com a superveniência de interesses, sejam eles individuais, sociais, solidários, tecnológicos, dentre outros, capazes de provocar mudança social. Assim sendo, podemos conceber ao menos três dimensões de direitos já consolidadas e regulamentadas.

---

(7) CARACIOLA, Andrea Boari. Op. cit., p. 24.
(8) NERY JUNIOR, Nelson. Princípios do processo civil na Constituição Federal. 6ª ed. São Paulo: Editora Revista dos Tribunais, 2000. p.20.
(9) CARACIOLA, Andrea Boari. Op. cit., p. 24-25.
(10) PIOVESAN, Flávia. A proteção dos direitos humanos no sistema constitucional brasileiro. In: Jus Navegandi. Disponível em: <http.www.jus.com.br> Acesso em: 2.1.2002.
(11) CARACIOLA, Andrea Boari. Op. cit., p. 23.
(12) Cumpre inicialmente destacar a divergência doutrinária quanto à utilização do termo geração para designar os direitos que marcam um determinado momento histórico. Parte da doutrina entende que o uso do termo geração não retrata corretamente o fenômeno, propondo, por conseguinte, que melhor seria o vocábulo dimensão. É o que assinala Paulo Bonavides: "O vocábulo 'dimensão' substitui, com vantagem lógica e qualitativa, o termo 'geração', caso este último venha a induzir apenas sucessão cronológica e, portanto, suposta caducidade dos direitos das gerações antecedentes, o que não é verdade". BONAVIDES, Paulo. Curso de direito constitucional. 7. ed. São Paulo: Malheiros, 1997. p. 514-528. Não obstante a divergência, entendemos que os termos dimensão e geração se equivalem, sendo certo que este último objetiva designar no contexto dos direitos humanos a superveniência de determinados direitos até então desconhecidos, sem que os outros, precedentes, sejam excluídos. Cada geração ou dimensão de direito possui um fundamento próprio, porquanto os fatores históricos que levaram à criação de direitos variam no tempo e no espaço.

Os direitos da primeira dimensão são os direitos da liberdade, de sorte a compreender os direitos civis e políticos assegurados no plano constitucional. Os da segunda dimensão dizem respeito aos direitos sociais, econômicos e culturais, bem como os direitos coletivos. Os da terceira dimensão compreendem os direitos da fraternidade, de sorte a ultrapassar os limites dos direitos individuais e coletivos e abranger o direito ao desenvolvimento, à paz, ao meio ambiente, bem como o direito de propriedade sobre o patrimônio comum da humanidade e o direito à comunicação. Mister ainda destacar a superveniência dos direitos relativos à biotecnologia, e que se enquadram na chamada quarta dimensão, e os relativos aos direitos virtuais, de quinta dimensão[13].

Assim, impõe-se observar que a Constituição de 1988 respondeu às novas demandas sociais, econômicas e políticas. Criou e inovou o ordenamento jurídico, erigindo como cláusulas pétreas, núcleos constitucionais intangíveis, o devido processo legal, como também o acesso à Justiça e, ainda, fortaleceu a tutela jurídica, haja vista a criação de novos remédios constitucionais, tais como o mandado de segurança coletivo, o mandado de injunção e o *habeas data*.

Nesse cenário, acentuada se nos afigura a preocupação da nossa Constituição em assegurar os valores da dignidade e do bem-estar da pessoa humana, valores estes que exsurgem como imperativos na edificação social.

No que toca ao tema em análise, mister sublinhar, ainda, que a Carta de 1988 conferiu *status* constitucional à tutela do consumidor, elevando-a à categoria de direito fundamental, inserindo-a dentre os princípios gerais que informam a ordem econômica. Nesse sentido, vários são os dispositivos albergados na Carta adstritos ao tema em questão. Dentre eles destacamos o inciso XXXII do art. 5º que reza: "O Estado promoverá, na forma da lei, a defesa do consumidor", ao mesmo tempo em que o art. 48 das Disposições Constitucionais Transitórias apontou que "O Congresso Nacional, dentro de cento e vinte dias da promulgação da Constituição, elaborará código de defesa do consumidor"[14]. Perceptíveis, pois, que:

> O texto constitucional reconheceu expressamente que o consumidor não pode ser adequadamente protegido apenas na base de um modelo privado (autorregulamentação, convenções coletivas de consumo, boicote) e, nem mesmo por leis esparsas, muitas vezes contraditórias ou lacunosas. O constituinte brasileiro adotou expressamente a ideia da codificação, na

---

(13) OLIVEIRA, Carlos Alberto Álvaro de. O processo civil na perspectiva dos direitos fundamentais. *Revista de Processo*, São Paulo: Revista dos Tribunais, n. 113, jan./fev. 2004. p. 9.

(14) Interessante colacionar que outros dispositivos insertos na Constituição de 1988 também mantêm pertinência temática com o "consumidor na Carta de 1988": o art. 170, que prevê que "a ordem econômica, fundada na valorização do trabalho humano e na livre iniciativa, tem por fim assegurar a todos existência digna, conforme os ditames da justiça social", determina a observância de princípios fundamentais, dentre os quais a "defesa do consumidor". Ainda o art. 150, que dispõe sobre as limitações ao poder de tributar, estabelece em seu § 5º que "a lei determinará medidas para que os consumidores sejam esclarecidos acerca dos impostos que incidam sobre mercadorias e serviços".

trilha da melhor doutrina estrangeira, reconhecendo a necessidade de um arcabouço geral para o regramento do mercado de consumo[15].

Nesse contexto é que exsurgiu no cenário nacional a Lei n. 8.078, de 11 de setembro de 1990, que, não obstante a denominação de "Lei", consagra, em essência e, verdadeiramente, um "Código": não apenas em razão do quanto expressamente previsto no art. 48 das Disposições Constitucionais Transitórias — "elaborará código de defesa do consumidor" —, mas também, e principalmente, pela sua organização sistemática, que confere coerência e homogeneidade ao seu conteúdo, de forma a propiciar uma visão de conjunto do ordenamento normativo, como também de modo a destacar a autonomia da disciplina[16].

2. ACESSO À JUSTIÇA E EXERCÍCIO DA CIDADANIA

"Ao direito público e subjetivo garantido pela Constituição Federal relativamente à movimentação da máquina judiciária pelo exercício do direito de ação, simetricamente corresponde, em contrapartida, o poder-dever do Estado de prestar a devida e adequada tutela jurisdicional mediante a observância de um devido processo legal exteriorizado por meio de um procedimento animado por uma relação de contraditório"[17].

Não se há de olvidar que a temática adstrita ao direito de ação não se confunde, nem se esgota com o direito de acesso aos Tribunais e com o mero acesso ao processo. Tampouco o acesso ao processo se confunde ou se satisfaz com a obtenção de uma sentença de mérito.

É que não basta proporcionar ao jurisdicionado o pleno acesso ao Poder Judiciário, sem que, concomitantemente, também lhe sejam conferidas condições mínimas e satisfatórias à justa composição do conflito pelo Estado.

Assim, "[...] no conceito de acesso à Justiça, compreende-se toda a atividade jurídica, desde a criação de normas jurídicas, sua interpretação, integração e aplicação, com Justiça"[18].

A questão do "acesso à ordem jurídica justa", consoante terminologia de Kazuo Watanabe[19], está intimamente relacionada à questão da Justiça social, tema este que

---

(15) GRINOVER, Ada Pellegrini. *O processo em evolução*. 2. ed. Rio de Janeiro: Forense Universitária, 1998. p. 109.
(16) WATANABE, Kazuo *et al*. *Código brasileiro de defesa do consumidor comentado pelos autores do anteprojeto*. 7. ed. Rio de Janeiro: Forense Universitária, 2001. p. 10-11.
(17) CARACIOLA, Andrea Boari. *Op. cit.*, p. 35.
(18) CICHOKI NETO, José. *Limitações ao acesso à justiça*. Curitiba: Juruá, 2001. p. 62-63.
(19) Na preleção de Kazuo Watanabe: "Uma empreitada assim ambiciosa requer, antes de mais nada, uma nova 'postura mental'. Deve-se pensar na ordem jurídica e nas respectivas instituições, pela 'perspectiva do consumidor', ou seja, do destinatário das normas jurídicas, que é o povo, de sorte que o problema do acesso à Justiça traz à tona não apenas um 'programa de reforma' como também um 'método de pensamento', como com acerto acentua Mauro Cappelletti". WATANABE, Kazuo. Acesso à justiça e sociedade moderna. In: GRINOVER, Ada Pellegrini; DINAMARCO, Cândido Rangel; WATANABE, Kazuo (coords.). *Participação e processo*. São Paulo: Revista dos Tribunais, 1988. p. 128.

passou a constituir centro de atenção a partir do pós-guerra, quando da constitucionalização dos direitos fundamentais e lineamento do Estado democrático de direito[20].

Sobre a importância da evolução histórica, destacamos a preleção de Humberto Theodoro Júnior[21]:

> A ideia de acesso à Justiça evoluiu paralelamente à passagem da concepção liberal para a concepção social do Estado moderno. De início, a participação do Estado não ia além da declaração formal dos direitos humanos. Nessa época, em que prevalecia como máxima dominante o *laissez-faire*, todos eram solenemente presumidos iguais e a ordem constitucional se restringia a criar mecanismos de acesso à Justiça, sem maiores preocupações com sua eficiência prática ou efetiva. Diferenças econômicas ou institucionais nem sequer eram cogitadas pelo ordenamento jurídico. Os problemas reais dos indivíduos não chegavam a penetrar no campo das preocupações doutrinárias em torno do Direito Processual. No século XX, todavia, o coletivo ou social passou a ser a tônica da política governamental e legislativa em todos os países do mundo civilizado, mesmo naqueles em que a ideologia se rotulava de capitalista e liberal ou neoliberal. A política constitucional deixou, então, de atuar como simples tarefa de declarar direitos, tal como prevalecera nos séculos XVIII e XIX. As Cartas contemporâneas, refletindo a consciência social dominante, voltaram-se para a efetivação dos direitos fundamentais. Assumiu-se, dessa maneira, o encargo não só de defini-los e declará-los, mas também, e principalmente, de garanti-los, tornando-os efetivos e realmente acessíveis a todos. O Estado Social de Direito pôs-se a braços com a tarefa nova de criar mecanismos práticos de operação dos direitos fundamentais. O processo, instrumento de atuação de uma das principais garantias constitucionais — a tutela jurisdicional —, teve de ser repensado. É claro que, nos tempos atuais, não basta mais ao processualista dominar os conceitos e categorias básicos do Direito Processual, como a ação, o processo e a jurisdição, em seu estado de inércia. O processo tem, sobretudo, função política no Estado Social de Direito. Deve ser, destarte, organizado, entendido e aplicado como instrumento de efetivação de uma garantia constitucional, assegurando a todos o pleno acesso à tutela jurisdicional, que há de se manifestar sempre como atributo de uma tutela justa.

"Extrai-se, assim, a preocupação de toda a processualística moderna com a concretude da Justiça — 'daí a expressão acesso à ordem jurídica justa' — uma vez que em constante transmutação a atender as exigências sociais, já não mais se exaure na possibilidade do exercício do direito de ação, mas abarca também, e principalmente,

---

(20) MARINONI, Luiz Guilherme. *O acesso à justiça e os institutos fundamentais do direito processual.* Tese (Doutorado em Direito). Faculdade de Direito da Pontifícia Universidade Católica de São Paulo, 1992. p. 18.
(21) THEODORO JÚNIOR, Humberto. *Celeridade e efetividade da prestação jurisdicional. Insuficiência da reforma das leis processuais.* Disponível em: <http://www.abdpc.org.br/ artigos/artigo51.htm> Acesso em: 2.5.2007.

o direito conferido ao jurisdicionado à obtenção de uma tutela adequada à natureza do direito material controvertido e que venha a conferir ao jurisdicionado, num prazo razoável e observado o devido processo legal, exatamente aquilo a que tem direito de obter."[22]

Superada, pois, a dimensão puramente técnica e socialmente neutra, a questão do acesso à Justiça e da técnica processual, se apresentam direcionadas a uma finalidade social: pacificação com Justiça!

Translúcida, pois, a questão do acesso à Justiça como uma questão de cidadania[23], consoante destacado por Mauro Cappelletti em obra singular sobre o tema, *Acesso à Justiça*[24]:

> O acesso à Justiça pode, portanto, ser encarado como o requisito fundamental — o mais básico dos direitos humanos — de um sistema jurídico moderno e igualitário que pretenda garantir, e não apenas proclamar os direitos de todos [...];

a exigir, em consequência, uma quebra de paradigma e consequente mudança de mentalidade para a superação de sua dimensão estritamente técnica.

Inserida no contexto adstrito ao acesso à Justiça, a questão da efetividade constitui preocupação incessante e núcleo cognitivo de toda e qualquer discussão ou estudo que na atualidade se desenvolva relativo à ciência processual, questão esta de relevância nacional e internacional, e que repercute nos mais diversos instrumentos de proteção aos direitos e liberdades individuais.

É que insuficiente se nos afigura a previsão normativa constitucional e principiológica do acesso à Justiça, revelando-se necessária a existência de mecanismos tendentes à efetividade desta garantia, cuja realização verifica-se por meio de instrumentos que possibilitem a consecução dos objetivos perseguidos dentro de um prazo razoável e por meio de uma tutela adequada e compatível com a complexidade do litígio[25].

Perceptível, pois, que os princípios da inafastabilidade e do acesso à Justiça não garantem apenas o direito a uma resposta jurisdicional, mas sim, e principalmente, o direito a uma tutela que seja capaz de realizar, efetivamente, o direito afirmado pelo seu titular, por meio da obtenção de uma tutela adequada à realidade de direito material e à realidade social[26].

---

(22) CARACIOLA, Andrea Boari. *Op. cit.*, p. 26.
(23) Humberto Theodoro Júnior reconhece e afirma a existência do direito cívico ao processo, de sorte a estabelecer uma inequívoca relação entre processo e cidadania. Conferir: THEODORO JÚNIOR, Humberto. *Direito e processo:* direito processual civil ao vivo. Rio de Janeiro: Aidê, 1997. v. 5, p. 45-49.
(24) CAPPELLETTI, Mauro. *Acesso à justiça*. Tradução de Ellen Gracie Northfleet. Porto Alegre: Sergio Antonio Fabris, 1988. p. 12.
(25) FIGUEIRA JUNIOR, Joel Dias. *Liminares nas ações possessórias*. 2. ed. São Paulo: Revista dos Tribunais, 1999. p. 89.
(26) MARINONI, Luiz Guilherme. Efetividade do processo e tutela antecipatória. In: *Revista dos Tribunais*, São Paulo: Revista dos Tribunais, ano 83, n. 706, ago. 1994. p. 56.

Vale ressaltar que a questão a envolver o acesso à Justiça, tutela jurisdicional e efetividade se exprime por meio do reconhecimento de uma pluralidade de poderes, iniciativas e faculdades que ultrapassam a mera iniciativa e proposição de uma demanda em juízo.

A concreta atuação da garantia constitucional exige, pois, a predisposição de uma adequada gama de meios de atuação e de realização da tutela, meios estes que devem estar acessíveis a quem quer que deles necessite, mais, num tempo e custo razoáveis, por meio de atividades que venham a garantir resultados concretos, adequados e diferenciados a cada situação jurídica de direito material controvertida.

Não há como negar que, sendo a missão precípua do processo a solução dos conflitos e, consequentemente, a pacificação com Justiça e harmonia social, é imprescindível que ele esteja aparelhado de meios capazes ao atingimento deste *desideratum*, notadamente porque a efetividade da tutela depende, principalmente, da predisposição de meios adequados à solução dos mais variados problemas surgidos no plano material[27].

Assim, é preciso assegurar ao cidadão que recorre à Justiça uma análise ágil, eficaz e adequada à pretensão de direito material controversa, uma vez que o oferecimento de uma tutela jurisdicional apenas nominal não se revela suficiente à composição social[28].

Segundo Mauro Cappelletti, três são as "ondas" que revelam a marcha rumo ao acesso à Justiça: a primeira onda consiste na assistência jurídica aos necessitados como também na superação dos obstáculos de natureza econômica decorrentes da pobreza. A segunda, por sua vez, relaciona-se às reformas necessárias à legitimação da tutela dos interesses difusos, dentre os quais se destaca a tutela aos consumidores e ao meio ambiente. Por fim, a terceira onda renovatória do processo revela-se em múltiplas tentativas no sentido de democratizar e desburocratizar o acesso à Justiça, dentre as quais podemos destacar a busca de procedimentos mais acessíveis, simples e racionais, mais econômicos e eficientes, como também dotados de maior aderência e adequação ao direito material controvertido, tendo-se em vista a promoção de uma Justiça coexistencial, baseada na conciliação e no critério de equidade social distributiva[29][30].

> Face às ondas de acesso à Justiça, apresentadas por Mauro Cappelletti e Bryant Garth em sua obra *Acesso à Justiça*, que expõe os resultados do Projeto de Florença, mister destacar, inseridos na terceira onda, os institutos da mediação, da conciliação e da arbitragem como meios alternativos de

---

(27) MARTINS, Sandro Gilbert. *A defesa do executado por meio de ações autônomas:* defesa heterotópica. São Paulo: Revista dos Tribunais, 2002. p. 21.
(28) DORIA, Rogéria Dotti. *A tutela antecipada em relação à parte incontroversa da demanda.* São Paulo: Revista dos Tribunais, 1999. p. 22-23.
(29) CAPPELLETTI, Mauro. *Op. cit.,* p.12.
(30) NAVES, Nilson. Acesso à justiça. Disponível em: <http://www.cjf.jus.br/revista/numero22/abertura.pdf> Acesso em: 20.4.2010.

solução de conflitos e que, ao constituírem respiradouros da jurisdição estatal, põem em relevo a necessidade de uma tutela que componha os conflitos num prazo razoável, de forma a equacionar e compatibilizar o binômio tempo e prestação jurisdicional, na superação da excessiva duração do litígio[31].

Neste contexto ganha destaque o inciso V do art. 4º da Lei n. 8.078/80[32], que institui em nosso ordenamento o Código de Defesa do Consumidor, dispositivo legal este que incentiva a adoção de meios alternativos para a solução de conflitos de natureza consumerista:

> [...] o Código de Defesa do Consumidor no inciso V, do art. 4º, deu um passo a mais, e um relevante passo, porque incentiva a criação de mecanismos alternativos de soluções de conflitos de consumo. Esta é a primeira vez, em nosso ordenamento jurídico, que um diploma legal, expressamente, incentiva e autoriza a criação de formas alternativas de solução de conflitos, o que demonstra que este diploma legal está afinado com a mais moderna vivência internacional que atenta aos significativos movimentos com vistas a melhor solução de conflitos, incentiva fora da via convencional do Judiciário a solução dos conflitos[33].

3. A CRISE DO PROCESSO E A BUSCA DE MECANISMOS ALTERNATIVOS

Não se há mais cogitar da possibilidade de a sociedade apoiar-se, tão somente, no Poder Judiciário para a resolução das disputas sociais. Necessário, pois, a busca de outros mecanismos, alternativos à jurisdição estatal, rompendo-se, assim, definitivamente com o mito da jurisdição exclusiva do Estado, de sorte a serem realçados os meios alternativos de solução de conflitos, que se traduzem em mecanismos "mais econômicos, mais rápidos, menos intimidantes, mais sensíveis às preocupações dos litigantes e respondem melhor aos problemas"[34].

"No que toca à temática relativa ao acesso à Justiça, analisada em espectro plúrimo e dimensões mundiais, notória a insatisfação generalizada para com o modelo tradicional de solução de conflitos, que consagra técnicas individualistas adstritas a

---

(31) ASSIS, Carlos Augusto de; CARACIOLA, Andrea Boari; CARVALHO, Milton Paulo; DELLORE, Luiz. *Teoria geral do processo civil*. Rio de Janeiro: Campus Elsevier (no prelo).p. 17.
(32) Art. 4º A Política Nacional das Relações de Consumo tem por objetivo o atendimento das necessidades dos consumidores, o respeito à sua dignidade, saúde e segurança, a proteção de seus interesses econômicos, a melhoria da sua qualidade de vida, bem como a transparência e harmonia das relações de consumo, atendidos os seguintes princípios:
[...]
V — incentivo à criação pelos fornecedores de meios eficientes de controle de qualidade e segurança de produtos e serviços, assim como de mecanismos alternativos de solução de conflitos de consumo.
(33) ANDRIGHI, Fátima Nancy. Participação no Painel: Novos instrumentos de acesso à justiça. *VI Curso de Direito do Consumidor*, Recife, em 26 de agosto de 1994. Disponível em: <http://bdjur.stj.gov.br/xmlui/bitstream/handle/2011/1372/Painel_Novos_Instrumentos.pdf?sequence=4> Acesso em: 10.5.2009.
(34) ANDRIGHI, Fátima Nancy. *Op. cit.*

procedimentos jurisdicionais estatais extremamente formais que, ao burocratizarem o processo, emperram a máquina judiciária."[35]

"O atual Estado de Direito, ao sobrelevar a democracia participativa e resgatar a valorização da cidadania, já não se contenta com velhas fórmulas e institutos processuais inaptos e ineficazes à composição dos litígios e ao atingimento do que se convencionou denominar ordem jurídica justa. É que, desapartados da realidade, traduzem uma cultura resistente e preconceituosa ao desenvolvimento de mecanismos alternativos de solução de conflitos, os chamados ADRs, ou seja, *alternative dispute resolution*."[36]

"Estes mecanismos exsurgem no ordenamento jurídico como forma de Justiça privada lastreada em soluções coexistenciais ao Poder Judiciário e que, ao traduzirem a tendência deformalizadora do processo, combatem a excessiva duração dos conflitos e disponibilizam meios extrajudiciais paraestatais de composição de disputas, viabilizando, ademais, soluções rápidas e eficientes, sem as formalidades exacerbadas do processo judicial."[37]

Mister destacar "como objetivos desta terceira onda de acesso à Justiça, minimizar o acúmulo de processos nos tribunais, reduzir os custos da demora, incrementar a participação da comunidade nos processos de resolução de conflitos, facilitar o acesso à justiça, como também fornecer para a sociedade uma forma mais efetiva de resolução de conflitos. Constituem, pois, os meios alternativos de solução de conflitos, soluções viáveis para a superação dos obstáculos apontados pela terceira onda renovatória"[38].

"Importante registrar que a expressão acesso à justiça nos conduz a identificar a existência de diferentes formas de obtenção de justiça, formas estas diferenciadas não apenas pela estrutura organizacional, mas também pelos meios utilizados e efeitos produzidos. Pertinente aqui o alerta de Boaventura de Souza Santos, segundo o qual 'o Estado contemporâneo não tem o monopólio da produção e distribuição do direito" sendo certo que, 'apesar do direito estatal ser dominante, ele coexiste na sociedade com outros modos de resolução de litígios'."[39]

Interessante observar que, consoante registros históricos, a partir da segunda metade do século passado, perceptível o fenômeno da massificação da sociedade, acompanhado de uma marcante globalização e competitividade dos mercados, de sorte a revelar de forma mais exacerbada as crises sociais que, deste modo, passaram a desaguar no Poder Judiciário. Ocorre que, não obstante a garantia constitucional do "direito" de ação, não se há confundi-lo com "dever" de ação, "passando-se à população a falaciosa ideia de que todo e qualquer conflito de interesse deva ser

---

(35) ASSIS, Carlos Augusto de; CARACIOLA, Andrea Boari; CARVALHO, Milton Paulo; DELLORE, Luiz. *Op. cit.*, p. 16.
(36) *Ibidem*, p. 17.
(37) *Idem*.
(38) *Ibidem*, p. 17-18.
(39) *Ibidem*, p. 18.

judicializado, numa leitura assim 'atécnica' como 'irrealista' do que se contém na propalada garantia de acesso à Justiça"[40].

4. A ARBITRAGEM E OS CONFLITOS CONSUMERISTAS

Primeiramente, impõe-se conscientizar a população acerca da existência e da importância que os meios auto e heterocompositivos assumem na solução dos conflitos sociais. Mister salientar que os métodos extrajudiciários de solução de conflitos abarcam a mediação, a conciliação e a arbitragem: os dois primeiros caracterizados como formas autocompositivas, na medida em que as próprias partes, auxiliadas por um terceiro — "mediador" ou "conciliador" — é que entabularão a solução para a controvérsia, mediante concessões mútuas. No que atina a arbitragem, exsurge como uma forma heterocompositiva de solução de conflitos, na qual um terceiro — "árbitro" —, independente e imparcial em relação às partes e ao objeto da controvérsia, decidirá o conflito por meio da prolação de uma sentença arbitral, que não precisa ser homologada pelo Poder Judiciário[41].

Nessa linha expositiva, mister destacar que o art. 4º inciso V[42], *in fine*, da Lei n. 8.078/90, que institui o Código de Defesa do Consumidor, propugna como política nacional de consumo o incentivo aos meios alternativos de solução de conflitos de consumo. É que o propalado acesso à Justiça pela "porta" do Poder Judiciário, também no que atina aos conflitos consumeristas, se revela uma garantia utópica e que merece reflexão, com vistas a uma mudança de mentalidade que pugne uma ruptura com a demasiada cultura demandista junto ao Poder Judiciário.

As recentes análises sobre a explosão de litigiosidade no âmbito do sistema de justiça têm destacado a cultura excessivamente adversarial do povo brasileiro.

Embora esse fenômeno revele uma dimensão positiva ao expressar a consciência dos cidadãos em relação aos seus direitos, o culto ao litígio, porém, parece refletir a ausência de espaços-estatais ou não voltados à comunicação de pessoas em conflito.

Com raras exceções, não há, no Brasil, serviços públicos que ofereçam oportunidades e técnicas apropriadas para o diálogo entre partes em litígio.

Diante de tal carência, as pessoas utilizam os meios de resolução de conflito disponíveis: a aplicação da "lei do mais forte", seja do ponto de vista físico, seja do

---

(40) MANCUSO, Rodolfo de Camargo. *A resolução dos conflitos e a função judicial no contemporâneo Estado de direito*. São Paulo: Revista dos Tribunais, 2009. p. 65; 65-67.
(41) LEMES, Selma Ferreira. A arbitragem e o estudante de direito. *Revista Direito ao Ponto*, edição dedicada ao Direito Arbitral, maio 2009, n. 4, p. 26-28.
(42) Art. 4º A Política Nacional das Relações de Consumo tem por objetivo o atendimento das necessidades dos consumidores, o respeito à sua dignidade, saúde e segurança, a proteção de seus interesses econômicos, a melhoria da sua qualidade de vida, bem como a transparência e harmonia das relações de consumo, atendidos os seguintes princípios:
[...]
V — incentivo à criação pelos fornecedores de meios eficientes de controle de qualidade e segurança de produtos e serviços, assim como de mecanismos alternativos de solução de conflitos de consumo.

armado, do econômico, do social ou do político — o que gera violência e opressão; a resignação — o que provoca descrédito e desilusão; o acionamento do Poder Judiciário, cuja universalidade de acesso ainda é uma utopia[43].

Neste contexto, impõe-se à reflexão a "efetiva" implementação de um **sistema multiportas de acesso à Justiça**. Interessante destacar que, em linhas gerais, a adoção da arbitragem vem crescendo nos últimos anos no Brasil, consoante se pode constatar pelos dados abaixo registrados.

> Por causa da morosidade do Poder Judiciário, a prática da arbitragem continua crescendo no País. O valor das pendências decididas por esse método de resolução de conflitos, em que as partes decidem não ir aos tribunais, passou de R$ 594,2 milhões, em 2007, para R$ 867 milhões, em 2008, e para R$ 2,4 bilhões, no ano passado.
>
> [...]
>
> O que está levando a iniciativa privada a optar cada vez mais por esse tipo de resolução de litígios, em detrimento do Poder Judiciário, são a rapidez, a ausência de burocracia e a confiança na consistência técnica da decisão arbitral. Nos tribunais, os processos judiciais costumam levar anos para chegar a uma sentença ou a um acórdão definitivo. Em média, na arbitragem o caso é encerrado em seis meses[44].
>
> Pesquisa realizada pela Escola de Direito da Fundação Getúlio Vargas (Direito FGV/SP) e do Comitê Brasileiro de Arbitragem (CBAr) nos Tribunais Estaduais e Superiores (excluídos os Tribunais Trabalhistas) compilou 790 decisões desde a vigência da LA até fevereiro de 2008. Apurou-se número reduzido de sentenças arbitrais anuladas que estavam em desacordo com a LA. Geralmente envolviam pessoas físicas e demandas de valores reduzidos.
>
> [...]
>
> Afere-se, portanto, um enorme salto quantitativo e qualitativo. A primeira causa desta mudança de comportamento e aderência à arbitragem está no teor da própria LA, que soube contrabalançar a liberdade, a flexibilidade e a igualdade. A LA transfere à sociedade a responsabilidade de eleger seus próprios julgadores (árbitros) entre os cidadãos de bem. Segundo, a rapidez dos julgamentos contribui para a redução dos custos de transação. Um processo arbitral dura em média de 7 meses a um ano e dois meses [...][45].

---

(43) ANDRIGUI, Nancy; FOLEY, Gláucia Falsarella. Sistema multiportas: o Judiciário e o consenso. Tendências e Debates. *Folha de S. Paulo*, 24 de junho de 2008.
(44) LEMES, Selma Ferreira. Expansão da arbitragem. *O Estado de S. Paulo*, 25 de abril de 2010.
(45) LEMES, Selma. O que mudou nos 13 anos da lei de arbitragem. *Valor Econômico*, 30.11.2009. p. E-02.

Exsurge aqui a questão da arbitragem nas relações de consumo, incentivada pelo sistema consumerista veiculado no art. 4º inciso V[46], *in fine*, do Código de Defesa do Consumidor, mas que encontra no art. 51, inciso VII do mesmo diploma legal[47], ao prever as cláusulas abusivas, um elemento aparentemente obstaculizador de sua plena aplicabilidade. Não obstante, não se há cogitar de colisão entre os dispositivos legais acima mencionados.

A Lei n. 9.307/96 dispõe sobre a utilização da arbitragem de forma facultativa, não sendo possível a obrigatoriedade de sua utilização, tudo em consonância com a principiologia que informa os meios alternativos de solução de conflitos e com a garantia constitucional da inafastabilidade da jurisdição estatal.

> As relações de consumo estão perfeitamente enquadradas dentro da área de competência da arbitragem, visto tratar de direito patrimonial disponível entre pessoas maiores e capazes, desta forma, a possibilidade da utilização da arbitragem, por parte do consumidor, significa uma ampliação de acesso à justiça, que ficará facultada ao consumidor se assim o desejar[48].

Mister destacar que a Lei de Arbitragem também outorgou aos contratos de adesão tratamento peculiar ao estabelecer que a iniciativa à arbitragem deve sempre partir do consumidor, de forma a não lhe ser imposta. Mais, necessário também sejam respeitadas certas formalidades que se mostram essenciais à sua validade, tais como a cláusula que estabelece a solução arbitral estar em negrito, com visto especial ou em documento separado. Estes alguns dos requisitos para a proteção ao consumidor e que objetivam preservá-lo contra abusos: não se há exigir do consumidor, por exemplo, que assine o contrato com a cláusula de arbitragem nele inserida sem o seu consentimento ou sem que a ele seja esclarecido sobre o conteúdo da cláusula que estabelece a solução arbitral, sob pena de nulidade da convenção[49].

Neste diapasão a conclusão do "V Seminário de Arbitragem e Mediação", realizado em São Paulo, no dia 10 de março de 2009, tendo em vista o incentivo à utilização da arbitragem e mediação nas relações consumeristas no Brasil, a operacionalização do art. 4º, V do Código de Defesa do Consumidor e a operacionalização do art. 4º, § 2º da Lei de Arbitragem[50].

---

(46) Art. 4º A Política Nacional das Relações de Consumo tem por objetivo o atendimento das necessidades dos consumidores, o respeito à sua dignidade, saúde e segurança, a proteção de seus interesses econômicos, a melhoria da sua qualidade de vida, bem como a transparência e harmonia das relações de consumo, atendidos os seguintes princípios:
[...]
V — incentivo à criação pelos fornecedores de meios eficientes de controle de qualidade e segurança de produtos e serviços, assim como de mecanismos alternativos de solução de conflitos de consumo.
(47) Art. 51. São nulas de pleno direito, entre outras, as cláusulas contratuais relativas ao fornecimento de produtos e serviços que:
[...]
VII — determinem a utilização compulsória de arbitragem.
(48) MARTINS, José Celso. A arbitragem e as relações de consumo. *Tribunal arbitral de São Paulo*. Disponível em: <http://arbitragem.com.br/arbitragem_consumo.html> Acesso em: 22.5.2010.
(49) LEMES, Selma Ferreira. *Op. cit.*
(50) Disponível em: <http://www.selmalemes.com.br/news03.pdf> Acesso em: 2.5.2010. Verificar o anexo deste trabalho.

Exsurge, pois, necessário o incentivo aos mecanismos alternativos à sentença judicial nos conflitos consumeristas, revelando-se importante, para tanto, instituir órgãos idôneos e competentes para o gerenciamento de processos e soluções de conflitos envolvendo o fornecimento de bens e serviços aos consumidores, órgãos estes cuja atuação poderia ocorrer em conjunto com órgãos públicos e entidades representativas de fornecedores e consumidores, de sorte a serem realizadas arbitragens gratuitas ou a um custo bastante reduzido: "As áreas mais convidativas, entre outras, seriam as dos serviços de reparação de automóveis, seguros, bancários, tinturarias, aquisição de eletrodomésticos, etc. Nenhum impedimento legal existe, basta ser proativo, ter boa vontade e descortino"[51].

> Atualmente, muitas empresas já perceberam que resolver rapidamente este tipo de problema agrega valor aos seus produtos e atividades, tal como quando instituíram a figura do ouvidor (*ombudsman*) nas empresas. O consumidor precisa apenas estar devidamente informado de como deve proceder diante de um problema, informação esta prestada pelo fabricante ou prestador do serviço. A reclamação poderá ser efetuada na instituição indicada, que com independência, imparcialidade, lisura, transparência e profissionalismo resolverá gratuitamente a controvérsia. Não demanda cláusula arbitral tradicional no contrato, mas cláusula em que a empresa oferece a possibilidade de solucionar a questão por arbitragem, se o consumidor assim desejar, ficando livre para acorrer à instituição arbitral indicada ou ao Judiciário. É indubitável que esta iniciativa insere-se no contexto da responsabilidade social da empresa[52].

Interessante colacionar sobre o tema que, desde 1985, a preocupação com a solução dos conflitos derivados das relações consumeristas pela arbitragem é uma realidade na União Europeia, tendo-se em vista superar o excessivo custo dos processos judiciais, como de resto, também, a falta de familiaridade do consumidor com o jargão jurídico e o rígido formalismo dos procedimentos afetos ao Poder Judiciário. Destarte, a Rede Extrajudicial Europeia, que tem na arbitragem uma das formas de solução de conflitos consumeristas, autoriza, inclusive, a sua aplicação para o comércio eletrônico[53].

Cenário este que também se revela vanguardista em Portugal, onde os centros de Resolução de Disputas Consumeristas são líderes da arbitragem: entre os anos de 2000 e 2001, cerca de dez mil casos foram solucionados pela via da arbitragem. Já na América Latina, a Argentina, cuja legislação consumerista também incentiva a arbi-tragem, o Sistema Nacional de Consumo registrou em 2002 a prolação de 2.698 sentenças arbitrais[54].

---

(51) LEMES, Selma Ferreira. *O uso da arbitragem* ..., cit.
(52) LEMES, Selma Ferreira. *Op. cit.*
(53) LEMES, Selma Ferreira. *Op. cit.*
(54) LEMES, Selma Ferreira. *Op. cit.*

Não obstante os avanços acima citados, a realidade não é a mesma no Brasil: em 1999 o ministro da Justiça recebeu proposta para a implementação de um projeto piloto envolvendo a colaboração conjunta do setor público e privado para o incentivo da arbitragem nas relações de consumo. Esta proposta encontra-se ainda nos escaninhos da Secretaria de Direito Econômico[55].

Conclusão

Erigida à categoria de direito fundamental pela Carta de 1988, à tutela do consumidor foi conferido *status* constitucional, exsurgindo, neste contexto, no cenário nacional a Lei n. 8.078, de 11 de setembro de 1990 que, em essência, pela unidade sistêmica de que se reveste, institui verdadeiramente um Código de Defesa do Consumidor.

Não se há mais cogitar da possibilidade de a sociedade apoiar-se, tão somente, no Poder Judiciário para a resolução das disputas sociais. Necessário, pois, a busca de outros mecanismos, alternativos à jurisdição estatal, rompendo-se, assim, definitivamente com o mito da jurisdição exclusiva do Estado.

Neste contexto, impõe-se à reflexão a "efetiva" implementação de um sistema mutiportas de acesso à Justiça. Interessante destacar que, em linhas gerais, a adoção da arbitragem vem crescendo nos últimos anos no Brasil.

Exsurge, pois, necessário o incentivo aos mecanismos alternativos à sentença judicial nos conflitos consumeristas, revelando-se importante, para tanto, instituir órgãos idôneos e competentes para o gerenciamento de processos e soluções de conflitos envolvendo o fornecimento de bens e serviços aos consumidores, órgãos estes cuja atuação poderia ocorrer em conjunto com órgãos públicos e entidades representativas de fornecedores e consumidores, de sorte a serem realizadas arbitragens gratuitas ou a um custo bastante reduzido.

Referência bibliográficas

ANDRIGHI, Fátima Nancy. Participação no Painel: Novos instrumentos de acesso à justiça. *VI Curso de Direito do Consumidor*, Recife, em 26 de agosto de 1994. Disponível em: <http://bdjur.stj.gov.br/xmlui/bitstream/handle/2011/1372/Painel_Novos_Instrumentos.pdf? sequence =4> Acesso em: 10.5.2009.

_____ ; FOLEY, Gláucia Falsarella. Sistema multiportas: o judiciário e o consenso. Tendências e debates. *Folha de S. Paulo*, 24 de junho de 2008.

ASSIS, Carlos Augusto de; CARACIOLA, Andrea Boari; CARVALHO, Milton Paulo; DELLORE, Luiz. *Teoria geral do processo civil*. Rio de Janeiro: Campus Elsevier (no prelo).

---

(55) LEMES, Selma Ferreira. *Op. cit.*

BLASI, Gianluca de. *La garanzia costituzionale dell'azione e la tutela cautelare*. Tesi di láurea. Università degli studi di Catania. Facoltà di Giurisprudenza. Corso di Scienze Giuridiche, 2004/2005.

BONAVIDES, Paulo. *Curso de direito constitucional*. 7. ed. São Paulo: Malheiros, 1997.

CAPPELLETTI, Mauro. *Acesso à justiça*. Tradução de Ellen Gracie Northfleet. Porto Alegre: Sergio Antonio Fabris, 1988.

CARACIOLA, Andrea Boari. *Princípio da congruência no código de processo civil*. São Paulo: LTr, 2010.

CICHOKI NETO, José. *Limitações ao acesso à justiça*. Curitiba: Juruá, 2001.

DORIA, Rogéria Dotti. *A tutela antecipada em relação à parte incontroversa da demanda*. São Paulo: Revista dos Tribunais, 1999.

FIGUEIRA JUNIOR, Joel Dias. *Liminares nas ações possessórias*. 2. ed. São Paulo: Revista dos Tribunais, 1999.

GRINOVER, Ada Pellegrini. *O processo em evolução*. 2. ed. Rio de Janeiro: Forense Universitária, 1998. Disponível em: <http://www.cjf.jus.br/revista/numero22/abertura.pdf> Acesso em: 20.4.2010.

LEMES, Selma Ferreira. *O uso da arbitragem nas relações de consumo*. Disponível em: <http://www.mundojuridico.adv.br> Acesso em: 20.4.2010.

_____ . Expansão da arbitragem. *O Estado de S. Paulo*, 25 de abril de 2010.

_____ . A arbitragem e o estudante de direito. *Revista Direito ao Ponto*, edição dedicada ao Direito Arbitral, maio 2009, n. 4, p. 26-28.

_____ . O que mudou nos 13 anos da lei de arbitragem. *Valor Econômico*, 30.11.2009. p. E-02.

MANCUSO, Rodolfo de Camargo. *A resolução dos conflitos e a função judicial no contemporâneo Estado de direito*. São Paulo: Revista dos Tribunais, 2009.

MARINONI, Luiz Guilherme. Efetividade do processo e tutela antecipatória. In: *Revista dos Tribunais*, São Paulo: Revista dos Tribunais, ano 83, n. 706, ago. 1994.

_____ . *O acesso à justiça e os institutos fundamentais do direito processual*. Tese (Doutorado em Direito). Faculdade de Direito da Pontifícia Universidade Católica de São Paulo, 1992.

MARTINS, José Celso. A arbitragem e as relações de consumo. *Tribunal arbitral de São Paulo*. Disponível em: <http://arbitragem.com.br/arbitragem_consumo.html> Acesso em: 22.5.2010.

MARTINS, Sandro Gilbert. *A defesa do executado por meio de ações autônomas:* defesa heterotópica. São Paulo: Revista dos Tribunais, 2002.

MELLO, Celso Antônio Bandeira de. *Curso de direito administrativo*. 8. ed. São Paulo: Malheiros, 1996.

NAVES, Nilson. Acesso à justiça. Disponível em: <http://www.cjf.jus.br/revista/numero22/abertura.pdf> Acesso em: 20.4.2010.

NERY JUNIOR, Nelson. *Princípios do processo civil na Constituição Federal.* 6. ed. São Paulo: Revista dos Tribunais, 2000.

OLIVEIRA, Carlos Alberto Álvaro de. O processo civil na perspectiva dos direitos fundamentais. *Revista de Processo,* São Paulo: Revista dos Tribunais, n. 113, jan./fev. 2004.

PASSOS, José Joaquim Calmon de. A instrumentalidade do processo e devido processo legal. *Revista de Processo,* São Paulo: Revista dos Tribunais, n. 102, abr./jun. 2001.

PIOVESAN, Flávia. A proteção dos direitos humanos no sistema constitucional brasileiro. In: *Jus Navegandi.* Disponível em: <http.www.jus.com.br> Acesso em: 2.1.2002.

THEODORO JÚNIOR, Humberto. *Celeridade e efetividade da prestação jurisdicional.* Insuficiência da reforma das leis processuais. Disponível em: <http://www.abdpc.org.br/artigos/artigo51.htm> Acesso em: 2.5.2007.

_____ . *Direito e processo:* direito processual civil ao vivo. Rio de Janeiro: Aidê, 1997. v. 5.

WATANABE, Kazuo et al. *Código brasileiro de defesa do consumidor comentado pelos autores do anteprojeto.* 7. ed. Rio de Janeiro: Forense Universitária, 2001.

_____ . Acesso à justiça e sociedade moderna. In: GRINOVER, Ada Pellegrini; DINAMARCO, Cândido Rangel; WATANABE, Kazuo (coords.). *Participação e processo.* São Paulo: Revista dos Tribunais, 1988.

Anexo

Conclusão — V Seminário Arbitragem e Mediação[56]
10 de março de 2009 — São Paulo — SP

Incentivo à Utilização da Arbitragem e Mediação nas Relações Consumeristas no Brasil e Operacionalização do art. 4º, V do CDC Operacionalização do art. 4º, § 2º da Lei de Arbitragem,

CONSIDERANDO que o art. 4º inciso V, *in fine,* da Lei n. 8.078/90 (CDC) propugna como política nacional de consumo o incentivo aos meios alternativos de solução de conflitos de consumo;

CONSIDERANDO que a Lei de Arbitragem, Lei n. 9.307/96, no art. 4º § 2º regula a arbitragem nos contratos de adesão, estabelecendo restrições protetivas à sua utilização nestes tipos de contratos, que encontram ampla aplicação nas relações consumeristas;

CONSIDERANDO que não se faz necessária a elaboração ou alteração de nenhuma lei para operacionalizar a arbitragem em relações de consumo, mas apenas incentivar e dar tratamento adequado a esta espécie de arbitragem;

CONSIDERANDO os princípios estruturantes da mediação de conflitos como boa fé, respeito, equidade, celeridade, cooperação e informalidade, que se coadunam com os novos paradigmas de resolução de conflitos consumeristas;

---

(56) Disponível em: <http://www.selmalemes.com.br/news03.pdf> Acesso em: 2.5.2010.

CONSIDERANDO que a mediação de conflitos possui como norteador a garantia do poder das partes em optar pelo método e estabelecer procedimentos próprios para a resolução de seus conflitos, proporcionando total liberdade na tomada de decisões ao longo de todo o processo;

CONSIDERANDO ser a arbitragem uma importante forma de solução de conflitos aplicada na área cível e, especialmente, na área empresarial com amplo e adequado desenvolvimento;

CONSIDERANDO que após 12 anos de vigência da Lei de Arbitragem e em decorrência da jurisprudência reiterada dos Tribunais, abstrai-se que para a utilização da arbitragem em contratos específicos e exclusivos que envolvam relações de consumo e, por consequência, de adesão (art. 4º, § 2º da Lei de Arbitragem), há a necessidade de um tratamento adequado, demandando específica regulamentação para que a arbitragem não seja considerada abusiva, haja vista que é necessária a completa e consciente aceitação do consumidor quanto à previsão da arbitragem como forma de solução de conflitos nos contratos que firmar, para ter o condão de afastar a justiça estatal, tal como verificado no direito comparado;

CONSIDERANDO que se faz necessária a instituição de uma correta e adequada estrutura para prestar esses serviços à comunidade, com ampla facilidade de acesso ao consumidor e que seja a custos ínfimos ou até gratuitos;

CONSIDERANDO ser a facilitação do acesso à Justiça uma meta do Governo e do Judiciário e que a operacionalização das formas extrajudiciárias de solução de conflitos demanda a aderência e solidariedade da sociedade brasileira;

Como CONCLUSÃO deste V Seminário de Arbitragem e Mediação, propugna-se que se envide esforços no sentido de operacionalizar a arbitragem e a mediação na área consumerista, envolvendo os órgãos públicos competentes, sugerindo-se o que segue:

No âmbito Federal, o Ministério da Justiça, por meio da Secretaria de Direito Econômico e do Departamento Nacional de Proteção e Defesa do Consumidor, bem como da Secretaria de Reforma do Judiciário, no sentido de regulamentar a matéria e colocá-la em prática junto aos órgãos de defesa do consumidor e fomentar a sua operacionalização nas Justiças Estaduais.

No âmbito Estadual, a Secretaria de Justiça e Cidadania, O Tribunal de Justiça, por meio dos órgãos que implantaram o sistema de conciliação nos Tribunais (inclusive nos Juizados Especiais), instituir e operacionalizar a arbitragem e a mediação, valendo-se da colaboração de entidades idôneas que administram a arbitragem e a mediação. Em São Paulo há várias entidades que poderiam auxiliar (Disponível em: <www.conima.org.br>).

No âmbito Municipal, as Secretarias de Justiça e Cidadania, na mesma linha da área Estadual, juntamente com as entidades de classes locais que exploram atividade econômica e entidades representativas dos consumidores poderiam fazer convênios com entidades de arbitragem e mediação idôneas para fomentar e operacionalizar a arbitragem e a mediação nas relações de consumo envolvendo a comunidade local.

Enfim, em prol da facilitação do acesso à Justiça, os setores competentes, público e privado, poderiam estabelecer uma Rede Extrajudicial de Solução de Conflitos nas relações de Consumo, tal como, nas devidas proporções, é verificada na União Europeia.

O programa que viesse a ser implantado deveria envolver todos os setores interessados, entidades representantes dos consumidores, prestadores de serviços e produtores de bens.

Também se faria necessário o envolvimento da mídia, divulgando a existência de outras formas de acesso à Justiça para os consumidores, e das empresas, que poderiam comprometer-se em dirimir controvérsias por arbitragem, no que se refere às demandas que surgirem e decorrentes dos produtos especificados e por elas fabricados.

Este procedimento representaria para as empresas uma melhoria de imagem e confiança, tanto quanto ao produto adquirido como à empresa fornecedora. Para o consumidor seria uma resposta ágil, segura e adequada ao problema apresentado.

Os métodos extrajudiciários de resolução de disputas, especialmente a arbitragem e a mediação, solucionam o conflito e restauram a paz social com muito mais brevidade, além de atestar que a sociedade confia e é solidária, quando a forma utilizada preconiza o equilíbrio, a flexibilidade, a rapidez e a justiça.

Finalizando, os participantes do *V Seminário de Arbitragem e Mediação* entendem que seria oportuno que os agentes públicos, os setores produtivos de bens e serviços e as entidades representativas dos consumidores envidassem, conjuntamente, esforços no sentido de operacionalizar a mediação e a arbitragem como uma forma a mais de solução de conflitos referentes às relações de consumo, visando a melhoria na prestação jurisdicional em matéria consumerista, consentânea com a legislação vigente e os interesses dos consumidores.

Juizados Especiais Cíveis Estaduais:
Sua Importância para a Concretização
∼ dos Direitos do Consumidor ∼

Aline da Silva Freitas[*]
Eulálio Pereira Duarte[**]

Trata-se de um sistema ágil e simplificado de distribuição da Justiça pelo Estado. Cuidando das causas do cotidiano de todas as pessoas (relações de consumo, cobranças em geral, direito de vizinhança etc.), independentemente da condição econômica de cada uma delas, os Juizados Especiais Cíveis aproximam a Justiça e o cidadão [...][***]

Introdução

Se antigamente era possível imaginar uma sociedade em que as pessoas produzissem todos os bens necessários para sua subsistência, na sociedade moderna e capitalista esta ideia é praticamente inviável, ainda mais quando à subsistência foram incorporados outros valores de consumo. Trata-se da sociedade do consumismo, em que se chega a utilizar a expressão "cidadão-consumidor".

Por um lado é passível de crítica a confusão entre o "ser" e o "ter" engendrada por muitas pessoas, por outro, não se verifica em diversas situações outra via a não ser a da aquisição de bens e a contratação de serviços.

Como esta é colocada como uma única alternativa e considerando que o mercado, em regra, abusa desta situação, necessário se faz que a relação consumerista

---

[*] Mestre em Direito Político e Econômico e Bacharel em Direito pela Universidade Presbiteriana Mackenzie. Membro permanente dos Grupos de Pesquisa CNPq "Novos Direitos e a Proteção da Cidadania: evolução normativa, doutrinária e jurisprudencial" e "Políticas Públicas como Instrumento de Concretização da Cidadania". Advogada do Departamento de Prática Jurídica da Universidade Presbiteriana Mackenzie, com atuação no Núcleo de Prática Jurídica e no Juizado Especial Cível de Micro e Pequena Empresa, em São Paulo. *E-mail:* alisf04@yahoo.com.br.
[**] Especialista em Direito Civil e Direito Processual Civil pela Universidade Presbiteriana Mackenzie. Advogado do Juizado Especial Cível — Anexo Mackenzie.
[***] CHIMENTI, Ricardo Cunha. *Teoria e prática dos juizados especiais cíveis estaduais e federais*. 11. ed. São Paulo: Saraiva, 2009. p. 4.

não fique à margem de proteção jurídica, sendo impostos verdadeiros limites ao poder econômico.

Tem-se assim justificada a necessidade de reconhecer e tutelar situações específicas da relação de consumo, de modo a proteger aquele que, a rigor, é de reconhecida hipossuficiência[1]. Assim, o advento do Código de Defesa do Consumidor — CDC, Lei n. 8.078/90, que surgiu diante da insuficiência das normas materiais existentes até então para a proteção das pessoas nessa seara.

No âmbito processual desde 1985 havia proteção destinada ao consumidor, com a Lei n. 7.347/85, que disciplinou a ação civil pública para a responsabilização de danos causados, entre outros, àquele. Como afirmado, o mercado não mede esforços para atingir suas metas, sendo comum a violação desses direitos, muitas vezes em massa, a se exigir, deste modo, proteção e o estímulo de mecanismos para que o consumidor faça frente a essas situações.

A defesa dos direitos do consumidor nem sempre se faz de maneira coletiva, sendo que no cotidiano muitas vezes ele se vale de outros mecanismos como o Procon, administrativamente, e o acesso ao Poder Judiciário por meio do exercício de seu direito de ação, isto é, o de todo aquele que tiver um direito seu lesado ou ameaçado, poder acionar o causador para obter a devida tutela jurisdicional. Neste sentido, uma alternativa para sujeição dos problemas decorrentes das relações de consumo são os Juizados Especiais Cíveis que, por sua competência, estrutura e regras gerais de funcionamento, são de extrema valia para o consumidor.

Assim, o objetivo deste artigo é trazer uma abordagem, eminentemente prática, sobre estes órgãos do Poder Judiciário, de modo a entender porque eles podem ser considerados importantes mecanismos para a concretização dos direitos do consumidor, apesar de existirem alguns problemas na concretização das finalidades e princípios a que se propõem.

1. JUIZADOS ESPECIAIS CÍVEIS ESTADUAIS

Constituindo uma "inovação institucional"[2], o desenvolvimento do sistema dos Juizados teve início ainda antes mesmo do advento da Constituição Brasileira de 1988.

---

(1) Segundo José Geraldo Brito Filomeno: "[...] ao lado de princípios que lhe são próprios, no âmbito da chamada ciência consumerista, o Código Brasileiro do Consumidor relaciona-se com outros ramos do Direito, ao mesmo tempo em que atualiza e dá nova roupagem a antigos institutos jurídicos. Por outro lado, reveste-se de caráter multidisciplinar, eis que cuida de questões que se acham inseridas nos Direitos Constitucional, Civil, Penal, Processuais Civil e Penal, Administrativo, mas sempre tendo por pedra de toque a vulnerabilidade do consumidor ante o fornecedor, e sua condição de destinatário final de produtos e serviços, ou desde que não visem a uso profissional. Sem essa conotação, aliás, não haveria necessidade desse microssistema jurídico, já que os Códigos Civil e Penal, por exemplo, já disciplinam as relações jurídicas fundamentais entre as pessoas físicas e jurídicas. Só que pessoas tais são encaradas como iguais, ao contrário do Código do Consumidor, que dispensa tratamento desigual aos desiguais". (In: GRINOVER, Ada Pellegrini *et al*. *Código brasileiro de defesa do consumidor*: comentado pelos autores do anteprojeto. 8. ed. Rio de Janeiro: Forense Universitária, 2005. p. 18-19).

(2) Boaventura de Sousa Santos assim denomina os Juizados, indicando-os como o principal mecanismo institucional que aproxima as pessoas da justiça: "No novo marco institucional brasileiro salientam-se a experiência da justiça itinerante, da justiça

No Rio Grande do Sul, a partir de 1980, os juízes desenvolveram a ideia dos Conselhos de Conciliação e Arbitramento, que obteve sucesso e acabou por culminar na Lei n. 7.244/84, que dispunha justamente sobre a "criação e o funcionamento do Juizado Especial de Pequenas Causas", órgãos que passaram a ter ampla aceitação social e êxito em seus objetivos para a solução de demandas de pequeno valor.

Depois do reconhecimento da sua importância pela Constituição de 1988, que, aliás, determinou a instalação de Juizados no Distrito Federal e nos Estados, foi elaborada a Lei n. 9.099/95, que revogou o texto de 1984 e desenhou o atual Microssistema dos Juizados, dando concretude ao procedimento sumaríssimo, orientado pelos princípios da oralidade, simplicidade, informalidade, economia processual e celeridade. Segundo Joel Dias Figueira Junior e Maurício Antonio Ribeiro Lopes:

> Essa nova forma de prestar jurisdição significa antes de tudo um avanço legislativo de origem eminentemente constitucional, que vem dar guarida aos antigos anseios de todos os cidadãos, especialmente aos da população menos abastada, de uma justiça apta a proporcionar uma prestação de tutela simples, rápida, econômica e segura, capaz de levar à liberação da indesejável litigiosidade contida. Em outros termos, trata-se, em última análise, de mecanismo hábil de ampliação do acesso à ordem jurídica justa[3].

Desde então, os Juizados vêm sendo implementados, sendo que em São Paulo, por exemplo, há unidades próprias de funcionamento, como a da Central Vergueiro, e postos avançados, como os Anexos decorrentes de convênio com Universidades privadas. Em alguns bairros e cidades há, por sua vez, postos de atendimento em regra dentro dos próprios Fóruns.

A Lei n. 9.099/95 apresenta os Juizados Especiais Cíveis como órgãos da Justiça Ordinária, sinônimo de Justiça Comum, submetidos à estrutura dos Tribunais Estaduais e do Distrito Federal, com duas particularidades: a especialização (causas cíveis de até quarenta salários mínimos e de menor complexidade), e o procedimento diverso, com princípios próprios[4], ressaltando-se que as ações com valor da causa até vinte salários mínimos poderão ser propostas sem a assistência de advogado.

Durante a evolução do sistema dos Juizados foram discutidas e pacificadas algumas questões processuais que, quando do início da Lei n. 9.099/95, trouxeram dúvidas, exemplo disto é o entendimento consolidado de que o Juizado não é uma via obrigatória em decorrência do valor da causa, mas, sim, uma alternativa à Justiça comum; e que não existe conexão entre processos do Juizado e da Justiça comum, devendo-se suspender a segunda ação proposta enquanto aguarda-se a solução da primeira.

---

comunitária, dos meios alternativos de resolução de litígios, da mediação, da conciliação judicial e extrajudicial, da justiça restaurativa e, sobretudo, dos juizados especiais". (*Para uma revolução democrática da justiça*. São Paulo: Cortez, 2007. p. 58).
(3) FIGUEIRA JUNIOR, Joel Dias; LOPES, Maurício Antonio Ribeiro. *Comentários à lei dos juizados especiais cíveis e criminais:* Lei n. 9.099, de 26.9.1995. 2. ed. São Paulo: Revista dos Tribunais, 1997. p. 30-31.
(4) ROCHA, Felippe Borring. *Juizados especiais cíveis.* Aspectos polêmicos da Lei n. 9.099, de 26.9.1995. 2. ed. rev. amp. atual. Rio de Janeiro: Lumen Juris, 2002. p. 12.

Com relação à questão do valor da causa, deve ser observado que um dos primeiros aspectos levantados sobre a sua importância é o que se refere justamente a sua gratuidade. De fato, o procedimento dos Juizados Especiais é muito menos dispendioso às partes já que dispensa a assistência de advogado nas causas de até 20 (vinte) salários mínimos, como prevê o art. 9º da Lei n. 9.099/95; e em primeiro grau de jurisdição não há despesas processuais, nos termos do art. 54 da mesma lei, o que por si só já diminui os custos e riscos em caso de improcedência da ação ou procedência em parte[5].

O Juizado tem a atribuição de realizar o primeiro grau de jurisdição (conhecimento da causa) por meio de um Juiz de Direito e também o segundo grau de jurisdição (revisão da decisão) por meio do Colégio Recursal, órgão colegiado formado por três juízes diversos daquele que julgou a causa originariamente.

Os seus princípios embasadores são, como apresentado anteriormente, a oralidade, simplicidade, informalidade, economia processual e celeridade, "os quais convergem na viabilização do amplo acesso ao Judiciário e na busca da conciliação entre as partes sem violação das garantias constitucionais do contraditório e da ampla defesa"[6].

A oralidade, que traz em si a celeridade[7], possibilita a manifestação das partes diretamente ao conciliador ou cartório do Juizado quando da propositura da ação, ao Cartório, quando do andamento do processo, e, ao Juiz, quando da audiência de instrução e julgamento, ressaltando-se a possibilidade do réu também apresentar a sua defesa oralmente, o que agiliza a realização dos respectivos atos processuais. O juiz, por sua vez, poderá registrar os depoimentos das partes e testemunhas em fita magnética, CD ou mídia, e fazer constar no termo somente os principais fatos da audiência, a sua decisão e os fundamentos, de modo a possibilitar a reanálise da sentença em caso de eventual interposição de recurso. Deste princípio decorre a necessidade de que em regra o juiz que presidiu os atos em audiência, ante a inexistência de acordo, sentencie, assegurando-se ainda o princípio da identidade física do juiz.

Quanto ao princípio da celeridade, que deveria ser a regra em todos os procedimentos, posto tratar-se de um direito fundamental[8], é importante mencionar que deve se pautar pelo binômio rapidez e segurança[9], pois de nada adianta um processo rápido, mas injusto. As últimas reformas processuais tiveram como um dos objetivos a simplificação dos atos processuais e a celeridade dos procedimentos, afastando a

---

(5) Quando o Juizado surgiu, o salário mínimo era de R$ 120,00, que gerava limites de alçada de R$ 3.600,00 e R$ 7.200,00. Hoje, com o salário mínimo de R$ 510,00, temos os novos limites, de R$ 10.200,00 e R$ 20.400,00. Tal aumento tem feito com que muitas pessoas optem pelos Juizados, em vez de utilizar a Justiça comum, não somente pela celeridade do rito e pelas audiências mais rápidas, mas também pela ausência de custas processuais e verbas de sucumbência na primeira instância.
(6) CHIMENTI, Ricardo Cunha. *Teoria e prática dos juizados especiais cíveis estaduais e federais*. 11. ed. São Paulo: Saraiva, 2009. p. 5.
(7) ROCHA, Felippe Borring. *Op. cit.*, p. 13.
(8) Cf. Constituição de 1988, art. 5º, LXXVIII: "a todos, no âmbito judicial e administrativo, são assegurados a razoável duração do processo e os meios que garantam a celeridade de sua tramitação".
(9) ROCHA, Felippe Borring. *Op. cit.*, p. 19.

antiga visão processual de atos pautados por fases diluídas e ampla manifestação nos autos. Entretanto, esta evolução em nada pode prejudicar os avanços já conquistados, principalmente em relação ao devido processo legal, tanto formal quanto substancial[10], pelo qual as partes devem ter oportunidade de ampla participação no processo, de forma a poder influenciar eficazmente a decisão judicial, garantindo-se a efetividade do processo. Assim, o processo servirá como meio não somente de solução de controvérsias, mas de atingimento real do direito buscado, configurando um modelo constitucional de processo[11], em prol do efetivo acesso à justiça[12].

A economia processual contempla em seu bojo a difundida ideia de buscar o máximo da atuação da Lei n. 9.099/95 com o mínimo possível de atos processuais, o que se verifica, por exemplo, na audiência de instrução e julgamento, na qual ocorre a concentração de atos, ou seja, renovação da tentativa de conciliação, apresentação de defesa pelo réu, réplica do autor se forem arguidas preliminares na contestação, defesa do autor em caso de pedido contraposto do réu, oitiva de testemunhas e respectivas contraditas, e apresentação de documentos e possível impugnação pela parte contrária.

O princípio da instrumentalidade, que por sua vez contém os princípios da simplicidade e informalidade[13], valoriza a finalidade essencial de alcançar o objetivo do ato processual mais do que sua forma, afastando o rigorismo processual, exceto quando expressamente exigido por lei[14].

1.1. Alguns aspectos procedimentais

A pessoa que pretende propor uma ação nos Juizados, sem a assistência de advogado, poderá se dirigir a qualquer Juizado Especial Cível, seja a uma unidade própria ou a um dos pontos de atendimento dentro dos Fóruns, como os existentes em alguns bairros e cidades do interior.

Nas dependências do Juizado, a pessoa exporá o seu problema a um conciliador ou a um funcionário do Tribunal de Justiça[15] que, em uma primeira análise, verificará se o caso é ou não da competência do Juizado. Caso não seja, como por exemplo,

---

(10) LUCON, Paulo Henrique dos Santos. Devido processo legal substancial. In: DIDIER JR., Fredie. (coord.). *Leituras complementares de processo civil*. 6. ed. Salvador: JusPodivm, 2008. p. 18.
(11) BUENO, Cássio Scarpinella. *A nova etapa da reforma do código de processo civil. Comentários sistemáticos às Leis ns. 11.187, de 19.10.2005, e 11.232, de 22.12.2005*. São Paulo: Saraiva, 2006. v. 1, p. XVIII.
(12) "A expressão 'acesso à justiça' é reconhecidamente de difícil definição, mas serve para determinar duas finalidades básicas do sistema jurídico — o sistema pelo qual as pessoas podem reivindicar seus direitos e/ou resolver seus litígios sob os auspícios do Estado. Primeiro, o sistema deve ser igualmente acessível a todos; segundo, ele deve produzir resultados que sejam individual e socialmente justos." (CAPPELLETTI, Mauro; GARTH, Bryant. *Acesso à justiça*. Trab. Ellen Gracie Northfleet. Porto Alegre: Sergio Antonio Fabris, 1998. p. 8.)
(13) ROCHA, Felippe Borring. *Op. cit.*, p. 13.
(14) WAMBIER, Luiz Rodrigues (coord.). *Curso avançado de processo civil. Teoria geral do processo e processo de conhecimento*. 5. ed. rev. atual. amp. São Paulo: Revista dos Tribunais, 2002. v. 1, p. 166.
(15) Nos anexos, todo o atendimento dos conciliadores, normalmente estudantes de Direito, é orientado e supervisionado pelo Juiz de Direito responsável pelo local e por eventuais outros supervisores, como os advogados contratados pelas Universidades conveniadas com o Poder Judiciário.

ação de separação, divórcio, alimentos, inventário, retificação de assento civil, trabalhista etc., o atendente informará os endereços dos órgãos de assistência judiciária do Estado, tais como o da Defensoria Pública e de faculdades que prestam este serviço gratuitamente à sociedade; em algumas situações será necessária a recomendação de que a pessoa procure um advogado para assisti-la. Outra possibilidade é a pessoa ser direcionada para outro Juizado em função dos critérios de competência territorial disciplinados pelo Código de Processo Civil.

Nesse primeiro atendimento, também é verificado se a pessoa possui em mãos todos os documentos necessários para a propositura imediata da ação ou se, em querendo, retornará em outra oportunidade. A pessoa também poderá confeccionar a sua própria petição inicial, subscrevê-la e protocolá-la diretamente no Juizado se o valor da causa não ultrapassar vinte salários mínimos, em patente exercício do *ius postulandi*[16], semelhantemente o que ocorre na Justiça do Trabalho.

Confirmada a competência do Juizado e presentes todos os documentos necessários, caso a pessoa não apresente a petição pronta, esta será redigida pelo conciliador ou funcionário do órgão, segundo as orientações daquela, que deverá subscrever a inicial e ser orientada sobre o procedimento dos Juizados.

Se for o caso, na própria petição inicial já será feito um pedido liminar, seja de tutela cautelar para evitar um dano (por exemplo, para evitar uma negativação ou protesto), ou de tutela antecipada para afastar um dano já existente (por exemplo, para suspender uma negativação ou protesto até o final da lide), medidas muito comuns nos Juizados[17].

Depois disto, a parte autora sai com uma cópia da petição inicial identificada com o número do processo e com a data de audiência de conciliação, levando também um roteiro do Autor, que contém os procedimentos do Juizado. Caso tenha sido elaborado pedido liminar, o autor poderá retornar depois de 48 horas para tomar ciência da decisão. Se deferido o pedido liminar, o Juiz expedirá os ofícios necessários, sendo que em alguns casos o próprio autor poderá retirar o ofício no Cartório do Juizado e levá-lo até o órgão destinatário, por exemplo, SCPC[18] ou SERASA para suspender os efeitos publicísticos da negativação. Se indeferido o pedido, poderá ser interposto recurso inominado ou, surgindo novos elementos, poderá o pedido liminar ser reiterado[19].

---

(16) MARTINS, Sergio Pinto. Direito processual do trabalho: fundamentos jurídicos. In: MORAES, Alexandre de (coord.). *Série fundamentos jurídicos*. 12. ed. São Paulo: Atlas, 2009. p. 28.
(17) "Os princípios norteadores dessa lei (art. 2º), somados à previsão de ampla liberdade na apreciação das questões que são submetidas (art. 6º), autorizam concluirmos pelo cabimento da tutela antecipada, genérica (art. 273 do CPC) e específica (art. 461, § 3º, do CPC), e também das liminares cautelares no Sistema dos Juizados Especiais. Esta, aliás, é a conclusão unânime do I Encontro de Juízes de Juizados Especiais da Capital e da Grande São Paulo, cujo Enunciado 19 estabelece que " é cabível a antecipação de tutela nos processos que tramitam no Juizado Especial Cível". (CHIMENTI, Ricardo Cunha. *Op. cit.*, p. 69).
(18) Serviço Central de Proteção ao Crédito.
(19) "São cabíveis a tutela acautelatória e a antecipatória em sede dos Juizados Especiais Cíveis, em caráter incidental" (II Encontro Nacional de Coordenadores de Juizados Especiais, Cuiabá, dezembro de 1997, Conclusão 8).

Proposta a ação, o cartório do Juizado efetuará a postagem da carta de citação para o réu com a respectiva cópia da petição inicial (contrafé), com a indicação da data da audiência de conciliação, na qual deverá comparecer pessoalmente, se pessoa física, ou, devidamente representado por preposto, sócio ou diretor, se pessoa jurídica, sob pena de ser declarada a sua revelia e aplicados os respectivos efeitos: presunção de verdade dos fatos alegados na inicial e a não intimação dos atos futuros. "O rigor da exigência de comparecimento pessoal das partes deve-se ao princípio maior do sistema, que é a tentativa de conciliação entre os litigantes"[20].

Deve ser observado que quanto ao polo passivo, mira-se principalmente o causador do dano, ou aquele que, devendo evitá-lo, não o fez. Tratando-se de relação de consumo, é possível constituir o polo passivo com todos os envolvidos na cadeia de consumo, em solidariedade. Entretanto, deve-se tomar cuidado, pois a responsabilidade objetiva prevista no CDC somente afasta a culpa, devendo-se, por outro lado, provar o autor o nexo de causalidade entre o dano questionado e a conduta do fornecedor[21].

A audiência de conciliação será presidida por um conciliador, que inicialmente explicará às partes (autor e réu) os benefícios da realização de um acordo, tais como: a solução rápida do processo com a estipulação no termo de audiência de todas as obrigações assumidas e respectivas penalidades; que o termo será homologado pelo juiz e terá força de sentença; que, em caso de descumprimento, bastará que a parte prejudicada comunique ao Cartório do Juizado para que se dê início à fase de execução, com o cumprimento forçado das obrigações assumidas e respectivas multas[22]. Elementos estes que elevam o acordo ao objetivo central dos Juizados.

O acordo entre as partes também afasta o risco inerente a todas as ações: de ter seu pedido julgado procedente, improcedente ou parcialmente procedente, restando

---

(20) CHIMENTI, Ricardo Cunha. *Op. cit.*, p. 139.
(21) Assim, o defeito de fabricação em um aparelho deve ser questionado perante o fabricante e não perante a loja vendedora, visto que esta em nada contribuiu para o defeito, pois ao vender o produto somente o repassou ao comprador, na caixa, da mesma forma que veio da fábrica, sendo, por isso, mera intermediária. Por outro lado, se a loja vendedora, no caso, por exemplo, de um computador, o entregou ao consumidor após efetuar a instalação de programas, terá que provar que não contribuiu para o defeito do seu funcionamento. A mesma coisa acontece com gênero alimentício. Em regra, somente será chamado ao polo passivo o supermercado caso seja verificado que o vício do produto se deu por má conservação, estoque ou refrigeração. Posicionamento diverso acarretaria um grave ônus social, pois o comerciante ciente de que em cada venda assumiria o risco de eventual defeito do produto, como se fosse sócio do fabricante, com certeza repassaria tal ônus ao consumidor por meio de aumento do preço.
(22) Cf. Material de Apoio: Conciliadores dos Juizados Especiais Cíveis do Estado de São Paulo, disponibilizado pela Secretaria da Primeira Instância do Poder Judiciário do Estado de São Paulo: "A partir de uma compreensão mais ampla de autocomposição, é possível afirmar que, em certo sentido, todos nós somos conciliadores ou mediadores. Afinal, em algum momento de nossas vidas, já interviemos numa discussão entre duas pessoas no trabalho, em família ou em nossas relações de amizade, auxiliando--as a negociarem uma solução. Assim, todos nós temos alguma experiência intuitiva na resolução de conflitos por meio do uso da conciliação. A conciliação sobre a qual tratamos nesse roteiro, contudo, não é a que denominamos de conciliação informal ou intuitiva. Nosso enfoque será, pelo contrário, a conciliação técnica. Podemos definir este tipo de conciliação como sendo um processo composto por vários atos procedimentais pelo qual um terceiro imparcial facilita a negociação entre pessoas em conflito, as habilita a melhor compreender suas posições e a encontrar soluções que compatibilizam-se aos seus interesses e necessidades" (Disponível em: <http://www.tj.sp.gov.br/conciliacao/downloads/apostila.aspsc> Acesso em: 28.3.2010. p. 5).

ao prejudicado, se quiser, contratar advogado para recorrer da sentença, o que, somado às despesas do processo (preparo, porte e remessa) acaba, muitas vezes, excedendo ou se aproximando do próprio valor questionado na ação.

No mais, é importante ressaltar que nenhuma solução é melhor do que aquela estabelecida pelas próprias partes, que podem ponderar os valores e prazos de pagamento ou cumprimento das obrigações, bem diferente do que ocorre em caso de julgamento, em que a obrigação é imposta integralmente e de forma coercitiva.

Todavia, não sendo firmado acordo entre as partes, uma vez que o acordo não é obrigatório, será designada uma audiência de instrução e julgamento, na qual, o Juiz novamente tentará a conciliação e, se infrutífera, o réu deverá apresentar defesa, que poderá ser escrita ou oral com registro em fita magnética, CD ou mídia. Isto não se dará quando o processo é de execução, pois diante da impossibilidade de acordo, serão os autos encaminhados conclusos ao Juiz, devendo o executado, se quiser, opor embargos à execução no ato da Audiência de Conciliação.

Se o réu, pessoa física ou jurídica, estiver acompanhado de advogado, o juiz poderá designar um advogado *ad hoc*, ou seja, para acompanhar o autor na audiência, de forma a dar efetividade aos princípios da isonomia e do devido processo legal, com o respectivo contraditório e ampla defesa. Também é possível a situação inversa, na qual o autor se faz acompanhar de advogado e o Juiz nomeia um advogado *ad hoc* para o réu.

O autor, por sua vez, caso sejam arguidas preliminares, poderá apresentar réplica na própria audiência e de forma oral. Se o réu apresentar pedido contraposto, o autor poderá contestá-lo. Os documentos juntados na audiência serão apresentados à parte contrária.

Após, o Juiz colherá o depoimento pessoal das partes, primeiramente do autor, depois do réu, e, após, realizará a oitiva das respectivas testemunhas.

Terminada a instrução, o juiz poderá proferir a sentença na própria audiência, quando as partes sairão intimadas, ou chamar os autos conclusos, com o prazo de até dez dias para proferi-la e, neste caso, as partes que não possuírem advogado receberão, em seu domicílio, uma correspondência com a cópia da sentença. Para as partes que possuírem advogado haverá a intimação por meio do Diário Oficial.

A partir da intimação da sentença começará a fluir para o sucumbente o prazo de dez dias para eventual interposição de recurso inominado. A inércia acarretará o trânsito em julgado. Interposto o recurso com protocolo no Cartório do respectivo Juizado, os autos serão remetidos ao Colégio Recursal. Em regra, o recurso da sentença é recebido somente no efeito devolutivo. Portanto, a parte contrária poderá pedir a execução provisória da sentença para que sejam realizadas medidas que garantam o cumprimento da obrigação estabelecida, tais como bloqueio de contas ou penhora de bens, ressaltando que qualquer levantamento de valores somente poderá se dar com a respectiva caução, para evitar possível prejuízo irreversível ou de difícil reparação ao executado, tendo em vista que a decisão poderá, ao final, ser reformada[23].

1.2. Pessoas jurídicas no polo ativo da demanda: o juizado especial cível de microempresas e empresas de pequeno porte

Com o advento da Lei n. 123/06 que Instituiu o Estatuto Nacional da Microempresa e da Empresa de Pequeno Porte restou claro que a estas se reconhece a possibilidade de serem admitidas como autores nos Juizados Especiais, tal como as pessoas físicas capazes, consoante seu art. 74.

Tal previsão fomenta o desenvolvimento social, pois cria um meio de solução dos problemas rotineiros das micro e pequenas empresas, grandes responsáveis pela prestação de serviços e oferecimento de vagas de emprego, facilitando, assim, o cotidiano dos empreendedores e diminuindo o custo de manutenção de sua atividade. Também foi facilitado o recebimento de créditos não pagos, como aqueles decorrentes de cheques e notas promissórias que, antes, por serem de pequeno valor, eram abandonados, pois era mais oneroso contratar um advogado. Assim, tal meio é utilizado para, por exemplo, cobrar clientes que não pagaram seus débitos, para resolver problemas com prestadores e fornecedores de produtos e serviços, como o de telefonia e reajustes ou rescisão unilateral de plano de saúde. Nota-se que em diversas dessas situações a sociedade empresária é reconhecida como consumidora.

Importante ressaltar que, em São Paulo, foi criada uma unidade pioneira especificamente voltada para as micro e pequenas empresas, tendo o Provimento n. 1.433/07 explicitado o funcionamento desta Unidade Avançada de Atendimento Judiciário, uma parceria do Poder Judiciário, Associação Comercial de São Paulo e Universidade Presbiteriana Mackenzie[24].

A competência deste Juizado é restrita às partes que possuem domicílio na cidade de São Paulo, devendo a empresa autora, além disso, ser devidamente enquadrada como micro ou pequena empresa, sendo os empresários individuais equiparados a ME, elementos que fazem a competência do Juizado ser absoluta. A comprovação desta situação, obrigatória para a propositura da demanda, se dá nos moldes disciplinados pela Instrução Normativa n. 103/07, que justamente dispõe sobre o enquadramento, reenquadramento e desenquadramento de microempresa e empresa de pequeno porte, constantes da Lei Complementar n. 123, de 14 de dezembro de 2006, nas Juntas Comerciais. Não possuindo estabelecimento em São Paulo, a competência seguirá

---

(23) ABELHA, Marcelo. *Manual de execução civil:* de acordo com a recente reforma do CPC. Rio de Janeiro: Forense Universitária, 2006. p. 191.
(24) A Lei n. 123/06 estimula o desenvolvimento deste tipo de parceria: "Art. 75-A. Para fazer face às demandas originárias do estímulo previsto nos arts. 74 e 75 desta Lei Complementar, entidades privadas, públicas, inclusive o Poder Judiciário, poderão firmar parcerias entre si, objetivando a instalação ou utilização de ambientes propícios para a realização dos procedimentos inerentes à busca de solução de conflitos".

as regras comuns, não sendo excluída a possibilidade de demanda em outro Juizado, já que a competência do Juizado Especial Cível EPP/ME não exclui a dos demais.

Ressalta-se ainda outra exigência que se faz, como se dá em qualquer procedimento jurisdicional em que pessoa jurídica seja parte, qual seja, a de que a representação legal da empresa autora seja realizada por seu empresário individual, sócio ou diretor com poderes para tanto, os quais deverão apresentar os atos constitutivos da empresa para demonstrar essa situação. A empresa pode ainda ser representada por preposto, caso em que este deverá estar munido tanto dos documentos constitutivos da empresa, quanto da competente carta de preposição, indispensável para propor a ação e para participar das audiências[25].

2. RELAÇÕES DE CONSUMO: PRINCIPAIS DEMANDAS SUJEITAS AOS JUIZADOS

O vínculo entre Juizados e defesa do consumidor é intenso. O Código de Defesa do Consumidor relaciona os Juizados entre os instrumentos indispensáveis para possibilitar a concretização dos direitos do consumidor:

> Art. 5º Para a execução da Política Nacional das Relações de Consumo, contará o Poder Público com os seguintes instrumentos, entre outros: [...] IV — criação de Juizados Especiais de Pequenas Causas e Varas Especializadas para a solução dos litígios de consumo [...] (Lei n. 8.078/90).

Segundo José Murilo de Carvalho, a cidadania no Brasil continua em processo de consolidação, sendo que a Constituição Brasileira de 1988 representou um grande marco nesse sentido, pois contemplou os direitos civis, econômicos e sociais de maneira ampla, nunca antes verificada. No rol de direitos civis, ressalta o autor:

> A Constituição ordenou também que o Estado protegesse o consumidor, dispositivo que foi regulamentado na Lei de Defesa do Consumidor, de 1990 [...] Cabe ainda mencionar como relevante a criação dos Juizados Especiais de Pequenas Causas Cíveis e Criminais, em 1995. Esses juizados pretendem simplificar, agilizar e baratear a prestação de justiça em causas cíveis de pequena complexidade e em infrações penais menores[26].

Esta concepção sobre os Juizados acentua estes como essenciais para viabilizar a proteção dos direitos do consumidor. O mesmo decorre do exposto por Mauro

---

(25) Quanto à participação em audiências deve ser observado que no caso de comparecimento sem a devida carta, este não é válido, podendo ser declarada a revelia. Entretanto, no caso de ser realizado acordo, como o mesmo deverá ser posteriormente homologado pelo Juiz, pode-se requerer prazo para juntada da respectiva carta de preposição, que se constituirá como verdadeiro requisito para validade do acordo. Como acentua Ricardo Cunha Chimenti: "Em razão do princípio da concentração, que determina a apresentação de todos os documentos e outras provas em audiência, considera-se ineficaz o protesto ou apresentação posterior de carta de preposição". (*Op. cit.*, p. 97). Após, o autor colaciona os seguintes enunciados: "O preposto que comparece sem carta de preposição obriga-se a apresentá-la, no prazo que for assinado, para a validade de eventual acordo. Não formalizado o acordo, incidem, de plano, os efeitos da revelia" (Enunciado n. 42 do FONAJE); e: "É inadmissível a concessão de prazo para regularização da representação processual, não se aplicando o art. 13 do CPC" (Enunciado n. 11 do I Encontro de Colégios Recursais da Capital de São Paulo).
(26) CARVALHO, José Murilo de. *Cidadania no Brasil:* o longo caminho. Rio de Janeiro: Civilização Brasileira, 2008. p. 209-210.

Cappelletti e Bryant Garth que trazem em nota a definição de Pequenas Causas utilizada por G. D. S. Taylor na Austrália, em obra de 1978:

> Um parâmetro óbvio é a quantia em dinheiro reclamada pelo autor ou valor de qualquer bem que esteja sendo disputado. Mas há também um elemento filosoficamente qualitativo. O recente desenvolvimento de novos mecanismos procedimentais para as pequenas causas tem sido centrado na **defesa do consumidor**, como o mais premente dos problemas jurídicos com os quais as pessoas comuns geralmente são envolvidas. A maior parte desses problemas também é enfrentada pelos membros mais privilegiados da comunidade, mas a orientação geral é no sentido de **fazer a justiça acessível** aos despossuídos que, como se pensa, mais provavelmente não terão chance, a menos que lhes deem os recursos e os meios para buscar a proteção legal. Dessa forma, quando se fala de "pequenas causas", incluem-se as que dizem respeito a quebras de contrato, acidentes de automóvel, com danos reduzidos, ações de despejo e os interditos possessórios, enquanto as que se referem à sucessão hereditária ou testamentária, não[27]. (grifos nossos)

Esta citação remete ao entendimento de que os próprios Juizados foram sendo construídos como tendo um de seus objetivos o atendimento da demanda da defesa do consumidor, essencial na sociedade contemporânea, conforme afirmado anteriormente.

De fato, é possível afirmar que este fim foi em grande medida atingido, pois frequentemente são apresentados nos Juizados problemas ocorridos nas relações de consumo, envolvendo tanto bens quanto serviços, que, em sua grande maioria, possuem valor compatível com a competência dos órgãos em questão.

Comuns são as ações em face de: empresas de telefonia fixa e celular (*e.g.*: divergência entre a oferta veiculada e valores cobrados, cobranças de ligações não realizadas e de serviços não contratados); e fabricantes de aparelhos celulares (*e.g.*: não funcionamento, não disponibilidade de funções divulgadas, problemas de compatibilidade com os serviços disponibilizados pelas concessionárias de telefonia, não conserto de defeitos surgidos dentro do período de garantia). Nesses casos o consumidor deve ser aconselhado, por exemplo, a apresentar a descrição dos produtos e serviços ofertados, contrato, contas recebidas, notas fiscais e números de protocolos abertos perante as empresas.

Também são constantemente elaboradas petições em face de fabricantes e vendedores de eletrodomésticos (*e.g*: defeitos de funcionamento, atraso na entrega, entrega com riscos e amassados, não conserto de defeitos surgidos no período de garantia e não consertados no prazo legal de trinta dias, conforme dispõe o art. 18 do CDC),

---

(27) TAYLOR, G. D. S. *Special procedures governig small claims in Australia. Apud* CAPPELLETTI, Mauro; GARTH, Bryant. *Acesso à justiça*. Trab. Ellen Gracie Northfleet. Porto Alegre: Sergio Antonio Fabris, 1998. p. 95.

contra fabricantes e vendedores de móveis (*e.g.:* não entrega nos prazos combinados, entrega com defeitos — riscos, peças faltantes e medidas incorretas).

Ainda contra empresas de transporte aéreo (*e.g.:* perda de bagagens, atrasos nos voos, *overbooking*, escalas não previstas); bancos (*e.g.:* cobranças de serviços não contratados — seguro, títulos de capitalização, cobrança de taxas sem prévia informação ou em duplicidade); e administradoras de cartões de crédito (*e.g.:* cobranças de juros e encargos abusivos[28], lançamento nas faturas de compras não realizadas); bem como de devedores em geral (*e.g.:* a exemplo de cobrança ou execução de títulos, em que o consumidor deve ser aconselhado a apresentar nota fiscal dos eventuais produtos ou serviços, bem como o original dos títulos de crédito).

Por fim, outras demandas consumeristas frequentes são as atinentes aos planos de saúde, conforme acentua Antonio Joaquim Fernandes Neto:

> Tratados atualmente como objeto de consumo, os planos de saúde transformaram-se em bens de grande importância para o cidadão brasileiro, em sua luta por bem-estar e qualidade de vida. [...] Constitui, igualmente, tema recorrente nos órgãos de defesa do consumidor [...][29]

Assim são comuns questionamentos sobre a não autorização de exames e de procedimentos médico-cirúrgicos previstos pela Agência Nacional de Saúde — ANS — ou não excluídos expressamente nas condições gerais do contrato; e aumento abusivo no valor das mensalidades, seja por mudança de faixa etária seja por alegações de aumento nos custos administrativos da apólice — sinistralidade.

Verifica-se ainda com relação aos planos de saúde que se por um lado há o entendimento de que a cobertura se restringe ao previsto contratualmente, por outro lado existe o entendimento de que é ampla a responsabilidade das operadoras no atendimento das necessidades médico-hospitalares dos seus consumidores, não somente em relação às obrigações previstas no contrato de plano de saúde, mesmo

---

(28) Em relação a algumas destas situações verificam-se obstáculos para o seu questionamento nos Juizados, por exemplo, para a análise dos juros e encargos abusivos nas faturas do cartão de crédito, muitos juízes entendem que há necessidade de perícia contábil para verificar se houve anatocismo, ou seja, cobrança de juros sobre juros, e concomitante de multa, juros de mora e taxa de permanência. Por não haver estrutura para perícias nos Juizados, a produção de tal prova configura-se complexa, inviabilizando o julgamento da ação, o que poderá acarretar na extinção do processo para a sua repropositura na Justiça comum. Entretanto, por se tratar de relação de consumo, demonstrando-se a verossimilhança das alegações pelo aumento excessivo sem prévia informação no contrato ou nas próprias faturas, cabível a inversão do ônus da prova em face da instituição financeira. Em algumas situações não conceder a inversão do ônus da prova em face do fornecedor pode configurar a exigência de prova negativa do fato alegado, afastando da empresa o risco da sua atividade. Mas, não há que se falar em ditadura do consumidor, pois a inversão do ônus da prova não é absoluta, mas relativa, visto que depende da verossimilhança das alegações do consumidor, ou mais propriamente da coerência das alegações fáticas que envolvem a prestação do serviço ou o fornecimento do produto questionado. Como consequência disto e em cumprimento ao princípio da boa-fé objetiva, principalmente do dever anexo de ampla informação, o banco é quem deveria apresentar cálculos explicando o ocorrido e demonstrando que não houve anatocismo nem cobranças abusivas, sob pena de serem tidas como corretas as contas apresentas pelo autor. Ainda que o autor não apresentasse o valor que entende devido juntamente com a petição inicial, o banco poderia ser condenado a efetuar tal cálculo. Depois disto, somente se o autor não concordasse com os valores apresentados e quisesse questioná-los, poderia o juiz reconhecer a necessidade de perícia. Aliás, o Enunciado n. 70 do FONAJE acentua que: "as ações nas quais se discute a ilegalidade de juros não são complexas para o fim de fixação da competência dos Juizados Especiais".

(29) FERNANDES NETO, Antonio Joaquim. *Plano de saúde e direito do consumidor*. Belo Horizonte: Del Rey, 2002. p. 7.

que não atualizado pela Lei n. 9.656/98, como em relação aos procedimentos previstos pela ANS, incorporam-se automaticamente ao contrato os avanços tecnológicos da área médica, em patente aplicação dos princípios e disposições do CDC, pelo qual o fornecedor não pode se eximir de cumprir obrigações ínsitas à natureza do contrato.

Deste modo, a operadora de plano ou seguro de saúde deve cobrir equipamentos e materiais necessários à realização dos procedimentos necessários à manutenção da saúde do consumidor. Como exemplo disto foi o reconhecimento pela jurisprudência do dever de cobertura do *stent* (uma grade cilíndrica de ação que é inserida na veia ou artéria do coração do paciente por meio de um cateter e depois da desobstrução é acionado um balão que infla a estrutura metálica para que a veia ou artéria não se feche novamente); cirurgia bariátrica para controle de obesidade e a seguida cirurgia plástica para retirada do excesso de pele, que tem natureza reparadora; tratamento de quimioterapia; realização de exames, se não disponíveis na rede credenciada, mediante reembolso do valor pago a outra empresa para a sua realização. Disposições estas reconhecem que o bem maior defendido é a vida e os custos dos procedimentos fazem parte do risco da atividade empresarial.

Outro entendimento é que a recusa de cobertura pela alegação de doença preexistente também pode ser afastada demonstrando-se que, quando da contratação, a empresa de plano ou seguro saúde não solicitou qualquer exame ou declaração da operadora anterior, baseando-se somente nas informações do cliente que, por presumida boa-fé, não tinha como saber o mal do qual seria acometido.

Não são raros também os casos de pedido de reparação por danos morais também decorrentes de relação de consumo, como mau tratamento de atendentes, descaso na solução do problema apresentado e inclusão indevida de nome ou razão social nos órgãos de proteção ao crédito.

Conclusões

Verifica-se que a criação dos Juizados foi um sucesso não somente jurídico--processual, mas também social, com grande receptividade do público, que passou a encontrar nos Juizados um mecanismo para o acesso à Justiça, não somente por poder ir diretamente a um Fórum e apresentar o seu problema, mas por solucioná-lo sem a necessidade e custo da contratação de um advogado que, em que pese ser essencial e necessário à administração da justiça, ainda está longe de ter o seu serviço acessível a grande parte da população.

De fato, os órgãos em questão passaram a ser instrumento de aproximação entre cidadão e justiça, devendo ser continuamente aprimorados, o que é sempre possível, em prol da consecução plena de seus princípios. Quando envolvem relações de consumo, os Juizados podem contribuir na imposição de limites jurídicos ao poder econômico, diante da hipossuficiência do consumidor que encontra nestes uma via para a solução de litígios que ocorrem de maneira inconteste em tais relações.

Dentro desta perspectiva, os Juizados podem ser considerados como um modelo para o futuro das instituições jurídicas[30], com soluções rápidas, diretas e com mínimos custos, um meio termo entre a estrutura judicializada formalmente estabelecida pelo Código de Processo Civil e Leis especiais ainda acessíveis, em regra, somente aos profissionais do Direito, e as estruturas de solução extrajudicial de conflitos, tais como a arbitragem, são utilizadas na maioria das vezes por aqueles que buscam soluções específicas e rápidas em determinados ramos de atividade, mas ainda a alto custo.

O ideal seria uma nova política nas relações de consumo, em que de fato todos os direitos dos consumidores fossem assegurados e um consumo sustentável, o que demanda, entre outros, a concretização de uma educação para o consumo. Assim, seriam inexistentes algumas — ou quiçá muitas — lides que são apresentadas diariamente ao Poder Judiciário, e seria assegurado àqueles dignidade nas relações consumeristas a que são na maioria das vezes sujeitos.

Uma sociedade em que o conceito de cidadão se sobreponha ao de consumidor e, sobretudo, ao de mercado, é algo que ainda encontra diversos obstáculos, mas o caminho para tanto ao menos já começou a ser delineado, a exemplo do próprio reconhecimento dos direitos dos consumidores e da criação de mecanismos indispensáveis à concretização e segurança deles, como os Juizados Especiais Cíveis Estaduais, conforme exposto.

REFERÊNCIAS BIBLIOGRÁFICAS

ABELHA, Marcelo. *Manual de execução civil:* de acordo com a recente reforma do CPC. Rio de Janeiro: Forense Universitária, 2006.

BUENO, Cássio Scarpinella. *A nova etapa da reforma do código de processo civil. Comentários sistemáticos às Leis ns. 11.187, de 19.10.2005, e 11.232, de 22.12.2005.* São Paulo: Saraiva, 2006. v. 1.

CAPPELLETTI, Mauro; GARTH, Bryant. *Acesso à justiça.* Trab. Ellen Gracie Northfleet. Porto Alegre: Sergio Antonio Fabris, 1998.

CARVALHO, José Murilo de. *Cidadania no Brasil:* o longo caminho. Rio de Janeiro: Civilização Brasileira, 2008.

CHIMENTI, Ricardo Cunha. *Teoria e prática dos juizados especiais cíveis estaduais e federais.* 11. ed. São Paulo: Saraiva, 2009.

FERNANDES NETO, Antonio Joaquim. *Plano de saúde e direito do consumidor.* Belo Horizonte: Del Rey, 2002.

FIGUEIRA JUNIOR, Joel Dias; LOPES, Maurício Antonio Ribeiro. *Comentários à lei dos juizados especiais cíveis e criminais:* Lei n. 9.099, de 26.9.1995. 2. ed. São Paulo: Revista dos Tribunais, 1997.

---

(30) Uma confirmação desta tendência é a criação dos Juizados Especiais da Fazenda Pública previstos pela Lei n. 12.153/09.

GRINOVER, Ada Pellegrini et al. *Código brasileiro de defesa do consumidor:* comentado pelos autores do anteprojeto. 8. ed. Rio de Janeiro: Forense Universitária, 2005.

LUCON, Paulo Henrique dos Santos. Devido processo legal substancial. In: DIDIER JR., Fredie. (coord.). *Leituras complementares de processo civil*. 6. ed. Salvador: JusPodivm, 2008.

MARTINS, Sergio Pinto. Direito processual do trabalho: fundamentos jurídicos. In: MORAES, Alexandre de (coord.). *Série fundamentos jurídicos.* 12. ed. São Paulo: Atlas, 2009.

ROCHA, Felippe Borring. *Juizados especiais cíveis.* Aspectos polêmicos da Lei n. 9.099, de 26.9.1995. 2. ed. rev. amp. atual. Rio de Janeiro: Lumen Juris, 2002.

SANTOS, Boaventura de Sousa. *Para uma revolução democrática da justiça.* São Paulo: Cortez, 2007. (Coleção questões da nossa época, v. 134).

SECRETARIA da Primeira Instância do Poder Judiciário do Estado de São Paulo. Material de apoio: *Conciliadores dos Juizados Especiais Cíveis do Estado de São Paulo*. Disponível em: <http://www.tj.sp.gov.br/conciliacao/downloads/apostila.aspsc> Acesso em: 28.3.2010.

TAYLOR, G. D. S. *Special procedures governig small claims in Australia. Apud* CAPPELLETTI, Mauro; GARTH, Bryant. *Acesso à justiça.* Trab. Ellen Gracie Northfleet. Porto Alegre: Sergio Antonio Fabris, 1998.

WAMBIER, Luiz Rodrigues (coord.). *Curso avançado de processo civil. teoria geral do processo e processo de conhecimento*. 5. ed. rev. atual. amp. São Paulo: Revista dos Tribunais, 2002. v. 1.

Ônus da Prova no Código de Defesa do Consumidor.
A Inversão do art. 6º, VIII

Carlos Augusto de Assis[*]

INTRODUÇÃO — ASPECTOS PROCESSUAIS INOVADORES NO CDC

Sob múltiplos aspectos o Código de Defesa do Consumidor pode ser qualificado de inovador. No campo processual, além dos evidentes avanços em matéria de processo coletivo, ressalta-se, entre outros, o tratamento dado com relação ao ônus da prova.

Referimo-nos especificamente ao inciso VIII, do art. 6º, que prevê a possibilidade de inversão do ônus da prova a favor do consumidor, em virtude de determinação judicial, obedecidos certos requisitos. Um sem-número de indagações e considerações podem ser feitas a respeito de tal previsão legal. Desde questões que têm cunho terminológico (como a de saber se a figura é de verdadeira inversão ou não), até aquelas que trazem forte repercussão na prática do instituto (como a relativa à interpretação dos requisitos legais e ao momento da inversão).

Para abordarmos as questões que reputamos mais importantes nesse tema, procederemos a um prévio exame do tema do ônus da prova, envolvendo qual o sentido da expressão, sua classificação, como é feita a sua distribuição no direito brasileiro, além de mencionar, ainda que brevemente, algumas nuances trazidas por dispositivos legais específicos ou interpretações doutrinárias.

Essa análise geral nos dará mais subsídios para, em seguida, voltarmos nossa atenção especificamente para o mencionado inciso VIII, começando, naturalmente, pela *ratio legis*, antes da abordagem dos requisitos e modo de aplicação da formidável inovação.

(*) Mestre e doutor em Direito Processual pela Faculdade de Direito da Universidade de São Paulo. Professor de Direito Processual Civil da Faculdade de Direito da Universidade Presbiteriana Mackenzie. Autor de livros jurídicos e de inúmeros artigos em Revistas Jurídicas especializadas. Advogado militante em São Paulo.

1. ÔNUS DA PROVA

1.1. Conceito de ônus da prova

A prova, como se sabe, é basicamente o meio de que se vale o magistrado para chegar a uma convicção a respeito da ocorrência dos fatos relevantes para o deslinde da causa. Mas, a quem incumbe provar? Essa a indagação que está no cerne da temática do ônus da prova.

Primeiro, lembrando o conceito desenvolvido por clássica doutrina, temos que ônus é imperativo do próprio interesse[1]. Não se confunde com dever. O dever de uma parte gera direito da outra, que pode ser exigido. Já com relação ao ônus, a parte se desincumbe se assim o desejar. Ocorre que se não o fizer ficará em posição de desvantagem. Veja-se, por exemplo, o ônus da impugnação especificada dos fatos (art. 302, CPC). Ninguém obriga o réu a impugnar cada alegação de fato feita pelo autor. Porém, se não o fizer, a consequência é que a alegação de fato não combatida será, em princípio, reputada verdadeira. Outro exemplo: a parte que teve decisão desfavorável tem o ônus do recorrer. Caso não recorra, a situação desfavorável fica consolidada. É semelhante ao que ocorre em relação ao ônus da prova. A parte que recebeu o encargo de provar determinada alegação de fato ficará em desvantagem caso não se desincumba desse ônus (aquele fato cuja ocorrência lhe incumbia demonstrar será tido como inexistente)[2].

1.2. Distribuição do ônus da prova

Feitas essas observações de ordem conceitual, vamos repetir a pergunta: a quem incumbe provar? Há muito tempo que a resposta a essa indagação tem sido semelhante. Paula Batista já dizia que os fatos "[...] devem ser provados por quem os alega, para deles deduzir segundo a inicial ou defesa [...]"[3]. Moacyr Amaral Santos, em alentado tratado sobre provas, procedeu a cuidadoso estudo sobre a distribuição do ônus da prova, tendo concluído que a doutrina chegava a conclusões semelhantes, embora as justificativas às vezes fossem um pouco diversas[4]. Só para mencionar dois dos mais influentes processualistas italianos do século passado, enquanto Chiovenda dizia que a divisão do encargo probatório era feita segundo o interesse da parte em que aqueles

---

(1) GOLDSCHMIDT, James. *Principios generales del proceso*. Buenos Aires: Europa-America, 1961. v. 1, capítulo VI, p. 91 e segs. Na mesma linha, e reportando-se a esse autor, ver DINAMARCO, Cândido Rangel. *Instrumentalidade do processo*. São Paulo: Revista dos Tribunais, 1986. p. 282.
(2) Observe-se, como anota Dinamarco (*Instituições de direito processual civil*. 6. ed. São Paulo: Malheiros, 2009. v. II, p. 494), que há ônus absolutos e relativos. Os primeiros, se não cumpridos, geram necessariamente uma consequência desfavorável (*v.g.*: parte que é derrotada e não recorre). Já os segundos a situação de desvantagem pode não vir a ocorrer (é o caso da parte que não se desincumbiu do ônus de provar um fato, que restou demonstrado por ato da outra parte). O ônus da prova, nesse sentido, é ônus relativo. Exatamente no mesmo sentido, mas denominando ônus perfeito e ônus imperfeito, veja-se ALVIM, José Manoel de Arruda. *Manual de direito processual civil*. 9. ed. São Paulo: Revista dos Tribunais, 2005. v. 2, p. 189.
(3) BATISTA, Francisco de Paula. *Compêndio de teoria e prática do processo civil*. Campinas: Russell, 2002. § 120, p. 153.
(4) SANTOS, Moacyr Amaral. *Prova judiciária no cível e comercial*. 5. ed. São Paulo: Saraiva, 1983. v. 1, n. 76, p. 106.

fatos sejam considerados verdadeiros pelo juiz[5], Carnelutti dizia que a distribuição do ônus era baseada no interesse de afirmar[6]. Na prática, ambos queriam dizer que o autor deveria comprovar as alegações que fundamentaram seu pedido e o réu os elementos fáticos que ampararam sua defesa.

Essa maneira de distribuir o ônus da prova, consagrada pela doutrina clássica, reflete-se no CPC, art. 333, que atribui ao autor o encargo de provar os fatos constitutivos de seu pedido e ao réu os fatos impeditivos, modificativos e extintivos do direito do autor[7].

1.3. Ônus subjetivo e ônus objetivo

Entendido no que consiste o ônus da prova e como é normalmente feita sua distribuição, impende considerar, ainda, que ele pode ser analisado sob dois ângulos diferentes. Fala-se em ônus subjetivo querendo destacar seu endereçamento à conduta das partes em matéria de prova[8]. Em outras palavras, o ônus da prova significa para cada uma das partes que ela deve ter uma preocupação em demonstrar a ocorrência deste ou daquele fato para aumentar suas chances de êxito na demanda. Num outro sentido, fala-se em ônus objetivo, numa referência ao aspecto de que, para o juiz, em primeiro lugar interessa a demonstração dos fatos. Se o fato está provado, pouco importa quem o fez. É o que se chama princípio da aquisição da prova ou princípio da comunhão da prova[9]. As regras sobre ônus da prova somente importariam para o juiz quando um determinado fato não estivesse provado. Fala-se, assim, que o ônus da prova é regra de julgamento.

Em que pese ao fato de parte da doutrina destacar quase exclusivamente o ângulo objetivo[10], dando-lhe preponderância, pensamos que as duas visões são complementares e não podem ser dissociadas[11]. Esse ponto foi muito bem explicado por Flávio Yarshell, que dele extraiu conclusões extremamente importantes[12]. No que diz respeito a esse estudo, porém, cabe destacar ser este um dado relevante para a definição do momento da inversão do ônus da prova, no CDC, conforme será analisado mais adiante.

---

(5) CHIOVENDA, Giuseppe. *Instituições de direito processual civil*. Trad. da 2. ed. italiana por Guimarães Menegale. São Paulo: Saraiva, 1943. v. II, p. 508.
(6) Como relata SANTOS, Moacyr Amaral. *Op. cit.*, p. 104. Carnelutti, segundo anota Vicente Greco Filho (*Direito processual civil brasileiro*. 17. ed. São Paulo: Saraiva, 2006. v. 2, p. 203), oferece essa explicação como alternativa à formulação de Chiovenda, aduzindo que ambas as partes, em relação a um determinado fato, sempre têm interesse em provar no sentido oposto.
(7) Cândido Dinamarco, reportando-se a Chiovenda, afirma que a formulação do art. 333 é a síntese da regra que distribui o ônus segundo o "interesse no reconhecimento do fato a ser provado" (*Op. cit.*, p. 794).
(8) Nesse sentido é a lição de DIDIER JR., Fredie; BRAGA, Paula Sarno; OLIVEIRA, Rafael. *Curso de direito processual civil*. 2. ed. Salvador: JusPodivm, 2008. v. 2, p. 72.
(9) PORTANOVA, Rui. *Princípios do processo civil*. 5. ed. Porto Alegre: Livraria do Advogado, 2003. p. 216.
(10) Ver, por exemplo, CÂMARA, Alexandre Freitas. *Lições de direito processual civil*. 19. ed. Rio de Janeiro: Lumen Juris, 2009. v. I, p. 380.
(11) Dinamarco, analisando a tendência de se encarar apenas o ônus objetivo da prova, indaga, com toda a pertinência: Existe algum ônus que não seja subjetivo? (*Op. cit.*, p. 801).
(12) YARSHELL, Flávio Luiz. *Antecipação da prova sem o requisito da urgência e direito autônomo à prova*. São Paulo: Malheiros, 2009. p. 56 e segs.

1.4. Mudanças em relação ao padrão normal de distribuição

Por outro lado, não se pode deixar de ressalvar que, embora a distribuição do ônus da prova obedeça, via de regra, o disposto no art. 333, que normalmente expressa a maneira mais racional e equilibrada de se dividir o encargo, há situações em que se impõe excepcionar. Realmente, às vezes, é o próprio legislador que, em determinados casos, faz uma distribuição diferente do padrão geral. É o caso do art. 389 que atribui o encargo de provar a autenticidade ou não da assinatura à pessoa que produziu o documento (se fossem aplicados os parâmetros normais do art. 333, a prova seria encargo daquele que alegou a falta de autenticidade do documento).

Também temos a hipótese prevista no parágrafo único do art. 333, CPC, de convenção das partes sobre ônus da prova, desde que não envolva direito indisponível e nem torne a uma das partes excessivamente difícil o exercício de seu direito. Essa convenção poderá provocar a inversão do ônus da prova, e tal se afigura possível mesmo no âmbito consumerista, desde que não seja feita em prejuízo do consumidor (art. 51, VI, CDC)[13].

A inversão às vezes é feita pelo legislador mediante o emprego da técnica da presunção, especificamente da presunção relativa[14]. Imagine-se, por exemplo, o autor que, como se sabe, tem o encargo de provar os fatos constitutivos de seu pedido. Se em relação a uma das alegações de fato, que dão suporte à sua pretensão, incide, a seu favor, uma presunção, o autor não precisará se preocupar em prová-lo, ficando a cargo do réu demonstrar a não ocorrência.

Em suma, a divisão estabelecida no art. 333 funciona bem para a grande maioria dos casos. Em certas situações, porém, o legislador estipula uma regra especial em termos de ônus da prova, seja diretamente, seja pelo emprego de presunções. Uma outra forma de flexibilizar, na prática, os parâmetros legais, é a aplicação das chamadas máximas da experiência, previstas no art. 335, CPC. Realmente, o juiz deve levar em conta, ao apreciar as alegações de fato, aquilo que ordinariamente acontece. É o caso corriqueiro do veículo que colide na traseira do outro. Não havendo elementos probatórios que revelem as circunstâncias do acidente, tem-se que o condutor do veículo que bateu atrás agiu com culpa (seja por não guardar a distância devida; seja por estar desatento; seja por estar em excesso de velocidade). Isso, de fato, é o que ordinariamente acontece. O excepcional é que deveria ser provado.

Cabe ressaltar, porém, que parte da doutrina admite que o juiz, no caso concreto, flexibilize, mesmo sem expressa previsão legal, o regramento sobre ônus da prova, mediante a aplicação da teoria da distribuição dinâmica do encargo probatório[15].

---

(13) Nesse sentido, veja-se: ANDRADE, Ronaldo Alves de. *Curso de direito do consumidor*. Barueri: Manole, 2006. p. 512.
(14) A presunção absoluta tem por efeito excluir o fato do campo probatório.
(15) Na falta de norma expressa prevendo essa flexibilização por parte do juiz, os partidários dessa tese procuram fundamentá--la nos princípios como o da igualdade, lealdade, solidariedade, devido processo legal e acesso à justiça (DIDIER JR., Fredie; BRAGA, Paula Sarno; OLIVEIRA, Rafael. *Op. cit.*, p. 92-93). Alexandre Freitas Câmara vincula a aplicação da teoria em questão ao princípio da isonomia (*Op. cit.*, p. 381).

Para essa teoria, a distribuição do ônus da prova deve ser feita de acordo com a facilidade que cada parte tem para demonstrar a ocorrência (ou a não ocorrência). Quando isso não se desse pelo emprego das normas gerais de distribuição, o juiz, obedecidos determinados critérios, poderia alterar o encargo probatório no caso concreto[16].

Fugiria aos limites desse trabalho analisar o acerto ou desacerto dessa tese. Mas é importante a sua menção para situar a temática da inversão judicial do ônus da prova prevista no art. 6º, VIII, CDC. Esse dispositivo legal permite, expressamente, que o juiz, em se tratando de relação de consumo, distribua o ônus da prova de maneira diferente do padrão, desde que presentes certos pressupostos ali especificados. Tais pressupostos serão, naturalmente, objeto de nossa análise específica logo em seguida.

1.5. Ônus da prova e o convencimento do juiz

Antes de nos debruçarmos, finalmente, no exame do art. 6º, VIII, CDC, é oportuno lembrar que as regras sobre ônus da prova existem em face da vedação do *non liquet*. Com efeito, o juiz não pode deixar de julgar alegando que os fatos não estão suficientemente esclarecidos. Assim, se os elementos constantes dos autos não possibilitam ao juiz, terminada a instrução, chegar a uma conclusão acerca de um dos fatos importantes para o deslinde da causa, terá que se valer das normas sobre ônus da prova. Porém, o ideal é que o juiz chegue a formar convicção sobre os fatos. Quanto mais bem informado estiver sobre os fatos, melhores serão suas condições de proferir uma sentença justa. Essa constatação passa naturalmente pela superação da ideia de que o juiz cível se preocuparia apenas com a verdade formal[17]. Nessa esteira, o esforço em primeiro lugar deverá ser no sentido do perfeito esclarecimento, inclusive, se for o caso, fazendo uso o magistrado de seus poderes instrutórios. Não sendo possível o esclarecimento, aí sim a solução acaba sendo obtida pelo emprego das regras sobre ônus da prova, com ou sem inversão do padrão normal, conforme o caso.

---

(16) Ver: DIDIER JR, Fredie; BRAGA, Paula Sarno; OLIVEIRA, Rafael. *Op. cit.*, p. 92/93; e, *Lições de direito...*, cit., p. 380-381. Marinoni e Arenhart, embora sem mencionar o nome da teoria, admitem que o juiz possa inverter o ônus da prova em outras situações de direito material que o exijam, mesmo sem expressa previsão legal (*Curso de processo civil*. 7. ed. São Paulo: Revista dos Tribunais, 2008. v. 2. p. 272-275). O Superior Tribunal de Justiça registra julgado em que admite, em tese, a possibilidade de se aplicar a teoria da distribuição dinâmica quando aventa as alternativas que o juiz de primeiro grau poderia fazer uso num determinado caso: "distribuir, ainda que não se aplique o CDC, de forma dinâmica o ônus da prova, com base no risco, assumido pelo réu, pela impossibilidade de apresentação do documento". (REsp 896435/PR, Re. Min. Nancy Andrighi, 3ª T., j. 27.10.2009, publ. Dje 9.11.2009.)

(17) Rui Portanova, tratando desse tema destaca: "Um olhar atento ao nosso sistema processual verá que o código não põe limitações à pesquisa da verdade para o juiz. Pelo contrário. A busca da verdade real pelo juiz é consequência lógica de outros institutos". (*Princípios do processo civil*. 5. ed. Porto Alegre: Livraria do Advogado, 2003. p. 200). Por outro lado, como exigência de equilíbrio, a busca da verdade (e seu correspondente no espírito do juiz, a certeza) não pode ser ilimitada, sob pena de comprometer a própria segurança jurídica e a razoável duração dos processos. É nesse contexto que se insere, como bem expressa Cândido Dinamarco, a figura das presunções e a sistemática da distribuição do ônus da prova (*Instrumentalidade do processo...*, cit., especialmente capítulo 33).

2. A INVERSÃO DO ÔNUS DA PROVA NO CDC (O ART. 6º, VIII)

2.1. MOTIVO DA REGRA ESPECIAL DO CDC

Não se pode negar que possibilidade de inversão aberta pelo art. 6º, VIII, CDC, tem íntima ligação com o princípio da isonomia. Isonomia entendida no seu aspecto substancial e não meramente formal. Deve-se tratar igualmente os iguais, mas **desigualmente os desiguais**, conforme se costuma advertir[18]. Observando que os consumidores frequentemente estão em situação de desvantagem em face do fornecedor, é imperioso que se assegurem meios para que litiguem em paridade de armas[19]. Por outro lado, deve-se ter o cuidado de tratar desigualmente apenas se efetivamente estiverem em situação de desigualdade e diferenciar o tratamento apenas **à medida que se desigualam**. Daí a necessidade de observância dos requisitos expressos em lei (verossimilhança e hipossuficiência), que devem ser adequadamente interpretados. Com bem advertiu Paulo Lucon, são estabelecidas condições para a inversão do ônus da prova no CDC a fim de que não haja violação à paridade entre as partes[20].

A norma em apreço, portanto, não deve ser entendida como modo de criação de privilégio para o consumidor em relação ao fornecedor[21], e sim de restabelecer a paridade, quando isso se fizer necessário. O inc. VIII, do art. 6º, CDC, visa a dar plena efetividade ao princípio da isonomia, mas, se for mal aplicado, resultará em violação a esse mesmo princípio.

2.2. OUTRAS INVERSÕES NO CDC

Um outro aspecto a ser destacado, antes do exame do mencionado dispositivo legal, é que o próprio Código de Defesa do Consumidor se encarrega de fazer algumas inversões legais. Nesses casos, a inversão já é automática, decorrente da lei (*ope legis*).

Um dos casos normalmente apontados como sendo de inversão automática derivada da lei é o do art. 38, CDC, que estabelece ser do patrocinador o ônus da

---

(18) "Dar tratamento isonômico às partes significa tratar igualmente os iguais e desigualmente os desiguais, na exata medida de suas desigualdades." (NERY JR., Nelson. *Princípios do processo civil na Constituição federal*. 7. ed. São Paulo: Revista dos Tribunais, 2002. p. 44.
(19) Vinculando o art. 6º, VIII, CDC, ao princípio da isonomia, veja-se Nelson Nery Jr. e Rosa Maria de Andrade Nery: "Trata-se de aplicação do princípio constitucional da isonomia, pois o consumidor, como parte reconhecidamente fraca e vulnerável na relação de consumo (CDC, art. 4º I), tem de ser tratado de forma diferente, a fim de que seja alcançada a igualdade real entre os partícipes da relação de consumo". (*Código civil comentado e legislação extravagante*. 3. ed. São Paulo: Revista dos Tribunais, 2005, em nota 14 ao art. 6º do Código de Defesa do Consumidor).
(20) Nas palavras do processualista: "A *inversão judicial* do Código de Defesa do Consumidor está condicionada à *verossimilhança* a fim de evitar uma absurda e impossível *onerosidade* ao produtor de bens ou serviços. Sem incluir tal condicionamento, o dispositivo seria inconstitucional, pois violaria de tal forma a paridade substancial das partes no processo e a ampla defesa que impediria o acesso à ordem jurídica justa (CF, art. 5º, *caput*, incs. XXXV e LIV)" — LUCON, Paulo Henrique dos Santos. Garantia do tratamento paritário entre as partes. In: TUCCI, José Rogério Cruz e (coord.). *Garantias constitucionais do processo civil*. São Paulo: Revista dos Tribunais, 1999. p. 115.
(21) No mesmo sentido, CARVALHO FILHO, Milton Paulo de. *Ainda sobre a inversão do ônus da prova no código de defesa do consumidor*. Doutrina Jurídica Brasileira. Caxias do Sul: Plenum, 2004. 1 CD-ROM. ISBN 85-8851201-7.

prova da "veracidade" e "correção" da informação publicitária. Para Leonardo Roscoe Bessa[22] a regra não seria propriamente de inversão, pois apresenta paralelismo com a sistemática do art. 333, I e II, CPC, uma vez que o patrocinador é o verdadeiro anunciante. Há vários autores que se referem ao art. 38 como consagrador de uma inversão[23]. Na realidade, como bem destacou Kazuo Watanabe, será ou não inversão dependendo da posição processual que o beneficiado estiver ocupando[24]. De todo modo, no caso do art. 38, diferentemente do art. 6º, VIII, a definição do ônus da prova é feita pelo legislador.

Além do mais, como lembram Luiz Guilherme Marinoni e Sérgio Cruz Arenhart, há várias situações no CDC em que não se há de falar em inversão, posto que o legislador já colocou o consumidor em posição ainda mais vantajosa. Eles citam como exemplos o adimplemento imperfeito (arts. 18, 19 e 20, CDC), no qual descabe indagar de culpa; nos danos causados em decorrência de adimplemento imperfeito, em que a lei exclui a necessidade de prova de culpa (arts. 12, 14 e 23, CDC); ou mesmo a inversão automática prevista no art. 14, § 3º, CDC, no que tange ao defeito no produto ou serviço[25].

2.3. Requisitos para aplicação do art. 6º, VIII: cumulativos ou alternativos?

Quanto à aplicação em si do dispositivo legal, uma primeira grande dificuldade que surge diz respeito aos seus requisitos autorizadores. Seriam cumulativos ou alternativos? Trata-se de uma ou de duas hipóteses que permitem inversão?

Alguns autores destacam o emprego da conjunção "ou" como elemento que faz concluir pela existência de duas hipóteses distintas: inversão pela verossimilhança e inversão pela hipossuficiência[26]. A existência, porém, da conjunção alternativa, embora seja um indicativo, a nosso ver não se afigura suficiente para a definição de qual a melhor interpretação para o dispositivo legal[27].

---

(22) Proteção contratual. In: BENJAMIN, Antônio Herman V.; MARQUES, Cláudia Lima; BESSA, Leonardo Roscoe. *Manual de direito do consumidor*. 2. ed. São Paulo: Revista dos Tribunais, 2009. especialmente p. 304.
(23) Veja-se, por exemplo, BENJAMIN, Antonio Herman V. *Manual de direito do consumidor*. 2. ed. São Paulo: Revista dos Tribunais, 2009. p. 214; ou COELHO, Fábio Ulhoa. *Comentários ao código de proteção ao consumidor*. São Paulo: Saraiva, 1991. p. 163.
(24) Nas suas exatas palavras: "Na verdade somente haverá inversão do ônus da prova segundo a posição processual que esteja a ocupar quem é beneficiado pela regra. Se é o patrocinador da publicidade quem, com a afirmativa da veracidade e correção da informação ou comunicação publicitária, postula uma tutela jurisdicional, não haverá inversão do encargo de provar, pois nos termos do art. 333, I, do Código de Processo Civil, é seu o ônus da prova. Haverá inversão do ônus da prova se a posição processual dele for de quem assume uma atitude defensiva diante da afirmativa do consumidor de inveracidade ou incorreção da informação ou comunicação publicitária, pois, nesta hipótese, pelas regras do Direito Processual comum, o ônus da prova seria do autor, na hipótese o consumidor". (FILOMENO, José Geraldo Brito. *et al. Código brasileiro de defesa do consumidor comentado pelos autores do anteprojeto*. 9. ed. Rio de Janeiro: Forense Universitária, 2007. p. 811).
(25) MARINONI, Luiz Guilherme; ARENHART, Sérgio Cruz. *Curso de processo civil*. 7. ed. São Paulo: Revista dos Tribunais, 2008. v. 2, p. 276-277.
(26) Nesse sentido, veja-se, por exemplo, NERY JR., Nelson; NERY, Rosa Maria de Andrade. *Op. cit.*, em nota 17 ao art. 6º do CDC. Igualmente, ANDRADE, Ronaldo Alves de. *Curso de direito do consumidor*. Barueri: Manole, 2006. p. 514.
(27) Lembramos, aqui, as conhecidas limitações da interpretação literal com o exemplo do art. 286, CPC, ao expressar que o pedido deve ser certo ou determinado (apesar do emprego da conjunção alternativa, a doutrina é unânime no entendimento de que o pedido deve, como regra, ser certo e determinado).

Kazuo Watanabe não tem dúvida de que o dispositivo contempla duas situações distintas: verossimilhança e hipossuficiência. No primeiro caso, explica o autor, o caso é de aplicação das máximas da experiência, aliás, já previstas no próprio CPC (art. 335). Seria, assim, uma espécie de exortação para o legislador aplicar esse critério de julgamento, com maior frequência, nas causas consumeristas. Nesse sentido, segundo argumenta, não seria propriamente uma hipótese de inversão[28]. A outra hipótese, realmente uma inversão do ônus da prova, seria a derivada da hipossuficiência do consumidor[29].

A essa tese parte da doutrina objeta que a possibilidade de inversão só pela hipossuficiência, sem o requisito da verossimilhança, conduziria a abusos. Heitor Vitor Mendonça Sica procura responder a essa objeção alegando que a inversão diria respeito apenas aos fatos em que o consumidor está em desvantagem (hipossuficiência) por "assimetria de informação". Quanto aos demais fatos, a inversão não seria aplicável, o que coibiria eventual abuso. Nesse sentido, aborda o exemplo do mendigo que pede indenização alegando ter estacionado seu carro em um *shopping center* de luxo, no qual veio a ser roubado[30]. Para Mendonça Sica a inversão é possível, mas não quanto ao fato de ser proprietário e de ter estacionado no *shopping*. Quanto a esses dois fatos não haveria assimetria de informações que autorizaria a inversão[31].

A ressalva de Mendonça Sica realmente ajuda a evitar abusos e aproxima, na prática, o resultado da adoção da teoria da cumulatividade e a da não cumulatividade dos requisitos. Entretanto, a argumentação expendida por Cândido Dinamarco, com a devida vênia dos demais autores citados, parece-nos mais convincente:

> Embora o texto legal fale nominalmente em verossimilhança "ou" hipossuficiência, a leitura correta deve substituir o disjuntivo "ou" pelo aproximativo e, porque a leitura nominal implicaria inconstitucionalidade do texto; a) favorecer o consumidor abastado transgrediria a garantia da igualdade, ainda que verossímil o que alega, porque sem o requisito da pobreza não há desigualdades a compensar; b) favorecer o consumidor, rico ou pobre, sem que sua alegação seja verossímil, fecharia ou estreitaria sem motivo a via de acesso à ordem jurídica justa, em relação ao produtor, sujeitando-o aos azares de uma *probatio diabólica*[32].

---

(28) WATANABE, Kazuo et al. *Código brasileiro de defesa do consumidor comentado pelos autores do anteprojeto.* 9. ed. Rio de Janeiro: Forense Universitária, 2007. p. 812-813.
(29) WATANABE, Kazuo et al. *Código brasileiro de defesa do consumidor comentado pelos autores do anteprojeto.* 9. ed. Rio de Janeiro: Forense Universitária, 2007. p. 813. No mesmo sentido, entendendo que se trata de duas hipóteses de inversão, DIDIER JR., Fredie; BRAGA, Paula Sarno; OLIVEIRA, Rafael. *Curso de direito ...*, cit., p. 79-80; MOREIRA, Carlos Roberto Barbosa. Notas sobre a inversão do ônus da prova em benefício do consumidor. *RePro*, 86:295-309, abr./jun. 1997. Especialmente p. 301.
(30) O exemplo a que o autor se refere é utilizado por Antonio Gidi para defender a tese da cumulatividade dos requisitos para a inversão.
(31) Todas essas considerações, de forma mais detalhada, encontramos em seu interessante artigo SICA, Heitor Vitor Mendonça. Questões velhas e novas sobre inversão do ônus da prova. In: *RePro*, 146:49-68, abr. 2007.
(32) DINAMARCO, Cândido Rangel. *Instituições de direito...*, cit., p. 799, nota de rodapé à p. 79.

2.4. Requisitos para aplicação do art. 6º, VIII: significado de verossimilhança e hipossuficiência

Definido nosso posicionamento em favor da cumulatividade dos requisitos, cumpre discorrer um pouco mais sobre o significado das condições que autorizam o juiz a inverter o ônus: verossimilhança e hipossuficiência.

Verossimilhança é a qualidade daquilo que é verossímil, isto é, "que parece verdadeiro"[33]. É nesse sentido que a doutrina fala em "aparência de verdade"[34] ou que se refere a uma alegação "aparentando ser a expressão da verdade real"[35]. Essa qualidade de aparentar ser verdadeiro deverá, com apoio na lei, ser apurada segundo as regras de experiência.

E a hipossuficiência? Aqui se poderia pensar no emprego da palavra em duas acepções: econômica e técnica. Parece-nos que a exegese mais ampla presta-se melhor ao objetivo de proteger o consumidor vulnerável.

Realmente, embora o termo hipossuficiência nos remeta, num primeiro momento, ao aspecto econômico, tendo em vista o seu emprego no direito laboral, sua acepção, no contexto do CDC, envolve igualmente o aspecto técnico[36]. Nesse sentido, Kazuo Watanabe, que num primeiro momento ligava o termo ao necessitado de assistência jurídica gratuita (art. 2º da Lei n. 1.060/50), passou a defender que nem sempre a dispensa dos gastos é suficiente para dar a adequada proteção ao consumidor. Cita como exemplo o adquirente de um veículo que seja dotado de boa condição econômica que alegue ter sofrido um dano em decorrência de vício de fabricação. A vantagem, numa demanda desse tipo, é em princípio do fabricante, pois só ele "tem pleno conhecimento do projeto, da técnica e do processo utilizado na fabricação do veículo [...]"[37]. Mesmo sem ser hipossuficiente economicamente falando, o consumidor o seria do ponto de vista técnico, o que, sob esse ponto de vista, recomendaria a inversão[38].

Como se pode depreender das próprias considerações ora feitas acerca do significado de verossimilhança e hipossuficiência, a verificação por parte do juiz envolve os chamados conceitos indeterminados[39]. É nessa ótica que entendemos a observação

---

(33) De acordo com o HOUAISS, Antonio; VILLAR, Mauro de Salles. *Dicionário Houaiss da língua portuguesa*. Rio de Janeiro: Objetiva, 2009. p. 1.937.
(34) LOPES, João Batista. *A prova no direito processual civil*. 2. ed. São Paulo: Revista dos Tribunais, 2002. p. 50.
(35) FILOMENO, José Geraldo Brito et al. *Código brasileiro de defesa do consumidor comentado pelos autores do anteprojeto*. 9. ed. Rio de Janeiro: Forense Universitária, 2007. p. 153.
(36) "A hipossuficiência respeita tanto a dificuldade econômica quanto a técnica do consumidor em poder desincumbir-se do ônus de provar os fatos constitutivos de seu direito" (NERY JR., Nelson; NERY, Rosa Maria de Andrade. *Código civil comentado...*, cit., nota 17 ao art. 6º do CDC.
(37) WATANABE, Kazuo et al. *Código brasileiro de defesa ...*, cit., p. 813.
(38) No mesmo sentido vale lembrar a lição de Cecília Matos, de que se deve "[...] compreender o conceito de hipossuficiência como diminuição da capacidade do consumidor, não apenas sob a ótica econômica, mas também sob o prisma do acesso à informação, educação, associação e posição social". (*Revista Justitia*, São Paulo, 57-170, abr./jun. 1995. p. 98).
(39) Tem sido frequente o emprego pelo legislador de conceitos vagos ou juridicamente indeterminados, isto é, aqueles cuja exata definição só pode ser feita à luz das circunstâncias do caso concreto. É o que ocorre, por exemplo, em tutela de urgência, quando o legislador se remete a verossimilhança, prova inequívoca, manifesto propósito protelatório etc. (TALAMINI, Eduardo. Recorribilidade das decisões sobre tutela de urgência. In: WAMBIER, Teresa Arruda Alvim; NERY JR., Nelson (coords.). *Aspectos polêmicos e atuais dos recursos cíveis*. São Paulo: Revista dos Tribunais, 2001. p. 271).

de João Batista Lopes de que "há, inquestionavelmente, uma carga de subjetividade nesses conceitos, mas é claro que o juiz não poderá afastar-se da razoabilidade, do bom senso e das regras da experiência"[40].

Porém, nunca é demais repisar, não se trata de atribuir discricionariedade para o juiz. Ele não terá a "faculdade" de inverter o ônus da prova se verificados os pressupostos legais. Ele terá de fazê-lo se os pressupostos estiverem presentes, da mesma forma que não poderá inverter se faltarem os requisitos para tanto[41].

2.5. Exemplos de aplicação da inversão ou de casos em que se negou tal benefício

Na verdade, a adequada compreensão da forma de aplicação da inversão prevista no art. 6º, VIII, CDC, deve ser feita a partir de exemplos. Esses exemplos iremos extrair tanto da doutrina como da jurisprudência, conforme nos pareçam mais elucidativos.

Começamos lembrando a situação aventada pelo José Geraldo Brito Filomeno, do automóvel com defeito de fabricação da roda de liga leve que quebra, provocando o capotamento do veículo e gerando danos. Cabe à vítima provar o dano sofrido e o nexo causal entre este e o ato/omissão do fabricante. Caso seja aplicável a inversão do ônus da prova, tomando-se como plausível que a quebra da roda se deveu a um defeito de fabricação, restaria ao fabricante provar que isso não se verificou, que a roda estava perfeita e que o acidente decorreu de culpa do motorista, buraco na pista ou culpa de terceiro[42]. Podemos observar, nesse caso, que seria extremamente difícil à vítima provar que a quebra se deveu ao defeito de fabricação. Por outro lado, o fabricante, sendo detentor de todas as informações a respeito da fabricação da roda, terá melhores condições, se for o caso, de provar a inexistência do defeito.

Luiz Antonio Rizzatto Nunes colhe no Tribunal de Justiça do Rio Grande do Sul interessante exemplo de inversão. Resumidamente, trata-se de caso em que uma pessoa contratou a instalação de um alarme do carro. Pouco depois de instalado, o seu carro vem a incendiar-se. Promove uma ação de reparação de danos em face da empresa que instalou o alarme, alegando ser esta a culpada do incêndio. Se não fosse a inversão do ônus da prova, a vítima teria o encargo de provar não apenas o dano causado pelo incêndio, mas também que este tinha sido uma decorrência da instalação do alarme. No caso, a vítima provou por testemunhas que o alarme tinha soado pouco antes do incêndio começar e que, conforme foi constatado pelos bombeiros, o aparelho de alarme tinha pegado fogo. O juiz reputou suficiente para configurar a

---
(40) LOPES, João Batista. *A prova no direito processual civil*. 2. ed. São Paulo: Revista dos Tribunais, 2002. p. 50.
(41) No sentido de que a inversão do ônus da prova com base no art. 6º, VIII, CDC, não se trata de mera faculdade do julgador, veja-se, por exemplo, MOREIRA, Carlos Roberto Barbosa. Notas sobre a inversão do ônus da prova em benefício do consumidor. *RePro*, 86:295-309, abr./jun. 1997. Especialmente p. 299-300.
(42) FILOMENO, José Geraldo Brito *et al*. *Código brasileiro de defesa do consumidor comentado pelos autores do anteprojeto*. 9. ed. Rio de Janeiro: Forense Universitária, 2007. p. 149 e segs.

verossimilhança, e, considerando a hipossuficiência, houve por bem inverter o ônus da prova, atribuindo à empresa que instalou o alarme o encargo de provar que não tinha sido o alarme o causador do incêndio[43].

Outra situação interessante colhida de nossos tribunais é registrada por Nelson Nery Jr. e Rosa Maria de Andrade Nery[44]. A usuária de linha telefônica móvel recebeu cobrança de ligação internacional do serviço telessexo. Ela alegou que não fez tal ligação. A previsibilidade do erro (verossimilhança) e a complexidade da investigação para apurar (hipossuficiência) fez com que o juiz invertesse o ônus da prova, carreando o encargo à empresa telefônica.

Podemos, por outro lado, ainda com intuito de esclarecimento sobre como os nossos tribunais têm visto a inversão do art. 6º, VIII, indicar casos em que ela foi pleiteada, mas não concedida. Um deles refere-se à consumidora que alegava ter engravidado por ter consumido um anticoncepcional que não contava com o princípio ativo (era, na verdade, pílula de farinha). Ocorre que a consumidora apenas apresentou cartela adquirida posteriormente à concepção (e que continha o princípio ativo), não demonstrando o nexo causal. A inversão do ônus foi reconhecida no tribunal de justiça, mas rechaçada no STJ sob o argumento de que só seria cabível em caso de "assimetria técnica e informacional". Especificamente quanto ao fato de ter ingerido o anticoncepcional, não haveria essas circunstâncias justificadoras da inversão. Atribuir o ônus à empresa fabricante seria, no caso, segundo entendeu o STJ, eximir quem pode se desincumbir do encargo e atribuí-lo a quem logicamente não teria como fazê-lo[45]. Outro exemplo pode ser extraído de Nelson Nery Jr. e Rosa Maria de Andrade Nery, em que a consumidora promove demanda em face de uma empresa hoteleira, alegando que não sabia das dificuldades de acesso ao local em que o hotel se situava. A inversão do ônus da prova foi negada porque a autora era advogada (portanto, não hipossuficiente) e os folhetos de publicidade do hotel já indicavam que o local era de difícil acesso (faltando verossimilhança às alegações da consumidora)[46].

2.6. MOMENTO DA INVERSÃO

Nesse particular, devemos lembrar o cuidadoso estudo feito por Cecília Matos em dissertação de mestrado a respeito do assunto. Em artigo que resume as principais conclusões, observamos incisiva defesa da tese de que

> o momento processual, para análise da necessidade da aplicação das regras de distribuição do ônus da prova e sua inversão, é por ocasião do julga-

---

(43) NUNES, Luiz Antonio Rizzatto. *O código de defesa do consumidor e sua interpretação jurisprudencial*. 2. ed. São Paulo: Saraiva, 2000. p. 386-391.
(44) NERY JR., Nelson; NERY, Rosa Maria de Andrade. *Código civil comentado e legislação extravagante*. 3. ed. São Paulo: Revista dos Tribunais, 2005. p. 959, em nota 22 ao art. 6º, CDC.
(45) REsp 720930/RS — Rel. Min. Luis Felipe Salomão; 4ª T.; j. em 20.10.2009; publ. DJe 9.11.2009.
(46) NERY JR., Nelson; NERY, Rosa Maria de Andrade. Código civil comentado, cit.

mento da demanda e jamais quando do recebimento da petição inicial, na decisão saneadora ou no curso da instrução probatória[47].

Esse posicionamento tem apoio na prestigiosa doutrina de Kazuo Watanabe[48]. Mas essa é outra das tormentosas questões que a inversão do ônus da prova no CDC apresenta. Como se nota da lição doutrinária acima, os outros momentos que se poderia cogitar para a inversão seriam o do recebimento da inicial e o do saneamento. O primeiro, a nosso ver, deve ser rejeitado pelo fato de que o juiz, sem saber até mesmo quais serão os pontos controvertidos, dificilmente terá condições de decidir sobre a presença dos requisitos autorizadores da inversão.

O momento do saneamento, porém, como entrevê parcela significativa da doutrina, efetivamente nos parece mais adequado para definir a inversão. Realmente, são vários os motivos que nos levam a essa conclusão. Em primeiro lugar, a moderna noção do contraditório implica considerar que o processo não pode ser fator de surpresa para as partes, que devem ter ampla oportunidade para atuar no convencimento do juiz[49]. Inverter o ônus da prova no momento de julgar seria fator de surpresa e tiraria à parte a possibilidade de efetivamente influir no convencimento do juiz[50]. A justificativa de que o fornecedor já estaria previamente ciente da possibilidade de inversão e que, assim, não poderia alegar surpresa, também não nos convence. Essa ideia não condiz com o fato de que a inversão não é automática, dependendo de verificação pelo juiz de circunstâncias cuja apreciação envolve um certo grau de subjetividade (trata-se de conceitos indeterminados, como acima se destacou)[51]. Entender de outra forma seria praticamente considerar obrigatória a inversão. Exigir que o fornecedor *ad cautelam* procurasse produzir prova contando com a possibilidade de inversão do ônus atentaria contra o princípio da economia processual[52]. Justificar a inversão no momento da sentença sob o argumento de que o ônus da prova é regra de julgamento é ignorar o aspecto subjetivo do ônus da prova.

---

(47) MATOS, Cecília. O ônus da prova no código de defesa do consumidor. In: *Revista Justitia*, São Paulo, 57-170, abr./jun. 1995. p. 99.
(48) WATANABE, Kazuo et al. *Código brasileiro de defesa do consumidor comentado pelos autores do anteprojeto*. 9. ed. Rio de Janeiro: Forense Universitária, 200. p. 815-816.
(49) Sobre o significado moderno do princípio do contraditório ver Carlos Alberto Álvaro de Oliveira em diversos escritos, entre eles Garantia do contraditório. In: TUCCI, José Rogério Cruz e (coord.). *Garantias constitucionais do direito de ação*. São Paulo: Revista dos Tribunais, 1999. p. 132-150. Também por esse motivo BRAGHITTONI, Rogério Ives. *O princípio do contraditório no processo*. Rio de Janeiro: Forense Universitária, 2002. p. 73, rejeita a tese de que a inversão do ônus da prova deveria se dar por ocasião do julgamento. Para esse autor isso "infringe a necessidade de um procedimento com estipulações minimamente predeterminadas [...]".
(50) Fábio Tabosa destaca, com toda razão, que o encargo probatório deve ser estabelecido de modo aos litigantes poderem, do ponto de vista prático, dele desincumbirem (*Código de processo civil interpretado*. 3. ed. Coordenação de Antonio Carlos Marcato. São Paulo: Atlas, 2008. p. 1.063).
(51) Por esse motivo a mitigação que alguns autores procuram fazer no sentido de que o juiz "poderia" advertir sobre a "possibilidade" de inversão (nesse sentido tanto Kazuo Watanabe, quanto Nelson Nery Jr. e Rosa Maria de Andrade Nery, em obras já citadas nesse artigo) parece-nos insuficiente. Que, em tese, é possível a inversão o fornecedor já sabe de antemão. O que tanto ele quanto o consumidor precisam saber é se naquele caso concreto haverá a inversão.
(52) Como bem adverte Flávio Yarshell, "pensar diversamente seria correr o risco sério de alargar desnecessariamente o espectro das medidas de instrução, realizando providências inúteis, quando não abusivas [..]." (*Antecipação da prova sem o requisito da urgência e direito autônomo à prova*. São Paulo: Malheiros, 2009. p. 94).

Por todos esses motivos é que entendemos que a determinação no sentido de que irá ou não inverter o ônus da prova deverá ocorrer no saneamento. É possível, entretanto, que o juiz só se aperceba de que é o caso de inversão após ter encerrado a instrução. Entendemos que nesse caso só resta ao juiz duas possibilidades: determinar de ofício a produção da prova faltante[53] ou determinar a conversão do julgamento em diligência, indicando quem tem o ônus da prova a respeito[54].

2.7. Inversão do ônus da prova e custeio da prova

A lei fala expressamente em inversão do ônus da prova, mas discute-se a possibilidade de a inversão se referir ao custeio. O entendimento que tem predominado, segundo se pode ver de julgados do STJ, é o de que a "inversão do ônus da prova, no sistema do Código de Defesa do Consumidor, não gera obrigação de custear as despesas com a perícia, embora sofra a parte as consequências decorrentes de sua não produção"[55].

Essa exegese, normalmente, é adequada aos fins da norma. Parece-nos, porém, que em algumas situações justifica-se a inversão do custeio a fim de facilitar a defesa do consumidor. Cito como exemplo julgado do STJ, relatado pelo Ministro Sidnei Benetti, em que se inverteu o ônus da prova e, concomitantemente, determinou-se de ofício a produção de prova pericial (sendo que o custeio das despesas ficou cargo do autor/consumidor, a teor do disposto nos arts. 19 e 33, CPC)[56]. O STJ entendeu que a inversão do ônus da prova não é incompatível com a atividade instrutória do juiz, segundo o art. 130, CPC. A atribuição do custeio ao autor ficou por conta da aplicação das normas gerais do CPC, como acima indicado. Ora, como já tivemos oportunidade de destacar, o ideal é que o juiz forme o seu convencimento acerca dos fatos (julgar com base no ônus da prova deve ser exceção). Assim, o exercício da atividade instrutória pelo juiz não deve ser coibido, estando correto entendimento do STJ que aplicou o art. 130, a despeito da inversão do ônus. Ocorre que, nas circunstâncias do caso analisado, o autor/consumidor, pelas regras do CPC, acabou por ter que custear uma prova que não era do seu interesse produzir. A solução mais lógica, a nosso ver, seria também, excepcionalmente, inverter o ônus do custeio.

---

(53) Isso porque o juiz só se aperceberá da inversão, nesse caso, se algum fato relevante não estiver devidamente provado. Se o juiz verifica que não foi produzida prova acerca de um determinado fato relevante e percebendo que a prova é possível (para esclarecê-lo da ocorrência ou não desse fato) deverá utilizar de seus poderes instrutórios determinando de ofício sua produção (art. 130). Em sentido semelhante, veja-se CARVALHO FILHO, Milton Paulo de. *Ainda sobre a inversão do ônus da prova no código de defesa do consumidor*. Doutrina Jurídica Brasileira. Caxias do Sul: Plenum, 2004. 1 CD-ROM. ISBN 85-8851201-7.
(54) Nesse sentido, MOREIRA, Carlos Roberto Barbosa. Notas sobre a inversão do ônus da prova em benefício do consumidor. *RePro*, 86:295-309, abr./jun. 1997. Especialmente p. 307-308; ANDRADE, Ronaldo Alves de. *Curso de direito do consumidor*. Barueri: Manole, 2006. p. 517.
(55) REsp 1063639/MS – Rel. Min. Castro Meira, 2ª T. j. em 1º.10.2009, publ. em DJe 4.11.2009. Igualmente nesse sentido, REsp 803565/SP — Rel. Min. Honildo Amaral de Mello Castro (Desembargador Convocado do TJ/AP), 4.ª T., j. 10.11.2009, publ. em DJe 23.11.2009.
(56) REsp 696816/RJ Rel. Min. Sidnei Beneti, 3ª T. j. em 6.10.2009, publ. DJe 29.10.2009.

Conclusão

Contamos já com duas décadas do Código de Defesa do Consumidor. É possível, portanto, fazer uma avaliação dos resultados de suas inovações. No caso, a profusão de julgados a respeito da inversão do ônus permite concluir que, a despeito de alguns pontos ainda permanecerem controversos, o resultado geral é bastante positivo. Pode--se afirmar que um número significativo de consumidores foram devidamente tutelados em função justamente desse mecanismo que lhes resguarda da incumbência de uma *probatio diabolica*.

Finalizando, mais do que louvar o dispositivo legal, convidamos a uma reflexão. A exemplo do que ocorreu em outros campos, essa inovação do CDC talvez possa servir de base para uma aplicação mais ampla. Em outros termos, talvez seja útil estender a possibilidade de inversão do ônus da prova *ope judicis* para outros casos expressamente previstos, além dos pertinentes ao consumidor. A experiência adquirida nesses anos de aplicação do CDC certamente será valiosa nessa tarefa.

Referências bibliográficas

ALVIM, José Manoel de Arruda. *Manual de direito processual civil.* 9. ed. São Paulo: Revista dos Tribunais, 2005. v. 2.

ANDRADE, Ronaldo Alves de. *Curso de direito do consumidor.* Barueri: Manole, 2006.

BATISTA, Francisco de Paula. *Compêndio de teoria e prática do processo civil.* Campinas: Russell, 2002.

BENJAMIN, Antônio Herman V. et al. *Manual de direito do consumidor.* 2. ed. São Paulo: Revista dos Tribunais, 2009.

BESSA, Leonardo Roscoe et al. *Manual de direito do consumidor.* 2. ed. São Paulo: Revista dos Tribunais, 2009.

BRAGHITTONI, Rogério Ives. *O princípio do contraditório no processo.* Rio de Janeiro: Forense Universitária, 2002.

CÂMARA, Alexandre Freitas. *Lições de direito processual civil.* 19. ed. Rio de Janeiro: Lumen Juris, 2009. v. I.

CARVALHO FILHO, Milton Paulo de. *Ainda sobre a inversão do ônus da prova no código de defesa do consumidor.* Doutrina Jurídica Brasileira. Caxias do Sul: Plenum, 2004. 1 CD--ROM. ISBN 85-8851201-7.

CHIOVENDA, Giuseppe. *Instituições de direito processual civil.* Trad. da 2. ed. italiana por Guimarães Menegale. São Paulo: Saraiva, 1943. v. II.

COELHO, Fábio Ulhoa. *Comentários ao código de proteção ao consumidor.* São Paulo: Saraiva, 1991.

DIDIER JR., Fredie; BRAGA, Paula Sarno; OLIVEIRA, Rafael. *Curso de direito processual civil.* 2. ed. Salvador: JusPodivm, 2008. v. 2.

DINAMARCO, Cândido Rangel. *Instrumentalidade do processo*. São Paulo: Revista dos Tribunais, 1986.

_____ . *Instituições de direito processual civil*. 6. ed. São Paulo: Malheiros, 2009. v. II e III.

FILOMENO, José Geraldo Brito et al. *Código brasileiro de defesa do consumidor comentado pelos autores do anteprojeto*. 9. ed. Rio de Janeiro: Forense Universitária, 2007.

GOLDSCHMIDT, James. *Principios generales del proceso*. Buenos Aires: Europa-America, 1961. v. 1.

GRECO FILHO, Vicente. *Direito processual civil brasileiro*. 17. ed. São Paulo: Saraiva, 2006. v. 2.

HOUAISS, Antonio; VILLAR, Mauro de Salles. *Dicionário Houaiss da língua portuguesa*. Rio de Janeiro: Objetiva, 2009.

LOPES, João Batista. *A prova no direito processual civil*. 2. ed. São Paulo: Revista dos Tribunais, 2002.

LUCON, Paulo Henrique dos Santos. Garantia do tratamento paritário entre as partes. In: TUCCI, José Rogério Cruz e (coord.). *Garantias constitucionais do processo civil*. São Paulo: Revista dos Tribunais, 1999.

MARINONI, Luiz Guilherme; ARENHART, Sérgio Cruz. *Curso de processo civil*. 7. ed. São Paulo: Revista dos Tribunais, 2008. v. 2.

MATOS, Cecília. O ônus da prova no código de defesa do consumidor. In: *Revista Justitia*, São Paulo, 57-170, abr./jun. 1995.

MOREIRA, Carlos Roberto Barbosa. Notas sobre a inversão do ônus da prova em benefício do consumidor. *RePro*, 86:295-309, abr./jun. 1997.

NERY JR., Nelson. *Princípios do processo civil na Constituição federal*. 7. ed. São Paulo: Revista dos Tribunais, 2002.

_____ ; NERY, Rosa Maria de Andrade. *Código civil comentado e legislação extravagante*. 3. ed. São Paulo: Revista dos Tribunais, 2005.

NUNES, Luiz Antonio Rizzatto. *O código de defesa do consumidor e sua interpretação jurisprudencial*. 2. ed. São Paulo: Saraiva, 2000.

OLIVEIRA, Carlos Alberto Álvaro de. Garantia do contraditório. In: TUCCI, José Rogério Cruz e (coord.). *Garantias constitucionais do direito de ação*. São Paulo: Revista dos Tribunais, 1999.

PESSOA, Fábio Guidi Tabosa. *Código de processo civil interpretado*. 3. ed. Coordenação de Antonio Carlos Marcato. São Paulo: Atlas, 2008.

PORTANOVA, Rui. *Princípios do processo civil*. 5. ed. Porto Alegre: Livraria do Advogado, 2003.

SANTOS, Moacyr Amaral. *Prova judiciária no cível e comercial*. 5. ed. São Paulo: Saraiva, 1983. v. 1.

SICA, Heitor Vitor Mendonça. Questões velhas e novas sobre inversão do ônus da prova. In: *RePro,* 146:49-68, abr. 2007.

TALAMINI, Eduardo. Recorribilidade das decisões sobre tutela de urgência. In: WAMBIER, Teresa Arruda Alvim; NERY JR., Nelson (coords.). *Aspectos polêmicos e atuais dos recursos cíveis.* São Paulo: Revista dos Tribunais, 2001.

WATANABE, Kazuo *et al. Código brasileiro de defesa do consumidor comentado pelos autores do anteprojeto.* 9. ed. Rio de Janeiro: Forense Universitária, 2007.

YARSHELL, Flávio Luiz. *Antecipação da prova sem o requisito da urgência e direito autônomo à prova.* São Paulo: Malheiros, 2009.

O Direito Individual do Consumidor, a Tutela Jurisdicional e a Suspensão das suas Ações Individuais em Razão do art. 543-C, § 1º do CPC

Tasso Duarte de Melo[*]

Introdução

O presente artigo tem como objeto a análise do acórdão proferido quando do julgamento do Recurso Especial n. 1.110.549-RS, com relatório do ministro Sidnei Benetti e voto divergente do ministro Honildo Amaral de Mello Castro, momento em que a Segunda Seção do Superior Tribunal de Justiça, por maioria de votos, deliberou suspender o curso de milhares de recursos especiais interpostos contra decisões que condenam bancos à devolução de quantias depositadas em cadernetas de poupança, por terem aplicado sobre os saldos nelas depositados, índices de correção monetária determinados por normas legais eivadas de inconstitucionalidades e/ou ilegalidades, e apontando para a possibilidade dos juízes de primeiro grau suspenderem o andamento das ações individuais referentes ao mesmo tema, e dos Tribunais de Justiça fazerem o mesmo em relação ao julgamento das apelações interpostas nessas ações.

A discussão que se travou no julgamento do referido Recurso Especial envolveu a aplicação dos arts. 51, IV e § 1º; 103 e 104 do Código de Defesa do Consumidor; 122 e 166 do Código Civil; e 2º e 6º do Código de Processo Civil, em contraposição ao art. 543-C, § 1º, do CPC, com a prevalência deste último dispositivo, de modo que se determinou a suspensão do processamento do recurso especial objeto de julgamento, até a apreciação e julgamento dos recursos especiais paradigmas.

Cabe conferir a ementa do acórdão:

---

[*] Desembargador do Tribunal de Justiça do Estado de São Paulo. Professor das Cadeiras de Direito do Consumidor e Direito Processual Civil na Faculdade de Direito da Universidade Presbiteriana Mackenzie. Mestre em Direito Político e Econômico pela Universidade Presbiteriana Mackenzie.

RECURSO REPETITIVO. PROCESSUAL CIVIL. RECURSO ESPECIAL. AÇÃO COLETIVA. MACROLIDE. CORREÇÃO DE SALDOS DE CADERNETAS DE POUPANÇA. SUSTAÇÃO DE ANDAMENTO DE AÇÕES INDIVIDUAIS. POSSIBILIDADE.

1. Ajuizada ação coletiva atinente a macrolide geradora de processos multitudinários, suspendem-se as ações individuais, no aguardo do julgamento da ação coletiva.

2. Entendimento que não nega vigência aos arts. 51, IV e § 1º, 103 e 104 do Código de Defesa do Consumidor; 122 e 166 do Código Civil; e 2º e 6º do Código de Processo Civil, com os quais se harmoniza, atualizando-lhes a interpretação extraída da potencialidade desses dispositivos legais ante a diretriz legal resultante do disposto no art. 543-C do Código de Processo Civil, com a redação dada pela Lei dos Recursos Repetitivos (Lei n. 11.672, de 8.5.2008).

3. Recurso Especial improvido.

O debate travado no julgamento, parece-me, abrange a prevalência de dois princípios constitucionais, momentânea e aparentemente contraditórios: a) o da necessária tutela dos interesses dos consumidores, individual ou coletivamente e b) o da necessária tutela jurisdicional geral de forma célere e, nesse episódio, necessariamente segura.

Por ser assim, impõe-se, em primeiro lugar, breve abordagem da defesa do consumidor em juízo, nos termos pretendidos pelo CDC, e depois uma também breve apreciação da Lei dos Recursos Repetitivos, a luz dos princípios informativos das reiteradas reformas que atingiram o nosso Código de Processo Civil.

1. DA DEFESA DO CONSUMIDOR EM JUÍZO

O Código de Defesa do Consumidor, norma de natureza protetiva, reflete comando expresso na Constituição Federal, no seu art. 5º, inciso XXXII, portanto, dentro do título dos direitos e garantias fundamentais e do capítulo dos direitos e deveres individuais, que determinou ao "estado a defesa do consumidor, na forma da lei" e, não bastasse, elevou a defesa e a proteção do consumidor — já definidas como direitos individuais fundamentais — ao patamar de fundamento da ordem econômica e financeira (art. 179, V, da CF), arrolando-as entre outros, com a valorização do trabalho humano e a função social da propriedade. Nesse sentido, conferir doutrina de Eduardo Arruda Alvim[1], José Geraldo Brito Filomeno[2] e Newton de Lucca[3].

---

(1) "A Constituição Federal de 1988 elevou a defesa do consumidor à esfera constitucional de nosso ordenamento jurídico. Em um primeiro momento incluiu o legislador a defesa do consumidor entre os direitos e deveres individuais e coletivos que 'o Estado promoverá, na forma da lei, a defesa do consumidor' (art. 5º, XXXII), e em um segundo momento, erigiu a defesa do consumidor à categoria de 'princípio geral da atividade econômica' (art. 179, V), emparelhando-se com princípios basilares para o modelo político/econômico brasileiro, como o da soberania nacional, da propriedade privada, da livre concorrência e outros." ALVIM, Eduardo Arruda et al. Código do consumidor comentado. São Paulo: Revista dos Tribunais, 1991. p. 9.
(2) GRINOVER, Ada Pellegrini et al. Código de defesa do consumidor comentado pelos autores do anteprojeto. 8. ed. Rio de Janeiro: Forense Universitária, 2005. p. 21-24.
(3) LUCCA, Nilton de. Direito do consumidor. São Paulo: Quartier Latin, 2003. p. 56-78.

Mencionados autores, depois de ampla reflexão, ensinam que o Código de Defesa do Consumidor cumpre função estatal, por determinação constitucional, de proteção aos direitos fundamentais de igualdade e dignidade dos consumidores, tão solapados na nossa sociedade excessivamente consumista, na qual as relações econômicas são dirigidas pelos fornecedores que dominam a produção, distribuição e consumo de bens e serviços, cabendo aos consumidores a aquisição dos produtos, sem qualquer controle de sua produção e distribuição.

Ainda como premissa para a interpretação do texto jurídico posto para estudo, deve-se ter presente que o Código de Defesa do Consumidor, no seu art. 4º, estabeleceu como objetivos a serem alcançados com a sua aplicação o atendimento das necessidades dos consumidores; o respeito à sua dignidade, saúde e segurança; a proteção de seus interesses econômicos; a melhoria da sua qualidade de vida; além da transparência e da harmonia nas relações de consumo; e como princípios informativos do denominado microssistema de proteção e defesa do consumidor, a vulnerabilidade, a ação governamental e a harmonia nas relações de consumo, sempre informadas pela equidade e pela boa-fé.

Prosseguindo-se com a leitura do texto legal, percebe-se que depois de postos os objetivos e os princípios, ou seja, a vulnerabilidade do consumidor e a necessidade da ação governamental para eliminá-la, de modo a garantir um mercado de consumo em que as relações sejam transparentes e harmoniosas, respeitando-se a vida, a saúde, a segurança, a dignidade etc. do consumidor; o legislador, ato contínuo, no art. 6º do referido diploma legal, passou a relacionar os seus direitos básicos, como se delimitasse uma estratégia de enfrentamento das questões que mais afligiam e afligem o consumidor brasileiro: o direito à informação, à educação, à reparação de danos materiais, morais, individuais, coletivos e difusos, à proteção contra práticas e cláusulas contratuais abusivas e contra a publicidade enganosa e abusiva e, por fim, o ponto de maior interesse deste trabalho, o direito de acesso aos órgãos judiciários e adminis-trativos e a facilitação dos seus direitos na prestação da tutela jurisdicional.

A dificuldade do consumidor em ter acesso a uma prestação jurisdicional adequada e efetiva é o tema central do sistema de proteção e defesa do consumidor. Este é objeto de normatização, tanto no rol dos direitos básicos do consumidor quanto de um capítulo próprio no CDC, denominado "Da defesa do consumidor em juízo", que, na lição de Ada Pellegrini Grinover[4], tem como preocupação central a inserção no sistema processual civil brasileiro de uma série de alterações que possibilitaram a facilitação e o acesso do consumidor individualmente à prestação da tutela jurisdicional e, ao mesmo tempo, ampliaram as possibilidades de acesso à mesma prestação de tutela jurisdicional por meio de ações coletivas:

> Justamente por isso, a preocupação do legislador, nesse passo, é com a efetividade do processo destinado à proteção do consumidor e com a

---

(4) *Vide* nota 2, p. 777-778.

facilitação de seu acesso à justiça. Isso demandava, de um lado, o fortalecimento da posição do consumidor em juízo — até agora pulverizada, isolada, enfraquecida perante a parte contrária que não é, como ele, um litigante meramente eventual — postulando um novo enfoque de *par conditio* e do equilíbrio das partes, que não fossem garantidos do plano meramente formal; e, de outro lado, *exigia a criação de novas técnicas que, ampliando o arsenal de ações coletivas previstas pelo ordenamento, realmente representassem a desobstrução do acesso à justiça e o tratamento coletivo de pretensões individuais que isolada e fragmentariamente poucas condições teriam de adequada condução*. Isso tudo, sem jamais olvidar as garantias do "devido processo legal". (destaquei)

Cumpre relevar que a doutrina consumerista contemporânea à edição do CDC, quase de forma uníssona, tinha a preocupação de realçar que — sem prejuízo da adequação das formas de tutela individual — a tutela coletiva se configurava como o grande instrumento capaz de assegurar acesso à prestação da tutela jurisdicional efetiva e, ao mesmo tempo, facilitar a defesa dos consumidores em juízo, como explica o Ministro Antônio Herman V. Benjamin[5]:

> Disso decorre uma primeira consequência, *indutora de todo o movimento de renovação processualística: a massificação* (mas não só ela) do conflito retira o litígio da esfera exclusiva dos diretamente envolvidos, publicizando-o, levando para o âmbito público aquilo que anteriormente era monopólio do privado. *Tais conflitos começam, então, a ser encarados sob o plano de seu ajuntamento (quantitativo e também qualitativo) e não mais sob a ótica de sua fragmentação subjetiva.* (destaquei)

Tal visão, de que as ações coletivas para defesa dos direitos dos consumidores significam um avanço, vem sendo reiteradamente repetida pela nova doutrina consumerista.

Em recente obra coletiva intitulada *Aspectos processuais do código de defesa do consumidor*, orientada por Teresa Arruda Alvim Wambier e coordenada por Fabiano Carvalho e Rodrigo Barioni, duas posições que merecem destaque. São as de Eduardo de Albuquerque Parente[6] e de Luis Manoel Gomes Junior[7], o primeiro a afirmar

---

(5) BENJAMIN, Antônio Herman V. A insurreição da aldeia global contra o processo civil clássico: apontamentos sobre a opressão e a libertação judiciais do meio ambiente e do consumidor. In: MILARÉ, Édis (coord.) *Ação civil pública*: reminiscências e reflexões após dez anos de aplicação. São Paulo: Revista dos Tribunais, 1995. p. 79.

(6) "A Lei da Ação Civil Pública (n. 7.347/85), que já tem mais de duas décadas, trouxe consigo, desde seu nascedouro, muitas das premissas conceituais relembradas sinteticamente acima, com consideráveis alterações no direito processual brasileiro, que mostram claramente a linha de transmutação do processo *individualista* para o *generalista*. E sua vocação para o trato coletivo, basicamente meritório, foi ampliada cinco anos depois pelo Código de Defesa do Consumidor (Lei n. 8.078/90)." PARENTE, Eduardo de Albuquerque. A ação civil pública, as associações e a (ir)responsabilidade processual. In: CARVALHO, Fabiano; BARIONI, Rodrigo (coords.). *Aspectos processuais do código de defesa do consumidor.* São Paulo: Revista dos Tribunais, 2008. v. 1. p. 67.

(7) "Não se afasta, é claro, o caráter individual desses direitos, mas *desloca-se o enfoque das relações intersubjetivas para as relações inerentes às sociedades de massa* e, portanto, aos direitos que transcendem a esfera do indivíduo. Em tal contexto é que se insere o *sistema processual* do novo século, com o tema emblemático da *coletivização dos direitos*, com acentuada

que o interesse coletivo se sobrepõe ao direito individual e o segundo a enxergar a tutela jurisdicional coletiva como o sistema processual do novo milênio.

Não causa, pois, estranheza a lição extraída do acórdão objeto de análise:

> Enorme avanço da defesa do consumidor realizou-se na dignificação constitucional da defesa do consumidor (CF/88, arts. 5º, XXXII, e 170, V). Seguiu-se a construção de sede legal às ações coletivas (CDC, art. 81, e seu parágrafo único, I, II e III). Veio, após, a instrumentalização processual por intermédio da Ação Civil Pública (Lei n. 7.347/85, art. 1º, II), que realmente abriu o campo de atuação para o Ministério Público e de tantas relevantíssimas entidades de defesa do consumidor, de Direito Público ou Privado.

A novidade, pois, é a possibilidade da suspensão das ações individuais contemporâneas às ações coletivas, quer elas tenham sido julgadas ou não em primeiro e/ou segundo grau de jurisdição, desde que o objeto das sentenças e dos acórdãos lá proferidos sejam iguais ao da ação coletiva ajuizada:

> Atualizando-se a interpretação jurisprudencial, de modo a adequar-se às exigências da realidade processual de agora, deve-se interpretar o disposto no art. 81 do Código de Defesa do Consumidor, preservando o direito de ajuizamento da pretensão individual na pendência de ação coletiva, *mas suspendendo-se o prosseguimento desses processos individuais, para o aguardo do julgamento de processo de ação coletiva que contenha a mesma macrolide.*
>
> A suspensão do processo individual pode perfeitamente dar-se já ao início, assim que ajuizado, porque, diante do julgamento da tese central na Ação Civil Pública, o processo individual poderá ser julgado de plano, por sentença liminar de mérito (CPC, art. 285-A), para a extinção do processo, no caso de insucesso da tese na Ação Civil Pública, ou, no caso de sucesso da tese em aludida ação, poderá ocorrer a conversão da ação individual em cumprimento de sentença da ação coletiva. (destaquei)

O debate, pois, remete para a prevalência das disposições dos arts. 103, III, e §§ 2º e 3º, e 104 do Código de Defesa do Consumidor, bem como do art. 534-C, do CPC, a emprestar novo tratamento aos recursos repetitivos, como se apreende da leitura do voto divergente:

> A admissibilidade por parte da titular do direito de ação à substituição processual, disciplinada na Ação Coletiva, tem natureza facultativa. E, sendo de natureza facultativa, não pode a ação individual sofrer suspensão impositiva, se assim não o desejar o titular do direito material.

---

relevância para o Código de Defesa do Consumidor." GOMES JUNIOR, Luiz Manoel. Código do consumidor e o sistema recursal. In: CARVALHO, Fabiano; BARIONI, Rodrigo (coords.). *Aspectos processuais do código de defesa do consumidor.* São Paulo: Revista dos Tribunais, 2008. v 1, p. 214.

Tem ela o direito de ver prosseguir a sua ação individual e os Tribunais não podem negar-lhe a jurisdição buscada porquanto *A lei não excluirá da apreciação do Poder Judiciário lesão ou ameaça a direito* (art. 5º, inc. XXV, CF).

No âmbito deste Superior Tribunal de Justiça a questão já foi por várias vezes discutida, tendo prevalecido a possibilidade da convivência entre as ações individuais e as ações coletivas, assevera o Ministro Teori Albino Zavascki no julgamento do CC n. 48.106-DF, *in verbis*:

[...] 6. No caso dos autos, porém, o objeto das demandas são direitos individuais homogêneos (= direitos divisíveis, individualizáveis, pertencentes a diferentes titulares). Ao contrário do que ocorre com os direitos transindividuais — invariavelmente tutelados por regime de substituição processual (em ação civil pública ou ação popular) —, os direitos individuais homogêneos podem ser tutelados tanto por ação coletiva (proposta por substituto processual), quanto por ação individual (proposta pelo próprio titular do direito, a quem é facultado vincular-se ou não à ação coletiva). Do sistema da tutela coletiva, disciplinado na Lei n. 8.078/90 (Código de Defesa do Consumidor — CDC, nomeadamente em seus arts. 103, III, combinado com os §§ 2º e 3º, e 104), resulta (a) que a ação individual pode ter curso independente da ação coletiva; (b) que a ação individual só se suspende por iniciativa do seu autor; e (c) que, não havendo pedido de suspensão, a ação individual não sofre efeito algum do resultado da ação coletiva, ainda que julgada procedente. Se a própria lei admite a convivência autônoma e harmônica das duas formas de tutela, fica afastada a possibilidade de decisões antagônicas [...].

Alicerçada em abalizada doutrina, assim também entendeu a ministra Nancy Andrighi quando do julgamento do REsp 157.669/SP, monocraticamente:

A irresignação do recorrente não merece prosperar. Eis que, a firme orientação deste Eg. Tribunal estabelece que a existência de ação civil pública com objeto idêntico a de feitos individuais em que se busque o reajuste dos saldos das contas vinculadas do FGTS, mediante aplicação dos expurgos inflacionários, não induz litispendência.

Por outro lado, é inarredável a conclusão de que os efeitos do ajuizamento prévio da ação civil pública não podem obstar o direito subjetivo de ação da parte assegurado constitucionalmente.

Acresça-se, neste sentido, que nem a Lei n. 7.347/85 nem o Código de Defesa do Consumidor excluem a possibilidade dos interessados proporem ações individuais em virtude do ajuizamento da ação civil, ainda quando esta preceda àquela. Ao contrário, este último diploma legal ressalva no art. 104 a possibilidade do autor prosseguir em sua ação individual, ficando excluído da extensão subjetiva do julgado prevista para a sentença que vier a ser proferida na ação coletiva.

Neste sentido, ensina GRINOVER, Ada Pellegrini *et al*. *Código de defesa do consumidor comentado pelos autores do anteprojeto* (5. ed. rev e amp. Rio de Janeiro: Forense Universitária, p. 733) que, "mesmo sendo ela favorável e projetando-se seus efeitos *erga omnes* ou ultrapartes (nos termos dos incs. I a III do art. 103 c/c seus §§ 1º e 2º), o autor que já pôs em juízo sua ação individual e que pretenda vê-la prosseguir em seu curso, não será beneficiado pela coisa julgada que poderá eventualmente formar-se na ação coletiva".

Igualmente, ensina Hugo de Nigro Mazzilli (*A defesa dos interesses difusos em juízo*. São Paulo: Saraiva, p. 161) que nas ações coletivas que versem sobre interesses individuais homogêneos, em que se cogite de litispendência com as ações individuais dos lesados que visem à reparação do prejuízo divisível, naquilo que tenha de idêntico com o dos demais lesados, "se o autor da ação individual preferir não requerer sua suspensão, sua ação prosseguirá e não será afetada pelo julgamento da ação coletiva, mas se preferir a suspensão da ação individual, poderá habilitar-se como litisconsorte na ação coletiva". (STJ — RESP 157669 — Rel. Ministra Nancy Andrighi — 3.4.2000).

Também:

> PROCESSUAL CIVIL — AÇÃO COLETIVA — LEIS NS. 8.622/93 e 8.627/93. I — Segundo pacífico entendimento desta Corte, a circunstância de existir ação coletiva em que se objetiva a tutela de direitos individuais homogêneos não obsta a propositura da ação individual. II — *Omissis*. Agravo regimental desprovido. (AgRg no REsp 240128/PE, Rel. Min. Felix Fischer, 5ª Turma, DJ 2.5.2000).

E, mais recentemente:

> O ajuizamento de ação coletiva não induz, de imediato, o sobrestamento da individual, necessitando, para tanto, o requerimento do interessado, o qual pode optar em prosseguir singularmente em juízo. 3. Sem que haja pedido de suspensão, não pode o Poder Judiciário impor tal medida. 3. Recurso provido. (STJ — REsp 1037314/RS — Rel. Ministro Massami Uyeda — DJe 20.6.2008).

Diante das lições postas pelo voto divergente, cabe esmiuçar as razões que possibilitaram a superação da aplicação dos arts. 103, III e §§ 2º e 3º, e 104 do Código de Defesa do Consumidor e o seu, até então, pacífico entendimento doutrinário e jurisprudencial, ou seja, a propositura da ação coletiva não inibe ou impede o ajuizamento de ação individual para discussão da mesma matéria.

2. DOS RECURSOS REPETITIVOS

Induvidoso que a superação da aplicação dos arts. 103, III, e §§ 2º e 3º, e 104 do Código de Defesa do Consumidor se deveu à aplicação do art. 543-C, do CPC[8], mesmo que com interpretação extensiva, como se extrai do corpo do acórdão analisado:

---

(8) Art. 543-C. Quando houver multiplicidade de recursos com fundamento em idêntica questão de direito, o recurso especial será processado nos termos deste artigo.
§ 1º Caberá ao presidente do tribunal de origem admitir um ou mais recursos representativos da controvérsia, os quais serão encaminhados ao Superior Tribunal de Justiça, ficando suspensos os demais recursos especiais até o pronunciamento definitivo do Superior Tribunal de Justiça.
§ 2º Não adotada a providência descrita no § 1º deste artigo, o relator no Superior Tribunal de Justiça, ao identificar que sobre a controvérsia já existe jurisprudência dominante ou que a matéria já está afeta ao colegiado, poderá determinar a suspensão, nos tribunais de segunda instância, dos recursos nos quais a controvérsia esteja estabelecida.
§ 3º O relator poderá solicitar informações, a serem prestadas no prazo de quinze dias, aos tribunais federais ou estaduais a respeito da controvérsia.

Mas o mais firme e decidido passo recente no sentido de "enxugamento" da multidão de processos em poucos autos pelos quais seja julgada a mesma lide em todos contida veio na recente Lei dos Recursos Repetitivos (Lei n. 11.672, de 8 de maio de 2008), que alterou o art. 543-C do Código de Processo Civil, para quando houver multiplicidade de recursos com fundamento em idêntica questão de direito o que é, sem dúvida, o caso presente.

Tem-se, pois, que a suspensão do processamento dos recursos especiais repetitivos é instituto processual recente, inserido no sistema com vistas, segundo o voto condutor, ao enxugamento da multidão de recursos que versam sobre questões de direito idênticas, e foi assim definido por Luiz Rodrigues Wambier e Rita de Cássia Corrêa de Vasconcelos[9]:

> O art. 543-C do CPC disciplina o processamento dos recursos de competência do STJ fundamentados em idênticas questões de direito.
>
> O § 1º desse novo dispositivo do Código de Processo Civil dispõe a respeito da competência do Presidente do Tribunal de interposição para admitir um ou mais recursos que representem a controvérsia, que serão encaminhados ao STJ, ficando suspensos os demais recursos até que este Tribunal emita pronunciamento definitivo a respeito da respectiva questão de direito. Assim, se houver múltiplos recursos a respeito da mesma questão de direito, devem ser selecionados um ou mais desses recursos, que melhor exponham a questão debatida, para serem julgados primeiramente pelo STJ. Essa decisão poderá, depois, ser aplicada aos recursos cujo processamento esteja suspenso por força da aplicação. A intenção do legislador evidentemente foi a de acelerar o trâmite de recursos repetitivos dirigidos ao STJ, *objetivando, como efeito secundário, diminuir o volume de recursos a esse Tribunal encaminhados.* (destaquei)

Percebe-se, da leitura do diploma legal e das melhores notas doutrinárias, que o instituto dos Recursos Repetitivos, além de visar ao "enxugamento" dos recursos levados ao STJ, tem fundamento constitucional nos princípios da celeridade e da efetividade processuais, além da segurança jurídica.

Note-se, por outro lado, que a interpretação literal do comando legal permite aos tribunais estaduais e federais e ao Superior Tribunal de Justiça a suspensão dos

---

(9) WAMBIER, Luiz Rodrigues; VASCONCELOS, Rita de Cássia Corrêa de. Sobre a repercussão geral e os recursos especiais repetitivos, e os seus reflexos nos processos coletivos. In: *Revista dos Tribunais*, São Paulo, v. 882, abr. 2009. p. 33.
No mesmo sentido: "'Recursos repetitivos', na dicção do *caput* do art. 543-C, são significativos da existência de multiplicidade de recursos com fundamento em idêntica questão de direito. Constatando a sua existência, caberá ao Presidente do Tribunal de interposição do recurso especial selecionar um ou mais recursos que bem identifiquem a controvérsia e enviá-los ao Superior Tribunal de Justiça, que os julgará por todos os outros, os quais ficarão suspensos até então (art. 543-C, § 1º). Também o relator, no âmbito do Superior Tribunal de Justiça, constatando que existe jurisprudência dominante sobre a questão ou que a matéria está afeta àquele Tribunal, poderá determinar a sustação dos processos perante os Tribunais Regionais Federais e Tribunais de Justiça (art. 543-C, § 2º)". BUENO, Cassio Scarpinella. *Curso sistematizado de direito processual civil.* São Paulo: Saraiva, 2008. v. 5, p. 274-275.

recursos especiais, e a decisão analisada permite a suspensão de todas as ações individuais, em qualquer instância, com a simples interposição da ação coletiva:

> Atualizando-se a interpretação jurisprudencial, de modo a adequar-se às exigências da realidade processual de agora, deve-se interpretar o disposto no art. 81 do Código de Defesa do Consumidor, preservando o direito de ajuizamento da pretensão individual na pendência de ação coletiva, mas suspendendo-se o prosseguimento desses processos individuais, para o aguardo do julgamento de processo de ação coletiva que contenha a mesma macrolide.
>
> *A suspensão do processo individual pode perfeitamente dar-se já ao início, assim que ajuizado, porque, diante do julgamento da tese central na Ação Civil Pública, o processo individual poderá ser julgado de plano, por sentença liminar de mérito (CPC, art. 285-A), para a extinção do processo, no caso de insucesso da tese na Ação Civil Pública, ou, no caso de sucesso da tese em aludida ação, poderá ocorrer a conversão da ação individual em cumprimento de sentença da ação coletiva.* (destaquei)

A morosidade na prestação da tutela jurisdicional é problema social de tal relevância que a Constituição Federal foi alterada para que fosse inserido mais um direito individual fundamental do cidadão (consumidor) brasileiro, o da prestação da tutela jurisdicional em prazo razoável, conforme disposto no inc. LXXVIII, do art. 5º, da CF[10].

Ao enfrentar referido dispositivo constitucional, Nelson Nery Junior[11] ensina que tal direito "trata-se de desdobramento do princípio do direito de ação (CF, 5º, XXXV), que definimos garantidor do direito de obter-se uma tutela jurisdicional adequada".

Na mesma obra[12], prossegue a ensinar que o princípio possui dupla função: a primeira de garantir que o processo tenha tempo razoável, cabendo ao legislador desenvolver formas para alterar as regras do sistema processual de maneira a se alcançar uma prestação jurisdicional célere: e a segunda de possibilitar meios alternativos de solução de conflitos, desde que elas garantam, novamente, prestação jurisdicional célere, tornando a carga de trabalho dos magistrados brasileiros menos pesada, ou, na linguagem do acórdão aqui debatido, no enxugamento do trabalho excessivo, repetido desnecessariamente.

Para melhor entendimento da questão, mais dois conceitos devem ser analisados: o da efetividade na prestação da tutela jurisdicional e o da segurança jurídica.

---

(10) "Art. 5º [...]
[...] LXXVIII — a todos, no âmbito judicial e administrativo, são assegurados a razoável duração do processo e os meios que garantam a celeridade de sua tramitação."
(11) NERY JUNIOR, Nelson. *Princípios do processo civil na Constituição federal*. 9. ed. São Paulo: Revista dos Tribunais, 2009. p. 311.
(12) *Ibidem*, p. 314.

Para conceituar a efetividade processual, socorro-me das lições de José Carlos Barbosa Moreira, citadas por Cássio Scarpinella Bueno[13]:

> Para o prestigiado processualista, um processo jurisdicional efetivo deve apresentar as seguintes características (a) deve dispor de instrumentos de tutela adequados na medida do possível, a todos os direitos (e outras posições jurídicas de vantagem) contempladas no ordenamento, quer resultem de expressa previsão normativa, quer se possam inferir do sistema; (b) estes instrumentos devem ser praticamente utilizáveis, ao menos em princípio, sejam quais forem os supostos titulares dos direitos (e das outras posições de vantagem) de cuja preservação ou reintegração se cogite, inclusive quando indeterminado ou indeterminável o círculo de eventuais sujeitos; (c) impende assegurar condições propícias à exata e completa reconstituição dos fatos relevantes, a fim de que o convencimento do julgador corresponda, tanto que puder, à realidade; (d) em toda extensão da possibilidade prática, o resultado do processo há de ser tal que assegure à parte vitoriosa o gozo pleno da específica utilidade a que faz jus segundo o ordenamento; e (e) o atingimento de semelhantes resultados deve-se dar com o mínimo de dispêndio de tempo e energias.

Não se pode duvidar que o acórdão em debate, ao suspender o curso de milhares de recursos especiais e indicar a suspensão de milhões de processos e centenas de milhares de apelações, tende a unificar o resultado de todas as ações, ao menos no campo do direito material, com o dispêndio do mínimo de tempo e energia possível.

Mas tal decisão preservará o princípio da segurança jurídica?

Para definir segurança jurídica, nos socorremos primeiro das lições do ministro José Delgado[14], que, amparado na doutrina de J. J. Canotilho, ensina:

> A segurança jurídica há de ser vista como sendo um enunciado principiológico com hierarquia superior, isto é, contendo um valor que deve ser aplicado de modo absoluto para consagrar a força do Direito quando vinculado a situações concretas conflituosas e que estão a exigir pronunciamentos administrativos e, especialmente, judiciais que as estabilizem.

Humberto Theodoro Junior[15], também com lastro na doutrina de J. J. Canotilho, aponta que:

> Há dois sentidos, segundo certos autores, a serem distinguidos no conceito de segurança jurídica: a) a segurança que deriva da previsibilidade das

---

(13) BUENO, Cassio Scarpinella. *Curso sistematizado de direito processual civil.* São Paulo: Saraiva, 2008. v. 5, p. 149. No mesmo sentido: LUCON. p. 295.
(14) DELGADO, José Augusto. O processo posto na Constituição federal — aspectos contemporâneos. In: MARTINS, Yves Granda da Silva; JOBIM, Eduardo (coords.). *O processo na Constituição.* São Paulo: Quartier Latin, 2008. p. 106.
(15) THEODORO JUNIOR, Humberto. As reformas do direito processual civil e o princípio constitucional da segurança jurídica. In: MARTINS, Yves Granda da Silva; JOBIM, Eduardo (coords.). *O processo na Constituição.* São Paulo: Quartier Latin, 2008. p. 247.

decisões que serão adotadas pelos órgãos que terão de aplicar as disposições normativas; e b) a segurança que se traduz na estabilidade das relações jurídicas definitivas.

Forçoso concluir que os ministros da Segunda Seção do Superior Tribunal de Justiça, quando proferiram a decisão em debate, procuraram solução jurídica que, ao mesmo tempo, viabilizasse prestação jurisdicional célere para o conjunto da sociedade, pois, com a aplicação do instituto dos recursos repetitivos, possibilita-se a resolução definitiva das questões postas em debate; e privilegia-se o princípio da efetividade, pois a decisão definitiva poderá ser alcançada de forma célere e com o mínimo gasto de tempo e energia pelos diversos órgãos do Poder Judiciário, sendo certo que a definição da posição do Superior Tribunal de Justiça sobre os temas relacionados no acórdão propiciará um ambiente de segurança jurídica, pois reduzirá a possibilidade de futuras decisões contraditórias.

E o que se aprende com a leitura do voto vencedor:

> Ademais, trata-se de recurso representativo da controvérsia em que os rigores formais de admissibilidade devem ser mitigados, diante relevância da tese principal, a fim de que se cumpra o que a Lei atualmente determina, ou seja, que o Tribunal julgue de vez, com celeridade e consistência, a macrolide multitudinária, que se espraia em milhares de processos, cujo andamento individual, repetindo o julgamento da mesma questão milhares de vezes, leva ao verdadeiro estrangulamento dos órgãos jurisdicionais, em prejuízo da totalidade dos jurisdicionados, entre os quais os próprios litigantes do caso.
>
> Quanto ao tema de fundo, deve-se manter a suspensão dos processos individuais, determinada pelo Tribunal de origem, à luz da legislação processual mais recente, mormente ante a Lei dos Recursos Repetitivos (Lei n. 11.672, de 8 de maio de 2008), sem contradição com a orientação que antes se firmara nos termos da legislação anterior, ou seja, ante a só consideração dos dispositivos da Lei da Ação Civil Pública.
>
> O enfoque jurisdicional dos processos repetitivos vem decididamente no sentido de fazer agrupar a macrolide neles contida, a qual em cada um deles identicamente se repete, em poucos processos, suficientes para o conhecimento e a decisão de todos as aspectos da lide, de modo a cumprir--se a prestação jurisdicional sem verdadeira inundação dos órgãos judiciários pela massa de processos individuais, que, por vezes às centenas de milhares, inviabilizam a atuação judiciária.
>
> Efetivamente o sistema processual brasileiro vem buscando soluções para os processos que repetem a mesma lide, que se caracteriza, em verdade, como uma macrolide, pelos efeitos processuais multitudinários que produz.

Do exposto, pode-se concluir que a decisão objeto de estudo aplicou a Lei dos Recursos Repetitivos determinando a suspensão dos recursos especiais que versem sobre a questão debatida e indicou a possibilidade da suspensão das ações individuais e coletivas ainda em curso perante o primeiro grau e a suspensão das apelações interpostas contra sentenças já proferidas e, em tese, não se pode negar que tal decisão privilegia os princípios da celeridade e efetividade processual e contribui, e muito, para a criação de um ambiente jurídico mais seguro.

3. DA SUSPENSÃO DAS AÇÕES INDIVIDUAIS

A crítica que pode ser feita à referida decisão, *data venia*, remete à possibilidade da suspensão das ações individuais, com a simples distribuição das ações coletivas:

> A suspensão do processo individual pode perfeitamente dar-se já ao início, assim que ajuizado, porque, diante do julgamento da tese central na Ação Civil Pública, o processo individual poderá ser julgado de plano, por sentença liminar de mérito (CPC, art. 285-A), para a extinção do processo, no caso de insucesso da tese na Ação Civil Pública, ou, no caso de sucesso da tese em aludida ação, poderá ocorrer a conversão da ação individual em cumprimento de sentença da ação coletiva.

A prevalecer tal entendimento de forma generalizada restará configurado o fenômeno do contingenciamento indevido da litigiosidade, capaz de atingir de maneira letal o direito individual de acesso à prestação da tutela jurisdicional.

Sobre o tema, cumpre retomar a lição já indispensável de Kazuo Watanabe[16]:

> [...] o legislador claramente percebeu que, na solução dos conflitos que nascem das relações geradas pela economia de massa, quando essencialmente de natureza coletiva, o processo pode operar também como instrumento de mediação dos conflitos sociais neles envolvidos e não apenas como instrumento de solução de lides. A estratégia tradicional de tratamento das disputas tem sido fragmentar os conflitos de configuração eminentemente coletiva em demandas átomos. Já a solução dos conflitos na dimensão molecular, como demandas coletivas, além de permitir o acesso mais fácil à Justiça, pelo seu barateamento e quebra de barreiras socioculturais, evitará a sua banalização que decorre de sua fragmentação e conferirá peso político às ações destinadas à solução desses conflitos. Todavia, essa preocupação pelas demandas coletivas de forma alguma significa desprezo pelas ações individuais.

A suspensão das ações individuais, em razão do simples ajuizamento de uma ação coletiva em que se debate o mesmo tema, empresta interpretação extremamente

---
(16) THEODORO JUNIOR, Humberto. *Op. cit.*, p. 612-613.

extensiva ao art. 543-C do CPC, e, ao mesmo tempo, viola o direito individual de ação e afronta texto de lei federal, e, não bastasse, empobrece a discussão jurídica.

Data venia, o art. 543-C do CPC permite ao presidente do tribunal de origem "admitir um ou mais recursos representativos da controvérsia [...] ficando suspensos os demais recursos especiais até o pronunciamento definitivo do Superior Tribunal de Justiça", não se pode extrair desse comando legal a possibilidade de se determinar a suspensão das ações individuais.

Esta suspensão deve ser submetida ao crivo dos juízos monocráticos que, depois de proferirem as primeiras sentenças, podem e devem fazer uso do disposto no art. 285-A, do CPC[17]. Na mesma linha de ideia, devem proceder os tribunais estaduais e regionais federais, com a aplicação do art. 557 do CPC[18].

Assim, nos parece que a decisão emprestou ao art. 543-C do CPC uma extensão que ele não comporta.

Não bastasse, tal e qual o teor do voto discordante, entendo que a suspensão das ações individuais fere o direito constitucional de ação e afronta texto expresso de lei:

NINGUÉM É OBRIGADO A FAZER OU DEIXAR DE FAZER ALGUMA COISA SENÃO EM VIRTUDE DE LEI (ART. 5º, INCISO II da Constituição Federal).

A admissibilidade por parte da titular do direito de ação à substituição processual, disciplinada na Ação Coletiva, tem natureza facultativa. E, sendo de natureza facultativa, não pode a ação individual sofrer suspensão impositiva, se assim não o desejar o titular do direito material.

Tem ela o direito de ver prosseguir a sua ação individual e os Tribunais não podem negar-lhe a jurisdição buscada porquanto "A lei não excluirá da apreciação do Poder Judiciário lesão ou ameaça a direito" (art. 5º, inc. XXV, CF).

No âmbito deste Superior Tribunal de Justiça a questão já foi por várias vezes discutida, tendo prevalecido a possibilidade da convivência entre as ações individuais e as ações coletivas, assevera o Ministro Teori Albino Zavascki no julgamento do CC n. 48.106--DF, *in verbis*:

[...] 6. No caso dos autos, porém, o objeto das demandas são direitos individuais homogêneos (= direitos divisíveis, individualizáveis, pertencentes a diferentes titulares). Ao contrário do que ocorre com os direitos transindividuais — invariavelmente tutelados por regime de substituição processual (em ação civil pública ou ação popular) —, os direitos individuais homogêneos podem ser tutelados tanto por ação coletiva (proposta por substituto processual), quanto por ação individual (proposta pelo próprio titular do direito, a quem é facultado vincular-se ou não à ação coletiva).

---

(17) Art. 285-A. Quando a matéria controvertida for unicamente de direito e no juízo já houver sido proferida sentença de total improcedência em outros casos idênticos, poderá ser dispensada a citação e proferida sentença, reproduzindo-se o teor da anteriormente prolatada.
(18) Art. 557. O relator negará seguimento a recurso manifestamente inadmissível, improcedente, prejudicado ou em confronto com súmula ou com jurisprudência dominante do respectivo tribunal, do Supremo Tribunal Federal, ou de Tribunal Superior.

Do sistema da tutela coletiva, disciplinado na Lei n. 8.078/90 (Código de Defesa do Consumidor — CDC, nomeadamente em seus arts. 103, III, combinado com os §§ 2º e 3º, e 104), resulta, (a) que a ação individual pode ter curso independente da ação coletiva; (b) que a ação individual só se suspende por iniciativa do seu autor; e (c) que, não havendo pedido de suspensão, a ação individual não sofre efeito algum do resultado da ação coletiva, ainda que julgada procedente. Se a própria lei admite a convivência autônoma e harmônica das duas formas de tutela, fica afastada a possibilidade de decisões antagônicas [...].

Conclusão

Por fim, parece-me, do ponto de vista doutrinário, adequada a decisão proferida pela 2ª Seção do E. Superior Tribunal de Justiça, quando do julgamento do Recurso Especial n. 1.110.549-RS (2009/0007009-2), com relatório do eminente ministro Sidnei Beneti, pois ao determinar a suspensão dos recursos especiais-repetitivos aplicou de forma exemplar o art. 543-C do CPC, primando pela prevalência dos princípios da segurança jurídica e da efetividade na prestação da tutela jurisdicional.

De outro lado, quando a decisão remete para possibilidade da suspensão inexorável das ações individuais que tenham o mesmo objeto de uma ação coletiva, *data venia*, ela refere letalmente o direito de ação e afronta a expresso texto legal, especificamente, os arts. 103, III e §§ 2º e 3º, e 104 do Código de Defesa do Consumidor, e, desta forma, viola o direito do consumidor de acesso facilitado à prestação de uma tutela jurisdicional efetiva.

Ao meu ver, a tentativa de unificar o debate das questões jurídicas, concentrando-o apenas nas ações coletivas, o empobrecesse. O ajuizamento de ações individuais e coletivas de forma simultânea contribui para o amplo debate jurídico, com a prolação de várias sentenças e acórdãos capazes de criar as condições para a prolação de uma decisão definitiva, a ser proferida pelo Superior Tribunal de Justiça, se e quando vier a ser interposto recurso especial, preservando, como é da sua competência, a unidade da interpretação e a autoridade das leis federais e, ao mesmo tempo, a efetividade da tutela jurisdicional e a segurança jurídica.

Referências bibliográficas

ALVIM, Eduardo Arruda *et al*. *Código do consumidor comentado*. São Paulo: Revista dos Tribunais, 1991.

BENJAMIN, Antônio Herman V. A insurreição da aldeia global contra o processo civil clássico: apontamentos sobre a opressão e a libertação judiciais do meio ambiente e do consumidor. In: MILARÉ, Édis (coord.) *Ação civil pública*: reminiscências e reflexões após dez anos de aplicação. São Paulo: Revista dos Tribunais, 1995.

BUENO, Cassio Scarpinella. *Curso sistematizado de direito processual civil*. São Paulo: Saraiva, 2008. v. 5.

DELGADO, José Augusto. O processo posto na Constituição federal — aspectos contemporâneos. In: MARTINS, Yves Granda da Silva; JOBIM, Eduardo (coords.). *O processo na Constituição*. São Paulo: Quartier Latin, 2008.

GOMES JUNIOR, Luiz Manoel. Código do consumidor e o sistema recursal. In: CARVALHO, Fabiano; BARIONI, Rodrigo (coords.). *Aspectos processuais do código de defesa do consumidor*. São Paulo: Revista dos Tribunais, 2008. v 1.

GRINOVER, Ada Pellegrini *et al*. *Código de defesa do consumidor comentado pelos autores do anteprojeto*. 8. ed. Rio de Janeiro: Forense Universitária, 2005.

LUCCA, Nilton de. *Direito do consumidor*. São Paulo: Quartier Latin, 2003.

MAZZILLI, Hugo Nigro. *A defesa dos interesses difusos em juízo*. 22. ed. São Paulo: Saraiva, 2009.

NERY JUNIOR, Nelson. *Princípios do processo civil na Constituição federal*. 9. ed. São Paulo: Revista dos Tribunais, 2009.

PARENTE, Eduardo de Albuquerque. A ação civil pública, as associações e a (ir)responsabilidade processual. In: CARVALHO, Fabiano; BARIONI, Rodrigo (coords.). *Aspectos processuais do código de defesa do consumidor*. São Paulo: Revista dos Tribunais, 2008. v. 1.

THEODORO JUNIOR, Humberto. As reformas do direito processual civil e o princípio constitucional da segurança jurídica. In: MARTINS, Yves Granda da Silva; JOBIM, Eduardo (coords.). *O processo na Constituição*. São Paulo: Quartier Latin, 2008.

WAMBIER, Luiz Rodrigues; VASCONCELOS, Rita de Cássia Corrêa de. Sobre a repercussão geral e os recursos especiais repetitivos, e os seus reflexos nos processos coletivos. In: *Revista dos Tribunais*, São Paulo, v. 882, abr. 2009.

A Efetividade Constitucional da Coisa Julgada no Âmbito do Código de Defesa do Consumidor

Alan da Silva Oliveira[*]

Introdução

Aborda o presente trabalho a força normativa da coisa julgada como pressuposto garantidor da efetivação da tutela jurisdicional pleiteada, notadamente, em caráter difuso ou coletivo dentro do Estatuto Consumerista.

A efetivação vem a alicerçar os efeitos da coisa julgada que concretizam a materialidade e a processualidade como direito constitucional de ação do bem de vida, postulado na demanda.

Desse modo, procuramos observar que a coisa julgada no âmbito do Código de Defesa do Consumidor deve ser tratada doutrinária e jurisprudencialmente de forma ainda mais convicta de que se está à frente da proteção social na estrutura do Estado Democrático de Direito, estruturada na dignidade da pessoa humana.

Trataremos a efetividade como mecanismo abancado no inciso XXXV do art. 5º da Constituição da República, como processo gerenciador da inafastabilidade do controle jurisdicional e, nos arts. 103 e 104, ambos do Código de Defesa do Consumidor. A finalidade da efetividade é concretizar o direito reconhecido por um provimento jurisdicional declaratório, constitutivo ou executivo.

Outrossim, nessa mesma seara, o direito de ação será motivador da postulação jurisdicional adequada nas formas difusa ou coletiva e nas individuais homogêneas.

Passaremos, mas sem delongas, pelo instituto da ação rescisória como força material desconstitutiva e processual opinativas para controle das relações coletivas *lato sensu*.

---

[*] Bacharel em Ciências Jurídicas e Sociais pelas Faculdades Integradas de Itapetininga (FKB-FII), atuante em Direito Político e Direito Público. Autor do blog http://direitoadministrativo-eleitoral.blogspot.com/. Colaborador da Revista Jurídica ProLegis (www.prolegis.com.br). Sócio do Machado e Oliveira Advogados Associados. Advogado. E-mail: alan.adv1@adv.oabsp.org.br.

Por fim, chegaremos a coisa julgada no Código de Defesa do Consumidor. O entendimento aqui esposado depende de exegese lógica-sistemática, de cunho extensivo *minus scripsit quam voluit*.

1. EFETIVIDADE

Segundo Aurélio Buarque de Holanda, "efetivo é a qualidade daquilo que produz um efeito real; positivo e permanente; fixo"[1]. Por sua vez, Sérgio Sérvulo da Cunha leciona que, "efetividade é característica do que é efetivo, e efetivo é aquilo que se realiza no mundo fático"[2]. Considerando-se isso, impele destacar e relembrar que a ideia de homem, significa a necessidade de um assento social, que se imiscui numa comunidade, ou seja, no controle necessário de disposições fáticas, que se dá através da tutela jurisdicional adequada ao caso concreto.

Desta feita, a liberdade de ação é confrontada sempre com a liberdade de reação, que se constitui garantia constitucional, positivada no inciso XXXV do art. 5º da Constituição da República. Com isso se observa a impossibilidade dessa mesma liberdade ser onímoda, pois mesmo no corpo social há mecanismos integrados na espécie (*sic*) de *check's and balances* a impossibilitar ações e reações danosas à segurança jurídica desse mesmo corpo social.

A eficácia de uma norma, por sua vez, consiste na aplicação real e concreta dessa mesma norma no ordenamento jurídico que fora sua gênese, dando-se como escopo necessário para efetiva correspondência entre a *mens legis* e o querer coletivo.

Outrossim, é necessário, para vigência dessa norma, que ela seja carreada por um mínimo de eficácia que, na lição de Hans Kelsen, é sua condição[3]. Caso ela não tenha a produção concreta de efeitos abalizados pelo ordenamento jurídico e pelos fins sociais a que se destinam, não haverá eficácia normativa. E, a passos largos com essa definição de eficácia encontra-se o Código de Defesa do Consumidor, que, positivado pela Lei n. 8.078, de 1990, veio a criar condições de defesa coletiva de forma ainda mais ampla que a estampada pela Lei da Ação Civil Pública, que fora positivada em 24 de julho de 1985, pela Lei n. 7.347.

O art. 81 do Código de Defesa do Consumidor definiu, expressamente, as categorias difusos, coletivos e individuais homogêneos. Desta forma, tornou-se mais célere e mais forte a defesa da sociedade como organismo unificado — a defesa coletiva que veio a amparar o organismo social de modo mais simples e de eficácia superior ao litisconsórcio do Código de Processo Civil, dando-lhe ensejo de aplicação e realização de valores justos, pois a materialização substancial de um direito só é possível através de modificações angulares no plano fático, conseguido, unicamente,

---

(1) FERREIRA, Aurélio Buarque de Holanda. *Mini Aurélio*: o minidicionário da língua portuguesa, século XXI. 5. ed. rev. amp. Rio de Janeiro: Nova Fronteira, 2001. p. 272.
(2) CUNHA, Sérgio Sérvulo da. *Dicionário compacto do direito*. 3. ed. rev. e amp. São Paulo: Saraiva, 2003. p. 107.
(3) KELSEN, Hans. *Teoria pura do direito*. São Paulo: Revista dos Tribunais, 2003. p. 100.

por meio da imposição de uma tutela jurisdicional reta, em conformidade com os fins sociais e científicos da norma dentro da mesma sociedade que a criou e a legitimou.

Segundo Maria Helena Diniz, *apud* Tércio Sampaio Ferraz Jr., "a eficácia seria a relação entre a ocorrência (concreta) dos fatos estabelecidos pela norma que condicionam a produção do efeito e a possibilidade de produzi-lo"[4]. A condição estabelecida pela norma é o texto literal e sua atributividade dentro do ordenamento jurídico e social onde reina. Quanto à possibilidade de produção desses efeitos, trata-se da constitucionalidade material e formal dessa mesma norma, acolhida pelos princípios e fundamentos do Estado Democrático de Direito e, não menos importante, a possibilidade de se exigir o cumprimento coletivo dessa mesma norma, na forma peticionada e deferida na tutela jurisdicional adequada.

Dentro desse mesmo plano, surge a noção de Justiça que, na lição de Edgard Bodenheimer:

> [...] ela se relaciona com a aptidão da ordem estabelecida por um grupo ou de um sistema social para a consecução dos seus objetivos primaciais. O fim da justiça é coordenar as atividades e os esforços diversificados dos membros da comunidade e distribuir direitos, poderes e deveres entre eles, de modo a satisfazer as razoáveis necessidades e aspirações dos indivíduos e, ao mesmo tempo, promover o máximo de esforço produtivo e coesão social[5].

De todos os princípios jurídicos e de todas as máximas jurídicas, nos deparamos com o alicerce da Jurisprudência (entendida aqui como Ciência do Direito) que se mostra em: *ubi societas ibi jus*. Nessa proposição jurídica, exercedora e integradora entre a noção de justo, na concepção jurídica do termo, e a noção política de equidade humana, observamos a correspondência lógica para pacificação social. Observa-se, dentro da visão diretiva da Norma Jurídica que, se não houver um fim pacificador, a agir assim antes mesmo da existência dos conflitos de interesse, numa canalização preventa, não haverá essa aptidão ordenadora citada e ovacionada acima.

Observe-se a inexorável doutrina de Antônio Carlos de Araújo Cintra, Ada Pellegrini Grinover e Cândido Rangel Dinamarco:

> Acesso à justiça não se identifica, pois, com a mera admissão ao processo, ou possibilidade de ingresso em juízo. Como se verá no texto, para que haja o efetivo acesso à justiça é indispensável que o maior número possível de pessoas seja admitido a demandar e a defender-se adequadamente (inclusive em processo criminal), sendo também condenáveis as restrições quanto

---

(4) DINIZ, Maria Helena *apud* FERRAZ JR., Tércio Sampaio. *Compêndio de introdução à ciência do direito*. 17. ed. São Paulo: Saraiva, 2005. p. 400.
(5) BONDENHEIMER, Edgard. *Ciência do direito* — filosofia e metodologia jurídicas. Rio de Janeiro: Forense, 1962. p. 142.

a determinadas causas (pequeno valor, interesses difusos); mas, para a integralidade do acesso à justiça, é preciso isso e muito mais[6].

Sendo a finalidade do processo dirimir conflitos de interesses qualificados, também, por sua resistência, é de se destacar que aquele alcançará sua efetividade quando estiver pleno de sua missão de concretizar a Justiça Distributiva, como equitativa participação no bem comum.

Assim nos ensina Barbosa Moreira, para que um processo tenha efetividade:

> a) o processo deve dispor de instrumentos de tutela adequados, na medida do possível, a todos os direitos [...] contemplados no ordenamento, quer resultem de expressa previsão normativa, que se possam inferir do sistema; b) esses instrumentos devem ser praticamente utilizáveis, ao menos em princípio, sejam quais forem os supostos titulares dos direitos [...] de cuja preservação ou reintegração se cogita [...]; c) impende assegurar condições propícias à exata e completa reconstituição dos fatos relevantes, a fim de que o convencimento do julgador corresponda, tanto quanto puder, à realidade; d) o resultado do processo há que ser tal que assegure à parte vitoriosa o gozo pleno da específica utilidade a que se faz jus segundo o ordenamento; e) cumpre que se possa atingir semelhante resultado com o mínimo de dispêndio de tempo e energias.[7]

Dentro deste canal de efetividade, observamos a finalidade objetiva do processo cujo desiderato vem se mostrar na realização plena do direito material e, sua finalidade subjetiva, por conseguinte, vem a ser a Garantia Constitucional da celeridade processual, preconizada pelo inciso LXXVIII e § 1º, ambos do art. 5º da Constituição da República.

Bem assim, há de se destacar o canal de efetividade em suas duas vertentes, obedecendo-se o *due process of law*, que se abaliza no princípio da inafastabilidade do controle jurisdicional, com diálogo jurisdicional de legitimação ordinária ou extraordinária, com a eficácia jurisdicional pretendida, ou seja, com a utilidade da referida decisão judicial pronunciada naquele processo.

Segundo Blaise Pascal:

> A justiça é sujeita a discussão, a força é reconhecida sem discussão. Assim não se pode dar força à justiça, porque a força contradisse a justiça e afirmou que ela era injusta e disse que ela é que era justa. E, assim, não podendo fazer com que o que é justo fosse forte, acabou fazendo com que o que é forte fosse justo[8].

---

(6) CINTRA, Antônio Carlos de Araújo; GRINOVER, Ada Pellegrini; DINAMARCO, Cândido Rangel. *Teoria geral do processo*. 11. ed. São Paulo: Malheiros, 1995. p. 33.
(7) MOREIRA, José Carlos Barbosa. *Notas sobre o problema da efetividade do processo*. Estudos de direito processual civil em homenagem a José Frederico Marques no seu 70º aniversário. São Paulo: Saraiva, 1982. p. 203-204.
(8) PASCAL, Blaise. *Pensamentos*. São Paulo: Martin Claret, 2005. p. 299.

2. Coisa julgada

Em nossa ordenação civilística, a coisa julgada está disposta nos arts. 467 a 474, todos do Código de Processo Civil, no inciso XXXVI do art. 5º da Constituição da República, art. 301, § 1º do Código de Processo Civil e art. 6º, § 3º da Lei de Introdução ao Código Civil.

Numa adjetivação genérica, a Lei de Introdução ao Código Civil define a coisa julgada (ou caso julgado) como a decisão judicial de que já não caiba mais recurso. A Constituição da República determina a intangibilidade da coisa julgada. O art. 301, § 1º, que se verifica a ocorrência da coisa julgada quando se reproduz ação anteriormente ajuizada.

Observe-se que o art. 467 do Código de Processo Civil denomina como coisa julgada material a EFICÁCIA da imutabilidade da sentença (destacamos). E sua demasiada força se observa no art. 468, onde se preconiza a força normativa dessa mesma coisa julgada nos limites da lide (mérito da causa) ali dirimida. Mas a intangibilidade constitucional da coisa julgada recebe uma exceção, qual seja, a ação rescisória, nas exatas disposições do art. 485 do Código de Processo Civil, o qual faz *numerus clausus*. Seguindo esse mesmo caminho, observamos que à luz do art. 495 do Código de Processo Civil, a coisa julgada pode ser atacada no prazo de dois anos, contados do trânsito em julgado da decisão porventura questionada (*rebus sic stantibus*). Tal se coaduna na coisa julgada formal, ou preclusão máxima, assim exarada no ensinamento de Rogério Lauria Tucci: "[...] verifica-se que a sentença definitiva, proferida com observância das formalidades legais, e integrada no processo pela sua publicação, torna-se imutável, dada a preclusão dos prazos recursais"[9].

Logo se observa sua força material ou substancial, que se aperfeiçoa no art. 467 do Código de Processo Civil, determinando-se a impossibilidade de discussão ou mutação da coisa julgada, mesmo através de recurso especial e/ou recurso extraordinário, arremessando-se seus efeitos fora do mesmo processo que fora sua gênesis ou, no ensinamento de Vicente Greco Filho, perfazendo-se o "efeito negativo da coisa julgada material, que consiste na proibição de qualquer outro juiz vir a decidir a mesma ação"[10].

A preocupação que nos acata em relação à efetividade constitucional da coisa julgada consiste nessa asserção de fatos e fatores axiológicos de valoração intrínseca e extrínseca dos pressupostos lógicos em que ela se sustenta.

Isso se põe na seguinte posição:

    a) premissa menor: relação jurídica *inter partes* e, no caso do presente estudo, *ultra partes* e *erga omnes*;

---

(9) TUCCI, Rogério Lauria. *Curso de direito processual:* processo de conhecimento II. São Paulo: José Bushatsky, 1976. p. 77.
(10) GRECO FILHO, Vicente. *Direito processual civil brasileiro.* São Paulo: Saraiva. 2002. v. 2, p. 247.

b) premissa maior: decisão jurisdicional que ataca o conflito de interesses, dirimindo a lide e pondo uma definição de deferimento ou indeferimento em seu mérito;

c) conclusão: a eficácia constitucional desse mesmo *decisium* ocasionador de aperfeiçoamento político, social, dogmático e Jurisprudencial da força normativa de coação, coerção, atributividade e autorizamento da Norma Jurídica de essência vinculativa difusa, coletiva ou individual homogênea.

Outrossim, impinge destacar a vinculação do Poder Judiciário ao princípio constitucional e processual da congruência ou adstrição, estabilizado normativamente nos arts. 128 e 460 do Código de Processo Civil. Tal se adquire com esmero, também, como própria fonte do devido processo legal e da estabilização das relações jurídicas advindas de relações factuais e ontológicas de natureza indivisível ligadas por circunstâncias de fato, grupo ou classe interligados por relação jurídica de mesma base, e aqueles decorrentes de origem comum, como interpreta e define normativamente o art. 81, incisos I, II e III do Código de Defesa do Consumidor.

Com tal força, a *ratio legis* e, também, a *ratio decidendi* procuram sistematizar e proteger o interesse público primário de modo a forçar e reforçar sua predicação social de alcance constitucional de proteção à sociedade livre, justa e solidária.

Frise-se que, como já observado, a gênesis da defesa de interesses públicos primários dentro do ordenamento jurídico brasileiro começou a ser sistematizada pela Lei n. 7.347, de 24 de julho de 1985, alcançando seu ápice de positivação normativa com o advento da Lei n. 8.078, de 11 de setembro de 1990, sendo que nesta se definiu e se interpretou autenticamente as definições para os interesses metaindividuais.

A abertura dessas relações constitutivas geradoras da defesa social dos indivíduos, sistematizada de modo pluralístico na defesa de interesses públicos primários, se deparou com a necessidade de se solidificar o instituto da legitimação para propositura de ações, interposição de recursos e impetração de remédios constitucionais que garantam a efetividade desses mesmos direitos. Destarte, cabível se faz a possibilidade de existência de legitimação ordinária autônoma, onde o autor da pretensão jurisdi-cional defende interesses de terceiros e também o seu próprio.

Numa rápida explanação, tomando como escopo exemplificativo a Ação Civil Pública, seguiremos a atuação do Ministério Público para categorizar esse estudo. Em linhas gerais, assim age o *parquet*: por mandamento consagrado na Constituição da República (arts. 127 a 130), o Ministério Público age como *custus legis* ou *dominus litis*, assim intervindo como parte, substituto processual, interveniente devido à natureza ou qualidade da lide, interveniente devido à qualidade da parte ali admitida. Igualmente, mesmo como parte, deve agir fiscalizando a atuação jurisdicional e a aplicação legal ao caso em que esteja vinculado. Em eventual violação de normas que venham a causar danos ao interesse público primário, o *parquet* tem o dever de agir, para conhecimento do Estado de que houve violação normativa em determinada categoria, buscando, com isso, um acatamento condenatório, constitutivo, declaratório ou mandamental. Casos há, ainda, que é de sua imposição intervir na ação como titular ativo, quando seu antecedente desistir infundadamente ou abandonar a ação. Assim, na análise do caso, verá a necessidade de se enquadrar como indisponibilidade absoluta ou relativa do interesse que busca uma resposta estatal. Sua atuação civil obedece ao art. 82 do Código de Processo Civil, consubstanciado pelo art. 6º do mesmo *Codex* para defesas coletivas, como o Código de Defesa do Consumidor.

Nesse patamar, seguindo-se a definição legal de consumidor, positivada no art. 2º do Código de Defesa do Consumidor, onde se reza o consumidor como "toda pessoa física ou jurídica que adquire ou utiliza produto ou serviço como destinatário final", tal é a nomenclatura dada ao consumidor *standart*. Outrora, no parágrafo único deste mesmo artigo se sedimenta a definição para consumidor por equiparação, onde se lê: "equipara-se a consumidor a coletividade de pessoas, ainda que indetermináveis, que haja intervindo nas relações de consumo".

Através dessa mesma sensibilidade substantiva nas definições consumeristas, é imperioso não olvidar que, dentre os princípios acionados em todo ordenamento jurídico de proteção jurídica e segurança jurídica, política e social, enumera o Código de Defesa do Consumidor os seguintes em relação estrita a sua tutela clássica: proteção à saúde, vida e segurança; educação e divulgação sobre consumo adequado; informação adequada, correta, clara, precisa, ostensiva e em língua portuguesa; proteção contra publicidade enganosa e abusiva; modificações contra cláusulas desproporcionais e/ou abusivas; prevenção de riscos e reparação de danos; acesso a órgãos administrativos e ao Poder Judiciário; facilitação da defesa de direitos; adequada e eficaz prestação de serviços públicos.

Tais princípios se completam com a citada garantia de defesa social, para garantir a inexistência de inaptidão tanto em relação aos pedidos em juízo, como na própria manifestação ou ajuizamento de ações, interposição de recursos ou impetração de remédios constitucionais para defesa difusa, coletiva ou individual homogênea, como já salientado.

Inobstante, o *Codex* em comento facilita completamente a defesa dos direitos consumeristas, com a inversão do ônus da prova, havendo-se a verossimilhança das alegações e a hipossuficiência do lesado, consoante se depreende do art. 6º, inciso VIII.

Conforme essa mesma garantia ampliativa de proteção jurisdicional e de acesso à tutela jurisdicional, determina o seguinte, com insuperável precisão, o art. 83 do Código de Defesa do Consumidor: "para a defesa dos direitos e interesses protegidos por este Código são admissíveis *todas as espécies de ações* capazes de propiciar sua adequada e efetiva tutela" (destacamos).

Nessa mesma seara jurídica, observamos que, embora o direito de ação, possuia natureza jurídica de norma cogente, de caráter subjetivo e abstrato, a sua aplicabilidade e efeitos reservam-se a efeitos concretos e objetivos, nos limites da coisa julgada material e formal, como garantidores da proposição jurídica de efetividade constitucional da coisa julgada.

As regras fundantes do direito, muitas vezes advindas através de efeito guinú, que se concebera desde o Direito Romano, não podem, sob qualquer hipótese ou pretexto, sofrer carga de letargia jurisdicional, pois o direito processual é ramo autônomo de função precípua para concretizar a regra de tutela jurisdicional.

E mesmo nos casos admitidos para julgamento *prima facie in status assertionis*, positivado no art. 285-A do Código de Processo Civil, que s.m.j., formador da sétima ordem de taxatividade para indeferimento da petição inicial, onde se concebe, ainda, como coisa julgada *sui generis*, que se objetiva sem mesmo haver instrução processual, ou averiguação das alegações das partes, através do ataque (petição inicial) ou defesa (contestação — reconvenção). Assim, tudo aquilo que demandar provas deixará de ser mera condição da ação, e passará a ser *meritum causae*.

3. Coisa julgada no Código de Defesa do Consumidor

Ab initio, atentemos para a salutar doutrina de Misael Montenegro Filho:

> [...] a regra geral aplicada à coisa julgada é a de que atinja apenas as partes do processo, não podendo beneficiar ou prejudicar terceiros que não tenham tomado assento na relação processual. Esta regra deflui da certeza de que terceiros (porque terceiros) não tiveram a oportunidade de apresentar qualquer manifestação nos autos, não sendo assim justo que fossem "tocados" por uma sentença dada em processo estranho a eles[11].

Entretanto, essa regra sofre honorável mitigação pelos arts. 103 e 104 do Código de Defesa do Consumidor e, de modo sistematizado, pelo art. 16 da Lei n. 7.347/85. Vejamos a letra da lei do art. 103 do Código de Defesa do Consumidor, com nossos destaques:

Art. 103. Nas **ações coletivas** de que trata este Código, a sentença fará coisa julgada:

I — *erga omnes*, exceto se o pedido for julgado improcedente por insuficiência de provas, hipótese em que qualquer legitimado poderá intentar outra ação, com idêntico fundamento, **valendo-se de nova prova**, na hipótese do inciso I do parágrafo único do art. 81;

II — *ultra partes*, mas limitadamente ao grupo, categoria ou classe, alvo improcedência por insuficiência de provas, nos termos do inciso anterior, quando se tratar da hipótese prevista no inciso II do parágrafo único do art. 81;

III — *erga omnes*, apenas no caso de procedência do pedido, para beneficiar todas as vítimas e seus sucessores, na hipótese do inciso III do parágrafo único do art. 81.

§ 1º Os efeitos da coisa julgada previstos nos incisos I e II não prejudicarão interesses e direitos individuais dos integrantes da coletividade, do grupo, categoria ou classe.

---

(11) MONTENEGRO FILHO, Misael. *Curso de direito processual civil* — teoria geral do processo e processo de conhecimento. São Paulo: Atlas, 2005. p. 599.

§ 2º Na hipótese prevista no inciso III, em caso de improcedência do pedido, os interessados que não tiverem intervindo no processo como litisconsortes poderão propor ação de indenização a título individual.

§ 3º Os efeitos da coisa julgada de que cuida o art. 16, combinado com o art. 13 da Lei n. 7.347, de 24 de julho de 1985, não prejudicarão as ações de indenização por danos pessoalmente sofridos, propostas individualmente ou na forma prevista neste Código, mas, se procedente o pedido, beneficiarão as vítimas e seus sucessores, que poderão proceder à liquidação e à execução, nos termos dos arts. 96 a 99.

Sistematiza-se a regra de controle jurisdicional de acesso à justiça de ação difusa, de titularidade ativa para legitimação de caráter indeterminado objetivamente. Avançou-se nesse ponto, por conta da celeridade no trato litisconsorcial ativo, obtendo-se, também, economia no lapso temporal e financeira, inclusive. Outrossim, trata-se de nova prova, porque já existente e desconhecida dos legitimados ativos, não de prova nova, porque esta criou-se após o ajuizamento daquela ação anterior-mente indeferida, o que, a nosso ver, trata-se de proposição jurídica teratológica que fere princípios basilares como do *due process of law*. Outrora, o inciso II possui a mesma lógica do inciso anterior, já reproduzida, onde a procedência do pedido bene-ficia, apenas, os integrantes do grupo, mas a improcedência não os toma o direito de novo pleito, desde que fundado em nova prova. Por sua vez, o inciso III, a efetivi-dade da coisa julgada, dar-se-á em caso de procedência do pedido para prestação jurisdicional a direitos individuais homogêneos.

Entretanto, observe-se o art. 16 da Lei n. 7.347/85:

Art. 16. A sentença civil fará coisa julgada *erga omnes* nos limites da competência territorial do órgão prolator, exceto se o pedido for julgado improcedente por insuficiência de prova, hipótese em que qualquer legitimado poderá intentar outra ação, com idêntico fundamento, valendo-se de nova prova.

Como se observa, a exatidão dos efeitos da coisa julgada não é obtusa, mas clara e nítida de eficácia processual no espaço jurisdicional da prolação da decisão, ou seja, da competência territorial daquele juízo.

Observe-se a seguinte decisão:

PROCESSUAL CIVIL. EXECUÇÃO DE SENTENÇA PROFERIDA EM AÇÃO CIVIL PÚBLICA. EFICÁCIA SUBJETIVA. 1. *Omissis*; 2. Independentemente de existir ou não na Lei da Ação Civil Pública, à época da sentença, dispositivo limitando a eficácia das decisões à competência territorial do órgão prolator, tem-se que, na hipótese dos autos, o comando sentencial restringiu sua eficácia subjetiva aos contribuintes domici-liados no Estado do Paraná, sendo inviável, sob pena de ofensa ao princípio da coisa julgada, a sua extensão a contribuintes domiciliados em Santa Catarina, como é o caso dos autos. 3. Recurso especial improvido. (REsp 586991 — SC, 1ª Turma do STJ, rel. Min. Teori Albino Zavascki, j. 3.2.2004, DJ 25.4.2004, p. 123).

Ad argumentandum tantum, essa restrição à aplicabilidade das decisões e para efetividade da coisa julgada acaba-se por princípios garantidores da segurança jurídica.

Pois, em casos de ações difusas de mesma incidência no mérito, mas de competência territorial equívoca e de manifestação jurisdicional disforme, quando se buscar resposta em Tribunais Superiores, uma delas será completamente reformada, o que enxertará, no Poder Judiciário, ações rescisórias, ou mesmo *querela nullitatis insanabilis*, causando tumulto social e insegurança jurídica, nada mais sendo que não uma tutela serôdia. Mas é deveras importante frisar que à luz do art. 2º da Lei n. 7.347, de 24 de julho de 1985, a competência para julgamento de ações civis públicas é absoluta. O local do dano é ponto norteador justificado pelo caráter urgente e imediato e pela maior facilidade de sua comprovação e recomposição e, inclusive, para assinatura de termos de ajustamento de condutas. Houve, sim, uma alteração dada pela Lei n. 9.494/97 que perturbou a paz jurídica ao modificar a redação do art. 16 da Lei n. 7.347/85, tratando equivocadamente de competência territorial.

Por sua vez, dispõe o art. 104 do Código de Defesa do Consumidor:

> Art. 104. As ações coletivas, previstas nos incisos I e II do parágrafo único do artigo 81, não induzem litispendência para as ações individuais, mas os efeitos da coisa julgada *erga omnes* ou *ultra partes* a que aludem os incisos II e III do artigo não beneficiarão os autores das ações individuais, se não for requerida sua suspensão no prazo de trinta dias, a contar da ciência nos autos do ajuizamento da ação coletiva.

Por força do art. 301 do Código de Processo Civil, haverá litispendência quando as ações possuírem as mesmas partes, a mesma causa de pedir e o mesmo pedido. Poderá também incidir litispendência se a ação individual homogênea versar sobre a mesma matéria da ação coletiva, com as mesmas partes, causa de pedir e pedido. Mas não podemos olvidar que a remissão colocada, apenas aos incisos II e III, é incompleta, posto omitir-se o inciso I, todos do art. 103, pois possuidores da mesma objetividade jurídica. Entretanto, embora a remissão seja incompleta, a aplicabilidade e a efetividade não o é, pois cabe sim a exegese subsumida ao caso, inserindo-se e incluindo-se naquela remissão o inciso I. Como se sabe, o ordenamento jurídico não é falho, tampouco omisso. A finalidade social a que se refere a norma cogente do art. 5º da Lei de Introdução ao Código Civil aqui, também, se subsumi conscientemente, sem macular a aplicação normativa correta.

Examine-se, a contendo, o art. 94 do Código de Defesa do Consumidor. Dispõe ele que:

> Art. 94. Proposta a ação, será publicado edital no órgão oficial, a fim de que os *interessados possam intervir no processo como litisconsortes*, sem prejuízo de ampla divulgação pelos meios de comunicação social por parte dos órgãos de defesa do consumidor. (destacamos)

De forma ousada, é possível conceber-se a coisa julgada dentro do Código de Defesa do Consumidor com eficácia constitucional da monta de efeitos reflexos da coisa julgada, no seguinte qualificativo ensinado por Moacyr Amaral Santos:

> [...] a coisa julgada produz efeitos diretos entre as partes, por elas queridos e previstos, mas também efeitos indiretos ou reflexos em relação a

terceiros, não queridos nem previstos pelas partes, mas inevitáveis. De tal modo, a coisa julgada opera entre as partes, mas também, por efeitos reflexos, em relação a todos. Ou, conforme as palavras de Wach: "quando a coisa julgada entre as partes opera, enquanto tal, em relação a todos" [...] Mas afirmar que a sentença e, pois, a coisa julgada vale em relação a terceiros "não quer dizer que possa prejudicar terceiros". Apenas quer dizer que terceiros não podem desconhecê-la, não que por ela possam ser prejudicados. Outrossim, dizer que a coisa julgada não pode prejudicar terceiros apenas significa que estes não podem sofrer "prejuízo jurídico", bem podendo, entretanto, sofrer "prejuízo de fato". Por "prejuízo de fato" se entende aquele que não afeta o direito de terceiro. Assim, por exemplo, na ação de reivindicação entre A e B, julgada procedente, C, credor de B, sofre prejuízo de fato, porque a garantia de crédito de C estava na coisa que deixou de pertencer a B. Mas o direito declarado na sentença não atingiu o direito de crédito de B, que permanece intacto. Por isso mesmo a sentença entre A e B vale em relação a C, que, de resto, será obrigado a suportar o "prejuízo de fato" que a mesma lhe acarreta[12].

Pedagogicamente, podemos assim colocar a questão da coisa julgada dentro do Código de Defesa do Consumidor:

a) Direitos coletivos

a1) sentença procedente: EFICÁCIA *ERGA OMNES*;

a2) sentença de improcedente por falta de provas: NÃO HAVERÁ EFICÁCIA *ERGA OMNES*;

a3) sentença de improcedente motivada por outros fatos: HAVERÁ EFICÁCIA *ERGA OMNES*;

b) direitos coletivos:

b1) sentença procedente: EFICÁCIA *ULTRA PARTES* LIMITADA AO GRUPO, CLASSE OU CATEGORIA DE PESSOAS;

b2) sentença improcedente por falta de provas: INEXISTE EFICÁCIA *ULTRA PARTES*;

b3) sentença improcedente por outros fatos: INEXISTE EFICÁCIA *ULTRA PARTES*;

c) direitos individuais homogêneos:

c1) sentença procedente: EFICÁCIA *ERGA OMNES* DETERMINADA PARA BENEFICIAR VÍTIMAS E SUCESSORES;

c2) sentença improcedente: INEXISTE EFICÁCIA *ERGA OMNES*.

---

(12) SANTOS, Moacyr Amaral. *Primeiras linhas de direito processual civil*. 4. ed. São Paulo: Saraiva, 1981. v. 3. p. 67-68.

Conclusão

A sentença procedente beneficia sempre a todos os lesados dentro das respectivas classificações dadas pelos incisos do art. 81 do Código de Defesa do Consumidor. Por sua vez, as sentenças improcedentes por falta de provas não prejudicam os lesados, mas sendo esse julgamento concluído pela improcedência por outras circunstâncias fáticas ou jurídicas, prejudicarão os lesados, com exceção dos termos do art. 94 do *Codex* Consumerista.

Deste modo, a coisa julgada no âmbito do Código de Defesa do Consumidor obedece a critérios nítidos de defesa de interesses públicos primários, garantindo sua efetividade normativa, jurisprudencial, política e social, com a tutela jurisdicional adequada ao seu tempo, modo, causa, forma e pessoas, bem como permitindo, através dos amplos princípios garantidores da aplicabilidade da tutela jurisdicional, que esta não seja serôdia, maculada, disforme, *citra petita*, *ultra petita* ou *ultra vires*.

Referências bibliográficas

BONDENHEIMER, Edgard. *Ciência do direito* — filosofia e metodologia jurídicas. Rio de Janeiro: Forense, 1962.

CINTRA, Antônio Carlos de Araújo; GRINOVER, Ada Pellegrini; DINAMARCO, Cândido Rangel. *Teoria geral do processo*. 11. ed. São Paulo: Malheiros, 1995.

CUNHA, Sérgio Sérvulo da. *Dicionário compacto do direito*. 3. ed. rev. e amp. São Paulo: Saraiva, 2003.

DINIZ, Maria Helena apud FERRAZ JR., Tércio Sampaio. *Compêndio de introdução à ciência do direito*. 17. ed. São Paulo: Saraiva, 2005.

FERREIRA, Aurélio Buarque de Holanda. *Mini Aurélio*: o minidicionário da língua portuguesa, século XXI. 5. ed. rev. amp. Rio de Janeiro: Nova Fronteira, 2001.

GRECO FILHO, Vicente. *Direito processual civil brasileiro*. São Paulo: Saraiva. 2002. v. 2.

KELSEN, Hans. *Teoria pura do direito*. São Paulo: Revista dos Tribunais, 2003.

MONTENEGRO FILHO, Misael. *Curso de direito processual civil* — teoria geral do processo e processo de conhecimento. São Paulo: Atlas, 2005.

MOREIRA, José Carlos Barbosa. *Notas sobre o problema da efetividade do processo*. Estudos de direito processual civil em homenagem a José Frederico Marques no seu 70º aniversário. São Paulo: Saraiva, 1982.

PASCAL, Blaise. *Pensamentos*. São Paulo: Martin Claret, 2005.

SANTOS, Moacyr Amaral. *Primeiras linhas de direito processual civil*. 4. ed. São Paulo: Saraiva, 1981. v. 3.

TUCCI, Rogério Lauria. *Curso de direito processual:* processo de conhecimento II. São Paulo: José Bushatsky, 1976.

A EVOLUÇÃO DA TUTELA COLETIVA E O CDC:
～ Novos Desafios após Duas Décadas ～

Luíz Guilherme Dellore[*]

INTRODUÇÃO

É indubitável que o advento do Código de Defesa do Consumidor (CDC) acarretou uma verdadeira revolução no tocante à tutela coletiva no Brasil. Tanto é assim que há autores que apontam ser o CDC não só uma legislação ordinária, mas um verdadeiro "Código de Processo Civil Coletivo"[1] pátrio.

Contudo, após duas décadas, a experiência mostra que existe uma série de (novas?) situações não devidamente reguladas e que clamam por novas soluções.

Para comprovar a assertiva, basta apontar que hoje se discute a criação de uma nova lei da ação civil pública ou de um efetivo Código de Processo Coletivo[2]. E, da mesma forma, diversas decisões judiciais — até mesmo do STJ, guardião máximo da legislação infraconstitucional, como se sabe — já são proferidas em sentido diametralmente oposto ao que preceitua o CDC.

Assim, o objetivo deste breve trabalho é analisar o que representou o CDC para a tutela coletiva no Brasil e quais são os atuais desafios nesta seara, os quais clamam por soluções distintas das atualmente previstas na legislação.

(*) Mestre e doutorando em Direito Processual Civil pela USP. Mestre em Direito Constitucional pela PUC/SP. Professor de processo civil na Universidade Presbiteriana Mackenzie, em pós-graduações e em cursos preparatórios. Advogado da Caixa Econômica Federal em São Paulo. Membro do IBDP (Instituto Brasileiro de Direito Processual). Sítio eletrônico: <www.dellore.com>.
(1) É esta, por exemplo, a manifestação de Antonio Gidi: "Em outras palavras, não somente o microssistema da coisa julgada, mas toda a parte processual coletiva do CDC, fica sendo, a partir da entrada em vigor do Código, o ordenamento processual civil coletivo de caráter geral, devendo ser aplicado a todas as ações coletivas em defesa dos direitos difusos, coletivos e individuais homogêneos. Seria, por assim dizer, um Código de Processo Civil Coletivo" (*Coisa julgada e litispendência nas ações coletivas*. São Paulo: Saraiva, 1995. p. 77).
(2) O Instituto Brasileiro de Direito Processual — IBDP propôs a elaboração de um Código de Processo Coletivo. Encaminhado o projeto ao Ministério da Justiça, passou por alterações e foi enviado ao Congresso Nacional como uma nova lei da ação civil pública — ou seja, com a diminuição de seu espectro de abrangência. Trata-se do PL n. 5.139/09.

1. Evolução da tutela de direitos coletivos no Brasil

Com a evolução da sociedade nas últimas décadas (especialmente a partir da segunda metade do século passado), atingiu-se, como é notório, um elevado grau de complexidade nas relações entre pessoas-empresas-Estado. E especialmente, considerando a concentração da população em grandes centros, surgem inúmeras situações massificadas.

Diante dessa constatação, certo é que os conflitos também se proliferam e se tornam, igualmente, de massa[3]. À luz de tal quadro, indubitável que também o Poder Judiciário será instado a se manifestar acerca de tais lides[4].

É de se reconhecer que a questão dos conflitos massificados não se restringe ao aspecto processual, visto que os direitos transindividuais são considerados a terceira geração de direitos fundamentais[5], que se seguem aos direitos individuais (primeira geração) e aos direitos sociais e econômicos (segunda geração).

Por sua vez, com o fito de solucionar tais conflitos é que ganha relevo o estudo das ações coletivas, as quais surgem com a finalidade de obter uma resposta coletiva — e, preferencialmente, única — aos conflitos de massa.

Nessa perspectiva, parece-nos pertinente a definição de ação coletiva formulada por Antonio Gidi[6]:

> Ação coletiva é a ação proposta por um legitimado autônomo (legitimidade), em defesa de um direito coletivamente considerado (objeto), cuja imutabilidade do comando da sentença atingirá uma comunidade ou coletividade (coisa julgada).

Mas, como se deu o início da proteção de direitos coletivos[7] no Brasil?

O marco inicial costumeiramente mencionado pela doutrina é a ação popular[8], criada pela Lei n. 4.717/65[9]. Como é notório, tal medida judicial se presta

---

(3) A constatação é notória. Contudo, por todos, vale conferir a opinião de Kazuo Watanabe acerca do assunto, que inclusive advoga a "formação de uma nova mentalidade", para se lidar com o assunto (WATANABE, Kazuo et al. *Código brasileiro de defesa do consumidor comentado pelos autores do anteprojeto*. 7. ed. Rio de Janeiro: Forense Universitária, 2001. p. 72 e ss.).
(4) Liebman já anteviu o problema ao destacar que a transformação da sociedade no pós-guerra tornaria o processo civil clássico insuficiente para solucionar os novos problemas que surgiriam. O mestre italiano assim se manifestou ao estudar especificamente a coisa julgada, apontando a possível necessidade de se "alargar o âmbito de extensão da coisa julgada" (*Eficácia e autoridade da sentença e outros escritos sobre a coisa julgada*. 3. ed. Rio de Janeiro: Forense, 1984. p. XIII).
(5) Cf., por todos, COMPARATO, Fábio Konder. *A afirmação histórica dos direitos humanos*. 3. ed. São Paulo: Saraiva, 2003, introdução, especialmente p. 49 e ss.
(6) GIDI, Antonio. *Op. cit.*, p. 16.
(7) No momento, quando mencionamos direitos coletivos, referimo-nos a direitos coletivos *lato sensu*. Apenas mais adiante é que enfrentaremos a tripartição direitos difusos, direitos coletivos *stricto sensu* e direitos individuais homogêneos. Acerca da posição dominante quanto ao tema, cf. WATANABE, Kazuo. *Op. cit.*, p. 737 e ss.
(8) Cf., por todos, Antonio Gidi (*Op. cit.*, p. 86): "Não parece haver séria dúvida de que a ação popular é uma ação coletiva em defesa de um direito difuso".
(9) Apesar de apontarmos como marco para a ação popular a legislação de 1965, há autores que destacam a existência de outros instrumentos anteriores como espécies de ações populares (LEONEL, Ricardo de Barros. *Manual do processo coletivo*. São Paulo: Revista dos Tribunais, p. 53).

à anulação de atos lesivos ao patrimônio público[10], sendo que a legitimidade é de qualquer cidadão.

Contudo, a rigor, a ação popular não apresenta total similitude com as outras ações típicas para a tutela coletiva — o que adiante serão analisadas. Apesar de existirem pontos de convergência, o fato é que os objetivos das ações são distintos, até pelo momento histórico em que cada instrumento veio a lume.

Tanto é assim que, quando de seu surgimento, na década de 1960, a ação popular não tinha a abrangência que a ela hoje se dá. E tampouco se falava que a ação popular destinava-se à defesa dos direitos coletivos, até porque o desenvolvimento científico da época não apontava para tais rumos.

Somente em fins da década de 1970, a partir de célebre artigo de Barbosa Moreira — após estudos de obras italianas que tratavam dos direitos coletivos —, é que começou a se analisar a ação popular com seu viés de instrumento processual tendente à proteção dos direitos coletivos.

Referimo-nos aqui ao artigo "A ação popular do direito brasileiro como instrumento de tutela jurisdicional dos chamados interesses 'difusos'"[11], trabalho que, para muitos, é o nascedouro da defesa coletiva de direitos, em nosso país[12].

Diante disso, parte da doutrina entende que a ação popular, apesar de apresentar algumas características que a diferenciam, pode ser enquadrada como uma ação coletiva[13].

Por outro lado, há autores, como Botelho de Mesquita, mais refratários a tal tese, entendendo não ser possível essa efetiva aproximação entre ação popular e ações coletivas[14].

---

(10) Nos termos do art. 1º da Lei n. 4.717/65, a ação popular se presta a "pleitear a anulação ou a declaração de nulidade de atos lesivos ao patrimônio da União, do Distrito Federal, dos Estados, dos Municípios, de entidades autárquicas, de sociedades de economia mista [...], de empresas públicas, [...] e de quaisquer pessoas jurídicas ou entidades subvencionadas pelos cofres públicos".

(11) Obra publicada nos últimos anos da década de 1970 nos *Studi in onore*. LIEBMAN, Enrico Tullio. *Op. cit.*, p. 110.

(12) Neste sentido, vale conferir a manifestação de Aluísio Gonçalves de Castro Mendes: "Ao tempo da inovação promovida pela ação popular, em 1965, não havia a doutrina, entretanto, voltado categoricamente, até aquele momento, as suas atenções para o estudo dos interesses coletivos e de sua proteção. [...] foi Barbosa Moreira o primeiro a dar à ação popular constitucional esse enfoque". MOREIRA, José Carlos Barbosa. *Temas de direito processual*. 1. serie. 2. ed. São Paulo: Saraiva, 1988. p. 192.

(13) É, por exemplo, o entendimento de Rodolfo De Camargo Mancuso: "[...] a ação popular pode e deve continuar a servir como instrumento de tutela aos interesses difusos, embora essa ação apresente certas deficiências: [...] só abrangerá os conflitos metaindividuais quando estes envolvam, reflexa ou indiretamente, um ato ou omissão da autoridade, suscetível de ser guerreado por essa ação; ficariam, assim, excluídos de seu âmbito de incidência os conflitos puramente metaindividuais, envolvendo tão somente grupos ou categorias portadoras de interesses difusos e antagônicos". (*Interesses difusos:* conceito e legitimação para agir. 5. ed. São Paulo: Revista dos Tribunais, 2000. p. 244-245).

(14) Para isso, basta verificar o que afirma o autor, ao comparar a sistemática do CDC com a ação popular: "As situações, porém, não guardam entre si nenhuma analogia, porque o autor popular não é substituto processual dos demais cidadãos, sem embargo de respeitáveis posições em contrário. Na ação popular se contém dois pedidos: o de anulação do ato lesivo e o de condenação do responsável a indenizar os prejuízos causados à Fazenda ou outro ente público. Em relação ao primeiro, o autor age em nome próprio e por direito próprio: o seu direito de cidadão à gestão honesta da coisa pública. Em relação ao segundo pedido, age em nome próprio mas na defesa do direito da Fazenda Pública, eis que é dela o direito de ser indenizada e só para ela reverte a

De qualquer forma, sem enfrentar essa problemática — visto que escapa aos estreitos objetivos deste trabalho — parece-nos indubitável que, no Brasil, a ação popular inaugurou a tutela coletiva de direitos. Ainda que por via reflexa, já que este não era seu objetivo quando de sua criação.

Se existem dúvidas a respeito da utilização da ação popular como instrumento para efetivar os direitos coletivos, isso não ocorre com a ação civil pública. Desde sua concepção, esta ação já era pensada para a efetivação da tutela dos direitos coletivos.

E o debate acerca dessa ação remonta ao I Congresso Nacional de Direito Processual Civil, realizado em Porto Alegre no ano de 1983. Nesse encontro, discutiu-se um instrumento para a defesa dos interesses difusos, de modo a melhorar as limitações e dificuldades apresentadas pela ação popular. Naquele momento, apresentou-se um anteprojeto de lei que, posteriormente, foi encaminhado ao Congresso Nacional ("projeto Bierrenbach")[15].

No mesmo ano de 1983, durante o XI Seminário Jurídico dos Grupos de Estudos do Ministério Público de São Paulo, foi apresentado outro anteprojeto sobre o mesmo tema, com algumas alterações pontuais, mas muito semelhante ao anterior. Também este projeto foi encaminhado ao Legislativo — e este é que foi encampado pelo executivo e acabou sancionado, dando origem à Lei n. 7.347/85 (LACP), que trata da ação civil pública[16].

O objeto da ação civil pública é a defesa do meio ambiente, do consumidor e de bens de valor artístico, estético, histórico, turístico e paisagístico, bem como qualquer outro interesse difuso[17].

Assim, com a ação civil pública, a sociedade estaria dotada de um instrumento específico para lidar com os problemas de massa — diferentemente do que antes ocorria com a ação popular. E a proteção dos direitos coletivos posteriormente completou-se com o CDC[18] que, efetivamente, veio a formar um sistema de proteção coletiva, com a aplicação conjunta destes dois últimos diplomas.

1.1. O ADVENTO DO CDC

Do que já se escreveu acima, percebe-se que a tutela dos direitos coletivos encontra seu ápice — até o momento — com o advento da Lei n. 8.078/90, o Código de Defesa do Consumidor — CDC.

---

indenização; é aí substituto processual da Fazenda ou outro ente público, mas não dos demais cidadãos". (MESQUITA, José Ignacio Botelho de. Na ação do consumidor, pode ser inútil a defesa do fornecedor. *Revista do Advogado*, São Paulo, p. 81, n. 33, dez. 1990).
(15) Acerca da notícia histórica, cf. Luiz Paulo da Silva Araújo Filho (ARAÚJO FILHO, Luiz Paulo da Silva. *Ações coletivas*: a tutela jurisdicional dos direitos individuais homogêneos. Rio de Janeiro: Forense, 2000. p. 53).
(16) Luiz Paulo da Silva Araújo Filho (*Op. cit.*, p. 54).
(17) Art. 1º da Lei n. 7.347/85.
(18) Ricardo de Barros Leonel, ao proceder à evolução legislativa envolvendo os processos coletivos, destaca uma série de outros diplomas, além da ação popular, ação civil pública e CDC (*Manual do processo coletivo*, cit., p. 114 e ss.).

No tocante às origens, na própria Assembleia Constituinte de 1987 já se discutiu a necessidade de uma legislação própria para o consumidor. Assim, o Conselho Nacional de Defesa do Consumidor — CNDC — designou uma comissão (a qual trazia membros que atuaram na redação da Lei n. 7.347/85) para elaborar referida legislação. Assim, em 1990 vinha a lume a Lei n. 8.078/90[19].

É importante frisar, desde logo, que o CDC não se presta somente à defesa em juízo das relações de consumo, mas também para qualquer defesa coletiva, especialmente porque forma, com a ação civil pública, um sistema (cf. art. 21 da Lei n. 7.347/85, inserido pelo CDC).

O CDC também foi responsável por trazer os conceitos, na própria legislação, das diversas espécies de direitos coletivos, a saber: direitos difusos, coletivos (*stricto sensu*) e individuais homogêneos. É o que se depreende do art. 81 do diploma em comento.

Segundo Kazuo Watanabe[20], sinteticamente, a distinção seria a seguinte:

> (i) direitos difusos: caracterizam-se pela natureza transindividual e pela indivisibilidade do bem jurídico em litígio; os titulares são pessoas indetermináveis e indetermináveis; as pessoas são ligadas por circunstâncias de fato, sendo que a solução para um significa a solução para todos;

> (ii) direitos coletivos (*stricto sensu*): caracterizam-se pela natureza transindividual e pela indivisibilidade do bem jurídico em litígio; os titulares são em número determinável, o titular é um grupo, categoria ou classe de pessoas — ligadas entre si ou com a parte contrária por uma relação jurídica base, prévia à lesão; atendido o interesse de um dos titulares, será atendido o dos demais;

> (iii) direitos individuais homogêneos: caracterizam-se pela natureza individual; o dano decorre de origem comum; o titular é perfeitamente individualizado e determinado, sendo que o direito é divisível; a defesa coletiva é por conveniência.

Contudo, a definição não é isenta de crítica na doutrina. Considerando não ser este o foco deste trabalho, apenas apresentamos um contraponto. Botelho de Mesquita critica tal distinção, nos seguintes termos:[21]

> Essa estrutura comporta em direito duas espécies, a saber: (a) cada credor está ligado ao devedor por uma relação jurídica própria, havendo tantas relações quantos sejam os credores; e (b) todos os credores estão ligados ao devedor por uma só relação jurídica. [...]

---

(19) Para uma notícia histórica mais apurada, cf. ARAÚJO FILHO, Luiz Paulo da Silva. *Op. cit.*, p. 54-55 e GRINOVER, Ada Pellegrini *et al. Op. cit.*, p. 1-6.
(20) WATANABE, Kazuo *et al. Op. cit.*, p. 737 e ss. Optamos pela definição desse doutrinador exatamente por se tratar de um dos autores do anteprojeto do CDC.
(21) MESQUITA, José Ignacio Botelho de. A coisa julgada no código do consumidor. In: MESQUITA, José Ignacio Botelho de. *A coisa julgada*. Rio de Janeiro: Forense, 2004. p. 29-30.

Assim, de acordo com essa classificação, que é elementar, os direitos chamados "individuais homogêneos" pertencem à primeira daquelas duas espécies — pluralidade de credores e de relações; e os direitos chamados "difusos" e "coletivos" pertencem à segunda — pluralidade de credores vinculados ao devedor comum por uma única relação jurídica.

É bem verdade que o Código do Consumidor, ao definir os interesses ou direito coletivos, aludiu à hipótese de estarem os seus titulares ligados "entre si ou com a parte contrária por uma relação jurídica base". É de se notar, porém, que a alternativa proposta não existe. A alternativa para o caso de não haver uma relação única ligando o devedor a todos os credores é a de haver várias relações, cada qual com o seu objeto, o que exclui a indivisibilidade entre os credores. Cair-se-ia no primeiro tipo, ao qual pertencem os direitos chamados "individuais homogêneos"[22].

2. O IMPACTO DO CDC NO TEMA

A partir da breve evolução histórica acima exposta, já é possível perceber como o CDC marcou a tutela de direitos coletivos de forma indelével. Tanto pela positivação do conceito das diversas espécies de direitos coletivos, quanto pelo estímulo ao uso do processo coletivo e também pela criação de um sistema de tutela coletiva com a ação civil pública. E este último tópico, a nosso ver, é o de maior relevo — daí por que será ora desenvolvido.

Um ponto que merece destaque é a forma de processamento das demandas com base no CDC. A Lei n. 8.078/90 tratou de diversos aspectos materiais em sua parte inicial e de diversos aspectos procedimentais a partir do art. 81.

Contudo, não há no CDC qualquer nomenclatura em relação ao instrumento processual previsto para a tutela dos direitos coletivos.

Apenas afirma-se, no art. 81, que é possível a defesa coletiva ou individual e no art. 83 há regra apontando que "são admissíveis todas as espécies de ações" para a tutela dos direitos protegidos pelo Código. Não há, portanto, a previsão de um procedimento a ser seguido pelas ações coletivas previstas no CDC.

Diante desse quadro, parece-nos que, do ponto de vista coletivo, a forma de se acionar o Judiciário é pelo procedimento da ação civil pública[23], considerando a ausência de qualquer outro procedimento mais apto para a defesa de direitos coletivos.

---

(22) É comum, na doutrina e na jurisprudência, conflitos a respeito da classificação dos direitos, especialmente entre direitos coletivos e individuais homogêneos. O próprio Kazuo Watanabe afirma que "as distinções conceituais acima expostas não têm sido observadas na prática com a precisão desejável" (*Op. cit.*, p. 751). A base de toda essa divergência está na constatação ora realizada por Botelho de Mesquita.

(23) Fala-se, por vezes — como fizemos no título deste tópico —, em ação coletiva. Para nós, ação coletiva e ação civil pública são sinônimos. O procedimento a ser observado é o comum ordinário, com as especificidades da Lei n. 7.347/85 c/c Lei n. 8.078/90. E, se o procedimento é o mesmo, conforme lição antiga, é absolutamente irrelevante o nome que se dá à ação.

Esta conclusão, por sua vez, reforça o entendimento de que há, verdadeiramente, uma simbiose entre CDC e LACP.

Na verdade, é exatamente isso o que consta da legislação. O CDC, em seu art. 117, acarretou a inclusão do art. 21 à Lei n. 7.347/85[24]. E, também, o art. 110 inseriu um inciso IV ao art. 1º da Lei n. 7.347/85[25].

Com isso, (i) a ação civil pública passou a ser instrumento capaz de tutelar todo e qualquer direito difuso, coletivo ou individual (o que antes não ocorreria, considerando o rol taxativo do art. 1º com a redação anterior); (ii) com a remissão expressa do art. 21 da Lei n. 7.347/85 ao CDC, este último tornou-se o diploma regulamentador — em conjunto com a LACP, frise-se — não só de demandas envolvendo relações de consumo, mas qualquer interesse coletivo *lato sensu*[26].

Neste exato sentido, Nelson Nery Junior, um dos autores do CDC, ao comentar o art. 117 do CDC[27]:

> Todo o título III do CDC, portanto, pode ser utilizado nas ações de que trata a LACP, disciplinando o processo civil dos interesses difusos, coletivos ou individuais. A recíproca também é verdadeira. As disposições da LACP são integralmente aplicáveis às ações propostas com fundamento no CDC [...]

Portanto, a partir da década de 1990, a tramitação de todo e qualquer processo coletivo passa pela análise conjunta da LACP e do CDC[28]. E, por certo, este sistema permitiu um grande desenvolvimento do processo coletivo, acarretando um sensível aumento no número de demandas coletivas a partir de meados da última década do século passado.

Não obstante, o atual momento histórico aponta que o sistema criado pelo CDC não é bastante para resolver todas as situações verificadas no foro. É o que se analisa no tópico seguinte.

3. O PANORAMA ATUAL

Passadas duas décadas da vigência do CDC, a regulamentação criada pelo Código mostra-se insuficiente.

---

(24) Art. 117. Acrescente-se à Lei n. 7.347, de 24 de julho de 1985, o seguinte dispositivo, renumerando-se os seguintes: "Art. 21. Aplicam-se à defesa dos direitos e interesses difusos, coletivos e individuais, no que for cabível, os dispositivos do Título III da lei que instituiu o Código de Defesa do Consumidor".
(25) Art. 110. Acrescente-se o seguinte inciso IV ao art. 1º da Lei n. 7.347, de 24 de julho de 1985: "IV — a qualquer outro interesse difuso ou coletivo".
(26) Neste exato sentido, Ricardo de Barros Leonel (*Manual do processo coletivo*, cit., p. 137). Apenas ressalva o autor que se excluem do procedimento conjunto da Lei n. 7.347/85 e Lei n. 8.078/90 os direitos coletivos que encontram regulamentação específica, como é o caso da Lei n. 7.913/89, que tutela os investidores do mercado de valores mobiliários (*Op. cit.*, p. 124). A nosso ver, mesmo a existência de leis específicas não afastam a aplicação conjunta do CDC e da LACP — que, portanto, em conjunto com o CPC forma o que seria o "procedimento comum" do processo coletivo.
(27) NERY JUNIOR, Nelson. *Op. cit.*, p. 954.
(28) Rodolfo De Camargo Mancuso aponta que o CDC criou uma "sistemática do processo coletivo — arts. 81 a 104 —, cuja disciplina se traslada para o ambiente da ação civil pública (cf. art. 117 do CDC)" (*Jurisdição coletiva e coisa julgada*. 2. ed. São Paulo: Revista dos Tribunais, 2007. p. 56).

O elevado número de ações coletivas — ajuizadas tanto pelo MP como pelas mais diversas associações (muitas das quais sem a menor representatividade), a concomitância de inúmeras ações coletivas — muitas vezes ajuizadas pelos mesmos autores (MP dos diversos estados ou mesmo MPF em diversos estados) e a concomitância de ações coletivas com inúmeras ações individuais — abarrotando o Judiciário e com soluções muitas vezes inconciliáveis entre si acabaram por demonstrar que a regulação trazida pelo CDC necessita de aperfeiçoamentos.

E dentre diversas situações que causam perplexidade no cotidiano forense, ora destacamos, para uma breve análise, apenas duas:

(i) o trâmite concomitante entre diversos processos coletivos; e

(ii) o trâmite concomitante entre processos coletivos e individuais.

Ou seja, um problema não suficientemente solucionado é a litispendência, conexão e continência entre diversos processos coletivos e entre os processos coletivos e individuais.

Considerando a ausência de regulamentação (situação i) ou regulamentação que se mostra insuficiente ou inadequada, considerando o tamanho da questão (situação ii), este é um tema que o CDC não conseguiu resolver adequadamente. Portanto, é algo que merece reflexão passadas duas décadas do Código.

3.1. Necessidade de soluções para os desafios de hoje

Com a popularização, ao longo da década de 1990, do instrumento processual ação civil pública como meio de se tutelar os direitos coletivos, a primeira década do século XXI mostrou a outra faceta da medida judicial: seu uso desenfreado e, infelizmente, por vezes irresponsável. E isto é algo hoje permitido pelo sistema, considerando (i) a inexistência de custas e honorários[29] e (ii) a visibilidade e repercussão que o processo coletivo acaba por trazer.

Mas não é só. Há ainda a discussão envolvendo a abrangência territorial da decisão proferida em um processo coletivo. Referimo-nos aqui ao art. 16 da LACP, inserido pela Lei n. 9.494/97:

> Art. 16. A sentença civil fará coisa julgada *erga omnes*, nos limites da competência territorial do órgão prolator, exceto se o pedido for julgado improcedente por insuficiência de provas, hipótese em que qualquer legitimado poderá intentar outra ação com idêntico fundamento, valendo-se de nova prova.

Ou seja, o legislador ordinário tentou limitar a abrangência territorial da decisão proferida no processo coletivo à competência do juízo prolator da decisão. A questão

---

(29) CDC, art. 87: "Nas ações coletivas de que trata este código não haverá adiantamento de custas, emolumentos, honorários periciais e quaisquer outras despesas, nem condenação da associação autora, salvo comprovada má-fé, em honorários de advogados, custas e despesas processuais". A regra também consta da LACP, art. 18.

é muita debatida na doutrina e na jurisprudência e, apesar de extremamente instigante, foge aos limites deste trabalho. Neste momento, basta afirmar que a divergência é grande, mas que o STJ vem pendendo pela legalidade e aplicação do referido dispositivo[30]. Esta, a nosso ver, é a posição correta em relação ao tema, tendo em vista a atual formatação constitucional brasileira[31].

Considerando o uso indiscriminado do processo coletivo e a divergência envolvendo sua abrangência territorial, tem-se o quadro adequado para que se instale um verdadeiro caos: (i) as mais diversas ações, (ii) os mais diversos pedidos em relação à abrangência territorial e (iii) as mais diversas decisões, conforme o juiz e grau de jurisdição — cada qual atribuindo uma abrangência territorial distinta. Inclusive, à luz deste quadro verificam-se decisões divergentes de juízos distintos em relação a um mesmo território. A situação é insustentável.

Para ilustrar o quadro, dentre diversos outros exemplos, tomamos por base as ações envolvendo os chamados "expurgos inflacionários dos planos econômicos" (fins dos anos 1980 e início dos 1990), em relação aos investimentos em poupança.

Em março de 2009, contabilizavam-se em todo o país mais de 130 processos coletivos em face da instituição financeira Caixa Econômica Federal, ajuizados em praticamente todos os Estados da Federação[32]. Há demandas em litisconsórcio ativo, litisconsórcio passivo com os demais bancos, pedidos distintos em relação a juros e correção, alguns pedidos com abrangência nacional, outros com abrangência estadual etc.[33]. O quadro impede qualquer solução adequada. A propalada vantagem do processo coletivo cai por terra.

É certo que o próprio Código de Processo Civil resolve a questão, pela via da conexão, continência e litispendência[34]. Contudo, tratando-se de diversos processos

---

(30) A decisão mais recente do STJ, proferida em embargos de divergência julgado no 2º semestre de 2009, é a seguinte: EMBARGOS DE DIVERGÊNCIA. AÇÃO CIVIL PÚBLICA. EFICÁCIA. LIMITES. JURISDIÇÃO DO ÓRGÃO PROLATOR. 1 — Consoante entendimento consignado nesta Corte, a sentença proferida em ação civil pública fará coisa julgada *erga omnes* nos limites da competência do órgão prolator da decisão, nos termos do art. 16 da Lei n. 7.347/85, alterado pela Lei n. 9.494/97. Precedentes. 2 — Embargos de divergência acolhidos. (EREsp 399357/SP, Rel. Ministro Fernando Gonçalves, Segunda Seção, julgado em 9.9.2009, DJe 14.12.2009).

(31) Aponta o art. 92, § 2º da CF/88 que somente os Tribunais Superiores são dotados de jurisdição nacional. E tanto o constituinte reconhece essa limitação constitucional para a abrangência nacional da decisão de um juízo singular, que há PEC a qual pretende regular a matéria. Referimo-nos à PEC n. 358/05, que alteraria o art. 105 da CF nos seguintes termos: "[...] § 2º Nas ações civis públicas e nas propostas por entidades associativas na defesa dos direitos de seus associados, representados ou substituídos, quando a abrangência da lesão ultrapassar a jurisdição de diferentes Tribunais Regionais Federais ou de Tribunais de Justiça dos Estados ou do Distrito Federal e Territórios, cabe ao Superior Tribunal de Justiça, ressalvada a competência da Justiça do Trabalho e da Justiça Eleitoral, definir a competência do foro e a extensão territorial da decisão".

(32) Dados do Sistema de Acompanhamento de Processos Judiciais — SIJUR, da Caixa Econômica Federal.

(33) Para demonstrar o surrealismo da situação, basta apontar que um único órgão — a Defensoria Pública da União — DPU — ingressou com diversas ações em todo o país, em grande parte delas pleiteando a abrangência nacional da decisão. A título de exemplo, mencionamos os Processos ns. 200761000110937 (SP), 200733000093570 (BA), 200934000026822 (DF), 200735000100902 (GO), 200836000032926 (MT), 200738000154054 (MG), dentre outros.

(34) Rodolfo de Camargo Mancuso bem tratou da questão: "Impende, pois, a adoção de técnicas para prevenir situações de impasse e até de paroxismo que amiúde têm acontecido, algumas vezes por desconhecimento do microssistema processual coletivo, e outras vezes, quiçá, por algum interesse subalterno em tumultuar o ambiente judiciário, gerando um clima de insegurança, assim entre os operadores do Direito como para os destinatários da prestação jurisdicional. De pronto surgem os alvitres de (i)

por todo o território nacional, é óbvio que o processamento e verificação de tais fenômenos não é tão simples como quando se está diante de uma demanda individual: levam-se meses apenas para que um processo seja remetido de um Estado para outro — ato necessário para que seja acolhida alguma dessas defesas processuais. Isso sem falar, posteriormente, no recurso cabível. E tudo isso permeado pela discussão a respeito da abrangência territorial: se nacional ou limitado ao órgão prolator da decisão, nos termos do já mencionado art. 16 da LACP.

Reitera-se: a situação é insustentável e as vantagens e agilidade do processo coletivo acabam por se transformar em desvantagem, com a tramitação coletiva se tornando consideravelmente mais lenta do que a de um processo individual.

Urge, portanto, uma solução clara e eficaz em relação ao ajuizamento concomitante e no tocante à abrangência territorial da decisão.

Mas, como já exposto, este não é o único problema. Também a concomitância de processos coletivos e individuais vem causando problemas no foro. São basicamente duas as dificuldades daí decorrentes.

A uma, a existência de decisões divergentes nos processos coletivos e nos processos individuais.

A duas, a verdadeira inutilidade prática de um processo coletivo, considerando que grande parte dos indivíduos que poderiam liquidar a sentença coletiva acaba por se valer do processo individual para satisfazer sua pretensão resistida[35]. Com isso, além de abarrotar o Poder Judiciário com demandas individuais, há um esvaziamento do processo coletivo, que pode até chegar à falta de interesse de agir do autor coletivo para determinada demanda.

Em relação a este aspecto, o próprio CDC já trouxe uma solução, como se sabe. Está prevista no art. 104, e aponta que não há litispendência entre o processo coletivo e o individual — regra que é complementada pelo art. 103, § 3º, o qual aponta que a sentença do processo coletivo não prejudicará as ações individuais[36].

Contudo, à luz dos problemas acima expostos, percebe-se que a solução não é mais — ou, quiçá, nunca foi — satisfatória.

Considerando a realidade do foro, já há decisões que determinam a suspensão do processo individual, mesmo que à revelia do autor, enquanto pendente o processo coletivo.

---

reunirem-se as ações assemelhadas, por conexão ou continência, para julgamento conjunto — CPC, arts. 103-106; (ii) extinguir-se a ação duplicada, que incidiu em litispendência, por infringente à proibição do *bis in idem* — CPC, arts. 301, § 1º, c/c art. 267, V)". (*Jurisdição coletiva ...*, cit., p. 497).

(35) Não raro são pouquíssimos os indivíduos que se habilitam em um processo coletivo. A execução da sentença coletiva é também um tema que demanda aprimoramentos — mas que não será tratado neste breve ensaio.

(36) Nesta linha, defendendo a não suspensão do processo individual, caso não haja interesse do autor: Rodolfo de Camargo Mancuso (*Jurisdição coletiva ...*, cit., p. 510-514), Antonio Gidi (*Coisa julgada e litispendência ...*, cit., p. 207) e Luiz Paulo da Silva Araújo Filho (*Ações coletivas...*, cit., p. 155).

A primeira decisão, no âmbito do Tribunal Superior, nesse sentido de que se tem notícia trata, exatamente, das ações envolvendo os expurgos inflacionários já aqui mencionados. O STJ — já sob a égide do procedimento do recurso especial repetitivo — acabou por confirmar decisão do TJRS que determinou, à revelia do autor, a sus-pensão de um processo individual de poupança até que se julgue um processo coletivo a respeito do mesmo tema[37].

O recente julgado foi assim ementado:

RECURSO REPETITIVO. PROCESSUAL CIVIL. RECURSO ESPECIAL. AÇÃO COLETIVA. MACROLIDE. CORREÇÃO DE SALDOS DE CADERNETAS DE POUPANÇA. SUSTAÇÃO DE ANDAMENTO DE AÇÕES INDIVIDUAIS. POSSIBILIDADE.

1. Ajuizada ação coletiva atinente a macrolide geradora de processos multitudinários, suspendem-se as ações individuais, no aguardo do julgamento da ação coletiva.

2. Entendimento que não nega vigência aos arts. 51, IV e § 1º, 103 e 104 do Código de Defesa do Consumidor; 122 e 166 do Código Civil; e 2º e 6º do Código de Processo Civil, com os quais se harmoniza, atualizando-lhes a interpretação extraída da potencialidade desses dispositivos legais ante a diretriz legal resultante do disposto no art. 543--C do Código de Processo Civil, com a redação dada pela Lei dos Recursos Repetitivos (Lei n. 11.672, de 8 de maio de 2008).

3. Recurso Especial improvido.

(REsp 1110549/RS, Rel. Ministro Sidnei Beneti, Segunda Seção, julgado em 28.10.2009, DJe 14.12.2009).

A nosso ver, o julgado — diferentemente do que propugna sua ementa — viola as regras do CDC (arts. 103, § 3º e 104). Afinal, o processo individual foi suspenso contra a vontade do autor, portanto a sentença coletiva influencia o processo individual. É solução diametralmente oposta à da previsão legislativa.

Mas considerando ser a decisão proferida com base no recurso especial repetitivo (CPC, art. 543-C), deveria ser aplicada em relação a todas as outras situações análogas, em que há concomitância entre processos coletivos e individuais.

Contudo, não é o que se tem verificado no foro — sequer em relação às demandas discutindo expurgos inflacionários das poupanças. Apesar de alguns magistrados já terem determinado a suspensão de alguns processos individuais, a grande massa de demandas individuais em que se discutem os expurgos inflacionários continua tramitando sem restrição. E com decisões divergentes em relação a juros, correção monetária e, por vezes, até mesmo em relação aos planos devidos.

Como se percebe, há ainda muito a ser aprimorado em relação ao processo coletivo.

---

(37) Manifesta-se Ada Pellegrini Grinover no sentido do julgado, ou seja, pela suspensão do processo individual independentemente da vontade do autor, pelo prazo máximo de um ano, desde que o processo coletivo trate de direito individual homogêneo (*Código brasileiro de defesa ...*, cit., p. 866-869).

Conclusões

Considerando o exposto neste breve trabalho, conclui-se que no Brasil merecem destaque, como diplomas que regulamentam a tutela dos direitos coletivos, os seguintes: a Lei n. 4.717/65 (Lei da ação popular), a Lei n. 7.357/85 (LACP) e a Lei n. 8.078/90 (CDC). A partir de 1985, e mais especialmente de 1990 em diante, o processo coletivo brasileiro teve um grande salto.

Mas, desde então, apesar de um grande aumento no uso do processo coletivo no foro, com a proliferação e popularização da ACP, o trabalho legislativo acabou por se retrair, não existindo novos diplomas de destaque na seara da tutela coletiva.

Apesar disso, é certo que existe hoje, no Congresso Nacional, projeto de uma nova lei da ação civil pública (PL n. 5.139/09 — que inicialmente era o projeto de um Código de Processo Coletivo). Contudo, ainda está em fase inicial de tramitação, não se vislumbrando sua conclusão no curto prazo.

Porém, enquanto a discussão segue no Congresso, no Judiciário uma série de questões inconciliáveis passa a ser verificada, com soluções divergentes conforme o juízo e Tribunal, contribuindo para a insegurança e instabilidade jurídicas. Questões essas que clamam por urgente solução. E que, na verdade, não são novas, já poderiam ter sido previstas desde a elaboração do CDC — e que, em certo grau, foram regulamentadas, mas de maneira que se mostrou insuficiente ou inadequada.

Aqui foram destacadas duas situações problemáticas:

> (i) a concomitância de processos coletivos, em que diversos entes legitimados (ou, muitas vezes, o mesmo ente em esferas distintas) ingressam com inúmeras ações coletivas no território brasileiro, com o mesmo pedido — provocando decisões divergentes e superposição de decisões distintas em relação a um mesmo território (existindo, ainda, a divergência em relação à abrangência territorial da decisão proferida no bojo da ação civil pública, discussão envolvendo o art. 16 da LACP);

> (ii) a concomitância de processos coletivos e processos individuais, situação na qual se verifica (a) soluções divergentes entre os processos e (b) inutilidade do processo coletivo, considerando a grande proliferação dos processos individuais — situação que já acarretou — segundo nosso entendimento, em confronto à previsão legal constante no CDC — a suspensão, pelo STJ, dos processos individuais enquanto tramita o processo coletivo.

Estas questões merecem pronta solução.

Seja do Legislativo, via edição de norma que regule a questão, com brevidade.

Seja do Judiciário, com a fixação da jurisprudência firme e clara — especialmente do STJ —, para os mais diversos casos de direitos coletivos, preferencialmente via rito dos recursos especiais repetitivos (CPC, art. 543-C), para que haja maior eficácia da posição jurisprudencial.

Só se espera que a solução não tarde outros vinte anos.

REFERÊNCIAS BIBLIOGRÁFICAS

ARAÚJO FILHO, Luiz Paulo da Silva. *Ações coletivas*: a tutela jurisdicional dos direitos individuais homogêneos. Rio de Janeiro: Forense, 2000.

COMPARATO, Fábio Konder. *A afirmação histórica dos direitos humanos*. 3. ed. São Paulo: Saraiva, 2003.

GIDI, Antonio. *Coisa julgada e litispendência nas ações coletivas*. São Paulo: Saraiva, 1995.

GRINOVER, Ada Pellegrini et al. *Código brasileiro de defesa do consumidor comentado pelos autores do anteprojeto*. 7. ed. Rio de Janeiro: Forense Universitária, 2001.

LEONEL, Ricardo de Barros. *Manual do processo coletivo*. São Paulo: Revista dos Tribunais, 2002.

LIEBMAN, Enrico Tullio. *Eficácia e autoridade da sentença e outros escritos sobre a coisa julgada*. 3. ed. Rio de Janeiro: Forense, 1984.

MANCUSO, Rodolfo de Camargo. *Interesses difusos:* conceito e legitimação para agir. 5. ed. São Paulo: Revista dos Tribunais, 2000.

_____. *Jurisdição coletiva e coisa julgada*. 2. ed. São Paulo: Revista dos Tribunais, 2007.

MENDES, Aluisio Gonçalves de Castro. *Ações coletivas no direito comparado e nacional*. São Paulo: Revista dos Tribunais, 2002.

MESQUITA, José Ignacio Botelho de. Na ação do consumidor, pode ser inútil a defesa do fornecedor. *Revista do Advogado*, São Paulo, p. 81, n. 33, dez. 1990.

_____. A coisa julgada no código do consumidor. In: MESQUITA, José Ignacio Botelho de. *A coisa julgada*. Rio de Janeiro: Forense, 2004.

MOREIRA, José Carlos Barbosa. *Temas de direito processual*. 1. serie. 2. ed. São Paulo: Saraiva, 1988.

NERY JUNIOR, Nelson. *Código brasileiro de defesa do consumidor comentado pelos autores do anteprojeto*. 7. ed. Rio de Janeiro: Forense Universitária, 2001.

WATANABE, Kazuo et al. *Código brasileiro de defesa do consumidor comentado pelos autores do anteprojeto*. 7. ed. Rio de Janeiro: Forense Universitária, 2001.

20 Anos do CDC e a Necessidade de Ajuste Técnico entre a Tipicidade e a Antijuridicidade

Marco Antônio Ferreira Lima[*]

No decurso histórico, houve a substituição natural das leis escritas pelos princípios. Esses, diante de um conceito garantista, passaram a implantar valores essenciais a assegurar uma infranormatividade precisa e que se adequasse, não violando, aos preceitos considerados fundamentais.

A tipicidade, dentro desse conceito, não é um princípio; na verdade, é um redutor técnico do princípio da legalidade, criado pelo direito germânico. A evolução social criou a necessidade de nova definição técnica, atingindo tipos abertos.

Nesse trilhar evolutivo, surge o Código de Defesa do Consumidor, procurando abranger as relações de consumo, numa ordem difusa de valor, como bem jurídico de proteção social. Fruto de inovação e na proposta de proteção indireta do hipossuficiente em relação a seu reverso.

Porém, o que se verifica, hoje depois de vinte anos de sua implantação, é que alguns tipos penais ali apresentados, fogem do conceito normativo e primário de tipicidade, estabelecendo dúvida de como se conceituar alguns de seus dispositivos penais.

No mesmo sentido, encontramos que essa relação de hipossuficiência nem sempre atende o interesse de quem efetivamente necessita de sua proteção legal.

(*) Mestre em Direito Penal pela Faculdade de Direito da Universidade Presbiteriana Mackenzie; Doutor em Direito Processual Penal pela Pontifícia Universidade Católica de São Paulo — Promotor de Justiça Designado na Procuradoria de Justiça Criminal do Estado de São Paulo — Professor e Chefe do Departamento de Processo Penal da Faculdade de Direito da Universidade Presbiteriana Mackenzie — Autor da Obra do *Acesso à Justiça Penal no Estado Democrático de Direito* e de vários artigos jurídicos.

1. A TIPICIDADE E A ANTIJURIDICIDADE — CONSIDERAÇÕES

A tipicidade surge da legalidade[1], no *Tratado de direito penal alemão*, com o princípio, *nullum crime sinen pena, nulla pena sinen lege*[2]. Nessa mesma linha de raciocínio orientou-se Bismark no *Código Penal Alemão de 1771*[3] e o Código Italiano, que terminou acolhido, na sua essência, pela Constituição Federal Brasileira de 1988, mas que já era refletido no art. 1º do *Código Penal*; entretanto, como um princípio genérico.

A doutrina germânica hostilizou a tipicidade como norma e regulamentou-a como princípio: Kall Binding, em 1885, na *Handbuch des Strafrecht*, foi o primeiro a se preocupar com a norma da *Escola Positiva* que criou a criminologia (v. Lombroso[4] e Garófalo[5]) atribuindo-lhe um comando legal positivo.

Em 1906, a *Escola de Criminologia Alemã* iniciou o estudo da sociologia criminal, trazendo o problema não pelo ser, mas pelo dever-ser, como ciência causal explicativa, passando a tipicidade a funcionar como redutora do princípio da legalidade e assim a orientar toda doutrina germânica[6].

Foi Bering quem elaborou o sistema da tipicidade como contido num único momento entre a antijuridicidade e a legalidade. O crime necessitaria, assim, de um catálogo de tipos na parte especial da lei com a definição legal abrangente, para proteger o cidadão.

Posteriormente, acabou deixando maior margem de liberdade, tratando a tipicidade por objetiva, contendo apenas elementos descritivos de conduta. Daí o verbo como tipo-retorno ou núcleo do tipo e elemento orientador da tipicidade.

Para esse mesmo autor, o tipo objetivo assegurava a liberdade. Para Jorge Figueiredo Dias e também como observou Marcelo Sancinetti, em 1992, na tradução de Gunter Stratenwerth, dentro do direito europeu, somente o *Código Suíço* de 1913 interpretou de modo diverso, querendo alterar parcialmente o entendimento de Bering.

Adolf Merkel[7], em seu Tratado, afirmava que o tipo objetivo poderia acarretar injustiça. O processo, como ônus constrangedor, exigiria que o tipo penal tivesse verbos indicativos de conduta, dentro do aspecto intencional e ligado ao resultado

---

(1) Na Revolução Francesa, em 1779, este princípio já compunha o Código Napoleônico. Neste sentido, v. em 1924, a citação trazida no Traité de science politique. *Librarie Générale de Droit et de Jurisprudence*, tomo I, e conforme *Les Editons de L'Éparge*, em 1964, numa alusão ao trabalho desenvolvido por Poitier, que equacionou a Constituição Federal Francesa, diante da Constituição Liberal e dando orientação ao Código Penal Francês de Ortolan e Vidal.
(2) Não existe crime sem pena, nem pena sem lei (trad. livre do autor).
(3) JESCHECK, Hans Heinrich. *Tratado de derecho penal*. Trad. Santiago Mir Puig. Barcelona: Bosch, 1981. p. 28.
(4) HALWBACHS, Maurice. *Morphologie sociale*. Paris: Armand Colin, 1938. p. 14.
(5) GARÓFALO, R. *Criminologia*: estudo sobre o delito e a repressão penal. 4. ed. Portugal: Clássica, 1925. p. 75.
(6) Nesta linha, na visão trazida por *Esquema del delicto-tipo*, pelo Direito Penal Argentino e de *Binding*, por *Die Normem und ihre Uebertretungen*, respectivamente, trilharam Sebastian Soller e Ernest Von Bering, sendo que ambos concluíram pela tipicidade como redutora do princípio da legalidade, modo que seguiu a doutrina germânica.
(7) Para Jurgen Bauman, na sua obra *Fundamentos de direito penal*, a visão de Merkel era no sentido de que a indefinição de tipos viria a inibir a própria conduta, impedindo o exercício da liberdade que a lei asseguraria diante da tipicidade.

efetivo. Portanto, com a exigência de que o resultado, ou sua potencialidade, viesse, além do comportamento ou mesmo em antecipação ao efeito normativo.

Surge, neste entendimento, o elemento subjetivo do injusto. A prévia tipicidade não pode ser corrida por uma discutível adequação social.

A antijuridicidade era secundária e vinculada à tipicidade, e como observou Otto Bachof, somente com Max Ernest Mayer, quando da edição do *Código Penal Suíço* e do *Direito Penal Alemão*, a tipicidade foi vinculada à cultura.

Para Winfried Hassemer, em seus *Fundamentos de Direito Penal*, a antijuridicidade passou a ser vista como *sini ratio cognociendi* da tipicidade, antecedendo-a na forma, de modo que os fatos sejam antes antijurídicos do que típicos.

Desse modo, é a antijuridicidade que passa a ser tipificada, virando lei.

Viu-se que certas condutas que perfilhassem, como de reprovação moral, não seriam crime, muito embora fossem antijurídicas; nesse mesmo raciocínio, os efeitos civis, que inibiam essas condutas, mas sem atingi-las no aspecto penal.

Assim, no nosso sistema legal, pelos termos do atual Código de Defesa do Consumidor, fez-se a inclusão de tipos que, muito embora sugerissem obliquamente garantia, não a revestiam da devida proteção penal.

É por isso que as normas de cultura, que afastam ou criam o tipo penal, passam a tratar como preceito normativo e que precisariam receber amparo protecionista legal.

O direito natural inibe a aplicação da norma e é a antijuridicidade material genérica que cria o tipo penal, já o conjugando a um dispositivo inibidor e coercitivo, como inversão de coeficiência legal.

Desse modo, a norma de cultura vem do direito natural e não permite o choque com a juridicidade e que não poderia se chocar com o direito, apesar disso.

A antijuridicidade surge, portanto, como a contraposição entre o fato e a ordem jurídica integral. O fato do mundo físico é contraposto a essa ordem integral[8].

Há, de outro lado, a antijuridicidade formal, que se confunde com a tipicidade, o que era negado por Mayer — para quem a antijuridicidade se esgotava com a tipificação e somente poderia ser tratada como excludente de ilicitude.

Desse modo, as justificativas, como excludentes, trazem a antijuridicidade como antecessora da tipicidade, para tornar o comportamento ilícito ou não. Surge, assim, a teoria dos elementos negativos do tipo, tendo a tipicidade como elemento perfeito, não mais se tratando da antijuridicidade.

---

(8) É a revelada antijuridicidade material, prevista por WELZEL, Hans. *Derecho penal alemán.* Trad. Juan Bustos Ramirez. Santiago do Chile, 1987 e por José Higino Pereira, na tradução que fez do *Tratado de direito penal alemão.*

As justificativas trariam o fato atípico, sem interferir na antijuridicidade. Nessa dosagem de valores, apura-se até que ponto a tipicidade pode ser atingida sem que ofenda o campo do ilícito, numa pesagem de direitos em conflito.

A defesa surge da formalidade enquanto que o direito surge com a descrição da ilicitude que o potencializa.

Portanto, não se pode dar a conduta tipicidade e depois querer dá-la por sujeita a normas sociais, como ajuste a uma nova realidade, somente reavaliável pelo devido processo legislativo.

Nessa breve avaliação de tipicidade, vem o atual Código de Defesa do Consumidor se revestir de condutas genéricas que acabam dispensando o mesmo tratamento penal ao pequeno e ao grande comerciante, fazendo com que do primeiro se esgote a própria capacidade comercial e do segundo, um mero risco a sua fração de potencial lesivo.

2. INDIVIDUALIZAÇÃO DAS CONDUTAS — PESSOA FÍSICA E JURÍDICA — NECESSIDADE DE ADEQUAÇÃO

Na adequação penal, ficam estabelecidas determinadas consequências jurídicas ao autor da infração que acabam se refletindo na coletividade em geral, tal como a interdição do estabelecimento, gerando desemprego e igual efeito social, assim como a imposição de multa, o que acaba de modo ou outro refletindo no preço final do produto.

A retributividade é um aspecto da pena que também é essencial. Infelizmente vem sendo deixada de lado nos dias de hoje, principalmente no Brasil.

Um ordenamento jurídico justo é aquele que impõe sanções e penas gravosas a crimes e condutas absolutamente intoleráveis, de modo que toda infração deve ser punida, e toda punição efetiva.

A pena bem imposta, serve de exemplo para toda a sociedade.

Pelo disposto no art. 5º, XLVI da Constituição Federal[9] — "A lei regulará a individualização das penas e adotará, entre outras, as seguintes: a) privação ou restrição de liberdade; b) perda de bens; c) multa; d) prestação social alternativa; e) suspensão ou interdição de direitos".

Esse artigo representa o que nos dias de hoje entendemos por individualização de penas, princípio este que deve ser aplicado de forma que, no momento da condenação de um delinquente, o magistrado deverá se ater a diversos elementos subjetivos do agente, aplicando-os conforme o caso concreto.

---

(9) BRASIL. *Constituição da República Federativa do Brasil.* 27. ed. Organização dos textos, notas remissivas e índices por Juarez de Oliveira. São Paulo: Saraiva, 2001. p. 112.

Contudo, para termos hoje esse princípio sendo elencado como garantia fundamental, necessitou-se de diversas evoluções e modificações nas leis e principalmente no pensamento dos operadores do direito.

No que se refere a este sistema brasileiro, a individualização vem especificada e determinada como garantia constitucional, elencada no art. 5º, inciso XLVI, da CF, o que impõe a todo o ordenamento a obrigatoriedade na observância desse conceito.

Verifica-se uma "sanção elástica" em contrapartida à rigidez prevista por sistemas anteriores.

Podemos distinguir três momentos de individualização de penas no Brasil, que embora ocorram em fases diversas, estão, por óbvio, interligados: individualização legislativa, individualização judiciária e individualização executória.

Segundo Aníbal Bruno[10], a primeira se refere "a pena prevista em lei". A segunda "a pena aplicada pelo juiz ao caso concreto que ocorreu a violação delitiva da norma". E a terceira como "a pena aplicada em execução".

Há nesse sistema a consideração da pessoa do criminoso, não se impondo e aplicando a pena com base apenas no delito realizado, mas sim com análise de todas as circunstâncias que o envolvem.

Individualizar a pena significa aplicá-la tendo em conta, além dos ditames legais estabelecidos, as condições individuais do agente.

Nas palavras do professor José Frederico Marques[11], "a individualização da pena tem de ser equacionada de maneira integral, de forma a compreender em seu âmbito o aspecto objetivo do crime, como fato violador de um bem jurídico penalmente tutelado, e a pessoa do delinquente".

Pode-se dizer que se for possível atingir esta condição, atinge-se concomitantemente o princípio de retributividade ao ato delitivo, bem como o de ressocialização, em que pese promover o tratamento nos termos e proporções do mal causado.

É entendido como a fórmula unitária, que sempre foi defendida por Nelson Hungria — "retribuir o mal concreto do crime com o mal concreto da pena, na concreta personalidade do criminoso".

Como forma precípua de individualização encontramos o texto legal em si, denominado de **individualização legislativa**, pois é nessa fase que o legislador estabelece os permissivos e limitações para a sociedade no geral, bem como para que o magistrado possa agir em suas decisões.

Há que se entender que esse tipo de individualização deve se preponderar sobre as outras, tendo em vista o fato de ser a lei a garantia que existe de forma a estabelecer normas de comportamento, bem como as limitações de atuação jurisdicional.

---

(10) BRUNO, Anibal. *Direito penal, parte geral*. Rio de Janeiro: Forense, 1967. t. 3: Pena e medida de segurança, p. 14.
(11) MARQUES, José Frederico. *Tratado de direito penal*. 3. ed. rev. atual. e amp. reformulada por Antonio Cláudio Mariz de Oliveira, Guilherme de Souza Nucci e Sergio Eduardo Mendonça de Alvarenga. Campinas: Millennium, 2002. v. 3, p. 113.

Neste momento o legislador determina o máximo e o mínimo das penas que poderão ser impostas quando da transgressão de preceitos legais.

O que principalmente caracteriza a individualização das penas em nosso sistema é o fato de que as penas que estão estabelecidas em um mínimo e máximo podem ser aplicadas conforme a discricionariedade do magistrado.

O segundo momento da individualização de penas se encontra definido como a individualização judicial, ou seja, aquela aplicada efetivamente pelo juiz, a proferir uma sentença.

Neste momento, o juiz, respeitando toda uma ordem processual, finaliza sua atuação com sentença, que deve se pautar nos conceitos legais preexistentes, bem como nas condições averiguadas no decorrer do processo, que possibilita ao magistrado a aplicação de seu poder discricionário.

Essa sentença deve ser proferida de forma que: "Verificada a existência de um fato punível, com o seu caráter de injusto enquadrado em determinado tipo penal, e definida a responsabilidade do agente, isto é, o seu dever jurídico de responder perante a ordem de direito pelo crime que cometeu, atinge-se o momento cruciante da realização da pena, que é o de medi-la e aplicá-la"[12].

Ainda, o professor José Frederico Marques entende que "o que cumpre a lei, portanto, na própria função de individualizar as sanções penais, é possibilitar certo arbítrio ao juiz quando este transformar a vontade abstrata do legislador em atuação concreta dos mandamentos legais"[13].

Neste momento o juiz expressa a individualização por ele entendida, motivando suas razões para aplicação da pena que entendeu ser apropriada e justa para determinado caso.

O juiz se vê diante de dois momentos, sendo um deles o de verificar a capitulação que a lei estabelece para o ato praticado, bem como o de analisar as condições de cada caso sob as quais o crime ocorreu.

Nos termos do professor Aníbal Bruno[14], "o juiz, na aplicação da medida penal, terá diante de si duas sortes de investigações: a que diz respeito ao fato punível em si, na sua objetividade, e a que se dirige ao homem que o praticou, na sua natureza e na relação com o mesmo fato".

Assim, além dos fatos típicos definidos em lei, a observância de circunstâncias que motivaram o delinquente a praticar o crime devem ser tomadas na formação de um juízo, expresso ao final através de sentença. É mister essa atenção tendo em vista que a ocorrência destes fatos pode, em um momento final, sopesar como agravante ou atenuante no momento de fixação da pena.

---

(12) MARQUES, José Frederico. *Op. cit.*, p. 126.
(13) *Ibidem*, p. 342.
(14) BRUNO, Aníbal. *Op. cit.*, p. 25-29.

Pode-se dizer que a definição do fato punível que encontramos em lei trata-se de uma forma abstrata, que deverá ser complementada pelo magistrado em sua aplicação ao caso concreto.

Porém estamos diante de condições subjetivas, fato este que dificulta o trabalho do magistrado em termos de individualização, em que pese a necessidade de se analisar o elemento subjetivo que reveste o agente, ou seja suas intenções, os motivos que o levaram a praticar o delito.

Essa dificuldade se dá, pois cada ser humano vive uma realidade distinta, vive um local diferente, possui valores diferentes, que certamente influem para a prática de determinados atos, sendo estes levados em consideração quando da aplicação efetiva das penas.

Nestes termos, defende Frederico Marques[15] que "a individualização da pena deve ser equacionada de maneira integral, de forma a compreender em seu âmbito o aspecto subjetivo do crime, como fato violador de bem jurídico penalmente tutelado, e a pessoa do delinquente", contudo não há que se olvidar de analisar o âmbito social em que está inserido, bem como sua cultura e seus valores morais.

Por fim encontramos a terceira fase de individualização, a executória, ou seja, aquela que se aplica na fase em que haverá o cumprimento da sanção estabelecida pelo juiz. Realiza-se através do tratamento penitenciário adotado pelo legislador e das providências complementares que sucedem muitas vezes a sentença de condenação propriamente dita.

Para diversos autores, esta é a fase que se opera os principais objetivos do princípio de individualização, tendo em vista as diversas formas de cumprimento de uma sanção que encontramos em nosso ordenamento, isto é, para uma determinada condenação, há diversas opções para que se dê seu cumprimento, sem prejuízo à condenação em si considerada.

Desse modo é certo de que o princípio da individualização deve ser aplicado, não apenas por estar elencado dentre os direitos e garantias fundamentais em nossa CF, mas por ser medida de realização de Justiça em cada caso concreto, cabe, então, aos operadores de direito a definição de uma forma de que essa individualização seja processada devidamente.

Pode-se, então, dizer que o limite da culpabilidade se encontra em um conceito de tolerância social, para determinado crime e a forma que foi praticado.

Por se tratar de elemento subjetivo, a análise deste deverá ser feita *in casu*, o que deve servir de elemento para a determinação da personalidade do agente, caracterizando a individualização de sua conduta, baseando-se no fato de que será maior a culpabilidade quanto maior for a censurabilidade da conduta, e menor esta será, se a tolerância da sociedade ao fato cometido for, por sua vez, maior.

---

(15) MARQUES, José Frederico. *Op. cit.*, p. 232.

O art. 59 também elenca como circunstâncias judiciais os antecedentes do agente, o que também serão baseados em um conceito social de reprovabilidade, não apenas analisando sua condição de antecedentes criminais em si considerados.

A doutrina classifica os antecedentes como bons ou maus, contudo, o conceito de reprovabilidade deve ser novamente invocado, pois o que se deve ser analisado são os antecedentes referentes ao crime em si e não apenas como sendo condenações, ou instaurações de inquéritos policiais ou de processos-crime, mas sim em relação ao crime praticado.

Novamente é mister fazer menção ao fato de que a doutrina divide os antecedentes em bons e maus, e como o objetivo do art. 59 é o de propiciar a individualização das condutas, podemos, seguramente, dizer que há a possibilidade de que um indivíduo que possua uma folha de antecedentes vasta possa ser considerado como possuidor de bons antecedentes para os afins do art. 59.

A análise de suas condenações, inquéritos ou processos, deve ser feita no momento em que o juiz for analisar a concessão de algum benefício, ou em fase de execução da sentença, contudo não poderá ser confundida com o elemento que deve basear a fixação e determinação de sua conduta no crime praticado.

Por óbvio não se pode dizer que o indivíduo que possua uma vasta antecedência criminal possa receber a mesma pena que o indivíduo que é primário, contudo, também seria um juízo preconceituoso, presumir que apenas pelo fato da vasta antecedência o delinquente não possa, em sua análise pessoal, ser passível de um abrandamento em sua pena, por considerarem seu ato não tão reprovável.

Além desses elementos, verificamos a necessidade de se analisar a personalidade do agente, o que se demonstra um dos elementos mais difíceis de se verificar com clareza.

Podemos, por sua vez, analisar a boa ou má antecedência por dados técnicos — folha de antecedentes —, ou, ainda, a culpabilidade por um conceito de reprovação social, contudo que elementos temos para definir a personalidade de um indivíduo?

Aníbal Bruno[16] define que a personalidade "é um todo complexo, porção herdada e porção adquirida, com o jogo de todas as forças que determinam ou influenciam o comportamento humano".

Hungria[17] entende que é "antes de tudo caráter, síntese das qualidades morais do indivíduo. É a psique individual, no seu modo de ser permanente".

Verifica-se acertadas as posições e definições doutrinárias, sendo certo o fato de tratar-se das condições particulares e inerentes a cada ser humano, que se constrói a partir de toda uma vivência, esta recebida ou adquirida no decorrer da vida, que determina os valores que regem nossas decisões.

---

(16) BRUNO, Aníbal. *Op. cit.*, p. 132-138.
(17) HUNGRIA, Nelson. *Novas questões jurídico-penais.* Rio de Janeiro: Nacional de Direito, 1945.

O objetivo do legislador em exigir a análise deste elemento se consubstancia não na concepção de retributividade e expiação absolutos, mas no sentido da prevenção especial, no sentido de que cada conduta não pode deixar de ser entendida *per si*, apenas em favor de um conceito coletivo.

Nos termos do art. 59, deve-se, ainda, analisar a conduta social do indivíduo, ou seja, seu comportamento perante a sociedade em que vive, caracterizada pelo modo que se relaciona em um meio social. Verifica-se que esse elemento, quando devidamente comprovado, revela as condições de um indivíduo em relação com outros que pertençam a um mesmo ambiente.

Como o Direito visa a regular as relações sociais do homem, se faz mister, ao julgá-lo, analisar a forma que este age dentro desse meio social. Verifica-se uma grande dificuldade em se identificar esse elemento nos autos, mesmo embora haja a possibilidade de o juiz tomar o depoimento de "testemunhas de bons antecedentes", que podem fornecer elementos ao magistrado da condição do delinquente.

Deve-se, em respeito ao art. 59, analisar os motivos determinantes com um dos elementos individualizadores do delito, definido, nos termos do professor Cezar Bitencourt[18] como "os motivos constituem a fonte propulsora da vontade criminosa".

Cita, ainda, o mestre Pedro Vergara[19], que definam os motivos determinantes do crime como os que "constituem toda a soma de fatores que integram a personalidade humana e são suscitados por uma representação cuja ideomotricidade tem o poder de fazer convergir, para uma só direção dinâmica, todas as nossas forças psíquicas".

Ainda devemos considerar as consequências do crime, não como o resultado caracterizador de sua consumação, mas sim como as consequências externas.

Estamos diante das atenuantes e agravantes genéricas, elencadas nos arts. 61, 62, 65 e 66 do Código Penal.

Tratam-se de algumas situações elencadas pelo legislador, que em sendo praticadas pelo delinquente, sempre irão atenuar ou agravar a pena a ser imposta.

Contudo, é mister ressaltar o fato de que não se podem confundir essas circunstâncias com algumas possíveis elementares, qualificadoras ou causas de aumento ou diminuição de penas.

Nos dizeres do professor Cezar Bitencourt[20], "a preocupação com a dupla valoração afasta as circunstâncias que constituem ou qualificam o crime", ou seja, se encontrarmos alguma situação descrita no Código Penal, na qual uma circunstância, que é considerada como agravante ou atenuante genérica, poderá constituir uma elementar ou uma qualificadora do crime".

---

(18) BITENCOURT, Cezar. *Manual de direito penal*. Parte geral. 7. ed. São Paulo: Saraiva, 2002. v. I, p. 32-37.
(19) VERGARA, Pedro. *Dos motivos determinantes no direito penal*. Rio de janeiro: Forense, 1980. p. 123-127.
(20) BITENCOURT, Cezar. *Op. cit.*, p. 123-126.

Podemos agora, depois de isto tudo analisado, verificar as duas teorias de aplicação de penas, defendida por Hungria e debatida por Lyra.

Roberto Lyra[21], juntamente com outros autores, como Noronha, entendem ser a melhor forma de aplicação de penas o sistema que se utiliza apenas de duas fases de análise, para que se proceda à fixação de penas.

Nelson Hungria[22], defensor do sistema trifásico de aplicação de penas, este recepcionado por nosso sistema jurídico, entende que o sistema de fixação de penas deve se operar em três fases: a primeira que compreende a análise das circunstâncias determinadas no art. 59, para que se fixe a pena-base; a segunda que compreende a análise e incidência das situações agravantes ou atenuantes que revestem o delito, sendo a terceira fase a de análise e valoração das causas de aumento e diminuição de pena.

Hungria entende que por este sistema o magistrado pode analisar com mais cautela as condições de individualização, tendo em vista o fato de que, ao fixar a pena-base, já estabelece um primeiro juízo de valor a respeito dos fatos colhidos em fase instrutória, ou seja, nesta primeira fase, inicia-se o procedimento de individualização.

Em um segundo momento, este de análise das situações agravantes e atenuantes, o magistrado possui uma nova oportunidade de análise aos requisitos individuais de cada delinquente, ou seja, após a análise dos requisitos subjetivos do art. 59, pode, em um segundo momento de análise e reflexão, considerar a incidência das circunstâncias agravantes ou atenuantes, possibilitando uma maior individualização.

Por derradeiro, passa o magistrado a analisar as causas de aumento ou diminuição de penas, estas analisadas não com base em critérios subjetivos, mas sim em critérios seguros de provas a serem devidamente colhidas em fase instrutória.

Sendo certo que esta teoria foi recepcionada pelo ordenamento jurídico, não se pode dizer ser infalível. Sob uma nova ótica, passou o mestre Roberto Lyra a estudar o presente caso, apresentando, por sua vez, um sistema bifásico.

Entende o nobre jurista, que no momento em que se analisa as circunstâncias que revestem o delito, estas de cunho pessoal e individual, o magistrado cria, para si, um juízo prévio de valor, o qual vai motivá-lo e direcioná-lo para que prossiga com a fixação da sentença.

Pois bem entende o autor que em realizar esse procedimento, em um primeiro momento, apenas torna apto o magistrado a verificar se os elementos constitutivos do tipo estão ou não presentes, valorando-os conjuntamente com os do art. 59.

---

(21) LYRA, Roberto. *Comentários ao código penal.* Rio de Janeiro: Forense, 1936. v. 2, p. 213-214.
(22) HUNGRIA, Nelson. *Comentários ao código penal.* Rio de Janeiro: Forense, 1978. v. 1, p. 56-59.

Quanto a esse momento de análises subjetivas, não há qualquer discussão entre as duas teorias.

No entanto, a divergência se inicia no próximo passo, no qual o juiz passará a analisar as circunstâncias agravantes ou atenuantes da pena.

Entende Lyra, que estas circunstâncias também possuem um cunho estritamente subjetivo de averiguação e fixação, assim sendo, estaria, o magistrado, a praticar o fenômeno do *bis in idem*, ao analisar mais de uma vez os mesmos critérios que revestem o delinquente.

Entende Noronha[23] que "as circunstâncias legais (agravantes ou atenuantes) não alteram a pena de quantidade fixa como as judiciais (art. 59), não se vê por que não podem ser consideradas conjuntamente".

Basileu Garcia[24], por sua vez, corrobora com a teoria defendendo, também, que "a operação tríplice, pode levar a considerar duas vezes a mesma circunstância".

Assim, para a fixação da pena-base, sobre a qual vai incidir as circunstâncias agravantes ou atenuantes, que, por sua vez, não influenciam objetivamente no cálculo de pena a ser realizado, os defensores desta teoria entendem não se fazer necessária a divisão.

Hungria, por sua vez, justifica sua teoria no fato de que o objetivo é individualizar a pena de forma racional, o que pode ser mais bem realizado em uma fase específica.

Entende ainda, Noronha, que o legislador não teria, na elaboração do texto legal, objetivado a realização de injustiças, o que, na opinião do mestre, ocorre com a aplicação do sistema apresentado por Hungria. Contudo devemos analisar o fato de que o art. 59 preconiza uma orientação ao magistrado para que este inicie o processo de individualização de penas, podendo, então, estabelecer, dentro dos limites mínimos e máximos, o início do cálculo de pena, o que afasta a injustiça defendida por Noronha, e Basileu Garcia.

Conclusão

Assim, a reflexão que se traz ao atual Código de Defesa do Consumidor não está, quanto a sua efetivação no campo normativo, decerto tutelando a ordem difusa e o elo mais fraco na relação de consumo, mas sim, quanto ao aspecto da proporcionalidade de seus reflexos penais, estabelecendo senão tipos abertos à indefinição quanto a uma efetiva penalidade à infração assim estabelecida.

Noutro lado, fica a necessidade de se reavaliar a relação de consumo em si estabelecida, permitindo afrontas tal qual a de se pretender afastar os contratos bancários,

---

(23) NORONHA, E. Magalhães. *Direito penal:* introdução à parte geral. 17. ed. São Paulo: Saraiva, 1979. v. 1, p. 77-89.
(24) GARCIA, Basileu. *Instituições de direito penal.* 6. ed. São Paulo: Max Limonad, 1982. v. 1, t. 2, p. 24-29.

altamente duvidosos quanto aos seus critérios de legalidade e sobrepostos ao interesse social, ou, se pretender incluir a relação de ensino como componente da mesma disposição.

Dessa forma, em duas décadas, não evoluiu o Código de Defesa do Consumidor a ponto de permitir que se estabeleça, efetivamente, o que compreende e o que não engloba a ordem difusa de consumo, gerando, para efeitos de adequação típica, sérias preocupações no âmbito penal, especialmente no contexto de tipicidade e antijuridicidade que acabam se confundindo nessa relação difusa.

Necessário, assim, que se reflita quanto a efetividade do direito, regularizando a descrição típica da norma, para evitar as interpretações que acabam se acautelando em impunidade.

REFERÊNCIAS BIBLIOGRÁFICAS

BITENCOURT, Cezar. *Manual de direito penal*. Parte geral. 7. ed. São Paulo: Saraiva, 2002. v. I.

BRASIL. *Constituição da República Federativa do Brasil*. 27. ed. Organização dos textos, notas remissivas e índices por Juarez de Oliveira. São Paulo: Saraiva, 2001. p. 112.

BRUNO, Aníbal. *Direito penal, parte geral*. Rio de Janeiro: Forense, 1967. t. 3: Pena e medida e segurança.

GARCIA, Basileu. *Instituições de direito penal*. 6. ed. São Paulo: Max Limonad, 1982. v. 1, t. 2.

GARÓFALO, R. *Criminologia*: estudo sobre o delito e a repressão penal. 4. ed. Portugal: Clássica, 1925.

HALWBACHS, Maurice. *Morphologie sociale*. Paris: Armand Colin, 1938.

HUNGRIA, Nelson. *Comentários ao código penal*. Rio de Janeiro: Forense, 1978. v. 1.

_____ . *Novas questões jurídico-penais*. Rio de Janeiro: Nacional de Direito, 1945.

JESCHECK, Hans Heinrich. *Tratado de derecho penal*. Trad. Santiago Mir Puig. Barcelona: Bosch, 1981.

LYRA, Roberto. *Comentários ao código penal*. Rio de Janeiro: Forense, 1936. v. 2.

MARQUES, José Frederico. *Tratado de direito penal*. 3. ed. rev. atual. e amp. reformulada por Antonio Cláudio Mariz de Oliveira, Guilherme de Souza Nucci e Sergio Eduardo Mendonça de Alvarenga. Campinas: Millennium, 2002. v. 3.

NORONHA, E. Magalhães. *Direito penal:* introdução à parte geral. 17. ed. São Paulo: Saraiva, 1979. v. 1.

VERGARA, Pedro. *Dos motivos determinantes no direito penal*. Rio de janeiro: Forense, 1980.

_____ . *Manual de direito penal*: parte geral. 7. ed. rev. e amp. São Paulo: Saraiva, 2002.

Crimes contra as Relações de Consumo e o Princípio da Legalidade: um Estudo dos Arts. 61 a 65 da Lei n. 8.078/90

Humberto Barrionuevo Fabretti[*]
Fernanda Massad de Aguiar[**]

Introdução

As relações de consumeristas fazem parte da vida de todos, sendo certo que a todo o momento nos sentimos compelidos a consumir algum produto ou serviço. Entretanto, é sabido que nessas relações não há igualdade entre as partes, em virtude da vulnerabilidade do consumidor perante os fornecedores. Diante desta realidade, surgiu a necessidade de edição de normas específicas para tentar balancear essa relação.

Nesse cenário nasce o Código de Defesa do Consumidor, uma lei criada com intuito de regular e equilibrar as relações consumeristas, cumprindo o comando constitucional de promover a defesa do consumidor[1], e mais, criando mecanismos que coloquem em prática as normas que tutelam as relações de consumo.

O Código de Defesa do Consumidor é, assim, um conjunto de regras e princípios que se relacionam com diversos ramos do direito, contendo normas de caráter civil, administrativo e penal, que pretende atender "as necessidades dos consumidores, o respeito à sua dignidade, saúde e segurança, a proteção de seus interesses econômicos, a melhoria da sua qualidade de vida, bem como a harmonia das relações de consumo"[2].

(*) Professor da Universidade Presbiteriana Mackenzie. Mestre e Doutorando em Direito Político e Econômico pela mesma Universidade. Advogado militante na área penal em São Paulo.
(**) Especialista em Direito Processual Civil pela Universidade Presbiteriana Mackenzie. Advogada militante na área empresarial em São Paulo.
(1) Inciso XXXII do art. 5º.
(2) Art. 4º do Código de Defesa do Consumidor.

Assim, vemos que o legislador, dentro de sua preocupação em tutelar os interesses e direitos do consumidor, trouxe ao código tipos penais, pois entendeu que existem condutas tão graves contra esses direitos e interesses que não seria suficiente a proteção apenas nos âmbitos civil e administrativo.

Sempre que se fala em "Crimes contra as Relações de Consumo" várias questões polêmicas são trazidas ao debate, variando desde a existência ou não de bens jurídicos supraindividuais[3] até a responsabilidade penal da pessoa jurídica, sem deixar de passar pelas discussões sobre a legitimidade da criação pelo legislador de crimes de perigo abstrato.

Pela amplitude que a matéria comporta, para que não se faça algo sem qualquer relevância acadêmica, é preciso que se defina exatamente o objeto de estudo e a maneira que se dará sua abordagem, sendo que no presente estudo realizar-se-á uma análise de alguns crimes previstos no Código de Defesa do Consumidor, especificamente nos arts. 61, 62, 63, 64 e 65, frente ao Princípio da Legalidade.

Não obstante a existência de outros Princípios Fundamentais do Direito, escolheu-se esse por acreditar ser um dos mais caros a um Direito Penal prescrito para um Estado Democrático de Direito, bem como o que mais anda sendo desrespeitado pelo legislador.

A abordagem será feita da seguinte forma: primeiro apresentaremos o Princípio e o seu conteúdo, e logo em seguida analisaremos os já mencionados tipos penais submetendo-os ao crivo do Princípio da Legalidade. Ao final, concluiremos se o tipo penal deve ou não subsistir frente à imposição do Princípio estudado.

1. Princípio da Legalidade ou da Reserva Legal

Tal Princípio encontra-se expresso no art. 5º, inciso XXXIX, da Constituição Federal, bem como no art. 1º do Código Penal, em ambos com a seguinte redação: "não há crime sem lei anterior que o defina, nem pena sem prévia cominação legal".

Deve-se a formulação latina desse princípio, representada pelo brocardo *nullum crimen, nulla poena sine praevia lege,* ao jurista alemão Anselm von Feuerbach, que o desenvolveu como consectário necessário de sua concepção de "coação psicológica" da pena, pois somente poderá a pena ter qualquer efeito psicológico quando se conhece o que proíbe (previsão da conduta não permitida), bem como se conhece a coação (pena).

Conforme lição de Jiménez de Asúa, apesar da formulação em latim, o referido Princípio não tem origem romana, pois teve suas primeiras manifestações durante a Idade Média, quando o homem aspirou um pouco de segurança.

---

(3) Sobre a análise e classificação dos bens jurídicos consultar: SMANIO, Gianpaolo Poggio. *Tutela penal dos interesses difusos.* São Paulo: Atlas, 2000. p. 65 e ss.

Aponta, ainda, o mestre espanhol, que o documento originário de onde se retira o Princípio para aplicação em matéria penal é a Magna Carta inglesa, conquistada de João Sem Terra, pelos nobres, em 1215, onde encontrava-se a seguinte disposição: "Nenhum homem livre será detido, preso ou perderá suas posses, ou proscrito, ou morto de qualquer forma; nem poderá ser condenado, nem poderá ser submetido a prisão, senão pelo julgamento de seus iguais ou pelas leis do país"[4].

Porém, sem sombra de dúvidas, é com a Declaração Francesa dos Direitos do Homem e do Cidadão, em 1789, que o Princípio da Legalidade adquire a importância que nunca antes havia alcançado.

Tal fato, entretanto, justifica-se pela própria filosofia do século XVIII, já que a doutrina de Montesquieu sobre a divisão de poderes e as ideias filosóficas de Rousseau, influenciaram muito Beccaria, que ao escrever na sua conhecida obra que "só as leis podem decretar penas para os delitos e esta autoridade não pode residir exceto no legislador", eternizou o referido Princípio e o transformou num símbolo da garantia individual contra o arbítrio estatal, universalizando-o, de maneira que praticamente todos ordenamentos jurídicos posteriores adotaram o Princípio da Legalidade.

Atualmente, o Princípio da Legalidade Penal é uma exigência básica de todo e qualquer Estado Democrático de Direito, já que por razões de segurança jurídica a lei penal deve ser, antes de tudo, uma garantia para o cidadão.

Desse modo, toda pessoa tem o direito de saber não só aquilo que pode fazer, mas também aquilo que não pode fazer, bem como quais serão as consequências caso deseje fazer aquilo que a lei não permite.

O Princípio da Legalidade representa, ao mesmo tempo, uma limitação formal e uma limitação material ao Estado.

Do ponto de vista formal, significa que somente a lei em sentido estrito, ou seja, aquela derivada do Poder Legislativo, respeitado todo o trâmite legal, poderá definir crimes e contravenções, bem como majorar as penas ou de qualquer forma aumentar o rigor punitivo do Estado limitando a liberdade do cidadão. O contrário, porém, não é verdadeiro, pois pode o Estado, através de outros atos que não a lei em sentido estrito, diminuir o rigor punitivo e aumentar a esfera de liberdades do Cidadão.

Do ponto de vista material, a limitação ao Estado decorre do próprio Estado Democrático de Direito, pois se todo poder emana do povo, toda atividade repressiva deve derivar da "vontade popular" e ser exercida exatamente nos seus limites. Entretanto, tal não significa que a "vontade popular" tudo pode, pois assim haveria a possibilidade de uma "ditadura da maioria", não admitida em um Estado Democrático de Direito. Não podemos nos esquecer que o regime nazista de Adolf Hitler era legal, posto que construído sob as vigentes leis alemãs e, ainda, apoiado pela maioria da população.

---

(4) ASÚA, Luis Jimenez de. *Tratado de derecho penal*. Buenos Aires: Losada, 1992. v. 1, t. II, p. 385.

Há sempre uma limitação material ao Estado, mesmo quando este atua representando a "vontade popular": os direitos do cidadão enquanto ser humano.

É importante que se diga que o Princípio da Legalidade tem um valor absoluto e não admite qualquer exceção ou flexibilização, em prejuízo do indivíduo[5].

1.1. Os efeitos do princípio da legalidade

Genericamente, a doutrina mais autorizada[6] entende que o Princípio da Legalidade comporta os seguintes desdobramentos: 1) a determinação da punibilidade deve ser feita pela lei (*lex scripta*); 2) a lei deve determinar a punibilidade (*lex certa*), ou seja, "se" e "quando" punir; 3) o intérprete está vinculado à determinação da lei (*lex stricta*); e, 4) a determinação deve ser anterior ao fato (*lex praevia*).

1.1.1. Nullun crimen, nulla poena sine lege praevia

O Princípio da Legalidade, conforme já demonstrado, tem como um de seus principais efeitos a exigência de a lei que cria crimes, para que possa ter aplicabilidade e eficácia, seja anterior ao fato praticado. Assim, a lei posterior ao fato não retroagirá para alcançar os fatos passados, salvo quando for para melhorar a situação do acusado, ou seja, para descriminalizar condutas, reduzir penas ou criar benefícios.

Dessa forma, é possível afirmar que do Princípio da Legalidade, especificamente da sua exigência de que haja uma lei anterior (*lex praevia*) ao fato, derivam outras consequências e efeitos, que a doutrina costuma chamar de Princípio da Anterioridade[7] e Princípio da Irretroatividade Penal, os quais não aprofundaremos nesse estudo por não nos serem úteis na análise proposta.

1.2.2. Nullum crimen nulla poena sine lege scripta

Conforme já salientado, somente a lei escrita, isto é, promulgada de acordo com a Constituição Federal é que pode criar crimes e penas. É, portanto, a lei, a única fonte formal e direta criadora de proibições e sanções.

---

(5) MAGGIORE, Giuseppe. *Derecho penal.* Bogotá: Temis, 2000. p. 139.
(6) Por todos JAKOBS, Gunther. *Tratado de direito penal.* Tradução de Gercélia Batista de Oliveira Mendes e Geraldo de Carvalho. Belo Horizonte: Del Rey, 2009. p. 109 ss; e TOLEDO, Francisco de Assis. *Princípios fundamentais de direito penal.* São Paulo: Saraiva, 1991. p. 20 ss.
(7) Apenas para situar o leitor, no cenário nacional, por todos, TOLEDO, Francisco de Assis. *Princípios fundamentais de direito penal.* São Paulo: Saraiva, 1991. p. 25; e BATISTA, Nilo. *Introdução crítica ao direito penal.* Rio de Janeiro: Revan, 1990. p. 71. Entretanto, alguns autores não admitem essa possibilidade. Por todos, Bettiol ao escrever que: "Somos de opinião que não pode ser reconhecida nenhuma eficácia ao *desuetudine,* porque até que um preceito ou uma sanção não sejam ab-rogados expressa ou implicitamente por uma nova disposição legislativa, o que se pretende ab-rogado 'existe sempre, ao menos em potência; é uma energia não utilizada mas utilizável quando diversos critérios políticos se substituam aos primeiros'. A indolência ou a incúria dos magistrados na aplicação da lei não poderá justificar a afirmação de que caiu em desuso, servindo apenas de indicação ao legislador de que uma lei não é mais sentida como necessária pela coletividade, pra que providencie sua ab-rogação". BETTIOL, Giuseppe. *Direito penal.* 2. ed. Tradução de Paulo José da Costa Junior e Alberto Silva Franco. São Paulo: Revista dos Tribunais, 1977. v. I, p. 149.

Sendo assim, os costumes, comumente considerados como fonte do direito em outras áreas jurídicas, no âmbito penal não podem de forma alguma criar crimes e/ou penas.

O contrário, porém, não é verdadeiro. Admite parte da doutrina[8] e da jurisprudência[9] que os costumes constituem fonte de direito penal quando operam na exclusão da ilicitude, diminuição da pena ou da culpabilidade[10], fenômeno este conhecido por desuetudo.

Essa situação se justifica pelo simples fato de que o Princípio da Legalidade deve sua existência à necessidade de limitar o arbítrio estatal e garantir a segurança do cidadão. Admitido o costume como fonte de incriminação ou agravamento da situação do réu, esvai-se a almejada segurança jurídica. Porém, se o costume passa a admitir determinada conduta que antes era considerada "profana", perniciosa, causadora de mal estar social, como normal, a proibição perde todo o sentido, já que o Estado e o próprio Direito Penal somente existem como meio para que os cidadãos alcancem seus ideais e não como fins em si mesmos.

1.2.3. NULLUM CRIMEM NULLA POENA SINE LEGE ESTRICTA

Tal subprincípio relaciona-se diretamente com a proibição da analogia em matéria penal para criar crimes, fundamentar ou agravar as penas.

De forma bem simples, a analogia pode ser conceituada como um método de integração de lacunas no direito.

Miguel Reale, ao explicar a analogia escreve: "A analogia atende ao princípio de que o Direito é um sistema de fins. Pelo processo analógico, estendemos a um caso não previsto aquilo que o legislador previu para outro semelhante, em igualdade de razões. Se o sistema do Direito é um todo que obedece a certas finalidades fundamentais, é de se pressupor que, havendo identidade de razão jurídica, haja identidade de disposição nos casos análogos, segundo um antigo e sempre novo ensinamento: *ubi eadem ratio, ibi eadem juris dispositio* (onde há a mesma razão deve haver a mesma disposição de direito)[11].

Entretanto, não obstante a sua aplicação nos demais ramos do direito, o Princípio da Legalidade impede a incidência da analogia no âmbito penal para restringir a liberdade do cidadão, pois tal função é reservada única e exclusivamente à lei, em seu sentido estrito.

A permissão da criação de crimes ou majoração das penas através da analogia violaria toda e qualquer segurança jurídica almejada pelo Princípio da Legalidade,

---

(8) TOLEDO, Francisco de Assis. *Op. cit.*, p. 25.
(9) REALE, Miguel. *Lições preliminares de direito*. 27. ed. São Paulo: Saraiva, 2005. p. 296.
(10) FERRAJOLI, Luigi. *Direito e razão*. 2. ed. São Paulo: Revista dos Tribunais, 2006. p. 353.
(11) FRAGOSO, Heleno Cláudio. *Lições de direito penal*. 16. ed. Rio de Janeiro: Forense, 2003. p. 114-115.

pois permitiria o exercício de arbitrariedades pelo magistrado que, caso entendesse que se determinada conduta, não prevista pelo legislador como crime, fosse análoga a outra com previsão legal, poderia aplicar a pena dessa àquela. Tal situação violaria, certamente, não só segurança jurídica do cidadão — que como já dissemos tem o direito-garantia de saber o que pode ou não fazer — mas também os postulados do próprio Estado Democrático de Direito, que sempre deve ter o Direito Penal como um limite à sua própria atuação perante o indivíduo.

Entretanto, a vedação à utilização da analogia não é absoluta, pois permite-se sua utilização naquelas situações em que seja favorável ao réu. "A analogia encontra-se excluída se é *in malam partem*, enquanto é admitido caso seja *in bonam partem*, ao estar sua proibição dirigida, conforme o critério geral do *favor rei*, a impedir não a restrição, mas somente a extensão por obra da discricionariedade judicial do âmbito legal da punibilidade"[12].

Assim, de maneira bem simples, podemos dizer que não se pode aplicar a analogia para prejudicar o réu — restringindo sua liberdade ou majorando sua pena —, mas que poderá ser aplicada caso o beneficie — aumentando a sua liberdade ou amenizando sua pena.

1.2.4. Nullum crimem nulla poena sine lege certa

Por fim, para que o Princípio da Legalidade concretize a garantia individual a que se propõe, não basta que haja uma lei — em sentido estrito — anterior ao fato, pois ainda é necessário que o conteúdo dessa lei seja cognoscível pelo indivíduo, de modo que ele consiga compreender seu conteúdo e determinar-se de acordo com ele.

Nas palavras de Heleno Cláudio Fragoso:

> [...] atinge o princípio da legalidade a incriminação vaga e indeterminada de certos fatos, que deixa incerta a esfera da licitude, comprometendo, desta forma, a segurança jurídica do cidadão. É este um aspecto novo do velho princípio, que pode ser formalmente observado, com a existência de uma lei prévia, mas violado na substância com a indeterminação da conduta delituosa. [...] A incriminação vaga e indeterminada faz com que, em realidade, não haja lei definindo como delituosa certa conduta, por entrega, em última análise, a identificação do fato punível ao arbítrio do julgado[13].

É, portanto, uma exigência do Estado Democrático de Direito, decorrente do Princípio da Legalidade, que a lei seja certa e determinada, ou seja, que especifique exatamente quais são as condutas proibidas e suas consequências, para que o cidadão

---

(12) TOLEDO, Francisco de Assis. *Op. cit.,* p. 20 ss.
(13) BATISTA, Nilo. *Introdução crítica ao direito penal.* Rio de Janeiro: Revan, 1990. p. 82.

possa, de forma simples, entender quais limitações lhe foram impostas pelo Estado-legislador.

Surge aqui, portanto, um novo — no sentido de moderno — aspecto e subprincípio do Princípio da Legalidade, chamado pela doutrina ora de Princípio da Taxatividade, ora da Determinação, ora da Taxatividade-determinação, ora da Certeza ou, ainda, do Mandato da Certeza.

Assim, por determinação do referido subprincípio, não pode a lei penal ser ambígua, genérica, vazia, indeterminada ou abusar de cláusulas gerais e conceitos indeterminados, mas sim buscar, com simplicidade, a maior determinação possível.

Todavia, nos alerta Francisco de Assis Toledo, "infelizmente, no estágio atual de nossa legislação, o ideal de que todos possam conhecer as leis penais parece cada vez mais longínquo, transformando-se, por imposição da própria lei, no dogma do conhecimento presumido, que outra coisa não é senão pura ficção jurídica"[14].

Em famosa sistematização, Eugênio Zaffaroni distinguiu as seguintes modalidades de violação do princípio da legalidade através da criação de proibições vagas e indeterminadas:

> *1. Ocultação do Núcleo do Tipo*: chama-se de núcleo do tipo penal o verbo através do qual o agente pratica a conduta criminalizada (o núcleo do tipo penal de homicídio é "matar"), sendo que em alguns tipos penais a ação não é descrita perfeitamente, de modo que possa ser diferençável de outras, mas sim de forma confusa, omitindo seu significado no emprego de um verbo inadequado, como acontecia, por exemplo, com o antigo crime de adultério, previsto no art. 240: "cometer adultério", onde o crime era definido pela utilização do próprio objeto que se queria definir. Assim, para a lei, cometia o crime de adultério aquele que praticasse adultério, ou seja, a lei não definia o que era adultério, tampouco como esse adultério poderia ser praticado: era necessário que houvesse conjunção carnal, atos libidinosos ou bastava um beijo com outra pessoa que não o cônjuge? Ainda, a tipificação do art. 149 do Código Penal: "Reduzir alguém à condição análoga à de escravo", onde o legislador quer tutelar a liberdade e, para tanto, ao invés de proibir a sua constrição, constrói o tipo sobre o resultado que quer evitar, sem delimitar quais condições considera análogas à de escravo.
>
> *2. Emprego de Elementos do Tipo sem Precisão Semântica*: é possível compreender exatamente o significado de expressões tais como "estado de perigo moral", art. 245; "casa mal afamada", "pessoa viciosa ou de má vida", "espetáculo capaz de pervertê-lo", art. 247; "mulher honesta", revo-

---

(14) LUNA, Everardo da Cunha. *Capítulos de direito penal*. São Paulo: Saraiva, 1985. p. 32.

gado art. 219? Tais elementos normativos não gozam de um nível aceitável de "certeza típica"[15].

3. Tipificações Abertas e Exemplificativas: são os chamados tipos "abertos" ou "amplos" e também os "exemplificativos", entendidos como aqueles que valem-se de expressões genéricas tais como: "qualquer outro meio fraudulento", art. 171; "ou qualquer outro meio simbólico", art. 147, "ou por qualquer outro título", art. 226, II.

Everardo da Cunha Luna, já dizia que:

> O maior perigo atual para o princípio da legalidade, em virtude da forma com que se apresenta, são os chamados tipos penais abertos ou amplos, para os quais o direito consuetudinário não tem força restritiva. Aqui, o dogma da reserva legal é aparentemente mantido, porque a lei, em vez de falar, concede a palavra para quem dela quiser, ou melhor, puder fazer uso. Trata-se de uma tendência autoritária do direito penal contemporâneo, que se observa em vários países, inclusive no Brasil [...][16].

O referido autor preocupa-se tanto com a utilização indiscriminada dos "tipos penais abertos" e seus efeitos negativos que propõe um acréscimo ao princípio. Segundo o autor o art. 1º do Código Penal, depois do acréscimo, passaria a ter a seguinte redação: "Não há crime sem lei anterior que o defina. Não há pena sem prévia cominação legal. Parágrafo único (sugestão de Cunha Luna): O crime, definido em lei anterior, de que trata este artigo, consiste em fato concreto e determinado"[17].

A lei penal, como qualquer outra, é compreendida através da linguagem. Desse modo, o Princípio da Determinação, corolário do Princípio da Legalidade, impõe ao legislador um exigência linguística: a utilização de signos linguísticos claros que possibilitem uma individualização do modelo abstrato de conduta[18].

Não obstante todas as recomendações doutrinárias, o legislador insiste em desrespeitar o Princípio da Legalidade (especialmente no que tange à *Nullum crimem nulla poena sine lege certa*, ou seja, à Estrita Legalidade ou Taxatividade ao criar tipos penais utilizando-se de expressões com conteúdo vago, que não permitem o exato conhecimento da proibição.

Essa situação torna-se perigosa, pois o enquadramento típico — em virtude da inexatidão, da ambiguidade, da obscuridade, da amplitude etc., das expressões utilizadas — fica exclusivamente ao critério do juiz, que conforme suas convicções pessoais poderá interpretar essas expressões de uma maneira ou de outra, trazendo

---

(15) LUNA, Everardo da Cunha. *Op. cit.*, p. 315.
(16) BRANDÃO, Cláudio. *Introdução ao direito penal.* Rio de Janeiro: Forense, 2002. p. 80 ss.
(17) Por todos José Geraldo Brito Filomeno: "Ora, onde está a falta de previsão ou reserva legal? É evidente que as condições dos produtos e serviços impróprios são definidas em normas específicas de saúde pública, metrologia e qualidade industrial". *Manual dos direitos do consumidor.* 9. ed. São Paulo: Atlas, 2007. p. 302.
(18) MORAES, Maurício Z. In: SALOMÃO, Heloisa Estellita (org.). *Direito penal empresarial.* São Paulo: Dialética, 2001. p. 206.

uma situação de inegável insegurança jurídica, inadmissível em um Estado Democrático de Direito.

Infelizmente, quer nos parecer que o Código de Defesa do Consumidor está repleto de expressões dessa natureza, que se repetem por muitos dos tipos penais previstos na Lei n. 8.078, de 1990, demonstrando a falta de técnica legislativo-penal e, principalmente, a falta de respeito a um Princípio Constitucional tão caro à humanidade, que representa uma das maiores conquistas do indivíduo frente ao Estado.

2. DAS INFRAÇÕES PENAIS PREVISTAS NO CÓDIGO DE DEFESA DO CONSUMIDOR

Primeiramente, não se despreza o fato de que os crimes contra as relações de consumo não estão previstos apenas na Lei n. 8.078, de 1990, mas também em outros diplomas legais, como, por exemplo, a Lei n. 8.137, de 1990. Entretanto, por tratar-se de uma obra comemorativa dos 20 anos do Código de Defesa do Consumidor, nos ateremos apenas a esse diploma legal.

O Código de Defesa do Consumidor trata das questões penais em seu Título II do art. 61 ao art. 80.

Não obstante, estão previstos nesse diploma apenas 12 crimes, pois entre os artigos citados encontram-se artigos vetados (art. 62), artigos meramente explicativos (alguns como os arts. 61 e 75, primeira parte que apenas repetem desnecessariamente disposições já contidas no Código Penal), artigos que tratam de circunstâncias agravantes (art. 76), artigos que tratam de penas restritivas de direitos (art. 78), etc.

Passemos à análise dos artigos.

2.1. ART. 62

Colocar no mercado, fornecer ou expor para fornecimento produtos ou serviços impróprios.

Pena — Detenção de seis meses a dois anos e multa.

§ 1º Se o crime é culposo:

Pena — Detenção de três meses a um ano ou multa.

§ 2º As penas deste artigo são aplicáveis sem prejuízo das correspondentes à lesão corporal e à morte.

O primeiro dos crimes constantes no Código de Defesa do Consumidor, conforme já dito, sequer chegou a entrar em vigência, pois foi vetado pela Presidência, por afrontar de maneira descabida a Constituição Federal, tendo a seguinte mensagem de veto: "Em se tratando de norma penal, é necessário que a descrição da conduta vedada seja precisa e determinada. Assim, o dispositivo afronta a garantia estabelecida no art. 5º, XXXIX, da Constituição".

O veto, não obstante posições em contrário[19], foi mais do que correto, pois o referido dispositivo não obedece ao Princípio da Legalidade, especialmente no que se refere à Estrita Legalidade, posto que a expressão "impróprio" não permite, de maneira alguma, saber qual o conteúdo da proibição, pois um produto pode ser "próprio" para um fim e "impróprio" para outro.

Porém, a questão do veto foi rapidamente contornada pelo legislador, que inseriu esse tipo penal na Lei n. 8.137, de 1990, especificamente no art. 7º, inciso IX, com a seguinte redação: Constitui crime contra as relações de consumo: IX — vender, ter em depósito para vender ou expor à venda ou, de qualquer forma, entregar matéria-prima ou mercadoria, em condições impróprias ao consumo.

Dessa vez não houve veto, mas o Princípio da Legalidade continuou a ser desrespeitado, pois mais uma vez o legislador criou uma proibição genérica que simplesmente não permite que conheça integralmente o conteúdo da proibição.

Alguns defendem o dispositivo penal dizendo tratar-se de norma penal em branco, que deve ser completada pelo art. 18, § 6º e pelo art. 20, § 2º, ambos do Código de Defesa do Consumidor, fato que por si só já permitiria a construção e utilização do referido tipo penal.

Assim, a expressão "impróprios para o consumo" seria complementada pelos seguintes dispositivos.:

Art. 18

§ 6º São impróprios ao uso e consumo:

I — os produtos cujos prazos de validade estejam vencidos;

II — os produtos deteriorados, alterados, adulterados, avariados, falsificados, corrompidos, fraudados, nocivos à vida ou à saúde, perigosos ou, ainda, aqueles em desacordo com as normas regulamentares de fabricação, distribuição ou apresentação;

III — os produtos que, por qualquer motivo, se revelem inadequados ao fim a que se destinam.

Art. 20

§ 2º São impróprios os serviços que se mostrem inadequados para os fins que razoavelmente deles se esperam, bem como aqueles que não atendam as normas regulamentares de prestabilidade.

Ora, com o perdão da expressão, é um típico caso onde a emenda saiu pior que o soneto, pois se já era difícil compreender o conteúdo de "impróprios", imagine conjugar "impróprios" com "deteriorados", "alterados", "nocivos", "perigosos", "qualquer motivo", "inadequados ao fim a que se destinam", "inadequados para os fins que razoavelmente deles se esperam", "normas regulamentares de prestabilidade", etc.

---

(19) Por todos José Geraldo Brito Filomeno: "Ora, onde está a falta de previsão ou reserva legal? É evidente que as condições dos produtos e serviços impróprios são definidas em normas específicas de saúde pública, metrologia e qualidade industrial". In: *Manual dos direitos do consumidor*. 9. ed. São Paulo: Atlas, 2007. p. 302.

É simplesmente impossível saber quais produtos ou serviços podem ou não ser considerados impróprios, pois de um ponto de vista ou de outro, tudo pode ser alterado, pode ser nocivo, perigoso, inadequado ou imprestável.

A única hipótese que escaparia a essa crítica seria a do inciso I do § 6º do art. 18, que se refere ao prazo de validade dos produtos. Entretanto, não pense que esse dispositivo está isento de críticas, pois se há um respeito ao Princípio da Legalidade, não há qualquer respeito a outro fundamental Princípio do Direito Penal, o da Ofensividade, mas que não nos ateremos agora por fugir ao objetivo principal de nosso estudo.

2.2. Arts. 63, 64 e 65

Os arts. 63, 64 e 65 serão analisados de forma conjunta, vez que os três dispositivos utilizam-se das mesmas imprecisas expressões, de forma que a crítica dirigida a qualquer um aproveita-se aos outros.

Vejamos as redações, onde destacamos as expressões objeto de análise.

Art. 63. Omitir dizeres ou sinais ostensivos sobre a nocividade ou periculosidade de produtos, nas embalagens, nos invólucros, recipientes ou publicidade:

Pena — Detenção de seis meses a dois anos e multa.

§ 1º Incorrerá nas mesmas penas quem deixar de alertar, mediante recomendações escritas ostensivas, sobre a periculosidade do serviço a ser prestado.

§ 2º Se o crime é culposo:

Pena — Detenção de um a seis meses ou multa.

Art. 64. Deixar de comunicar à autoridade competente e aos consumidores a nocividade ou periculosidade de produtos cujo conhecimento seja posterior à sua colocação no mercado:

Pena — Detenção de seis meses a dois anos e multa.

Parágrafo único. Incorrerá nas mesmas penas quem deixar de retirar do mercado, imediatamente quando determinado pela autoridade competente, os produtos nocivos ou perigosos, na forma deste artigo.

Art. 65. Executar serviço de alto grau de periculosidade, contrariando determinação de autoridade competente:

Pena — Detenção de seis meses a dois anos e multa.

Parágrafo único. As penas deste artigo são aplicáveis sem prejuízo das correspondentes à lesão corporal e à morte.

Como se percebe da leitura dos artigos acima, o legislador busca com os referidos tipos penais garantir o direito do consumidor à informação, conforme prevê o Código do Consumidor em seu art. 6º, incisos I e III, bem como garantir que o fornecedor cumpra seus deveres insculpidos nos arts. 9º, 10 e 31.

Os arts. 63 e 64 diferem-se pelo momento em que a conduta é praticada. No primeiro caso, o fornecedor já conhece a nocividade ou periculosidade do produto, mas omite os dizeres ostensivos que deveriam alertar o consumidor. No segundo caso, depois do produto entrar no mercado, o fornecedor descobre a nocividade ou periculosidade e deixa de comunicar os consumidores e as autoridades. Em ambos trata-se de crime omissivo e de perigo abstrato, isto é, não é necessário que haja qualquer dano a qualquer pessoa, pois o simples fato de colocar o produto no mercado nessas condições ou de, depois de colocado, não avisar sobre a nocividade ou periculosidade, já caracteriza o crime, fato que por si só já permite uma série de críticas e objeções a esse tipo penal, pois, segundo alguns autores, violaria o Princípio da Ofensividade, pois não haveria lesão para nenhum bem jurídico.

Entretanto, não obstante as boas intenções do legislador, a redação dos referidos dispositivos não obedeceu à boa técnica legislativo-penal, posto que utilizou-se de elementos normativos com conteúdo pouco definido, desrespeitando o Princípio da Legalidade, exatamente na sua exigência de que a lei seja estrita, taxativa, determinada.

Conforme nos alerta Maurício Zanoide de Moraes: "ambas expressões não gozam de qualquer referência legislativa no diploma do consumidor ou em qualquer outro, fato que de per si já seria criticável [...]"[20].

Os termos "nocividade" e "periculosidade", digam o que disserem, não podem ser simplesmente lidos e aplicados ao caso concreto, é preciso muito raciocínio hermenêutico para que se consiga, antes de tudo, diferenciá-los e, depois, compreender exatamente o que significa cada um deles.

Para se ter uma ideia da dificuldade de distinção, na obra "Crimes Contra o Consumidor", Fernando José da Costa e Paulo José da Costa Junior utilizam mais de uma página, especificamente 43 linhas, para tentar explicar a diferença entre "nocividade" e "periculosidade"[21].

Ora, toda e qualquer distinção que necessite desse tanto de palavras e explicações para ser entendida, por si só, já merece ser pensada, quanto mais ser utilizado em um tipo penal onde há uma exigência constitucional de que sua redação seja simples, clara, compreensível e taxativa.

Tratam-se de expressões que sempre precisarão ser valoradas pelo magistrado, e somente aquilo que ele entender ser nocivo ou perigoso, dentro dos seus critérios, é que poderá ou não caracterizar o crime.

É claro que em situações extremas essa dificuldade não existirá, como por exemplo na hipótese de venda de um veículo cujo freio não funciona, mas em outras, que serão a maioria, principalmente na prestação de serviços, certamente ocorrerá, pois existem diversos produtos que tem uma "periculosidade" e/ou "nocividade"

---

(20) MORAES, Maurício Z. *Op. cit.*, p. 201.
(21) COSTA JUNIOR, Paulo J.; COSTA, Fernando J. *Crimes contra o consumidor*. 2. ed. São Paulo: Atlas, 2008. p. 7 ss.

imanentes, como por exemplo, fogos de artifícios, remédios, utensílios domésticos (facas, liquidificadores, fornos, etc.), fato que dificulta muito a determinação em avaliar a "periculosidade" ou "nocividade", para saber o que deve ou não o fornecedor ostentar como informação. Será que é preciso avisar que uma faca só deve ser utilizada para cortar alimentos e não pessoas? Será que é preciso avisar que não se deve colocar a mão no liquidificador quando este estiver funcionando? Será que se deve avisar que não se pode soltar rojões na direção de pessoas?

Em relação ao art. 64 surge outro problema, representado pela utilização da conjunção "e" e não "ou" ao prever: "Deixar de comunicar à autoridade competente e aos consumidores [...]". Mais uma vez, em nome do Princípio da Legalidade, não é possível outra interpretação que não a que para a configuração do crime é necessário que o fornecedor deixe de comunicar tanto as autoridades, quanto os consumidores, posto que se comunicar somente um deles, não incorre no aludido crime. Certamente, não foi essa a intenção do legislador, mas é isso que está escrito no tipo penal, sendo que por imperativo do Princípio da Legalidade não se pode fazer interpretação de tipos penais em desfavor da liberdade individual[22].

Ainda, como se já não bastassem essas dificuldades, no art. 65, o legislador não satisfeito com o termo "periculosidade", resolveu criar a situação de serviços de "alto grau de periculosidade".

Ora, se já é difícil saber o que é ou não dotado de periculosidade, quanto mais distinguir os graus dos serviços prestados quanto à periculosidade.

Conforme salientam Paulo José da Costa Junior e Fernando José da Costa, o tipo é totalmente indeterminado, carente de taxatividade, ofendendo frontalmente o Princípio da Legalidade, que assegura a certeza do direito penal. "Incrimina-se a execução de serviço de alto grau de periculosidade, sem se estabelecer quando esta assume semelhante grau"[23].

No mesmo sentido, Maurício Zanoide de Moraes ao afirmar que "À casuística e indefinida 'periculosidade' o legislador ainda acresceu o termo 'alto', não menos impreciso e indefinido"[24].

Ainda, tal dispositivo é objeto de mais duas críticas realizadas por Alberto Zacharias Toron. A primeira em relação a quem se refere o alto grau de periculosidade, se está tentando proteger "a pessoa que executa o serviço, à do transeunte que passa pela via, ou à do futuro adquirente do serviço ou produto". A segunda, e mais grave, segundo o referido autor, é em relação à possibilidade criada pela redação do artigo de se desrespeitar a determinação legal, pois segundo Toron "se reprova unicamente a contrariedade à determinação da autoridade competente. Paradoxalmente, pode-se

---

(22) Em sentido contrário PRADO, Luiz Régis. *Direito penal econômico*. 3. ed. São Paulo: Revista dos Tribunais, 2009. p. 93.
(23) COSTA JUNIOR, Paulo J.; COSTA, Fernando J. *Op. cit.*, p. 15.
(24) MORAES, Maurício Z. *Op. cit.*, p. 208.

o mais (desrespeitar a determinação legal), e não o menos (desrespeitar o comando da autoridade)"[25].

Conclusão

No presente estudo, vimos que a tutela dos direitos do consumidor tem previsão constitucional, motivo pelo qual o legislador, há 20 anos, criou o Código de Defesa do Consumidor.

Reconhecendo a hipossuficiência decorrente da desigualdade entre consumidores e fornecedores, a Lei n. 8.078, de 1990, resolveu proteger o consumidor em três âmbitos: civil, administrativo e penal.

Para a proteção no âmbito penal, como não poderia deixar de ser, o legislador criou alguns tipos penais, exatamente 14, previstos nos arts. 61 até 74, no Título II do Código de Defesa do Consumidor.

Dentre esses artigos, analisamos o 61, 62, 63, 64 e 65, frente ao Princípio da Legalidade, especificamente no que se refere à Estrita Legalidade ou Determinação, sendo que ao final demonstramos que os referidos tipos penais não respeitam integralmente esse Princípio, pois utilizam-se de termos ambíguos e indeterminados, tornando os dispositivos inconstitucionais e, consequentemente, inaplicáveis.

A consequência disso é que por pura falta de técnica legislativa o fim da lei — que é a proteção do consumidor — não pode ser alcançado, pois uma lei inconstitucional não tem eficácia alguma.

Cabe então, passados 20 anos, uma revisão desses tipos penais para que possam ser modificados ao ponto de respeitarem o Princípio da Legalidade para que consigam alcançar o fim a que se propõem: proteger o consumidor.

Referências bibliográficas

ASÚA, Luis Jimenez de. *Tratado de derecho penal*. Buenos Aires: Losada, 1992. v. 1, t. II.

BATISTA, Nilo. *Introdução crítica ao direito penal*. Rio de Janeiro: Revan, 1990.

BETTIOL, Giuseppe. Direito penal. 2. ed. Tradução de Paulo José da Costa Junior e Alberto Silva Franco. São Paulo: Revista dos Tribunais, 1977. v. I.

BRANDÃO, Cláudio. *Introdução ao direito penal*. Rio de Janeiro: Forense, 2002.

COSTA JUNIOR, Paulo J.; COSTA, Fernando J. *Crimes contra o consumidor*. 2. ed. São Paulo: Atlas, 2008.

FERRAJOLI, Luigi. *Direito e razão*. 2. ed. São Paulo: Revista dos Tribunais, 2006.

---

[25] TORON, Alberto Z. Aspectos penais da proteção ao consumidor. In: *Revista Brasileira de Ciências Criminais*, ano 3, n. 11, 1995.

FILOMENO, José Geraldo Brito. *Manual dos direitos do consumidor.* 9. ed. São Paulo: Atlas, 2007.

FRAGOSO, Heleno Cláudio. *Lições de direito penal.* 16. ed. Rio de Janeiro: Forense, 2003.

JAKOBS, Gunther. *Tratado de direito penal.* Tradução de Gercélia Batista de Oliveira Mendes e Geraldo de Carvalho. Belo Horizonte: Del Rey, 2009.

LUNA, Everardo da Cunha. *Capítulos de direito penal.* São Paulo: Saraiva, 1985.

MAGGIORE, Giuseppe. *Derecho penal.* Bogotá: Temis, 2000.

MORAES, Maurício Z. In: SALOMÃO, Heloisa Estellita (org.). *Direito penal empresarial.* São Paulo: Dialética, 2001.

PRADO, Luiz Régis. *Direito penal econômico.* 3. ed. São Paulo: Revista dos Tribunais, 2009.

REALE, Miguel. *Lições preliminares de direito.* 27. ed. São Paulo: Saraiva, 2005.

SMANIO, Gianpaolo Poggio. *Tutela penal dos interesses difusos.* São Paulo: Atlas, 2000.

TOLEDO, Francisco de Assis. *Princípios fundamentais de direito penal.* São Paulo: Saraiva, 1991.

TORON, Alberto Z. Aspectos penais da proteção ao consumidor. In: *Revista Brasileira de Ciências Criminais*, ano 3, n. 11, 1995.

Mercado, Consumidor, Cultura e Direito — a Educação para o Consumo como Direito Humano

Carla Noura Teixeira[*]

"Não sois máquinas! Homens é o que sois!"
(Do filme Tempos Modernos, *de Charles Chaplin)*

1. Noções primeiras

Ao longo da história da humanidade, da feita que os bens passaram a ser produzidos para além da subsistência, existem relações de consumo. O consumo possui várias acepções: por um lado, significa o ato ou efeito de consumir, a consumação, o dispêndio; por outro, representa uma função econômica que consiste na utilização direta das riquezas produzidas.

Desse modo, a partir da prática da *mercancia,* da troca de mercadorias que sobejavam aos produtores, depois quando a produção passa a ser destinada para o mercado, ainda, com a Revolução Industrial em que se tem a otimização do fator de produção pelo avanço da técnica, verifica-se o incremento das relações de consumo. No entanto, estas não podem ser entendidas isoladamente, isto é, em outro contexto que não o das relações econômicas.

As tensões que marcam o globo no século XX a partir da Revolução socialista de 1917, com a conformação da União das Repúblicas Socialistas Soviéticas, em oposição ao capitalismo, nomeadamente vivificado pelos Estados Unidos da América, são acentuadas pela bipolaridade de forças determinando a feição dos Estados e o grau de participação destes nas questões de mercado e economia. Por um lado, verifica--se o Estado que intervém fortemente e gera as forças produtivas da nação; por outro, temos o liberalismo proclamando a livre iniciativa, a valorização do trabalho e a autorregulação do mercado.

(*) Doutora em Direito do Estado e Mestre em Direito das Relações Sociais pela Pontifícia Universidade Católica de São Paulo. Graduada em Direito pela Universidade Federal do Pará. Advogada e Professora da Faculdade de Direito da Universidade Presbiteriana Mackenzie.

Em 1989, um grande marco histórico que sinalizou a mudança de paradigmas tão estanques na organização das economias estatais foi a queda do Muro de Berlim e a subsequente reunificação da Alemanha. Ademais, a dissolução da União Soviética, então liderada por Gorbatchov, inspiradas pelos ventos da *glasnost* (transparência) e da *Perestroika* (reconstrução) inaugurou nova ordem política e econômica culminando em 1991 com a independência das Repúblicas.

Essas mudanças trouxeram nova percepção às relações econômicas internacionais, pois o recrudescimento das tecnologias de informação e comunicação, bem como à intensificação do comércio internacional, dentre outros fatores, levaram a reconfiguração da sociedade internacional, em que a estrutura bipolarizada das relações internacionais foi suplantada, para dar lugar às relações pautadas no multilateralismo[1], característica esta que veio a impor novas posturas mundiais.

Desta feita, o caminhar da sociedade internacional, inserido de forma inarredável em um fenômeno que se convencionou denominar globalização, amparado pela evolução dos meios de comunicação e tecnológicos, trouxe um avanço ao direito internacional e um redimensionamento das relações entre os Estados.

Nesse sentido, Carlos Roberto Husek descreve:

> O fenômeno comunicativo, entendido não só nos estritos parâmetros da linguagem falada ou escrita, mas nos gestos, sinais, símbolos etc., ocorre num só espaço físico — o mundo —, repleto de artefatos radiofônicos e televisivos. Hoje, muitos anseios e preocupações humanas constituem pontos comuns da América à Europa, desta à Ásia, da Ásia ao Continente Africano. Há uma prática reiterada de iguais hábitos e iguais padrões de comportamento em diversos locais do Planeta. *Não se pode deixar de ver no ser humano um único ser, cada vez mais parecido.* Esse fato deve-se ao grande desenvolvimento das comunicações. [...] *O homem não vive mais isolado, e isso já faz alguns séculos. Entretanto, a interdependência, principalmente econômica e política, intensificou-se* a partir da II Guerra Mundial, com a formação de blocos de influência: de um lado, os países liderados pelos Estados Unidos, e, de outro, aqueles liderados pela União Soviética. A organização do mundo em Estados e estes dentro de organizações maiores, como a das Nações Unidas, a paz que perseguem, a necessidade de mútuo auxílio, revelam os traços de uma única sociedade: a sociedade internacional[2] (*grifo nosso*).

---

(1) Celso Lafer, ao tratar da Organização Mundial do Comércio — OMC e seu papel de relevo num mundo de relações multilaterais, deixa claro a necessidade da adoção de regra de transparência pelos países, senão "a segurança de expectativas é fundamental para o 'estado de direito' e para a *rule of law*. É por este motivo que Kant sublinhou a 'qualidade formal da publicidade' como 'a fórmula transcendental do direito público'. A publicidade expõe *erga omnes* políticas públicas jurídicas à luz de uma visível e assim não restrita ou secreta avaliação de sua razoabilidade. Reforça assim uma perspectiva democrática de ordem econômica internacional, uma vez que numa democracia o público, por ser do interesse de todos, é concebido ao mesmo tempo como sendo aquilo que é comum e visível" (*A OMC e a regulamentação do comércio internacional:* uma visão brasileira. Porto Alegre: Livraria do Advogado, 1998. p. 27-28).
(2) HUSEK, Carlos Roberto. *Curso de direito internacional público*. São Paulo: LTr, 2000. p. 18.

Ainda por este prisma, analisando a dimensão do sistema internacional, Marcel Merle aponta como caracterizadores do sistema internacional contemporâneo os seguintes elementos:

— intensificação dos intercâmbios de informações;

— instantaneidade da transmissão de informações;

— aceleração da rapidez e volume das comunicações e deslocamento de pessoas;

— instauração de campo estratégico unificado, em âmbito mundial;

— participação de todos os Estados em densa rede de organizações internacionais, tanto de caráter universal quanto regional.

Essas mudanças estruturais do contexto internacional exigem adaptação da reflexão jurídica a essas novas exigências, visando não só assegurar sua adequação na captação das variáveis de maior relevância, como ainda permitir que o direito seja instrumento regulador apto a manter seu papel nesse contexto transformado e em constante mutação[3].

1.1. Defesa da concorrência e do consumidor: breve visão econômica da teoria do consumidor

Nesse contexto, o consumo insere-se no cotidiano dos indivíduos, em alguns aspectos cada vez mais homogêneos, pois há identidade de anseios e dos bens almejados. Verifica-se que o ser humano está elegendo, a despeito da distância geográfica, dos aspectos culturais, os mesmos bens de consumo.

Correlata à noção de consumo está a lógica que subsidia a defesa da concorrência. Nesse sentido:

> A competição reflete a disputa entre as empresas pela possibilidade de vender seus produtos para o maior número possível de clientes. É o principal mecanismo com que uma economia de mercado conta para garantir o seu bom funcionamento. Em mercados competitivos, as empresas precisam manter baixos custos e margem de lucro, oferecer produtos de boa qualidade, e estar sempre inovando e colocando novos produtos à disposição dos consumidores. Caso contrário, correm o risco de serem expulsas do mercado por concorrentes mais hábeis. No longo prazo, a disputa entre empresas em um mercado competitivo leva à maximização das eficiências alocativa, técnica e "dinâmica" (entendida esta como resultante do progresso técnico), garantindo uma alocação ótima de recursos e o máximo de bem-estar social[4].

---

(3) MERLE, Marcel. *Sociologia das relações internacionais.* 2. ed. Tradução de Ivonne Jean. Brasília: UnB, 1980. p. 399 e ss. *apud* CASELLA, Paulo Borba. *União Europeia, instituições e ordenamento jurídico.* São Paulo: LTr, 2002. p. 49.
(4) PINHEIRO, Armando Castelar; SADDI, Jairo. *Direito, economia e mercados.* Rio de Janeiro: Elsevier, 2005. p. 355.

Assim sendo, a promoção da defesa do consumidor realiza-se necessariamente pela defesa da concorrência de modo a permitir a liberdade de escolha ao consumidor. Perfaz-se a observação da economia de mercado, regido pela livre concorrência em razão da existência do consumidor.

É possível a análise econômica do comportamento do consumidor fundamentada em um conjunto de axiomas e suposições. É o que se convencionou denominar Teoria do Consumidor.

Um dos principais axiomas da teoria do consumidor é o da não saciedade, segundo o qual, essencialmente, um consumidor nunca se enjoa de consumir e, portanto, sempre preferirá mais a menos de qualquer bem ou serviço.

Outra característica,

> A hipótese comportamental básica da Teoria do Consumidor é que este sempre procurará maximizar a sua utilidade. Dada a suposição de não saciedade, isso significa que, se deixado livre, o consumidor tentará consumir quantidades infinitas de todos os bens e serviços. O que o impede? A sua restrição orçamentária.

A restrição orçamentária é, portanto, outro elemento básico da Teoria do Consumidor.

Nesse sentido,

> A quantidade que um consumidor demanda de um bem: aumenta quando o preço do bem em questão cai, ou o montante de recursos disponíveis para consumir fica maior; diminui quando o preço de outros bens diminui[5].

A regência do mercado consumidor dá-se, portanto, de modo que a concorrência seja estimulada, a quantidade de bens produzidos seja sempre ampliada, para que o ciclo do consumo se perfaça insaciavelmente.

2. ORIGENS PRÓXIMAS DA DEFESA DO CONSUMIDOR

No dizer de Armando Castelar Pinheiro e Jairo Saddi:

> Não se pode dissociar a origem das discussões sobre os direitos do consumidor do processo de urbanização e especialização do trabalho, em que a autossubsistência e esquemas mais simples de especialização e trocas perdem importância. A mesma especialização que transforma os trabalhadores em assalariados, respondendo por estágios às vezes pequenos de processos produtivos mais complexos, reforça o seu lado de consumidores. E mais, as relações de consumo deixam de ser realizadas entre pessoas

---

(5) PINHEIRO, Armando Castelar; SADDI, Jairo. *Op. cit.*, p. 41-49.

usualmente conhecidas residentes em pequenos agregados populacionais, para se tornarem transações entre anônimos, elo final de um longo processo de produção e distribuição[6].

De outro prisma a Revolução Industrial, a mudança na produção de bens e, em segundo momento, da prestação de serviços, trouxe problemas principalmente nos países mais industrializados à época — Inglaterra e Estados Unidos da América — sendo precursores de mecanismos de defesa do consumidor, mesmo que sob a égide da *common law*.

Com efeito, o dia do consumidor, 15 de março, é comemorado como marco na luta pela defesa dos direitos do consumidor, pois em 1962 o presidente norte--americano Jonh F. Kennedy realizou significativo discurso enumerando como direitos básicos dos consumidores: o direito à segurança, direito à informação, direito de livre escolha e direito de ser ouvido, isto é, de participação.

Na mesma linha a 248ª Assembleia Geral das Nações Unidas realizada no dia 09 de abril de 1985 através da Resolução n. 39 proclamou os Direitos Fundamentais do Consumidor, podendo ser assim resumidos: i) direito à segurança, com a garantia contra produtos ou serviços que possam ser nocivos à vida ou à saúde; ii) direito a escolha, a opção entre vários produtos e serviços com qualidade satisfatória e preços competitivos; iii) direito à informação, preservando uma decisão consciente pelo conhecimento das características do produto ou serviço; iv) direito a ser ouvido, os interesses do consumidor devem ser considerados pelos governos no planejamento e execução das políticas econômicas; v) direito a indenização, a adequada reparação financeira por danos causados por produtos ou serviços; vi) direito à educação para o consumo, de modo a fomentar meios para o cidadão exercitar conscientemente sua função no mercado; vii) direito a um meio ambiente saudável, à defesa do equilíbrio ecológico para melhorar a qualidade de vida atual e preservá-la para o futuro[7].

Em seguida, foram aprovadas as resoluções do Conselho Econômico e Social (julho/88 e julho/90). Em nível regional, a *International Organization of Consumers Unions* — IOCU, uma organização não governamental mundial de defesa do consumidor, celebrou em Montevidéu, em outubro de 1986, sua primeira conferência regional para América Latina e Caribe. Pouco depois em março de 1987, a ONU, também em Montevidéu, impulsionou a realização de um encontro com um pouco mais de vinte países e algumas organizações de consumidores para discutir a aplicação das diretrizes no continente. A partir daí, vários países passaram a abordar a questão da proteção do consumidor dentro da jurisdição interna, seja adaptando ou elaborando sua legislação. O Brasil, Argentina, Peru, Honduras, Equador, Chile, Costa Rica, México, Paraguai e Uruguai promulgaram leis específicas sobre o tema, sendo que os três primeiros, além de El Salvador, incluíram a tutela do consumidor em suas

---

(6) PINHEIRO, Armando Castelar; SADDI, Jairo. *Op. cit.*, p. 397.
(7) Dados extraídos da obra de: NISHIYAMA, Adolfo Mamoru. *A proteção constitucional do consumidor*. São Paulo: Atlas, 2009. p. 51-53.

Constituições. Outros países como Bolívia, Guatemala, Trinidad e Tobago, Nicarágua e Colômbia estavam em processo de elaboração de suas legislações. O sucesso desta investida se deu graças à monitoração e assistência da ONU aos países das Américas e Ásia[8].

Ademais, é inevitável o paralelismo do desenvolvimento da defesa do consumidor com o incremento das relações de consumo no século XX tendo em perspectiva a sedimentação do direito internacional dos direitos humanos, em especial a consolidação dos direitos sociais, dos direitos do trabalhador e, por seu turno, a defesa do consumidor.

2.1. Textos internacionais

Na dinâmica do direito internacional dos direitos humanos, o consumidor, em especial, as relações de consumo enquanto direito econômico, é assente nos textos normativos internacionais. De início, a Declaração Universal dos Direitos Humanos, aprovada pela Resolução n. 217, na 3ª Sessão Ordinária da Assembleia Geral da ONU, em Paris, em 10 de dezembro de 1948, anuncia que "todas as pessoas nascem livres e iguais em dignidade e direitos", na primeira parte do art. I; e também, que "toda pessoa como membro da sociedade, tem direito à segurança social e à realização, pelo esforço nacional, pela cooperação internacional e de acordo com a organização e recurso de cada Estado, "dos direitos econômicos", sociais e culturais indispensáveis à sua dignidade e ao livre desenvolvimento de sua personalidade" (art. XXII).

Em 4 de dezembro de 1986, foi adotada pela Resolução n. 41/128 da Assembleia Geral das Nações Unidas a Declaração sobre o Direito ao Desenvolvimento, a qual em seu preâmbulo reconhece que "a pessoa humana é o sujeito central do processo de desenvolvimento e que essa política de desenvolvimento deveria assim fazer do ser humano o principal participante e beneficiário do desenvolvimento; ademais, confirma que o direito ao desenvolvimento é um direito humano inalienável e que a igualdade de oportunidades para o desenvolvimento é uma prerrogativa tanto das nações quanto dos indivíduos que compõem as nações". Nesse sentido, o art. 6º, item 3, da presente Declaração imputa aos Estados o dever de "tomar providências para eliminar os obstáculos ao desenvolvimento resultantes da falha na observância dos direitos civis e políticos, assim como dos direitos econômicos, sociais e culturais"; o art. 8º no mesmo sentido dispõe que "os Estados devem tomar, a nível nacional, todas as medidas necessárias para a realização do direito ao desenvolvimento e devem assegurar, inter alia, igualdade de oportunidade para todos em seu acesso aos recursos básicos, educação, serviços de saúde, alimentação, habitação, emprego e distribuição equitativa de renda".

---

(8) Dados extraídos do artigo de: ABREU, Paula Santos de. *A proteção do consumidor no âmbito dos tratados da União Europeia, Nafta e Mercosul.* Disponível em: <http://www.planalto.gov.br/ccivil_03/revista/rev_73/artigos/Paula_rev73.htm>.

No âmbito universal de proteção aos direitos econômicos é de relevo a edição do Pacto Internacional dos Direitos Econômicos, Sociais e Culturais, adotado pela XXI Sessão da Assembleia Geral das Nações Unidas, em 19 de dezembro de 1966, aprovado no Brasil pelo Decreto Legislativo n. 226, de 12 de dezembro de 1991 e promulgado pelo Decreto n. 591, de 6 de julho de 1992. Mais que um pacto que observe os direitos econômicos em sua acepção clássica, versa, precisamente em seu art. 13, sobre o reconhecimento ao direito à educação, sobremaneira o papel do Estado em oferecer os dados de partida na formação educacional de toda pessoa humana, visando o pleno desenvolvimento da personalidade humana e do sentido de sua dignidade, aqui sobejamente antecipamos a assertiva de quão inclusiva é a educação para o consumo.

2.2. BINÔMIO CONSUMO *VERSUS* ECONOMIA NA ORDEM CONSTITUCIONAL BRASILEIRA: A FUNÇÃO SOCIAL DA DEFESA DO CONSUMIDOR

No âmbito nacional a proteção ao consumidor foi feita originariamente pela alegação de proteção da economia popular. A Constituição Federal de 1934, precisamente nos arts. 115 a 117, traz as primeiras manifestações com o objetivo de proteger a economia popular. Nesse ínterim há a redação de Decretos-leis, como por exemplo o 869, de 1938, e o 9.840, de 1946 que dispunham sobre crimes contra a economia popular; a Lei n. 4.137, de 1962, que reprimia o abuso do poder econômico; e a Lei n. 7.347, de 1985, que regulou a ação civil pública visando à proteção dos interesses difusos[9].

A Constituição Federal de 1988, enfim, determinou a condição do consumidor ao positivar no art. 5º, inciso XXXII, como direito fundamental que *o Estado promoverá, na forma da lei, a defesa do consumidor;* e também, no capítulo pertinente à ordem econômica, estabeleceu que: "Art. 170. *A ordem econômica, fundada na valorização do trabalho humano e na livre iniciativa, tem por fim assegurar a todos existência digna, conforme os ditames da justiça social, observados os seguintes princípios:* I — soberania nacional; II — propriedade privada; III — função social da propriedade; IV — livre concorrência; *V — defesa do consumidor;* VI — defesa do meio ambiente, inclusive mediante tratamento diferenciado conforme o impacto ambiental dos produtos e serviços e de seus processos de elaboração e prestação; VII — redução das desigualdades regionais e sociais; VIII — busca do pleno emprego; IX — tratamento favorecido para as empresas de pequeno porte constituídas sob as leis brasileiras e que tenham sua sede e administração no País. Parágrafo único. É assegurado a todos o livre exercício de qualquer atividade econômica, independentemente de autorização de órgãos públicos, salvo nos casos previstos em lei".

Diante disso, verifica-se a necessidade de defesa do consumidor perante o fornecedor, permitindo duas ilações: a primeira, de que deve-se buscar o equilíbrio

---

(9) Dados extraídos da obra de: PINHEIRO, Armando Castelar; SADDI, Jairo. *Op. cit.*, p. 398.

das relações entre fornecedor e consumidor; e, ainda, a presunção de hipossuficiência do consumidor que precisa ser compensada pelo Estado.

Observando a interpretação sistemática do texto constitucional, Adolfo M. Nishiyama descreve a função social da defesa do consumidor assente nos seguintes pilares:

> O Estado tem o dever de satisfazer dadas finalidades em prol do interesse de outrem, no caso dos consumidores. Para tanto, deverá manejar poderes para supri-las. Tais poderes são instrumentos ao alcance das referidas finalidades. Dessa forma, o Estado deverá manejar "deveres-poderes", no interesse dos consumidores. Esse, com efeito, é o fundamento para a existência da função social da defesa do consumidor.
>
> Esses "deveres-poderes" (função) estão previstos expressamente no texto constitucional ao estabelecer que o Estado promoverá, na forma da lei, a defesa do consumidor (CF, ar. 5º, inciso XXXII), sendo esse comando uma cláusula pétrea, assim como a função social da propriedade (CF, art. 5º, XXIII). Inobstante a defesa do consumidor e a função social da propriedade serem consideradas cláusulas pétreas, o constituinte originário foi mais além ao estabelecer que a defesa do consumidor é um dos princípios da ordem econômica (CF, art. 170, inciso V), novamente junto com a função social da propriedade (CF, art. 170, inciso III).
>
> O art. 170, *caput*, da Constituição Federal, contém um comando no sentido de que a ordem econômica tem por finalidade assegurar a todos existência digna, conforme os ditames da justiça social, o que corrobora a existência de uma função social da defesa do consumidor. Tal dispositivo constitucional, no entanto, não pode ser interpretado isoladamente, pois a função social da defesa do consumidor se justifica também diante da existência do princípio da dignidade da pessoa humana (CF, art. 1º, inciso III), que é um dos fundamentos da República Federativa do Brasil, e pela construção de uma sociedade justa e solidária (CF, art. 3º, inciso I), que é um dos objetivos fundamentais da República Federativa do Brasil[10].

3. SOCIEDADE MODERNA E CULTURA

Marshall Berman retrata a modernidade — critério válido de observação do ser humano — como "um tipo de experiência vital — experiência de tempo e espaço, de si mesmo e dos outros, das possibilidades e perigos da vida — que é compartilhada por homens e mulheres em todo o mundo, hoje".

Descreve as fontes do turbilhão da vida moderna:

---

(10) NISHIYAMA, Adolfo Mamoru. *A proteção constitucional do consumidor*. São Paulo: Atlas, 2009. p. 157.

Grandes descobertas nas ciências físicas, com a mudança da nossa imagem do universo e do lugar que ocupamos nele; a industrialização da produção, que transforma conhecimento científico em tecnologia, cria novos ambientes humanos e destrói os antigos, acelera o próprio ritmo de vida, gera novas formas de poder corporativo e de lutas de classes; descomunal explosão demográfica, que penaliza milhões de pessoas arrancadas de seu *habitat* ancestral, empurrando-as pelos caminhos do mundo em direções a novas vidas; rápido e muitas vezes catastrófico crescimento urbano; sistemas de comunicação de massa, dinâmicos em seu desenvolvimento, que *embrulham e amarram, no mesmo pacote, os mais variados indivíduos e sociedades*; Estados nacionais cada vez mais poderosos, burocraticamente estruturados e geridos, que lutam com obstinação para expandir seu poder; movimentos sociais de massa e nações desafiando seus governantes políticos ou econômicos, lutando por obter algum controle sobre suas vidas; enfim, dirigindo e manipulando todas as pessoas e instituições, um mercado capitalista mundial, drasticamente flutuante, em permanente expansão[11] (*grifo nosso*).

Situando o homem em seu caminhar para o século XXI, vislumbramos variados aspectos: i) o estar em sociedade; ii) o desenvolvimento das ciências sociais; iii) o avanço tecnológico — consequente encurtamento de distância de dados, informações, valores, pessoas e fronteiras.

O homem ao posicionar-se frente à vida questiona o valor que as coisas têm para sua sobrevivência. Justamente buscando a determinação dos bens da vida — o que fará mediante a formulação da linguagem —, o homem, integrar-se-á como ser social. Fenômeno esse possível em virtude da premissa primeira que define o homem como ser dotado de uma capacidade própria, qual seja, segundo Aristóteles, "o homem é o único animal que possui razão", sendo que a razão serve para indicar-lhe o útil e o pernicioso, portanto também o justo e o injusto.

---

(11) BERMAN, Marshall. *Tudo que é sólido desmancha no ar* — a aventura da modernidade, 2006. p. 15-16. O autor, ao aprofundar a obra no capítulo I. *O Fausto*, de Goethe: A Tragédia do Desenvolvimento descreve que a "força vital que anima o Fausto goethiano, que o distingue dos antecessores e gera muito de sua riqueza e dinamismo é um impulso que vou designar como desejo de *desenvolvimento*. Fausto tenta explicar esse desejo ao diabo, porém não é fácil fazê-lo. [...] O que esse Fausto deseja para si mesmo é um processo dinâmico que incluiria toda sorte de experiências humanas, alegria e desgraça juntas, assimilando--as todas ao seu interminável crescimento interior; até mesmo a destruição do próprio eu seria parte integrante do seu desenvolvimento", p. 45-46.

Ainda Berman avalia como uma das ideias mais originais e frutíferas do Fausto de Goethe a afinidade entre o ideal cultural do autodesenvolvimento e o efetivo movimento social na direção do desenvolvimento *econômico*. Goethe acredita que essas duas formas de desenvolvimento devem caminhar juntas, devem fundir-se em uma só, antes que qualquer uma dessas modernas premissas arquetípicas venha a ser cumprida. O único meio de que o homem moderno dispõe para se transformar é a radical transformação de todo o mundo físico, moral e social em que ele vive. A heroicidade do Fausto goethiano provém da liberação de tremendas energias humanas reprimidas, não só nele mesmo, mas em todos os que ele toca e, eventualmente, em toda a sociedade a sua volta. Porém, o grande desenvolvimento que ele inicia — intelectual, moral, econômico, social — representa um altíssimo custo para o ser humano. Este é o sentido da relação de Fausto com o diabo: os poderes humanos só podem se desenvolver através daquilo que Marx chama de "os poderes ocultos", negras e aterradoras energias, que podem irromper com força tremenda, para além do controle humano.

A cultura é produto da criação humana tendo por escopo a concretização de valores humanos. O meio instrumental que o homem constrói para atribuir significações à natureza é a linguagem. A linguagem participa em simultâneo do mundo físico, do fisiológico e do psíquico, da índole pessoal de cada um, bem como de seu contorno social.

É possível afirmar que:

> A cultura é uma realidade na qual nada carece de significado justamente por ser ela a própria construção do significado: por ser ela a expressão dos valores de determinada comunidade humana. Na cultura a vida adquire um sentido, concretizado em suas construções. Ao criar uma cultura, os indivíduos ou comunidades projetam diante de si, em obras e objetos, um sistema organizado de valores e de significações que revelam sua visão de mundo e sua concepção da vida[12].

Assim, sendo a cultura produto da criação humana, instrumentalizada pela linguagem[13] que permite ao homem ordenar e atribuir significações à natureza, tendo por escopo a concretização de valores humanos, deve considerar e não se afastar da realização estética. O que deve ser observado é quais valores permeiam a formação cultural e influem na existência humana sem a perda do juízo estético como previamente definido, isto é, sem a perda de uma percepção global de um universo do qual fazemos parte e com o qual estamos em relação.

Neste sentido, Hannah Arendt, na obra *A condição humana*, em seu Prólogo alerta para a necessidade da formação e manutenção de uma consciência[14] em face ao divórcio existente entre o conhecimento e o pensamento:

---

(12) DUARTE JR., João Francisco. *Fundamentos estéticos da educação*. São Paulo: Cortez, 1981. p. 48.
(13) Noções correlatas, linguagem, língua e fala são indissociáveis. Linguagem é a palavra mais abrangente, significando a capacidade do ser humano para comunicar-se, por intermédio de signos, cujo conjunto sistematizado é a língua. A língua é um sistema de signos, em vigor numa determinada comunidade social, cumprindo o papel de instrumento de comunicação entre seus membros, sendo contudo, apenas um dos sistemas sígnicos que se prestam a fins comunicacionais. Já a fala (Ferdinand de Saussure) consiste num ato individual de seleção e de atualização, em face da língua que é instituição e sistema: o tesouro depositado pela prática da fala nos indivíduos pertencentes a uma mesma comunidade. Atreladas num processo dialético, não pode haver língua sem fala, e a recíproca é verdadeira. CARVALHO, Paulo de Barros. *Língua e linguagem* — signos linguísticos — funções, formas e tipos de linguagem — hierarquia de linguagens. Apostila de lógica do curso de mestrado em direito da PUC/SP, p. 11.
(14) A consciência, em geral, é a possibilidade de dar atenção aos próprios modos de ser e às próprias ações, bem como de exprimi-los com a linguagem. Já o uso filosófico do termo consciência não tem nada a ver com o significado comum expresso anteriormente. O significado que esse termo tem na filosofia moderna e contemporânea, embora pressuponha genericamente essa acepção comum, é muito mais complexo: é o de uma relação da alma consigo mesma, de uma relação intrínseca ao homem, "interior" ou "espiritual", pela qual ele pode *conhecer-se* de modo imediato e privilegiado e por isso *julgar-se* de forma segura e infalível. Trata-se, portanto, de uma noção em que o aspecto *moral* — a possibilidade de autojulgar-se — tem conexões estreitas com o aspecto *teórico*, a possibilidade de conhecer-se de modo direto e infalível. [...] Consciência, nesse sentido, significa não só a qualidade de estar ciente de seus próprios conteúdos psíquicos, mas a atitude de "retorno para si mesmo", de indagação voltada para a esfera de interioridade. O uso filosófico da noção de consciência supõe o reconhecimento da realidade dessa esfera e da sua natureza privilegiada. É só por existir uma esfera de interioridade, que é uma realidade privilegiada, de natureza superior ou, de qualquer forma, acessível ou mais indubitável para o homem, que a consciência constitui um instrumento importante de conhecimento e de orientação prática. Dados extraídos da obra de ABBAGNANO, Nicola. *Dicionário de filosofia*. São Paulo: Martins Fontes, 2000. p. 185-186.

> [...] pode vir a suceder que nós, criaturas humanas que nos pusemos a agir como habitantes do universo, jamais cheguemos a compreender, isto é, a pensar e a fazer sobre aquilo que, no entanto, somos capazes de fazer. Neste caso, seria como se o nosso cérebro, condição material e física do pensamento, não pudesse acompanhar o que fazemos, de modo que, de agora em diante, necessitaríamos realmente de máquinas que pensassem e falassem por nós. [...]
>
> A seguirmos o conselho, que ouvimos com tanta frequência, de ajustar nossas atitudes culturais ao estado atual de realização científica, adotaríamos sem dúvida um modo de vida no qual o discurso não teria sentido.

Ademais, para alcançar — mesmo timidamente — uma perspectiva da existência humana é inevitável, não só a formação de um juízo unívoco, como demarcar parâmetros de existência humana, sejam eles: de igualdade, de liberdade e de solidariedade. Significa dizer, o homem distancia-se do animal irracional pela sua qualidade de apoderar-se e transformar a natureza, produzindo cultura, esta sofre alterações em razão das mudanças de valores e significações, consistindo, neste breve intercurso, a característica de humanidade. Logo, a existência humana ao longo da história vive em processo — marcha avante —, sendo marcante nas culturas contemporâneas a divisão do homem em razão e sentimentos como dois compartimentos estanques, onde a razão se sobrepõe ao sentimento na busca das verdades da vida.

3.1. O EXCESSO DE CONSUMO COMO FORMA DE NÃO LIBERDADE — UMA REFLEXÃO EM NORBERTO BOBBIO

Norberto Bobbio, na obra *Liberdade e Igualdade*, ao descrever as formas atuais de não liberdade, resgata noções disseminadas por Max Weber e Th. Adorno:

> A empresa capitalista só pode se desenvolver com base no cálculo racional de benefícios e, portanto, necessita de uma estrutura de poder que permita o máximo de previsibilidade das ações e admita o mínimo espaço para o arbítrio individual. [...] O destino das sociedades modernas caracterizadas pela presença de grandes empresas — e não só das sociedades capitalistas, mas também, como Weber previu, e até mesmo com maior rapidez, daquelas que se encaminham para o socialismo — é a corrida para a burocratização e, portanto, a transformação em "gaiolas de ferro", nas quais serão sepultadas as ilusões dos liberais do século XIX e dos socialistas do século XX. [...]
>
> Nas páginas de Th. W. Adorno sobre a indústria cultural, estão contidos os principais temas relativos ao universo repressivo originado dos meios de comunicação de massa. Através desses meios, também a arte — que deveria ser a coisa mais irrepetível e criativa — torna-se um produto como

todos os outros, reprodutível ao infinito, consumível, uma mercadoria que o público compra ou é induzido a comprar, com a mesma falta de gosto pessoal com que compra um sabonete ou um par de sapatos. *Diante do produto da indústria cultural, o indivíduo não deve trabalhar com a própria cabeça: o produto é vendido já inteiramente acabado e pronto para o uso. Não deve pensar e sim se divertir; não deve ser perturbado, abalado, atormentado, mas sim, distraído, amansado, pacificado consigo mesmo e com a sociedade. O efeito é um entorpecimento geral, um nivelamento dos gostos e das aspirações, uma completa e incruenta despersonalização, a eliminação da privacidade silenciosa em troca de uma publicação despudorada e ruidosa:* **A indústria cultural realizou perfidamente o homem como ser genérico. Cada um se torna aquilo que lhe permite substituir qualquer outro: fungível, um exemplar** (HORKHEIMER, M.; ADORNO, Th. *Dialética dell'illuminismo*. Turim: Einaudi, 1966. p. 157).

Poder-se-ia dizer que o nivelamento dos gostos, o consumo desmesurado, vivificado pelo sentimento perene de não saciedade, gera um aprisionamento — é uma manifestação de não liberdade. A tentativa de individualização pelo consumo de artigos personalizados, de estilo, da moda ou equivalentes a algum *status* no meio social — o ambicionado bem de consumo — que são vendidos como mecanismos de diferenciação, de individualização, transformam-se em homogeneidade; pois cada vez mais "todos" querem, almejam, "o mesmo".

O direito do consumidor desenvolveu-se sobremaneira em âmbito nacional nos últimos vinte anos com a edição do Código de Defesa do Consumidor, a Lei n. 8.078, de 11 de setembro de 1990, o discurso originário, no direito norte-americano, que apregoava o direito à segurança, o direito à informação, o direito de livre escolha e o direito de ser ouvido, isto é, de participação nas relações consumeiras foi ampliado. O art. 6º do Código em tela estabelece como direitos básicos do consumidor: i) a proteção da vida, saúde e segurança contra os riscos provocados por práticas abusivas no fornecimento de produtos e serviços considerados perigosos ou nocivos; ii) a educação e divulgação sobre o consumo adequado dos produtos e serviços, asseguradas a liberdade de escolha e a igualdade nas contratações; iii) a informação adequada e clara sobre os diferentes produtos e serviços; iv) a proteção contra a publicidade enganosa e abusiva; v) a modificação de cláusulas contratuais que estabeleçam prestações desproporcionais ou sua revisão em razão de fatos supervenientes que as tornem excessivamente onerosas; vi) efetiva prevenção e reparação de danos patrimoniais e morais, individuais, coletivos e difusos; vii) o acesso aos órgãos judiciários e administrativos, com vistas à prevenção ou reparação de danos; viii) a facilitação da defesa de seus direitos; e, ix) a adequada e eficaz prestação dos serviços públicos em geral. Ainda, o Código não exclui outros direitos decorrentes de tratados internacionais, da legislação interna ordinária, de regulamentos, bem como derivados dos princípios gerais de direito, analogia, costumes e equidade.

4. EM PERSPECTIVA: EDUCAÇÃO PARA O CONSUMO, EDUCAÇÃO EM DIREITO

Todas as premissas anteriores destinam-se à formação de uma consciência humanista, consciência esta que não prescinde da educação, apreendida, transformadora, jungida pelo pensar-saber-agir como pilares do indivíduo, ser social e político, coexistindo em comunidade. Nesse sentido, John Dewey:

> Observaremos primeiro que a realização de uma forma de vida social em que os interesses se interpenetram mutuamente e em que o progresso, ou readaptação, é de importante consideração, torna a comunhão democrática mais interessada que outras comunhões na educação deliberada e sistemática. O amor da democracia pela educação é um fato cediço. A explicação superficial de que um governo que se funda no sufrágio popular não pode ser eficiente se aqueles que o elegem e lhe obedecem não forem convenientemente educados. Uma vez que a sociedade democrática repudia o princípio da autoridade externa, deve dar-lhe como substitutos a aceitação e o interesse voluntários, e unicamente a educação pode criá-los. Mas há uma explicação mais profunda. Uma democracia é mais do que uma forma de governo; é, primacialmente, uma forma de vida associada, de experiência conjunta e mutuamente comunicada[15].

Há de se reconhecer, primeiramente, que:

> A cultura democrática dominante promove a heteronomia sob a máscara da autonomia, impede o desenvolvimento das necessidades e limita o pensamento e a experiência sob o pretexto de ampliá-los e estendê-los ao longo por toda parte. A maioria dos homens usufrui de um considerável espaço para compra e venda, para a busca de um trabalho e em sua escolha; podem expressar sua opinião e mover-se livremente — mas suas opiniões jamais transcendem o sistema social estabelecido, que determina suas necessidades, sua escolha e suas opiniões[16].

Este é o traço que, segundo Fábio Konder Comparato, caracteriza a civilização contemporânea, sendo selecionado dentre outros porque toca de perto no problema educacional:

> É a influência decisiva dos meios de comunicação de massa, para moldar o modo de viver em sociedade. [...] Ou seja, a preponderância avassaladora dos meios de comunicação de massa acabou esmagando os centros tradicionais de instrução e educação, que sempre foram a família e a escola[17].

A educação é pilar de uma sociedade com viés democrático, em razão, justamente, das inúmeras possibilidades, dentre elas: a formação de uma consciência

---

(15) DEWEY, John. *Democracia e educação*. São Paulo: Nacional, 1979. p. 93.
(16) MANCUSE, Herbert. *Cultura e sociedade*. São Paulo: Paz e Terra, 1998. p. 164.
(17) COMPARATO, Fábio Konder. *Afirmação histórica dos direitos humanos*. São Paulo: Saraiva, 2007. p. 90-91.

cultural autônoma[18], em paralelo ao desenvolvimento da sociedade tecnológica; porém, aberta ao conhecimento, revestido de crítica — no sentido kantiano — não olvidando o passado e projetivo do futuro[19].

O conteúdo da existência humana atravessa a reflexão da orientação, nos processos culturais civilizatórios mais recentes, na formação de "especialistas" e mão de obra não reflexiva; quer dizer, formação de pessoas com visões parciais da realidade. Havendo, neste contexto, preponderância da visão do mundo como um campo sem fronteiras para o poderio tecnológico em detrimento de um autoconhecimento que permeie maior equilíbrio entre o sentir, o pensar e o fazer. É inolvidável, portanto, que a vivência humana necessita do equilíbrio da razão e do sentimento, do racional e do emocional, da linguagem e da arte; aquilo que Fritjof Capra[20] denomina de um novo paradigma: uma visão do mundo holística, que concebe o mundo como um todo integrado, e não como uma coleção de partes dissociadas.

Todas essas considerações destinam-se à assertiva de que o processo de conhecimento, objeto de uma educação perene, é fundamental para a formação abrangente do indivíduo, que reúna suas potencialidades racionais e emocionais, — internamente, enquanto indivíduo, e externamente, na sociedade —, compreende, em análise extremada, o estar do homem em um processo civilizatório. No cenário da defesa do consumidor vivenciam-se os progressos na educação para o consumo por duplo viés: por parte do consumidor que passou a conhecer melhor seus direitos e exercer seu direito à informação, à reparação de dano, à facilitação do acesso ao Judiciário ou a órgão administrativo, dentre outros; mas também por parte do fornecedor que criou setores com Serviços de Atendimento ao Cliente — SAC, o desenvolvimento dos setores internos de produção, comercialização e prestação de serviços voltados ao controle de qualidade, a prática do *recall* etc.

---

(18) A formação do indivíduo se coaduna à autonomia da dimensão cultural, pois a formação de culturas de massa pode desvirtuar a função primordial da arte na qual, no dizer de Duarte Jr. (*Fundamentos estéticos da educação*, 1981), consiste em "objetivar o sentimento de modo que possamos contemplá-la e entendê-lo. Os sentimentos são apreensões diretas de nosso 'estar-no--mundo', sem conceitos ou símbolos. Pois bem: a obra de arte procura mostrar (concretizar) estas apreensões diretas, de certa maneira, procura revivê-las em nós. [...] O homem apreende o mundo de maneira direta, total, sem a mediação de conceitos e símbolos. Captar o mundo diretamente (na esfera dos sentimentos) é viver a relação primeira, antepredicativa, anterior a qualquer conceituação (relação EU-TU). A consciência não mais apreende segundo as regras da 'realidade' cotidiana, mas abre-se a um relacionamento sem a mediação parcial de sistemas conceituais".

(19) "Só o educador 'deseducado' do saber que existe no homem e na vida poderia ver *educação* no *ensino escolar*, quando ela existe solta entre os homens e a vida. Quando, mesmo ao redor da escola e da universidade, ela está no *sistema* e na oposição a ele; na sala de aula em ordem, e no dia da greve estudantil; no trabalho rigoroso e persistente do professor e pesquisador e, ao mesmo tempo, no trabalho político do professor-militante.

Esta é a esperança que se pode ter na educação. Desesperar da ilusão de que todos os seus avanços e melhoras dependem apenas de seu desenvolvimento tecnológico. Acreditar que o ato humano de educar existe tanto no trabalho pedagógico que ensina na escola quanto no ato político que luta na rua por um outro tipo de escola, para um outro tipo de mundo.

É bem possível que até mesmo neste 'outro mundo', um reino de liberdade e igualdade buscado pelo educador, a educação continue sendo *movimento* e *ordem*, *sistema* e *contestação*. O saber que existe solto e a tentativa escolar de prendê-lo num tempo e num lugar. A necessidade de preservar na consciência dos 'imaturos' o que os 'mais velhos' consagraram e, ao mesmo tempo, o direito de sacudir e questionar tudo o que está consagrado, em nome do que vem pelo caminho". (BRANDÃO, Carlos Rodrigues. *O que é educação?* São Paulo: Brasiliense, 1981. p. 109-110).

(20) CAPRA, Fritjof. *A teia da vida*. São Paulo: Cultrix, 2003. p. 25.

Sob essa perspectiva, propomos então a educação como meio de libertação do homem no meio de formação da sociedade de massa, para além da visão pessimista de Th. Adorno sobre a indústria cultural e o uso da técnica para massificação social. A educação de um povo "na escola da liberdade, na consciência do seu destino, na capacidade para o trabalho"[21] desvinculando-se da cultura estabelecida ou "de massa", como marco cultural de demonstração das necessidades vitais de determinada época ou período histórico, permitindo, por este prisma, mudanças sociais, o que seria "a reparação da dimensão cultural perdida que (não importa em qual modo precário) estava protegida da violência totalitária da sociedade: era a dimensão espiritual da autonomia"[22].

Em suma, quando pensamos a educação em direitos humanos, em especial a educação do consumidor e do fornecedor, concedendo-lhes ação — em outros termos: sua concretização —, avizinhamo-nos de Hannah Arendt, ao descrever:

> A educação é o ponto em que decidimos se amamos o mundo o bastante para assumirmos a responsabilidade por ele e, com tal gesto, salvá-lo da ruína que seria inevitável não fosse a renovação e a vinda dos novos e dos jovens. A educação é, também, onde decidimos se amamos nossas crianças o bastante para não expulsá-las de nosso mundo e abandoná-las a seus próprios recursos, e tampouco arrancar de suas mãos a oportunidade de empreender alguma coisa nova e imprevista para nós, preparando-as em vez disso com antecedência para a tarefa de renovar um mundo comum[23].

REFERÊNCIAS BIBLIOGRÁFICAS

ABBAGNANO, Nicola. *Dicionário de filosofia*. São Paulo: Martins Fontes, 2000.

ABREU, Paula Santos de. *A proteção do consumidor no âmbito dos tratados da União Europeia, Nafta e Mercosul*. Disponível em: <http://www.planalto.gov.br/ccivil_03/revista/rev_73/artigos/Paula_rev73.htm>.

ARENDT, Hannah. *Eichmann em Jerusalém* — um relato sobre a banalidade do mal. São Paulo: Companhia das Letras, 1999.

_____. *Entre o passado e o futuro*. São Paulo: Perspectiva, 2003.

_____. *A condição humana*. Rio de janeiro: Forense Universitária, 2003.

BERMAN, M. *Tudo que é sólido desmancha no ar*: a aventura da modernidade. São Paulo: Companhia das Letras, 2006.

BICUDO, M. A Viggiani. *Fundamentos éticos da educação*. São Paulo: Cortez, 1982.

---

[21] DORIA, Sampaio. *Direito constitucional* — comentários à Constituição de 1946: autocracia e democracia. São Paulo: Max Limonad, 1960. p. 765-785
[22] MANCUSE, Herbert. *Cultura e sociedade*. São Paulo: Paz e Terra, 1998. p. 163
[23] ARENDT, Hannah. *Entre o passado e o futuro*. São Paulo: Perspectiva, 2003. p. 247.

BOAVENTURA, Edivaldo M. *Pela causa da educação e cultura*. Salvador: Secretaria da Educação e Cultura da Bahia, 1985.

BOBBIO, Norberto. *Teoria do ordenamento jurídico*. Rio de Janeiro: Campus, 1992.

_____ . *A era dos direitos*. Rio de Janeiro: Campus, 1992.

_____ . *Igualdade e liberdade*. Rio de Janeiro: Ediouro, 2002.

BRANDÃO, Carlos Rodrigues. *O que é educação?* São Paulo: Brasiliense, 1981.

CANOTILHO, José Joaquim Gomes. *Direito constitucional*. Coimbra: Almedina, 1991.

CAPRA, Fritjof. *A teia da vida*. São Paulo: Cultrix, 2003.

CARVALHO, Paulo de Barros. *Língua e linguagem* — signos linguísticos — funções, formas e tipos de linguagem — hierarquia de linguagens. Apostila de lógica do curso de mestrado em direito da PUC/SP.

CASELLA, Paulo Borba. *União Europeia, instituições e ordenamento jurídico*. São Paulo: LTr, 2002.

COMPARATO, Fábio Konder. *Afirmação histórica dos direitos humanos*. São Paulo: Saraiva, 2007.

CRITELLI, Dulce Mara. *Educação e dominação cultural* — tentativa de reflexão ontológica. São Paulo: Cortez, 1980.

CUNHA, Luiz A . *Educação, Estado e democracia no Brasil*. São Paulo: Cortez, 1995.

DELORS, Jacques (org.). *Educação:* um tesouro a descobrir. Relatório para a UNESCO da Comissão Internacional sobre Educação para o século XXI. São Paulo: Cortez, 1999.

DEWEY, John. *Democracia e educação*. São Paulo: Nacional, 1979.

_____ . *Experiência e educação*. São Paulo: Nacional, 1938.

DORIA, Sampaio. *Direito constitucional* — comentários à Constituição de 1946: autocracia e democracia. São Paulo: Max Limonad, 1960.

DUARTE JR., João Francisco. *Fundamentos estéticos da educação*. São Paulo: Cortez, 1981.

HOBSBAWN, Eric. *Era dos extremos* — o breve século XX: 1914-1991. São Paulo: Companhia das Letras, 1995.

HORKHEIMER M.; ADORNO, Th. *Dialética dell'illuminismo*. Turim: Einaudi, 1966.

HUSEK, Carlos Roberto. *Curso de direito internacional público*. São Paulo: LTr, 2000.

LAFER, Celso. *A OMC e a regulamentação do comércio internacional:* uma visão brasileira. Porto Alegre: Livraria do Advogado, 1998.

_____ . *A reconstrução dos direitos humanos*. São Paulo: Companhia das Letras, 2001.

_____ . *Comércio, desarmamento, direitos humanos* — reflexões sobre uma experiência diplomática. São Paulo: Paz e Terra, 1999.

MANCUSE, Herbert. *Cultura e sociedade*. São Paulo: Paz e Terra, 1998.

MERLE, Marcel. *Sociologia das relações internacionais*. 2. ed. Tradução de Ivonne Jean. Brasília: UnB, 1980.

NISHIYAMA, Adolfo Mamoru. *A proteção constitucional do consumidor*. São Paulo: Atlas, 2009.

PINHEIRO, Armando Castelar; SADDI, Jairo. *Direito, economia e mercados*. Rio de Janeiro: Elsevier, 2005.

SEN, Amartya. *Desenvolvimento como liberdade*. São Paulo: Companhia das Letras, 2007.

Produção Gráfica e Editoração Eletrônica: **R. P. TIEZZI**
Design de Capa: **R. P. TIEZZI**
Impressão: **ASSAHI GRÁFICA E EDITORA**